Klaus Amann · Albert Berger (Hrsg.)
Österreichische Literatur der dreißiger Jahre

Claudia Dabringer
Henri-Dunant-Str. 11/4/14
5020 Salzburg

KLAUS AMANN und ALBERT BERGER (Hrsg.)

Österreichische Literatur der dreißiger Jahre

Ideologische Verhältnisse
Institutionelle Voraussetzungen
Fallstudien

1985
HERMANN BÖHLAUS NACHF. WIEN · KÖLN · GRAZ

Gedruckt mit Unterstützung
des Fonds zur Förderung der wissenschaftlichen Forschung,
der Österreichischen Forschungsgemeinschaft
und den Landesregierungen von Kärnten
und Vorarlberg

CIP-Kurztitelaufnahme der Deutschen Bibliothek

Österreichische Literatur der dreissiger Jahre :
ideolog. Verhältnisse, institutionelle Voraussetzungen,
Fallstudien / Klaus Amann u. Albert Berger (Hrsg.). –
Wien ; Köln ; Graz : Böhlau, 1985.
   ISBN 3-205-07252-9
NE: Amann, Klaus [Hrsg.]

Alle Rechte vorbehalten
ISBN 3-205-07252-9
Copyright © 1985 by Hermann Böhlaus Nachf. Gesellschaft m.b.H.,
Graz · Wien
Satz: Fotosatz Raggl, Landeck – Tirol
Druck: Stiepandruck Ges. m. b. H., Leobersdorf

Inhalt

Einleitung 7

1. IDEOLOGISCHE VERHÄLTNISSE

Opposition zur ständestaatlichen Literaturpolitik
und literarischer Widerstand. Von *Horst Jarka* 13

Austromarxistische Literaturtheorie. Von *Alfred Pfoser* 42

Die Brückenbauer. Zur ‚Österreich'-Ideologie der völkisch-
nationalen Autoren in den dreißiger Jahren. Von *Klaus Amann* 60

Politik und Literatur im österreichischen Exil –
am Beispiel der nationalen Frage. Von *Ulrich Weinzierl* 79

2. INSTITUTIONELLE VORAUSSETZUNGEN

Die österreichische Hochschulgermanistik I:
Positivismus als Strategie der Anpassung.
Zur Neugermanistik in Innsbruck.
Von *Johann Holzner* 99

Die österreichische Hochschulgermanistik II: Neugermanistik
und Deutsche Volkskunde an der Universität Graz in den dreißiger
Jahren. Von *Johann Strutz* 109

Die österreichische Hochschulgermanistik III: Zur Wiener
Neugermanistik der dreißiger Jahre: *Stamm, Volk, Rasse, Reich.*
Über *Josef Nadlers* literaturwissenschaftliche Position.
Von *Sebastian Meissl* 130

Schriftstellerorganisationen der Zwischenkriegszeit I: Zur Geschichte
österreichischer Schriftstellerorganisationen in den dreißiger Jahren.
Überlegungen und Thesen. Von *Ernst Fischer* 147

Schriftstellerorganisationen der Zwischenkriegszeit II:
„Hitler-Eid für österreichische Schriftsteller?" Über österreichische
Schriftstellerorganisationen der dreißiger Jahre. Von *Gerhard Renner* . 150

Buchhandel und Verlag der dreißiger Jahre im Spiegel von Innen- und Außenpolitik. Von *Murray G. Hall* 164

Literatur in österreichischen Zeitschriften der dreißiger Jahre. Mit einem bibliographischen Anhang. Von *Sigurd Paul Scheichl* 178

3. FALLSTUDIEN

Heimat- und Provinzliteratur in den dreißiger Jahren. Am Beispiel der Rezeption Peter Roseggers. Von *Karl Wagner* 215

Metaphysische Grimassen. Zum biographischen Roman der Zwischenkriegszeit. Von *Friedbert Aspetsberger* 247

Götter, Dämonen und Irdisches. Josef Weinhebers dichterische Metaphysik. Von *Albert Berger* 277

Heimito von Doderer: Rückzug auf die Sprache. Von *Wendelin Schmidt-Dengler* 291

Karl Kraus und das Jahr 1934. Von *Norbert Frei* 303

Die graue *Fackel*. Herbert Müller-Guttenbrunns Zeitschrift *Das Nebelhorn*. Von *Eckart Früh* 320

ANHANG

Die Autoren 357

Personenregister 361

Einleitung

Es bedurfte, wie es scheint, eines Generationswechsels in der Literaturwissenschaft, ehe die Dunkelzonen der österreichischen Literaturgeschichte der jüngeren Zeit, jener in der aktuellen Politik und in der Medienindustrie oft mit Mahndaten ('1933', '1934', '1938') beschworenen dreißiger Jahre, einer schärferen Ausleuchtung unterzogen werden konnten. In den ersten Nachkriegsjahrzehnten, als es augenscheinlich darum ging, die durch den Staatsvertrag gesicherte politische Selbständigkeit Österreichs auch im Bewußtsein der Bevölkerung zu verankern, war das Interesse der mit Literatur befaßten Instanzen vor allem von dem verständlichen Wunsch motiviert, einen Beitrag zu leisten zur positiven kulturellen Identitätsbildung. Verständlich war daher auch die Tendenz, aus der geschichtlichen Überlieferung an anheimelnden und liebenswerten bis hin zu pathetisch-ernsten und feierlichen Zügen alles herauszufiltern, was dem vorhandenen, aber noch zu stärkenden und zu entwickelnden nationalen Selbstbewußtsein auf die Sprünge helfen konnte. An diesem seelischen Aufbauprogramm haben die Literatur selbst, die literarische Kritik und schließlich auch die Literaturwissenschaft der Zweiten Republik mitgewirkt, nicht zuletzt unterstützt und herausgefordert von einer an Österreich und dem „Österreichischen" interessierten ausländischen Germanistik. Daß dabei nicht selten gerade die Kultur der Zwischenkriegszeit zu einem Fundus enthistorisierter Versatzstücke für eine nostalgische und folkloristische Kulturindustrie degenerierte, ist nicht bloß die Kehrseite, sondern die Konsequenz dieser einseitig betriebenen Integrationsanstrengung. Ähnlich wie die – schon bedeutend früher sensibilisierte – zeitgeschichtliche Forschung konnten deshalb die neueren Bemühungen der Literaturwissenschaft nicht die mehr oder minder tabuisierten Bereiche jener vielfach unerfreulichen und belastenden Vergangenheit weiterhin aus ihrem Blickfeld verdrängen. Die historischen Erfahrungen jener Jahre dürfen nicht unbearbeitet und somit unbewältigt ihr zwielichtiges verniedlichendes oder gar nostalgisch verklärendes Eigenleben in den Köpfen weiterführen und so die angestrebte Identitätssicherung gefährden. Auf die verheerenden individuellen und kollektiven Folgen der Verdrängung dieser Erfahrungen haben Psychoanalytiker immer wieder hingewiesen.

Die übliche Periodisierung des Zeitraums seit dem Ende der Habsburgermonarchie als Literatur der „Zwischenkriegszeit" oder der Ersten Republik, an die die Literatur der Zweiten Republik anschließt, übergeht schamhaft oder bewußt die sieben Jahre der Okkupation und ihre unmittelbare Vorgeschichte. Komplementär zu jenen Forschungen, die den Spuren der vom Faschismus ermordeten, der unterdrückten und ins Exil geflüchteten Autoren folgen, bleibt deshalb die Frage zu beantworten, inwiefern und in welchem Umfang die im Lande gebliebenen österreichischen Schriftsteller als literarische Repräsentanten weiter Bevölkerungskreise an der Heraufkunft jener sieben Jahre des Terrors und der verlorenen Eigenstaatlichkeit mit allen ihren Folgen beteiligt waren. Das Verhältnis der Exil-Österreicher zu den „Ostmark"-Schriftstellern hat für das literarische Leben der Nachkriegsjahre ausschlaggebende Bedeutung. Viele von diesen konnten sich wieder etablieren; viele von jenen kehrten nicht zurück. Die Vermutung, daß das eine mit dem anderen zusammenhängt, ist nicht von der Hand zu weisen.

Erst seit den späten siebziger Jahren ist der Prozeß der Aufarbeitung solcher Fragen auf breiterer Basis im Gang. Neuere Untersuchungen, denen die hier vorgelegten Studien sich anfügen, zeigen mit aller Deutlichkeit, daß auf dem Gebiet staatlicher Kulturpolitik und im verwickelten Prozeß des literarischen Lebens zumindest e i n politisch entscheidendes Datum, das Jahr 1933, auch für eine radikale Veränderung der Grundlagen des Literaturbetriebs steht, selbst wenn auf der Ebene der Formen und Werkstrukturen die Ständestaat-Zeit, wie schon öfter konstatiert wurde, keine neuen Konzeptionen aufweist. Das Fanal der Bücherverbrennung in Deutschland im Anschluß an die Machtergreifung des Nationalsozialismus brachte beim internationalen P.E.N.-Kongreß in Ragusa im Frühjahr 1933 die latenten Spannungen zwischen den österreichischen Mitgliedern der Schriftstellervereinigung an die Oberfläche. Ihre Entscheidung, den Protest gegen den barbarischen Akt zu unterstützen oder sich mit den nationalsozialistischen Delegierten des Dritten Reiches zu solidarisieren, bedeutete nicht zuletzt eine Weichenstellung im Hinblick auf die Möglichkeiten der Präsenz auf dem literarischen Markt in Deutschland. Autoren, die den Protest unterzeichnet hatten, blieb der deutsche Absatzmarkt infolge der rigorosen Verbotsbestimmungen in Zukunft verschlossen. Das österreichische Verlagswesen war davon ebenso betroffen, während die national gesinnten Gruppen von der neuen Lage im Reich profitierten. Dazu kommt, daß der Kampf des Ständestaates gegen Sozialdemokratie und Nationalsozialismus dort, wo er das Augenmerk auf die Unterdrückung oppositioneller Kulturarbeit richtete, vornehmlich auf dem rechten Auge blind war. Die Leitbilder und die Feindbilder der austrofaschistischen Kulturpolitik glichen in fataler Weise denen der Nationalsozialisten. Die Abwehrhaltung richtete sich gegen Liberalismus und Sozialismus, gegen „Kulturbolschewismus" und „Asphaltliteratur", während eine provinziell-katholische, auf Blut und Boden, soziale Statik, Untertanenmentalität und anachronistischen Heroismus verpflichtete Literatur gefördert wurde. Nachdem Sozialdemokraten und Kommunisten, die potentiellen Verbündeten gegen den Nationalsozialismus, ins politische Abseits und in die Illegalität gezwungen worden waren, konnten im Windschatten der teilweise recht fragwürdigen innen- und außenpolitischen Bemühungen, Österreichs Selbständigkeit zu bewahren, Organisationen wie der von Rosenberg gegründete „Kampfbund für Deutsche Kultur" (nach dem Verbot 1933 in illegalen Gruppierungen) und dann der konspiratorische „Bund der deutschen Schriftsteller Österreichs" ihre mit den staatlichen Interessen Österreichs unvereinbaren Aktivitäten betreiben. Das vom „Bund" noch vor der Volksabstimmung 1938 herausgegebene *Bekenntnisbuch österreichischer Dichter* dokumentiert, wie der politische „Anschluß" als Konsequenz und Erfüllung auch von solchen Autoren gefeiert wurde, die sich eben noch vom Ständestaat hatten bekränzen und fördern lassen. Die Beiträger rekrutierten sich nicht nur aus frühen Anhängern des Nationalsozialismus, sondern aus dem gesamten rechten Lager. Die innere Widersprüchlichkeit und Schwäche der ständestaatlichen Kulturvorstellungen hatte schon vor dem politischen „Anschluß" die geistige Eigenständigkeit Österreichs verspielt.

Die 17 Beiträge dieses Bandes, der auf ein Symposium zurückgeht, das im Herbst 1982 im Institut für Germanistik der Universität Klagenfurt stattfand, beleuchten die auch unter den Bedingungen der dreißiger Jahre noch durchaus vielgestaltige, aus ökonomischen Abhängigkeiten, aus Traditionen, Ideologien und Utopien unterschiedlicher Herkunft und Reichweite gespeiste Literatursituation. Demgemäß ist die Gliederung in drei Hauptabschnitte als Orientierungshilfe im Rahmen großräumiger Fragestellungen zu verstehen. Eine ganze Reihe von Aspekten, die unter die in den Überschriften genannten Begriffe zu subsumieren wären, mußten – auch aus Platzgründen – unberücksichtigt bleiben, wie überhaupt die einzelnen Darlegungen auf dem Hintergrund und im Zusammenhang mit der inzwischen doch ansehnlichen Anzahl einschlägiger Arbeiten ihren Stellenwert gewinnen.

Die Referate zu den ideologischen Verhältnissen kontrastieren die Theorie und die literarische Praxis oppositioneller, vorwiegend sozialdemokratischer Kulturvorstellungen mit der weit ins vergangene Jahrhundert zurückreichenden, in der politischen Situation und in der Kulturideologie der Ständestaatsära verschärft zutage tretenden Problematik des Verhältnisses Österreichs zu Deutschland, wie es in der Rhetorik der völkisch-nationalen Schriftsteller in Erscheinung tritt. Ein Beitrag illustriert darüber hinaus, wie Österreich, nachdem die Wünsche der „Anschluß"-Befürworter erfüllt und der Staat von der Landkarte verschwunden war, als Idee in widersprüchlichen, bunten, oft romantisch verstiegenen und irrationalen Vorstellungen in den Köpfen der Autoren im Pariser und Londoner Exil weiterlebte. Für die Zeit vor dem „Anschluß" ergeben sich in den Untersuchungen eine Fülle von Querverbindungen, die jene für die dreißiger Jahre charakteristische Osmose zwischen ideologisch verwandten Richtungen erhellen, ohne die individuelle Rollenvielfalt – manche der Autoren spielten auf mehreren ideologischen Registern gleichzeitig – zu unterschlagen. Es gibt in der Sphäre der ständestaatlichen Kulturpolitik eine Kernzone immer wiederkehrender Namen, die – bei aller Differenz in der Vorliebe für Gattungen, Stoffe, Motive –, auf der Ebene, wo Literatur, Ökonomie und Politik sich die Hand reichen, auftauchen: im Zeitungs- und Zeitschriften-, im Verlags- und im Vereinswesen. Einer der Schwerpunkte des Bandes liegt, über die spezifischen Themen hinaus, auf diesen Institutionen, in deren Umkreis auch die Universitätsgermanistik als akademische Verwaltung der Literatur anzusiedeln ist. Die sie betreffenden Skizzen greifen ein Desiderat auf, da sie Einblick gewähren in jene Konzeptionen, nach denen Generationen von Deutschlehrern durch die Fachrepräsentanten tendenziell ausgebildet wurden (was manche Erscheinungen der österreichischen Schul- und Universitätsgermanistik der Nachkriegszeit erklärt).

Die Fallstudien schließlich versuchen u. a. zu zeigen, wie Autoren auf die dem historischen Blick in rückwärts gewandter Prophetie überschaubaren und einsichtigen Vorgänge literarisch reagierten und sie aus ihrem Lebenszusammenhang in gattungsabhängige, scheinbar fiktional enthobene Werkstrukturen transponierten. Hier vor allem, in der Region ästhetischer Ansprüche, gewinnt – gerade in einem sozialgeschichtlich auf Betonung empirisch-konkreter, zitierbarer Erscheinungen des Literaturbetriebs bedachten Unternehmen – die Frage der Interpretation der im engeren Sinn literarischen Texte an Dringlichkeit.

Die Studien können, diese Bemerkung sei angefügt, als wissenschaftliche Beiträge zu einem weniger selbstvergessenen und touristisch eingefärbten, dafür auf Kenntnis und nüchterner Beobachtung historischer Bedingungen und ideologischer Anfälligkeiten – kurz: zu einem selbstkritischen Österreichbewußtsein der Gegenwart gelesen werden.

Klaus Amann, Albert Berger

1. IDEOLOGISCHE VERHÄLTNISSE

Opposition zur ständestaatlichen Literaturpolitik und literarischer Widerstand

von

HORST JARKA

> Im Ständestaat [schreibt Viktor Matejka 1979] gibt es selbstverständlich eine christliche Kulturpolitik, die aus einem alten Fundus der katholischen Kirche und aus neuen Quellen faschistischer Ideologie und faschistischen Machtstrebens gespeist war. Ebenso selbstverständlich gibt es dagegen kulturpolitische Bestrebungen und Tätigkeiten, die im Untergrund, in Tarnung und Täuschung wirksam werden. Man kann in einem gewissen Sinne von einer äußerst vielseitigen Subkultur sprechen, die selbstverständlich ihre politische Bedeutung hatte, nicht zuletzt deshalb, weil sie aus einer Opposition, aus einem Widerstand gegen die herrschende Regierung motiviert war.[1]

Im folgenden Überblick über die wichtigsten Manifestationen, die der offiziellen Kulturpolitik zuwiderliefen, schlage ich vor, im Gegensatz zu Matejka die übliche Unterscheidung zwischen Opposition und Widerstand beizubehalten. In einer Diktatur gibt es zwar keinen parlamentarischen Begriff der Opposition, aber man kann im Ständestaat mit Anton Pelinka von einer „systemimmanenten Opposition"[2] sprechen. Mit „Widerstand" ist die strafbare Tätigkeit im linken Untergrund gemeint. Oder, um den Unterschied schärfer zu markieren: Als Matejka dem System schließlich zu unbequem wurde, entfernte man ihn aus einer, nicht allen seiner einflußreichen Positionen. Den Arbeiter aber, der mit einem revolutionären Gedicht angetroffen wurde, sperrte man ein. Mit dem „revolutionären Gedicht" ist auch gleich angedeutet, was mit „literarischem Widerstand" gemeint ist. Mit dieser Unterscheidung je nach Risiko und Folgen soll nicht vereinfacht werden, was komplex sein konnte. Denn während die Untergrundarbeit – und hier kommt es nur auf die literarische an – in ihrer Taktik so geradlinig wie riskant war, so bewegte sich die systemimmanente Opposition in einem Spannungsfeld, das von gerade noch geduldeter Kritik bis zu einem Verhalten reichte, das subversive Aktionen deckte oder als Deckung solcher Aktionen interpretiert wurde, was wieder die äußerst problematische Ambivalenz von Kollaboration und Opposition in einer als Ständestaat getarnten Diktatur erkennen läßt. Im folgenden wird versucht, diese Opposition in ihrer ideologischen Akzentuierung von rechts nach links und in ihren

Gradunterschieden aufzufächern, das Engagement der außerhalb der Kulturpolitik stehenden Kleinkunst anzudeuten und schließlich auf den von all diesen legal operierenden Oppositionsformen abgehobenen illegalen Widerstand in seiner Lyrik hinzuweisen.

VON KRITIK ZU OPPOSITION: *Der Christliche Ständestaat*

Wie sehr Änderungen in der Regierungspolitik konstruktive Kritik zu Opposition verschärfen konnten, läßt sich an einem so regimetreuen Organ wie Dietrich von Hildebrands *Christlichem Ständestaat (CS)*[3] ablesen. Der aus Hitler-Deutschland geflüchtete Herausgeber sah seine Hauptaufgabe in der legitimistisch akzentuierten Propagierung der „österreichischen Idee" und in der Bekämpfung aller Tendenzen, die die Eigenstaatlichkeit Österreichs gefährdeten, vor allem die politische und ideologische Annäherung an das nationalsozialistische Deutschland. Schließlich hatte ja Dollfuß die Gründung des *CS* unterstützt, um der „Brücken bauenden" *Schöneren Zukunft* entgegenzuwirken. Wo sich in der Kulturpolitik Parallelen zu Nazi-Deutschland einstellten, setzte die Kritik des *CS* an. Einer ihrer entschiedensten Wortführer war Ernst Krenek, der umso engagierter argumentierte, als er, Vertreter der modernen Musik, in eigener Sache sprach. Kreneks Kritik, obwohl durch den Konservativismus des Wiener Musiklebens ausgelöst, traf die Kriterien der ständestaatlichen Kulturpolitik im allgemeinen. Er stellte ihnen kunstsoziologische und ästhetische Argumente entgegen, führte das geförderte kleinbürgerliche Niveau auf einen voreilig für überwunden gehaltenen gleichmacherischen Liberalismus zurück und plädierte statt dessen für einen aristokratischen Kunstbegriff, der dem Führerprinzip des „Neuen States" angemessen wäre – und der vorwiegend monarchistischen Leserschaft des *CS* entsprach. Begriffe wie „volksverwurzelt" hätten heute „etwas durchaus Atavistisches, Überständiges"[4] an sich. In der Romantik sei der Rückgriff auf das „Urgut volkstümlich erdhafter Kunstgestaltung" revolutionär gewesen, „während der heute propagierte Regreß auf ‚Bodenständigkeit' eine eingestandenermaßen retrograde Bewegung einleiten soll."[5] Krenek wendete sich gegen die „primitive Schlagwortideologie vom Kulturbolschewismus", die alle moderne Kunst als „etwas ihrem Wesen nach links Orientiertes" verteufelt, während sie doch „absolut konservativ" sei.[6] Er erwartete sich vom Ständestaat eine neue Totalität, die auch radikale Elemente als den konservativen komplementär miteinbezieht. Diese Ganzheitstheorie war bei Krenek wohl vorwiegend ästhetisch in der Intention, näherte sich aber zweifellos dem politischen Konzept Ernst Karl Winters, dessen Ernüchterung Krenek schließlich teilte.

Orientiert man sich an Maurer-Zencks Darstellung[7], wonach Kreneks Äußerungen zum Ständestaat wenigstens in der ersten Zeit auf

Überzeugung und nicht nur auf Taktik beruhten, so kann man sich einer gewissen Verwunderung nicht erwehren. Daß seine Desillusionierung erst im Sommer 1935, also relativ spät, einsetzte, kann einerseits als rarer Beweis der ästhetischen Hoffnung gelten, die der „neue Staat" in einem modernen Künstler zu erwecken vermochte (ein Seitenblick auf die Bauten Clemens Holzmeisters, der dem Regime nahe stand, mag sie etwas verständlicher erscheinen lassen), andererseits manifestiert sich in Kreneks Erwartungen seine politische Naivität. 1928 hatte die *Reichspost* seine Jazz-Oper *Jonny spielt auf* als „Verherrlichung des Sieges ... brutaler, hemmungsloser Naturkräfte (Jazz-Musiker, Neger) über altererbte musikalische Kultur (Meistersinger)"[8] diffamiert; er übersah oder wollte nicht sehen, wie konform die ständestaatliche Kulturpolitik mit der reaktionären Linie der *Reichspost* verlief. Er verwechselte den österreichischen mit dem italienischen Faschismus, der der Avantgarde positiv gegenüberstand. Er übersah die Strategie der österreichischen und deutschen Variante, eine hierarchische, undemokratische Herrschaftsform mit einer von oben gelenkten, auf Breitenwirkung abgestimmten „volksnahen" Kulturpolitik zu verbrämen.

Als Krenek erkannte, daß die ständestaatliche Kulturpolitik die Kultur einer fragwürdigen Politik unterordnete, wurden aus seinen Hoffnungen bittere Warnungen, in denen die Anklage unüberhörbar mitschwingt. Angesichts einer Entwicklung, wie sie sich in der Verleihung der Staatspreise niederschlug, kommt Kreneks Artikel *Zwischen „Blubo" und „Asphalt"* die Bedeutung eines oppositionellen Dokuments zu. Aus der „Ablehnung [...] [der] sogenannten ‚modernen' Richtung in den verschiedenen Künsten [...], die fast durchwegs dieselben Erscheinungen und Personen trifft, die auch der Nationalsozialismus in Acht und Bann getan hat", zieht Krenek Folgerungen, die weit über seine übliche ästhetische Argumentation hinausgehen und Ästhetik mit Politik verbinden:

> Die Ursache dieser betrübenden Erscheinungen [...] scheint in einer einzigartigen Diskrepanz der politischen und kulturellen Linie im neuen Österreich zu liegen. Während man sich politisch mit aller wünschenswerten und fortgesetzt notwendigen Klarheit vom Nationalsozialismus distanziert hat, ließ und läßt man es auf kulturellem Gebiet zu einer höchst gefährlichen Undeutlichkeit in der Abgrenzung gegenüber der neudeutschen Blubo-Theorie und -Praxis kommen. Durch die beiden gleich primitiven und gefährlichen Schlagworte: das negative vom „Kulturbolschewismus" und das positive von der „Bodenverwurzeltheit", beide dem nationalsozialistischen Sprachschatz entstammend, gerät unser Kulturleben in die Gefahr, auf einer Linie festzurennen, die die geistige Unabhängigkeit Österreichs vom Dritten Reich und damit eine der wichtigsten Voraussetzungen der politischen aufs schwerste zu kompromittieren droht.[9]

In der Annäherung an die nationalsozialistische Kulturideologie sieht Krenek mit Recht nicht nur die politische Gefahr staatlicher Selbstaufgabe, sondern auch die ästhetische des Niveauverlusts. Aber seine Kritik an der ständestaatlichen Praxis bleibt immer an sein Bekenntnis zur Idee dieses Staates gebunden. Krenek beklagt

> daß der katholische Genius Österreichs, der mit Recht die Führung im neuen Staat beansprucht, sich bisher kaum dazu durchzuringen vermochte, zu den an sich unzweifelhaft wertbetonten Gehalten, wie Volkstum, Landschaft, Tradition, Geschichte, einen anderen Zugang als den über eine gewisse enge, provinzielle Kleinbürgerlichkeit.[10]

Wohin der Weg über die Kleinbürgerlichkeit führen würde, hat Krenek vorausgesagt. Mitte Mai 1935, also ein Jahr nach der „Mai-Verfassung", warnt er vor einer

> Einstellung [, die] geradewegs jener Provinzialisierung Österreichs in die Hand [arbeitet], die uns der Nationalsozialismus aufzwingen will und der politisch zu entrinnen auf die Dauer keiner Anstrengung gelingen könnte, wenn sie auf jenem Gebiet, das die Impulse und Leitideen für das politische liefert: auf dem des Geisteslebens nicht radikal beseitigt.[11]

Und an anderer Stelle faßt er, gleichsam als Kontrastfolie zu seiner Forderung einer neuen Kulturpolitik, eine negative Möglichkeit ins Auge, die die spätere Entwicklung vorwegnimmt:

> Wenn der neue Staat ... nicht bloß eine politische Notkonstruktion darstellen will, die sich ihr Gesetz von äußeren Ereignissen diktieren läßt und höchstens zur Überbrückung augenblicklicher Verlegenheiten ausreichen könnte ...[12]

Kein Zweifel, Krenek wußte die Zeichen an der Wand zu deuten. Aber so scharf er die Misere der Kulturpolitik durchschaute, so klar er die unheilvollen Konsequenzen voraussah, so unrealistisch und in ihrer Eindeutigkeit fragwürdig war die Alternative, die er der kulturpolitischen Praxis des Ständestaates entgegensetzte. Die Kunst, die ihm „allein der Kühnheit und Einzigartigkeit unserer Staatskonzeption angemessen"[13] erschien, war von „Blubo" ebenso weit entfernt wie von „Asphalt", womit ein „naseweises Libertinertum" gemeint war,

> das die an sich gewiß edle Parole der Gedankenfreiheit mißbraucht hat, um durch Ausbreitung von Skandal zu epatieren und durch Spekulation auf niedrige und snobistische Instinkte billige Beachtung auf sich zu ziehen.[14]

Krenek ließ keinen Zweifel darüber, welches politische Herrschaftssystem diese Kunst der „Mitte" („einer schwer zu haltenden, gefährlichen Mitte, die etwas vom schmalen Grat des Hochgebirges hat, zu dessen Seiten tödliche Abgründe lauern"[15]) stützen sollte:

> Sicher ist eine Kunst, die der exponierten Situation des neuen österreichischen Gedankens angemessen ist, keine Angelegenheit der Massen und wird zunächst nur bei wenigen einen freilich umso nachhaltigeren Widerhall haben; aber ebenso wenig wie man sich politisch von dem dummen Schlagwort von der „allzu schmalen Basis" schrecken ließ, dem man hof-

fentlich auch weiterhin die Erkenntnis entgegenhalten wird, daß die Wahrheit unabhängig ist von der Genehmigung einer Majorität, umso viel weniger wird man die Geltung der neuen Kunst abhängig machen können von dem Beifall der Menge.[16]

Das kulturpolitische Konzept, von dem sich Krenek die Überwindung des Provinzialismus und damit nichts weniger als die Rettung des Landes vor dem Nationalsozialismus versprach, verband Faschismus mit Avantgarde. Schon 1933 hatte er seine Sympathien mit dem italienischen Faschismus ausgedrückt, „[der] allen fortschrittlichen, mutig experimentierenden, problematischen, mit einem Schlagwort: modernen geistigen Bestrebungen [besondere Sorgfalt und Pflege] angedeihen läßt."[17] Der Ständestaat mußte freilich Kreneks Erwartungen enttäuschen. Kreneks Opposition war im Grunde immer eine rein ästhetische gewesen und war unter den kulturpolitischen, ideologischen und personalen Gegebenheiten zur Unwirksamkeit verurteilt. Sein elitäres Konzept isolierte ihn von anderen oppositionellen Bestrebungen, die auf eine Demokratisierung des Systems abzielten, und selbst unter den monarchistischen Lesern des *CS* war die Begeisterung für die moderne Kunst nicht allzu verbreitet; dazu war ihr Kulturverständnis zu regressiv. (Schuschniggs kulturpolitische Rhetorik fand mit Grillparzer-, Hofmannsthal- und Wildganszitaten ihr Auslangen.) Noch im Laufe des Jahres 1935 mußte sich Krenek eingestehen, daß er mit seinen Bemühungen um staatliche Förderung moderner Kunst nicht durchdrang. Von nun an zog er es vor, sich zu kulturpolitischen Fragen nicht zu äußern.

Das Juliabkommen 1936, aus dem Österreich als „zweiter deutscher Staat" hervorging, bestätigte die Befürchtungen des *CS* und Kreneks nur allzu deutlich. Während Krenek resignierte und sich in der Zeitschrift nicht mehr zum Wort meldete, beharrte die Redaktion streng auf ihrem Kurs gegen die deutsche Gefahr. Was vor dem Juli noch als systemimmanente Kritik zu werten war, mit der der *CS* den sich etablierenden Staat auf den richtigen österreichischen Weg zu lenken suchte, wurde nach dem Abkommen mit Hitler umso mehr zur Opposition, je mehr die Regierung selbst auf die „gesamtdeutsche Linie" einschwenkte und der Annäherung an Hitler-Deutschland in der eigenen Politik immer mehr Zugeständnisse einräumte.

Im Oktober 1936 ließ der *CS* unter dem Titel *Österreichische Kulturpolitik. Wie sie gemacht wird und wie sie nicht gemacht wird*[18] eine gepfefferte Polemik los gegen den dominierenden Provinzialismus, der der österreichischen Universalität widerspreche und einer Vulgarisierung der ‚österreichischen Idee' gleichkomme. Auch übereifrige Katholiken wurden nicht verschont, wie etwa der Bibliothekar in einer Arbeiterbücherei, der „alle russischen Autoren verdammt, weil er Russ' und Bolschewik für dasselbe hält"[19] oder gar der allerdings namentlich nicht genannte „grenzenlos unwissende" Referent für die Arbeiterbüchereien in Wien [Günter Buxbaum?], „der Geographielehrbücher, Gesetzessammlungen und Werke von Heiligen der katholischen Kirche für staatsgefährlich hält und, weil er selbst nicht lesen kann, auch andere Menschen am Lesen hindern möchte."[20] Die Kritik am Stumpfsinn verbindet sich mit der an den „neudeutschen" Umtrieben – auch in der Literatur, wo „vielfach die gesinnungstüchtigen Idioten [den Ton angeben]."[21] Es bleibt den Lesern des CS überlassen, ob sie die „Idioten"auf die erwähnten Büchereireferenten bezogen oder auf die folgenden Schriftsteller: „Lederhosen und Goiserer machen noch nicht den bodenständigen Dichter. Dennoch sind es ausschließlich die Herren Waggerl, Perkonig, Oberkofler, Billinger usw., die sich um den Staatspreis reißen und ihn auch bekommen."[22] Ideologische Kritik verbindet sich mit literarischem Werturteil. Nicht nur die provinzlerische „Blubo"-Tendenz der Genannten wird kritisiert, sondern auch, daß sie besseren Autoren vorgezogen werden, die – etwa wie Enrica von Handel-Mazzetti – die besseren Katholiken seien.[23]

Der schärfere Ton fehlt auch in anderen Beiträgen nicht. Entschieden wendet sich der CS gegen Josef Wenter, der Nationalsozialismus mit Anwandlungen von Religiosität verbinden zu können glaubte.[24] Man kritisiert den in dieselbe Richtung tendierenden Friedrich Schreyvogl[25] und den „Bund deutscher Schriftsteller Österreichs"[26] (dessen Mitglieder 1938 das *Bekenntnisbuch österreichischer Dichter* mit ihren Huldigungen an Führer und Reich füllen sollten). Man kritisiert die Verniedlichung des habsburgischen Mythos; „die Forderung [. . .] nach dem neuen, dem politischen, europäisch-christlichen Schauspiel" verbindet sich mit der Kritik an der sonst so propagierten „Kaiser-Josef und Prinz-Eugen-Romantik, die noch wenig mit der ehernen Aufforderung der Zeit an den christlichen Europäer zu tun hat."[27] Man diagnostiziert die anachronistische Beschränktheit der Heimatkunst, die „den Einbruch eruptiver Strömungen und Gewalten nicht kennt und somit die angezeigte Lücke in der Kunst unserer Zeit nicht ausfüllt."[28] Derselbe Vorwurf unrealistischer Engstirnigkeit trifft eine Kulturpolitik im allgemeinen, die übersieht, daß Österreich Industrieland geworden ist.[29] Man plädiert für die Gewinnung der Arbeiterschaft als die „Schicksalsfrage des neuen Österreich."[30]

Aus all diesen Beispielen ist klar geworden, daß in der nach ihm benannten Zeitschrift der christliche Ständestaat gleichsam gegen sich selbst opponierte, d.h. dagegen, daß die Abstraktion des „Neuen Österreich" von der Realität eines zweiten deutschen Staates austrofaschistischer Prägung überrundet wurde. Kreneks Skepsis war nur allzu begründet gewesen: der neue Staat ließ sich „sein Gesetz von äußeren Ereignissen diktieren." Der CS war schließlich unerwünscht – nicht nur der deutschen Regierung, die Maßnahmen gegen das „Emigrantenblatt" verlangte, weil es die Abmachungen vom Juli verletzte, sondern auch Schuschnigg selbst, der sich in seinem „deutschen Weg" behindert sah. Im April 1937 wurden die schon vorher gekürzten Regierungssubventionen ganz gestrichen.[31] Im selben Monat schied Hildebrand aus der Redaktion aus. Der oppositionelle Eifer der Zeitschrift wurde zusehends matter und wich schließlich der Resignation.

‚HELLE FAHNEN' IN OTTAKRING.
OPPOSITION IM VOLKSHEIM

Die Diskrepanz zwischen katholischer Soziallehre und faschistischer Praxis förderte dort oppositionelle Bestrebungen, wo man trotz aller Scharfmacherei seitens der Regierung doch noch Kompromißbereitschaft aus taktischen Gründen erwarten konnte: bei der „Bekehrung" der Arbeiterschaft, die man für den Aufbau des neuen Staates zu gewinnen suchte. Dieser ideologische Kreuzzug begann freilich faschistisch genug mit der Liquidierung der sozialdemokratischen Kulturorganisationen und fand einen Schwerpunkt in der Volksbildung. Wie sich die „Umbildungen" – auf die nach dem Februar folgte eine zweite im Sommer 1936 – auswirkten und inwiefern sie auf dem literarischen Sektor eine Opposition auslösten, soll am Fall des Volksheims Ottakring, (VHO), des politisch profiliertesten Wiener Volksbildungsinstituts, gezeigt werden.[32]

Auch vor 1934 war das VHO, obwohl zum relativ größten Teil von Arbeitern besucht, keine rein „rote" Volkshochschule. Es war statutengemäß überparteilich, d.h. es wurde nach dem Proporz verwaltet. Noch im Februar 1934 schieden die sozialdemokratischen Ausschußmitglieder (d. h. 22 von insgesamt 45) teils aus Protest, teils durch Zwang aus. Sie sollten sukzessive durch Regimetreue ersetzt werden. Der Linkskatholik Viktor Matejka, seit Mai 1934 geschäftsführender Obmannstellvertreter im VHO, arbeitete dieser Gleichschaltung entgegen. Seine Bemühungen, die hier nicht in allen Einzelheiten analysiert werden können, sind der systemimmanenten Opposition zuzurechnen und wurden vom linken Untergrund teils angegriffen, teils genützt und anerkannt. Die Spannung zwischen faschistischer Ausrichtung und oppositioneller Liberalisierung betraf vor allem Lehrkörper und -veranstaltungen der philosophischen und naturwissenschaftlichen Fächer, deren Polarisierung sich mit dem Titel eines 1934 eingestellten Kurses auf die Formel bringen läßt: „Wissenschaftliche und gegenwissenschaftliche Strömungen der Gegenwart." Schlüsselfiguren dieses ideologischen Kampfes um das Bewußtsein der Hörer im VHO waren der sozialdemokratische Philosoph des Wiener Kreises Edgar Zilsel und der austrofaschistische Philosophieprofessor Leo Gabriel. Wie sehr sich die Einflußsphären zugunsten Gabriels verschoben, geht daraus hervor, daß Zilsel in den vier Jahren nach dem Februar nur ein einziges Semester lehrte und im Anschluß daran endgültig ausgeschlossen wurde[33], während Gabriel besonders mit und nach der „Umbildung 1936" immer mehr Funktionen eines auf Erziehung zum neuen Staat ausgerichteten VHO auf sich vereinen konnte.

Auf dem literarischen Sektor, auf den es hier vor allem ankommt, ergaben sich weniger dramatische Konstellationen, was wohl daran lag, daß es in der Sozialdemokratie kein eindeutiges Literaturkonzept gegeben hatte, das, der Philosophie des Wiener Kreises vergleichbar, dem neuen Regime gefährlich geworden wäre. Die Besetzung der Literaturkurse blieb denn auch nach dem Februar weit konstanter als die der ideologisch polarisierten Fächer: Friedrich Kainz, Alfred Nathansky und Ferdinand Bronner bestritten einen Großteil der literarischen Kurse vor und nach 1934 und 1936. Auch Theo Feldmann, der vor 1934 Leiter der literarischen Fachgruppe gewesen war, bekleidete diese Funktion ohne Unterbrechung bis zum März 1938. In der wichtigsten Zweigstelle des VHO, in der Zirkusgasse in der Leopoldstadt, wurde das Kursprogramm ohne Unterbrechung von Ernst Schönwiese bestritten, der auch Fachgruppenleiter war.[34] Im Dezember 1934 wurde er, wohl auf Betreiben Matejkas, in den Vorstand im VHO aufgenommen. Schönwieses Literaturverständnis nach kann man darin kaum ein Indiz einer politischen, wohl aber einer ästhetischen Opposition sehen, die die Fenster der muffigen Heimatkunstlesestube aufstieß und Weltliteraturluft hereinließ; Schönwiese verfolgte ja in seiner bezeichnenderweise nur kurzlebigen Zeitschrift *Das Silberboot* dasselbe Ziel und ließ in der Zirkusgasse Musil und Broch lesen – und Elias Canetti, dessen *Blendung* in Lugmayers *Bücherbriefen* für Volksbüchereien abgelehnt wurde.[35] In der weniger besuchten Zweigstelle Landstraße bestritt der Sozialdemokrat Karl Ziak die Literatur und überdauerte alle politischen „Umbildungen" im VHO, dessen unentbehrlichem Verwaltungskader er angehörte.

Nun kann man Kurstiteln wie „Literatur der Gegenwart" oder „Was sollen wir lesen?" freilich nicht entnehmen, was gelesen und wie interpretiert wurde, aber eine ununterbrochene Lehrtätigkeit bis zum März 1938 läßt doch darauf schließen, daß ein Dozent nicht verdächtig genug war, um entfernt zu werden. Eine belegbare Ausnahme war der Germanist Richard Wagner. Seine Arbeitsgemeinschaft „Einführung in die Literatursoziologie" wurde 1934 abgesetzt, dann wieder zugelassen, schließlich durch einen Kurs gleichen Themas, aber wohl anderer Ausrichtung (Kursleiter: Leopold Langhammer, Landeskulturreferent der Vaterländischen Front [VF], Wien) ersetzt. Wagner wurde 1936 vom VHO ausgeschlossen, tauchte aber zum Mißfallen der Behörde als Vortragender in der Urania wieder auf, was, Indiz der Gleichschaltung, zur Forderung einer einheitlichen Personalkontrolle in allen Volksbildungshäusern Anlaß gab.[36]

Neben den Literaturkursen bildeten Dichterlesungen einen besonders sichtbaren Teil des Literaturbetriebs. Hier läßt sich die Änderung in der Literaturpolitik im VHO auf folgende Kurzformel bringen, in der die genannten Autoren jeweils eine bestimmte ideologische Richtung repräsentierten: Hörte man vor 1934 Brecht, Brügel, Brunngraber, Broch und Brehm, so hörte man nachher Brehm, Broch und Brunngraber. Anspruch auf Oppositionswert erheben heute vor allem die von Matejka geförderten Arbeiterdichter, die im VHO Lesungen und Programme veranstalteten. Ihre Problematik lag im Grundkonzept dieser Arbeiterliteratur, das auch vom Ständestaat vereinnahmbar war: Soziale Lyrik etwa, die das Leid der Proletarier thematisiert, war längst im vollen Sinn des Wortes „eingebürgert"; eine Glorifizierung der Arbeit an sich ohne politischen Bezugsrahmen, wie sie z. B. in Fritz Bartls *Sinfonie der Arbeit*[37] zelebriert wurde, widersprach nicht der Standesideologie. Die Arbeiter in Ottakring hatten freilich Ähnliches bei sozialdemokratischen Feiern gehört, und so ergab sich bei den Veranstaltungen der Arbeiterdichter eine rot-weiß-rote-rote Ambivalenz, die nicht nur systemimmanente Opposition, sondern auch illegalen Protest decken konnte. Danach befragt, sagt der Arbeiterdichter Willy Miksch heute: „Die Arbeiter im Volksheim kannten mich doch von früher. Wenn ich von ‚hellen Fahnen' sprach, so wußten die doch, daß ich rote Fahnen meinte, und applaudierten begeistert."[38] Der konkret politische Stellenwert solcher Ovationen in der Schuschnigg-Diktatur läßt sich schwer bestimmen; heute erscheinen sie uns als oppositionelle Emotionen zwischen Nostalgie und utopischer Entrückung.

Oppositionelle Regungen unter den Hörern im VHO sind uns aus den Erinnerungen der Zeitgenossen überliefert – den Erinnerungen der Veranstalter. Befragungen von Hörern liegen nicht vor. Aber auch sie wären angesichts der seither vergangenen Jahrzehnte von nur relativem Wert. Ausmaß, Art und Grad der Opposition werden sich also kaum genau feststellen lassen. Dokumentarische Belege lassen sich schon der Natur der Sache nach nicht in großer Zahl erwarten. Im Literaturbetrieb, der uns hier vor allem interessiert, konnten nur ganz wenige Fälle nachgewiesen werden, u. z. in amtlichen Quellen, die freilich nicht nur die Opposition erkennen lassen, sondern auch die Ambivalenz, die sie begleitete. Die Einschätzung dieser Ambivalenz, ob sie der Anpassung oder der Tarnung zuzuschreiben war, bleibt dem Interpreten überlassen. Im November 1935 wurde im VHO auf Initiative der Arbeiterkammer (Bildungsreferent: V. Matejka) *Das Lied vom Alltag. Ein Abend Arbeiterkunst* (Text: Willy Miksch, Musik: Kurt Pahlen) mit 150 Mitwirkenden aufgeführt. Die Veranstaltung war so erfolgreich, daß sie dreimal wiederholt und nicht nur im *Kleinen Blatt,* in der *Arbeiter-Woche* und der *Freien Arbeiter-Stimme,* sondern auch in der *Reichspost* positiv rezensiert wurde. Diesem von der Leitung des VHO stolz zitierten Echo in der (gleichgeschalteten) Presse[39] hatte jedoch ein Gewerkschaftsfunktionär vorgegriffen; schon nach der ersten Aufführung erhob er heftigen Widerspruch, der allerdings nur für den Amtsgebrauch bestimmt gewesen sein dürfte, da keine Druckfassung der Beschwerde vorliegt und sich weder die Presse noch der VHO-Vorstand zu den Vorwürfen geäußert hat. Auch das Original der Kritik, *Proletkult oder heimatverbundene wahre Kulturpflege* ist nicht erhalten, nur Matejkas Erwiderung[40], der sich typische Argumente und Gegenargumente einer Kontroverse über Arbeiterdichtung im Ständestaat entnehmen lassen: Der geforderten „positiven" Arbeiterkultur, die Freude an der Arbeit, Pflichtgefühl, Vaterlandsliebe und den „gesunden Wehrwillen" wecken soll, stellt Matejka eine zwar nicht nur pessimistische, aber doch realistische Literatur gegenüber, da eine einseitig idealisierende bei den Arbeitern jede Glaubwürdigkeit einbüßen müßte. Daß die Beschwerde des Gewerkschaftsfunktionärs, trotz Matejkas Entgegnung und trotz positiver Presse, nach der vierten Aufführung doch noch Repressalien zur Folge hatte, ist zweifelhaft. Miksch behauptet zwar, sein *Lied der Arbeit* sei schließlich von der Polizei verboten worden, aber weder im VHO-Archiv noch in den Erinnerungen Matejkas, der sonst für dergleichen ein gutes Gedächtnis beweist, findet sich irgendein Hinweis darauf. Vielmehr wurde *Das Lied der Arbeit* im März und April desselben Jahres in der Zweigstelle Landstraße wiederholt; auch führte ungefähr dieselbe Gruppe von Arbeiterdichtern im April die Revue *So ist unser Leben*, „die den Alltag des Arbeiters – und des Arbeitslosen schildert" im VHO anstandslos auf. Anscheinend betrachteten die Behörden eine realistische Darstellung des Arbeiterschicksals nicht als an sich schon subversiv.

Der Protest des Gewerkschaftsfunktionärs mag ein Einzelfall gewesen sein, der nicht an die Öffentlichkeit drang. Er deutet aber doch die Problematik solcher Veranstaltungen an: der starke Publikumszulauf machte sie ebenso exponiert, wie sie oppositionell wirksam sein konnten. Kein Wunder, daß der Fall, der immer als Beweis der Opposition im VHO genannt wird, sich aus einem ähnlichen Anlaß ergab. Am Ende des Sommersemesters 1936 führte der von Matejka geförderte Sozialdemokrat Franz Ibaschitz als Werbeveranstaltung für seinen Sprechchorkurs den *Hiob* auf, eine Bearbeitung der *Stimme aus dem Leunawerk* (1929) von Walter Bauer. Diese spätexpressionistische Protenpassion löste eine ständestaatliche Operette aus, bei der die starke Hand des Austrofaschismus das Nachspiel inszenierte. Die *Reichspost* schrie Feuer, wetterte von Blasphemie und Aufruf zum Streik. Matejka wies die Anschuldigungen entschieden zurück und bat im Namen des VHO sogar Schuschnigg persönlich um „Hilfe in diesem Kampf gegen unsere Widersacher."[41] Nach einer hochnotpeinlichen Untersuchung entkräftete der Volksbildungsreferent für Wien (und Freund Matejkas) Karl

Lugmayer unter Berufung auf Kardinal Innitzer und Domprälat Rudolf, die den Text geprüft hatten, die Vorwürfe der *Reichspost,* vor allem die Schärfe ihrer Formulierung, lenkte aber in die gewünschte Richtung ein: „Zweckmäßig war die Aufführung auf keinen Fall. Die geistige Linie des Stückes ist unklar und kann besonders unter den heutigen Umständen leicht mißdeutet werden."[42] Womit er die Situation in ihrer Ambivalenz treffend charakterisierte.

Von linker Seite wird der *Hiob* im VHO als Beweis dafür zitiert, wie sehr der Untergrund (Revolutionäre Sozialisten und Kommunisten) seinen Einfluß im VHO geltend machte.[43] Matejka beweist damit, wie sehr er derartige subversive Aktionen gedeckt habe. D. h. Untergrund und systeminterne Opposition bestätigen die Anklage der *Reichspost: Hiob* war eine marxistische Herausforderung. Erstaunlich bleibt, daß dieser subversive Text wohl bei den Austrofaschisten, nicht aber bei den kirchlichen Würdenträgern Anstoß erregte. So meinte Domkurat Rudolf, „daß wahrscheinlich auch er, wenn ihm das Stück zur Zensur vorgelegt worden wäre [...], gegen den *Hiob* und seine Aufführung nichts eingewendet hätte."[44] Und Kardinal Innitzer hatte Ibaschitz aus der Audienz mit den Worten entlassen: „Arbeiten Sie nur ruhig weiter."[45] und hatte ihm sogar seine Unterstützung zugesagt. Demnach hätte es sich beim *Hiob* im VHO um eine marxistische Untergrundaktion mit dem nachträglichen Segen der Kirche gehandelt. Und was von Ibaschitzens *Hiob* galt, galt auch von seiner Quelle, Bauers *Stimme aus dem Leunawerk:* Adolf Frisé hatte Bauers Werk im katholischen *Gral* gelobt, Ernst Wiechert hatte es durchaus positiv als soziale Dichtung besprochen[46], und doch war Bauer KPD-Mitglied und seine Arbeit im kommunistischen Malik-Verlag erschienen.

Die Belege im Archiv des VHO lassen den Fall *Hiob* als eine Kontroverse zwischen einer borniert klerikalfaschistischen Fraktion des Regimes und einem toleranten, den Arbeitern gegenüber klug aufgeschlossenen Katholizismus erscheinen; freilich stammen diese Belege meist von Mitverantwortlichen, die die peinliche Situation entsprechend darstellten. Und natürlich wurde die erschütternde Anklage des Spiels wie alle ähnlichen Schilderungen des Arbeiterschicksals von marxistisch orientierten Besuchern des VHO in ihrem Sinne ausgelegt. Bürgermeister Schmitz, des oppositionellen und subversiven Rufs des VHO eingedenk, ließ sich auf derartige eindeutige Mehrdeutigkeiten nicht ein. Die Affäre *Hiob* wurde zum letzten Anlaß, den allzu ‚linken' Matejka aus seiner leitenden Stellung im VHO zu entfernen. Auch Ibaschitz durfte entgegen Innitzers Ermutigung nicht „weiterarbeiten". Der hinreichend suspekte Dr. Wagner, der die Aufführung eingeleitet hatte, wurde verwarnt und kurz darauf vom VHO ausgeschlossen.

Die Repressalien, die dem *Hiob* folgten, wiesen auf weitere Gleichschaltungsmaßnahmen voraus: Am 2. Juli 1936 wurde das „Stadtgesetz zur Regelung des Volksbildungswesens in Wien" beschlossen, das auch das VHO der Oberaufsicht des Bürgermeisters unterstellte. Nach diesem Zeitpunkt lassen sich im Literaturbetrieb des VHO zwei Fälle oppositioneller Regungen belegen: Als im Zuge der „Umbildung 1936" wieder einige Mitglieder ausgeschlossen wurden, protestierte auch die Hörerschaft der literarischen Fachgruppe unter Theo Feldmann.[47] Und im Mai 1937 wurden die Büchereinstellungen derselben Fachgruppe beanstandet, da man sich offenbar nicht an die Weisungen gehalten hatte; „Die Fachgruppe wurde angewiesen, dieser Kritik in Hinkunft Rechnung zu tragen."[48] Zu einer zweiten Affäre, die der um den *Hiob* vergleichbar gewesen wäre, kam es nicht mehr.

SOZIALES EXPERIMENT ODER HERD DER OPPOSITION?
DER ÖSTERREICHISCHE ARBEITERSCHRIFTSTELLERVERBAND

Matejkas Entmachtung im VHO bedeutete keineswegs seinen Verzicht auf oppositionelle Tätigkeit, ja was sich auch nach dem Sommer 1936 an kultureller Opposition ermitteln läßt, hängt irgendwie mit Matejka zusammen und ließ sich größtenteils erst dank seiner Erinnerungen aufspüren. Unsere Dankbarkeit dem Informanten gegenüber darf freilich nicht zur fraglosen Hinnahme des Erinnerten führen. Sicher ist zu beherzigen, was Matejka dem Verf. zu bedenken gab: „Verfallen Sie nicht dem Irrglauben so mancher Historiker, die meinen, die Wahrheit zu besitzen, weil sie Dokumente haben."[49] Dem ist allerdings entgegenzuhalten, daß auch der nicht unbedingt die Wahrheit findet, der vierzig Jahre später einen Zeitgenossen ausfragt. Man wird sich also fürs erste doch die Dokumente ansehen müssen, ohne zu vergessen, daß sie, soweit es sich wie im folgenden um zugelassene Drucktexte handelt, einer Zeit der Zensur entstammen.

Matejkas bemerkenswerteste Errungenschaft auf literarischem Gebiet war seine Förderung des Österreichischen Arbeiterschriftstellerverbandes (ÖASV), den er auch in der Absicht gegründet haben will, „bessere Möglichkeiten für politische Konspiration"[50] zu schaffen. Welche Tätigkeiten entfaltete diese Organisation? Inwiefern wurde hier systemimmanente Opposition oder gar subversive Gegnerschaft zum Regime artikuliert? Am Ende seines Bestehens, also im März 1938, zählte der ÖASV an die 40 Mitglieder verschiedener politischer Richtungen.[51] Anton Forcher und Franz Josef Krainhöfer z. B. hatten in christlichsozialen Zeitungen publiziert; aus dem sozialdemokratischen Lager kamen Willy Miksch, Hans Winterl, Fritz Bartl und Rudolf Felmayer. Niemand wurde nach seiner Vergangenheit vor 1934 gefragt. Mit der politischen Betätigung seither hielt man es laut Matejka ähnlich; so störte es ihn keineswegs, daß einige ÖASV-Mitglieder bei den verbotenen Revolutionären Sozialisten oder bei den Kommunisten waren. Illegale Betätigung, die der Polizei bekannt wurde, hatte allerdings wie im Fall des Kommunisten Franz Gugerell Suspendierung vom ÖASV zur Folge. Daß es wie in anderen Autorenverbänden des Ständestaates auch im ÖASV illegale Nationalsozialisten gab, stellte sich erst 1938 heraus. Von politischen Meinungen abgesehen, ergab sich eine gewisse oppositionelle Solidarität daraus, daß dieser Arbeiterschriftstellerverband ein Arbeitslosenschriftstellerverband war. Viele Mitglieder hatten kein Geld, aber umso mehr Zeit, und die Produktion war entsprechend hoch: in den zwei Jahren, die der ÖASV bestand, verfaßten die Mitglieder zusammen 13 Lyrikbände, 10 Prosawerke, zahlreiche Publikationen in Zeitungen und etliche Feiertexte, die den Ständestaat verherrlichten.

Am ehesten wurden in der Lyrik die Disharmonien hörbar, die so manche Prosaarbeiten und vor allem die Feiertexte mit ihrer aufdringlichen Positivität zu übertönen suchten. Freilich bewiesen die meisten ÖASV-Dichter, daß sie nicht Arbeiterdichter waren, sondern gefühlvolle Arbeiter (und Angestellte), die auch dichten konnten – so gut (meist so schlecht) wie so mancher Bildungsbürger. Und selbst in der Arbeitsthematik überzeugen sie nicht, wenn sie ‚poetisch', d. h. abstrakt werden. So hat Willy Miksch Hymnen auf Arbeit und Fortschritt geschrieben – in so nebulos expressionistischer Phraseologie, daß sie in ihrer vagen Zukunftsgläubigkeit dem Regime ebenso willkommen sein, wie sie den links stehenden Arbeitern als Fortsetzung sozialistischer Ekstatik vor 1934 erscheinen konnten. (Auf die Ambivalenz dieser Art von Arbeiterdichtung wurde im Abschnitt über das Volksheim Ottakring hingewiesen.) Aber wenn nicht nachromantische Innerlichkeit oder Utopie das Gedicht diktiert, sondern unmittelbarer, unsublimierter Alltag, dann kann es in der Einfachheit der Sprache, die dem lapidaren Thema angemessen ist, trotz mancher Unbeholfenheit als Gedicht überzeugen und durch seinen Wahrheitsgehalt zur politischen Aussage werden, die das Regime in Verlegenheit brachte. Nach drei Jahren „Aufbau" gab es in dem kleinen Land 464.000, d. h. über 21 %[52] Arbeitslose. Wie konnte man da ein Gedicht wie das folgende von Willy Miksch als überholt bagatellisieren?

> Morgens geh ich aus dem Hause,
> hab zerriss'ne Schuhe an,
> und mein arbeitsloser Vater
> sieht mich stumm und traurig an.
>
> Mittags gibt es Brot und Suppe
> und Kartoffeln dann und wann,
> und mein arbeitsloser Vater
> sieht mich stumm und traurig an.

> Abends macht es dann der Hunger,
> daß ich lang nicht schlafen kann,
> und mein arbeitsloser Vater
> schaut mich stumm und traurig an.[53]

Auch die folgenden Zeilen Alois Rosmaniths sind wohl kaum mit der Propaganda des christlichen Sozialstaates zu vereinen:

> Seitdem, daß ich nun betteln geh –
> verhärmt und bleich –
> ganz leise um Almosen fleh
> und weiter schleich
>
> verspür ich, wie vor jeder Tür –
> Scham im Gesicht –
> vom Allerheiligsten in mir
> etwas zerbricht.[54]

Solche Erbitterung war die Grenze der Kritik im ÖASV. Weiter konnte sie nicht gehen, da, wie Matejka versichert, jede Opposition nur als Tarnung möglich war, wollte man für die Arbeiter retten, was zu retten war. Man kann freilich nicht umhin zu fragen, was durch die systemimmanente Opposition eigentlich ‚gerettet' wurde. Bedenkt man, daß trotz aller Versprechungen sich die sozialpolitische Situation der Arbeiter nach 1934 verschlechterte[55], dann erscheinen die Hymnen auf die Arbeit, die die ÖASV-Dichter neben ihrer Soziallyrik ja auch schrieben und mit denen sie, sei es zur Tarnung, sei es unbewußt, den status quo stützten, als regelrechter Zynismus, und das Verdammungsurteil der illegalen Linken, der ÖASV liefere dem Regime ein Kulturalibi und schwäche den Widerstand der Arbeiter, wird verständlich. Die Aktivisten deuteten die Ambivalenz so mancher ÖASV-Schöpfung eben nicht als Tarnung, sondern als Anbiederung, ihr Pathos der Arbeit als hohle Unverbindlichkeit. Für sie war Bartls Sinfonie der Arbeit „ein sinn- und saftloses Wortgeklingel", Miksch und Bartl waren Autoren, die „die Ergüsse ihrer schönen Seelen in den ideologisch völlig versumpften, der Arbeiterschaft gestohlenen Vorwärtsblättern [ablagern]."[56] Und während, wie Miksch erzählt, die Arbeiter in Ottakring bei den ÖASV-Lesungen „begeistert applaudierten", wurden in Floridsdorf die „in Gedichtform gepreßten versöhnlerischen Phrasen" der „gleichgeschalteten ‚Arbeiterdichter'" ausgepfiffen und ausgelacht.[57] Von der politischen Relevanz, die offenbar vom Standpunkt des Zuhörers abhing, abgesehen, kann man dem ÖASV den Wert eines sozialen Experiments – jenseits jeder Opposition – nicht absprechen. Immerhin wurde notleidenden Autoren die Möglichkeit gegeben, sich ein paar Schillinge zu verdienen und ihr Talent als soziale Schriftsteller zu entwickeln.

Soweit die von ÖASV-Mitgliedern publizierten Arbeiten, d. h. die „Dokumente", die laut Matejka nicht die ganze Wahrheit verbürgen.

Wie stand es mit der Tätigkeit des Verbandes zwischen den Druckzeilen? Boten die Zusammenkünfte tatsächlich die von Matejka geplante Möglichkeit zur Konspiration? Und welcher Art war sie, was wagte sie? Versucht man heute, diese Fragen zu beantworten, findet man sich – auch bei Matejka – dem Dilemma gegenüber, zwischen einem Zuwenig an Erinnerung und einem Zuviel an Selbststilisierung Verläßliches zu ermitteln. Ein Beweis subversiver Aktionen an Hand von Unterdrückungsmaßnahmen wie etwa im Fall *Hiob* läßt sich nicht erbringen. Der ÖASV blieb bis zum März 1938 unbehelligt – vermutlich weil sich die Behörden an den publizierten Arbeiten orientierten.

Gab es unpublizierte, die dem Zensor aufgefallen wären? Im ÖASV-Archiv findet sich in der Manuskriptmappe das folgende Gedicht von Rudolf Unger:

> Vom Denken
>
> Lerne denken,
> denn es ist notwendig,
> daß du dir Gedanken machst.
> Du darfst nicht träumen,
> Klar muß dein Gehirn sein.
> Bau dir kein Schloß aus Marzipan,
> Bittres hast du genug zu schlucken.
> Verlasse die Erde nicht,
> sie ist die Plattform,
> auf der sich alles abspielt,
> auch dein Denken!

Welche Überraschung! Statt wie die anderen Lyriker im ÖASV romantisch-subjektive Innerlichkeit, unverbindlich ambivalentes expressionistisches Pathos oder längst etablierte Mitleidslyrik zu bieten, kennt der Autor dieser Zeilen offenbar seinen Brecht. Ob das Gedicht zur Veröffentlichung in einer ÖASV-Publikation je vorgesehen war, ließ sich nicht feststellen. Wahrscheinlich ist es nicht. Dazu widersprach es zu sehr dem formal konventionellen, tradierten Emotionen verhafteten Literaturverständnis, das in derlei Veröffentlichungen dominierte. Vermutlich ist Ungers Gedicht ein rares Dokument literarischer Opposition in einer vom Regime teils geförderten, teils geduldeten Autorenvereinigung.

Zusammenfassend läßt sich sagen, daß die systemimmanente Opposition sich aus den Widersprüchen des „Systems" ergab. Die streng katholisch, antimarxistisch motivierte des *Christlichen Ständestaates* entzündete sich einerseits an den Divergenzen zwischen Quadrogesimo Anno und Austrofaschismus, andererseits am Gegensatz zwischen österreichischem und gesamtdeutschem Kurs. Die nach links offene Opposition in der Volksbildung nutzte die literarisch ambivalenten Überschneidungen zwischen Standes- und Klassenideologie; was zur Werbung um die Arbeiterschaft dem Regime willkommen war, konnte gegen es gewendet werden. Die Opposition im Arbeiterschriftstellerverband beschränkte sich auf die soziale Anklage, die von systemstützenden Momenten begleitet war. Beide Bereiche, Volksbildung und ÖASV, sind der systemimmanenten Opposition zuzurechnen, weil in beiden Viktor Matejka eine zentrale Stellung einnahm. Als Linkssozialist war er zwar exponiert, er wurde aber vom Regime nie fallengelassen; er wurde wohl aus der Leitung des Volksheims entfernt, blieb aber Bildungsreferent der Arbeiterkammer. Verbindungen zwischen der links orientierten Opposition im Volksheim bzw. im ÖASV und der linken Illegalität sollen nicht bezweifelt werden, aber sie sind in subjektiven Erinnerungen vergraben und schwer zu belegen. (Daß zumindest einige im Untergrund auf die ÖASV-Dichter äußerst negativ reagierten, konnte gezeigt werden.) Alle systemimmanenten Oppositionsversuche wurden, sobald sie als zu störend empfunden wurden, abgestellt – womit der totalitäre Kurs des Regimes ebenso bewiesen ist wie die Vergeblichkeit aller Bemühungen, in einer Diktatur von innen her eine wesentliche Liberalisierung auf Dauer zu erwirken.

Gegenstimmen aus dem Keller. Die Kleinkunst

Fern aller offiziellen Kulturpolitik und aller Versuchung oder Notwendigkeit, sich mit ihr in zweideutige Tarnungsmanöver einzulassen, gedieh zwischen systemimmanenter Opposition und Widerstand die Kleinkunst als Gegenkunst gegen alles, was sich als groß aufspielte, sei es in der Kunst oder in der Politik. In den Kaffeehauskellern herrschte nicht das Pathos sozialer Anklage oder politischer Agitation, sondern die Satire, und es war schwer, über den Ständestaat und seine Kulturpolitik keine Satire zu schreiben. Ebenso schwer war es, sie so zu schreiben, daß sie zwar dem Zensor, nicht aber dem Publikum entging.

Wenn es heute unmöglich ist, die in der Kleinkunst artikulierte Opposition genau und vollständig zu erfassen, so liegt das an der Textsituation, u. z. nicht nur daran, daß nicht alle Texte erhalten sind. Die Verläßlichkeit der erhaltenen wird einerseits durch die Arbeitsweise der Kleinkunst eingeschränkt, andererseits durch die Schwierigkeit, die Eingriffe der Zensur zu überprüfen. In der Kleinkunst schrieb man nicht für die Publikation, man schrieb für die nächste Aufführung, und man schrieb immer wieder um. Und die Texte, die uns vorliegen, sind Schauspielerexemplare, bei denen nicht feststeht, ob sie die gespielten oder die zensurierten sind.[58] Manche satirische Spitze wurde mittels Betonung oder Mienenspiels lanciert. Sicher: Jugend, histrionisches Temperament, politische Sympathien der Kleinkünstler garantierten eine allgemein oppositionelle Einstellung, aber was sie schrieben und auf der Bühne trieben, entzieht sich einer absolut gültigen Dokumentation. Ein Beispiel aus

Soyfers Texten: In seiner *Geschichtsstunde 2035* spottet er über die „österreichische Sendung, die nie angekommen [sei]."[59] Der Zensor bestand auf Streichung, und, wie Soyfers Freund Jimmy Berg erzählt, gab man nach.[60] Die satirische Absicht war da, läßt sich im Text belegen, wurde aber nie artikuliert. Oder Soyfers Stück *Astoria*, seine blendende Satire auf den Staat reduziert auf den Staatsapparat: es wurde von der Zensur zerzaust, aber es läßt sich nicht genau sagen, wie sehr. Die Zensoren, jeweils ein Polizeibeamter des Bezirks, in dem die Kleinkunstbühne gelegen war, waren unterschiedlich in Strenge und Diensteifer. Die „Literatur am Naschmarkt" traf es mit ihrem Polizeirat Čapek sehr gut;[61] Stella Kadmon, Leiterin des „Lieben Augustin" wurde aufs Kommissariat beordert und angeschrien, man werde ihr die Bude zusperren, wenn sie ihr Ensemble nicht zähme. Kein Wunder, daß sie Soyfer nicht spielte, weil er ihr zu radikal war.[62]

Die antifaschistische Satire in der Kleinkunst war je nach der politischen Situation in Intensität und Stoßrichtung differenziert. Das Schicksal der aus Deutschland geflüchteten Schauspieler, das Judentum vieler Wiener Mitarbeiter führte naturgemäß zu scharfen Warnungen vor dem Nationalsozialismus. Ein Beispiel: Als im Winter 1932/33 nationalsozialistische Studenten an den Wiener Hochschulen Juden und Sozialisten verprügelten, ohne daß die Behörden energisch eingeschritten wären, schrieb Hans Weigel seine *Hochschulkantate,* deren Schlußstrophe lautete:

> O daß die akademischen Kapazitäten
> Doch endlich was gegen die Nazi täten!
> Bedenket doch: Aus dem Gelichter
> Wird morgen dein Beamter und dein Richter.[63]

Die Strophe wurde vom Zensor prompt gestrichen – ein Beispiel mehr dafür, daß die Kritik nicht immer über die Rampe kam.

Zwei Monate nach Hitlers Machtübernahme setzte mit der Ausschaltung des Parlaments der autoritäre Kurs in Österreich mit aller Härte ein. Nationalsozialismus und Austrofaschismus begannen ihren Konkurrenzkampf. Die Ermordung Dollfuß' zeigte überdeutlich, wie groß die Nazi-Gefahr war, und die Parole vom „kleineren Übel" bremste die Kritik am heimischen Regime. „Nach dem Juliputsch", schreibt Rudolf Weys, Direktor der „Literatur am Naschmarkt", „[fanden wir] an vaterländischer Alt-Österreich-Spielerei nach wie vor kein Gefallen, aber durften wir in der gegebenen Situation österreichfeindlich denken und handeln?"[64] Nicht alle Kleinkunstautoren teilten diese Zurückhaltung. Weigel z. B. nicht:

> Er [Rudolf Weys] war gewiß nicht kompromißlerisch, er war ein Demokrat, ein Liberaler, er war zeitkritisch, kulturkritisch, aber er war so ungeheuer österreichisch, daß er an Österreich auch in der Ausdrucksform

durch Ständestaat und Diktatur glaubte. Ich glaube an jenes bessere Österreich, das ich durch Ständestaat und Diktatur verraten sah.[65]

Je mehr das autoritäre Regime jede Kritik in den Medien unterband, umso mehr versuchten die politisch Wachen unter den Kleinkünstlern, diese Hermetik zu durchbrechen, und das Publikum war „gierig nach dem kleinsten Zipfel Opposition in einer gleichgeschalteten Welt."[66] Wie groß oder wie klein waren die Zipfel, die bei der Zensur durchrutschten? Worauf beruht O. F. Beers Erinnerung, in der „Literatur am Naschmarkt" „[hätten] Rudolf Weys [also doch? Verf.] und Hans Weigel und andere Erstaunliches an Kritik zuwege [gebracht]"?[67] Und dabei war die „Literatur am Naschmarkt" ja nur eine von mehreren Kleinkunstbühnen und politisch nicht so engagiert wie etwa das „ABC"! Wie intensiv war also die Opposition in der Wiener Kleinkunst?

Die Satire in den Kellerbühnen war von Nestroy, Kraus und Brecht inspiriert und richtete sich allgemein gegen Militarismus und Kriegsgefahr, gegen den grünen und braunen Faschismus. Was spezifisch die Kulturpolitik des Ständestaates betraf, so nahm man vor allem den Provinzialismus aufs Korn, die Deutschtümelei („Nibelungen in Lederhosen"), den Trachtenprimitivismus und Brauchtumskult, den „Tag der Musikpflege", die Staatspreisträger. Darüber hinaus attackierte man die Gesellschaftsform, die von einer solchen Kulturpolitik gestützt wurde. Lothar Metzl griff den Kapitalismus en gros an; besonders bemerkenswert ist sein Spiel *Die Knechte und der Mond:* in hämmernden Reimen klagt es die Klassenstruktur der Landbevölkerung an, die Ausbeutung des Landproletariats durch die Bauern. Der Arbeiterdichter Josef Pechacek trug erbitterte Songs über die Arbeitslosigkeit in den Städten vor. Aber nur Jura Soyfer (Beer zählt ihn wohl zu den nicht genannten „anderen") forderte eine revolutionäre, gesellschaftsverändernde Alternative, wenn er in seinem *Lechner-Edi* (1936) die Arbeitslosen aufrief, vereint zur Selbsthilfe zu greifen. (Damit überschritt Soyfer freilich die Grenzen der Opposition – der Zensor, jener legendäre Polizeirat Čapek, drückte die Augen zu, aber die Staatspolizei war weniger nachsichtig, als sie sich ein Jahr später mit Soyfer und seinen Texten näher beschäftigte.) Hauptziel der Kritik an Nazi-Deutschland blieb der Antisemitismus, womit allerdings auch die Situation in Österreich gemeint war. Sosehr die Satire in der Kleinkunst, ihrem kabarettistischen Einschlag entsprechend, von aktuellen Anlässen, sei es in Deutschland oder in Österreich, ausgelöst wurde, ihr Tenor war die Bloßstellung der faschistischen Mentalität, die in beiden Staaten mit unterschiedlicher Intensität die Freiheit einschränkte, bzw. völlig unterdrückte. Als Beispiel einer solchen doppelschneidigen, auf Österreich und Deutschland gemünzten Satire sei nochmals Soyfers *Astoria* genannt.

Der politische Stellenwert der Opposition in der Kleinkunst variierte mit der Stelle, die darauf reagierte. So erschien in der *Pause,* der mehr oder weniger offiziellen Kulturzeitschrift des Regimes, der folgende Kommentar, der mit einer Geste überlegener Toleranz die Wirkung der Kleinkunst zur willkommenen Therapie entschärfte:

> So ein richtiges Kabarett ist ein wichtiges Ventil, der Staatsarzt verschreibt es dem Bürger, wenn Fieber auszubrechen droht, und der kluge Zensor ist besonders einverstanden, wenn er eine recht kräftige Dosis verabreichen darf, denn er weiß zu gut, daß sie niemals schadet. In Wien sind in den Kleinkunstbühnen viele tüchtige Regisseure, Schriftsteller, Maler und Künstler tätig, sie haben ihren Abenden ein charakteristisches Gesicht gegeben, trotzdem heutigen Tages für viele Gedanken schon ganz eigene Paßausweise notwendig sind und viele Grenzen überhaupt unüberschreitbar sind, sehr zum Nachteil der Kunst und des Geistes.[68]

Egal, aus welcher ideologischen Ecke dieses Plädoyer für die Freiheit des Geistes kam – der Artikel erschien im Herbst 1936, also nach dem Juliabkommen, und die Grenzmetaphorik läßt verschiedene Spekulationen zu –, die Auffassung von der Harmlosigkeit der Kleinkunst mag auch ohne ideologische Hintergedanken in liberalen Kreisen des Regierungslagers verbreitet gewesen sein. Hätten jedoch alle Kulturwächter des Regimes die Ventiltheorie geteilt, die Opposition der Kleinkünstler hätte sich in ihr Gegenteil verkehrt, die Gegner des Systems wären seine dupierten Hofnarren gewesen. Johannes Messners *Monatsschrift für Kultur und Politik* gab ihnen die Würde wieder – auf Kosten der eigenen. In diesem offiziellen kulturpolitischen Organ der Regierung nahm man die Opposition der Kleinkunst durchaus ernst, man empörte sich über den Antifaschismus dieser „Emigranten", die nicht nur „Vorgänge und Erscheinungen im ehemaligen Vaterlande" kritisieren, sondern auch „Einrichtungen unseres Staates, der diesen Menschen Gastfreundschaft gibt", und die ihre „Kritik gewisser Erscheinungen im gegenwärtigen Deutschland zu einer bösartigen Besudelung des gesamten Deutschtums entarten [...] lassen." Messners Zeitschrift forderte „schärfere Beobachtung"[69], und als man 1937 die „Treuhandsstelle für Theater und Film einrichtete", der die „Führung und Beratung" der Theater obliegen sollte, beauftragte man sie ausdrücklich mit der „Überwachung" der Kleinkunstbühnen.[70] An der erhöhten Empfindlichkeit für Satire und Spott läßt sich die Tendenz zum Totalitarismus erkennen, der keinen Spaß versteht. Im Strafakt Soyfers, der im November 1937 verhaftet wurde, wird auf die kommunistische Tendenz seiner Stücke hingewiesen; d. h. man hatte bei ihm verbotene Schriften gefunden, aber seine Tätigkeit in der Kleinkunst war offensichtlich mit inkriminierend. Nimmt man die Bestrafung als Beweis einer Opposition an, die auch vom Gegner als solche empfunden wurde, dann wäre Soyfer der einzige oppositionelle Kleinkunstautor gewesen, aber so eng faßte die Behörde den Begriff nicht. Die Kleinkunstbühnen waren, wie im erwähnten Strafakt zu lesen ist, als Sammelpunkte „marxistischer Elemente" bekannt[71], und die österreichische Staatspolizei vollzog die von der katholischen *Monatsschrift für Kultur und Politik* geforderte Überwachung.

Daß der linke Untergrund die Opposition der Kleinkunst als solche anerkannte, läßt sich nur in Einzelfällen belegen. Das Publikum in den Kaffeehauskellern war nicht identisch mit den Zielgruppen illegaler Propaganda, den Arbeitslosen und Arbeitern. Während Bruno Kreisky sich an Soyfers Stücke erinnert[72], meint Soyfers Gesinnungsgenosse und Freund Ernst Epler, der in der „Systemzeit" in der Lobau Schlingen legte, um zu einem Stück Fleisch zu kommen, „in einer Arbeitslosenfamilie, in der jeder Groschen umgedreht wurde, wäre der Besuch einer Kleinkunstbühne unverzeihlicher Leichtsinn gewesen."[73] Manche Mitglieder illegaler Kader wie Franz West mieden die Kleinkunstbühnen, weil sie zu exponiert waren.[74] In den von namhaften illegalen Sozialisten und Kommunisten verfaßten zeitgeschichtlichen Darstellungen über die dreißiger Jahre[75] findet sich kein Wort über die Kleinkunst, auch nicht über Soyfer. Auch in dem im Ausland gedruckten Propagandamaterial werden die Kleinkunstbühnen als Stätten der Opposition nicht erwähnt. Lediglich in einer der wenigen erhaltenen Nummern der halb illegalen *Zeitschau* gibt es eine Rezension einer Aufführung in der „Literatur am Naschmarkt"[76], in der zwischen seichten und kritischen Programmen unterschieden und Weigels Gedicht *Renaissance* gelobt wird, das, wenn es im überlieferten Text tatsächlich vorgetragen wurde, die „Erneuerung" des Staates als Regression ins Mittelalter verspottete.[77] Daß der linke Untergrund so gut wie nichts zur Opposition in der Kleinkunst zu sagen hatte, erklärt sich wohl auch daraus, daß manche Aktivisten diese Opposition, obwohl sie den Schikanen des Zensors und der Überwachung durch die Polizei ausgesetzt war, nicht ernst nahmen, weil sie nur die Intellektuellen erreichte und bloß als Amusement rezipiert wurde. So schreibt Ernst Epler rückblickend über Soyfer:

> Ein ungeduldiger Mann, der in kritischer Zeit zu den Massen sprechen will und den die Massen auch verstanden hätten, wird in einen Keller mit 49 Sitzen gesperrt; und sieht Abend für Abend Leute, die sich von ihm ja bloß ihren politischen Jux machen lassen wollen und sich darüber freuen wie über einen Sieg, wenn er mit einer elegant verschlüsselten Handlung oder einer Zeitzünder-Pointe dem borniertem vaterländischen Zensor ein Schnippchen geschlagen hat.[78]

Die linken Intellektuellen freilich, und die machten den Großteil des Publikums aus, gingen von so einer Aufführung mit gestärktem Optimismus nach Hause und mit dem Bewußtsein, in ihrem, ihrem einzigen Theater gewesen zu sein, und das war im Wien der vaterländisch-katholischen Kulturdiktatur nicht wenig. Für andere Besucher mag die Kleinkunst, von aller politischen Relevanz und Wirksamkeit abgesehen, schon rein literarisch Opposition gewesen sein. Sie bot eine Literatur, die im Kanon der ständestaatlichen Kulturpolitik gar nicht als Literatur galt; in diesem Kanon hatte die Kleinkunst kein Äquivalent – wer hätte sich ein austrofaschistisches Kabarett auch nur vorstellen können?

„LOB DER ILLEGALEN ARBEIT." LYRIK DES WIDERSTANDES

Die heftigsten Angriffe gegen die austrofaschistische Kultur- und Literaturpolitik kamen naturgemäß aus der Illegalität – der hier ausgeklammerten, mit antiklerikaler, antiösterreichischer und antisemitischer Propaganda operierenden nationalsozialistischen und der antifaschistischen der Sozialisten und Kommunisten. Die Publikationen des linken Untergrunds waren zwar in erster Linie Agitationsorgane,[79] in denen theoretische Artikel, Informationen und Instruktionen zum illegalen Kampf den größten Raum einnahmen, aber es fehlte nicht an Attacken gegen den „faschistischen Kultursumpf." Eine der repräsentativsten war Fritz Brügels Entlarvung der im Ständestaat gepflegten „österreichischen Tradition", die er auf die polemische Formel brachte: Mischung von Operette und Filmkitsch für die breite Masse, gegenreformatorische Geschichtslüge für die Intellektuellen; auf die Schollenmystik der Gegenwartsliteratur ging er nicht ein, er konzentrierte sich auf die historischen, d. h. vor allem monarchistischen Wurzeln der „Österreich-Legende" (der „schwarzgelbe", „sentimentale Humbug ist so geschickt angelegt, daß selbst Schriftsteller wie Josef Roth auf den Leim gehen."[80]

Nicht nur das Konzept der ständestaatlichen Literaturpolitik wird angegriffen, auch spezifische Autoren, die es bejahen oder sich nicht klar distanzieren (Kraus, Musil, Roth, Zweig).[81] Die Arbeiterdichter Willy Miksch, Fritz Bartl und Hans Heidenbauer werden zu „Arbeiterdichtern", die nicht als Mitstreiter im Kampf gegen den Faschismus, als die sie Matejka und sie sich selbst auffaßten, sondern als Überläufer gebrandmarkt werden.[82] Die Literaturkritiker des Widerstands haben es nicht schwer, ihr Gespür für Kitsch zu beweisen: Eine vom Wiener Volksbildungsreferat geförderte Karl-May-Ausstellung in der Urania wird als „ekliges Gemisch aus schmalzigem Frömmlertum und rohestem Kannibalismus, aus Buffalo-Bill-Romantik, ehrsamer Tugendhaftigkeit und falschem Heroismus"[83] bloßgestellt; die erste Aufführung der VF-Freizeitorganisation Neues Leben, *Der schwarze Tod von Neunkirchen,* wird mit Gusto verrissen: „An einem derart verlogenen Kitsch müßte selbst ein richtiger Pesterreger krepieren."[84] Soweit einige Details der Kritik, die nur punktuell zu erfassen ist, da viele der lokal hergestellten Periodika des Untergrunds nur in wenigen Nummern oder gar nicht erhalten sind. Ausreichend zu belegen sind die scharfen Reaktionen auf die „Säuberungen" der Arbeiterbüchereien (1934, 1936), die „Umbildungen" im Volksheim (1934, 1936) und das gleichschaltende Volksbildungsgesetz vom Sommer 1936.[85]

Der linke Widerstand wirkte der austrofaschistischen Literaturpolitik nicht nur durch Kritik entgegen. Im *Kampf* z. B. zeigte Peter Roberts (Pseudonym für Schiller Marmorek), wie Bibliothekare in den Arbeiterbüchereien durch Empfehlung sozialkritischer Weltliteratur, die nicht entfernt wurde, eine sozialistische Bildung fortsetzen könnten.[86] Georg Kollmann besteht statt dessen auf der Notwendigkeit, realistische, sozialistische Gegenwartsliteratur zu beschaffen („Die Wege des Buchhandels sind vielfältige und andere als die der politischen illegalen Literatur") und unter den Arbeitern zu verbreiten.[87] Brügel stellt den Habsburgerapotheosen die tschechische Literatur als Antitoxin gegenüber[88], und der umfangreiche Rezensionsteil ist auch anderer ausländischer Literatur gewidmet, um den provinziellen Isolationismus des österreichischen Buchangebots zu durchbrechen und die von Kollmann angedeuteten Wege zu ebnen.

Außer diesem journalistischen Widerstand gab es einen Widerstand in literarischer Form. Ein erster Versuch, das umfangreiche Untergrundmaterial (im Dokumentationsarchiv des Österreichischen Widerstandes sind an die 450 Zeitschriften und Flugblätter katalogisiert) nach spezifisch literarischen Beiträgen zu sondieren, ergab, daß sich solche nicht nur in den wichtigsten, gedruckten Publikationen wie der *Arbeiter-Zeitung* (die allerdings die meisten Gedichte enthält), finden, sondern auch in vielen behelfsmäßig hergestellten, hektographierten Schriften. Von den 66 durchgesehenen Periodika aller Art enthalten 40 eine bisher kaum beachtete, durch Entstehungsbedingungen und den Primat des Zwecks stark profilierte „Gegenliteratur".[89] Finanzielle Beschränkungen und konspiratorische Erwägungen bestimmten den Umfang, der wieder den Inhalt, der meist aus Information bestand. Dementsprechend war den literarischen Beiträgen nur geringer Raum gegeben; der enge Raum bestimmte das Genre, d. h. was sich hier an Literatur findet, ist politische Gebrauchslyrik, die der Emotionalisierung des illegalen Kampfes diente.

Bei den bisher erfaßten 106 Gedichten lassen sich verschiedene Grade politischer Konkretisierung feststellen. Die Gedichte allgemeinster revolutionärer Stoßrichtung sind entweder anonym und von teils gekonnt, teils dilettantisch gereimter Propagandarethorik geprägt oder Nachdrucke von Gedichten bekannter Autoren (Heine, Petzold, Tucholsky, Weinert, Brecht). Unter den auf die österreichische Situation bezogenen sind die über den Februar '34 die zahlreichsten. Die Bedeutung der Februarkämpfe für die österreichische (und ausländische[90]) Literatur der dreißiger Jahre beruhte darauf, daß sie erneut ins Bewußtsein einbrannten, was in der aus dem 19. Jh. übernommenen sozialistischen Literatur durch stereotype Wiederholung sich zur Phrase verflüchtigt hatte: die Unversöhnlichkeit der Klassen, die Brutalität des Gegners, der Widerstandswille der Arbeiter. Hier eines der Februargedichte:

Wien

Die Erde, die rote von Wien
Hat das Blut ihrer Söhne getrunken,
Die Fahnen, die roten von Wien,
Sind brennend zu Boden gesunken.

Kanonen gegen die neue Zeit
Und gegen den Geist: Gendarmen,
Maschinen gegen die Menschlichkeit,
Den Brand in die Häuser der Armen!

Kein Weihwasser wäscht den Boden mehr rein
Vom Blute der opfernden Scharen,
Wenn Menschenmund schweigt, so wird jeder Stein
Die Schande der Mörder bewahren.

Das Standgericht gegen den standhaften Mut
Und gegen die Wahrheit: Lügen!
Die alte Welt lechzt nach jungem Blut,
Sie saugt es in gierigen Zügen.

Das leuchtende Banner ist aus der Hand
Unserer sterbenden Brüder geglitten.
Wir nehmen es auf, wir tragen das Pfand
Der Freiheit, für die wir gestritten.[91]

Die Niederlage löste in manchen Kreisen der Arbeiterschaft Resignation aus, in der illegalen Lyrik setzte der Februar neue Impulse, inspirierte Märtyrerhymnik ebenso wie Satire und Rachepathos. Neben vielen anonymen Versemachern kehrten die bekannten sozialdemokratischen Lyriker Fritz Brügel (Pseudonym: Wenzel Sladek, W. S.) und Hugo Sonnenschein (Sonka) immer wieder zu dieser Inspirationsquelle zurück - Brügel und Josef Hofbauer umspannten in ihren Gedichtzyklen den ganzen Bogen des Themas von der vergangenen Größe des Roten Wien über die Kampfdramatik bis zum Flüchtlingsschicksal,[92] Friedrich Hillegeist, Funktionär der illegalen Freien Gewerkschaft, versuchte sich als Dichter (Pseudonym: Fred Hildebrandt) und ermutigte die Arbeiter, ihre Resignation aufzugeben und sich zu neuem Aufstand zu rüsten. Neben dem berechtigten Pathos gab es auch nüchterne Rückblicke; so hieß es in einer kommunistischen Schrift:

> Genossen, ist es euch nun klar,
> Daß im Februar eine Klassenschlacht war?
> Daß nur ein Teil der Arbeiterklasse
> Den Kampf geführt, während die große Masse
> Beiseite stand und den Weg nicht fand?[93]

Immer wieder erklingen die Topoi dieser Widerstandslyrik: Erinnerung an den Februar, Schlachtrufe der Revolution, Hymnen auf die Sowjetunion – nicht nur in kommunistischen Publikationen –, pazifistische Mahnungen an den Weltkrieg, Anklagen der Kriegstreiberei, Aufrufe an die Frauen, mit den Männern zu kämpfen, Forderung der Einheit aller Arbeiter – das war der appellative Bestand, nach dem der Redakteur der Brünner *Arbeiter-Zeitung* ebenso griff wie der illegale Funktionär in Simmering, wenn er seinen hektographierten Bezirksnachrichten internationalen Auftrieb und rhetorischen Elan verleihen wollte.

Neben diesen Stereotypien linker Agitation spiegelt die Untergrundlyrik das ganze Spektrum des illegalen Kampfes wider, der selbst im Sinne von Brechts *Lob der illegalen Arbeit*[94] thematisiert wird. Ein Wiener Jungarbeiter schreibt: „Es rattern die Abziehmaschinen im Takt,/ Sie rattern trotz Folter und Kerker . . ."[95] In der Zeitung der Revolutionären Arbeiter vom Alsergrund spricht die Zeitung selbst: „Wir geh'n ohne Ende von Hand zu Hand,/ Zerknittert, zerdrückt und zerlesen . . ."[96] Manche dieser Illegalitätsgedichte sind offensichtlich aus dem deutschen Untergrund übernommen, ganz lokalisiert ist spontan entstandenes Material wie die politische „Häfenlyrik": Ein Hungerstreik in einer Frauenzelle im Polizeigefängnis auf der Roßauer Lände führt zu gereimten Forderungen („von einer, die's miterlebt hat"), die hinauskassibert werden. Oder: Eine Ballade verspottet einen Werber der Einheitsgewerkschaft, der seine Beitrittsformulare nicht anbringt und sie schließlich der aufnahmewilligen Donau übergibt. Spitzel und Verräter werden namentlich in Reimen angeprangert, um die Genossen zu warnen: Gelegenheitsverse, vom Untergrund diktiert, auf ihn direkt zurückwirkend. Geübte Versemacher sind nicht immer zur Hand. Die Resultate sind oft unbeholfen, gewinnen aber gerade dadurch an Unmittelbarkeit. Das hohle impotente Pathos der Racheschwüre und Aufrufe zur Weltrevolution weicht einem erfrischenden Wirklichkeitssinn. Erstaunlich ist nicht nur, was, sondern daß so viel gedichtet wurde – ein Beweis dafür, daß die Tradition von Gedicht und Lied in der Arbeiterbewegung nicht abgerissen war und vom illegalen Kampf neue Impulse empfing. Was an dieser Lyrik heute phrasenhaft klingt, war im Untergrund durch Zweck und Glauben legitimiert, und neben dem Pathos der Propagandarhetorik und der echten Erbitterung erklangen leichtere Töne: Humor und Satire, die in der politischen Volkslyrik seit je auch die düstersten Zeiten überdauert haben und im Ständestaat, dieser in manchem so lächerlichen Diktatur, die das Pathos ihrer Gegner kaum verdiente, erst recht nicht schweigen konnten.

Der politische Wert dieser Lyrik lag auf verschiedenen Ebenen. So hatten die erwähnten Balladen vor allem lokalen Gebrauchswert. Die meisten anderen Gedichte sind von überlokaler Relevanz, Ausdruck einer Solidarität, die die Linke geradezu als einträchtige Familie erscheinen läßt. Die verwirrenden taktischen Stellungswechsel und Spannungen zwischen Revolutionären Sozialisten und dem Auslandsbüro in Brno, zwischen Sozialisten und Kommunisten, wie wir sie aus Buttingers, Wests und Kellers Studien[97] kennen, finden hier keinen Niederschlag. Alle Gruppen und Grüppchen stillen ihren Bedarf an Glaubensartikeln und Kampfparolen aus den gleichen Quellen. Im Nachhinein wird in diesen Gedichten eine ironische Sublimierungsmechanik sichtbar: sie täuschten die Einheitsfront vor, die aus Uneinigkeit nie zustandekam; aus der Niederlage leitete man erneuten Kampfwillen ab; die Aussichtslosigkeit eines militärischen Erfolges im Lande wurde durch die suggerierte bevorstehende Weltrevolution überstrahlt, der – trotz der Moskauer Prozesse – der Sowjetstern voranleuchtete. Man machte in Revolutionsromantik, während die Faschismen an Macht gewannen. Das Mißverhältnis von verbalem Radikalismus und politischer Wirkungslosigkeit, das die Politik der Linken vor 1934 verhängnisvoll bestimmt hatte, setzte sich unter wesentlich erschwerten Bedingungen fort. Die rege illegale Tätigkeit machte es leichter, an die Parolen zu glauben; der konkrete (waffenlose) Nahkampf gegen den Faschismus, der sich im Laufe der fortschreitenden deutschen Aggression als Rückzugsgefecht erweisen sollte, suggerierte eine noch unentschiedene Schlacht, wie sie im fernen Spanien geschlagen wurde. Die revolutionäre Lyrik schuf eine abstrakte Kampfgemeinschaft zwischen Meidling und Madrid. Die Appelle mit utopischem Auftrieb entsprachen einer Haltung, die keineswegs von allen im Untergrund geteilt wurde, die aber mit zur Psychologie des Widerstands gehört: Erwartungen, die aus der Rückschau als völlig illusorisch erkannt werden, erschienen damals durchaus berechtigt – z. B in den Augen eines Funktionärs wie Franz Marek, der die Propaganda der illegalen KPÖ leitete und sich vierzig Jahre später erinnert, „wie sehr der Aktivismus blende und zu professionellem Optimismus verführe."[98]

Man kann den Wert des Widerstandes und seiner Lyrik nicht am unmittelbaren politischen Erfolg messen. (Georg Büchners *Hessischer Landbote* wäre vergessen, hätte man ihn nur nach seiner Wirksamkeit beurteilt.) Auch dann, wenn sie keine unmittelbaren Hoffnungen weckten und im Protest verharrten, folgten die Verfasser dieser Gedichte, auch die unbeholfenen Versemacher, einem Impuls, dem sich mancher geübte Stilist verschloß:

> Wir müssen feststellen, [schreibt Camus in seinem Tagebuch] daß wir als Schriftsteller angesichts der Geschichte zu Verrätern würden, wenn wir nicht anprangerten, was angeprangert werden muß. Die Verschwörung des Schweigens verurteilt uns in den Augen derer, die nach uns kommen werden.

Das muß auch über den Widerstand gegen die Schuschnigg-Diktatur gesagt werden, ohne ihn mit einer Heroik zu befrachten, die dem Kampf gegen die Barbarei der folgenden Jahre angemessener ist.

Anmerkungen

Dieser Beitrag ist Teil einer Arbeit, die vom Bundesministerium für Wissenschaft und Forschung und vom American Council of Learned Societies unterstützt wurde.

[1] Viktor Matejka: *Bemerkungen zur Kulturpolitik im Ständestaat 1934 bis 1938.* Manuskript. Wien 1979, S. 1.
[2] *Widerstand und Verfolgung in Wien 1934–1945.* Hrsg. v. Dokumentationsarchiv des Österreichischen Widerstandes. Wien 1975, Band 1: 1934–1938, S. 542.
[3] Dazu: Rudolf Ebneth: *Die österreichische Wochenschrift „Der Christliche Ständestaat". Deutsche Emigration in Österreich 1933–1938.* Mainz 1976.
[4] Ernst Krenek: *Neue Kunst im neuen Staat.* In: CS. 27. 5. 1934, S. 9.
[5] Ebd. S. 10. [6] Ebd. S. 11.
[7] Claudia Maurer Zenck: *Ernst Krenek – Ein Komponist im Exil.* Wien 1980. S. 43–101.
[8] *Reichspost.* 1. 1. 1928 (Rezensent: Max Springer).
[9] Ernst Krenek: *Zwischen „Blubo" und „Asphalt".* In: CS. 2. 6. 1936, S. 520.
[10] Ebd. und S. 521. [11] Ebd. S. 521. [12] Ebd.
[13] Ebd. [14] Ebd. [15] Ebd. [16] Ebd.
[17] Maurer Zenck, *Krenek* (Anm. 7), S. 94.
[18] Junius Austriacus (d. i. Ernst Krenek): *Österreichische Kulturpolitik. Wie sie gemacht und wie sie nicht gemacht wird.* In: CS. 4. 10. 1936, S. 954–955.
[19] Ebd. S. 955. [20] Ebd. [21] Ebd. [22] Ebd. [23] Ebd.
[24] CS. 10. 1. 1937, S. 25 und 23. 5. 1937, S. 486.
[25] CS. 14. 2. 1937, S. 144.
[26] CS. 10. 1. 1937, S. 25.
[27] Karl F. Buskowits: *Die weltanschaulich-politische Aufgabe des Theaters.* In: CS. 9. 1. 1938, S. 18.
[28] Ebd.
[29] Hugo Diwald (Pseudonym für Alfred Missong): *Wir brauchen die Arbeiter!* In: CS. 4. 10. 1936, S. 946.
[30] Ebd. S. 948.
[31] Ebneth, *Der Christliche Ständestaat* (Anm. 3.), S. 61.
[32] Es gibt keine zufriedenstellende Darstellung der Geschichte der Wiener Volksbildung. Wilhelm Bründl geht in seiner Übersicht *Eigenart und Entwicklung der Wiener Volkshochschulen.* Wien o. J. auf den dem Zeitraum 1934–38 gewidmeten zwei Seiten (S. 83 f.) auf die Opposition im VHO nicht ein. Hans Fellinger (in: Norbert Kutalek u. H. Fellinger: *Zur Wiener Volksbildung.* Wien-München 1969) überspringt den Zeitraum 1931–1950 (vgl. S. 198 u. S. 216!) Zu den Vorgängen im VHO 1934–38: Matejka (Anm. 1) und Elisabeth M. Klamper: *Viktor Matejka. Beiträge zu einer Biographie.* Diss. Wien 1981 [mschr]. Die folgenden Angaben stützen sich vor allem auf das Archiv des VHO (AVHO), für dessen Benützung ich Herrn Direktor Dr. P. Schütz danke.
[33] Edgar Zilsel betreffend, bedürfen Matejkas Erinnerungen einer Korrektur. Seine Feststellung, Lugmayer hätte über Zilsel „seine schützende Hand" gehalten (Matejka, Anm. 1, S. 18) läßt sich auf Grund der Unterlagen im AVHO nicht aufrecht erhalten: Im Protokoll der Vorstandssitzung vom 5. 6. 1936 heißt es, der Volksbildungsreferent (Lugmayer) habe die Entfernung Zilsels damit begründet, daß dessen Vortragstätigkeit „seicht und unobjektiv" sei. Auf ein Protestschreiben des VHO-Vorstandes wird im Protokoll der Sitzung vom 19. 6. 1936 berichtet, Lugmayer habe geäußert, Zilsels Vortragstätigkeit sei „derzeit aus politischen Gründen für das Volksheim untragbar." Zu Zilsels wissenschaftlicher Leistung: Johann Dvořak: *Edgar Zilsel und die Einheit der Erkenntnis.* Wien 1981.

34 Dazu: Ernst Schönwiese: *Literarisches Zentrum Zirkusgasse.* In: *Die Pestsäule. Monatsschrift für Literatur und Kulturpolitik.* No. 8 (Aug.-Sept. 1973), S. 704–710, und E. S.: *Literatur in Wien zwischen 1930 und 1980.* Wien 1980, S. 73 f.
35 *Wiener Bücherbriefe* 3. Jg. (1936–37), 6. Folge, April 1937, S. 93.
36 AVHO. Protokolle der Vorstandssitzungen vom 27. 10. 1936 (S. 2), und vom 3. 11. 1936 (S. 1).
37 Abgedruckt in: *Arbeiter-Woche* (Wien), 23. 5. 1936, S. 10–12.
38 Interview, Willy Miksch, 21. 6. 1982
39 *Mitteilungen der Volkshochschule Wien Volksheim.* 8. Jg. (1935–36), No. 6, S. 1.
40 AVHO. Korrespondenzmappe 1936.
41 AVHO. Mappe „Hiob", Brief „Hochverehrter Herr Bundeskanzler", 17. 6. 1936.
42 AVHO. Mappe „Hiob", Brief Lugmayers an Bürgermeister Schmitz, 13. 6. 1936.
43 Vgl. Alfred Pfoser: *Literatur und Austromarxismus.* Wien 1980, S. 234.
44 AVHO. Mappe „Hiob", Matejkas „Bericht über die anläßlich. . .", Juni 1936, S. 13.
45 Ebd. S. 14.   46 Ebd. S. 7.
47 AVHO. Protokoll der Sitzung des Verwaltungsausschusses vom 9. 9. 1936, S. 3.
48 AVHO. Protokoll der Vorstandssitzung vom 11. 5. 1937, S. 2.
49 Interview, Viktor Matejka, 11. 5. 1979.
50 Klamper, *Matejka* (Anm. 32), S. 202 f.
51 Die Angaben zum ÖASV beruhen auf: Interviews mit Matejka, 11. 5. 1979, 18. 10. 1979, 7. 12. 1979; Matejka (Anm. 1); Klamper (Anm. 32), S. 201–206; und auf bisher unbeachteten Archivbeständen, die der Verf. im Archiv des Österreichischen Buchhandels aufgefunden hat. Das (unvollständige) Material umfaßt Veranstaltungsprogramme, Korrespondenz, Mitgliederlisten. Eine genaue Bestandsaufnahme und Auswertung wird vom Verf. vorbereitet.
52 Dieter Stiefel: *Arbeitslosigkeit. Soziale, politische und wirtschaftliche Auswirkungen – am Beispiel Österreichs 1918–1938.* Berlin 1979, S. 29.
53 Willy Miksch: *Von euch vielen bin ich einer. Gedichte aus der Welt der Arbeit.* Wien o. J., S. 4. (Daß der Band während Mikschs Mitgliedschaft beim ÖASV publiziert wurde, geht daraus hervor, daß das Bildungsreferat der Wiener Arbeiterkammer als Herausgeber zeichnet.)
54 Zitiert in: *Dichter aus der Arbeiterwelt.* In: *Arbeiter-Woche* (Wien), 21. 12. 1935, S. 13.
55 Vgl. Anton Pelinka: *Stand oder Klasse? Die christliche Arbeiterbewegung Österreichs 1933–1938.* Wien 1972, S. 86 f.
56 Beide Zitate aus: *Im Kultursumpf der Dollfüßler.* In: *Der Rote Stachel* (Organ der Revolutionären Sozialisten), 24. 6. 1936. Dokumentationsarchiv des österreichischen Widerstandes, Wien (DÖW).
57 Beide Zitate aus: *Arbeiter-Zeitung* (Brno), 4. Jg. (1937), 3. 2. 1937, S. 9.
58 Vgl. Hans Weigel: *Gerichtstag vor 49 Leuten. Rückblick auf das Wiener Kabarett der dreißiger Jahre.* Graz-Wien-Köln 1981, S. 33: „Ich habe nur meine Manuskripte zur Verfügung, in ganz seltenen Fällen die Version, die dann tatsächlich gespielt wurde, mit allen Änderungen und Streichungen. So muß ich – ewiges Problem aller nachträglichen Befassung mit Theatersachen – einen Text wiedergeben, der vermutlich nicht so gesprochen wurde, und kann nur dort authentisch sein, wo mein Gedächtnis mir hilft."
59 Jura Soyfer: *Das Gesamtwerk.* Hrsg. v. Horst Jarka. Wien-München-Zürich 1980. S. 518.
60 Interview, Jimmy Berg, New York, 30. 6. 1979.
61 Rudolf Weys: *Wien bleibt Wien und das geschieht ihm ganz recht.* Wien 1974, S. 27, 105.
62 Interview, Stella Kadmon, Wien, 6. 12. 1979.
63 Weigel, *Gerichtstag* (Anm. 58), S. 17
64 Weys, *Wien bleibt Wien* (Anm. 61), S. 48.
65 Weigel, *Gerichtstag* (Anm. 58), S. 75.

66 Ebd. S. 163. 67 Ebd. S. 44.
68 L. W. Rochowanski: *Theater in Wien.* In: *Die Pause.* 2. Jg. (1936–37) Heft 1, S. 2.
69 Zitiert in: *Wiener Politische Blätter.* 4. Jg. (1936) Heft 7/8, S. 286.
70 Rainer Schubert: *Das Vaterländische-Frontwerk „Neues Leben".* Ein Beitrag zur Geschichte der Kulturpolitik der Vaterländischen Front. Diss. Wien 1978, [mschr.] S. 227.
71 Strafakt Juri Soyfer. LG I, Vr. 9437/37. Schreiben der Bundespolizeidirektion an die Staatsanwaltschaft, 7. 12. 1937, S. 2.
72 Interview, Bruno Kreisky, Wien, 26. 7. 1979.
73 Fritz Fabian (Pseudonym für Ernst Epler): *Ein armer Vorklang nur zum großen Lied. Am 8. Dezember wäre Jura Soyfer 60 Jahre alt geworden.* In: *Volksstimme* (Wien) 8. 12. 1972.
74 Brief an den Verf., 14. 7.1980.
75 Joseph Buttinger: *Am Beispiel Österreichs. Ein geschichtlicher Beitrag zur Krise der sozialistischen Bewegung.* Köln 1953. Otto Leichter: *Zwischen zwei Diktaturen. Österreichs Revolutionäre Sozialisten 1934–1938.* Wien 1968. Franz West. *Die Linke im Ständestaat. Revolutionäre Sozialisten und Kommunisten 1934–1938.* Wien-München-Zürich 1978. Ernst Fischer: *Erinnerungen und Reflexionen.* Hamburg 1969.
76 *Zeitschau. Halbmonatsschrift für Kultur, Wirtschaft und Politik.* 1. Jg. (1934) Heft 13 (Nov. 1934), S. 23.
77 Weigel, *Gerichtstag* (Anm. 58), S. 113 f.
78 Fabian (Pseudonym für Epler), *Ein armer Vorklang* (Anm. 73).
79 Die allerwichtigsten waren: Sozialistische: *Arbeiter-Zeitung* (Brno), *Der Kampf, Informationsdienst der Revolutionären Sozialisten.* Kommunistische: *Die Rote Fahne, Pressedienst* (der *Roten Fahne*). Aus Raummangel kann hier nur auf den *Katalog Nr. 9. Periodica 1933–1945. Untergrund-Exil-Alliierte,* hrsg. v. Dokumentationsarchiv des österreichischen Widerstandes, Wien, hingewiesen werden.
80 Fritz Brügel: *Österreichische Tradition.* In: *Der Kampf. Internationale Revue.* 2.Jg. (1935), S. 170–173. (S. 171).
81 Dazu: Pfoser, *Austromarxismus* (Anm. 43), S. 280.
82 *Der Rote Stachel,* 24. 6. 1936. DÖW.
83 *Die Kultur verdorrt.* In: *Der Rote Stachel,* Ende Juni 1936. DÖW.
84 *Die schwarze Pest.* In: *Der Rote Stachel,* 20. 8. 1936, S. 5. DÖW.
85 Auswahl: F. Brügel: *Die Zerstörung der österreichischen Volksbildung.* In: *Der Kampf.* 1. Jg. 1934), S. 89 ff. Weitere Reaktionen in: *Rote Fahne.* 18. Jg. (1936) Nr. 13; *Der Rote Stachel,* Anfang Juli 1936 und 20. 8. 1936; *Gewerkschaftsjugend.* Nr. 3, Nov. 1937; *Pressedienst* (der *Roten Fahne*). 3. Jg. (1936) Nr. 17, Mitte Juli; *Die Zelle,* Anfg. Oktober 1936; *Arbeiter-Zeitung* (Brno). 3. Jg. (1936), 4. 9. 1936. Alle DÖW.
86 Peter Roberts (Pseudonym für Schiller Marmorek): *Dichtung und Propaganda.* In: *Der Kampf. Internationale Revue.* 3. Jg. (1936), S. 363 f.
87 Georg Kollmann: *Zum Thema Dichtung und Propaganda.* In: *Der Kampf.* 3. Jg. (1936), S. 402–406.
88 Brügel, *Österreichische Tradition* (Anm. 80) und F. B.: *Zur Lage der tschechischen Literatur.* In: *Der Kampf.* 3. Jg. (1936), S. 113–116.
89 Hier seien nur die Untergrund-Periodica genannt, die die meisten Gedichte enthalten: *Arbeiter-Zeitung* (Brno); *Der Klassenkampf; Rote Jugend; Die Unzufriedene; Volkswacht.* Alle DÖW.
90 Vgl. Horst Jarka: *British Writers and the Austria of the Thirties.* In: *Österreich und die angelsächsische Welt.* Hrsg. v. Otto Hietsch. Wien – Stuttgart 1968, S. 439–481.,
91 *Pressedienst* (der *Roten Fahne*). 1936, Nr. 26; *Volkswacht.* 1934, Folge 4, Sept. Beide DÖW.
92 Fritz Brügel: *Februarballade.* Prag 1935; Josef Hofbauer: *Wien – Stadt der Lieder. Ein Zyklus Gedichte als Chorwerk eingerichtet.* Bodenbach a. d. E. 1934.
93 *Rund um den Meiselmarkt.* (Organ der KPÖ, Kreis III), Nr. 2 (Ende Jänner 1935), DÖW.

[94] *Arbeiter-Zeitung* (Brno). 2. Jg. (1935), Nr. 32 (11. 8. 1935), S. 5.
[95] *Volkswacht,* Mai 1935. DÖW.
[96] *Klassenkampf. Organ der Revolutionären Arbeiter vom Alsergrund.* Nr. 10 (Anfg. Juni 1935), S. 1. DÖW.
[97] Buttinger, *Beispiel* (Anm. 75), West, *Die Linke* (Anm. 75). Fritz Keller: *Gegen den Strom. Fraktionskämpfe in der KPÖ – Trotzkisten und andere Gruppen 1919–1945.* Wien 1978.
[98] Franz Marek: *Aus den Aufzeichnungen eines alten Kommunisten. (2) Von der Universität zur KPÖ.* In: *Wiener Tagebuch.* Nr. 11 (Nov. 1979), S. 25.

Austromarxistische Literaturtheorie

von
ALFRED PFOSER

Die folgenden Bemerkungen mögen als Prolegomena zum Komplex „Austromarxistische Literaturtheorie" gelten. Zur Abkürzung des diskursiven Verfahrens sind sie in Thesenform zusammengerafft und verzichten oft auf Detailbehandlung. Trotzdem wird die Konkretheit charakteristischer Einzelheiten nicht verschmäht.

THESE 1
ES GIBT EINE AUSTROMARXISTISCHE LITERATURTHEORIE GENAUSOWENIG WIE EINE GESCHLOSSENE AUSTROMARXISTISCHE THEORIE

Unter Austromarxismus versteht man im heutigen Sprachgebrauch die politische Theorie und Praxis der österreichischen Sozialdemokratie von den Anfängen bis zum Februar 1934. Seine Sonderstellung im mitteleuropäischen Sozialismus war im besonderen durch den Anspruch auf Fortführung klassisch-marxistischer Politik im Sinn der Zweiten Internationale gegeben, um dadurch Reformismus und Bolschewismus wieder zu verbinden und die Spaltung der Arbeiterbewegung zu beseitigen. Ob sich diese zentristische Position katastrophal auf die politische Praxis auswirkte, will ich hier nicht diskutieren, beweisbar ist, daß der zumindest zeitweilige Untergang der österreichischen Sozialdemokratie in eklatantem Gegensatz zu ihrer Zukunftsgewißheit stand. In den vergangenen Jahren wurde mehrmals, insbesondere durch die Wiener Arbeiterkulturausstellung 1981, darauf hingewiesen, wie sehr sich der Austromarxismus als umfassenden Kulturbewegung bzw. als sogenannte Gegenkultur formierte.[1]

Die Konvention dieses Begriffs von Austromarxismus verdeckt seine ältere Bedeutung, die auf die wissenschaftliche Schule österreichischer Sozialdemokraten kurz nach der Jahrhundertwende eingegrenzt war und die in den Monographien von Otto Bauer, Karl Renner, Rudolf Hilferding und Max Adler in der Buchreihe *Marx-Studien* ihre Kristallisation fanden. Der Austromarxismus wies in dieser seiner ursprünglichen Begriffsprägung durch einen nordamerikanischen Publizisten zunächst nur auf die regionale Herkunft und den vornehmlichen Gegenstand dieser österreichischen Wissenschaftlergruppe hin, wobei besonders die Arbeiten über die Nationalitätenfrage für großes Aufsehen sorgten. Die Autoren der *Marx-Studien* sahen ihre Aufgabe in der Fort- und Weiterführung marxistischer Ergebnisse, und programmatisch verlautete man deshalb im Vorwort des ersten Bandes, daß man „die bewußte Verknüpfung der marxistischen Denkresultate mit dem gesamten modernen Geistesleben, das ist mit dem Inhalt der philosophischen und sozialwissenschaftlichen Arbeit unserer Zeit"[2], anstrebe. Gemäß diesem Credo pflegte man kritische Toleranz und Offenheit gegenüber neuen wissenschaftlichen Strömungen, insbesondere solchen, die sich in Österreich entwickelt hatten und die sich mit marxistischen Elementen verbinden ließen.

Der alte Kreis austromarxistischer Theoriebemühungen löste sich um 1910 langsam auf, indem seine Mitglieder in die praktische Politik einstiegen oder Österreich verließen. Die intellektuelle Stimulation allerdings blieb wirksam erhalten, und mit der Zeitschrift *Der Kampf* war auch ein publizistisches Organ gegeben, in dem ein umfassendes Gespräch begonnen werden konnte. Der Publizist Ernst Glaser hat dem *Umfeld des Austromarxismus*[3] eine ausführliche Studie gewidmet, die enzyklopädisch die vielfachen, schöpferischen Verflechtungen zwischen marxistisch-sozialistischem Gedankengut und der modernen Psychologie oder Erkenntnistheorie oder Nationalökonomie auflistet und ein umfassendes Panorama der daraus resultierenden geistigen Potenz entwirft. Wilhelm Reich und Siegfried Bernfeld entwickelten den Freudo-Marxismus, Alfred Adlers Individualpsychologie dominierte die Vorstellungen austromarxistischer Pädagogik, Hilferdings *Finanzkapital,* in Auseinandersetzung mit der Grenznutzenschule entstanden, wurde zur wichtigsten Leistung auf dem Gebiet der Wirtschaftstheorie nach dem *Kapital* von Marx und leitete zu der zwischen 1910 und 1920 heftig geführten Diskussion über Gemeinwirtschaft, Kriegswirtschaft und Sozialisierung über. Max Adlers Ausrichtung auf den Neokantianismus generierte einen stark ethisch fundierten Marxismus. Von größter Bedeutung war die Rezeption der erkenntniskritischen Theorien Ernst Machs, die prompt zum Angriff durch Lenins Schrift *Materialismus und Empiriokritizismus* führte. Im „Wiener Kreis" wurde diese Kombination von Positivismus und Marxismus durch Otto Neurath und Edgar Zilsel weiter kultiviert, sie leitete die Anfänge der empirischen Sozialforschung Paul Lazarsfelds und inspirierte noch Karl Poppers Positivismus- und Marxismuskritik. Generell fällt am „Umfeld des Austromarxismus" auf, daß gegenüber dem orthodoxen Dialektischen Materialismus der subjektive Faktor eine Sonderstellung bekam, die Erkenntnistheorie pluralistisch ausgerichtet war, die materialistische Geschichtsauffassung in Form der soziologisch-sozialökonomischen Denkmethode weitergeführt wurde und tiefgreifende ethische Überlegungen in die theoretische Begründung der Kultur-, Gesundheits- oder Frauenpolitik sowie der Pazifismusbewegung eingingen. Der Austromarxismus hat in vielerlei Hinsicht an die liberalen Denktraditionen angeknüpft, und die Grenzen zwischen ihm und dem zeitgenössischen Geistesliberalismus bleiben vielfach verwischt, womit etwa die sozialdemokratische Sympathiekundgebung eines Sigmund Freud, Robert Musil oder Karl Bühler aus dem Jahr 1927 einen realen Kontext bekommt.[4]

In Würdigung des Austromarxismus als einer der letzten großen kreativen marxistischen Strömungen darf man allerdings nicht übersehen, daß Theorie und Theoriebildung in den Jahren der Massenpartei an den Rand (etwa in die Volkshochschulen) gedrängt wurde. Nicht zuletzt die Krise und die taktisch schwierige Gegenstrategie zu den autoritären Tendenzen absorbierte die Kräfte der Funktionäre in einem politischen Praktizismus, der die Theorie im geschäftigen Treiben vergaß oder gar ihr gegenüber skeptisch eingestellt war.[5] Langewiesches Arbeit und meine eigene[6] über die Arbeiterbüchereien zeigen, wie sehr die Strukturen sich den Begründungen und Legitimationen ihrer zumindest vermeintlichen Regisseure entzogen und wie man auf kritische Theoriebildung vergaß. Mit einem gewissen Neid und sicherlich mit einem Gran Nostalgie blickte Otto Bauer 1932 auf die Sowjetunion und ihren Diktator Stalin, wo Wissenschaften und Politik, Theorie und Praxis in enger Verklammerung wirkten und theoretisch-intellektuelle Fragestellungen hohe Brisanz, wenn auch nicht eine nach seinem Geschmack, erhielten. Und er stimmte ein Lamento über die Situation in Österreich an:

> Viele unserer Besten hat Verwaltungsarbeit gefangengenommen, die zur Beschäftigung mit der Theorie keine Zeit läßt. Die Massen, die in der Nachkriegszeit zu uns geströmt sind, sind in der Kampfzeit dieser Jahre von sozialistischer Erkenntnis wenig erfaßt worden. Die Mußestunden der Jugend lenkt der Sport von sozialistischer Theorie ab. So geraten wir in die Gefahr geistiger Verarmung. Da geben uns die Russen eine Lehre.[7]

Sosehr große geistige Leistungen im Umfeld des Austromarxismus hervorgebracht wurden, so gediehen sie doch eher im Zurückgezogenen, keinesfalls im Spektakulären. Der öffentliche Diskussionsstand war eher dürftig im Vergleich zur Vitalität kleiner Zirkel. Einzig die Psychoanalyse und die Pädagogik wurden breitenwirksam popularisiert; ethische Regulative behielten in den diversen großen Vereinen ihre steuernde Kraft.[8]

THESE 2
DIE MODERNE ÖSTERREICHISCHE LITERATUR BLIEB SELBST BEI GRÖSSTEM SOZIALEM ENGAGEMENT AUF DISTANZ ZUR POLITIK UND VERZICHTETE AUF MORALISCH-POLITISCHE REPRÄSENTATION. AUCH AUF DIE AUSBILDUNG EINER AUSTROMARXISTISCHEN LITERATURTHEORIE WIRKTE DIESE DEFIZIENZ BEHINDERND

Ich kann hier natürlich nicht im einzelnen die komplizierten Beziehungen zwischen den maßgeblichen Autoren der Zeit und dem Austromarxismus bzw. der Politik überhaupt entwickeln. Immerhin hat die Forschung der vergangenen Jahre in bezug auf dieses Thema einige wesentliche Fortschritte gebracht, wobei der Vergleich mit der Literatur der Weimarer Republik immer eine interpretatorische Rolle spielte. Tatsache ist, daß ein politisch engagiertes Theater im Stil Erwin Piscators in Österreich nicht existent war, daß sich die österreichischen Autoren je weiter von Republik und Demokratie zurückzogen, je mehr diese gefährdet waren, daß die großen Autoren wie Musil eine Auffassung des Schriftstellerberufes als eines politisch-moralischen Sprechers der Nation ablehnten, daß eine maßgebliche sozialistische Literatur mit größerem Gewicht nicht entstand.[9] Aus diesem Horror vacui entwickelte sich bei der Sozialdemokratie eine Enttäuschung über die Gegenwartsliteratur und die politische Inkompetenz der Autoren, die im Exil ihren Höhepunkt fand.[10] Das Gespräch zwischen zwei Partnern, das nie richtig begonnen hatte, wurde erst recht aufgegeben, als beide Seiten voneinander am meisten erwarteten. Die Schriftsteller, denen die gesellschaftliche Rolle ihres Berufes zunehmend zum Problem wurde, zogen ihre Selbstbefragungen und Selbstreflexionen aus der Öffentlichkeit zurück, und die Sozialdemokraten nahmen die literarische Produktion wegen der politischen Abstinenz ihrer Verfasser nur mehr peripher oder gar allergisch wahr. Klarerweise war ein solches Klima des Mißtrauens kein Ausgangspunkt für große theoretische Debatten. Eine mit hohem politischem wie begrifflichem Aufwand betriebene Diskussion über die Beziehung der Schriftsteller zur Partei oder über die Begründung einer proletarisch-revolutionären Literatur oder über Realismus und Reportage wäre in solchem Umfeld unmöglich und anachronistisch gewesen. Österreich war aus diesen Gründen nur äußerst ephemer in die deutsche und internationale marxistische Literaturdiskussion eingeschaltet. Die große austromarxistische Kulturbewegung, die sich in vielen Gebieten Pionierleistungen zugute halten kann, rezipierte zwar die internationale Entwicklung der sozialistischen Literatur, konnte aber keinen gewichtigen, originellen Beitrag zu ihr leisten. Die Schwäche der sozialistischen Literaturtheorie hatte eine Schwäche der sozialistischen Literatur zur Folge, und umgekehrt natürlich auch. Auch Jura Soyfer oder Karl Brunngraber sind kein Gegenbeweis.[11]

Die Sehnsucht nach dem repräsentativen, in der Welt der Literatur und geistigen Öffentlichkeit anerkannten Autor, der der Bewegung seine Hochachtung zollt und in ihre Auseinandersetzungen eintritt, erfüllte sich merkwürdigerweise doch noch kurz vor dem Ende der Sozialdemokratie im Jahre 1934. Im Herbst 1930 übernahm die *Arbeiter-Zeitung* aus der Wochenzeitung *Morgen* ein Interview mit Thomas Mann, in dem dieser eine Wahlempfehlung für die Sozialdemokratische Arbeiterpartei (SDAP) abgab.[12] Das Erstaunen der bürgerlichen Presse über solche Äußerungen des Nobelpreisträgers, der nur aus der Unkenntnis des Austrobolschewismus gesprochen haben könne, schlug in Hohn und Empörung um, als Thomas Mann die zitierten Sätze dementierte.[13] Als im Oktober 1932 Thomas Mann eigens nach Wien kam, um hier vor Wiener Arbeitern sein Bekenntnis zur Sozialdemokratie zu erneuern und seine Hochschätzung des Austromarxismus öffentlich zu machen, wurde dieses Ereignis zur stolzen intellektuellen Demonstration der Partei vor dem österreichischen Bürgertum und den schweigenden Intellektuellen.[14] Für die Sozialdemokratie glich diese Rede dem triumphalen Beweis, daß in der Gegenwart nur mehr der so bekämpfte Sozialismus die alten konservativen Kulturwerte bewahren könne. Thomas Manns Plädoyer einer Verbindung von konservativer Kulturidee und fortschrittlichem Politikverständnis war auch als Beitrag zur innersozialistischen Kulturdebatte gemeint, und die dominierenden sozialdemokratischen Politiker und Kulturpolitiker fanden sich in Thomas Manns Ablehnung einer eigenen proletarischen Kunst durchaus bestätigt. Aber für den Austromarxismus war der konkrete Inhalt bloß sekundär, primär galt das Faktum der Rede, dieses Bekenntnisses zum Sozialismus als Eigenwert. Die *Arbeiter-Zeitung* verdeutlichte dies auf ihre Weise. Der Aufmacher der Seite Eins brachte eine lange Zusammenfassung des Vortrags, daneben den berühmten Leitartikel Otto Bauers *Wir Bolschewiken,* der zu einer emphatischen Preisung der geistigen Freiheit und der Leistungen der Wissenschaft und Kunst ausholte. Auffallend die gefaßte Fassungslosigkeit der nicht-sozialdemokratischen oder nicht-linksliberalen Presse: die auch für Thomas Mann selbst wichtige Rede (vor allem seine Briefe an Ida Herz bezeugen dies) wurde komplett totgeschwiegen.[15] Einen Tag später las er im Alsergrunder Arbeiterbildungsheim aus dem bereits im Druck befindlichen Roman *Joseph und seine Brüder.*[16] Seine Rundfahrt durch das Rote Wien, geführt von Julius Tandler, schloß mit der Preisung der Leistungen der sozialistischen Gemeindeverwaltung:

> Was dem sozial denkenden Menschen soviel Befriedigung verschafft, ist die Tatsache, daß für Menschen der armen Volksklasse an mustergültigen Einrichtungen bereitgestellt wird, was sich in gleicher Weise in Davos und anderwärts nur die reichen Bevölkerungskreise verschaffen können. Es ist soziale Gerechtigkeit, wie man sie hier am vollendetsten und vorbildlich finden kann. [Die Menschen empfinden] hier sozusagen den Vorgeschmack einer neuen Gesellschaft, die danach strebt, Luft, Licht, Sonne und Gesundheit für alle Menschen bereitzustellen.[17]

Thomas Manns Besuch im Roten Wien verlief nach dem Vorbild von Visitationsprogrammen ausländischer Staatsmänner und war wohl die einzige Gelegenheit für den Austromarxismus, mit ihren Beziehungen zu berühmten Schriftstellern zufrieden zu sein. Er blieb für österreichische Verhältnisse auch ein Einzelfall in der Hinsicht, daß die Gefahr des Nationalsozialismus einen Autor in der Weise politisierte, daß er zur Sozialdemokratie fand. In Österreich wurde das Spiel durch das Auftreten eines Dritten, des Austrofaschismus, verwirrt; die Stellungnahmen der liberalbürgerlichen Schriftsteller ließen in dieser Dreieckskonstellation auf sich warten. Im Zusammenwirken mit dem rigorosen Ethiker der österreichischen Literatur, Karl Kraus, erlebte man in dieser Stunde vollends eine Pleite.[18]

THESE 3
DIE AUSTROMARXISTISCHE KULTURTHEORIE WÜRDIGTE DIE LITERATUR NACH IHR ÜBERGEORDNETEN PRINZIPIEN UND BEHANDELTE SIE DESHALB NUR AM RANDE. SOZIOLOGIE WAR WICHTIGER ALS LITERATURTHEORIE.

In Max Adlers Schrift *Neue Menschen*[19], der philosophischen Bibel der austromarxistischen Kulturbewegung, spricht sich die Hoffnung aus, durch Massenpädagogik die neue Gesellschaft durchzusetzen. Sie macht sich stark für die Kultur- und Jugendbewegung, die mehr als alle anderen Organisationsgruppen dazu beitrugen, die Gesellschaft mit dem Geist der Solidarität zu schaffen. Indem die Sozialdemokratie die proletarische Jugend weder dem Familienegoismus noch der Straße überläßt, sondern sie zur Einübung solidarischer Prinzipien und brüderlichen Gemeinschaftslebens anhält, wird stückweise der Sozialismus realisiert. Denn die neue Gesellschaft braucht zuallererst den neuen Menschen, der sie will und sich für sie einsetzt. Das Proletariat muß sich selbst zuerst vergesellschaften. Die Vergesellschaftungstendenz des Kapitalismus alleine genügt nicht. Sie produziert zwar den organisierten Arbeiter, nicht aber einen, der gegen die Keime der herrschenden Klassen immun bleibt. Im herrschaftsfreien Raum der Pädagogik und des kulturellen Lebens dagegen können die Proletarier die Bedingtheiten und Selbstbeschränkungen der Klassengesellschaft zurücklassen und in der Emotion und praktischen Vernunft die Sprache der Gemeinschaftlichkeit lernen. Max Adler adaptiert Schillers Programm der ästhetischen Erziehung für die Sozialdemokratie und weitet es durch politische Pädagogik aus. Daraus resultiert seine Behauptung, daß die Arbeiterbewegung keine politische, sondern eine kulturelle Bewegung sei.[20]

Max Adler lehnt die Konzeption einer neutralen Erziehung ab, weil eine Gesellschaft, deren Motor der Klassenkampf ist, eine Lebensgestaltung ohne die Einübung in die herrschenden Werte nicht gestattet. Dem Proletariat bleibt nichts anderes übrig, als sich diesem Einfluß durch die Bildung eigener Organisationsstrukturen zu entziehen und die Seele der Kinder von den subtilen Einpassungsstrategien des Bürgertums freizuhalten. Die Erziehung zum Klassenkampf, von der Adler immer wieder spricht, hat – darüber soll man sich nicht täuschen – nichts mit früher politischer Aktivierung der Jugendlichen zu tun, im Gegenteil. Er lehnt politisches Handeln von Kindern, Erziehung durch Klassenkampf, ab. Im politikfreien Raum sollen die Kinder für die Zukunft gemeinschaftlich erzogen und zugleich durch marxistische, d. h. sozialwissenschaftliche Bildung auf das spätere Leben vorbereitet werden[21]. Erst nach Ausbildung eines fest gefügten sozialistischen Apperzeptionsapparates kommt die Zeit für Streiks, Demonstrationen, Partei- und Gewerkschaftsarbeit oder Wahlkämpfe. Wichtigstes Mittel einer revolutionären Erziehung ist deshalb für die austromarxistische Kulturtheorie nicht die politische Praxis, sondern das Buch. Der „Neue Mensch" bedarf zu seiner Entstehung der Lektüre. Der Sozialismus entwickelt sich nicht aus dem Leben, sondern aus den Büchern. Emotionelle Klassenpolitik durch Straßenkämpfe gerät in die Nähe zum Faschismus. „Zur Organisierung des Sozialismus ist über die bloße Lehre des Lebens d e r G e d a n k e nötig, die sozialistische Idee, die Erweckung des revolutionären Klassenbewußtseins, kurz all das, was man aus Büchern lernen muß und was Engels die Entwicklung des Sozialismus zur Wissenschaft genannt hat. Der Schuster, der nur aus dem Leben lernen wollte, was sich um die Werkstätte abspielt, wird vielleicht ein politisierender Schuster, aber kein Sozialist."[22]

Diese Ausführungen sind deshalb so wichtig, weil sie auch als konkrete Begründung des großen Arbeiterbüchereisystems gelesen werden können.[23] Im Mißtrauen gegen die Politik der Straße beruft man sich auf den wissenschaftlichen Charakter des Sozialismus, auf die Notwendigkeit des Bücherstudiums. Der Intellektuelle avanciert zum Vorbild des Arbeiters. Indem auch er liest, darf er stolz darauf sein, außer zu seinem persönlichen Gewinn auch zum Gelingen des Sozialismus beitragen zu können. So wurde der lesende Arbeiter zum sozialromantischen Mythos, in Gedichten, Holzschnitten, Autobiographien und Vorträgen[24]. Der Schwerpunkt eines solchen sozialpädagogischen Leseprogramms lag naturgemäß nicht in der Belletristik, die sich dem Ziel der Erkenntnis der sozialen Ordnung unterordnen mußte. Die Soziologie war vorgereiht, was in der gezielten, aber wenig fruchtenden Förderung des wissenschaftlichen Buchs in den Arbeiterbüchereien sichtbar wurde.[25]

Max Adlers Kulturtheorie war der Konkurrenz derer ausgesetzt, die weniger auf die Pädagogik als auf die pädagogische Kraft der sich verändernden Wirklichkeit setzten. Karl Renner stellt die Notwendigkeit sozialistischer Erziehung auf Parteitagen und in Artikeln im *Kampf* total in Frage und setzte ausschließlich auf die Schule der Ökonomie[26]. Otto Neurath, das Mitglied des „Wiener Kreises", plädierte für die Ernüchterung in der Bewertung kulturrevolutionärer Aktivitäten. Für ihn war nicht die Ideologie des Apriori, sondern die Lebenslage, die Lebensqualität würden wir heute sagen. „Lebenslage", schrieb er, „ist der Inbegriff all der Umstände, die verhältnismäßig unmittelbar die Verhaltensweise eines Menschen, seinen Schmerz, seine Freude bedingen. Wohnung, Nahrung, Kleidung, Gesundheitspflege, Bücher, Theater, freundliche menschliche Umgebung, all das gehört zur Lebenslage. Sie ist die Bedingung jenes Verhaltens, das wir als Lebensstimmung kennzeichnen."[27] Solch pragmatischer, epikureischer Standpunkt verbot, einen Bereich wie das Bücherstudium zu fetischisieren, ohne gleichzeitig den Wert des Lesens oder Theaterbesuchs im Sinn politischer Zweckhaftigkeit herabzustufen. Neurath hat so andeutungsweise Probleme zum Zusammenhang von Lesen und Leben formuliert, die heute von den Wissenschaften und der Literaturtheorie keineswegs geklärt sind.

THESE 4
DIE LITERATURTHEORETISCHEN AUFFASSUNGEN DER WICHTIGSTEN AUSTROMARXISTISCHEN KULTURPOLITIKER LEITEN SICH AUS DER KLASSISCH-KANTIANISCHEN ÄSTHETIK AB. DAS PROLETARIAT SOLL KULTIVIERT UND TRÄGER DER NATIONALKULTUR WERDEN

Max Adlers Kulturbegriff bleibt ambivalent. Er umfaßt einerseits die Gestaltungsprinzipien der Gesellschaft, definiert sich also universell als Verwirklichung der Gemeininteressen einer Menschheitskultur, andererseits inthronisiert er durchaus die Exklusivität eines bestimmten, nämlich des klassisch-bürgerlichen Kulturtyps zum leitenden kulturellen Ideal. Seine Reden zur Schillerfeier 1905 zeugen davon wie andere Schriften auch. In Fortsetzung der Ideen von Lassalle und Mehring geht Max Adler davon aus, daß das Bürgertum seine klassische Kultur durch den Kapitalismus verspielt hat. Nur die Arbeiterklasse verficht im Klassenkampf deren Menschheitstraum weiter, sie muß sich aber zu ihrer Veredelung die Schönheit der klassischen Werke erst aneignen.[28] Auch Otto Bauer sprach wiederholt von der Anpassung an die bestehende Kultur der Nation und dem Ziel der Arbeiterklasse, die Kultur zum Besitztum aller zu machen[29], und die praktische Politik der Sozialdemokratie, im besonderen die der „Kunststelle", orientierte sich ebenfalls an diesem Leitgedanken von der „Kunst ins Volk".[30]

Die Öffnung der Theater und der Konzertsäle für die Arbeiterschaft ungefragt ihrer Programmierung galt bereits als der entscheidende Fortschritt. Tatsächlich waren die quantitativen Leistungen der „Kunststelle", millionenfach Karten zu vermitteln, für unzählige Menschen, denen damit der Zugang zu den bisher verschlossenen Tempeln des Bürgertums ermöglicht wurde, ein großer Aufstieg, – aber gleichzeitig bedeutete er auch die Integration der Vaterlandslosen in die e i n e Nation, war also auch Vorbereitung für den „Tag der Nation", wie Friedrich Austerlitz den 1. August 1914 nannte.[31] So finden wir das Paradoxon vor, daß mit der Formierung und Artikulierung der Arbeiter als historisches Subjekt ihr subversives Potential aus ihrer kulturellen, wissenschaftlichen wie ästhetischen Arbeit schwindet, um im bürgerlichen Liberalismus aufzugehen.³²

Von Franz Mehring stammt die These, daß das Proletariat nicht in der Lage sei, eine eigene Kultur zu schaffen, so lange es sich im Kampf befindet. Mit der Parole „Unter den Waffen schweigen die Musen" wurde die Trennung von Kunst und Politik deklariert. Für eine spezifisch proletarische Kultur kannte er genauso nur Ablehnung wie für die moderne Kunst, und eine generell distanzierte Einschätzung der Funktion von Kunst und Literatur für den Klassenkampf schien diesen seinen kategorischen Bestimmungen zu entsprechen. Für den Geschichtsoptimismus der Sozialdemokratie bot er als Ausweg aus der literarischen Misere der Gegenwart, auch als Antithese zum Europäertum und Kosmopolitismus Friedrich Nietzsches, die weiten und heiteren Perspektiven der deutschen Klassik an, nach denen seiner Auffassung nach die deutschen Arbeiter eine geradezu brennende Sehnsucht hegten.³³

Die prononcierte Stellung Franz Mehrings, seine doppelte Autorität als Politiker wie als Literaturkritiker, wirkte auch stark innerhalb der österreichischen Sozialdemokratie. Seine Stellungnahmen entsprachen im wesentlichen dem deutschnationalen Bildungsbewußtsein der alten sozialdemokratischen Elite. Mehring faßte in vielem nur zusammen, was vorgedacht war, und darin liegt seine allgemeine Bedeutung, die noch in der Ersten Republik die Diskussion prägte. Rückblickend schrieb David Josef Bach, der Leiter der Kunststelle:

> Wer jemals das Glück genossen hat, mit Mehring über Fragen (der Ästhetik) diskutieren zu dürfen, dem bleibt unverwischbar nicht nur der Eindruck der Persönlichkeit, sondern auch das dankbare Bewußtsein für den neuen Weg, den Mehring uns eröffnet hat. Wir sind mitsammen auf dem Gebiet der kritischen Kunstbetrachtung, ob wir nun kleine Aufsätze oder dicke Bücher schreiben, Schüler Mehrings, und sind wir durch ihn, der sich ein Schüler von Marx und Engels genannt hat, auch ein bißchen in diese Schule gegangen, dann um so besser ... Dieser oder jener mag vor Mehring oder gleichzeitig mit ihm an ähnliche Probleme gerührt, ähnliche Ziele verfolgt haben. Doch Mehring hat es systematisch getan und so die Aufmerksamkeit der deutschen Arbeiterklasse für die Fragen der sogenannten Kultur im allgemeinen, der Literatur im besonderen geschärft.³⁴

Mehring hatte die Klassiker erstmals aus sozialistischer Sicht dargestellt. Das war seine bleibende Leistung, sein Einfluß auf die austromarxistische Literaturtheorie. Seine Würdigung als bahnbrechender marxistischer Literaturgeschichtsschreiber verhinderte allerdings nicht, daß Bach den mechanischen Materialismus seiner Bücher durch Friedrich Adlers Arbeiten und seine eigenen Aufsätze in der Prager Zeitschrift *Academie* für überholt hielt.³⁵ Auch Mehrings Ablehnung der Moderne wurde keineswegs akzeptiert. Die Kunstpolitik des Austromarxismus zeichnete sich gerade auf dem Gebiet der Musikpflege durch wegbereitende Förderung der Schönberg- und Webern-Schule aus. Die moderne

Literatur wurde nicht abgelehnt, sondern aufmerksam und positiv registriert.[36] Sogar mit den neuen proletarischen Kunstbemühungen schloß man Kompromisse, Friedrich Wolfs Dramen oder Sergej Tretjakows Romane wurden als wichtige Experimente rezipiert. Trotzdem war die Orientierung an der klassischen Kunstdoktrin unangreifbar:

> Alle Kunst, alle echte Kunst ist revolutionär, das heißt über die Gegenwart hinaus in die Zukunft weisend, neue Elemente schaffend. Eine Beethoven-Sinfonie ist ewig, ist revolutionär, und Goethes „Iphigenie" ist es auch. Danach haben wir unsere Kunstpolitik gerichtet, nicht nach dem, was sich für modern oder revolutionär schon deshalb hält, weil es dieses Wort ausspricht oder sich so gebärdet. (David Josef Bach)[37]

THESE 5
DIE LITERATURTHEORETISCHEN BEMÜHUNGEN IM AUSTROMARXISMUS NEHMEN SICH DÜRFTIG AUS. OFFENSICHTLICH BEINHALTEN ÄSTHETISCHE REFLEXIONEN NUR WENIG BRISANZ FÜR DIE POLITIK

Irritierend wirkt das Faktum, daß die Anwesenheit von Béla Balasz, Georg Lukács oder die frühen Genieforschungen von Edgar Zilsel die literaturtheoretische Diskussion in der austromarxistischen Öffentlichkeit nicht mehr stimuliert haben. Georg Lukács war als sich einmischender Gesprächspartner quasi nicht vorhanden.[38] Balasz übersiedelte nach der Publikation der ersten bedeutenden filmtheoretischen Arbeit von Wien nach Berlin.[39] Edgar Zilsel und Otto Neurath vom „Wiener Kreis" wagten sich in das Gebiet der Literaturtheorie nicht sehr weit vor.[40] Nimmt man Ernst Fischer[41], den jungen Arnold Hauser[42], Fritz Brügel[43], David Josef Bach[44] und auch Oskar Benda[45] als mögliche Gesprächspartner hinzu, so verwundert es, daß nicht mehr an literaturtheoretischer Anstrengung zustandekam. Im Vergleich zur Psychologie, Soziologie, Nationalökonomie oder zur Erkenntnistheorie wirkte das „Umfeld des Austromarxismus" in der Literaturtheorie erstaunlich unproduktiv. Nach den Gründen läßt sich fragen: vielleicht waren es die Unwilligkeit der österreichischen Autoren zu ästhetischen Disputen, die Scheu vor Öffentlichkeit und Repräsentanz, die Geringschätzung von Literatur, der diskussionsfeindliche integrationistische Kurs austromarxistischer Kunstpolitik, die Konzentration auf literarische Vermittlung, die Geistfeindlichkeit der politischen Auseinandersetzungen. Welche Faktoren auch immer zusammenspielen, die Literaturtheorie wurde auch dann nicht verstärkt bemüht, als sich ein „Bund Sozialistischer Schriftsteller" mit Rudolf Brunngraber, Luitpold Stern, Theodor Kramer und Ernst Waldinger konstituierte.[46]

Mit der Methodik der Literaturgeschichtsschreibung setzte sich Fritz Brügel, der sozialistische Lyriker, wiederholt auseinander. Er wertete die Überwindung des Positivismus, den Otto Wittner und Alfred Kleinberg in ihren sozial aufgeschlossenen Literaturgeschichten praktiziert hatten, als positiv[47] und sah in der morphologischen Betrachtungsweise Josef Nadlers einen interessanten Ansatz auch zu einer neuen marxistischen Literaturmethodik. „Die materialistische Geschichtsauffassung ist in das zukünftige Reich eingebrochen", jubelte Brügel[49], mußte aber zugleich einräumen, daß Nadler auch einen Rassenbiologismus zur literaturgeschichtlichen Rasterung eingeschleust hatte.[50]

Fritz Brügel formulierte auch eine fulminante Abrechnung mit der „Österreich"-Ideologie in der österreichischen Literatur und in der Literaturwissenschaft und faßte das latente Unbehagen der Sozialdemokraten gegen einen konservativen bis reaktionären Heimatbegriff zusammen, der sich hinter der Einrichtung der Salzburger Festspiele, der Realitätsflucht der österreichischen Literatur, den großen Beweisführungen von der spezifischen Barocktradition und der sich harmlos gebenden habsburgischen Vulgärmythologie verbarg.[51] Schon in den 20er Jahren hatte sich in deutschnationaler Bildungsgesinnung Widerstand gegen die Konstruktionen von der österreichischen Tradition formiert, die im Kralik-Kreis oder in Eberles *Neuem Reich* ausgesonnen wurden. In der von Dollfuß verkündeten Sternstunde der österreichischen Tradition, die nichts anderes als die Zerschlagung der Sozialdemokratie annoncierte, sah man alle Vorurteile bestätigt, zu welchen praktischen Folgen diese geistigen Glasperlenspielereien anstifteten. Diese sozialdemokratischen Vorstöße standen im Zeichen von Ideologiekritik, politischer Abrechnung und Selbstbesinnung und waren nur sekundär Beiträge zur Literaturtheorie, auch wenn sie heute sich als wichtige Partikel in die Debatte um den Charakter der österreichischen Literatur integrieren lassen.[52]

THESE 6
DER EINZIGE GRÖSSERE ORIGINELLE BEITRAG DES AUSTROMARXISMUS ZUR ZEITGENÖSSISCHEN LITERATURTHEORIE WAREN DIE AUFSÄTZE UND ESSAYS ERNST FISCHERS IN DER „ARBEITER-ZEITUNG" UND ANDEREN ORGANEN

Die alte austromarxistische Elite war in humanistischen Gymnasien erzogen worden, für die junge Generation war der Erste Weltkrieg die Schule des Lebens. Auf den Schlachtfeldern hatte sie die Hülle nationaler Bildung abgestreift. Volksbildung war für sie nicht mehr Volk-Bildung, und der von Otto Bauer apostrophierte „Klassenkampf um die nationale Kultur" als der Ineinssetzung des Volkes mit seinen kulturellen Leistungen erschien der Jugendbewegung als Relikt von gestern.[53] Die Katastrophe des Großen Krieges hatte die nationalen Grenzen auch in der Literatur gesprengt, die faszinierte Beobachtung des großen Experiments der Russischen Oktoberrevolution war von der jungen Intelligenz genauso getragen, wie sie auch das Eindringen des Amerikanismus in der Musik, in der Mode, in der Technik und in der Literatur begeistert begrüßte. Die Selbstgenügsamkeit nationaler Literaturen wurde beiseite geschoben und der Internationalismus assimilierte das Ferne, Fremde, Unbekannte zum brennenden aktuellen Problem. Mehr noch als die Literatur hatte der Film die nationalen Schranken geöffnet und die gesamte Welt zum potentiellen Schauplatz gemacht. Auch die Literatur bekam die Funktion übertragen, hüben und drüben die Wünsche, Ziele und Probleme verstehbar zu machen. Wenn Otto Koenig, der literarisch einflußreiche Kulturredakteur der *Arbeiter-Zeitung,* in Arbeiterbüchereikatalogen dem nationalliterarischen Bildungskonzept anhing und als Lektüre Walther von der Vogelweide bis Gerhard Hauptmann empfahl[54], so löste diese Beschränktheit bei der lesenden Jugend nur Kopfschütteln aus.

Gelegentlich der Besprechung von Dos Passos' *Manhattan Transfer* beklagt Ernst Fischer die Wirklichkeitsfremdheit und Wirklichkeitsfeindlichkeit der europäischen wie der deutschen Autoren. Die gewünschte Einmischung unterbleibe, das Ringen von Demokratie, Faschismus und Sozialismus sei ungestaltet, die Weltlosigkeit belege die Misere der deutschen Gegenwartsliteratur.

> Der Aufruhr, die Problematik, das Schicksal einer Generation, die durch den Krieg, durch die Inflation, durch das Chaos gejagt wurde, zugrunde gegangen oder müde gelaufen oder zu neuen Experimenten bereit ist, blieb stumm und entlud sich nur im expressionistischen Schrei, verdichtete sich nicht zur leidenschaftlichen Chronik. Die Dichter, die Literaten Europas haben nicht begriffen, was da geschah und täglich geschieht. Und die wenigen, die um die Gegenwart wissen, haben Symbole für die Wirklichkeit und Lyrik für die Prosa gegeben.[55]

Ernst Fischer schrieb diese pamphletischen Worte zu Beginn des Jahres 1928. Bis zu diesem Zeitpunkt war der deutsche realistische Zeitroman nur rudimentär vorhanden, die großen Romane der „Neuen Sachlichkeit" standen noch aus, und die Welle der Kriegsliteratur hatte noch nicht begonnen. Gemäß dem betonten Gemeinschaftscharakter der Arbeiter- und Jugendbewegung trat in ihnen die Prosa gegenüber dem Theater und der Lyrik zurück. In der Autorenschelte ist auch ein Stück Selbstkritik des scheiternden Romanautors Fischer eingepackt.

Beim Fehlen des engagierten Zeitromans in der deutschen Literatur – mit den wenigen Ausnahmen wie Heinrich Mann – gewann die neue russische und angelsächsische Romanliteratur besonderes Gewicht. Sie zu lesen, bedeutete für die jungen Intellektuellen, „dem eigenen Leben ins Antlitz zu sehen".[56] Den größten Erfolg dieser allgemeinen literarischen Rußlandbegeisterung errang Fedor Gladkows *Zement* (1927 in Deutsch)[57], der Industrialisierung und Suche nach neuen Lebensformen in der Sowjetunion thematisierte. Ernst Fischer meinte, daß dieses Werk zusammen mit Dos Passos' *Manhattan Transfer* die beiden großen Romane der Zeit seien, „die großen, einander ergänzenden, einander widersprechenden Dokumente unserer Seele".[58] Er kritisiert zwar die politische Orientierungslosigkeit des Passos-Romans und seine Affirmation des kapitalistischen Chaos, ist aber von der anarchischen Fülle des Lebens, von der wunderbaren Traditionslosigkeit, von der Unverlogenheit und den verblüffenden Übergängen der einzelnen Lebensbereiche in der Prosa hingerissen.

Ernst Fischer war bei der *Arbeiter-Zeitung* nicht in der Feuilletonredaktion, sondern als Lokalredakteur beschäftigt. Seine oft ganzseitigen Essays und Besprechungen erschienen meist in der Sonntagsbeilage und standen in der sozialistischen Presse ziemlich einzigartig da im Bestreben, die literarischen Strömungen der Zeit auf den Begriff zu bringen, das literarisch Neuartige zu würdigen und vom sozialistischen Standpunkt die Auseinandersetzungen mit der Gegenwartsliteratur zu führen. So zufällig es erscheint, daß er dieses oder jenes Buch besprach, diesen oder jenen Autor hervorhob, so ist doch ein gewisses System der Auswahl und eine gewisse, ihm eigene Methode der Behandlung zu erkennen. Vor allem wird man sich dessen bewußt, wenn man überlegt, was er alles nicht besprach, also als irrelevant ausklammerte. Dort wo die AZ-Kulturredakteure vor lauter Bäumen den Wald nicht mehr sahen und in der Würdigung der Einzelleistung oft hilflos wirkten, ging es Fischer um einen brauchbaren, dauernden Bestand der zeitgenössischen Literatur: Dos Passos, Fedor Gladkow, Karl Kraus, Robert Musil, Erich Kästner, Ilja Ehrenburg, Erik Reger, Bertolt Brecht, David Herbert Lawrence, Sergej Tretjakow, Alfred Polgar, Stefan Zweig, Sigmund Freud.[59] Er lieferte auch regelmäßig Besprechungen der Aufführungen des Politischen Kabaretts und gab sich als Promotor einer aktivistischen, klassenkämpferischen Kunst in der Partei.[60] Bei all dem nahm er auf die Qualität Bedacht.

So läßt es sich auch nicht als nebensächlich einstufen, daß er von der neuen amerikanischen Literatur gerade John Dos Passos ausführlich preist, ihn als den amerikanischen Autor schlechthin nennt und nicht Upton Sinclair oder Jack London, die sich als viel gelesene proletarische Autoren beim Publikum gerade durchsetzten. Nicht daß Fischer wegen ihrer einfacheren Erzählhaltung diese Schriftsteller nicht geschätzt hätte, aber bei seiner Bestimmung und Wertung der modernen Literatur kommt noch ein anderes Moment der Parteinahme für den Sozialismus zuvor: der Realismus. Fischer umschreibt ihn als Methode, die festgefahrenen Bilder der Wirklichkeit wieder zu verrücken, die Menschen in neue Dimensionen zu führen und ihnen bei der Entdeckung der Wirklichkeit zu helfen. Fischer hat zwar noch nicht jenen komplexen Realismusbegriff entwickelt, der seine Essaybände *Kunst und Koexistenz*[61] und *Auf den Spuren der Wirklichkeit*[62] auszeichnet, aber die tendenzielle Offenheit der Bestimmung dessen, was Realismus ist, wird etwa in einem Aufsatz aus dem Jahr 1930 in erstaunlicher Parallele vorweggenommen.

Zugleich sind seine Ausführungen ein Plädoyer für neue literarische Formen und Methoden, die die alten, die gegenüber den neuen Wirklichkeiten inadäquat geworden sind, ersetzen.

> Zu sagen, was ist, in der namenlosen Krise des Geistes, tapfer und schonungslos die Wahrheit unseres Lebens auszusprechen, ist heute die Aufgabe der Dichter und Schriftsteller. Weder die politischen Menschen, gefangen in den drängenden Forderungen des Tages, in den Notwendigkeiten der Partei, noch die wissenschaftlichen Menschen, Meister in einem kleinen Bezirk, Unkundige im großen Chaos unseres Daseins, noch die moralisierenden Menschen, alles nach einem Schema wertend, nichts mit unbefangener Neugier prüfend, sind dazu fähig; einzig der künstlerische Mensch, dessen Entdeckerlust selbst im Grauen der Hölle nicht verstummt, dessen Leidenschaft das Lebendige, dessen liebste Beute das bisher Unausgesprochene, Unterirdische, zutiefst Fragwürdige ist, vermag unser Leben, dieses provisorische Leben zwischen zwei Fragezeichen, zwischen dem Nichtmehrgeltenden und Nochnichtgültigem, zwischen Revolution und Revolution, darzustellen. Es gilt, den Menschen der Großstadt, den Menschen von 1930, mit sich selbst zu konfrontieren, sein Leben mit Röntgenstrahlen zu durchleuchten, sein innerstes Wesen aus dem Wust von Redensarten und Selbstbeschwindelungen, von Konventionen und Scheinbarkeiten zu lösen. Es gilt, seine Seele zu demaskieren, seine Unterwelt aufzudecken. Das ist kein frommer oder unfrommer Wunsch; greift zu den großen Büchern der Zeit, und ihr werdet erkennen, daß sie der Aufgabe dienen, daß in ihnen ausgesprochen wird, was ist. Die Romane des Sinclair Lewis, des John Dos Passos, des André Gide, des Alfred Döblin, des Robert Musil, die Gedichte des Erich Kästner, des Bert Brecht, des Walter Bauer, die Theaterstücke des Ferdinand Bruckner, da habt ihr eine neue, tapfere, schonungslose Literatur, Reisebücher des Geistes, in denen unsere unentdeckte Welt mit hoher Meisterschaft geschildert wird. Diese Bücher, in denen nur erzählt, nicht gepredigt, nur konstatiert, nicht beschönigt, nur eine Diagnose gestellt und nicht ein Rezept der Heilung angepriesen wird, geben uns mehr Mut zu unserer problematischen Existenz, als jeder verlogene Optimismus uns Mut zu geben imstande wäre. Alle Kunst, die uns einzureden versucht, irgend etwas sei in Ordnung, die Welt um uns oder das Lebensgefühl in uns, man müsse nur das oder jenes oder irgend etwas glauben, wünschen, üben (zum Beispiel Geduld), und das Rechte werde sich dann von selber einstellen, alle Kunst, die uns mit „Idealen" täuschen und um die Wahrheit prellen will, soll der Teufel holen![63]

Ich zitiere hier deshalb so lang, weil hier eine heute noch gültige Definition der Moderne gegeben wird, weil Fischer die Leistung der Literatur gegen die der Politiker, der Wissenschaftler abgrenzt und ihren Eigenwert bestimmt und herausstreicht. Zugleich ergeben die angeführten Autoren eine Art Kanon jener Literatur, die er am zeitgemäßesten findet. Die Art der Fragestellung, sein Realismusbegriff rührt in vielem an das Selbstverständnis der erwähnten Autoren und grenzt sie gegenüber einem unmittelbaren politischen Nützlichkeitsdenken ab. Nimmt man die Sätze für sich allein, so sind sie ein vorbehaltloses Plädoyer für die unerschöpfliche produktive Destruktion der Literatur. Diese Art der Zersetzung wird erst indirekt, erst mittelbar für den Sozialismus fruchtbar. Aus der Kritik des Alten, so führt Fischer vor, fließt das Neue, aus skeptischer Illusionslosigkeit entsteht optimistischer Aktivismus, aus scheinbarem Nihilismus schält sich Parteinahme.[64] Für Fischer ist das eine synchrone Bewegung sozialistischer Lektüre. Sosehr die Autoren auch abseits der Bewegung stehen, als unerbittliche Analytiker der Mit- und Umwelt rücken sie in vertraute Nähe und werden Bundesgenossen. Fischer hat dieses Verfahren in dem bekannten Essayband *Von Grillparzer bis Kafka*[65] an einer Reihe von österreichischen Autoren meisterhaft vorgeführt, wobei er bei einigen Autoren an seine eigenen Aufsätze aus der *Arbeiter-Zeitung* anknüpfen konnte. Das Musil-Porträt hat er in einer erstaunlich klaren Rezension vorweggenommen[66], und Karl Kraus wurde von Fischer zu einem Zeitpunkt in der AZ verteidigt[67], als dieser wegen seiner Kritik an der Partei bereits aus dem Umfeld des Austromarxismus gewiesen wurde.

Fischers literaturkritisches Denken stand seit seinen Anfängen in merkwürdiger Spannung zu seinem drängenden politischen Engagement. Die Spaltung in einen Schriftsteller und in einen Politiker, die er in seiner Autobiographie als Konstitution seiner Persönlichkeit begreift, wird zur Zerreißprobe seiner Auffassungen, in der er sich in der Radikalisierung des politischen Klimas für die Politik und gegen den kritischen Intellekt entscheidet. Am radikalsten geschah diese Kehrtwendung in einem Aufsatz im März 1932, in dem das zwei Jahre vorher Geschriebene völlig widerrufen wird, um auf einen einsinnigen Aktivismus zu schwören. Er warnt hier sogar die Jugendlichen und Arbeiter vor den Intellektuellen und der Literatur. Im Zeitalter des Faschismus müsse ein unkomplizierter Fanatismus zum Angriff gegen den Kapitalismus treiben, das kritische Überlegen und Abwägen hemme nur. Einzig die Wertung, ob die Überlegung dem Sozialismus direkt nützt, ist brauchbar. Fischer:

> Der Luxus einer rein künstlerischen, rein ästhetischen Betrachtung ist bedingungslos abzulehnen: ob ein Buch besser oder schlechter geschrieben, eine Weltanschauung gescheiter oder dümmer formuliert, eine Persönlichkeit feiner oder gröber zurechtgemacht ist, soll uns nicht beeinflussen. Im Gegenteil: je geistiger, je raffinierter sich die Bourgeoisie maskiert, desto wacher muß unser Mißtrauen, desto schärfer unsere Gegnerschaft sein.[68]

Fischers Aktivismus stieß selbst bei vielen Linken in der Partei auf Ablehnung. Seine Profilierung als Führer der Jungfront gelang bis zum Augenblick der Bewährung im Februar 1934.[69] Fischer gelang es nicht, zu den Kampfzentren vorzustoßen und landete bei einem von jenen, die er vorher indirekt geschmäht hatte: Elias Canetti.[70]

Anmerkungen

1 Siehe allgemein dazu: Dieter Langewiesche: *Zur Freizeit des Arbeiters. Bildungsbestrebungen und Freizeitgestaltung österreichischer Arbeiter im Kaiserreich und in der Ersten Republik.* Stuttgart 1980.
 Ernst Glaser: *Im Umfeld des Austromarxismus. Ein Beitrag zur Geistesgeschichte des österreichischen Sozialismus.* Wien/München/Zürich 1981. Alfred Pfoser: *Literatur und Austromarxismus.* Wien 1980. *Mit uns zieht die neue Zeit. Arbeiterkultur in Österreich 1918–1934.* Wien 1981.
2 *Marx-Studien. Blätter zur Theorie und Politik des wissenschaftlichen Sozialismus.* Hrsg. v. Max Adler und Rudolf Hilferding. Band 1. Wien 1904. Hier zitiert nach Ernst Glaser: *Otto Neurath und der Austromarxismus.* In: *Arbeiterbildung in der Zwischenkriegszeit. Otto Neurath – Gernd Arntz.* Hrsg. v. Friedrich Stadler. Wien/München 1982, S. 126–127.
3 Glaser (Anm. 1).
4 Zum Hintergrund und zur Rezeption: Pfoser (Anm. 1), S. 180–181
5 Vgl. dazu die Schilderung bei Joseph Buttinger: *Das Ende der Massenpartei. Am Beispiel Österreichs.* Frankfurt/M 1972, S. 76–93.
6 Siehe Anm. 1.
7 *Mehr Theorie!* In: *Arbeiter-Zeitung* (AZ), 10. 1. 1932, S. 2.
8 Friedrich Stadler: *Vom Positivismus zur „wissenschaftlichen Weltauffassung".* Wien/München 1982. *Beiträge zur Geschichte der Psychoanalyse in Österreich.* Hrsg. v. Wolfgang Huber. Wien/Salzburg 1978.
9 Wendelin Schmidt-Dengler: *Literatur.* In: Erika Weinzierl/Kurt Skalnik (Hrsg.): *Österreich 1918–1938. Geschichte der Ersten Republik.* Band 2. Graz/Wien/Köln 1983. S. Claudio Magris: *Der habsburgische Mythos in der österreichischen Literatur.* Salzburg 1966. C. E. Williams: *The Broken Eagle.* London 1974.
10 Pfoser (Anm. 1), S. 277–283.
11 Allgemein zur Arbeiterliteratur in Österreich: Friedrich G. Kürbisch und Herbert Exenberger. In: *Arbeiterkultur in Österreich 1918–1945.* Hrsg. v. Brigitte Galanda. Wien 1981, S. 102–126.
12 *Der Morgen* 27. 10. 1930, S. 4.
13 *Neues Wiener Journal* 30. 10. 1930, S. 1–2.
14 Thomas Mann: *Rede vor Arbeitern in Wien.* In: Thomas Mann: *Politische Schriften und Reden.* Band 2, Frankfurt/M und Hamburg 1968, S. 233–248. (=FiBü MK 117). *Thomas Mann und der Sozialismus.* In: *AZ* 23. 10. 1933, S. 1.
15 *Das totgeschwiegene Kulturbekenntnis.* In: *AZ* 27. 10. 1932, S. 6.
16 *Thomas Mann vor den Wiener Arbeitern.* In: *AZ* 23. 10. 1932, S. 8.
17 *Thomas Mann über das Neue Wien.* In: *AZ* 26. 10. 1932, S. 6.
18 *Die Fackel* Nr. 890–905 (Ende Juli 1934). Alfred Pfabigan: *Karl Kraus und der Sozialismus.* Wien 1976, S. 337–359. Friedrich Achberger: *Lehrstück Weimar? Österreichische Perspektiven auf den Untergang der deutschen Republik.* In: *Weimars Ende.* Hrsg. v. Thomas Koebner. Frankfurt/M 1982, S. 399–423 (=st 2018). Vgl. dazu den Beitrag Norbert Freis in diesem Band.
19 Max Adler: *Neue Menschen. Gedanken über sozialistische Erziehung.* 2. verm. Aufl. Berlin 1926. Als kritische Darstellung von Max Adlers Denken: Alfred Pfabigan: *Max Adler. Eine politische Biographie. Frankfurt/M 1982.*
20 Max Adler: *Die Kulturbedeutung des Sozialismus.* Wien 1924. Max Adler: *Friedrich Schiller.* In: Max Adler: *Wegweiser. Studien zur Geistesgeschichte des Sozialismus.* Wien 1965 [erstmals 1914], S. 40–56.
21 Zu den praktischen Schlußfolgerungen aus Max Adlers Theorie: Otto F. Kanitz: *Das proletarische Kind in der bürgerlichen Gesellschaft.* Hrsg. v. Lutz von Werder. Frankfurt/M 1974.
22 Adler, *Neue Menschen* (Anm. 19), S. 110.

23 Pfoser, (Anm. 1), S. 85–150.
24 Ebd., S. 78–80.
25 Ebd., S. 115–121.
26 Karl Renner: *Einige Erfahrungen des praktischen Klassenkampfes.* In: *Der Kampf* 21 (1978), S. 142–153. Karl Renner. In: *Parteitag 1927,* Wien 127, S. 138–139.
27 Otto Neurath: *Empirische Soziologie. Der wissenschaftliche Gehalt der Geschichte und Nationalökonomie.* In: Otto Neurath: *Gesammelte philosophische und methodologische Schriften.* Band 1, Wien 1981, S. 512. Vgl. *Arbeiterbildung* (Anm. 2).
28 Vgl. dazu Pfabigan, Max Adler (Anm. 19), S. 95–97.
29 Otto Bauer: *Deutschtum und Sozialdemokratie.* Wien 1907.
30 Pfoser (Anm. 1), S. 59–64.
31 Friedrich Austerlitz: *Der Tag der deutschen Nation.* In: *Austerlitz spricht. Ausgewählte Aufsätze und Reden von Friedrich Austerlitz.* Hrsg. v. Julius Braunthal. Wien 1931, S. 99–102. Peter Kulemann: *Am Beispiel des Austromarxismus.* Hamburg 1979, S. 159–221.
32 Georg Fülberth: *Proletarische Partei und bürgerliche Literatur. Auseinandersetzungen in der deutschen Sozialdemokratie der II. Internationale und Grenzen einer sozialistischen Kulturpolitik.* Neuwied und Berlin 1972.
33 Franz Mehring: *Werkauswahl.* 3 Bände. Hrsg. v. Fritz J. Raddatz. Darmstadt und Neuwied (1974/75) (=SL 170/177/198).
34 David Josef Bach: *Franz Mehring und die Lessing-Legende.* In: *AZ* 20. 1. 1929, S. 19.
35 Ebd.
36 Pfoser (Anm. 1), S. 57–78 u. S. 285–296. Henriette Kotlan-Werner: *Kunst und Volk. David Josef Bach 1874–1947.* Wien 1977. Reinhard Kannonier: *Zwischen Beethoven und Eisler. Zur Arbeitermusikbewegung in Österreich.* Wien 1981.
37 David Josef Bach: *Eine Erinnerung. Auch unsere Kunststelle ist ein Kind der Revolution.* In: *Kunst und Volk* 4(1929), S. 97.
38 Yvon Bourdet: *Georg Lukács im Wiener Exil (1919–1930).* In: *Geschichte und Gesellschaft.* Festschrift für Karl R. Stadler. Wien 1974, S. 297–329.
39 William M. Johnston: *Österreichische Kultur- und Geistesgeschichte. Gesellschaft und Ideen im Donauraum 1848 bis 1938.* Wien/Köln/Graz 1974, S. 385–387.
40 Sebastian Meissl: *Vom Literarhistoriker zum Literaten. Wege und Umwege Otto Neuraths.* In: *Arbeiterbildung* (Anm. 2), S. 112–118.
41 *Ernst Fischer – ein marxistischer Aristoteles.* Hrsg. v. Helmuth A. Niederle. (=Sondernummer der Zeitschrift *Pult*) Wien/St. Pölten 1980.
42 Johnston (Anm. 39), S. 387–389.
43 Zur Biographie Brügels: Alfred Kantorowicz: *Deutsche Schicksale unter Hitler und Stalin.* Wien/Köln/Stuttgart/Zürich 1964, S. 119–130.
44 Kotlan-Werner (Anm. 36).
45 Glaser (Anm. 1), S. 422–423.
46 Siehe Herbert Exenberger. In: *Arbeiterkultur* (Anm. 11), S. 115–116.
47 Fritz Brügel: *Marxistische Literaturgeschichte.* In: *Der Kampf* 21 (1928), S. 30–33.
48 Fritz Brügel: *Zu Nadlers Literaturgeschichte.* In: *Der Kampf* 24 (1931), S. 505–510.
49 Ebd., S. 506.
50 Fritz Brügel: *Von der Lessing-Legende zu Josef Nadler.* In: *Der Kampf* 25 (1932), S. 432–436.
51 Fritz Brügel: *Österreichische Tradition.* In: *Der Kampf* I. R. 1935, S. 170–173.
52 Pfoser (Anm. 1), S. 245–277. Allgemein zur konservativen „Österreich"-Ideologie: Anton Staudinger: *Zur „Österreich"-Ideologie des Ständestaates.* In: *Das Juliabkommen von 1936.* Wien 1977, S. 198–240 und S. 436–450.
53 e. f.: *Die Kriegsgeneration.* In: *AZ* 28. 7. 1929, S. 17.
54 Otto König: *Literaturgeschichte.* In: *Zentralbibliothek des Graphischen Kartells.* Bücherverzeichnis. 1. Band, O. O. 1922.
55 e. f.: *Der Geist des Amerikanertums.* In: *AZ* 2. 8. 1931, S. 17.

56 Ebd.
57 Alfred Klein: *Die Sowjetmacht aus deutscher Sicht.* In: *Literatur der Arbeiterklasse. Aufsätze zur Herausbildung der deutschen sozialistischen Literatur (1918–1933).* Berlin u. Weimar 1971, S. 264–290.
58 *AZ* 2. 8. 1931, S. 17.
59 Wichtige Artikel Ernst Fischers in der *Arbeiter Zeitung: Dreihundert Vorlesungen Karl Kraus'.* In: *AZ* 8. 12. 1928, S. 8; *Fort mit dem Feigenblatt.* In: *AZ* 8. 7. 1930, S. 5; „Schwarz auf Weiß". In: *AZ* 5. 4. 1931, 11; *Eine Hymne auf den Fünfjahresplan.* In: *AZ* 8. 2. 1931. S. 6–7; *Totentanz des Kapitalismus.* In: *AZ* 26. 7. 1931, S. 15; *Triumph der Gesinnungslosigkeit.* In: *AZ* 6. 10. 1929, S. 17–18; *Die Dichter und die Schriftsteller.* In: *AZ* 7. 7. 1929, S. 17; *Kolportage und Heldenmythos.* In: *AZ* 2. 8. 1931, S. 13. Zu Freud: Ernst Fischer: *Das Unbehagen in der Kultur.* In: *Der Kampf* 23 (1930), S. 282–289.
60 Vgl. die programmatische Erklärung: Ernst Fischer: *Die Agitation in der „Pause".* In: *Das Politische Kabarett.* Hrsg. v. der Sozialistischen Veranstaltungsgruppe. Wien 1928, S. 7–11.
61 Ernst Fischer: *Kunst und Koexistenz. Beitrag zu einer modernen marxistischen Ästhetik.* Reinbek 1966.
62 Ernst Fischer: *Auf den Spuren der Wirklichkeit. Sechs Essays.* Reinbek 1968.
63 *Die Entdeckung unserer Welt.* In: *AZ* 1. 1. 1931, S. 11.
64 Ebd. Vgl. Fischer, Kunst und Koexistenz (Anm. 61), S. 173–224.
65 Ernst Fischer: *Von Grillparzer zu Kafka.* Frankfurt/M 1975 (=st 284).
66 *Der Mann ohne Eigenschaften.* In: *AZ* 10. 12. 1930, S. 8.
67 *Dreihundert Vorlesungen Karl Kraus'.* In: *AZ* 8. 12. 1928, S. 7–8.
68 *Diktatur der Idee.* In: *AZ* 27. 2. 1932, S. 17.
69 Anson G. Rabinbach: *Ernst Fischer and the left Opposition in Austrian Social Democracy: the Crisis of Austrian Socialism 1927–1934.* Diss. University of Madison, Wisc. 1973.
70 Ernst Fischer: *Erinnerungen und Reflexionen.* Reinbek 1969, S. 268–269. Zu Ernst Fischer als Literatur- und Kulturkritiker von 1920 bis 1934 neuerdings: Ernst Fischer: *Kultur – Literatur – Politik. Frühe Schriften.* Hrsg. von Karl-Markus Gauß. Frankfurt/M 1984.

Die Brückenbauer
Zur „Österreich"-Ideologie der völkisch-nationalen Autoren in den dreißiger Jahren

von

KLAUS AMANN

Das mit den militärischen und politischen Entscheidungen von 1866 und 1919 geschaffene Faktum der Aussperrung Österreichs aus Deutschland wurde von den repräsentativen politischen Gruppierungen der Ersten Republik – je nach Standort – als unzulässiger Eingriff in das Selbstbestimmungsrecht der beiden Völker oder als widernatürliches (Pariser) Diktat empfunden. Kennzeichnend ist dabei, daß in allen Phasen der historischen Entwicklung seit 1848 die politische Diskussion des Verhältnisses Österreichs zu Deutschland aus einer kulturideologischen Argumentation hervorgeht.[1] Dies gilt insbesondere für die Periode des Austrofaschismus, die uns noch zusätzlich vor die paradoxe Situation stellt, daß Anschlußgegner und Anschlußbefürworter ihre einander diametral entgegengesetzten staatspolitischen Konzeptionen mit den gleichen kulturhistorischen und rassenideologischen Argumenten begründeten.

Max Millenkovich-Morold, der im Sommer 1933 unter dem Titel *Dichterbuch. Deutscher Glaube, deutsches Sehnen und deutsches Fühlen in Österreich* eine umfangreiche Anthologie deutschnationaler Autoren herausgab, schloß sein Vorwort mit dem Satz: „So ziehe denn hinaus, du Herold unserer teuren Heimat, und wirb in allen deutschen Landen für Österreich, bei allen Österreichern für das rechte Deutschtum!"[2] Dieser Satz, der – wie noch zu zeigen sein wird – in dieser oder ähnlicher Form auch von Schuschnigg stammen könnte, illustriert mit aller Deutlichkeit die Ambivalenz der offiziellen ‚Österreich'-Ideologie, deren kulturideologische Postulate letztlich einer gegen Österreich gerichteten Agitation die Argumente lieferte. Morold bestätigt mit diesem Satz auch, was der bekannte völkische Germanist Franz Koch den österreichischen Autoren anerkennend attestierte: die Fähigkeit, das „unmißverständlich anzudeuten", was sie „offen nicht aussprechen" durften, so daß der österreichische Leser „auch dort das ihm so wichtige Bekenntnis zu Deutschland zu vernehmen vermochte, wo der Reichsdeutsche darüber hinweglesen würde".[3] Denn natürlich hatte Morold mit jener teuren

Heimat Österreich etwas anderes im Sinn als Schuschnigg. Was Morold letztlich unter „rechtem Deutschtum" verstand, beschrieb er am Tag der sogenannten Volksabstimmung vom 10. April 1938 unter gebührender Betonung der propagandistischen Rolle österreichischer Autoren im *Neuen Wiener Tagblatt:*

> ... wenn nun heute wirklich alle deutschen Herzen in einem Brande zusammenschlagen, so sollte niemand der deutschen Dichter vergessen. Die waren nicht etwa nur Idealisten oder Ideologen, deren großdeutsches Bekenntnis als etwas Unpraktisches und im Grunde Ungefährliches bedauert oder belächelt werden konnte, nicht bloß ein Geheimbund oder eine Sekte, deren Treiben man duldete, aber zu verachten geneigt war. Sie waren vielmehr die Heerrufer der Nation. Sie sprachen vor allem Volk, auch vor den deutschfeindlichen Machthabern, das wahre Volksempfinden aus. Sie erregten und stärkten dieses Empfinden. Sie waren die Mahner und Erzieher, die die Trägen stachelten, die Lauen erhitzten und den Verrat brandmarkten. Sie waren das deutsche Gewissen.[4]

Ein politisches System wie der Nationalsozialismus, das im Rahmen der öffentlichen Meinungsbildung und Meinungslenkung der Literatur als Propagandainstrument einen hervorragenden Platz einräumte, wußte diese Rolle der österreichischen völkischen Autoren zu würdigen. Seit der Machtergreifung im Januar 1933 war nicht nur politisches Wohlverhalten österreichischer Autoren immer auch ökonomisch honoriert worden (durch Gewährung von deutschen Verlagsverträgen, Einladungen zu Vortragsreisen usw.)[5], nach dem ‚Anschluß' durften diese österreichischen Schriftsteller – von offizieller Seite legitimiert – für sich in Anspruch nehmen, die entscheidenden geistig-ideologischen Wegbereiter dieses ‚Anschlusses' gewesen zu sein. Einer der maßgeblichen deutschen Literaturideologen, Hellmuth Langenbucher, schrieb 1938 rückblickend:

> Fast alle diejenigen Dichter Österreichs, die den Glauben an das größere Deutschland in den Jahren der bittersten Unterdrückung hochgehalten haben, wurden im Reiche verlegt, und die in Österreich selbst verlegten Dichter fanden ihren Rückhalt im Reich, und sie wurden zu ihrer Arbeit immer wieder dadurch ermutigt, daß sie ihr Amt auffassen konnten als das eines Brückenbauers zwischen Österreich und dem Reiche.[6]

Es ist mehr als ein tragischer Zynismus der österreichischen Geschichte, daß diese Brückenbauer das Material für ihr Werk bequem dem auf höchst unsicheren Boden gegründeten Bau der offiziellen ‚Österreich'-Ideologie entnehmen konnten. Anton Staudinger und Friedbert Aspetsberger haben gezeigt, daß die als Defensivideologie gegen den Nationalsozialismus entwickelten ‚Österreich'-Konzeptionen des ‚Ständestaates' von vornherein zum Scheitern verurteilt waren, weil sie in einer „versuchten Konkurrenz mit dem Nationalsozialismus in bezug auf gleiche Ziele, nämlich in der Errichtung und Organisierung eines Großreiches [und] in der Führung des Deutschtums" bestanden. Dieser

Anspruch wurde aus der Tradierung des „Vorurteils einer Überlegenheit" der „deutschen Kultur" im Rahmen der österreichischen Habsburger-Monarchie abgeleitet.[7] Dabei erwies sich vor allem das kulturdarwinistische Argument einer besonderen Aufgabe des österreichischen Stammes, die in der „innerdeutschen" Missionierung der nationalsozialistischen Deutschen durch die „besseren Deutschen" aus Österreich bestehen sollte und die im Rahmen der „deutschen Mission" letztlich einen europäischen Führungsanspruch bedeutete,[8] als gänzlich ungeeignet, damit das aktuelle politische Ziel einer staatlichen Souveränität Österreichs zu begründen.

Bundeskanzler Schuschnigg, der sein 1937 erschienenes Buch *Dreimal Österreich* dezidiert als „Baustein" der „ideologischen Grundlage"[9] des „dritte[n] Österreich"[10] verstanden wissen wollte, leitete mit solchen Argumenten die Bestimmung des ‚neuen Österreich' aus dem alten Reichsgedanken als historischer Sendung Österreichs ab:

> So wirkt das alte Österreich in neuer Form und neuen, grundlegend gewandelten Verhältnissen herüber in die neue Zeit und hat uns [...] nicht nur eine Aufgabe von übervolklicher Bedeutung, sondern auch eine hervorragend deutsche Aufgabe überlassen, die nur wir Österreicher leisten können, zu Nutz und Frommen deutschen Volkes, zu dem wir gehören, aus dessen Mitte Doktor Faustus kam, den Goethe sagen läßt: – Im Anfang war der Sinn.[11]

Daß Schuschnigg hier Fausts vorläufigen Übersetzungsversuch des Johannes-Evangeliums zitiert, ist nicht ohne innere Logik. Denn daß sich in der konkreten historischen Situation der akuten Bedrohung Österreichs durch den deutschen Bruder aus dem kulturimperialistischen und geschichtsästhetischen[12] Konzept einer besonderen deutschen Mission Österreichs ein auf Abgrenzung gegen das nationalsozialistische Deutschland gerichtetes politisches Handeln und ein staatlicher Souveränitätsanspruch nicht begründen ließ, wußte Schuschnigg auch. Gegen Ende des Buches betonte er deshalb, daß die von ihm beschriebene kulturelle Sendung Österreichs „nicht mehr mit Politik, sondern nur noch mit Weltanschauung zusammenhängt".[13] Es ist im nachhinein zugegebenermaßen eine wohlfeile, wenngleich treffende Pointe, darauf hinzuweisen, daß es unter diesen Voraussetzungen nicht wundernehmen darf, daß Schuschniggs Gegenspieler Fausts endgültige Übersetzung zur Maxime ihres Handelns machten, nämlich jene Version, die bekanntlich lautet: ‚Im Anfang war die Tat'.

Zu diesen Gegenspielern sind namentlich auch jene österreichischen Autoren zu zählen, die auf höchst unterschiedliche Weise eine systematische Aushöhlung dieser ‚Österreich'-Ideologie betrieben. Dabei ist für die gesamte Periode des Austrofaschismus zu berücksichtigen, daß im Lager der völkisch-nationalen und nationalsozialistischen Autoren der Umstand, daß sich aufgrund der innenpolitischen Verhältnisse in

Österreich nach 1933 ein offenes Bekenntnis zu einem nationalsozialistisch geeinten Großdeutschland verbot, l i t e r a t u r k o n s t i t u t i v e Bedeutung gewann. Nicht nur die Prädominanz von historischem Roman und Biographie, denen jede beliebige, aber gerade auch die österreichische Vergangenheit zur vielfach nur leicht verhohlenen Präfiguration der nationalsozialistischen deutschen Gegenwart geriet[14], belegt dies, sondern vor allem auch die verbreitete Technik der Andeutung, des Zitierens und der bewußten Ambivalenz. Die massenhaft verbreitete Metaphorik des Träumens und Schweigens, die das Unaussprechbare und wider alle politische Vernunft Erhoffte den Herzen zur Aufbewahrung anvertraut, belegt dies ebenso wie die notorische Lichtmetaphorik, die in das Dunkel der österreichischen Nacht die Beleuchtung des deutschen Tages bringen möchte und jener Fundus an religiösen Versatzstücken, die im Bilde der Heilsgeschichte den Weg der deutschen Erlösung vorzeichnen möchten.

Zwei Beispiele, die für hunderte andere stehen können, beide aus repräsentativen Anthologien, sollen diese Formen des literarischen Sprechens illustrieren. Zuerst Gertrud Fussenegger, die in dem Gedicht: *Die Verbannten* die Statthalterrolle der österreichischen Nationalsozialisten in einer Mischung aus trotziger Militanz und religiös gefärbtem Schmachten umreißt:

> [...]
> Für Deutschland halten wir Wacht –
> hier, die Herzen verbergend unter Fahne und Schwert.
> Schimmernd in schauernder Nacht
> sehn wir dein Antlitz heimlich uns zugekehrt.
>
> [...]
> Wenn einst der Tag herauf
> anhebt zu dämmern, Erlösung dich zu umglühn,
> schlage den Mantel auf,
> laß uns vergehend an seinem Saume nur knien.
>
> Dann entsiegle den Mund
> uns zu der Liebe hilflos stammelndem Laut!
> Zittert von Jubel ringsum der Grund,
> unser ist nur die Träne, so dich selig betaut.
> [...][15]

Bei Friedrich Schreyvogl, dessen Gedicht *Vorspruch 1933* in zahlreichen wörtlichen Anklängen den biblischen Verheißungston aufnimmt, sind die Projektionen auf den heraufdämmernden deutschen Tag anderer Natur als bei Fussenegger: „im Glanze des neuen Lichts" wissen die „Freunde" hier schon 1933, daß ihnen aufgetragen ist, die Spreu vom Weizen zu sondern, daß ihnen Gott selbst Gewalt gegeben hat über Leben und Tod:

> Freunde, wir haben die Schlüssel der neuen Gewalt!
> Geheimnis des Lebens: laßt ab, den Tod zu verkünden.
> Nur dem, der glaubt, wird sich das Wissen verbünden,
> nur dem, der sie faßt, des kommenden Menschen Gestalt.
>
> [...]
> Nein, nicht die Flucht vor den Engeln des strengen Gerichts
> erlöst uns, wenn alle im Winde der Mähenden zittern.
> Wir müssen die Zeichen an jeder Türe wittern,
> die Gott uns machte: Das lebt! Das fällt in das Nichts!
>
> Die Flügel der Falken harren schon hinter den Gittern;
> und was auch fällt, es stürzt schon im Glanze des neuen Lichts.[16]

Die Technik der Umdeutung geläufiger Vorstellungen gewann besonders dort an Bedeutung, wo direkt auf die kulturideologischen Grundlagen des Austrofaschismus Bezug genommen wurde. Im Jahre 1934 erschien im 47. Jahrgang des *Kunstwarts* ein Sonderheft zum Thema *Die deutsche Sendung Österreichs* mit dem programmatischen Vorspruch Hans Steinachers: „Wir wissen, in unserem deutschen Lager ist Österreich, bei uns, die wir an die schicksalsgegebene und unveräußerliche Gemeinschaft unseres ganzen Volkstums von der Etsch bis an den Belt glauben..."[17] Hier schrieben neben anderen Edmund von Glaise-Horstenau, der später unter Schuschnigg und Seyß-Inquart Ministerämter bekleiden sollte, über das Türkenjahr 1683, Heinrich Ritter von Srbik über Franz Joseph I. und Felix Kraus über die *Deutsche Aufgabe Österreichs*. Es fehlt in diesen Arbeiten kein Versatzstück der ‚österreichischen Mission', sei es die Bollwerksfunktion gegen den Osten[18] oder die Rede vom „alleinberechtigten Führerberuf Österreichs im deutschen politischen Gesamtkörper"[19], sei es die Betonung der kulturellen „Sendung des südöstlichen Deutschtums", d. h., der Österreicher, für die Völker des Ostens[20] oder der Hinweis darauf, daß in keinem deutschen Land die „Reichstradition" stärker sei als in Österreich.[21] Zugleich aber fehlt es auch nicht an Zweideutigkeiten, die die österreichische Intention, mit diesen historischen Argumenten Deutschland gegenüber eine Sonderstellung Österreichs begründen zu wollen, in ihr Gegenteil verkehrt. Dies ist der Fall, wenn Glaise-Horstenau als eine der nationalen Aufgaben Österreichs definiert, „Sprungbrett zu sein für den Ausdehnungstrieb der Nation in militärisch-politischer, religiöser und kultureller Hinsicht"[22], und dies ist der Fall, wenn Felix Kraus aus der in diesem Zusammenhang überdeutlichen Traum-Metapher die österreichische Mission neu deutet:

> Volk als Rechtfertigung des Staates zu sehen, erfordert nicht nur den Glauben an seine unerschöpflichen Kräfte, sondern auch den Willen zur Gestaltung, um den T r a u m [...] z u r W i r k l i c h k e i t formen zu können. Erst mit dieser g e i s t i g e n T a t kann das Alpendeutschtum seine große Mission vollbringen, die ihm vom Gesamtdeutschtum auferlegt ist.[23]

Der bei Kraus unverhohlen operationalisierte Aspekt einer gesamtdeutschen Sinngebung der österreichischen Geschichte zeigt mit aller Deutlichkeit die Fragwürdigkeit dieser völkisch bestimmten Geschichtsauffassung. Sie impliziert nämlich nicht nur die Mißachtung nichtdeutscher Kulturleistungen, sondern sie macht sich damit selbst zum Instrument eines in den dreißiger Jahren bereits klar erkennbaren deutschen Imperialismus[24], der sich nur allzu schnell gegen Österreich selber richten sollte.

Noch konsequenter als die Historie konnte die auf stammesmäßiger Grundlage beruhende Literaturwissenschaft den Verfechtern der österreichischen Eigenstaatlichkeit den Boden unter den Füßen entziehen. Etwa zur gleichen Zeit wie Srbik und Kraus machte der österreichische Literaturideologe Josef Nadler deutlich, daß innerhalb jeder auf das Gesamtdeutschtum bezogenen Argumentation das politische Postulat eines souveränen Österreich historisch obsolet und widersinnig sei: „Ein einzelner Stamm, auch der österreichische nicht, auf der einen und das deutsche Volk auf der andern [Seite] sind keine vergleichbaren Größen, weil das deutsche Volk nicht nur ein Begriff, sondern ein organisches Wesen höherer Ordnung ist."[25] Die Verschiedenheit von Deutschen und Österreichern sei nicht eine Verschiedenheit „von Staat zu Staat, sondern eine von Stamm zu Stamm".[26] Nur aufgrund bestimmter historischer Umstände seien diese Stämme in zwei verschiedenen staatlichen Gemeinschaften organisiert. Deshalb hat nach Nadler auch die staatliche Grenze zwischen Deutschland und Österreich keinen politischen Sinn. „Die Jahre 1866 und 1918 machten aus dem natürlich gewachsenen Binnenrain gegen seinen ursprünglichen Sinn eine erzwungene Scheidelinie."[27]

Wie auch immer unbedenklich und wahllos die völkisch-nationalen Ideologen die Versatzstücke der ‚Österreich'-Ideologie für ihre Zwecke dienstbar zu machen wußten – das politische Faktum des im Zusammenhang mit der Lausanner Anleihe von 1932 erneuerten Anschlußverbotes war jener Scheidepunkt, an den die nationalsozialistische Adaption der österreichischen Kulturideologie notwendig geraten mußte und an dem die ideologischen Differenzen unvermittelt und ungeschönt zutage traten. Das Dilemma für den Austrofaschismus bestand darin, daß seine Position in dieser Frage lediglich die einer autoritären Gegenbehauptung war. Da er sich prinzipiell auf den gleichen rassisch begründeten Volksbegriff bezog wie der Nationalsozialismus selber, und Schuschnigg ja auch von einem wünschbaren „Zusammenschluß, der von geistigem und kulturellem Sinn getragen ist", sprach,[28] entzog er sich selbst jede glaubwürdige politische Argumentationsmöglichkeit gegen den ‚Anschluß'.

Wenn Hellmuth Langenbucher deshalb in dem bereits erwähnten Artikel über Österreichs Dichtung als „Brücke zum Reich" sich gegen die im Dritten Reich vor 1938 (etwa von Heinz Kindermann) vertretene Auffassung wendet, die österreichische Literatur als grenz- oder auslandsdeutsche Literatur zu definieren, weil diese Definition einer „Verzichtserklärung" gleichkomme, da ja die „wirklich im österreichischen Boden verwurzelte und von Menschen deutschen Blutes getragene Dichtung Österreichs [...] nichts anderes sein [wollte], als B r ü c k e   z u m   R e i c h "[29], so ist dies eine authentische Interpretation einer auch durch die völkische Literatur österreichischer Autoren betriebene und dokumentierte Negation des österreichischen Staates. Die Ideologen des Austrofaschismus, die dieser Agitation nicht nur keinerlei politisch relevante Argumente entgegenzusetzen wußten, mußten sich nach dem ‚Anschluß' von dem Tiroler Autor Joseph Georg Oberkofler sogar die zynische Feststellung gefallen lassen, daß die Staatsauffassung des Schuschnigg-Systems – ganz im Gegensatz zum Nationalsozialismus – auch keine poetischen Verteidiger gefunden habe.[30] Unter dem – implizit immer auch imperialistischen – Gesichtspunkt einer völkisch verstandenen gesamtdeutschen Literatur konnte deshalb die Existenz der Staatsgrenze zwischen Deutschland und Österreich bestenfalls als ein transitorischer Zustand empfunden werden. Langenbucher läßt an der machtpolitischen Fundierung seiner gesamtdeutschen Literaturauffassung keine Zweifel aufkommen:

> Denn, wenn wir schon die Dichtung des österreichischen Stammes- und Landschaftsraumes als auslandsdeutsche Dichtung betrachteten, dann erkannten wir damit gleichsam Grenzen an, die, wo sie Staatsgrenzen waren, keine Berechtigung besaßen und früher oder später weggeräumt werden mußten, die aber, wenn wir dabei an das deutsche Kulturschaffen dachten, von uns überhaupt nie als Grenzen anerkannt werden durften.[31]

Heinz Kindermann hatte ein Jahr vorher, 1937, in seiner repräsentativen Anthologie *Rufe über Grenzen. Antlitz und Lebensraum der Grenz- und Auslandsdeutschen in ihrer Dichtung,* in der auch ein umfangreiches Kapitel den Österreichern gewidmet ist, noch die „von gegnerischer Seite uns angedichteten Expansionswünsche(n)" bestritten.[32] Doch auch Kindermann verschwieg nicht, daß das „neue, willenhaft-organische Weltbild", das „an Stelle des bloßen Staatsgedankens" von „rassisch bedingten Volkheiten" ausgeht, notwendig den Horizont über die Staatsgrenzen hinweg zum „Ganzen der Nation" erweitere.[33] Zwar sage die politische Vernunft, daß im Moment für die Grenzdeutschen eine „Heimkehr ins Reich" nicht möglich sei: „Loyal gehaltene Versprechen geben der Vernunft recht. Der Traum des Herzens aber überspringt die Bindungen der Vernunft."[34] Die Literatur, die diesen Traum formuliert, übersprang aber offenbar nicht nur die Vernunft, sondern sie überwand nach Kindermann auch die Staatsgrenzen, wenn er die politisch-instrumentale Funktion dieser von ihm gemeinten Literatur in ihrer „raumüberwindenden" Macht sah.[35]

In engster Verbindung mit dieser raumüberwindenden Definition der Literatur steht ein klar abhebbarer literarischer Topos, nämlich der Topos der G r e n z e , der innerhalb der österreichischen Literatur dieser Jahre paradigmatische Bedeutung gewinnt. Daß bei der Verwendung dieses Topos an ältere deutschnationale Traditionen angeschlossen werden konnte, verlieh den politischen Implikationen dieser Literatur noch zusätzliches Gewicht. So wurde immer wieder auf Hamerling verwiesen, etwa auf seinen Vers:

> Lebendig in deutschen Landen kreist
> Keinen Schlagbaum kennend, der deutsche Geist.[36]

Im völkischen Konzept ließ sich vor allem mit dem Hinweis auf die gemeinsame Sprache die Existenz der Staatsgrenze als lediglich vorläufige Einrichtung verstehen. Wenn, wie in dem Gedicht *Sprachgemeinschaft* der Oberösterreicherin Erna Blaas, die Vorstellung vom deutschen Wort, vom deutschen Geist, der keinen Schlagbaum kennt, in der Metaphorik des Windes sich mit gleichsam naturgesetzlicher Gültigkeit vermittelt, wird die Frage, wann nicht nur die „Geister", sondern auch die „Gemarken", etwa die Ostmark des Reiches, heimstürmen, eine bloße Frage der Zeit und der politischen Gelegenheit:

> Wind geht über die Marken, macht an den Grenzen nicht halt;
> Könige ehren den Starken, der wie Länder und Meere uralt.
>
> Hauch geht mit Windesgesellen – Seele und Geist werden frei –
> über verbotene Schwellen stürzt sich das Wort und der Schrei!
>
> Über die Pässe und Flüsse, über Schranke und Maut
> flüchten gläserne Füße, immer geahnt, nie geschaut
>
> Aber die Geister erstarken, wachsen in Muskel und Bein –
> Deutschland, aus allen Gemarken stürmen sie her und sind dein![37]

In einer weitaus offensiveren, ja agitatorischen Form erscheint dieser Topos in einer *Die Grenze* betitelten Erzählung von Josef Friedrich Perkonig, die Kindermann völlig zu Recht in seine Grenzdeutschen-Anthologie aufnahm, weil sie ganz im Sinne seines Vorwortes ein „dichterische[r] Dienst an der ganzen Nation"[38] darstellt und zudem ein schönes Beispiel der Blut- und Boden-Literatur ist.

Großvater, Vater und Sohn einer Kärntner Bauernfamilie streiten sich über die österreichisch-italienische Grenze, die nach dem Ersten Weltkrieg mitten durch ihre Alm gezogen wurde. Großvater und Vater neigen – mehr als ein Jahrzehnt danach – zur Versöhnlichkeit:

> So ist es nun einmal, und wir werden es nicht ändern. Tragen müssen wir es, daß die Grenze durch unsere Almen geht, das Vieh kann darüber hinweiden, und wir bringen das Heu von jenseits herüber [...] die Wallischen kommen zu unserer Hütte, wir trinken Wein bei ihnen [...] die Wächter sind friedfertig und nachgiebig [...] Was wollen wir mehr? Wir haben eine ruhige Grenze.[39]

Doch der Jüngling Michael, der als einziger, wie es heißt, den „Sinn dieser gegenwärtigen Tage" (man schreibt die Zeit um 1933) begriff, will sich damit nicht begnügen. Es gehe nicht um Vieh und Heu, sondern darum, „daß es geschehen konnte, der Mut der anderen zum Unrecht, und daß Gott schwieg, das ist unsere Schande. Die Grenze geht nicht über das Gebirge, die Grenze geht durch unser Herz".[40] Und zur Illustration dieses Unrechts evoziert die Erzählung jenes Jahr, in dem die „eiskalten Herren", die „fremden Offiziere in das ausgeblutete Tal kamen", um die neue Grenze auszumessen. Da hatten plötzlich Leute wie der Franzose, „alle Männer des Tales überragten ihn um ihren Kopf", da hatte „die Hühnerbrust, die Goldborte mehr Gewalt als sie". Der Italiener machte sich vornehmlich durch einen süßlichen Duft bemerkbar. Einzig der Engländer, der Germane also,

> wußte ihren Zorn, ihre Trauer zu deuten [. . .] Es war etwas von brauner Erde und hellem Wind um ihn. Aber dann der Letzte, der vierte, hätte schweigen müssen, was hat ein kleiner krummbeiniger Zwerg vor solchen Männern zu sagen, jeder Mann ein Baum, gerad, hoch und stark? Schämt er sich nicht seiner gelben Haut? Er schämt sich nicht, seine Zwirnstimme sagt zu den finsteren Wipfeln der Bäume hinauf: „Habt ihr nicht den Krieg verloren?" Mußte das der Japaner zuletzt sagen, der gelbe Hund?[41]

Das Unrecht besteht nach der Begründung der Erzählung also darin, daß es Leute anderer Körpermaße und anderer Hautfarbe, als sie Kärntner gewöhnlich aufweisen, gibt, daß einige dieser Leute den Ersten Weltkrieg gewannen, daß die Sieger eine Grenze zogen, und daß zu alldem Gott schwieg. Der Jüngling Michael aber „ward", mit den Worten des Erzählers gesprochen, „auserwählt zu bezeugen, daß Blut auch eine solche Grenze austilgen kann".[42] Er zieht zur Verwunderung aller als Hirte auf die Alm und wartet im Angesicht der „tausendmal verfluchte[n] Grenze", in deren Umkreis „das Leben abstarb", auf seine Stunde. „Dort an den weißen Steinen also endete Deutschland, und es war ihm Erde geraubt worden [. . .] und immer wieder ward ihm diese Erde geraubt von den zuckerweißen Grenzsteinen dort, das große Reich der Deutschen machten sie kleiner an Boden und Luft."[43] Eines Abends, als seine Freundin Monika die auch im Sommer ewig frierenden italienischen Zöllner ablenkt, schleicht Michael mit einer Schaufel zur Grenze, und in diesem Moment ist er

> ein Namenloser, eine Gestalt für Unzählige, Leib geworden für ein Volk, und er sieht mitten in der hochsommerlichen Bergwiese [. . .] den weißen Grenzstein [. . .] und sieht hinter ihm einen wunderhaft großen Arnikastern [. . .] an ein fremdes Land sind sie [die Blumen] verloren und wuchsen doch einmal in Deutschland. Heimgeholt sollst du sein, großer, goldener Arnikastern, du für Millionen andere Blumen, und die Erde um dich herum für hundert Berge und Täler.[44]

Michael versetzt den Grenzstein um einige Meter und „wiedergewonnen ist die hochgelbe Blüte, und nimmer wird sie schmachten in Heimweh". Da die Tat nicht entdeckt wird, „Gott wollte es also", lautet die lapidare Begründung, wiederholt Michael die Grenzberichtigung Nacht für Nacht, „jedesmal für Deutschland [...] das ahnungslose Reich, für das sich an seinem letzten Rande ein Jüngling in heiliger Torheit müht".⁴⁵ Doch in der letzten Nacht dieses Almsommers wird er von den Grenzwächtern entdeckt und angeschossen. Schwer verwundet kriecht er von dem Grenzstein weg, um von seiner Tat abzulenken. Der Erzähler und Gott sind auf seiner Seite.

> Gott, gib ihm noch soviel Kraft! Und Gott erhört gnädig die allerletzte Furcht dessen, der die Spur verlöscht haben will hinter sich. Michael martert sich in das fremde Land hinein, in Italien also muß er sterben, daß die Grenze leben wird, wie er sie schuf [...] Zuletzt ist ihm als röche er Speik. Deutschland, du bist größer! jauchzt seine Seele in die Erde hinein, und in einem Glücke, das nicht mehr irdisch ist, atmet er diese reine Seele aus, ein Kind und ein Held.⁴⁶

Heinz Kindermann hat diese Erzählung als das „klassische Beispiel der alpenländischen Vorpostendichtung"⁴⁷ bezeichnet. Dies ist nicht präzise genug. Die Erzählung ist doch eher, um im Militärjargon Kindermanns zu bleiben, ein literarisches Kommandounternehmen im höheren Auftrag. Denn Gott selbst „wollte" doch, daß durch die heilige Torheit des Jünglings Deutschland größer werde. Mögen auch die Älteren sich schon in das Los eines friedlichen Zusammenlebens mit den Nachbarn gefügt haben, der Jüngling träumt den deutschen Traum, schreibt mit seinem Blut eine neue Grenze und wird sterbend ein Held.

Etwa zur gleichen Zeit, als diese Erzählung erschien, fand ein exklusives Treffen österreichischer Dichter mit hohen Vertretern der österreichischen Regierung statt. Zweck der Zusammenkunft waren Beratungen über die Errichtung einer österreichischen Schrifttumskammer, die, vergleichbar der deutschen Reichsschrifttumskammer, die österreichischen und vor allem die österreichtreuen Schriftsteller zusammenfassen sollte. Perkonig wurde bei dieser Gelegenheit – gemeinsam mit sieben anderen Vertretern des österreichischen Schrifttums – mit dem österreichischen ‚Verdienstkreuz für Kunst und Wissenschaft Erster Klasse' ausgezeichnet. Es gehört zu den Charakteristika der Literaturpolitik des Austrofaschismus, daß derartige Werbeaktionen so gut wie keine literarische Wirkung hatten. Robert Hohlbaum hat dieses österreichische Charakteristikum 1938 mit drastischen Worten beschrieben: „Wie viele Dichter taten nicht einen Schritt vom Wege, obwohl ihnen die herrschenden Volksverräter goldene Brücken gebaut hätten."⁴⁸ Perkonig gibt Hohlbaum recht, denn seine Erzählung *Die Grenze* kommt, obwohl sie in Österreich spielt, gänzlich ohne diesen Begriff aus, sie antizipiert letztlich den ‚Anschluß' nicht nur in der konsequenten Verwendung des staatsrechtlichen Begriffes ‚Deutschland' für das Land Österreich, sondern vor allem im Nachweis, daß die Antastbarkeit von Staatsgrenzen für Deutsche nicht nur literarisch, sondern auch göttlich gewährleistet ist.

„Volksrecht bricht Staatsrecht", läßt Franz Tumler eine seiner Figuren in seiner, Bruno Brehm gewidmeten, Erzählung *Der Soldateneid* sagen.[49] Daß es schließlich tatsächlich zum Bruch des österreichischen Staatsrechts kam – wenn auch aus ganz anderen Gründen, als Tumler meinte –, dazu haben österreichische Autoren das Ihre beigetragen. Sie haben einer expansionistischen Machtpolitik, der an den österreichischen Gold- und Devisenvorräten, an österreichischen Rohstoffquellen und an einem Heer von qualifizierten Arbeitskräften bedeutend mehr lag[50] als an heimwehkranken Arnika, jahrelang völkisch verbrämte und kulturhistorisch verzierte Einladungen in Buchform zugesandt. Daß sie sich dabei völlig legitim auf die auch von offizieller österreichischer Seite vertretene unverbrüchliche Schicksals- und Kulturgemeinschaft aller Deutschen beziehen konnten, illustriert nicht nur das Scheitern der ‚Österreich'-Ideologie, sondern auch deren effiziente Funktionalisierung durch ihre politischen Gegner.

Dabei soll keineswegs bezweifelt werden, daß auf der Grundlage der traditionell kontrastiven Typologie österreichisch-deutsch: nämlich Herzenswärme und Gemüt versus Vernunft und Disziplin, Spieltrieb versus Erkenntnistrieb oder Musisches versus Heldisches[51] ein durch den Anschluß Österreichs anzubahnender Prozeß der Mäßigung und Humanisierung innerhalb des Dritten Reiches, ja innerhalb ganz Europas subjektiv durchaus intendiert und geglaubt wurde. In der Formulierung Hermann Graedeners klingt diese Hoffnung folgendermaßen: „Du altes Europa werde neu! Wir sind deine Rettung, du altes Europa, das ohne uns untergehen würde, das aber mit uns und durch uns sein neues Leben auf der Erde haben wird [...] Das Erz des Nordens, das Herz des Südens."[52]

Nach dem ‚Anschluß' wurde zwar von nationalsozialistischer Seite das auf Wildgans basierende Konstrukt eines ‚österreichischen Menschen', der der Abstammung nach Deutscher, aber durch die „Mischung vieler Blute" und durch seine besondere geschichtliche Erfahrung „konzilianter, weltmännischer und europäischer" als der Deutsche sei[53], heftig bekämpft. Der österreichische Mensch sei eine Retortenschöpfung, hieß es, ein „homunculus Austriacus", der „in Wirklichkeit nur der Abklatsch eines gewissen verwaschenen ‚Wiener'tums war, das unter jüdischem, tschechischem und anderem fremden Einfluß das Gefühl für sein Deutschtum fast verloren hatte..."[54], gleichzeitig wurde aber von den Nazis eingeräumt, daß das Österreichertum „im Rahmen der gemeinsamen deutschen Art" durch eine „bestimmte innere Haltung" und einen gewissen sozialen und kulturellen „Stil" vom Preußentum unterschieden sei. Niemand brauche aber zu fürchten, heißt es im selben Zusammenhang, daß das „nationalsozialistische Großdeutschland irgendeine berechtigte Eigenart [. . .] ‚niederwalzen' würde." Ganz im Gegenteil: „Der österreichische Deutsche wird die besonderen Werte seiner menschlichen Art im neuen Großdeutschland viel freier und wirksamer entfalten können als in dem Kleinstaat."[55]

Ähnlich wie die Unmöglichkeit des offenen politischen Bekenntnisses zwischen 1933 und 1938 für das Genre des historischen Romans, des Dramas, der historischen Biographie, für die Symbolik des Herzens, des Träumens und Schweigens konstitutive Bedeutung bekam, so gewinnt nach dem ‚Anschluß' die anfänglich politisch genährte Hoffnung einer besonderen Stellung der Ostmark innerhalb des Dritten Reiches literaturbildende Funktion. Denn neben der inflationären Frühlingsmetaphorik und der Symbolik der Auferstehungs- und der Osterliturgie, die in durchwegs banaler Form den Zeitpunkt des ‚Anschlusses' literarisch paraphrasierte, spielte besonders die Braut- und Hochzeitsmetaphorik die entscheidende Rolle in der Bekenntnisliteratur jener Monate,[56] und es ist durchaus konsequent, daß die Morgengabe der österreichischen Braut aus dem traditionellen kulturideologischen und kulturhistorischen Fundus stammte, denn allein damit ließ sich der Führungsanspruch, vor allem für den Osten und Südosten Europas, begründen.

Bruno Brehm widmete im Jahre 1938 dieser Frage ein ganzes Buch. Unter dem Titel *Glückliches Österreich* wollte er den Deutschen im Reich demonstrieren, „welche Gaben die mit dem Reiche wieder vereinte Ostmark mitzubringen hat".[57] Auch hier war nicht vom steirischen Erzberg oder vom Goldschatz der Nationalbank die Rede, sondern von der Abwehr der Türken, von der Kolonisierungsarbeit der österreichischen Deutschen im Südosten, von den „schönsten Blüten" der deutschen Kunst der Ostmark und von der Verfolgung der Illegalen unter dem Schuschnigg-Regime. Selbst aus dieser jüngsten österreichischen Vergangenheit wußte Brehm eine Sonderstellung Österreichs abzuleiten.

> Wenn irgend ein Teil des großen Reiches berufen ist, die Reinheit der [NS-]Bewegung zu wahren, muß es die Ostmark sein: Dreizehn Gehenkte, zweitausend Tote, dreihunderttausend Verhaftete, vierzigtausend über die Grenzen Vertriebene [. . .], das sind Opfer, wie sie nur Länder an der Grenze zu bringen vermögen, die wissen, worum es geht.[58]

Daß weder die politischen noch die kulturellen Hoffnungen der österreichischen Nationalsozialisten sich erfüllten, wurde von der zeitgeschichtlichen Forschung bereits detailliert beschrieben und dokumentiert.[59]

So wurden die Pläne Seyß-Inquarts, der innerhalb der österreichischen Nationalsozialisten der prominenteste Verfechter einer weitgehenden kulturellen Autonomie Österreichs wurde, vor allem von Gauleiter Bürckel sabotiert, der sich in zunehmendem Maße bei den zentralen Reichsbehörden Gehör zu verschaffen wußte. In diesem Zusammenhang spielte die alte Aversion Hitlers gegen Wien eine nicht unbeträchtliche Rolle, da er in einer kulturellen Vormachtstellung Wiens – wahrscheinlich zu Recht – den Keim innenpolitischer Spannungen sah. Hitler bestand deshalb auf einer beschleunigten Assimilation und versuchte auch durch Verwaltungsmaßnahmen, die kulturelle Bedeutung Wiens zu schmälern. Das Tagebuch von Goebbels gibt über die persönlichen und politischen Motive Hitlers authentische Auskunft. Am 30. 5. 1942 notierte Goebbels, Hitler sei entschlossen,

> die kulturelle Hegemonie Wiens zu brechen. Er will nicht, daß das Reich zwei Hauptstädte besitzt, die miteinander konkurrieren. Wien soll vor allem auch keine hegemoniale Stellung den österreichischen Gauen gegenüber einnehmen. Wien ist nur eine Millionenstadt wie Hamburg, nicht mehr [...] Der Führer billigt meine Wien gegenüber betriebene Kulturpolitik und freut sich sehr, daß ich ihm dabei behilflich bin, das Schwergewicht unserer kulturellen Betreuung von Wien nach Graz und vor allem nach Linz zu verlagern [...] Seine Pläne für Linz sind wahrhaft grandios. Sie werden zu ihrer Durchführung ein Jahrzehnt in Anspruch nehmen [...] Die Wiener Atmosphäre ist dem Führer gänzlich verhaßt. Er hat auch in dieser Stadt so schlechte und widrige Jahre verlebt, daß man seinen Abscheu gegen Wien sehr gut verstehen kann.[60]

Die Liquidierung der besonderen österreichischen Mission, mit der österreichische Autoren ihrem Anschlußwunsch besonderes Gewicht verliehen hatten, war auch äußerlich perfekt, als im April 1942 in einem Rundschreiben an die Obersten Reichsbehörden verfügt wurde, daß auf Führerwunsch die Bezeichnung ‚Ostmark' durch ‚Alpen- und Donau-Reichsgaue' zu ersetzen sei.[61]

Der tendenziell imperialistische Gehalt der österreichischen kulturellen Mission hielt jedoch im Verständnis der nationalsozialistischen Autoren mit der politischen Entwicklung Schritt. Es bedurfte dazu nur eines verbalen Tricks, der allerdings absehbare politische Konsequenzen hatte. Relativ schnell nach dem ‚Anschluß' meldeten sich Stimmen, die eine Konvergenz von ‚Österreich'-Ideologie und zeitgenössischer deutscher Wirklichkeit behaupteten und somit als die wahre Sendung des Österreichers die Propagierung und Verteidigung des Nationalsozialismus definierten. Der oberösterreichische Dichter Egmont Colerus schrieb am Tag der Volksabstimmung im *Neuen Wiener Tagblatt*:

> Wir wollen die Erfahrungen als Ostmarkdeutsche, die wir in mehr als einem Jahrtausend sammelten, das voll war von Blut und Enttäuschung, nicht vergessen. Wir wollen sie nicht vergessen, um sie mit unserm jubelnden Ja als echte und unbedingt treue Soldaten des Führers dem großdeutschen Reich zur Verfügung zu stellen, indem wir unsre endlich wahre Sendung erfüllen werden können...[62]

Für die Majorität der Katholiken in Österreich übernahm es der angeblich christliche Schriftsteller Friedrich Schreyvogl, die „praktische[n]

Glaubenstaten" des Nationalsozialismus, nämlich „seine menschliche Zucht und seine alles bestimmende Pflichttreue" zu erläutern. Er erklärte in seinem *Ein Sieg des Geistes* betitelten Aufsatz vom Ostersonntag 1938 die Funktion von SS und SA, die „in sinnvoller Gliederung das ganze Volksleben überwachen und immer neu beseelen", und er pries die Fähigkeit Adolf Hitlers, der auch dem einfachsten der Nachbarvölker begreiflich gemacht habe, „wie weit sich nach natürlichem Recht der Lebensraum der Deutschen erstreckt, was darum unsre Forderungen sind, die keine Macht der Welt uns abdingen kann, und wie eines Tages das Großdeutschland aussehen wird, das endlich die ewige Bestimmung unseres Volkes erfüllt". Dennoch, versicherte Schreyvogl, konnten die Nachbarvölker Deutschlands sich noch nie so sicher fühlen wie eben jetzt:

> Denn Deutschland wird ja auch einen Krieg nur führen, wenn er nach seinem neuen Lebensziel unabwendbar ist. Alle Begriffe, auch alle Angstträume reichen nicht aus, die Zukunft vorherzusagen. Deutschland wird nie einen ‚Wirtschaftskrieg', keinen ‚Machtkrieg', sondern nur einen Krieg zur Verteidigung des deutschen Schicksals und seines natürlichen Raumes führen.[63]

Nach der Formulierung eines derart klaren Programms, und nachdem ja nun „alle Deutschen von der Nordsee bis zum Brenner, vom Rhein bis an die Leitha auf ihrem natürlichen Lebensboden miteinander verbunden sind", konnte Schreyvogl sich nicht mehr vorstellen, daß nicht auch der „sogenannte(n) ‚bewußte Oesterreicher' von gestern zu einer dem neuen Deutschland geneigten Folgerung [kommt]: sein letztes Ziel ist erreicht. Durch Adolf Hitler als Gründer des neuen Reiches".[64]

In dem Maße, in dem das Dritte Reich zunehmend damit beschäftigt war, das von Schreyvogl zutreffend formulierte Raumverteidigungsprogramm zu erfüllen, reduzierte sich das kulturelle Sendungsbewußtsein einiger österreichischer Autoren auf die Rechtfertigung und Durchsetzung dieser primären politischen Ziele. So verfaßte Bruno Brehm 1943 für das Oberkommando der Wehrmacht eine Tornisterschrift mit dem Titel *Deutsche Haltung vor Fremden,* in der er nicht nur eine mit der Ordnungsfunktion der Deutschen in der Welt begründete Rechtfertigung des Krieges betrieb, sondern vor allem mit dem Hinweis auf die kulturelle Missionierungsaufgabe der Deutschen Disziplin und Moral der deutschen Soldaten heben wollte. Vor dem konkreten Hintergrund einer in den besetzten Gebieten stetig um sich greifenden Fraternisierung deutscher Soldaten mit Frauen und Mädchen des Gegners bemühte Brehm das gesamte kulturideologische Argumentationsarsenal von der Reichsidee über die Ostkolonisation durch die Deutschen bis hin zu den „Tonschöpfungen unserer Meister" letztlich zu dem Zweck, um die Soldaten von der Unverantwortlichkeit und Gefährlichkeit sexueller Kontakte mit den Frauen des Gegners zu überzeugen. Der „National-

Sozialismus" sei angetreten, „um eine gerechte Verteilung der Arbeit und des Arbeitsplatzes auf dieser Welt" zu erreichen,[65] das deutsche Volk führe „diesmal den letzten Einigungskrieg aller Deutschen"[66], und des deutschen Soldaten Aufgabe sei es, dieses Kulturvolk in der Fremde würdig zu vertreten:

> Du vertrittst es aber nicht würdig, wenn du in des Führers Rock, mit den Hoheitsabzeichen des Reiches dich in Schenken und Gaststätten mit jenen Mädchen und Frauen herumtreibst, die an dem Leid und an dem Kummer ihres Volkes nicht teilnehmen [...] Daß dies nicht die ordentlichen Frauen und Mädchen jener Völker sind, das wirst du dir wohl denken können. Denn jene Mädchen, deren Brüder, jene Frauen, deren Männer von dir und deinen Kameraden besiegt worden sind, die werden dir wohl kaum mit Freuden um den Hals fallen. Was dir aus solchem leichtfertigen Umgang für Schaden erwachsen kann, das wirst du dir wohl auch wissen [...] Es ist schlimmer, sein Blut zu verderben als sein Blut zu verlieren. Mit seinen Wunden, die ihm der Feind geschlagen, hat noch kein Soldat die Heimat verseucht, die Gebrechen, die aus den Schlachten stammen, hat noch kein Soldat an seine Nachkommenschaft weitervererbt.[67]

An diesem Werk Brehms zeigt sich die äußerste Konsequenz der politischen Funktionalisierung, ja der inhumanen Deformation einer auch von Brehm ursprünglich als europäische Sendung des Deutschtums definierten Kulturideologie. Dem politisch instrumentalen Charakter dieser Ideologie entspricht, daß sie in dem Moment, da die militärischen Mittel zur Durchsetzung ihrer imperialistischen Ziele versagen, sogleich auch eine ausgesprochen defensive und partikuläre Funktion übernehmen kann. Wenn schon aufgrund militärischer Mißerfolge Abstriche an den politischen Zielen gemacht werden müssen, gelingt es mit Hilfe dieser Ideologie immer noch, deutlich zu machen, daß es besser sei, für ein nationalsozialistisches Großdeutschland zu sterben als mit nicht-deutschen Frauen intimen Kontakt zu haben. Es ist zugegebenermaßen ein weiter und von Dollfuß und Schuschnigg gewiß nicht mit diesem Ziel intendierter Weg von der Betonung der deutschen Schicksals- und Kulturgemeinschaft[68] bis zu den letzten Konsequenzen nationalsozialistischer Politik. Es kann mit der Darstellung der Umdeutungen der österreichischen Kulturideologie durch einen Schreyvogl, Colerus oder Brehm deshalb auch nicht eine politische Verantwortung der ‚Österreich'-Ideologen der Zwischenkriegszeit für die Greueltaten der Nationalsozialisten impliziert werden. Es sollte aber deutlich geworden sein, daß mit dem völkisch-nationalen, durch kulturhistorische Argumente vermeintlich legitimierbaren Konstrukt einer ‚österreichischen Mission', die überdies als „deutscher Weg" definiert wurde,[69] nicht nur keine nationale österreichische Identität, sondern auch kein staatlicher Souveränitätsanspruch gegenüber der nationalsozialistischen Anschlußforderung zu begründen war. Die Bemerkung Musils aus den dreißiger Jahren: „Es ist nicht der böse Geist, sondern die böse Geistlosigkeit der österr[eichischen] Kulturpolitik"[70], bringt das Versagen dieser Kulturpolitik auf den Begriff. Die intendierte Begründung des staatlichen Souveränitätsanspruchs hätte nur politisch erfolgen können. Die politische Ideologie des österreichischen ‚Ständestaats' basierte jedoch auf den gleichen Konstruktionsprinzipien wie die des faschistischen Italien.[71] Die antimarxistischen Obsessionen der autoritären Führung in Österreich verstellten so den Blick auf die Möglichkeiten einer politischen Abwehr des Nationalsozialismus. Bundeskanzler Schuschnigg formulierte noch 1937 klare Präferenzen: „Von Österreich aus gesehen ist die Entscheidung nicht im Gegensatz Faschismus oder Demokratie, sondern in jenem von Westen und Osten gelegen".[72]

Die Definition des ‚neuen Österreich' als eines faschistischen Staates, wie sie etwa Dollfuß in seinem Briefwechsel mit Mussolini dezidiert vornahm, machte schließlich auch das politische Postulat einer Distanzierung vom nationalsozialistischen Deutschland unglaubwürdig. Diese Konvergenz im Politischen macht auch Schuschnigg augenfällig, wenn er die neue Entwicklung in Österreich darin erblickt, daß „die Doppelreihe wiederkehrte; mit ihr der Wille zur Uniformierung, die Verpflichtung auf eine Führung, das Untergehen des einzelnen in der großen Gemeinschaft, die Rückkehr der Disziplin in Denken und Handeln...".[73] Daß aber weder diese totalitäre Programmatik, die die Unterschiede zwischen den politischen Systemen Deutschlands und Österreichs bis zur Unkenntlichkeit verwischte (und damit – wenn auch ungewollt – den österreichischen Anschlußbefürwortern und Hochverrätern in die Hände spielte), noch die forcierte Bestimmung des Österreichischen als des wahrhaft Deutschen[74] dem Nationalsozialismus gegenüber eine defensive Wirkung haben konnte, liegt auf der Hand. Die Alternativen zu diesem aussichtslosen Unterfangen wurden von der zeitgenössischen kritischen Publizistik deutlich formuliert – aber nicht gehört.

Der österreichische Publizist und Historiker Karl Tschuppik schrieb im April 1935 gegen die – nicht nur von nationalsozialistischer Seite vertretene – Auffassung, Österreich sei immer schon ein Teil Deutschlands gewesen und unterscheide sich in nichts von den katholischen Ländern im Süden des Reiches: Auf der einen Seite bemühe man sich in Österreich, das allgemeine Denken auf die Wahrheit zu lenken, daß sich das alte Österreich anders entwickelt habe als das von Preußen beherrschte und eroberte Deutschland;

> auf der andern Seite wird ein Mißbrauch mit dem Worte ‚deutsch' getrieben, der geeignet ist, die [...] von der neuen nationalsozialistischen Ideologie vertretene Täuschung zu stützen, daß Österreich ein Stück Deutschlands sei [...] die Monarchie war kein ‚deutscher' Staat; im Österreichischen ist mehr enthalten als der deutsche Beitrag. Wir gehören der deutschen Sprachwelt an und hatten Teil an einer Geisteswelt, mit der das Deutschtum von heute nichts mehr gemein hat. Diese völlige Loslösung des Deutschtums von dem ehedem gemeinsamen Besitz ist aber das Entschei-

dende. Es ist einem Österreicher heute unmöglich, in der gesitteten Welt als ‚Deutscher' aufzutreten. [...] Der Deutsche wird in der Welt danach taxiert, was Deutschland ist. Der Österreicher hat allen Grund, sein Anders-Sein, das Unterscheidende, das Gegensätzliche zu betonen. [...] Es ist nicht unsere Schuld, daß das Wort ‚Deutscher' innerhalb der gesitteten Welt diesen entsetzlichen Klang bekommen hat.[75]

Wie sich gezeigt hat, ist auch dies nur ein Teil der Wahrheit.

Anmerkungen

[1] Vgl. dazu die wegweisende Studie von Hubert Lengauer: *Kulturelle und nationale Identität. Die deutsch-österreichische Problematik im Spiegel von Literatur und Publizistik der liberalen Ära (1848–1873)*. In: *Österreich und die deutsche Frage im 19. und 20. Jahrhundert*. Probleme der politisch-staatlichen und soziokulturellen Differenzierung im deutschen Mitteleuropa. Hrsg. v. Heinrich Lutz und Helmut Rumpler. Wien 1982 (= Wiener Beiträge zur Geschichte der Neuzeit, Bd. 9), S. 189–211.

[2] *Dichterbuch. Deutscher Glaube, deutsches Sehnen und deutsches Fühlen in Österreich*. Mit Beiträgen hervorragender österreichischer Dichter, ergänzt durch Biographien und Bildnisse. Hrsg. u. eingel. v. Max Morold. Wien/Berlin/Leipzig 1933, S. 9.

[3] Franz Koch: *Gegenwartsdichtung in Österreich*. In: *Bücherkunde* 5 (1938), S. 237–244, hier S. 238.

[4] Max Millenkovich-Morold: *Die Dichter und der Anschluß*. In: *Neues Wiener Tagblatt* vom 10. 4. 1938, S. 35f., hier S. 36.

[5] Vgl. Klaus Amann: *Die literaturpolitischen Voraussetzungen und Hintergründe für den „Anschluß" der österreichischen Literatur im Jahre 1938*. In: *Zeitschrift für deutsche Philologie* 101 (1982), S. 216–244.

[6] Hellmuth Langenbucher: *Brücke zum Reich. Österreichische Dichtung*. In: *Die Westmark* 5 (1938), S. 427–429, hier S. 427.

[7] Vgl. Anton Staudinger: *Zur „Österreich"-Ideologie des Ständestaates*. In: *Das Juliabkommen von 1936. Vorgeschichte, Hintergründe, Folgen*. Hrsg. v. Ludwig Jedlicka u. Rudolf Neck. Wien 1977 (= Wissenschaftliche Kommission zur Erforschung der österreichischen Geschichte der Jahre 1927 bis 1938. Veröffentlichungen, Bd. 4), S. 198–240, hier S. 240, und Friedbert Aspetsberger: *Literarisches Leben im Austrofaschismus. Der Staatspreis*. Königstein/Ts. 1980 (= Literatur in der Geschichte – Geschichte in der Literatur, Bd. 2), bes. das Kapitel „Schatten auf der ‚Österreich'-Idee", S. 64ff.

[8] Vgl. Staudinger (Anm. 7), S. 239. Zum Problem der „deutschen Aufgabe" Österreichs, die seit den Diskussionen in der Frankfurter Paulskirche immer auch als eine machtpolitische und kulturimperialistische „Mission" gegenüber den Völkern des europäischen Ostens und Südostens definiert wurde, vgl. auch Fritz Fellner: *Die Historiographie zur österreichisch-deutschen Problematik als Spiegel der nationalpolitischen Diskussion*. In: *Österreich und die deutsche Frage* (Anm. 1), S. 33–59, bes. S. 37ff.

[9] Kurt Schuschnigg: *Dreimal Österreich*. Wien ²1937, S. 11.

[10] Ebd., S. 126.

[11] Ebd., S. 26.

[12] Vgl. auch Viktor Suchy: *Die „österreichische Idee" als konservative Staatsidee bei Hugo von Hofmannsthal, Richard von Schaukal und Anton Wildgans*. In: Friedbert Aspetsberger (Hrsg.): *Staat und Gesellschaft in der modernen österreichischen Literatur*. Wien 1977 (= Schriften des Instituts für Österreichkunde, Bd. 32), S. 21–43.

[13] Schuschnigg (Anm. 9), S. 314.

[14] Vgl. die Romane von Robert Hohlbaum, Mirko Jelusich, Friedrich Schreyvogl und Karl Hans Strobl. Zu einzelnen Beispielen dieser Art von Geschichtsklitterung vgl.

Wendelin Schmidt-Dengler: *Bedürfnis nach Geschichte.* In: Franz Kadrnoska (Hrsg.): *Aufbruch und Untergang. Österreichische Kultur zwischen 1918 und 1938.* Wien/München/Zürich 1981, S. 393–407.

15 Gertrud Fussenegger: *Die Verbannten.* In: *Heimkehr ins Reich. Großdeutsche Dichtung aus Ostmark und Sudetenland 1866–1938.* Hrsg. v. Heinz Kindermann. Leipzig 1939 (= Deutsche Literatur in Entwicklungsreihen. Reihe Politische Dichtung, Bd. 10), S. 204f. (Kap. „Die Verbotszeit in der Ostmark").

16 Friedrich Schreyvogl: *Vorspruch 1933.* In: *Gesänge der Ostmark. Ein Dichtergruß.* Hrsg. v. Bund der deutschen Schriftsteller Österreichs. Leipzig 1938, S. 92f.

17 Hans Steinacher: *Vorspruch.* In: *Deutsche Zeitschrift (= Der Kunstwart)*, Jg. 47, H. 12 (September 1934), S. 723.

18 Vgl. Edmund von Glaise-Horstenau: *Das Türkenjahr 1683 im österreichischen und im deutschen Schicksal.* In: Ebd., S. 723–729, passim.

19 Heinrich Ritter von Srbik: *Franz Joseph I. Charakter und Regierungsgrundsätze.* In: Ebd., S. 730–744, hier S. 735.

20 Vgl. ebd., S. 744.

21 Glaise-Horstenau (Anm. 18), S. 724.

22 Ebd., S. 723.

23 Felix Kraus: *Deutsche Aufgabe Österreichs.* In: Ebd., S. 745–753, hier S. 753 (Hervorhebung im Original).

24 Vgl. Fellner (Anm. 8), S. 56.

25 Josef Nadler: *Deutschland und Österreich im Wechselspiel der deutschen Dichtung.* In: *Corona V* (1934/35), S. 200–219, hier S. 209.

26 Ebd., S. 219.

27 Ebd., S. 209.

28 Schuschnigg (Anm. 9), S. 208.

29 Langenbucher (Anm. 6), S. 427 (Hervorhebung im Original).

30 Joseph Georg Oberkofler: *Begegnung und Heimkehr.* In: *Die Literatur* 40 (1937/38), S. 589–590, hier S. 589.

31 Langenbucher (Anm. 6), S. 427.

32 Heinz Kindermann: *Wesen und Entfaltungsraum der grenz- und auslandsdeutschen Dichtung.* In: *Rufe über Grenzen. Antlitz und Lebensraum der Grenz- und Auslandsdeutschen in ihrer Dichtung.* Hrsg. v. Heinz Kindermann. Berlin 1938, S. 11–31, hier S. 12. (Das Vorwort ist datiert mit „Sommer 1937").

33 Ebd., S. 11 und S. 8 *(Geleitwort).*

34 Ebd., S. 18.

35 Ebd., S. 14.

36 Dieser Vers bildet das Motto des mit einem Bildnis Adolf Hitlers geschmückten Sammelwerkes von Karl Wache (Hrsg.): *Deutscher Geist in Oesterreich: Ein Handbuch des völkischen Lebens in der Ostmark.* München 1933.

37 Erna Blaas: *Sprachgemeinschaft.* In: *Rufe über Grenzen* (Anm. 32), S. 685.

38 Ebd., S. 31.

39 Josef Friedrich Perkonig: *Die Grenze.* In: Ebd., S. 623–635, hier S. 625.

40 Ebd., S. 627f.   41 Ebd., S. 626f.   42 Ebd., S. 630.   43 Ebd., S. 628.

44 Ebd., S. 632.   45 Ebd., S. 633.   46 Ebd., S. 634f.

47 Heinz Kindermann: *Österreich.* In: Ebd., S. 560–573, hier S. 570.

48 Robert Hohlbaum: *Oesterreich.* In: *Der deutsche Schriftsteller. Zeitschrift für die Schriftsteller in der Reichsschrifttumskammer* 3 (1938), S. 98–100, hier S. 100.

49 Vgl. Franz Tumler: *Der Soldateneid. Eine Erzählung.* München 1939, S. 8.

50 Vgl. Norbert Schausberger: *Der Griff nach Österreich. Der Anschluß.* Wien/München ²1979, S. 451ff.

51 Hofmannsthals kontrastive Vorurteilsskala aus dem Jahre 1917: *Preuße und Österreicher: Ein Schema* ist nur die bekannteste Ausprägung derartiger Typologien (vgl. H. v. H.: *Gesammelte Werke in Einzelausgaben. Prosa III.* Frankfurt 1952, S. 407–409).

Daß diese Stereotype zumindest seit Grillparzer immer wieder, besonders aber in politischen Krisenzeiten zwischen Deutschland und Österreich, zu literarischen Ehren kamen, hat erstmals Hubert Lengauer (Anm. 1), S. 205ff., gezeigt. Josef Nadler (Anm. 25) gewinnt aus diesen auch von ihm bemühten Stereotypen für das Deutsche und das Österreichische ein weiteres Argument für den Zusammenschluß: „Die heroischen und die musischen, die spielhaften und die denkerischen Fähigkeiten [. . .] welche dieser Anlagen könnte das deutsche Volk entbehren bei den so mannigfachen Aufgaben, die ihm inmitten des Erdteiles gestellt sind" (S. 219).

52 Hermann Graedener: *Eine Red', ein Reich.* In: *Neue Freie Presse* (Wien) vom 8. 4. 1938, S. 2.
53 Vgl. Anton Wildgans: *Rede über Österreich.* Wien/Leipzig ⁵1930 (¹1930), S. 31.
54 n. m.: *„Österreichischer Mensch" und österreichischer Deutscher.* In: *Reichspost* (Wien) vom 1. 4. 1938, S. 4.
55 Ebd. (Im Original gesperrt).
56 Vgl. z. B.: *Bekenntnisbuch österreichischer Dichter.* Hrsg. v. Bund deutscher Schriftsteller Österreichs. Wien 1938, und die verdienstvolle Dokumentation von Rudolf Damolin: *Die Reaktion der im Lande gebliebenen österreichischen Schriftsteller auf den sogenannten „Anschluß" im Frühjahr 1938 im Spiegel einiger Tageszeitungen, Kulturzeitschriften und Anthologien.* Hausarbeit aus Germanistik. 2 Bde., Salzburg 1982 [mschr.].
57 Bruno Brehm: *Glückliches Österreich.* Jena 1938, S. 7.
58 Ebd., S. 29.
59 Vgl. Radomír Luža: *Österreich und die großdeutsche Idee in der NS-Zeit.* Wien/Köln/Graz 1977 (= Forschungen zur Geschichte des Donauraumes, Bd. 2).
60 Institut für Zeitgeschichte (München), MA 473 (Fragmente eines Goebbels-Tagebuches 1941–43; Eintrag vom 30. 5. 1942). Diese Stelle ist bei Louis P. Lochner (Hrsg.): *Goebbels Tagebücher aus den Jahren 1942–43.* Zürich 1948, nicht enthalten.
61 Institut für Zeitgeschichte (München), MA 470 (Rundschreiben des Chefs der Reichskanzlei, Hans Lammers, vom 8. 4. '42 an die Obersten Reichsbehörden).
62 Egmont Colerus: *Zum großdeutschen Gedanken.* In: *Neues Wiener Tagblatt* vom 10. 4. 1938, S. 34f., hier S. 35.
63 Friedrich Schreyvogl: *Ein Sieg des Geistes. Brief an einen Freund in Amerika.* In: *Neues Wiener Tagblatt* vom 17. 4. 1938, S. 2–4, zit. nach Damolin (Anm. 56), Bd. 2, S. 116–121, hier S. 119.
64 Ebd., S. 120.
65 Bruno Brehm: *Deutsche Haltung vor Fremden.* Graz 1943 (Zuerst erschienen als Tornisterschrift des Oberkommandos der Wehrmacht), S. 62f.
66 Ebd., S. 65.   67 Ebd., S. 66f.
68 Vgl. Schuschnigg (Anm. 9), S. 198.
69 Vgl. ebd., S. 271.
70 Robert Musil: *Tagebücher.* Hrsg. v. Adolf Frisé. 2 Bde., Reinbek b. Hamburg 1976, Bd. 1, S. 897.
71 Vgl. Hans Jürgen Krüger: *Faschismus oder Ständestaat. Österreich 1934–1938.* Diss. Kiel 1970, S. 378, und: *Geheimer Briefwechsel Mussolini – Dollfuß.* Mit einem Vorwort von Adolf Schärf. Erläuternder Text von Karl Hans Sailer, Wien, o. J. [1949].
72 Schuschnigg (Anm. 9), S. 313.
73 Ebd., S. 100.
74 Vgl. Staudinger (Anm. 7), S. 228.
75 Karl Tschuppik: *Der kleine Unterschied.* In: *Wiener Sonn- und Montags-Zeitung* vom 29. 4. 1935, S. 8; wiederabgedruckt in: Karl Tschuppik: *Von Franz Joseph zu Adolf Hitler. Polemiken, Essays und Feuilletons.* Hrsg. u. eingel. v. Klaus Amann. Wien/Graz/Köln 1982 (= Österreich-Bibliothek, Bd. 1), S. 216–218, hier S. 217f.

Politik und Literatur im österreichischen Exil – am Beispiel der nationalen Frage

von

ULRICH WEINZIERL

> *„Ein Künstler unterscheidet sich vom Durchschnittspolitiker darin, daß er kein Romantiker ist, daß er die Welt sieht, wie sie natürlicherweise immer wieder neu wird, während der Politiker oft nicht begreift, was er sieht, und in irrationales Denken flüchtet, zu Ideologien greift, um sich die Flucht der Erscheinungen zu erklären."*
> *(Oskar Kokoschka, 1942)*

> *„Österreich hatte niemals zu Deutschland, sondern allenfalls dieses zu Österreich gehört."*
> *(Thomas Mann, Dieser Friede, 1938)*

In der Ersten Republik, 1923, spottete Karl Kraus über die „Erektionen des österreichischen Selbstgefühls": „Nichts Unwahrscheinlicheres und zugleich Groteskeres hatte sich in diesem unwahrscheinlichen Europa begeben können als diese österreichische Selbstbesinnung." Die Frage des Anschlusses freilich halte er „nicht etwa für verfrüht, sondern geradezu für vorlaut, solange sie von den Teilnehmern eines Staatswesens aufgeworfen wird, für das zunächst und in jedem einzelnen Fall der telephonische ein Problem ist."[1] Gegen die gesammelten Hofmannsthal, den Vater der im Weltkrieg geborenen „Österreichischen Idee",[2] Wildgans und Salten, dessen „österreichisches Antlitz" ihm als gespenstische Fratze erschien, hatte Kraus einen Verbündeten: Robert Musil. Dieser sprach sich bereits 1919 entschieden gegen den Einfall aus, „Österreich unter dem Namen Donauföderation als europäischen Naturschutzpark für vornehmen Verfall weiterzuhegen",[3] und plädierte aus sehr pragmatischen Gründen für ein Aufgehen seiner Heimat in Deutschland, weil die Zukunft „ungeheure Aufgaben" stellen werde, „die zur Lösung der zweckmäßigst zusammengefaßten Kraft bedürfen."[4]

In die erste, rein politische Phase des österreichischen Exils nach 1934, nämlich in die Ära des „Ständestaates" mit seinen zweifelhaften und verzweifelten Anstrengungen, einen Österreichmythos ins Leben zu rufen, der überdies und unsinnigerweise die These vom zweiten, besseren deutschen Staat fundieren sollte, fällt die Entstehung eines aufschlußreichen Werkes. Leopold von Andrian publizierte 1937 einen umfangreichen Band mit dem Titel *Österreich im Prisma der Idee*, als „Katechismus der Führenden" angekündigt. In der Vorrede meinte Andrian, sein „vaterländischer Katechismus" werde dereinst „als eines jener grundlegenden Ahnenwerke, welche jede Generation der nachfolgenden ehrfürchtig überliefert, gepriesen" werden.[5] Hier irrte Andrian. Dieses gewiß gutgemeinte Produkt des Patriotismus – die Wechselrede von vier hochwohlgeborenen Herrn (ein Adliger, ein Jesuitenpater, ein Dichter und ein Heimwehroffizier) über die „Erhaltung und Ausgestaltung der österreichischen Volkswesenheit" – ist leider nichts anderes als die reichlich verschmockte Ausgeburt faschistoiden Feinsinns: „Entspricht der Idee des Österreichers ein besonderer Buchstabe im göttlichen Ideenalphabet, mit anderen Worten, gibt es eine österreichische Nation?"[6] Zum krönenden Abschluß des dialogisierten Traktates brechen die Herrschaften in den Ruf „Hoch der Kaiser, hoch Österreich!" aus, was Andrian so bewegt, daß er als Regiebemerkung schlicht „Exeunt omnes" vorschreibt.

Der damals schon emigrierte sozialistische Schriftsteller Schiller Marmorek hatte es leicht, sich über dergleichen zu mokieren. „Graf Bobby als Führer eines Volkes"[7] war noch eine der freundlicheren Definitionen, mit denen er Leopold von Andrian abqualifizierte. Daß er in seiner Demontierung der „Österreichischen Legende" ohne Zweifel zu weit ging, jeglichen positiven Ansatz nationaler Selbstbesinnung und Frontstellung gegen das nazistische Deutsche Reich übersah, gehört zum üblichen Mechanismus solcher Auseinandersetzungen. Nach dem „Anschluß" und dem Einsetzen der Massenemigration brachen auf der politischen Ebene die Gegensätze gerade in der nationalen Frage besonders heftig auf. Die Sozialisten legten sich unter Otto Bauer auf die Parole der „gesamtdeutschen Revolution" fest, die Unabhängigkeit Österreichs anzustreben, sei reaktionär.[8] Die KPÖ hatte sich seit 1937 als ausgesprochen österreichisch-patriotische Partei profiliert und zumindest verbal, im Sinn der Volksfrontstrategie, sehr bürgerlichen Positionen angenähert, die Einheit des österreichischen Volkes gegen den deutschen Aggressor als „heilige Pflicht" beschworen.[9] Die Legitimisten wiederum, und das brachte ihnen erheblichen Zulauf aus dem bürgerlichen und liberalen Lager, konnten auf ihre konsequent preußen- und anschlußfeindliche Haltung in der Vergangenheit hinweisen. Daß ihr Patriotismus restaurative, groß-österreichische Züge trug, ist eine andere Sache.

Vor diesem Hintergrund der heillosen Zersplitterung vor allem in den ersten Jahren nach 1938 müssen die Äußerungen österreichischer Autoren, Künstler und Intellektueller im Exil gesehen werden.

Nekrologie mit Misstönen

Am 12. März 1938 vertraute Thomas Mann – gerade auf einer Vortragstournee in den Vereinigten Staaten – seinem Tagebuch an: „Überrumpelnde und niederschlagende Nachrichten über die Gewalttat an Österreich. Depression. Erregung."[10] Die Reaktion scheint typisch.

Andererseits gab es bemerkenswerte Einzelaktionen, die zeigen, daß man nicht unbedingt in Depression flüchten mußte. Oskar Kokoschka richtete kurz nach dem Einmarsch der deutschen Truppen aus Prag ein Ansuchen an den Haager Schiedsgerichtshof „um eine Feststellung des Ex-lex-Zustandes in Österreich unter dem Regime des Herrn von Schuschnigg".[11] Dieser habe sich durch die Preisgabe der österreichischen Hoheitsrechte und die „Lähmung der nationalen Kräfte Österreichs" schuldig gemacht. Energischer Protest sei nötig, „um nicht infolge der heutigen Duldung seitens der europäischen Mächte einen Ausnahmezustand, der gesetzlos ist und der der Gewalt entsprang, in einen Gewohnheitszustand, also in ein Gewohnheitsrecht übergehen zu lassen." Die Illegitimität des „Ständestaats" wurde von Kokoschka mit der Suspendierung der Verfassung durch Dollfuß begründet. „Gestützt auf Söldnerscharen, hat Kanzler Dollfuß den Widerstand der verfassungstreuen österreichischen Bevölkerung am 12. Februar 1934 mit blutiger Waffengewalt zu brechen begonnen, und seitdem ist jeder individuelle und kollektive Versuch, besonders seitens der Arbeiterbevölkerung, diesen Ex-lex-Zustand zu beenden, mit Terrormethoden verfolgt worden..." Schuschnigg, „der zeitweilige Verfüger über die Souveränitätsrechte der österreichischen Nation", sei keineswegs befugt gewesen, dieselben in Berchtesgaden aufzugeben. Der internationale Schiedsgerichtshof wäre verpflichtet, eben diesen Ex-lex-Zustand offiziell festzustellen, „um dem österreichischen Volk die Rechtsmittel des Einspruchs zu wahren, um für kommende Zeiten den Anspruch dieser geschädigten Nation auf ihre Selbständigkeit, sobald dies de facto erreichbar erscheint, de jure zum Siege zu verhelfen."

Auf außerordentliche Weise kontrastiert diese präzise, das Wesentliche der momentanen Situation erfassende Argumentation mit der Erstarrung der meisten anderen. Denn wie bei den Vielen, den Namenlosen, herrschte in den ersten Monaten nach der Okkupation auch bei den Berühmten Leid, Verstörung, Trauer. Wo mehrere zusammentrafen, vereinigten sich ihre Stimmen zu einem Chor hilfloser Empörung, dessen Echo jedoch selten über den Bereich der Flüchtlinge hinausdrang. Da saßen nun einander die Verfolger und Verfolgten von einst, die Repräsentanten des Austrofaschismus, Revolutionäre Sozialisten und Kommunisten, gezwungenermaßen im selben Boot gegenüber. Daß dies nicht so einfach und reibungslos vonstatten ging, wie die Metapher suggeriert, versteht sich von selbst. Eines dieser überfüllten Boote war Paris. Und wenn es dort einem gelang, zum Sprecher der österreichischen Emigranten zu werden, dann war es Joseph Roth. Er hatte den Kampfgeist, die unerschütterliche Überzeugung, die zu solchem Einsatz erforderlich ist. Was er schrieb, ist große Literatur, weniger wirklichkeitsbezogene politische Publizistik.

Im *Neuen Tage-Buch* läutete er am 19. März 1938 die „Toten-Messe" für das untergegangene Österreich ein: „Eine Welt ist dahingeschieden, und die überlebende Welt gewährt der toten nicht einmal eine würdige Leichenfeier. Keine Messe und kein Kaddisch wird Österreich zugebilligt. [...] Die europäische Kulturwelt müßte sozusagen ein Begräbnis erster Klasse veranstalten, im wahrsten Sinne des Wortes: ein ‚Staatsbegräbnis', aber sie gleicht einem Gelähmten, der im Rollstuhl Totenwache neben einem Katafalk halten soll. Der preußische Stiefel stampft über älteste europäische Saat. [...] Eine Welt ist Preußen ausgeliefert worden. Eine Welt? Die Welt ist Preußen übergeben worden: auf Gedeih und Verderb."[12] Es war ein ritterlicher Kampf, den Roth da focht, doch die Zeit, sie war nicht mehr ritterlich, und so wurde er zum unfreiwilligen Nachfahren des ehrwürdigen Don Quijote. Gewiß, auch der rhetorische Gestus seines *Briefs an einen Statthalter* klingt edel, aber an Arthur Seyß-Inquart war er vergeudet: „Ich gedenke, Frankreich zu dienen, das Sie anzugreifen gedenken, und ich glaube hoffen zu können, daß mehrere meiner alten Kameraden mit mir, nicht mit Ihnen, sein werden. Ich will es vermeiden, daß ich etwa eine Auszeichnung von einem österreichischen Statthalter Ihrer Art erhalte und bitte Sie, zur Kenntnis zu nehmen, daß ich kein österreichischer Soldat mehr bin. Joseph Roth, ehemals kaiser-königlicher Leutnant."[13]

Das Bedürfnis, für „La France" zu kämpfen, obwohl sich dieses traditionsreiche Asylland den Hitler-Flüchtlingen gegenüber nicht als „la douce" erwies, war bei den österreichischen Emigranten durchaus verbreitet, sogar bei älteren Jahrgängen, wie etwa Alfred Polgar, einem frühzeitigen Warner vor den Schrecken des Nationalsozialismus,[14] mit seinen damals immerhin sechsundsechzig Jahren: „Ich möchte unendlich gern mithelfen" teilte er seinem Zürcher Freund und Helfer Carl Seelig mit, „in irgendwelcher Form, durch irgendwelche Arbeit, dem Land das mir Asyl gewährt hat, nützlich zu sein. Habe mich auch hiezu gemeldet. [...] Ich hoffe sehr, es kommt zur Bildung einer österr. Legion, bei der ich zumindest im Kanzleidienst mittun könnte."[15]

Vorderhand ging es allerdings noch in erster Linie um interne Auseinandersetzungen. Joseph Roth erwies sich dabei als streitbarer Verfechter von Österreichs Unabhängigkeit. Besonders gereizt wurde er durch, wie er meinte, antiösterreichische Tendenzen der sozialistischen Exil-Publizistik. Schiller Marmorek erbitterte ihn mit seinem Aufsatz *Das Schicksal der österreichischen Kultur*[16] dermaßen, daß er ihm einen ganzen polemischen Montag des *Schwarz-gelben Tagebuchs* widmete.

Unübersehbar, Roth verstand es nicht bloß, gegen nazistische Parteigrößen eine gefährlich scharfe Feder zu führen. Da kann man lesen:

> Entschlossen, von der bekannten Rigorosität zeugend, welche die zweite Internationale ja immer ausgezeichnet hat, lautet der erste Satz des Artikels: „Zu den Toten, die fortgeräumt werden müssen, gehört auch die österreichische Kultur. . ." Welch ein neuer Ton! Welch ein imperativer Atem so plötzlich in diesen echten Männern des passiven Partizips! [...] Der Verfasser des Artikels behauptet ferner, die österreichische Literatur sei „bei Schuschnigg gelandet". – Aber viele unserer besten österreichischen Kollegen hatten überhaupt keinen Anlaß, irgendwo zu „landen" – einfach deshalb, weil wir niemals herumgeschwommen sind. Wir waren im Hafen, in Österreich. [...] Und wenn einer von uns unbedachtsam Schuschnigg Vertrauen schenkte, war es einfach Mißverstand. Mancher war davon bewahrt. Was mich betrifft, ich wäre, hätte ich mich Schuschnigg genähert, wahrscheinlich nicht bei ihm, sondern im Kriminal gelandet.[17]

Es war damals nicht einfach, die Orientierung zu bewahren, vorausgesetzt, man hatte sie überhaupt schon gefunden. Verwirrendes geschah, die ideologischen Grenzen verwischten sich, Kommunisten verwendeten ein Vokabular, als ginge es auch für sie in erster Linie um Gott, Kaiser und Vaterland, und der Prinz zu Löwenstein-Wertheim-Freudenberg gebärdete sich so links, daß man ihn rechtens für einen Bürgerschreck halten konnte:

> Kein deutscher Revolutionär wird der Lüge von „Altösterreich" eine Träne nachweinen. [...] Freiheit, Fröhlichkeit und Volksrechte haben im Februar 1934 ihr Ende gefunden, als die Regierung Dollfuß-Schuschnigg „die Roten" zusammenkartätschte, um auf den Trümmern der österreichischen Republik einen unfähig-brutalen Polizeistaat auszubauen, geschmückt mit Salzburger Festspielen für die Gäste aus England und Amerika.

Außerdem habe sich gezeigt, „daß der Legitimismus und seine Vertreter, die danach sind, einen gewissen Lästigkeitswert besitzen, und daß alles getan werden muß, damit sie sich nie wieder zu Worte melden."[18] Die *Österreichische Post*, die Postille der Legitimisten, sah sich ob dieser „ebenso gehässigen wie gehaltlosen Ausführungen" von Löwensteins in der *Neuen Weltbühne* veröffentlichtem „Österreich"-Artikel genötigt, seinen Adelstitel in Zweifel zu ziehen und ihn nur abschätzig und in Anführungszeichen als „Prinzen" Löwenstein zu bezeichnen.[19] Darob ward dieser sehr erzürnt und beschwerte sich bei Joseph Roth, daß man sich „in Taktik und Mentalität den Nazis"[20] angeschlossen habe. Er forderte Genugtuung in Form einer Gegendarstellung. Roth distanzierte sich in seiner Antwort selbstverständlich von den „stupiden" Angriffen, versicherte aber, nichts zugunsten Löwensteins unternehmen zu können, weil seine Beziehungen zur Redaktion denkbar schlecht seien. Abschließend gab er dem „lieben Prinzen" einen guten Rat auf den publizistischen Lebensweg: „schreiben Sie nicht in der

Weltbühne und trachten Sie, sich möglichst fern zu halten von den radikal gefärbten Organen."[21]

Wenige Monate später fand in Paris Joseph Roths Begräbnis statt. Friedrich Heer schließt sein monumentales Werk über den *Kampf um die österreichische Identität* mit der Beschreibung dieser Trauerfeier als Epilog eindrucksvoll ab: „Am Grabe stehen österreichische und deutsche Emigranten aus allen politischen, einander auch in der Emigration tiefverfeindeten Lagern. Katholische Couleurstudenten in voller Wichs, Monarchisten und Kommunisten."[22]

Für einen Augenblick scheinen die Gegensätze überwunden. Doch, wie so oft, folgt auf den tragischen Ernst das Satyrspiel. Stefan Fingal schrieb in der einzigen österreichischen Volksfrontzeitschrift dieser Jahre, den *Nouvelles d'Autriche*, einen Nachruf. Darin stellte er aus langjähriger Bekanntschaft die politische Entwicklung Roths vom Bürgerfeind zum Monarchisten dar. In den letzten Absätzen kam Fingal auf des Verstorbenen Haltung kurz vor dessen Tod zu sprechen:

> Roth machte sich nichts aus Monarchen, und die Persönlichkeit des Fürsten war ihm Hekuba. Bei Otto von Habsburg stand er zuletzt nicht in Gnade, und Otto nicht bei ihm. Mit der Umgebung Ottos von Habsburg lebte er auf Kriegsfuß und zuletzt brach er sogar mit dem Organ der österreichischen Legitimisten. [...] Sein „Schwarz-gelbes Tagebuch" erschien nicht mehr im Pariser Organ dieser Bewegung. Er wollte es – so sagte er mir – als „Österreichisches Tagebuch" in den „Nouvelles d'Autriche" fortsetzen. Zu spät erkannte er, wohin er gehörte.[23]

Ein aufrechter Monarchist konnte solches nicht ungeahndet auf sich und seinen Gesinnungsfreunden sitzen lassen. Karl Friediger warf Fingal, nach bewährtem Brauch, den Fehdehandschuh hin. Fingal sei nicht mehr als die „Aftergeburt eines großen Mannes", „ein ganz gemeiner Leichenschänder und Grabfledderer". Nur der bekannt schlechte Gesundheitszustand Fingals verbiete es dem Rächer der verlorenen kaiserlichen Ehre, dem Übeltäter

> die verdienten Ohrfeigen zu verabreichen. In der Annahme, daß Ihnen das – „Hekuba" sein dürfte werde ich mir erlauben Abschriften dieses Schreibens an einige interessierte Stellen zu versenden. Da Sie das alt-österreichische Offiziers-porte d'epée getragen haben, sehe ich dem Besuch Ihrer Kartell-Traeger mit Vergnügen entgegen.[24]

Der habsburgische Mythos, zur Groteske verkommen und aufgeführt von einer Stegreiftruppe aus Flüchtlingen. Ausblenden soll man dergleichen nicht, auch heroische antifaschistische Geschichten haben auf die Dauer kurze Beine. Freilich geht es hier nicht um eine chronique scandaleuse des österreichischen Exils, vielmehr darum, zu veranschaulichen, wie unendlich schwierig es war, die Gegensätze auszugleichen, einen Konsens zu finden.

Bemühungen waren jedenfalls vorhanden. „Zu spät erkannte er, wohin er gehörte", heißt es da über Roth, und gemeint ist eine Art österreichische Volksfront. Der Chefredakteur der im Februar 1939 erstmals erschienenen *Nouvelles d'Autriche*, Anton Wiener, war in Wirklichkeit der kommunistische Publizist Erwin Zucker-Schilling, und einer, der von dieser Zeitschrift mit ausgesuchter Hochachtung behandelt wurde, war – erstaunlicherweise Franz Werfel. Erstaunlicherweise deshalb, weil Werfel zu Recht als einer der Exponenten der mit dem „Ständestaat" sympathisierenden Literatur angesehen wurde. Noch 1934 hatte man, genauer: hatte Willi Schlamm ihn als „Musterfall der Saturierten" angeprangert, der beim „universellen Rückmarsch der europäischen Kultur" ganz vorne anzutreffen sei.[25] Genüßlich konfrontierten die *Europäischen Hefte* den Werfel von ehedem mit dem damaligen, nämlich dem Schuschnigg-Freund, und veröffentlichten die stenographische Mitschrift seiner *Rede an die Arbeiter von Davos* aus dem Jahre 1918, in der ein ganz und gar radikaler Werfel Sympathien für das neue Rußland bekannte und sich mit dem Wunsch empfahl, seine Verse mögen „ein Beitrag sein zur Auflösung der bürgerlichen Welt, ein Beitrag zur Erneuerung des Sozialismus".[26]

Bei all dem sollte allerdings der beherrschende Einfluß von Alma Mahler Werfel auf ihr „Mannkind", wie sie Werfel zärtlich nannte, nicht unterschätzt werden. Sie war nicht nur in erheblichem Maße antisemitisch, sondern glaubte auch „an die Welterlösung durch den italienischen Faschismus, an Mussolinis Werk".[27] Wie immer, nun war es vergessen. In Nr. 1 der *Nouvelles d'Autriche* findet sich ein „Interview mit Franz Werfel" samt der einführenden Bemerkung: „Der große österreichische Schriftsteller Franz Werfel gab einem Mitarbeiter der ‚Nouvelles d'Autriche' folgende Erklärung ab".[28] Was hier etwas großspurig als Interview, dann als abgegebene Erklärung angekündigt wird, ist allerdings nichts anderes als der Wortlaut von Werfels PEN-Club-Vorsitz-Rede, die mit dem programmatischen Satz beginnt: „Ich glaube an das Wiedererstehen Österreichs in seiner idealen Form." Die ideale Form wird jedoch nicht genauer ausgeführt, vielleicht zum Glück der Leser, denn was sich in einem zu dieser Zeit verfaßten Entwurf aus dem Nachlaß erkennen läßt, hätte wohl rechtens das Publikum vor den Kopf gestoßen. Da ist schlicht von einem „Ostreich" die Rede, das sich „aus dem freiwilligen Zusammenschluß der Nationalstaaten von Mitteleuropa" ergeben würde. Mehrere Punkte legen die Beschaffenheit dieses Reiches in Grundzügen fest: „Die Oberhäupter der Nationalstaaten betrachten sich unbeschadet der Souveränität im einzelnen als Kurfürsten des Ostreiches." – „Das Haupt des Ostreiches ist der Kaiser." – „Der Kaiser präsidiert dem hohen Rat der versammelten Staatsoberhäupter." – „Der Kaiser verlegt seine Pfalz, sein Hoflager nach einem zu bestimmenden Turnus von Staat zu Staat."[29] Wenn man damals unter Karl dem Großen und nicht in einem von Hitler dominierten Europa gelebt hätte, wären diese Pläne natürlich von höchster Aktualität gewesen.

Damit sei nichts gegen Werfels unanzweifelbare österreichisch-patriotische Gesinnung gesagt, alles aber gegen seinen politischen Instinkt, der auch dadurch nicht in besserem Licht erscheint, daß Werfel Besitzer eines tschechoslowakischen Passes war. Dessen ungeachtet heißt es ja in seinen Tagebüchern am 13. März 1938: „Heute [...] will mein Herz vor Leid fast brechen, obwohl Österreich nicht meine Heimat ist."[30] Ausgesprochen, für die Öffentlichkeit niedergeschrieben hat Werfel in der Tat viel weniger absonderliche Tagträume als seine „Ostreich"-Phantasien — er forderte ein supranationales Reich,

> unabhängig von Klassenherrschaft und ökonomischen Theoremen, eine Gemeinschaft der freien Seelen, die lang erträumte civitas humana. Wie reich sind wir doch in unserem Exil, wie lang auch immer es dauern möge, reicher als andre! Denn in einer Welt der vollkommenen Verwirrung und Verdrehung wissen wir, festen Glaubens und Willens, wohin wir heimkehren werden.[31]

Während bei den versponnen-idealistischen Konzepten Werfels die Frage nach einem weiteren Verbleib Österreichs beim Deutschen Reich nie beantwortet wurde, da sie viel zu abwegig schien, um überhaupt gestellt zu werden, zerbrachen sich deutsche Denker sehr wohl den Kopf über die „österreichische Frage", und nicht nur der Prinz zu Löwenstein.[32] Bereits im Sommer 1938 druckte die *Neue Weltbühne* einen Debattenbeitrag von Ernst Bloch. Seine differenzierende Analyse hebt sich angenehm von den üblichen nostalgischen Betrachtungen ab:

> Übereinstimmend wird berichtet, Österreich sei nationaler als je; der Preußenhaß eint. [...] Darum gehört große Kurzsichtigkeit dazu, den Unterschied zwischen freiwilligem Anschluß (an ein demokratisches Deutschland) und Überfalls-Annexion (durch ein faschistisches) zu relativieren. [...] Die Frage, ob die Österreicher eine eigene Nation seien, kann hier ganz außer Acht gelassen werden, vorerst.
>
> In jedem Fall habe aber die Besetzung „Österreich als nationale Einheit geschaffen, und wir wollen diesen Nationalismus, auch wenn er ein vorübergehendes Gebilde darstellt, als hitlerfeindliches Instrument begreifen. [...] Österreich ist eine Art Harpune oder kann sie werden, und das Dritte Reich hat sie sich selber einverleibt". Was schließlich separatistische Losungen des österreichischen Widerstandes betreffe, so sei es „für ein annektiertes Land in Ordnung, sich zu seinem Unterdrücker separatistisch zu verhalten."[33]

Zwei Wochen danach, als wollte die Redaktion Blochs Aussagen bekräftigen, wurde kommentarlos Hofmannsthals Schema aus dem Jahr 1917: *Preuße und Österreicher* präsentiert, das vorgeblich typische nationale Eigenschaften einander gegenüberstellt. Einige Beispiele lauten: Der Preuße: Stärke der Dialektik – Der Österreicher: Ablehnung der

Dialektik, und nach diesem Prinzip der Antithese geht es weiter: Scheinbar männlich – Scheinbar unmündig; Unfähigkeit, sich in andere hineinzudenken – Hineindenken in andere bis zur Charakterlosigkeit; Streberei – Genußsucht; Harte Übertreibung – Ironie bis zur Auflösung.[34]

All den oft kleinlichen Querelen zum Trotz gab es innerhalb der österreichischen Emigration in Frankreich erfolgreiche Versuche, wenigstens die Intellektuellen jenseits von Parteihader auf eine gemeinsame Linie festzulegen. Der Schriftsteller und Übersetzer Emil Alphons Rheinhardt, Initiator der „Liga für das geistige Österreich", der 1945 im KZ Dachau ums Leben kam, erwarb sich dabei erhebliche Verdienste.[35] Am 13. und 14. Mai 1939 fand in Paris die Internationale Konferenz zur Verteidigung des Friedens, der Freiheit und der Menschenwürde statt. Bei dieser Gelegenheit verlas Rheinhardt im eigenen Namen wie auch in dem seiner Kollegen eine Resolution:

> Nun wohl, wir sind Antifaschisten, freilich in diesem Augenblick in unserem unglücklichen, in der Hitlersklaverei lebenden Lande ohne Macht. Aber gerade dadurch, daß wir dieser großen antifaschistischen Bruderschaft angehören, sind wir keine vereinsamten Streiter für die Unabhängigkeit unseres Landes. Wir sind Mitglieder jener großen internationalen Familie, die mit uns den Feind der Menschheit bekämpft. Diese erhabene Familie [...] wird uns unseren Anteil an dem gemeinsamen Kampf zugestehen und uns dabei helfen, die Freiheit und Unabhängigkeit unseres schönen Landes wiederzugewinnen, das – wir wagen es zu sagen – der Menschheit das Seine gegeben hat.[36]

Der Kampf sollte bald Wirklichkeit werden, der Weltkrieg machte allen Spekulationen und Hoffnungen vorderhand ein Ende, trieb die Redner und Theoretiker eines neuen Österreich zuerst in die Internierungslager der Franzosen, dann, wenn sie Glück hatten, in andere Kontinente. Zugleich bedeutete aber dieser Krieg für Österreich die erste reale Chance – nämlich in den Erwägungen der Alliierten eine strategische Rolle zu spielen. Ein Aspekt muß freilich hervorgehoben werden. Österreich zu beschwören, das von den Landkarten gelöscht war, ist den meisten vertriebenen österreichischen Autoren kategorischer Imperativ gewesen, und wie weltfern, traumverloren und verstiegen viele dieser Überlegungen auch immer gewesen sein mögen – auf Österreich, auf seine Unabhängigkeit zu verzichten, für die gesamtdeutsche Revolution im Sinne Otto Bauers zu plädieren, war keiner bereit.

AUSTRIA REDIVIVA ODER DAS ERBE

Vielleicht hängt es damit, mit dieser Isolation zusammen, daß in einem der wichtigsten österreichischen Exilzentren, in London, rund um die Sozialisten vergleichsweise kulturelle Öde herrschte. Hingegen gelang es den Kommunisten mit ihrem „Austrian Centre" und später, ab

1941, in der Dachorganisation „Free Austrian Movement in Great Britain" (FAM), die kommunistische Verbände, die bürgerlich-legitimistische Emigration und zwei sozialdemokratische Dissidentengruppen umfaßte, bei deren Aktivitäten jedoch KP-Mitglieder und Sympathisanten federführend waren, fast alle bekannten Intellektuellen, Schriftsteller und Künstler um sich zu scharen.[37] Der in London herausgegebene *Zeitspiegel*[38] publizierte Ende 1941 Unterstützungserklärungen angesehener Exilanten für die politischen Vorstellungen des „Free Austrian Movement". Unter ihnen befanden sich Robert Neumann, der Maler Siegfried Charoux, der Musiker Arnold Rosé, die Musikwissenschaftler Otto Erich Deutsch und Hans Gal. Elias Canetti führte in seiner Stellungnahme aus: „Es war höchste Zeit, daß eine Einigung unter österr. Gruppen zustande kam. Das Hauptargument gegen eine offizielle Erklärung der Regierung über Österreich, das man immer von Engländern hören konnte, war die Uneinigkeit unter den Österreichern selbst..." Und Oskar Kokoschka, der auch sonst für Österreich wiederholt die Stimme erhob, hinderte seine Funktion im Präsidium des „Freien Deutschen Kulturbundes" keineswegs, vorzuschlagen:

> Propagieren Sie die Idee, daß das österreichische Volk das erste Opfer der „Appeasementpolitik" am Continent war und daß es nun, nach dem Eintreten Sovjet-Russlands in den Kampf gegen den Faschismus, keinen Sinn mehr hat, länger einen solchen Skandal zu vertuschen. Die Welt weiß um „the skeleton in the wardrobe of democracy".[39]

In den USA wiederum veröffentlichte die Zeitschrift *Freiheit für Österreich* (später *Austro American Tribune*) 1942 zum Jahrestag des 12. November 1918, des Gründungsdatums der Ersten Republik, eine Reihe von Zuschriften wie die Bruno Walters oder des Psychoanalytikers Theodor Reik, der meinte:

> Österreich vor 1914 war eine Scheindemokratie, ein Staat, dessen Stützen manchmal liebenswürdig mit seinen Bürgern verkehrten, während die Kanzleidiener und Feldwebel im besten Fall leutselig waren. [...] Wir hoffen, daß das Österreich, das nach dem Sieg der Vereinten Nationen und mit ihrer Hilfe entstehen wird, etwas Neues ist, ein Staat, erfüllt vom Geist wahrhafter Demokratie.[40]

Die Hoffnungen auf einen solchen Wunschstaat bekamen erst durch die Moskauer Deklaration vom Herbst 1943 eine halbwegs realpolitische Dimension. In ihr wurde Österreich als erstes Opfer von Hitlers Aggressionspolitik anerkannt, zugleich jedoch – und das ist allein schon aufgrund der jubelnden Massen auf dem Heldenplatz 1938 kein Wunder – ein eigener Beitrag dieses Opfers zu seiner Befreiung gefordert. Regelmäßig berichteten österreichische Exil-Zeitschriften über heroische Kämpfe von Partisanen, über Sabotageakte und energischen Widerstand von Hunderttausenden alpenländischen Nazigegnern gegen die verhaßten Okkupatoren. Natürlich war das, in diesem Ausmaß, gelinde gesagt übertrieben, halb optimistische Selbsttäuschung, halb propagandistische Beeinflussung der Alliierten. Die Aufrufe an die Österreicher, von den diversen „Feindsendern" ausgestrahlt, hatten in diesem Sinn gewiß in erster Linie Appellcharakter. Genauso sind auch Hermynia Zur Mühlens Worte, gesprochen im Dezember 1943 in der Österreich-Sendung der BBC, zu verstehen: „Die Moskauer Konferenz brachte eine Botschaft an Österreich, nun ist es an euch, euch des anerkannten Anrechts auf Unabhängigkeit würdig zu erweisen, damit die Nacht rascher verschwindet. Der Morgen dämmert bereits!"[41]

Dieser Kampf, die Selbstbehauptung im aktiven Widerstand oder in passiver Resistenz gegen den Nationalsozialismus, ließ Österreich, so der Dramatiker Ferdinand Bruckner, seine Identität finden: „Das österreichische Volk kommt auf die Welt. Zum erstenmal, seit es den Namen Österreich gibt, kämpft dieses Volk für keinen Herrscher, keinen Anschluß, keinen Block, sondern um seiner selbst willen."[42]

Der Zusammenhang zwischen innerer und äußerer Freiheit, Demokratie und Unabhängigkeit, wurde in der Folge immer stärker betont, manchmal in überschwenglicher Weise, wie von dem sozialdemokratischen Arbeiterdichter und Volksbildner Josef Luitpold Stern, der am 11. März 1944 bei einer Gedenkveranstaltung zum Thema „Freiheit und Reaktion in Österreich" sprach und seine Ausführungen mit den Worten schloß:

> Ein kleiner, nicht so wichtiger, aber leiderfahrener Bruder, ein immer wieder niedergeworfener, aber unbezwingbarer Bruder im wachsenden Weltkreis der Zivilisation und der Demokratie, ein Bruder gerne unter Brüdern, ein Lied auf der Lippe, Unbeugsamkeit in den Adern – das will sein, das wird sein die unabhängige demokratische Republik Österreich, ihr unser Herz, unser Blut; sie unser alles![43]

Hochgestimmter Patriotismus und Bekenntnis zur Heimat aus allen Lagern – wenige Jahre zuvor wäre dies wohl undenkbar gewesen. Einen wesentlichen Faktor in diesem Meinungsbildungsprozeß machten die breitgestreuten Bestrebungen aus, Kulturarbeit als Instrument psychologischer Kriegführung zu begreifen und einzusetzen.

Am 19. und 30. August 1942 wurde in London, einberufen vom österreichischen PEN-Club und unter Vorsitz von Robert Neumann, eine Kulturkonferenz abgehalten. An ihr nahmen nicht nur Vertreter des „Free Austrian Movement" teil, sondern auch Mitglieder sozialistischer Organisationen. Der bedeutende kommunistische Kulturhistoriker Albert Fuchs, in Wahrheit der Spiritus Rector dieser Veranstaltung, referierte *Über österreichische Kultur*, daneben sprachen aber beispielsweise David Josef Bach, der ehemalige Musikkritiker der *Arbeiter-Zeitung* und Gründer der Arbeitersymphoniekonzerte, oder die Soziologin Marie Jahoda, und angeblich herrschte Einigkeit darüber, „daß die Pflege des nationalen österreichischen Kulturguts eine Waffe im Kampf gegen die Naziherrschaft ist, eine Waffe, die wir Österreicher ebenso zu führen und zu gebrauchen verstehen wollen wie die materiellen Waffen, mit denen die nazistische Barbarei vernichtet werden muß."[44]

Ernst Fischer sandte anläßlich der Konferenz eine Botschaft aus Moskau:

> Es ist das Bekenntnis zu Österreich, das uns alle einigt. [...] Der Hitlerismus hat uns allen, Sozialisten, Kommunisten, Demokraten, Katholiken, Konservativen zum Bewußtsein gebracht, daß wir auf einem gemeinsamen Boden stehen, auf dem Boden der menschlichen Zivilisation und daß wir gemeinsam die Grundlagen einer menschlichen Existenz verteidigen. [...] Was uns not tut, ist ein festes kompromißloses Nationalbewußtsein.[45]

Das große Erbe glanzvoller Vergangenheit wurde eifrig herangezogen, nach neuen Gesichtspunkten aufbereitet, in Broschüren, Artikeln, Vorträgen, sogar in einer eigenen „kulturellen Schriftenreihe des ‚Free Austrian Movement'"[46] popularisiert. Hier schuf man ein *Österreichisches Pantheon*, in dem Karl Kraus seinen festen Platz hatte, brachte ein Heft *Hugo von Hofmannsthal zum 70. Geburtstag* heraus, beschwor die *österreichische Seele*.

Es war, im Grunde, dasselbe Material, das einst von einem Hofmannsthal und Andrian für ihr Beweisverfahren in Sachen österreichischer Nation verwendet worden war, nur anders, andeutungsweise historisch-materialistisch instrumentiert. Der jahrhundertelange Freiheitskampf des österreichischen Volkes, von den Bauernkriegen über Andreas Hofer, die Revolution von 1848 bis zum Februar 1934 wurden als ehrwürdig-fortschrittliche Tradition gefeiert, an die anzuschließen gerade in der Periode nationaler Unterdrückung geboten schien. Auch auf dem Gebiet der Literatur vergaß man nicht, geeignete Traditionsbezüge herzustellen, im Kontrast zur deutschnationalen Literaturgeschichtsschreibung der Ersten Republik die Eigenständigkeit der österreichischen Dichtung hervorzuheben. Im allgemeinen war man bemüht, den historischen Charakter der Herausbildung des spezifisch Österreichischen in allen Bereichen deutlich zu machen. Ernst Fischer schrieb seinen kurzen Abriß *Der österreichische Volks-Charakter* 1943/44, und damit fast schon einen Bestseller. Bruno Frei im fernen Mexiko war nicht nur im „Heinrich-Heine-Klub"[47] aktiv, sondern veröffentlichte auch eine Serie feuriger patriotischer Artikel, deren Titel allein einschlägige Gesinnung verraten: *Das österreichische Tor*; *Das Lied von Wien*; *Das österreichische Antlitz*.[48]

Man begnügte sich allerdings nicht mit publizistischen Aktionen, in Organisationen wurden vor allem für die Jugend Kurse und Diskussionen abgehalten. Auch der junge Erich Fried, der damals eine kleine Broschüre über den österreichischen Widerstandskampf *(They fight in the dark)* verfaßte und dessen Gedicht *An Österreich* mit dem Vers endet: „Du bist mein Wagnis – und ich muß dich wagen",[49] nahm an derartigen

Veranstaltungen von „Young Austria" teil. Im Verlauf einer der Debatten konstatierte er: „Am besten kann man an Hand von Material beweisen, daß Österreich eine Nation ist und eine nationale Kultur hat." Das von ihm stichwortartig vorgetragene Material beginnt mit „Heinrich von Melk – Österreicher", führt über Anzengruber, die Ebner-Eschenbach, Karl Kraus, „Peter Altenberg (typisch österreichisch; vieles von der schwächlichen Wiener Gesellschaft von vor 1914)" bis zu Elias Canetti: „(ziemlich ausweglos)". Den Begriff „übernationale Kultur" könne man ihm, Fried, erst glaubhaft machen, wenn man ihm zeige, „was davon übrigbleibt, wenn man alle nationale Kultur davon wegläßt. Dann bleibt aber nichts übrig."[50]

Dieses sehr frühe Friedsche Frühwerk sei deshalb so ausführlich zitiert, weil es in höchst bemerkenswerter Weise mit einer Stellungnahme von heute kontrastiert, da der Autor Rückschau auf die österreichischen Emigrantenzirkel und den branchenüblichen Patriotismus hält. Dort heißt es, wir schreiben 1981, unter anderem: „Es wurde schick, alle Schuld auf die deutschen Eindringlinge zu schieben, ja, zu behaupten, Österreich habe eine ganz eigenständige Kultur, eine eigene Sprache und Literatur. Das ging mir etwas zu weit und war mir etwas zu einfach. [...] Natürlich machte ich mich auch schon damals, wie später so oft, politisch unbeliebt und setzte mich zwischen alle Stühle."[51]

In manchen Fällen der nationalen Selbstbesinnung läßt sich aber zweifellos von geradezu gefährlichen Exzessen des forcierten Österreich-Bewußtseins sprechen, etwa wenn Ernst Lothar Ende 1944 dafür eintrat, Wien zur Kulturhauptstadt des gesamten deutschen Sprachgebietes zu bestimmen. „Berlin kann und darf es nicht mehr sein, denn es ist das Berlin, das, auf das Kommando eines Krüppels, den Geist aufgab. Es ist das Berlin einer totalen Submission, die keine Kulturmission mehr hat." Für die Deutschen hatte Lothar bloß den Rat übrig, in kommenden Tagen „auf die engen Denker des Nationalen, Fichte und Hegel," gänzlich zu verzichten. Unter dem „Schlagwort: Goethes Erbe nach Wien" wäre es angebracht, eben dort „eine Art Deutsche Kulturakademie" zu gründen, es habe sich nämlich eines herausgestellt: „der österreichische Kulturbegriff ist dem Andachtsbegriff nahe, der deutsche dem Machtbegriff."[52]

Das klingt und ist zweifellos schauderhaft. Lothar bekam auch prompt die passende Antwort, zur Ehre Österreichs von einem Österreicher. Berthold Viertel replizierte in einem ausführlichen Essay *Austria Rediviva*,[53] keineswegs frei von Bosheit, auf Lothars vaterländischen Hymnus. Kulturelle Erneuerung, so Viertel, könne nur von unten, aus dem Volk kommen, man möge sich hüten zu versuchen, „das Gebäude von der Kuppel her zu beginnen, paradox ausgedrückt: als ob man mit dem Grünspan alter Dächer neue Häuser bauen könnte, sozusagen aus Patina". Mit der unkritischen Verklärung österreichischer Landschaft sei es gleichfalls nicht getan: „die schönsten Sonnenuntergänge beleuchten immer wieder die traurigsten menschlichen Verhältnisse". Die Behauptung wiederum, der österreichische Kulturbegriff (und dieser streng abgehoben von der minderen Zivilisation) sei dem Andachtsbegriff nahe, „wäre nur dann gestattet, wenn die Andacht sich von der Ohnmacht erholt hat, ohne auf der anderen Seite in klerikale Machtpolitik umzuschlagen."

Die Parole „Goethes Erbe nach Wien" schließlich klinge für Viertels Ohren „nach einem preußischen Kommando".

> Wenn es nach diesem Plane geht, würden die erlauchten Gäste in Wien eine dort inzwischen gegründete „Deutsche Kulturakademie" vorfinden. Das scheint mir zu sehr in Gehrock und mit Glacéhandschuhen gedacht zu sein. Ganz abgesehen von der Zuständigkeitsfrage: es müßte wohl einige robuste Arbeit mit aufgekrempelten Hemdärmeln und mit nicht zur Danksagung gefalteten Händen vorhergegangen sein, einiges Reinemachen und Neu-Bauen.

Viertels Hoffnungen auf einen grundlegenden kulturellen Neuansatz in Österreich, in dem nicht mehr Salzburger Festspiele und der zugehörige Fremdenverkehr tonangebend wären, blieben bekanntlich uneingelöst.

Im Juni 1945, nach Österreichs Befreiung und dem Ende des Tausendjährigen Reiches, wollte man verständlicherweise wissen, was bekannte österreichische „Kulturschaffende" von den neuen Verhältnissen in ihrer Heimat hielten. Die *Austro American Tribune* veranstaltete daher eine Rundfrage über die provisorische Staatsregierung unter Karl Renner. Die Reaktionen reichten von skeptischer Reserviertheit bis zu uneingeschränkter Bejahung. Alfred Polgar war der Skeptischesten einer – aus der Kabinettsliste kenne er nur zwei Namen, Renner und Kunschak, von denen der eine keine politische „Persönlichkeit von Format" sei, der andere einer Partei, den Christlichsozialen, angehört habe, die „sehr vieles" herausfand, „was man den Nazis ‚lassen muß'".

Im Gegensatz dazu pries Fritz Kortner die Zusammensetzung dieser Regierung: „Es sind darin alle Parteien vertreten, die Kommunisten in verschwindend kleiner Anzahl. Da ist nichts in diesem Kabinett, das man als radikal bezeichnen könnte; höchstens das radikale Fehlen von Fascisten. Dieses Kabinett hat keinen. – In keiner Form, in keiner schikken Verkleidung, in der der Fascist salonfähig war, ist – und bleibt?!

Hoffen wir, daß der Krieg in dem Frieden, der ihm folgt, noch zu guter Letzt ein Kampf gegen den internationalen Fascismus wird."[54]

Auf den jungen Frieden sollte allerdings weniger der Kampf gegen den internationalen Faschismus folgen als vielmehr der Kalte Krieg und in ihm die Salonfähigkeit gar nicht sonderlich schick verkleideter Faschisten.

Oskar Kokoschka hatte mit seiner Ansicht von der besseren Wirklichkeitserfassung des Künstlers wohl recht, freilich nur für sich selbst. Denn manche der Versuche österreichischer Autoren, sich und anderen die überstürzte Flucht der Erscheinungen zu erklären, sprechen eine andere Sprache – in exemplarischer Weise die des irrationalen Denkens, das er den Politikern reserviert hatte. Sie alle waren, trotz verschiedener intellektueller und ideologischer Schattierungen, mehr Romantiker als Realisten. Dennoch scheinen diese über die Welt verstreuten Stimmen der Österreicher wichtig. Ungeachtet der Dissonanzen, der falschen und rauschhaften Töne waren sie berufen auszusprechen, was die Vielen, die Ungenannten bewegte: Österreich als Wille und Vorstellung, und dieses imaginäre Land in den Köpfen der Vertriebenen war natürlich nicht Ergebnis rationalen Kalküls, sondern Glaubenssache, einigen sogar Lebensmittel, Überlebensmittel.

Anmerkungen

Dieser Aufsatz ist eine überarbeitete und ergänzte Fassung eines Referates, das unter dem Titel *Österreich als Wille und Vorstellung* im März 1982 bei einem Exilliteratursymposium an der Rice University, Houston, gehalten wurde. Siehe: Wulf Koepke und Michael Winkler (Hrsg.): *Deutschsprachige Exilliteratur. Studien zu ihrer Bestimmung im Kontext der Epoche von 1930 bis 1960.* Bonn 1984, S. 242–259. Eine ausführlichere Darstellung (vor allem hinsichtlich der Vorgeschichte) erschien unter dem Titel *Zur nationalen Frage – Literatur und Politik im österreichischen Exil.* In: *Österreich und die deutsche Frage im 19. und 20. Jahrhundert* Hrsg. v. Heinrich Lutz u. Helmut Rumpler, Wien 1982 (=Wiener Beiträge zur Geschichte der Neuzeit, Band 9). S. 318–341.

1 Siehe: Karl Kraus: *Das österreichische Selbstgefühl.* In: *Die Fackel* XXV (632 bis 639), Mitte Oktober 1923, S. 1–26.
2 Siehe diesen und andere Aufsätze in: Hugo von Hofmannsthal: *Gesammelte Werke in zehn Bänden.* Hrsg. v. Bernd Schoeller in Beratung mit Rudolf Hirsch. *Reden und Aufsätze II. 1914–1924.* Frankfurt 1979 (Fischer-TB), S. 454–458, passim.
3 Robert Musil: *Buridans Österreicher.* In: R. M.: *Gesammelte Werke in neun Bänden.* Hrsg. v. Adolf Frisé, Bd. 8, *Essays und Reden.* Reinbek 1980, S. 1030 ff.
4 Robert Musil: *Der Anschluß an Deutschland.* In: Ebda., S 1032–1042, S. 1042.
5 Leopold von Andrian: *Österreich im Prisma der Idee. Katechismus der Führenden.* Graz 1937, S. 9. Zum geistigen Umfeld von Andrian vgl. auch: Viktor Suchy: *Die „österreichische Idee" als konservative Staatsidee bei Hugo von Hofmannsthal, Richard von Schaukal und Anton Wildgans.* In: Friedbert Aspetsberger (Hrsg.): *Staat und Gesellschaft in der modernen österreichischen Literatur.* Wien 1977, S. 21–43.
6 Leopold von Andrian: *Österreich* (Anm. 5), S. 332 f.
7 Peter Roberts (d.i. Schiller Marmorek): *Österreichische Legende.* In: *Der Kampf. Internationale Revue* IV (10), Oktober 1937, S. 392–396.
8 Vgl. dazu vor allem: Helmut Konrad (Hrsg.): *Sozialdemokratie und „Anschluß". Historische Wurzeln. Anschluß 1918 und 1938. Nachwirkungen.* Wien–München–Zürich 1978, insbesondere den Beitrag von Helene Maimann: *Der März 1938 als Wendepunkt im sozialdemokratischen Anschlußdenken,* S. 63–70; ferner das monumentale zweibändige Werk von Felix Kreissler: *La Prise de Conscience de la Nation Autrichienne. 1938–1945–1978.* Paris 1980 und die Spezialuntersuchung von Herbert Exen-

berger, Franz West, Ulrich Weinzierl und Siegwald Ganglmair: *Die nationalsozialistische Besetzung Österreichs 1938–1945. Methoden und Objekte der Propaganda. (Widerstand, Exil, Alliierte).* In: *La Propaganda pendant la Deuxième Guerre Mondiale.* Bukarest 1980, S. 71–102.

9   Siehe Felix Kreissler (Anm. 8), Bd. II, S. 234 ff.
10 Thomas Mann: *Tagebücher 1937–1939.* Hrsg. v. Peter de Mendelssohn. Frankfurt 1980, S. 187.
11 Oskar Kokoschka: *Ansuchen an den Haager Schiedsgerichtshof um eine Feststellung des Ex-lex-Zustandes in Österreich unter dem Regime des Herrn von Schuschnigg.* In: O. K.: *Politische Äußerungen* (=Das Schriftliche Werk, Bd. 4, hrsg. v. Heinz Spielmann). Hamburg 1976, S. 201–205.
12 Joseph Roth: *Totenmesse.* In: *Das Neue Tage-Buch* VI (12), 19. 3. 1938, S. 276 f.
13 Joseph Roth: *Brief an einen Statthalter.* In: *Das Neue Tage-Buch* VI (13), 26. 3. 1938, S. 309.
14 Siehe: Alfred Polgar: *Taschenspiegel.* Wien 1979, S. 131–186.
15 Alfred Polgar an Carl Seelig; Paris, 16. 9. 1939. Zit. nach Ulrich Weinzierl: *Alfred Polgar im Exil.* In: Alfred Polgar: *Taschenspiegel.* Hrsg. und mit einem Nachwort v. U. W. Wien 1979, S. 187–242. S. 220 f.
16 Peter Roberts (d. i. Schiller Marmorek): *Das Schicksal der „österreichischen Kultur".* In: *Der Sozialistische Kampf* Nr. 2, 28. 1. 1939, S. 67 f.
17 Joseph Roth: *Schwarz-gelbes Tagebuch.* In: *Die Österreichische Post* I (6), 1. 3. 1939.
18 Hubertus Friedrich Prinz zu Löwenstein: *Österreich.* In: *Die neue Weltbühne* XXXIV (24), 16. 6. 1938, S. 745–748, S. 745 f.
19 Siehe die Glosse: *Einverstanden.* In: *Die Österreichische Post* I (6), 1. 3. 1939, S. 8. Zur legitimistischen Emigration in Frankreich siehe: Joseph Rovan: *L'émigration monarchiste autrichienne en France (1938–1940).* In: Gilbert Badia u. a.: *Les barbelés de l'exil. Etudes sur l'emigration allemande et autrichienne (1938–1940).* Grenoble 1979, S. 137–158.
20 Hubertus Friedrich Löwenstein an Joseph Roth; New York, 26. März 1939. Autograph (Typoskript) des Leo Beack Institute, New York, Bornstein-Collection.
21 Joseph Roth an Hubertus Prinz zu Löwenstein: o. O., o. D. Typoskript des Leo Baeck Institute, New York, Bornstein-Collection.
22 Friedrich Heer: *Der Kampf um die österreichische Identität.* Wien–Köln–Graz 1981, S. 442.
23 Stefan Fingal: *Joseph Roth gestorben.* In: *Nouvelles d'Autriche* Nr. 5, Juin 1939, s. 171 f.
24 Karl B. Friediger an Stefan Fingal; Paris, den 6. Juni 1939. Film 106 des Dokumentationsarchivs des österreichischen Widerstandes, Wien (DÖW).
25 Wilhelm Stefan (d. i. Willi Schlamm): *Franz Werfel oder: Die nächste Bücherverbrennung* In: *Europäische Hefte.* Vereinigt mit Aufruf, I (24), 27. 9. 1934, S. 358 ff., S. 358.
26 Franz Werfel: *Rede an die Arbeiter von Davos.* In: *Europäische Hefte.* I (26), 11. 10. 1934, S 413 ff. Abgedruckt in: Franz Werfel: *Zwischen oben und unten. Prosa-Tagebücher-Aphorismen.* Aus dem Nachlaß hrsg. v. Adolf D. Klarmann. München-Wien 1975, S. 531–534, S. 534.
27 Alma Mahler Werfel: *Mein Leben.* Frankfurt 1960, S. 285.
28 Siehe: *„Von der Bestialität durch die Nationalität zur Humanität".* Interview mit Franz Werfel. In: *Nouvelles d'Autriche* Nr. 1, Février 1939, S. 11 f. In derselben Nummer bezeichnet Alfred Kantorowicz Werfel als einen der „hervorragendsten Repräsentanten österreichischer Kultur". Ebda., S. 36.
29 Franz Werfel: *Entwurf: Das Ostreich (1938).* In: Franz Werfel: *Zwischen oben und unten* (Anm. 26), S. 305. Siehe auch den Aufsatz von Adolf D. Klarmann: *Franz Werfels Weltexil.* In: *Wort und Wahrheit* Heft 1, 1973, S. 45–58.
30 Franz Werfel: *Zwischen oben und unten* (Anm. 26), S. 743.

³¹ Franz Werfel: *Heimkehr ins Reich.* In: *Die Österreichische Post* I (4), 1. 2. 1939, S. 1 f.; siehe auch: Franz Werfel: Zwischen oben und unten (Anm. 26), S. 329–333.
³² Siehe u. a. auch Golo Mann, der vor allem auch zum Februar 1934 Stellung nimmt: *Politische Gedanken.* In: *Maß und Wert* I (5), Mai/Juni 1938, S. 783–797, insbesondere S. 793–796.
³³ Ernst Bloch: *Die österreichische Frage.* In: *Die neue Weltbühne* XXXIV (27), 7. 7. 1938, S. 836–839.
³⁴ Hugo von Hofmannsthal: *Preuße und Österreicher.* In: *Die neue Weltbühne* XXXIV (29) 21. 7. 1938, S. 910 f.
³⁵ Vgl. in erster Linie den Aufsatz von Selma Steinmetz: *Emil Alphons Rheinhardt (1889–1945). Aus dem Leben eines Exilschriftstellers.* In: *Zeitgeschichte* IV (4), Jän. 1977, S. 109–122.
³⁶ Siehe: *Eine Erklärung österreichischer Schriftsteller,* In: *Nouvelles d'Autriche* Nr. 5, Juin 1939, S. 174 f.
³⁷ Siehe Franz West: *Die österreichische Weltbewegung. Weder Exilregierung noch Nationalkomitee.* In: Dokumentationsarchiv des österreichischen Widerstandes und Dokumentationsstelle für neuere österreichische Literatur (Hrsg.): *Österreicher im Exil 1934 bis 1945.* Protokoll des Internationalen Symposiums zur Erforschung des österreichischen Exils von 1934 bis 1945. Wien 1977, S. 87–96, sowie: Helene Maimann: *Politik im Wartesaal. Österreichische Exilpolitik in Großbritannien.* Wien u. a. 1975.
³⁸ Siehe: Hilde Mareiner: *„Zeitspiegel". Eine österreichische Stimme gegen Hitler.* Wien u. a. 1967.
³⁹ *Anschluß an Free Austrian Movement.* In: *Zeitspiegel* 51/52, 22. 12. 1941, S. 3.
⁴⁰ Theodor Reik in: *Briefe an „Freiheit für Österreich".* In: *Freiheit für Österreich* Nr. 6, 15. 11. 1942, S. 5.
⁴¹ *Hermynia Zur Mühlen im BBC nach Österreich.* In: *Zeitspiegel* 47, 18. 12. 1943, S 7.
⁴² Ferdinand Bruckner: *Ein freies Österreich. Rede bei der Gedenkfeier an den 11. März 1938.* In: *Austro American Tribune* Vol. II, Nr. 9, 1944, S. 3 f.
⁴³ Josef Luitpold Stern: *Freiheit und Reaktion in Österreich. Ansprache in der New Yorker Versammlung am 11. März 1944.* In: *Austrian Labor Information* Nr. 24, March/April 1944, S. 10 f., S. 11.
⁴⁴ J. K. (d. i. Jenö Kostmann): *Österreichische Kulturkonferenz.* In: *Zeitspiegel* 36, 5. 9. 1942, S. 7.
⁴⁵ Ernst Fischer: *Botschaft an die österreichische Kulturkonferenz,* In: *Zeitspiegel* 39, 26. 9. 1942, S. 3.
⁴⁶ Hans E. Goldschmidt: *Die kulturelle Schriftenreihe des „Free Austrian Movement" 1942/1946.* In: *Österreicher im Exil 1934 bis 1945* (Anm. 37), S. 459–467.
⁴⁷ Siehe auch den Beitrag von Wolfgang Kießling: *Accion Republicana Austriaca de Mexiko, Bewegung „Freies Deutschland" und Heinrich Heine-Club. Zur Geschichte der österreichisch-deutschen Zusammenarbeit im mexikanischen Exil.* In: *Österreicher im Exil 1934 bis 1945* (Anm 37), S. 115–133.
⁴⁸ Alle erschienen in: *Freies Deutschland/Alemania Libre* – II (10), September 1943, S. 13 f. – IV (6), Mai 1945, S. 11 f. – IV (9), August 1945, S. 15.
⁴⁹ Erich Fried: *An Österreich.* In: *Österreich. Gedichte.* Zürich 1946, S. 13.
⁵⁰ Diskussionsprotokoll eines Klubabends: von „Young Austria". Dokument des DÖW, Wien, S. 7 ff.
⁵¹ Siehe: Erich Fried: *Der Flüchtling und die Furcht vor der Heimkehr.* In: Karl Corino (Hrsg.): *Autoren im Exil.* Frankfurt 1981, S. 265–276. S. 271.
⁵² Ernst Lothar: *Zum Thema Österreich.* In: *Austro American Tribune* December 1944, S. 7.
⁵³ Berthold Viertel: *Austria Rediviva.* In: *Austro American Tribune* January 1945, S. 7 f. Hans Weigel äußerte sich in seiner in Basel gehaltenen *Rede über Österreich* in ähnlichem Sinn: „Österreichisch war der Fortschrittsglaube der Revolution von 1848 und der Revolte des 15. Juli 1927 – aber Österreicher unterdrückten ihn brutal. Österrei-

chische Arbeiter verteidigten im Februar 1934 todesmutig und heldenhaft die Errungenschaften ihrer sozialistischen Vaterstadt Wien in einem aussichtslosen Kampf – aber eine österreichische Regierung ließ schwere Artillerie gegen Arbeiterwohnhäuser einsetzen [. . .]". Abgedruckt in: *Austro American Tribune* Beilage Kunst – Literatur – Musik. August 1945, S. 8. Über die Exilsituation aus der Sicht Weigels siehe auch seine Stellungnahme vom 7. Mai 1946: Hans Weigel: *Probleme der Emigration*. In: Leopold Zechner: *Wissenschaft und Kunst*. Wien 1946, S. 27–30.

[54] Siehe: Rundfrage zur Regierung Renner. In: *Austro American Tribune* June 1945, S. 3 f.

2. INSTITUTIONELLE VORAUSSETZUNGEN

Die österreichische Hochschulgermanistik I

Positivismus als Strategie der Anpassung.
Zur Neugermanistik in Innsbruck

von
JOHANN HOLZNER

Von allem Anfang an war die Innsbrucker Hochschulgermanistik in der konservativen und – aus der Perspektive liberaler Intellektueller betrachtet – paradigmatisch ultramontanen Politik des Landes Tirol fest verankert: Als das Ministerium für Kultus und Unterricht 1851 den Lehrkörper der philosophischen Fakultät in Innsbruck aufforderte, „dasjenige Individuum, welches er für eine Lehrkanzel der deutschen Sprache und Literatur geeignet erachte, namentlich zu bezeichnen", nannten die Professoren einstimmig den Schriftsteller und Gymnasiallehrer Adolf Pichler, obwohl ihnen, wie sie einräumten, nicht unbekannt war, daß Pichler insbesondere durch seinen Aufenthalt in Wien 1848 sowie durch bestimmte „Phrasen" in seinen Aufsätzen „zu manchem Verdachte Anlaß gegeben haben mochte"; seine Gesinnung sei, so bekräftigten die Professoren, zwar „deutsch, aber lauter und gemäßigt".[1] Den Lehrstuhl, der schließlich 1859 errichtet wurde, erhielt indessen der Dichter, Sprachforscher, Literarhistoriker, Volkskundler und Märchenerzähler Ignaz Vinzenz Zingerle, der anders als Pichler klerikal orientiert war und Geschichte dann nicht nur lehrte, sondern auch repräsentierte, indem er sich altdeutsch kleidete, seine Gäste auf Schloß Summersberg nach alter Sitte mit einem Willkommtrunk begrüßte und für seine Tafelrunde mittelhochdeutsche Diplome ausstellte.[2] Zingerle wurde 1890, als er von seinem Lehramt zurücktrat, vom Kaiser in den Adelsstand erhoben. Sein Nachfolger wurde Joseph Seemüller; eine zweite, gleichzeitig eingerichtete, neugermanistische Lehrkanzel bekam Joseph Eduard Wackernell.[3] Wackernell war ein Pichler-Schüler – sein Lehrer war inzwischen allerdings auf einen politisch weniger brisanten Posten berufen worden, Pichler wurde nämlich 1867 zum ordentlichen Professor der Mineralogie und Geologie ernannt –, Wackernell konnte sich jedoch rasch in der offiziellen Tiroler Kulturpolitik etablieren und

1917 wurde er sogar Mitglied des österreichischen Herrenhauses. Er starb 1920.

Art und Grad der Integration der ersten Innsbrucker Germanisten, ihre Reputation im öffentlichen Leben des Landes bezeichnet der *Tyroler Ehrenkranz,* eine Sammlung von Biographien der prominentesten Bürger Tirols, aus dem Jahre 1925.[4] Zingerle war in der Sammlung vertreten; die Tatsache, daß Wackernell fehlte, wurde in einer Rezension im *Tiroler Anzeiger* ausdrücklich hervorgehoben und bedauert.[5]

Für die Neubesetzung der nach dem Tod Wackernells erledigten Lehrkanzel wurden von der philosophischen Fakultät am 9. Dezember 1920 Josef Nadler und Ferdinand Josef Schneider pari loco und ex aequo vorgeschlagen. Beide sagten ab. Am 17. Oktober 1921 unterbreitete ein Ausschuß einen neuen Besetzungsvorschlag: Primo loco Viktor Dollmayr (Professor an der Universität Lemberg), secundo loco ex aequo Karl Polheim (Privatdozent an der Universität Graz) und Moriz Enzinger (Mittelschullehrer in Krems). Der Ausschuß kam damit einem – offiziell erst sieben Tage später übermittelten – Ersuchen des Bundesministeriums für Inneres und Unterricht nach, sich „insbesondere auch eingehend über die in Österreich für diese Lehrkanzel in Betracht kommenden Kandidaten [zu] äußern". Mit Wirksamkeit vom 1. April 1922 wurde der damals dreißigjährige, nicht habilitierte Realschulprofessor Enzinger auf die Lehrkanzel für Neuere deutsche Sprache und Literatur berufen.[6] Er sollte bis 1954 in Innsbruck bleiben.

Damit ist die zentrale Fragestellung meines Beitrags schon angedeutet.

Herbert Seidler hat einmal darauf verwiesen, daß Enzingers akademische Tätigkeit „in eine Zeit regster Methoden-, ja oft schon Modenabfolge in der Literaturwissenschaft" gefallen sei.[7] Ich möchte ergänzend hinzufügen, daß sie auch in eine Zeit markanter historischer Umwälzungen fiel; und deshalb will ich versuchen, jene Frage zu erörtern, die Klaus Weimar in seinem Forschungsbericht zur Geschichte der Literaturwissenschaft[8] als wesentlichste apostrophiert hat, die Frage nämlich nach dem Zusammenhang zwischen Ideologie (bzw. fluktuierenden Ideologien) und Methode (bzw. Methodenwandlungen), indem ich im folgenden über die Aktivitäten Enzingers im angegebenen Zeitabschnitt referiere. Ich übergehe dabei die ältere Abteilung der Innsbrucker Germanistik.

Die Innsbrucker Vorlesungsverzeichnisse von 1922 bis 1954 dokumentieren, daß Enzinger ziemlich regelmäßig einen Zyklus von Lehrveranstaltungen anbot, dessen Ablauf auch durch die aufsehenerregendsten politischen Ereignisse kaum je gestört oder beeinflußt werden konnte. 1933 stellte die NSDAP nach Wahlen in Innsbruck als stärkste Partei schon neun von zwanzig Gemeinderatsmitgliedern[9]; 1934 wurde die „Maiverfassung" in Kraft gesetzt; zu Beginn des Wintersemesters

1938/39 betonte der Rektor der Innsbrucker Universität, Harold Steinacker, die Geisteswissenschaften dürften sich endlich, „dank der Tat des Führers", der Aufgabe widmen, „alle Kreise der alpenländischen Bevölkerung mit dem Gedankengut des Nationalsozialismus zu durchdringen"[10] – durch solche oder ähnliche Entwicklungen ließ sich Enzinger im Hinblick auf die Formulierung seiner Vorlesungstitel nicht irritieren. In seinen Hauptvorlesungen behandelte er die deutsche Literatur vom Zeitalter des Humanismus bis 1848, später bis zum Naturalismus; in Nebenvorlesungen und Seminaren beschäftigte er sich mit der Geschichte des Wiener Theaters bis Raimund und Nestroy sowie häufig mit Höhepunkten des Kanons: Goethe, Schiller, Kleist, Brentano, Grillparzer, Hebbel, Keller und Meyer, aber auch Peter Rosegger, Henrik Ibsen und Gerhart Hauptmann. Das Rundschreiben Kolbenheyers zur Frage der Gegenwartsliteratur *(Wo bleiben die Universitäten?),* das an alle deutschsprachigen Hochschulen adressiert war und im Jänner 1930 auch vom Innsbrucker Rektor sanktioniert und verteilt wurde, hat Enzinger offensichtlich ignoriert; Enzinger verzichtete weitgehend auf eine Auseinandersetzung mit der zeitgenössischen Literatur und widersetzte sich damit der Auffassung Kolbenheyers, angesichts der „Verniggerung" von Kunst und Literatur, angesichts einer um sich greifenden „Kunstverlotterung" durch Kolportage- und Sensationsliteratur dürfe „kein Universitätsjahr vergehen, in dem nicht ein Kolleg und ein Seminar über Literatur der Gegenwart in ihrem Verhältnis zur volkseigenen Literaturentwicklung gelesen wird".[11]

Deutsche Literatur der Gegenwart stand in Innsbruck erstmals im Wintersemester 1944/45 auf dem Programm.[12] Leiter dieser Lehrveranstaltung war nicht Enzinger, sondern Seidler, der sich ein Semester vorher habilitiert und der verschiedentlich Beiträge zur Gegenwartsliteratur, insbesondere über Kolbenheyer publiziert hatte.

Es ist evident, daß die Titel der Lehrveranstaltungen nichts über den Inhalt, noch weniger über die Methode der Literaturvermittlung verraten. Das Festhalten an einem einmal gewählten Zyklus könnte allerdings die Auslegung suggerieren, Enzinger habe versucht, die Darstellung der Literaturgeschichte loszulösen vom politischen Kontext des Interpreten und jedenfalls parteipolitisch begründete Werturteile im Sinne Kolbenheyers zu vermeiden. Eine solche Auslegung kann zur Beweisführung sich überdies auf Zitate aus den verschiedensten Schriften Enzingers stützen. „Der Historiker hat zu verstehen und nicht zu nörgeln", postuliert Enzinger 1922.[13] Und noch 1947 übernimmt er die Aufgabe, „auf knappem Raume über den Humanismus der deutschen Klassik wirklich Gültiges zu sagen", ohne sich „auf Einzelheiten und Auseinandersetzungen" einzulassen.[14] – Programmatische Erklärungen und Versprechungen dieser Art waren in der Praxis nicht zu verwirklichen.

Enzinger gilt allgemein als Exponent des Positivismus.[15] In seinen ersten wissenschaftlichen Arbeiten hat er allerdings positivistische Verfahrensweisen mehr attackiert als verteidigt. Seine umfangreiche Studie über *Die Entwicklung des Wiener Theaters,* die Josef Nadler angeregt und August Sauer betreut hat, ist den Grundsätzen der *Literaturgeschichte der deutschen Stämme und Landschaften* völlig verpflichtet, sträubt sich ausdrücklich gegen Faktenfetischismus und verfolgt alleinig das Ziel, die Entwicklung des Wiener Dramas von den Zeiten des Humanismus bis zu Grillparzer, seine Umformungen und Weiterbildungen „aus dem bayerischen Stammestum zu erklären".[16]

Im Gundolf-Heft der von Nadler und Sauer herausgegebenen Zeitschrift *Euphorion* präzisiert Enzinger seine methodische Position.[17] Aus seiner Sicht provoziert Gundolfs Goethe-Buch keineswegs „eine gründliche Revolution unserer Literaturwissenschaft"[18]; es ist nur Symptom eines Prozesses, in dessen Verlauf „die zergliedernde, zerfasernde, untersuchende Art der Literaturwissenschaft", also die gegen Ende des 19. Jahrhunderts dominierende, abgelöst wird durch den „Drang zur Synthese", der nach Enzinger verknüpft ist „mit der Wiederaufnahme idealistischer Philosophie, mit der Sehnsucht nach dem Religiösen, nach Zusammenhängen von beherrschenden Grundsätzen aus".[19] Während Gundolf aus dem intuitiven Erlebnis einer Persönlichkeit zu einer Synthese gelangt, führt die „stammestümliche Literaturbetrachtung", wie Enzinger sie versteht, noch darüber hinaus, indem sie eine überindividuell betonte Synthese erreicht, die „Synthese des Stammesgefühls, der Stammesanlage".[20] Diese von Enzinger favorisierte Form der Literaturbetrachtung hält noch Kontakte zur philologisch-historischen Schule, empfindet die Geschichtsbezogenheit der positivistischen Methode nicht als überholt und verwirft insbesondere die Tendenz, sich ausschließlich auf literarische Genies, auf das „Sanktissimum" der Dichtung zu konzentrieren, ohne „den ganzen Bezirk auszuschreiten".[21] Wenn Enzinger schließlich in der Darstellung Gundolfs die Ausschaltung des Begrifflichen, des Verstandesmäßigen feststellt und in bezug auf die Diktion rundheraus warnt: „die Nachfolge Gundolfs ist zu fürchten"[22], dann rührt er an jenen Punkt, den später Lukács auf das schärfste bekämpfen sollte; Enzinger zieht allerdings ganz andere Schlußfolgerungen als Lukács. Während Lukács den Standort Gundolfs in die von Nietzsche begründete Tradition der irrationalistischen, vernunft- und entwicklungsfeindlichen, imperialistischen Lebensphilosophie eingliedert[23], beurteilt Enzinger den Standort Gundolfs tolerant – weil er, was später wesentlich deutlicher wird, mit dessen geschichtstheoretischen Prämissen übereinstimmt.

Die Autorität Nadlers, der im übrigen ebenso wie Enzinger im Goethe-Buch Gundolfs keinen Denkansatz findet, der „einer Synthese nach völkischen Gruppen die Hefte verdürbe"[24], diese Autorität prägt auch das erkenntnisleitende Interesse, dem Enzinger in seiner Innsbrucker Antrittsvorlesung über *Das deutsche Schicksalsdrama* folgt. Ziel dieser Untersuchung ist es, die Auffassung der besprochenen Dichter jeweils aus ihrem Erlebnishintergrund, aus dem Raum und Geist ihrer Landschaft abzuleiten.[25] Und ähnlich verfährt Enzinger noch in seinem Buch über *Die deutsche Tiroler Literatur* (1929). Fasziniert von der Abgeschlossenheit des Landes im Gebirge, die „eine engbegrenzte stammestümliche Literatur klar überblicken läßt", stellt er die Literaturgeschichte in den Dienst der Ethnologie.[26]

Ohne diese Perspektive ganz aufzugeben, überwindet Enzinger doch in den dreißiger Jahren seine früheren Vorbehalte gegenüber dem Positivismus. Das mehr oder weniger planlose Katalogisieren von Fakten, das er 1929 noch ostentativ zurückweist[27], scheint in dieser Phase aus seiner Optik ein legitimes Verfahren. Er schreibt ein Buch in der Intention, „möglichst alle Zeugnisse der Verbindung Goethes mit Tirol auszubreiten"[28]; in einem Aufsatz, den die *Zeitschrift für deutsche Philologie* 1940 abdruckt, verfolgt er alle topographischen Hinweise in Stifters *Hagestolz,* um zum Ergebnis zu kommen, „daß das landschaftliche Juwel des Traunsees das Urbild für den Schauplatz" dieser Novelle darstellt.[29]

Solche Verfahrensweisen unterstellen Distanz zur Zeitgeschichte. Doch das Bemühen um Distanz schlägt nicht um in Polemik, sondern erweist sich als Strategie der Anpassung. Deutlich genug zeigt sich das in der Themenstellung und in der Methode der Dissertationen, die Enzinger in den dreißiger und vierziger Jahren betreut: Während seine Studenten in den zwanziger Jahren in der Regel über kanonisierte Autoren arbeiten, allerdings auch über Willibald Alexis, Felder und Wedekind, wird 1938 in Innsbruck eine Dissertation über den *Scherer*[30] eingereicht (mit dem Untertitel: *Ein Stück Ringens um Großdeutschland in der politischen Lyrik eines Tiroler Blattes),* 1939 wird eine Dissertation über Franz Lechleitner abgeschlossen[31] und 1945 wird eine Monographie über die Dichtungen Josef Weinhebers fertiggestellt (die im übrigen als Sekundärliteratur nur Aufsätze von Heinz Kindermann und Mitschriften aus Nadler-Vorlesungen anführt).[32] Diese Dissertationen behandeln die gestellten Themen durchwegs affirmativ.

Die Arbeitsweise der Studierenden orientiert sich an jener des Lehrers. Enzingers Strategie der Anpassung verrät sich am deutlichsten in einer 1942 im Jahrbuch der Gauhauptstadt Linz veröffentlichten Darstellung Stifters. Ausgehend von der Prämisse, daß Stifter „in einer Zeit beginnender Zersetzung und Entartung" geschrieben und „auf die ewigen Formen des Daseins verwiesen" habe, beurteilt Enzinger politische Prognosen und Utopien Stifters, bezeichnenderweise werden diese nicht historisch kontextuiert, als unanfechtbare Einsichten; und deren Einlösung durch die Politik des Dritten Reiches erscheint mithin mehr als berechtigt. „Wenigstens vom deutschen Volke glaube ich", so zitiert Enzinger, Stifter in allem zustimmend, „dasselbe nimmt [. . .] einen schönen Schwung, sonst wären wir alle verloren und die menschliche Verwilderung wäre auf der Erde allgemein. Ich hoffe sogar, daß Englands rohe Stofflichkeit wird gebrochen werden. Die Anfänge zeigen sich."[33]

Die latente Vorstellung, einen allgemeinen historischen Verfallsprozeß zu erleben, tritt vorübergehend, in der Zeit des Zweiten Weltkriegs, zurück hinter die Zuversicht, der Nationalsozialismus könnte noch einmal neue Impulse vermitteln. 1945 muß diese Hoffnung begraben werden; nicht mehr die Politik, nur mehr die Literatur gewährt Trost. 1946 veröffentlicht Enzinger ein *Mahn- und Trostbüchlein, aus Adalbert Stifter geschöpft.*[34] Stifter-Zitate fungieren darin als „Leitsätze eines christlichen Idealismus".[35] Wenig später stellt Enzinger unter dem Titel *Genius Österreichs* in einer Anthologie *Grillparzers geistiges Vermächtnis* zusammen, wobei er das „Menschlich-Allgemeine" in seinem Verständnis „möglichst bevorzugt".[36]

In der unmittelbaren Nachkriegszeit, nach der Veröffentlichung des Verfassungsgesetzes über das Verbot der NSDAP und während jener Entnazifizierungswelle, die insbesondere Hochschullehrer in den gesellschaftswissenschaftlichen Fächern, auch sogenannte minderbelastete, überprüfte[37] – auch Enzinger durfte drei Semester lang in Innsbruck nicht lesen[38] –, in dieser Phase boten sich einem Literaturwissenschaftler, der in den dreißiger Jahren allen zur Macht gelangten Regierungen gegenüber loyal sich verhalten hatte, drei (mühelos kombinierbare) Möglichkeiten, „neu" anzufangen. Enzinger verwirklichte alle drei:

1. Das Anknüpfen an wissenschaftsgeschichtlich längst überholte Verfahrensweisen des Positivismus. In einem Aufsatz über die Kapitelüberschriften der *Feldblumen* Stifters, in dem Enzinger mehr botanische als germanistische Fragen erörtert, registriert er selbst als Ergebnis, „die Deutung des Zusammenhanges zwischen den Tagebuchblättern und den Überschriften [sei] geglückt. [. . .]" Und nur die Frage des *Wiesenbocksbartes* erscheine „nicht ganz sicher gelöst".[39]

2. Das Anknüpfen an eine alles andere als diskursive Auseinandersetzung mit prononciert katholischer Literatur. Enzinger setzt diese in der Zeit des Dritten Reiches zurückgedrängte Traditionslinie[40] 1946 fort mit einer Studie über Enrica von Handel-Mazzetti.[41]

3. Das Anknüpfen an Interpretationsansätze, welche die Produktion und Rezeption klassischer Literatur als „Flucht in eine bessere Welt"[42], in (angesichts bestimmter politischer Konstellationen) lebensnotwendige Tagträume legitimieren. Was Enzinger im Hinblick auf Stifter schon 1942 herausgestellt hat, betont er in seiner Schrift über den *Humanismus der deutschen Klassik* 1947 auch im Hinblick auf Herder, Goethe, Schiller und Wilhelm v. Humboldt: sie alle hätten aus ihrer eigenen Disharmonie heraus Ideale der Harmonie aufgerichtet.[43]

Aus solcher Betrachtungsweise ergibt sich für den Literarhistoriker die Konsequenz, bedrückende geschichtliche Erfahrungen nicht aufzuarbeiten, sondern zu verdrängen – im Rückzug auf klassische Werke, die nicht als (teilweise noch uneingelöste) Utopien, sondern als Idyllen verstanden werden. Im Sommersemester 1948 kündigt Enzinger wieder Lehrveranstaltungen an; Schwerpunkt des Programms: *Deutsche Klassik*. 1950 erscheint sein Buch über *Adalbert Stifters Studienjahre*. Am Schluß dieses Buches, emphatisch hervorgehoben, steht die Behauptung, die Sehnsucht nach Harmonie, wie sie Stifter durchs Leben begleitet habe, zeitige „die Frucht der Selbstüberwindung, der Entsagung, die Anerkennung der von Gott gesetzten Ordnung der Dinge, der willentlichen Eingliederung in die großen ewigen Bereiche, in die Naturformen des Daseins".[44]

Enzingers Streben nach Harmonie, anders formuliert: seine Strategie der Anpassung zeitigte 1954 seine Berufung nach Wien.[45]

Anmerkungen

[1] Schreiben des Lehrkörpers der philosophischen Fakultät vom 8. 6. 1851, Universitätsarchiv Innsbruck (UAI). – Alle Quellen bzw. Materialien dieses Archivs, die für meinen Aufsatz relevant waren, wurden mir von Herrn Univ.-Prof. Dr. Gerhard Oberkofler bereitgestellt; ich möchte ihm auch an dieser Stelle dafür herzlich danken.

[2] Vgl. Jacob Probst: *Geschichte der Universität in Innsbruck seit ihrer Entstehung bis zum Jahre 1860*. Innsbruck 1869, S. 388. Moriz Enzinger: *Die deutsche Tiroler Literatur bis 1900*. Wien–Leipzig–Prag 1929. (= Tiroler Heimatbücher, Bd. I), S. 91. Leopold Wagner: *Ignaz Vinzenz Zingerle*. Diss. Innsbruck 1962 [mschr.].

[3] Vgl. Eugen Thurnher: *Joseph Eduard Wackernell*. In: *Der Schlern* 51 (1977), S. 579–585.

[4] Alois Lanner (Hg.): *Tyroler Ehrenkranz*. Innsbruck–Wien–München 1925.

[5] Anton Dörrer: *Tyroler Ehrenkranz*. In: *Tiroler Anzeiger* 25. 4. 1925.

[6] Ph 84/1922, UAI.

In weltanschaulicher und politischer Hinsicht hatte sich Enzinger unter anderem dadurch festgelegt, daß er in einem der christlichsozialen Regierungspartei nahestehenden Organ, in der *Reichspost,* rezensierte. So schrieb er dort am 15. 2. 1922 über die Anthologie *Haß. Antwort deutscher Dichter auf Versailles:* „Wir müssen uns freuen, daß wackere deutsche Männer noch den Mut finden, in all dem Elend, in der schweren Krankheit des Volkes dem Feinde seine Ruchlosigkeit ins Gesicht zu sagen und weiter auf das Recht, das da werden muß, zu pochen. Hier ist es nicht Aufgabe, literarische Qualitäten in Betracht zu ziehen; wo das Herz bis ins Innerste betroffen ist, wo Wut und Rache bis zum Sieden kochen, wo sich die Faust ballt und das Auge rollt, mag ein anderer Rezensentengeschäfte besorgen." Zit. nach Ulrich Weinzierl: *Die Kultur der „Reichspost".* In: *Aufbruch und Untergang. Österreichische Kultur zwischen 1918 und 1938.* Hrsg. v. Franz Kadrnoska. Wien–München–Zürich 1981, S. 325–344, hier S. 326. Antipazifismus sowie (in den dreißiger Jahren offen deklarierter) Antisemitismus und Antikommunismus markierten Enzingers Position; vgl. ebd. S. 340.

[7] Herbert Seidler: *Moriz Enzinger zum 60. Geburtstag*. In: *Vierteljahrsschrift des Adalbert Stifter-Instituts des Landes Oberösterreich* 1 (1952), S. 33–37. Zit. S. 36.

8 Klaus Weimar: *Zur Geschichte der Literaturwissenschaft.* In: *Deutsche Vierteljahrsschrift für Literaturwissenschaft und Geistesgeschichte* 50 (1976), S. 298–364; vgl. besonders S. 361 f.
9 *Statistisches Handbuch der Stadt Innsbruck.* Innsbruck 1950, S. 462 f.
10 In: *Jahrbuch der Deutschen Studentenschaft an den Ostmarkdeutschen Hochschulen.* Innsbruck 1938, S. 60 f. (UAI).
11 E. G. Kolbenheyer: *Wo bleiben die Universitäten?* Rektoratsakten Nr. 1153/1930, UAI.
12 Im Wintersemester 1941/42 hat Enzinger ein Seminar zum Thema *Politische Lyrik* angekündigt. Gegenwartsliteratur dürfte in diesem Seminar jedoch kaum behandelt worden sein; als Textbasis diente: *Politische Lyrik 1756–1871. Nach Motiven ausgewählt und geordnet v. Benno von Wiese.* Berlin 1933. (= Literarhistorische Bibliothek, Bd. 6).
13 Moriz Enzinger: *Das deutsche Schicksalsdrama.* Innsbruck o. J. [1922], S. 40.
14 Moriz Enzinger: *Der Humanismus der deutschen Klassik.* Innsbruck 1947. (= Ewiger Humanismus, 14. Heft), S. 5.
15 Vgl. Eugen Thurnher: *Moriz Enzinger. Nachruf (mit Schriftenverzeichnis).* Sonderabdruck aus dem *Almanach der Österreichischen Akademie der Wissenschaften* 126 (1976), Wien 1977, S. 566–584; besonders S. 576.
16 Moriz Enzinger: *Die Entwicklung des Wiener Theaters vom 16. zum 19. Jahrhundert (Stoffe und Motive).* 1. Teil: Berlin 1918. 2. Teil: Berlin 1919. (= Schriften der Gesellschaft für Theatergeschichte, Bde. 28 und 29). Zitat: 1. Teil, S. VII. Im Hinblick auf die Datierung der Stücke schreibt Enzinger ebd. S. VIII: „Einzelheiten überprüfte ich nicht, da die Verschiebung um einige Jahre für das Ganze nicht ausschlaggebend sein konnte." Im Hinblick auf sein Interpretationsverfahren ebd.: „Die meisten angeführten Stücke habe ich selbst gelesen. Bei manchen mußte ich mich mit Inhaltsangaben begnügen."
17 Moriz Enzinger: *Gedanken um Gundolfs Goethe.* In: *Euphorion* 14. Ergänzungsheft (1921), S. 35–45.
18 Ebd. S. 36.
19 Ebd. S. 35.
20 Ebd.
21 Ebd. S. 38.
22 Ebd. S. 45.
23 Vgl. Georg Lukács: *Goethe und seine Zeit.* Berlin 1953, S. 12 und 17.
24 Josef Nadler: *Einzeldarstellung und Gesamtdarstellung. Bei Gelegenheit von Gundolfs „Goethe".* In: *Euphorion* (Anm. 17), S. 1–10; Zit. S. 10.
25 Moriz Enzinger: *Schicksalsdrama* (Anm. 13). Vgl. besonders S. 48. Enzinger verweist in dieser Schrift wiederholt auf jenes Konzept, das Nadler seiner *Literaturgeschichte der deutschen Stämme und Landschaften* zugrundegelegt und in seinem Buch *Die Berliner Romantik 1800–1814. Ein Beitrag zur gemeinvölkischen Frage: Renaissance, Romantik, Restauration.* Berlin o. J. [1920] noch einmal gesondert dargestellt und verteidigt hat. – Enzinger hielt diese Antrittsvorlesung am 15. Mai 1922. Ph 84/1922 (UAI).
26 Moriz Enzinger: *Tiroler Literatur* (Anm. 2). Zit. S. 9. Die Zielsetzung dieser Arbeit hat Enzinger schon früher, in einem Beitrag zur Sauer-Festschrift, umrissen: Die stammestümliche Darstellung soll „das Tirolische im Denken und Fühlen, das Tirolische auch in der Formgebung" sichtbar machen. Vgl. Moriz Enzinger: *Probleme einer tirolischen Literaturgeschichte.* In: *Festschrift August Sauer.* Stuttgart o. J. [1925], S. 389–402; Zit. S. 394.
27 Moriz Enzinger: *Tiroler Literatur* (Anm. 2), S. 7.
28 Moriz Enzinger: *Goethe und Tirol.* Innsbruck 1932. Zit. S. III.
29 Moriz Enzinger: *Der Schauplatz von A. Stifters „Hagestolz".* In: *ZfdPh* 65 (1940), S. 68–76. Zit. S. 76.

30 Heinz Rossi: „Der Scherer". Diss. Innsbruck o. J. [1938], [mschr.].
31 Ehrentraut Seidler: *Franz Lechleitner. Eine Monographie.* Diss. Innsbruck o. J. [1939], [mschr.]. Lechleitners bekanntestes Werk *Wie ein Tiroler Büeblein deutschnational wurde* erschien 1893 in Wolfenbüttel.
32 Edith Sandhofer: *Die Dichtungen Josef Weinhebers.* Diss. Innsbruck o. J. [1945], [mschr.]. – Vgl. die Verzeichnisse der in Innsbruck eingereichten und approbierten Dissertationen im UAI.
33 Moriz Enzinger: *Adalbert Stifter.* In: *Jahrbuch der Gauhauptstadt Linz „Stillere Heimat"* 1942, S. 3–25. Zitate S. 24 f.
34 Moriz Enzinger: *Mahn- und Trostbüchlein.* Innsbruck 1946.
35 Ebd. S. 6. Stifter sollte, so hofft Enzinger, „ein Warner, Mahner und Tröster sein. Ein Warner vor Irr- und Abwegen, ein Mahner zum Aufraffen und unverdrossenen Schaffen, ein Tröster in den Stunden und Tagen der Not und des Jammers, des lastenden Kummers und der seelischen Qual, in einer Zeit, die so überreich an Leid und Schmerz ist wie wohl selten eine." Ebd. S. 7.
36 Moriz Enzinger: *Genius Österreichs. Franz Grillparzers geistiges Vermächtnis.* Innsbruck 1948. Zit. S. 6.
37 Vgl. Rudolf Neck: *Innenpolitik.* In: *Das neue Österreich. Geschichte der Zweiten Republik.* Hrsg. v. Erika Weinzierl und Kurt Skalnik. Graz/Wien/Köln 1975, S. 59–84; besonders S. 65 f. – Dieter Stiefel: *Entnazifizierung in Österreich.* Wien/München/Zürich 1981, besonders S. 81 und 170–185.
38 WS 1946/47, SS 1947 und WS 1947/48.
39 Moriz Enzinger: *Die Überschriften in Stifters „Feldblumen".* Sonderdruck aus dem *Adalbert Stifter-Almanach 1947,* S. 59–81. Zit. S. 73 f.
40 Vgl. dazu Margarete Schmid: *Buch und Schrifttum der Katholischen Aktion Wiens und Österreichs. Skizze zu einer Chronik.* In: *lesen erkennen glauben.* Hrsg. v. der Katholischen Aktion der Erzdiözese Wien. Wien 1982, S. 8–10.
41 Moriz Enzinger: *Zwischen Legende und Historie.* In: *Festschrift zur 75-Jahrfeier Enrica von Handel-Mazzettis.* Linz 1946, S. 149–164.
42 Moriz Enzinger: *Adalbert Stifter* (Anm. 33), S. 17: „Wie Stifter sich seine sicher nicht ganz glückliche, wenn vielleicht auch nicht ausgesprochen unglückliche Ehe willentlich emporstilisierte, wie er sich einredete, er sei glücklich, weil ihm das Gegenteil als Frevel erschienen wäre, so ist auch seine Kunst, wie bei so vielen Künstlern, als ein Ausfluß der Unbefriedigtheit und Unbefriedetheit zu fassen, als eine Flucht in eine bessere Welt."
43 Moriz Enzinger: *Der Humanismus* (Anm. 14): Goethes „äußerliches Olympiertum mit der Haltung der Unnahbarkeit und dem Anschein von Beherrschtheit war nur Maske und Selbstschutz". (S. 25). – „Aus seiner eigenen Disharmonie und Naturferne erwächst Schiller das Ideal der Harmonie und Natureinheit als eine Ergänzung seines Wesens." (S. 29). – „Humboldt scheint keine harmonische Natur gewesen zu sein, er wußte nur durch Willen und Klugheit die Abgründe seines Wesens zu verschleiern [. . .]." (S. 32). – „Herder hätte, wie auch Winckelmann, das Dunkle fühlen müssen, seiner ganzen disharmonischen Veranlagung nach, aber das Griechenideal wird ihm zur tröstenden Erhebung über die Unzulänglichkeiten des eigenen Daseins." (S. 35 f.). Die in der klassischen Literatur häufig, freilich nicht immer angelegte Tendenz zur Verallgemeinerung, zur Enthistorisierung, wird von Enzinger nicht in der Weise beantwortet, daß er die Werke jeweils in ihren geschichtlichen Kontext rückt und konkretisiert; sie wird von Enzinger vielmehr gefördert. Als ersten Grundzug des Menschenbildes der deutschen Klassik bestimmt er: „Der Mensch wird von Zeit und Raum gelöst, überzeitlich gesehen, von geschichtlichen Bedingungen, wie Volk, Rasse, Religion, Staatsform usw. abstrahiert, man sucht d i e Menschheit oder d e n Menschen absolut zu nehmen, das ‚hic et nunc' des geschichtlichen Augenblickes wird außer Acht gelassen." (S. 7). – Die Interpretation der Klassik, die Enzinger vorschreibt, eröffnet einen geradlinigen Schienenstrang, an dessen Ende eine mehr als fragwürdige Inter-

pretation der unmittelbar erlebten Zeitgeschichte fast konsequent erscheint. In seinem Festvortrag anläßlich der Feier des 200. Geburtstages Goethes an der Universität Innsbruck bemerkte Enzinger: „Am Ende eines weitgespannten und reichen Lebens, wie es kaum einem Erdenbürger beschieden war, bekennt Goethe sich zur Schönheit dieses Daseins und zu seiner Zier, zum Kosmos, zur göttlichen Ordnung, in die auch der Mensch eingebettet ist. Immer sieghafter tritt dieser große herrliche Glaube an das Leben hervor, das gut ist, wie immer es auch sei. Mag er auch ein Überbau über einem dunklen Abgrund gewesen sein, er war da als Halt und Trost, nicht als billiger unbegründeter Optimismus, sondern als innere Überzeugung, daß trotz allem das Leben doch positiv zu werten sei. Alles Schwere versinkt vor den Augen des Greises, der das sich organisch entfaltende Wachstum seines Lebens durchschaut und erkennt. Denn: Alles war notwendig, so schmerzlich es oft sein mochte." [!] Moriz Enzinger: *Goethe und das alte Österreich*. In: *Innsbrucker Universitätsalmanach auf das Goethe-Jahr 1949*. Innsbruck o. J., S. 5–51; Zit. S. 6.

[44] Moriz Enzinger: *Adalbert Stifters Studienjahre (1818–1830)*. Innsbruck 1950, S. 217.

[45] Die vielen Veröffentlichungen Enzingers einerseits und das Thema des vorliegenden Bandes anderseits erlaubten nicht eine Auseinandersetzung mit dem gesamten Werk Enzingers; hier wurden also nur die für das Thema wichtigsten Arbeiten, und auch die nur bis 1950, herausgehoben. Schriftenverzeichnisse Enzingers bieten Herbert Seidler (Anm. 7), S. 36 f.; Werner Welzig: *Schriftenverzeichnis Moriz Enzinger*. Wien 1961 sowie Eugen Thurnher (Anm. 15), S. 577–584.

Die österreichische Hochschulgermanistik II

Neugermanistik und Deutsche Volkskunde an der Universität Graz in den dreißiger Jahren

von

JOHANN STRUTZ

Die folgenden Recherchen, Überlegungen, Schlüsse und Zusammenfassungen eines Ausschnitts der österreichischen Wissenschaftsgeschichte stehen, wiewohl ich darauf nur immer wieder hinweisen konnte, im Zusammenhang mit dem Faktum, daß im Lauf des 19. Jahrhunderts vor allem die Geisteswissenschaften immer stärker in die Rolle des Statthalters und Bewahrers nationaler Identitäten eingebunden wurden bzw. die Apologie der in die Krise geratenen Totalitätskonzepte übernahmen, womit sie – aus der Retrospektive gesehen – den „Anspruch auf gesellschaftliche Legitimität" verloren, insofern sie sich „mit der Bestätigung oder der Distribution bereits etablierter kollektiver Sinnangebote"[1] begnügten. Gerade den philologischen Disziplinen ist dieser Vorwurf zu machen, wenn sie in ihrer ideologischen Funktionalisierung das Angebot der Literatur als Medium der kulturellen Reflexion nicht ernst genug nahmen.

Ich kürze also meinen Beitrag um die fachgeschichtliche Diskussion, die bereits in einigen brauchbaren Arbeiten auch aus ideologiegeschichtlicher Sicht interessante Ergebnisse gebracht hat – verwiesen sei lediglich auf die Referate des Germanistentages von 1966, auf einzelne Fachmonographien[2] und auf die fesselnde Studie von Klaus Röther über die *Germanistenverbände und ihre Tagungen*[3] –; diese Voraussetzungen übergehend, beginne ich mit der heute nicht mehr überraschenden These, daß auch die Grazer Germanistik und Volkskunde (seit dem Wintersemester 1933/34 bis zum SS 1949 trug das Seminar die Bezeichnung „für deutsche Philologie und deutsche Volkskunde") in den 30er Jahren den Gründungsauftrag konsequent eingeholt hatte. Die These läuft konform mit den Ergebnissen der Organisationsgeschichte der Germanistik als einer „nationalen" Wissenschaft seit ihren romantischen Anfängen.

Ihre Tendenzen waren ausgerichtet auf ein transpolitisches, imaginäres nationales Ganzheitskonzept, das von den jeweils herrschenden Ideologen mittels der Kategorie des „Volks" kanalisiert wurde. So erhielt denn auch die Institutionalisierung der Volkskunde im System der Deutschlehrerausbildung seit dem Ende des 19. Jahrhunderts einen ausgeprägt nationalpädagogischen und damit politischen Hintergrund. Die verschiedenen Richtungen der Volkskunde – historisch, sach- und praxisbezogen oder ontologisch-literarisch – sollten im Ensemble zur Stärkung des Nationalbewußtseins führen.[5] Es versteht sich beinahe von selbst, daß Gegenstand der Volkskunde natürlich nicht das städtische Bürgertum oder auch nur die Handwerkerschaft war; wenn man bei den verschiedenen Richtungen überhaupt einen soziologisch definierbaren Gegenstandsbereich festmachen konnte, so war fast immer der bäuerliche angesprochen.

Man braucht nun gar nicht auf die irrationalen und präfaschistischen Bemerkungen der Volkskunde etwa von Rudolf Hildebrand auf dem Germanistentag 1926 in Düsseldorf einzugehen,[6] für die Grazer Germanistik hatte bereits der erste dort lehrende Germanist Karl Weinhold (1851–1861) in seinen Vorlesungen über *Geschichte des Deutschen Reiches und Rechtes* oder über *Deutsche Land- und Stammeskunde*[7] sowie mit seinem 1890 als „Therapeutikum" gegen die „gesellschaftlichen Folgen eines sich ungestüm entwickelnden Kapitalismus" geschaffenen Berliner „Verein für Volkskunde"[8] die ersten Akzente gesetzt. Wenn insbesondere von dem in den dreißiger Jahren führenden Grazer Neugermanisten Karl Polheim auch nur wenige schriftliche Arbeiten vorliegen, so geht doch aus seinen verschiedenen Laudationes deutlich hervor, daß seine volkskundlichen Neigungen im Zusammenhang der skizzierten regressiven nationalen Motivation zu sehen sind.

Als sich die Universitätsväter und das Ministerium für Cultus und Unterricht 1851 entschlossen, das Image der damals zweitrangigen Grazer Universität durch die Schaffung neuer Ordinariate, darunter einer Lehrkanzel für deutsche Sprache und Literatur, zu verbessern, begründete man die Wichtigkeit des Deutschstudiums gegenüber dem Ministerium unter anderem damit:

> der Genius der deutschen Sprache, wie er sich in den Werken der Poesie und Beredsamkeit, in Geschichtsschreibung und Philosophie ausspricht, ist geeignet, durch Erhabenheit, Originalität und Reichtum der Form mit solcher Geisteskraft zu wirken, daß nicht nur die deutsche, sondern auch die anderen Nationen Österreichs durch unwiderstehlichen Zauber angezogen, deutschem Genius zu huldigen nicht umhin können, wodurch unter den Gebildeten aller Nationalitäten Österreichs Einheit und Harmonie des geistigen Lebens geweckt und auf fruchtbare Weise gefördert werden könnte.[9]

Zwei geopolitisch wirksame Faktoren sind als Erklärung für die

Stellung der Grazer (wie auch der Wiener und Innsbrucker) Germanistik gegenüber der reichsdeutschen in den ersten zwei Jahrzehnten des Jahrhunderts und möglicherweise dann für den bei uns feststellbaren Mangel an Identifikation mit den österreichischen Regierungen seit dem Ersten Weltkrieg zu finden: das Auseinanderbrechen der Habsburgermonarchie und damit der Verlust einer relativen Hegemonie in diesem Verbund, und zweitens die Polarisierung zwischen Weimarer und Erster Republik vor dem Hintergrund der ideologischen Raster „Staat" und „Nation". Den exponierten Universitäten und dort vor allem der Germanistik mußte die „Inkongruenz von Sprach- und Reichsgrenzen"[10] zum Problem werden. Dazu kommen noch die parlamentarischen und wirtschaftlichen Unsicherheiten. So konnte beispielsweise in der Volkskunde eine staatspolitisch zwar nicht gegebene, aber doch als Arbeitshypothese fungierende Volksganzheit postuliert werden, die in den dreißiger Jahren zur Stützung verschiedener „völkischer" Ideologeme herangezogen wurde. Nicht nur auf universitärer Ebene, sondern im gesamten Bereich der Bildungs- und Schulpolitik hatte im Zusammenspiel nationalistischer Spekulationen die Frage der Grenzgebiete eine verbindende Funktion. Auch hier lagen die strategischen Punkte natürlich im neuen Grenzbereich; am Verhältnis Österreichs zu Südtirol wird beispielsweise vom Germanisten Panzer wiederholt die Einheit des Volkstums „von der Etsch bis an den Belt"[11] beschworen.

Der Schulverein „Südmark" versteht noch 1970 seine Tätigkeit als „Schutzarbeit",[12] das heißt im Klartext zunächst einmal als „Anschlußarbeit", wenn Walter Klemm in seinem Jubiläumsbuch *90 Jahre Schutzarbeit* von der „schwere[n] Zeit" spricht, „die mit dem Jahre 1933 in Österreich für die volkstreuen Deutschen begann."[13] In der Steiermark wurde die Südmark-Arbeit vor allem durch das regionale Organ, die *Alpenländischen Monatshefte,* gelenkt (1919 bis 1935), deren Schriftleitung in den Händen des späteren Gaukulturhauptstellenleiters, von 1943—1945 Honorarprofessor am Germanistik-Seminar sowie Mitglied der Prüfungskommission für das Lehramt Deutsch an Höheren Schulen, Joseph Papesch, lag. Papesch wurde übrigens für seine volkspädagogischen Verdienste 1963 mit dem Peter-Rosegger-Preis des Landes Steiermark ausgezeichnet;[14] aus seiner Feder stammt auch der Beitrag über die *Steirische Dichtung* im repräsentativen Sammelwerk *Die Steiermark. Land — Leute — Leistung* vom Jahr 1971.[15] Nicht ohne Ironie liest man am Schluß dieses Aufsatzes, der die Dichtung der neueren Zeit in der Steiermark mit Max Mell enden läßt:

> Früher konnten politische Grenzen auch im literarischen Bereich trennen. Zumindest haben sie Verkehr und Austausch verzögert.[16]

Kontinuität und Grenzüberschreitung sind meine Stichworte. Zweifellos sind die Jahre 1932 und 1933 für die Situation des großdeutschen, „nationalen" Fühlens in Österreich entscheidend, zumal wenn man bedenkt, daß die *Alpenländischen Monatshefte* 1935 eingestellt wurden und erst 1952 mit der Gründung des „Alpenländischen Kulturverbands" – wieder unter Papeschs Schriftleitung – im Nachfolgeorgan *Lot und Waage* auflebten.[17] Während Papesch in Heft 1 des Jahrgangs 1934/35 „zum neuen Jahrgang" nicht gerade einen Ausverkauf, aber doch eine Senkung des Bezugspreises von elf auf sechs Schilling bei „radikaler Vereinfachung der Ausstattung" bekanntgibt, wobei aber „der schönen Literatur wieder mehr Raum"[18] gegeben wird als vorher, und damit fast so etwas wie eine Resignation mitschwingt, zeigt sich der Jahrgang 1932/33 dieser Hefte „für das deutsche Haus" von einer anderen Seite. Das Märzheft 1933 setzt gleich ein mit einem Artikel Viktor Gerambs *Von der Einheit der deutschen Stämme*.[19] Geramb, Volkskundler am „Seminar für deutsche Philologie" vom Wintersemester 1932/33 bis zu seiner „Maßregelung" im Wintersemester 1938, zeigt die Schwierigkeit politischer Zuordnungen im Österreich der 30er Jahre. Einerseits liegen die Affinitäten zum Nationalsozialismus in bezug auf „nationale", „völkische" und biologische Ideologeme in Gerambs sachbezogener Volkskunde[20] und seiner weitestgehenden Beschränkung auf den bäuerlichen Lebensbereich als dem „einzigen Träger von Brauch und Sitte, von alter bodenständiger Kultur"[21] auf der Hand. Andererseits war aber Geramb als Leiter des steirischen Volkskundemuseums doch sehr eng mit dem seit 1934 amtierenden Landeshauptmann Karl Maria Stepan in Verbindung und zeigte eine dezidiert katholische Grundhaltung. Dies führte dazu, daß er 1938 „von der Universität unter wenig noblen Nebenerscheinungen entlassen"[22] wurde. War Geramb wegen seiner berufsbedingten politischen Verbindungen von den Nazis geächtet – auch sein Seminarvorstand – 1938 gerade in der Funktion des Dekans – der spätere Rektor Karl Polheim, konnte ihm nicht helfen –, so wies er vom ideologischen Profil her doch entscheidende Konvergenzen mit der nationalsozialistischen Volkskunde auf; etwa in bezug auf Wilhelm Heinrich Riehl, der häufig als Begründer der Volkskunde überhaupt bezeichnet wird. Geramb widmet Riehl eine umfangreiche Monographie[23] und geht dabei auch sehr detailliert auf die „Wiederentdeckung des Volksforschers" und auf die Rezeption in der NS-Zeit ein, in der Riehl „mit mehr Recht als manche andere"[24] in Anspruch genommen worden sei.

Für mich bringt gerade das Buch über Riehl die Problematik eines Mannes wie Geramb zum Ausdruck, seinen romantischen, politisch kaum reflektierten Enthusiasmus, eine erstaunliche politische Naivität, die ihn nicht merken ließ, in wie hohem Maß seine und ähnliche Fluchtreaktionen in eine idealisierte, jenseits von sozialen Konflikten liegende Vergangenheit politisch funktionalisiert wurden. Die sozialistische Perspektive einer solidarischen Gemeinschaft konnte er offenbar nicht akzeptieren. Riehl und Geramb setzen bei den „vier großen S" an:

„Stamm, Sprache, Sitte, Siedlung"[25], beide sehen in der Bauernschaft ihr einziges Ideal und restituieren die Ideologie vom „ganzen Haus". Was bei Riehl Lob der Vergangenheit war, aktualisiert sich bei Geramb bereits im paternalistischen Führerprinzip.

Gerambs katholisch geprägter, deutschtümelnder, konservativer Begriff von Volkskunde ist im Zusammenspiel „weltanschaulicher" Tendenzen der dreißiger Jahre in der Steiermark nur ein Träger der synkretistischen Gemeinschaftsideologie, die sich auf „Nationalismus, Auslandsdeutschtum, Volkstumsideologie, Rassismus und Germanomanie"[26] aufbaute.

Harmlos erscheint sein „Sehnsuchtsruf" am Ende des Artikels *Von der Einheit der deutschen Stämme:* „Das ganze Deutschland soll es sein!"[27] im Vergleich zur redaktionellen Forderung *An die österreichischen Deutschen!* im anschließenden Heft des Jahrgangs 1932/33 der *Alpenländischen Monatshefte:*

> Angesichts der verwirrenden Unruhe, die unser öffentliches Leben seit geraumer Zeit erfüllt, wendet sich die Hauptleitung des Deutschen Schulvereins Südmark an ihre Mitglieder und Freunde, um allen die Unverrückbarkeit der letzten Zielsetzung des Schutzvereins in Erinnerung zu rufen: Wer sich mit dem Deutschen Schulverein Südmark wirklich innerlich verbunden fühlt, wer sich als Freund und Mitarbeiter zu ihm bekennt, wird sich mit ganzer Kraft gegen alle Versuche, Österreich, die ehrwürdige alte Ostmark, vom Reiche abzudrängen, zur Wehr setzen. Mag die nächste Zukunft noch so gefahrenvoll scheinen, jeder, der sich zu uns bekennt, hat eine sichere, verläßliche Richtschnur für sein Handeln: Was uns vom Reiche trennt, die Vereinigung aller Deutschen in einem Staate gefährdet, das ist verderblich und muß auf den entschlossenen Widerstand aller Deutschösterreicher stoßen. Die Freiheit, die Ehre und das Recht unseres Volkes sind unser heiligstes Gut.[28]

Von vergleichbarer Militanz sind in diesem Heft nur noch der Leitartikel *Österreichertum und Reichsgedanke* von Gerhard Freiherr von Branca[29], dem Führer der Deutsch-Österreichischen Arbeitsgemeinschaft in München, und der *Brief aus dem Reich*[30], in dem über die Reichstagswahlen vom 5. und 12. März 1933 mit offener Sympathie für die Nationalsozialisten berichtet wird. Die Argumentationen und „Anschluß-Thesen"[31] dieses Artikels beruhen auf den bekannten antizivilisatorischen und völkischen Oppositionsschemata, wobei die expansionistische Tendenz zumindest bei Branca gar nicht verschleiert wird. In der fünften seiner „12 Thesen zur Anschlußfrage" schreibt er:

> Für das Reich bedeutet der Anschluß: Kulturelle Bereicherung durch die wertvolle Kultur Deutschösterreichs; wirtschaftliche Stärkung durch Gewinnung des wichtigen Tores unserer Ausfuhr nach dem Südosten und Fruchtbarmachung der Jahrhunderte alten Beziehungen Österreichs zu den Völkern Mitteleuropas; nationale Sicherung des Gesamtdeutschtums durch die Aufrechterhaltung der Verbindung mit den etwa 6 Millionen Deutschen in den Nachfolgestaaten des früheren Habsburgerreiches; poli-

tischen und strategischen Schutz durch das Verhindern einer Festsetzung anderer Staaten in Österreich [gemeint ist wohl Italien], das heißt, direkt an der Reichsgrenze.[32]

Diese Sätze stehen nicht unvermittelt im Kontext der *Alpenländischen Monatshefte*. Papesch, Schriftleiter, Rezensent und Propagandist deutschnationaler Publikationen[33], tritt auch selbst als Anschlußarbeiter im Überbau auf. In der Broschüre *Fesseln um Österreich,* 1933 bei der Hanseatischen Verlagsanstalt in Hamburg erschienen,[34] versucht er, „dem Reichsdeutschen ein richtiges Bild der gegenwärtigen Lage Österreichs zu geben", und meint, eine solche Schrift „sollte im Jahre 1933 eigentlich nicht mehr notwendig sein" (5). Er sieht seine Aufgabe daher vor allem darin, „einwandfrei nachzuweisen, daß es ... keine Fragen und Zweifel" (5) mehr über das Verhältnis zwischen Reich und Österreich gebe. Es könne nur „krankhafte Querköpfigkeit und entarteter Eigensinn oder nackter Volksverrat und politische Reisläuferei in fremden Interessen sein, ... wenn man so tut, als ob man die Wahl hätte, als ob es mehrere Wege und Möglichkeiten für die Deutschen im Reich und in Österreich gebe" (5). Der Denkweise der Reichsdeutschen entgegenkommend, versucht Papesch vorsätzlich – offenbar litt er unter dem österreichischen Minderwertigkeitskomplex – „sachlich und gründlich" zu sein, und argumentiert dann in der Form: „Ehre und Vernunft bleiben verletzt, mehr als ein Jahrtausend europäischer Geschichte ist ohne Sinn, solange dieser Weg nicht beschritten wird" (5). Unter der von ihm postulierten Teleologie sieht die österreichische Geschichte seit dem 8. Jahrhundert so aus:

> Diese Ostmark wäre längst nicht mehr deutsch, sondern hoffnungslos an fremde, wahrscheinlich slawische Art verlorengegangen, wenn der furchtbare Menschenverbrauch in den Abwehr- und Eroberungskämpfen gegen die immer wieder anbrandenden Fluten nicht durch einen nie unterbrochenen Zustrom kostbaren deutschen Blutes aus dem bayrischen, fränkischen, schwäbischen Inneren des Reiches immer wieder ersetzt worden wäre. (6)

Und umgekehrt gebe es in der Geschichte unzählige Beweise für die „Gefolgschaftstreue" des „vorgelagerten Bollwerks des deutschen Volkes und Reiches" (9); den großartigen Beweis aber „des ewigen Zusammengehörigkeitsgefühls mit dem übrigen deutschen Volke lieferte das österreichische Zehntel durch sein Verhalten im Kriege", als es im Bewußtsein, daß ein „‚deutscher Kurs'" fast nicht mehr zu halten war, „leidenschaftlich und treu bis zur letzten Minute" „kämpfte und betete" (10).

In der Folge geht Papesch auf jene Kreise in Österreich ein, die „eine mehr als tausendjährige geradlinige Geschichte als Wegweiser für Gegenwart und Zukunft nicht anerkennen wollen" (12); es seien dies die Legitimisten, die Klerikalen und „vor allem Sprößlinge aus Mischehen zwischen Polen, Tschechen, Kroaten, Magyaren, Ruthenen, Rumänen und Deutschen" (12). Dahinter stünden allerdings die österreichischen Wirtschafts- und Industriemagnaten, „arische Generaldirektoren" auch, „verbunden mit jüdischen Finanzbaronen, ... Händler aller denkbaren Konfessionen".

Mit derselben Taktik arbeitet Papesch auch gegen den „hohen Klerus", der bei einem Anschluß „mit einem vorwiegend protestantischen Staate" (14) um sein Prestige und um seine Pfründe fürchten müsse. Bevor er sich dem Problem des österreichischen Patriotismus zuwendet, ortet er eine dritte Gruppe von Anschlußgegnern noch in einer „geschichtslosen, in Wien ziemlich breiten, tschechisch, slowakisch, magyarisch, jüdisch durchsetzten Untermenschenschicht" (14).

Die Behauptung, es gebe einen österreichischen Patriotismus, es gebe „eine eigene österreichische Nation, die mit dem übrigen deutschen Volke nur die Sprache, sonst aber nichts gemeinsam habe" (22), tut Papesch ab mit der Bemerkung, dieser „neuösterreichische Patriotismus" sei das „schimpflichste und niederträchtigste Produkt des Geistes, der die alte Ostmark um ihre Ehre und Zukunft bringen" (22) wolle. Wenn er auch vor den anderen Gruppen von Anschlußgegnern (den argumentierenden) noch Respekt haben könne, so erschiene ihm diese „Verschweizerung" als ein „wahrhaft groteskes Produkt einer jämmerlichen Untermenschlichkeit" (22). Insgesamt, versichert er den „Reichsdeutschen", handle es sich bei allen innerösterreichischen Anschlußgegnern aber um eine „Minderheit, die, wenn sie allein stünde, Österreichs Wiedervereinigung mit dem Reiche nicht verhindern könnte" (16).

Papeschs Sprache trägt 1933 bereits die Signatur der Lingua Tertii Imperii, wie sie Victor Klemperer beschrieben hat. Folgerichtig avanciert er 1938 zum Leiter der Reichskulturstelle im Gau Steiermark und wird am 20. 1. 1943 zum Honorarprofessor für neuere deutsche Literaturgeschichte ernannt, als der er uns später wieder in den Blick treten soll. Soviel nur zu einigen ideologischen Voraussetzungen und auch zu den Beziehungen zwischen Universität und einzelnen kulturellen Institutionen. Bevor ich auf die weitere und nach außen hin repräsentative Tätigkeit des Seminars für deutsche Philologie und deutsche Volkskunde und insbesondere Karl Polheims als Neugermanist und Rektor eingehe, noch einige Bemerkungen zum Selbstverständnis der Universität und zur Rolle der Studentenschaft.

Die Situation der Universitäten in den dreißiger Jahren war in mehrfacher Hinsicht problematisch, nicht nur in Graz. Was Erika Weinzierl[35], Sebastian Meissl[36] und Engelbert Broda[37] allgemein festgestellt haben, gilt auch für Graz. Infolge der dramatischen Verschlechterung der wirtschaftlichen Verhältnisse nach dem Ausbruch der Weltwirtschaftskrise 1929 erweiterte sich die Schere von wirtschaftlicher Misere und politischer Radikalisierung, d. h. also Steigerung der faschistischen Aktivitäten, auch an den Hochschulen, wie die große Zahl der Erlässe zur Beschränkung oder Verhinderung politischer Betätigung der Universitätsbediensteten und die hohe Zahl der Relegationen vermuten lassen. Die hochschulpolitischen Gegenmaßnahmen waren besonders in der Steiermark nicht adäquat bzw. nicht wirksam. So wurde die Autonomie der Montanistischen Hochschule in Leoben aufgehoben und diese der Technischen Hochschule Graz zugeordnet; an der Universität sollte sogar die Philosophische Fakultät gänzlich aufgelassen werden.[38] Der sogenannte „Abbauerlaß" sah Zusammenlegungen von Lehrkanzeln, Verminderung der Mittelbaustellen sowie Einschränkungen der Lehraufträge und Remunerationen vor. Infolge des hartnäckigen Protestes gegen diese Maßnahmen des Finanzministeriums kam die Fakultät aber ohne gravierende Kürzungen davon. Diese Eingriffe waren für die Integration der Universitäten, die sich ja ohnehin auf Oppositionskurs befanden, keineswegs förderlich. Die Situation wurde noch durch die an Aggressivität seit den 20er Jahren ständig zunehmende Auseinandersetzung der nationalen und katholischen Studentenverbindungen verschärft, die zwar in bezug auf ihre antizivilisatorischen, antisemitischen, antidemokratischen und „nationalen" Ressentiments[39] übereinstimmten, aber infolge der Polarisation bis 1933 in ihren Sammelorganisationen aufgingen.[40] Als Resultat bleibt festzustellen, daß die Faschisierung in hohem Maß zunahm und beispielsweise auf dem 14. Deutschen Studententag in Graz 1931 „auch schon ein Nationalsozialist einstimmig zum Vorsitzenden gewählt wurde".[41] Innerhalb des Grazer Waffenstudententums hatte der NSDStB bis 1932 bereits ein Drittel der Mandate erlangt und erhielt in Österreich durch die Machtübernahme Hitlers im Reich einen gewaltigen Auftrieb, sodaß der autoritären Regierung schließlich nur noch die Möglichkeit blieb, ihn gleichzeitig mit der NSDAP (21. 6. 1933) zu verbieten.[42]

Während sich die erste Regierung Dollfuß im Mai 1932 gerade noch mit einer Stimme Mehrheit behaupten konnte, blieb auf den Hochschulen der autoritäre Eingriff als ultima ratio. Es ist daraus erklärbar, wenn 1938 Studenten – zumindest in Graz – die ersten waren, die die Gleichschaltung der Universität herbeiführten; seit dem Sommer 1936 waren infolge der Auswirkung des Juliabkommens[43] die Aktiven der nationalen Korporationen automatisch Mitglieder des illegalen NSDStB [Nationalsozialistischer Deutscher Studentenbund].[44] Auch die Heimwehren der Steiermark, die „als völkisches Emblem das Hakenkreuz auf ihren Fahnen"[45] trugen, nahmen seit dem Putsch des Heimwehrführers Pfrimer (September 1931) verstärkt Kontakt mit den Münchner Nationalsozialisten auf und bildeten mit den Nazis eine gemeinsame „Kampffront".[46] 1933 ist es bereits soweit, daß sich der Großteil der Studenten und der steirische Heimatschutz verbünden[47] und aus der Illegalität heraus gegen das System kämpfen. Es dürfte dabei zu einer Rückkoppelung zwischen Studenten und der älteren Generation gekommen sein.

Sieht man sich die Rolle der Universität in diesem Zusammenhang an, so muß man zu dem Schluß kommen, daß sie – aus den angeführten Motiven – die Entwicklung doch eher laufen ließ. Selbstverständlich zeigen sich vor 1938 keine Auswüchse, aber anhand der universitären Selbstdarstellung anläßlich zweier Grazer Ehrendoktorate fällt ein beachtliches Maß an Kontinuität auf.

1927 erhielt Ottokar Kernstock das Ehrendoktorat der Philosophischen Fakultät, 1943 Franz Nabl, einer der im Reich bekanntesten Dichter der Ostmark.[48] Beide Autoren standen zum Zeitpunkt der Auszeichnung in hohem öffentlichem Ansehen, sodaß eine Ehrung einem politischen Akt gleichkam. Kernstock hatte sich schon in der Wilhelminischen Zeit als reaktionärer Lyriker hervorgetan, z. B. „das Hakenkreuz als Heilszeichen"[49] besungen und betätigte sich unter anderem auch für Kärntner „nationale" Bedürfnisse.[50] 1928, als er in Wien beim deutschen Sängerbundfest rauschende Huldigungen empfing, feierte die Philosophische Fakultät Graz „mit dem ganzen deutschen Volk" den 81. Geburtstag des „Sängers der deutschen Heimat", der in den Herzen „das heilige Feuer der Begeisterung entfacht"[51] hatte. Kernstocks Bedeutung beruhte nach Geramb „vor allem darin, daß er sogleich im besten Sinne volkstümlich ward, daß die Macht seiner Persönlichkeit namentlich die seit langem darbenden breiten bürgerlichen und studentischen Schichten ergriff."[52]

Daher fungierte Kernstock nach Geramb als Gegenbild zweier Tendenzen der modernen Literatur, der „‚Mechanisierung' des Künstlerischen" und der „Kino-, Operetten-, und anderer Asphalt-Kultur".[53] Er verkörperte in dieser Hinsicht den priesterlichen Dichterführer, der sich zugleich nicht scheut, „dem Bruder aus dem Volke in wiederholten Gelegenheitsgedichten seine Dichterhand zu reichen" – das hätte – merkt Geramb an, auch eine eminent „völkische" Wirkung gehabt, da Kernstock „auch unter dem Mönchsgewand nicht deutscher Art vergessen"[54] habe.

In der *Festrede* anläßlich der 350-Jahrfeier der Universität Graz am 14. Mai 1936 gibt der Historiker Ferdinand Bilger einen knappen Abriß der Geschichte der „Arbeit und Leistung"[55] der Universität. Aufschlußreich erscheint mir in unserem Zusammenhang vor allem sein Versuch, eine „Gruppe von Forschern und Lehrern aus dem Gebiete der Rechtsgeschichte, der Sprachwissenschaft, der Geschichte ... unter dem Blickpunkt des österreichischen Staatsgedankens, unter dem Blickpunkt einer völkerverbindenden Aufgabe, unter dem Blickpunkt einer gesamtdeutschen Erfassung der Vergangenheit und unseres Schicksals" (11f.) hervorzuheben. Unter dem „Blickpunkt des österreichischen Staatsgedankens" interpretiert Bilger das Opus des Grazer Professors für Österreichisches Recht Luschin-Ebengreuth „als ein politisches Bekenntnis, an dem er festhielt, tief überzeugt von der Notwendigkeit deutscher Führung des Staates, bis in die letzten Stunden der furchtbaren Entscheidung von 1918 und, so blieb es in ihm, noch über die Stunden des Zusammenbruchs hinaus" (12). Wenn nun schon in der Entwicklung des österreichischen Staatsgedankens das deutsche Führungsprinzip zur Geltung kommt, um wieviel eher dann noch in den anderen Aspekten, dem „völkerverbindenden" und dem „gesamtdeutschen", für den die „großen Publikationen Heinrichs von Srbik" (13) einstehen sollen. Die Wahl dieses Gewährsmannes erscheint im Hinblick auf den aus der Burschenschaft ‚Gothia' kommenden überzeugten Antidemokraten und Großdeutschen Srbik (nach 1938 Reichstagsmitglied) besonders aufschlußreich.

Die Sprach- und Literaturwissenschaften ordnet Bilger teils dem „völkerverbindenden", teils dem „gesamtdeutschen" Aspekt zu; die Germanisten Anton Schönbach und Bernhard Seuffert, der Lehrer Polheims, rangieren ausschließlich unter dem „gesamtdeutschen Blickpunkt" (13). Bilger nennt von der Sache her und bei Srbik auch personell exakt jene Bereiche, die beim Einsatz der Wissenschaften für das gesamtdeutsche Reich die geistige Pionierarbeit zu leisten hatten und auch entsprechend honoriert wurden.

Die Gleichschaltung der Universitäten in Österreich, in meinem Fall der Grazer, ist wegen der geltenden Archiv-Schutzfrist nur in groben Zügen darzustellen. Man ist auf deutsche Arbeiten zur analogen Situation von 1933 angewiesen.[56]

Im Grunde kam die hierarchische Struktur der Universitäten mit dem „Rektor als Führer"[57] und dem entsprechenden Entscheidungsgefälle den Maßnahmen des Nazi-Regimes entgegen. Die Okkupation erfolgte, soviel läßt sich aus den Bemerkungen in einzelnen Publikationen[58], aus Zeitungsberichten, Vorlesungs-, und Personalstandsverzeichnissen entnehmen, vor allem durch den NSDStB, am frühesten in Graz, der Stadt, die für ihre Vorarbeiten im Juli 1938 mit dem Titel „Stadt der Volkserhebung"[59] ausgezeichnet wurde. Die Verwaltung der Stadt war bereits am 19. Februar 1938 „der Kontrolle der Wiener Regierung entglitten".[60]

Die „Gleichschaltung"[61] der Universität vollzog sich zügig. Am 15. März 1938 berichtet die Grazer *Tagespost* bereits, daß die Hochschulen – nunmehr „nationalsozialistische Erziehungsstätten" – von der nationalsozialistischen Studentenschaft in Besitz genommen worden seien. An den folgenden Tagen melden sich die verschiedenen Tarnorganisationen, in denen „in den vier Jahren der Knechtschaft und Gewalt ... das nationalsozialistische Gedankengut und die Bewegung" (aus der Rede des Gaustudentenführers am 15. März, *Tagespost,* S. 11) gepflegt wurden, mit Grußadressen und Kundgebungen zu Wort, am 18. 3. der „Deutsche Schulverein Südmark" (*Tagespost,* S. 6). Kurz vor der Abstimmung erscheint in der *Tagespost* (3. 4. 1938, S. 18) ein längerer Artikel: *Der Steirische Sängerbund und seine Brudervereine in der Verratszeit 1933—1938.*

Im Aufsatz über Ottokar Kernstock schreibt Hanns Koren über den Sängerbund:

> Die Gesangsvereine hatten sich zum Steirischen Sängerbund zusammengeschlossen und standen damals unter Führung eines Obmannes, dem es sehr daran gelegen war, die Vereine mehr zur Pflege des Volksliedes oder des dem Volkslied nahen Chorgesanges zu führen... Ein Anliegen dieses Obmannes war es auch, die Vereine zu ermuntern, wenn sie gemeinsam auftraten, im Steireranzug zu kommen, um so auch im äußeren Bild ihre besondere Verbundenheit mit der Pflege des Heimatgedankens zu zeigen, wie ihn gerade in den Jahren nach dem Ersten Weltkrieg Viktor von Geramb... verkündet hatte. Obmann des Sängerbundes aber war der Germanist der Grazer Universität Karl Polheim.[62]

Die Chronik der Aktivitäten des Steirischen Sängerbundes von der Sängerbundfeier zu Hitlers Geburtstag im Jahr 1933 bis zur „Heimkehr" ins Reich ist für die Organisations- und Kommunikationsformen der „nationalen" Vereine „zu völkischen Zwecken" äußerst aufschlußreich. Der Fanatismus der Mitglieder war ungeheuer. Man muß sich etwa vorstellen, daß 1937, als die österreichische Regierung die Abhaltung des Sängerfestes verbot, „nicht weniger als 6.780 Sänger und Sängerinnen aus der Steiermark" am 12. Deutschen Sängerfest in Breslau (davon spricht auch Walter Klemm in seiner „Südmark"-Schrift) teilnahmen, um „den Führer zu sehen" (*Tagespost*, 3. 4. 1938). Als Polheim am Vorabend der Enthüllung des Kernstock-Denkmals am 4. November 1938 im Rahmen der Kernstock-Gemeinde und des Sängerbundes eine Gedenkrede halten und der Sängerbund auch das Lied *Das Hakenkreuz* anstimmen soll (*Tagespost*, 4. 11. 1938), können sie jedenfalls im Gegensatz zur „Verratszeit" des offiziellen Wohlwollens sicher sein.

Am 10. April berichtet die *Tagespost* von der Feierstunde an der Universität, in deren Verlauf „in festem Gleichschritt... die Abteilungen vor der Rampe" aufmarschierten und – „Dankadresse und Gefolgschaftsschwur in einem" – dem „Führer und Reichskanzler... kameradschaftlich vereint... in tiefster Dankbarkeit ihr freudiges ‚Ja'" zurufen. Das Personalstandsverzeichnis gibt für 1938 den Indogermanisten Reichelt als Rektor und Karl Polheim als Dekan der Philosophischen Fakultät, der später Reichelt nachfolgen sollte, an.

Für eine andere Gruppe beginnt damit jedoch eine andere Zeit. Ab 24. April 1938 wurde ein 2prozentiger Numerus clausus für Juden eingeführt, der nach der „Anwendung" der Nürnberger Gesetze in der „Ostmark" im Mai 1938 auch nicht mehr gilt. Den „Maßregelungen" fallen aus dem Bereich der Universitätslehrer eine Reihe von namhaften Wissenschaftlern zum Opfer; so verliert die Universität u. a. mit Otto Loewi und den beiden Physikern Erwin Schrödinger und Viktor Hess gleich drei Nobelpreisträger[63]: Hess, weil er aktiver Katholik, Schrödinger, weil er ein Liberaler war.⁶⁴ Unfreiwillig lächerlich wirkt der Bericht der *Tagespost* vom 12. Juni 1938 unter dem Titel *Unpolitische Wissenschaft?* (S. 9). Die Zeitung schreibt über die Eröffnung der nationalsozialistischen wissenschaftlichen Akademie des NSD-Dozentenbundes in Göttingen und berichtet, wie „unzählig" die „Anregungen" seien, „die der Nationalsozialismus der Wissenschaft gegeben hat, denken wir dabei nur an den Vierjahresplan, an die Rassenwirtschaft, die Rechtswissenschaft". Mehr fällt der *Tagespost* dazu nicht ein. Das Grazer Vorlesungsverzeichnis vom Wintersemester 1938/39 jedenfalls ist aktuell:

Im Bereich der Rechts- und Staatswissenschaftlichen Fakultät findet man u. a. Vorlesungen über *Die Hauptprobleme des „Ersten Reiches" und ihre Bedeutung für das „Dritte Reich"* und über *Grundprobleme der nationalsozialistischen Finanzpolitik;* die Medizinische Fakultät bringt u. a. *Die Bevölkerungsfrage in medizinischer und biologischer Sicht,* die Philosophische Fakultät *Grundlagen der nationalsozialistischen Weltanschauung;* für Hörer aller Fakultäten *Marxismus und nationaler Sozialismus im Lichte der biologischen Entwicklungsprinzipien; Die pädagogischen Gedanken des Führers und ihre Verwirklichung im Dritten Reich* u. a. Selbstverständlich bleibt die Frage, ob und wie diese Vorlesungen gehalten wurden, offen, das gilt aber auch bei scheinbar „unpolitischen" Themen; in einigen Fällen handelt es sich um Vorlesungen – etwa in der deutschen Rechtsgeschichte –, die schon in den zwanziger Jahren angeboten wurden, die im neuen Kontext aber doch einen anderen Stellenwert haben. Die Germanisten bleiben mit Vorlesungen und Übungen über *Schiller und Goethe; Vom deutschen Stil* und über *Lustspiele* (Polheim) oder über *Reuchlin, Erasmus, Hutten*⁶⁵ und *Heinrich von Kleist* (Kleinmayr), mit Gerambs Vorlesungen zur *Deutschen Volkstrachtenkunde,* zur *Volkskunst,* zu *Grundfragen des geistigen Volkslebens* noch im üblichen Rahmen. Die Altgermanistik der 30er Jahre ist – vor allem nach Zwierzinas Emeritierung 1934 – eher sprachgeschichtlich ausgerichtet. Als tendenziös im nationalsozialistischen Sinn lassen sich im Beobachtungszeitraum 1926 bis 1945 unter den bereits genannten Vorbehalten folgende Lehrveranstaltungen ansehen:

SS 1930 Polheims Seminar über *Studentenlieder,*
SS 1939 Kleinmayrs Vorlesung über *Richard Wagner als Denker und Dichter,* unter anderen Titeln im 1. Trimester 1940 und im WS 44/45 wiederholt,
SS 1941 Polheims Seminar über *Kolbenheyers Dramen.*

Ein „völkischer" Schwerpunkt ergibt sich lediglich im Wintersemester 1941/42 mit Polheims Oberseminar über *Grabbe*⁶⁶ und Kleinmayrs Vorlesung über *Germanische Götter und Kulte.* Selbstverständlich ist der ideologische Aussagewert des Lehrangebots wieder kontextbedingt und im Rahmen der allgemeinen Selektion der Themen zu beurteilen. Darauf komme ich im anschließenden Teil.

Geramb hielt seinen achtsemestrigen Vorlesungszyklus von 3—5 Wochenstunden durch, wobei nach seiner eigenen Angabe, „die vier ersten [!] Semester den volkskundlichen Grundfragen und Sachgütern (Siedlung, Hof und Haus, Gerät, Tracht und Volkskunst), die vier folgenden Semester dem geistigen Volksleben (Volksglaube und Kult im Jahrlauf und im Lebenslauf), der Volksmedizin und den Primitivformen des volkstümlichen Geisteslebens in Glaube, Sitte und Dichtung gewidmet sind. Die übrigen befassen sich mit den wichtigsten Neuerscheinungen der überreichen Fachliteratur und mit den jeweiligen neuen Problemen des Gesamtgebietes."[67]

Institutspolitisch gelang Polheim in der Zeit von 1938 bis 1944 auch in personalmäßiger, räumlicher und sachbezogener Hinsicht ein relativ großer Ausbau des Seminars; er konnte den Personalstand nach dem Abgang von Geramb und wegen seiner Mehrbelastung durch das Rektorat um zwei Assistenten und Hilfskraftsposten verbessern, gewann zur Unterstützung im Lehrbetrieb den Volkskundler Leopold Kretzenbacher und für die neuere deutsche Literaturgeschichte Joseph Papesch. Überdies wurde 1943 im Zuge der kulturpolitischen und geopolitischen Ausrichtung der Universität Graz als Expositur der Germanistik ein Institut für Kärntner Landesforschung in Klagenfurt gegründet, das der Mundartforscher Eberhard Kranzmayer[68] (ab 1. 3. 1943) leitete und an dem (seit 24. 7. 1943) der Volkskundler Georg Graber[69] mitarbeitete, beide hielten auch am Seminar Lehrveranstaltungen. Das Institut für Kärntner Landesforschung ist als Außenstelle im Zusammenhang der intensiven – bisweilen eindeutig kulturkolonialistischen Intentionen der Universität Graz zu sehen.[70] Die slavo-germanistischen Studien Kranzmayers über Kärntner Ortsnamen – ich erwähne hier nur das Stichwort „Windischentheorie" – sind bereits in der NS-Zeit kritisiert worden.[71]

Die Lehrveranstaltungen am Seminar beschränkten sich fast ausschließlich auf die Zeit vor dem 20. Jahrhundert.[72] Papesch, der ab 1943 für die Abdeckung des neuesten Schrifttums zuständig war, beschäftigte sich z. B. nicht mit der *„Wiener Literatur" der letzten Vorkriegs- und der ersten Nachkriegsjahre:* denn „die jüdischen Komödien Schnitzlers und seiner Schule, die aphoristischen Spielereien Peter Altenbergs und die ‚Fackel' des Juden Kraus", das „ist alles längst abgetan und verbrannt".[73] „Nachdem der eiserne Besen nationalsozialistischer Kulturpolitik" auch in Berlin „ausgekehrt hatte, bediente sich" das „städtische Literatenzigeunertum der Amsterdamer, Pariser und Züricher Separatistenverleger und nunmehr ist ihnen das Schreiben und Geifern zumindest in Europa für immer vergangen".[74] So Papesch in seinem Aufsatz *Von deutscher Dichtung im Ostalpenraum* aus dem Jahr 1940. Geblieben sind seiner Ansicht nach neben vielen „nennenswerten" Autoren in den einzelnen Bundesländern, etwa Bruno Brehm, Karl Springenschmid, Hans Kloepfer, Karl Heinrich Waggerl, Josef Perkonig – bei Billinger sei schon „Vorsicht am Platze", da er „in seinen früheren Spielen und Geschichten" „Innviertler Bauern und ihre Weiber wie Paradebeispiele für die verflossene Psychoanalyse handeln"[75] ließ –, vor allem Max Mell, Franz Nabl und Josef Weinheber.

Ein Schwerpunkt von Polheims Lehrveranstaltungen liegt im 18. Jahrhundert (Goethe, Schiller, Herder, Sturm und Drang), ein weiterer bei der Volksdichtung, womit er die Grazer Tradition fortsetzt. Im Gegensatz zu Geramb beschäftigt er sich mit der „literarischen" Volkskunde am Beispiel des Volksschauspiels, Volkslieds und des Volksbuchs.[76] Der zweite Neugermanist am Seminar, Hugo Kleinmayr (habilitiert seit 1932), bildet im Lehrbetrieb wegen seiner Orientierung an der Geistesgeschichte zwar eine Ergänzung, steht aber als selbständiger Lehrer bis zum Ausscheiden Polheims doch eher im Hintergrund. Sein Hauptinteresse liegt zunächst vor allem im 19. Jahrhundert (Hölderlin, Romantik, Junges Deutschland, Hebbel, Richard Wagner). Es ist für den Stand der germanistischen Methodenreflexion am Seminar sehr bezeichnend, daß man die Begutachtung von Kleinmayrs Habilitationsschrift über die *Welt- und Kunstanschauung des „Jungen Deutschland"*[77] einem Philosophen übertrug.[78] In seinen Arbeiten über *Spontane Selbstbesinnung im dichterischen Schaffen* und über *Rilke*[79] aus den Jahren 1939 und 1941 baut Kleinmayr seinen von Dilthey ausgehenden Ansatz – also gegen eine positivistische Reduktion des Kunstwerks auf empirische Daten im Sinne Scherers – unter Einbeziehung phänomenologischer, neukantianischer und existentialistischer Argumente aus.

Verglichen mit Kleinmayr und auch seinem Lehrer Bernhard Seuffert kann sich Polheim aus dem Bezirk der philologischen Methode seiner Lehrergeneration (A. E. Schönbach, Erich Schmidt)[80] kaum lösen. In seiner Dissertation ging er von der mittelalterlichen deutschen Reimprosa aus, einer Fragestellung, die er in der Habilitation über die lateinische Reimprosa noch fundierte. Nach Erich Leitner blieb diese Arbeit über die Reimprosa Polheims „bedeutendste Publikation". In der ersten neugermanistischen Arbeit über *Die zyklische Komposition der Sieben Legenden Gottfried Kellers* (1908)[81] bewegt er sich in der „Betrachtungsweise" von Seuffert, „der ... seinen Schülerkreis in die Ästhetik dichterischer Komposition und Formgebung einführt".[82] Die große Verpflichtung gegenüber Seuffert kommt in Polheims Beitrag zur Wieland-Festschrift von 1933 auch hinsichtlich der Lehrveranstaltungen zum Ausdruck.[83]

Zwei Projekte, die in den 30er Jahren einen Großteil seiner Forschungsenergie blockierten, mögen die positivistische Grundtendenz seiner Arbeit zeigen. Beide Bereiche bestehen aus oder schlagen sich in einer Reihe von Dissertationen nieder. Das eine Hauptgebiet ist die

Volksschauspiel- und die Volksliedforschung. Schon in der Zeit vor dem Ersten Weltkrieg begann Polheim mit Vorarbeiten zu einer textkritischen Ausgabe der steirischen Volksschauspiele im Rahmen der Wiener Akademie der Wissenschaften,[84] doch kam er – wie bei der reichhaltigen Kartei zum steirischen Volkslied, die bereits 1936 70.000 Karteikarten umfaßte[85] – nicht zur Auswertung des Materials.

Das gleiche Schicksal widerfuhr ihm bei einer groß angelegten Sammlung zur poetischen Namengebung.[86] Im Vorwort einer Dissertation wird das Projekt vorgestellt:

> Zur Zeit [1939] werden vom germanistischen Seminar ... umfangreiche wissenschaftliche Arbeiten durchgeführt, mit dem Ziele der Herausgabe eines „Poetischen Namenswörterbuches". Dieses Werk soll nach seinem Erscheinen die Möglichkeit bieten, für alle in der gesamten deutschen Dichtung im Zusammenhange mit poetischer Namensgebung sich bildenden Fragengebiete eine einheitliche, genaue streng wissenschaftliche Grundlage zu bilden. Um nur einige der wichtigsten und häufigsten hier herauszugreifen, sei zum Beispiel auf Fragestellungen betreffend Namensschicksale, Namensfreudigkeit, Umfang oder Besonderheiten der Namensgebung bei einzelnen Dichtern, Dichterkreisen oder Dichtungsperioden hingewiesen. Die in emsigem Fleiße und zeitraubender Kleinarbeit geschaffene Grundlage wird jedoch nach ihrem Vorliegen weiters, von den großen Gesichtspunkten abgesehen, imstande sein, darüber hinaus eine Fülle weiterer, aus mancherlei Interessen entstehender Einzelfragen eindeutig zu beantworten und damit weitere Ausblicke zu eröffnen.[87]

Die Arbeiten bestehen aus zwei Teilen, einem „technischen Teil", nämlich einer „Auszettelung jedes einzelnen Namens", und aus dem „Bericht mit dem zusammenfassenden Ergebnis des Ganzen, ... also einem Überblick über die Art und Weise, wie die genannten Dichter in ihrer Dichtung ... Namen verwandten, häuften, vermieden".[88]

Gleichwohl sind alle bisher gewonnenen Einzelheiten für Polheim, den Germanisten in einer exponierten öffentlichen Funktion, so lange zufällig, als es nicht gelingt, die Korrelation zwischen dominanter Forschungsmethode und politischer Repräsentation aus einem übergeordneten Zusammenhang sichtbar zu machen, der in Polheims Literatur- bzw. Dichtungsbegriff zu suchen ist.[89] Polheim tritt in der Zeit zwischen 1937 und 1943 bei Dichterehrungen mehrmals in die Öffentlichkeit: 1937 beim Mozart-Preis an Max Mell,[90] 1938 beim Mozart-Preis an Franz Nabl,[91] 1939 beim Mozart-Preis an Hans Kloepfer und Suitbert Lobisser,[92] sowie 1943 bei der Verleihung des Ehrendoktorats an Franz Nabl.[93] Bei allen Anträgen war er beteiligt, meistens direkt, im Fall Mell vertrat ihn Geramb im Kuratorium.[94] Wie das Ehrendoktorat hatten auch die Mozart-Preise eine politische Funktion: während jenes ein Akt der Bestätigung war, hatten diese eine dezidiert propagandistische Intention. Polheim erläuterte sie zu Beginn seiner Laudatio auf Hans Kloepfer (1939). Ich zitiere die Stelle in extenso, weil damit zugleich der

Zusammenhang mit Polheims außerfachlichen Aktivitäten deutlicher wird:

> Das ist der Sinn und die Absicht der Johann Wolfgang Goethe-Stiftung und ihres hochherzigen Stifters, daß alle ihre sieben Preise den Grenzlanden gewidmet sind und ihren fürs Volkstum schöpferischen Menschen. So ziehen sie einen Kranz oder Wall ums Binnendeutschtum mit dem Stützpunkt der Universitäten von Bonn im Rheinland zur südwestlichen Ecke Freiburg i. B. und wieder vom Norden anhebend: Königsberg und Breslau, Prag und Wien. Deutsches Grenzland mit seinen Ausstrahlungen überallhin, wo Deutsche wohnen: in das Elsaß und in die deutsche Schweiz, nach dem Baltikum und nach Rußland, nach Polen und nach dem Südosten.
> Unser Mozart-Preis ist für das Alpendeutschtum im südöstlichen Grenzraum bestimmt, es muß zur höchsten Ehre und zum Preis des Stifters festgestellt bleiben, daß dies schon galt, als unser Land noch bewußt und mit aller hinterhältigen Niedertracht vom Mutterlande abgetrennt und abgeschnürt war. Das danken wir ihm alle und im besonderen wir, die in ebendiesem Saale und von ebendiesem Pulte aus am 29. Mai 1937 einer erfreulich hellhörigen Zuhörerschaft die Verleihung des Mozart-Preises an den Dichter Max Mell verkündigen durften.[95]

1937 mußte die „Zuhörerschaft" freilich noch „hellhörig" sein, wurde doch mit Mell einer der Proponenten von 1936 und der spätere Vorsitzende des „Bundes deutscher Schriftsteller Österreichs"[96] ausgezeichnet, dessen Mitglieder 1938 im *Bekenntnisbuch österreichischer Dichter*[97] Hitler ihre Huldigungen entgegenbrachten.

Abgesehen von den Versatzstücken nazistischer Ideologie, den Mythisierungen des „Heimatbodens", der „deutschen Volkheit", des „deutschen Grundstroms", sieht Karl Polheim gerade in Mell, der auch im Überblick über die Rosegger-Preisträger[98] am ausführlichsten behandelt ist, den neuen Prototyp *des* Dichters, „der durch die Schule der Bildung und des Theaters hindurchgegangen ist" und doch „der Urform volkstümlicher Kunst ... zutiefst verpflichtet"[99] bleibt. Mell ist für ihn eines jener „Andachtsvehikel",[100] die dem Leser zubilligen, „Mensch zu sein und [seine] Menschlichkeit durch Poesie zu läutern."[101] Die Rollenzuweisung fordert vom Leser nicht weniger als ein sacrificium intellectus, und nicht nur das, wenn sich in dieser Überhöhung auch die realen gesellschaftlichen Verhältnisse spiegeln, die „angewandte Genialität"[102] in Führertum und Gefolgschaft, und Polheim am Schluß seiner Laudatio Mells Gedicht *März* zitiert, dessen erste Strophe lautet:

> Von Weidenkätzchen
> Geht lichter Staub
> In goldne Lüfte:
> Jetzt schau und glaub![103]

Anmerkungen

1. Hans Ulrich Gumbrecht: *Rekurs/Distanznahme/Revision: Klio bei den Philologen.* In: *Der Diskurs der Literatur- und Sprachhistorie. Wissenschaftsgeschichte als Innovationsvorgabe.* Hrsg. v. Bernard Cerquiglini und H. U. G. Frankfurt/M. 1983. (= stw 411), S. 582–622, S. 614.
2. *Nationalismus in Germanistik und Dichtung.* Dokumentation des Germanistentages in München vom 17. – 22. Oktober 1966. Hrsg. v. Benno von Wiese und Rudolf Henß. Berlin 1967. Daraus vor allem die auch separat erschienenen Beiträge von Lämmert, Killy, Conrady und Polenz, in: *Germanistik – eine deutsche Wissenschaft.* Frankfurt a. M. 1967. Weiters: *Germanistik und deutsche Nation 1806–1848. Zur Konstituierung bürgerlichen Bewußtseins.* Unter Mitarbeit von Reinhard Behm (u. a.) hrsg. v. Jörg Jochen Müller. Stuttgart 1974. Franz Greß: *Germanistik und Politik. Kritische Beiträge zur Geschichte einer nationalen Wissenschaft.* Stuttgart 1971.
Ursula Burkhardt: *Germanistik in Südwestdeutschland. Die Geschichte einer Wissenschaft des 19. Jahrhunderts an den Universitäten Tübingen, Heidelberg und Freiburg.* Tübingen 1976. Bei Ursula Burkhardt auch Hinweise auf weitere Monographien.
Zur Geschichte der Grazer Germanistik: Erich Leitner: *Die neuere deutsche Philologie an der Universität Graz 1851–1954. Ein Beitrag zur Geschichte der Germanistik in Österreich.* Graz 1973. (Publikationen aus dem Archiv der Universität Graz. Band 1). *Beiträge und Materialien zur Geschichte der Wissenschaften in Österreich.* Hrsg. v. Walter Höflechner. Graz 1981. (Publikationen aus dem Archiv der Universität Graz. Band 11). Für die Erlaubnis zur Einsichtnahme in die Bestände des Grazer Universitätsarchivs danke ich Walter Höflechner; für die Unterstützung im Archiv Herbert H. Egglmaier, Johann Gröblacher und Alois Kernbauer. Als erschwerend für eine geschlossene Darstellung der Germanistik in der Epoche Ständestaat-Faschismus hat sich die Archivsperre ab 1938 ausgewirkt, wenngleich Prof. Höflechner freundlicherweise auf die Germanistik bezogene Angaben aus den Dekanatsbüchern zur Verfügung stellte. Im wesentlichen mußte ich mich auf die von Erich Leitner gesammelten Daten beschränken.
3. Klaus Röther: *Die Germanistenverbände und ihre Tagungen. Ein Beitrag zur germanistischen Organisations- und Wissenschaftsgeschichte.* Köln 1980.
4. Vgl. Ursula Burkhardt (Anm. 2), S. 126 ff.
5. Röther (Anm. 3), S. 217.
6. Ebd. Dazu auch Greß (Anm. 1), S. 87 ff.
7. Leitner (Anm. 2), S. 8 ff. Zur Bedeutung der Universität Graz für die Volkskunde: Viktor von Geramb: *Die Volkskunde an der Grazer Universität.* In: *Festschrift zur Feier des dreihundertfünfzigjährigen Bestandes der Karl-Franzens-Universität zu Graz.* Hrsg. vom Akademischen Senat, Graz 1936, S. 169–185.
8. Röther (Anm. 3), S. 118. Geramb (Anm. 7), S. 184. äußert sich kritisch über den Volkskunde-Boom im Dritten Reich.
9. Leitner (Anm. 2), S. 8.
10. Röther (Anm. 3), S. 260
11. Zit. ebd., S. 261
12. Walter Klemm: *90 Jahre Schutzarbeit. Zum Gründungstag 13. Mai 1880 des Deutschen Schulvereines Wien.* Wien 1970. (Eckart-Schriften. Heft 35).
13. Ebd., S. 35.
14. Robert Mühlher: *Der Peter-Rosegger-Preis des Landes Steiermark und seine Träger (1955–1967).* In: *Die Steiermark. Land – Leute – Leistung.* Hrsg. v. der Steiermärkischen Landesregierung, redigiert von Berthold Sutter. 2., erw. und veränd. Aufl. Graz 1971.
15. Joseph Papesch: *Steirische Dichtung der neueren Zeit.* In: *Die Steiermark* (Anm. 14), S. 670–674.
16. Ebd., S. 674.

17 Klemm (Anm. 12), S. 50 f.
18 *Alpenländische Monatshefte* 1934/35, H. 1.
19 Viktor von Geramb: *Von der Einheit der deutschen Stämme.* In: *Alpenländische Monatshefte* 1932/33, März 1933, H. 6, S. 211–218.
20 Vgl. Viktor von Geramb: *Rudolf Meringer.* In: V. v. G.: *Verewigte Gefährten. Ein Buch der Erinnerung.* Graz 1952, S. 84–90.
21 Hermann Wopfner: *Viktor von Geramb.* In: Österreichische Akademie der Wissenschaften. Almanach für das Jahr 1958. Wien 1959, S. 372.
22 Hanns Koren: *Viktor von Geramb. Ein Lebensbild.* Graz 1974. (=Zeitschrift des Historischen Vereins für Steiermark. Sonderband 5), S. 17. Dazu auch Hermann Wopfner (Anm. 19), S. 373 f. Paul Anton Keller – in der NS-Zeit Gauobmann der Gruppe Schriftsteller in der Reichsschrifttumskammer für den Gau Steiermark – berichtet in seinem Aufsatz *Schrifttum in der Steiermark in den Jahren 1938–1945* ebenfalls von Schwierigkeiten Gerambs mit der Nazi-Bürokratie. In: *Literatur in der Steiermark. Landesausstellung 1976.* Veranstaltet vom Kulturreferat der Steiermärkischen Landesregierung. Graz 1976, S. 413–446, S. 436 ff.
23 Viktor von Geramb: *Wilhelm Heinrich Riehl. Leben und Wirken (1823–1897).* Salzburg 1954.
24 Ebd., S. 562.
25 Ingeborg Weber-Kellermann: *Deutsche Volkskunde zwischen Germanistik und Sozialwissenschaften.* Stuttgart 1969. (=Sammlung Metzler 79), S. 30 f.
26 Röther (Anm. 3), S. 258.
27 Geramb (Anm. 19), S. 218.
28 *Alpenländische Monatshefte* 1932/33, H. 7, April 1933, S. 249.
29 Gerhard Freiherr von Branca: *Österreichertum und Reichsgedanke.* In: *Alpenländische Monatshefte.* (Anm. 28), S. 251–256.
30 Hans Beyer: *Brief aus dem Reich.* In: *Alpenländische Monatshefte* (Anm. 28), S. 266–269.
31 Branca (Anm. 29), S. 255.
32 Ebd.
33 Dazu seine Rezensionen in den *Alpenländischen Monatsheften* und in den ebenfalls von ihm herausgegebenen *Beiträgen zur Naturkunde, Geschichte, Kunst und Wirtschaft des Ostalpenraumes* innerhalb der Buchreihe *Das Joanneum* in der Zeit zwischen 1940 und 1944. Die einzelnen Bände der *Beiträge* befassen sich jeweils mit einem Sachbereich bzw. mit den „Grundlagen" dazu.
34 Joseph Papesch: *Fesseln um Österreich.* Hamburg 1933. Zitate daraus im Text mit einfacher Seitenzahl.
35 Erika Weinzierl: *Hochschulleben und Hochschulpolitik zwischen den Kriegen.* In: *Das geistige Leben Wiens in der Zwischenkriegszeit.* Ring-Vorlesung 19. Mai – 20. Juni 1980. Wissenschaftliche Leitung: Norbert Leser. Wien 1981, S. 72–85.
36 Sebastian Meissl: *Germanistik in Österreich. Zu ihrer Geschichte und Politik 1918–1938.* In: *Aufbruch und Untergang. Österreichische Kultur zwischen 1918 und 1938.* Hrsg. v. Franz Kadrnoska. Mit einem Vorwort von Bundesminister Hertha Firnberg. Wien/München/Zürich 1981, S. 475–496.
37 Engelbert Broda: *Naturwissenschaftliche Leistungen im gesellschaftlichen Zusammenhang.* In: *Das geistige Leben Wiens* (Anm. 35), S. 119–132.
38 Universitätsarchiv Graz (UA), Phil. Fak., 1932/33, Z. 126, 448. 537 u. ö.
39 Adam Wandruszka: *Deutschliberale und deutschnationale Strömungen.* In: *Das geistige Leben Wiens* (Anm. 35), S. 74.
40 Darüber im Detail: Erich Leitner: *Politik und Hochschule. Der CV in der Steiermark 1918–1938.* Wien 1978 Andreas Mölzer: *Zur Grazer Studentengeschichte.* In: *Beiträge und Materialien zur Geschichte der Wissenschaften in Österreich* (Anm. 2), S. 480–509, S. 480 ff.

41 Weinzierl (Anm. 35), S. 74.
42 Mölzer (Anm. 40), S. 496.
43 Vgl. *Das Juliabkommen von 1936. Vorgeschichte, Hintergründe und Folgen.* Wien 1977.
44 Mölzer (Anm. 40), S. 498.
45 Francis L. Carsten: *Die Vorläufer des Nationalsozialismus.* In: *Das geistige Leben Wiens* (Anm. 35), S. 193-204, S. 201.
46 Ebd., S. 202.
47 Vgl. Weinzierl (Anm. 35), S. 74.
48 Über Nabls Verhältnis zum Nationalsozialismus: Klaus Amann: *Franz Nabl – Politischer Dichter wider Willen? Ein Kapitel Rezeptions- und Wirkungsgeschichte.* In: *Über Franz Nabl. Aufsätze, Essays, Reden.* Hrsg. v. Kurt Bartsch u. a. Graz, Wien, Köln, 1980, S. 115–142.
49 Friedrich Heer: *Kultur und Politik in der Ersten Republik.* In: *Das geistige Leben Wiens* (Anm. 35), S. 300–309, S. 307.
50 Z. B. Kernstock-Inschriften auf dem Abstimmungsdenkmal in Völkermarkt.
51 UA, (Anm. 38), 1763 ex 1927/28.
52 Viktor von Geramb: *Ottokar Kernstock.* In: V. v. G. (Anm. 20), S. 32–37, S. 32 und 33.
53 Ebd., S. 33.
54 Ebd., S. 34 und 35
55 Ferdinand Bilger: *Festrede. Dreihundertfünfzigjahrfeier der Karl-Franzens-Universität in Graz. 14. Mai 1936.* Graz 1936, S. 14. Weitere Zitate im Text mit einfacher Seitenanzahl.
56 Dazu umfassend: Karl Dietrich Bracher, Wolfgang Sauer, Gerhard Schulz: *Die nationalsozialistische Machtergreifung. Studien zur Errichtung des totalitären Herrschaftssystems in Deutschland 1933/34.* Köln und Opladen 1960. Zur Gleichschaltung der Universitäten: *Nationalsozialismus und die deutsche Universität.* Berlin 1966. (=Universitätstage 1966. Veröffentlichung der Freien Universität Berlin). – Alan D. Beyerchen: *Wissenschaftler unter Hitler. Physiker im Dritten Reich.* Mit seinem Vorwort von K. D. Bracher. Berlin, Wien 1982. (=Ullstein Sachbuch 34098). – *Deutsches Geistesleben und Nationalsozialismus. Eine Vortragsreihe der Universität Tübingen.* Mit einem Nachwort von Hermann Diem. Hrsg. v. Andreas Flitner. Tübingen 1965.
57 Zitat Karl Haushofer in: Ferdinand Bilger: *Robert Sieger. Rector magnificus 1925–1926.* In: *Beiträge zur Geschichte der Karl-Franzens-Universität zu Graz.* Hrsg. zur hundertjährigen Gedenkfeier ihrer Wiedererrichtung. Graz 1927, S. 39–44, S. 43 f.
58 Vgl. Weinzierl (Anm. 35), Broda (Anm. 37) u. a.
59 *Tagespost* (Graz), 26. 7. 1938; das „parteiamtliche Organ der NSDAP" (Meldung vom 3. 7. 1938: „Mittler zwischen Führer und Volk"), berichtet über die Gedenkfeier vom 25. Juli 1938, daß „auf Antrag vom 26. 4. 1938 Graz in Anerkennung der besonderen Verdienste der Steiermark und ihrer Hauptstadt im Kampf um die Wiedervereinigung Österreichs mit dem Deutschen Reich sich ‚Stadt der Volkserhebung' nennen" dürfe.
60 Mölzer (Anm. 40), S. 499.
61 Dazu Weinzierl (Anm. 35), S. 74.
62 Hanns Koren: *Ottokar Kernstock.* In: H. K.: *Momentaufnahmen. Menschen, die mir begegneten.* Graz, Wien, Köln 1975, S. 104–110, S. 104 f.
63 Dazu Beyerchen (Anm. 56), S. 74 ff.
64 Broda (Anm. 37), S. 130.
65 Am 3. 6. 1938 berichtet die *Tagespost* aus Anlaß der 450. Wiederkehr des Geburtstages von Ulrich von Hutten über eine Feier unter der Führung des „Reichsleiters" Alfred Rosenberg.

66 Über die Grabbe-Rezeption im Nationalsozialismus: Dietmar Goltschnigg: *Zur Ideologisierung der Literaturwissenschaft – am Beispiel Grabbes*. In: *Wirkendes Wort* 28 (1978), S. 232–242.
67 Geramb (Anm. 7), S. 182 f.
68 Einige Arbeiten Kranzmayers aus der Zeit: *Die ältesten Ansiedlungen in Kärnten*. In: *Beiträge zur Geschichte und Kulturgeschichte Kärntens. Archiv für vaterländische Geschichte und Topographie* 24/25 (1936), S. 28–33. – Zwölf Jahrhunderte deutsches Leben in Krain und Untersteiermark. In: *Germanenerbe* 6 (1941), H. 5/6, S. 66–69. – *Die deutschen Lehnwörter in der slowenischen Volkssprache*. In: *Veröffentlichungen des Institutes für Kärntner Landesforschung*. Laibach 1944.
69 Graber wurde mit seinem Buch über das *Volksleben in Kärnten* (Graz 1934, 2. Aufl. 1941) und seiner Sammlung *Sagen aus Kärnten* (Graz 1941, Buchreihe Deutsches Ahnenerbe. C, 10) sowie mit einigen Aufsätzen bekannt: *Kärnten zu Deutschland!* In: *Österreich – deutsches Land*. In: *Germanien* (Sonderheft) 10 (1938), H. 4; *Völker und Rassen auf dem Boden Kärntens*. In: *Germanien* 11 (1939), H. 4. Als Fazit hebt die *Nationalsozialistische Bibliographie* 4 (1939), H. 5, S. 15 hervor: „Trotz der Verschiedenheit der Herkunft der Kärntner, eint sie ein gleiches Maß bestimmenden nordischen Erbgutes."
70 Vgl. Anm. 33. Diese Arbeiten über den Ostalpenraum – zu denen noch die *Schriften des Südostdeutschen Institutes Graz* (ebenfalls in der Buchreihe *Das Joanneum*) gehören – müßten in einer eigenen wissenschafts- und kulturpolitisch orientierten Arbeit behandelt werden.
71 Vom Grazer Slawisten Simon Pirchegger (1943–1945). – Den Hinweis verdanke ich Erich Prunč, Institut für Slawistik in Graz. – Vor dem Hintergrund der Kärntner NS-Sprachenpolitik neuerdings Kritik an Kranzmayer in dem Zusammenhang: Gero Fischer: *Das Slowenische in Kärnten. Bedingungen der sprachlichen Sozialisation. Eine Studie zur Sprachenpolitik*. Wien 1980, S. 39 ff. Fischer gibt dazu auch weitere Literatur an.
Zur Rolle des „Instituts für Kärntner Landesforschung" als dem geistigen Zentrum der Germanisierungspolitik in Kärnten vgl. Alfred Elste: *Das Bild der Kärntner Slowenen in der nationalsozialistischen Presse und Wissenschaft*. Wien, Phil. Diss. 1981 [mschr.], S. 128 ff.
72 Genaue Aufstellungen und Zahlen bringt Leitner (Anm. 2), S. 187.
73 Joseph Papesch: *Von deutscher Dichtung im Ostalpenraum*. In: *Das Joanneum. Beiträge zur Naturkunde, Geschichte, Kunst und Wirtschaft des Ostalpenraumes*. Band 2: Kunst und Volkstum. Graz 1940, S. 55–76, S. 74.
74 Ebd., S. 65.
75 Ebd., S. 72.
76 Leitner (Anm. 2), S. 185 f.
77 Hugo (v.) Kleinmayr: *Welt- und Kunstanschauung des „Jungen Deutschland". Studien zur Geistesgeschichte des 19. Jahrhunderts*. Wien und Leipzig 1930.
78 Leitner (Anm. 2). S. 200 f.
79 Hugo von Kleinmayr: *Spontane Selbstbesinnung im dichterischen Schaffen. Dietmar, Luther, Rilke*. In: *Helicon* (Amsterdam, Leipzig) 2 (1939), S. 25–52. – *Rilke. Von ihm und über ihn*. In: *Helicon* 4 (1941), S. 82–118.
80 Zu den folgenden Ausführungen vgl. Leitner (Anm. 2), S. 180 ff.
81 Karl Polheim: *Die zyklische Komposition der Sieben Legenden Gottfried Kellers*. In: *Euphorion* 15 (1908), S. 753–765.
82 Ebd., S. 765.
83 Vgl. Karl Polheim: *Bernhard Seuffert*. In: *Festschrift zum 200. Geburtstag des Dichters Christoph Martin Wieland*. Hrsg. von der Stadtgemeinde und dem Kunst- und Altertumsverein in Biberach/Riß. Selbstverlag 1933, S. 196–199.
84 Leitner (Anm. 2), S. 182.
85 Ebd., S. 287 f.

86 Dazu: K-nn [=Harald Kaufmann]: *Professor Polheim zum Gedenken.* In: *Neue Zeit* (Graz), 20. 12. 1967, S. 4.
87 Norbert Scharnagl: *Die poetische Namengebung bei Schiller, Kleist, Körner.* Graz, Phil. Diss. 1939 [mschr.], S. 1.
88 Ebd.
89 Fachliche Qualifikationen für Polheims Bestellung zum Rektor waren nach dem Ermessen Alfred Bäumlers „bei dieser Entscheidung nicht ausschlaggebend. . .wesentlich mitentscheidend für die Rektorsfrage sind natürlich die charakterlichen Qualitäten" (Antworten des „Amtes Wissenschaft" an die Gaustudentenführung Steiermark vom 13. und vom 12. 7. 1939; Institut für Zeitgeschichte, München, MA 1165, 5120-23). Für den Beleg danke ich Klaus Amann.
90 *Zur Erinnerung an die Verleihung des Wolfgang Amadäus* [!] *Mozart-Preises 1937 an Max Mell.* O. O. u. J. – Dazu UA Graz, Akt Mozartpreis Mell.
91 *Zur Erinnerung an die Verleihung des Wolfgang Amadäus Mozart-Preises 1939 an Franz Nabl.* O. O. u. J. – Dazu UA Graz, Akt Mozartpreis Nabl.
92 *Zur Erinnerung an die Verleihung des Wolfgang Amadäus Mozart-Preises 1939 an Dr. Hans Kloepfer.* O. O. u. J. – Polheims Laudatio ist – situationsbedingt verändert und um den Lobisser-Teil vermehrt – wiederabgedruckt: *Volk und Stamm. Hans Kloepfer und Suitbert Lobisser, die Mozartpreisträger 1939.* In: *Das Joanneum. Beiträge zur Naturkunde, Geschichte, Kunst und Wirtschaft des Ostalpenraumes.* Band 1: *Ostalpenraum und das Reich.* Graz 1940, S. 32–38.
93 UA Graz, Akt Ehrendoktorat Nabl.
94 UA Graz, Akt Mozartpreis Mell.
95 Karl Polheim: *Ansprache bei der Verleihung des Mozart-Preises 1939.* In: *Zur Erinnerung* (Anm. 92), S. 14.
96 Vgl. Klaus Amann. *Die literaturpolitischen Voraussetzungen und Hintergründe für den „Anschluß" der österreichischen Literatur im Jahre 1938.* In: *Zeitschrift für deutsche Philologie* 101 (1982), S. 216–244, insbes. S. 232 ff.
97 *Bekenntnisbuch österreichischer Dichter.* Hrsg. v. Bund deutscher Schriftsteller Österreichs. Wien 1938.
98 Karl Polheim und Karl Konrad Polheim: *Der Peter-Rosegger-Preis des Landes Steiermark und seine Träger (1951–1954).* In: *Die Steiermark* (Anm. 14), S. 675–699, Mell: S. 679–683.
99 Karl Polheim: *Ansprache bei der Verleihung des Mozart-Preises an Max Mell.* In: *Zur Erinnerung* (Anm. 90), S. 18–23, S. 20.
100 Friedbert Aspetsberger: *Literarisches Leben im Austrofaschismus. Der Staatspreis.* Königstein/Ts. 1980, S. 159 ff.
101 Karl Polheim: *Der denkende Dichter.* St. Georgen a. d. Stiefing/Stmk. 1948. (=Schriftenreihe „Paul Ernst und seine Zeit." Heft 1), S. 23.
102 Gunter Reiss: *Einleitung. Vom Dichterfürsten und seinen Untertanen.* In: *Materialien zur Ideologiegeschichte der deutschen Literaturwissenschaft. Von Wilhelm Scherer bis 1945.* Mit einer Einf. hrsg. v. G. R. Band 1. Tübingen 1973. (=dtv. Wissenschaftl. Reihe 4260), S. XX.
103 Polheim (Anm. 99), S. 23.

Die österreichische Hochschulgermanistik III

Zur Wiener Neugermanistik der dreißiger Jahre: *Stamm, Volk, Rasse, Reich.* Über *Josef Nadlers* literaturwissenschaftliche Position *

von
SEBASTIAN MEISSL

Im Jahr 1933, als junge NS-Germanisten wie der Deutschkundler Walther Linden in hektischen Programmentwürfen eine neue Literaturwissenschaft fordern, meldet sich vom sicheren Wiener Beobachtungsposten der Ordinarius Josef Nadler zu Wort. Die postulierte „neue Richtung ist längst da", behauptet er und meint unzweideutig – sich selbst. Das Erbe des zünftigen Altmeisters Wilhelm Scherer wird dazu ebenso reklamiert wie die eigene Priorität bei der Inauguration einer zeitgenössischen Wissenschaft festgeschrieben, doch als Historiker in eigener Sache muß Nadler, der 1911, als der erste Band der *Literaturgeschichte der deutschen Stämme und Landschaften* in Druck ging, wörtlich als das „Jahr des Heiles" anspricht, seine eigene Datierung der entscheidenden wissenschaftsgeschichtlichen Wende mit einigen Rivalen teilen; diesen freilich sind Rang und Wert des Neuen ziemlich abgesprochen und vollends in die Grube fallen müssen die Vertreter von „Individualismus" und „Ästhetentum". „Die Wissenschaft", so heißt es, „muß sich abwenden von dem ausschließlich Geistigen und Gestaltlichen. Sie muß den Mut haben, an Stelle des rein ästhetischen den nationalen Wertbegriff zu setzen".[1] Mit dem apostrophierten „Geistigen" war die Ideen- und Problemgeschichte Rudolf Ungers, mit dem „Gestaltlichen" die akademisch etablierte, „Heroen"geschichte des George-Kreises (in der Person Friedrich Gundolfs) pauschal zurückgewiesen. In der Tat war Nadlers Umwertung der Werte längst in Gang und seine lautstarke Selbstbehauptung, wenn auch nicht sein Alleinvertretungsanspruch, so gesehen im Recht.

Seine schon vor dem Ersten Weltkrieg formulierte Intention, das W e r t p r o b l e m ein für allemal theoretisch zu „erledigen", indem

Wissenschaft und ästhetisches Urteil per definitionem getrennt werden, soll eine G e s c h i c h t e der Literatur erst wirklich möglich machen.² Als ihr Gegenstand kommen für Nadler zunächst nicht irgendwelche herausgehobene Autorenindividuen sondern kategorisch nur T e x t e jedweder Gattung und Herkunft in Frage. Was man das Ingenium eines schöpferischen einzelnen nennen mag, sei vielleicht einer einfühlenden, psychologisierenden Ästhetik zugänglich, doch falle diese auf Grund ihrer vorausgesetzten Wert- und Vorurteile aus dem Rahmen der anzustrebenden Wissenschaft von selbst heraus. R a t i o n a l im eigentlichen Sinn ist hier nur erkennbar, was über das isolierte Textbeispiel hinaus, anderen Zeugnissen vergleichbar, einem möglichen T y p u s angehöre, während – in der Pointierung Nadlers – aus einem Punkt sich keine Kurve berechnen lasse.

Beginnend mit dem Vergleichen und Sortieren von Texten sollen über fortschreitende Verallgemeinerung gewisse Merkmalsreihen und -typen, zuletzt möglichst abstrakte Begriffsnamen gefunden werden. Strikte I n d u k t i o n und das Prinzip der K a u s a l i t ä t in der summarischen Anwendung des Satzes vom zureichenden Grund sind die zwei Hauptmerksätze dieser Methodenlehre. Eine bestimmte Textmenge ergebe geordnet die (nur konventionell so bezeichnete) Einheit „Maria Stuart", in weiterer Folge „Friedrich Schiller" als Sammelname für die nächstgrößere Menge zusammengehörender Texte und schließlich eine Größe von Merkmalen, die man – wieder nur vorläufig – mit „schwäbisch-schrifttümlich" umschreiben könne.³ Der extreme Begriffsnominalismus kann freilich nicht verbergen, daß in dieses Konzept schon Vorstellungen von Realsubstanzen vermengt sind, die in der Folge – gegen alle methodologischen Beteuerungen – das Feld beherrschen sollten. Springender Punkt ist die Einführung des S t a m m e s begriffs als kultur- und gesellschaftsbildender Hauptfaktor, der anfänglich noch vage bleibt. Nadler selbst meint auf einem „rein logischen" Weg ans Ziel gekommen zu sein: Die Frage nämlich nach dem zureichenden Grund für das Vorhandensein von Texten zwinge dazu, auch die Frage nach den möglichen Urhebern bis an einen Endpunkt zu verfolgen, und ebendort stehe allemal ein Kollektiv, die familiengeschichtliche „Zeugungsabfolge ganzer Geschlechterreihen", die in größeren landschaftlichen Einheiten historisch eben als die sogenannten Stämme auftreten.⁴ Anknüpfend an diese seine Selbstrechtfertigung von 1914 ist für Nadler zwanzig Jahre später im Leitaufsatz des nun charakteristisch in *Dichtung und Volkstum* umbenannten *Euphorion* der Stamm schon „ein familiengeschichtlicher Blutsverband", „ein natürlicher, eigengesetzlicher Verband jener ursprünglichen Lebenszellen, auf die sich jede Gemeinschaft begründet".⁵

Wegen des bei Nadler lebenslang dominierenden naiven Glaubens an den alten Positivismus, verstanden als Induktionismus und Kausalismus, – er selbst hielt, durchaus zeittypisch, sein methodologisches Vorgehen für voraussetzungslos – blieb ihm der theoretisch blinde Fleck seiner Argumentation unerkannt. Wenn nämlich Texte und wie auch immer definierte Stammeseinheiten gleichsam isomorph einander zugeordnet sind, so ist ein solches Vorgehen ja nur möglich über die Vorstellung einer Ganzheit „Stamm", die selbst wieder nur auf deduktivem und niemals induktivem Weg zu erreichen war.

Neben dieser nicht durchschauten Voraussetzung hat Nadlers extremer Historismus die Neigung, Raum und Zeit als historische Kategorien zu naturalisieren, womit dann etwa die historische Zeit auf die Vorstellung einer bloßen Abfolge von Geschlechtern zu schrumpfen beginnt. Dennoch wäre ein Irrtum anzunehmen, solche Theorien gingen zur Gänze in einem fatalen Biologismus auf. Über allen biologisierenden Tendenzen ist doch die Mehrfachbedeutung des Stammesbegriffs[6] nicht zu übersehen: Im Stamm fallen Natur und Kultur zusammen, in ihm ist das universelle Interpretationsmuster für Geschichte gefunden, in dem die Literatur/die Texte als exponiertestes Mittel der Erkenntnis zur Verfügung stehen. Die immanenten Möglichkeiten dieses Konzepts deuten sich damit schon an.

Nadlers an Karl Lamprecht anknüpfende kulturhistorische Orientierung bindet Stammesgeschichte ein in die entwicklungsgeschichtliche Theorie einer sich sukzessiv in historischen Typen und Stufen entfaltenden kollektiven Psyche der Nation(en), die in der zeitgenössischen Terminologie des ausgehenden neunzehnten Jahrhunderts als „Sozialpsychologie" auftritt. Diese hier nicht zu erläuternde Begriffshülle umschließt aber faktisch ein Gemenge aus damals aktueller Milieutheorie, generell mechanistischen Vorstellungen vom Geschichtsverlauf und von Ideen „kollektiver Mächte" aus dem Fundus der deutschen Spätromantik.[7] Die erwähnte methodische Crux, nämlich der Schluß von den vielen Einzelbeispielen (Texten) auf eine höhere Einheit, ein größeres Ganzes, dem – wie den Stämmen – eben mehr als die Qualität der Summe zukommt, ist nicht über das vorgeschlagene logisch induktive Verfahren, sondern nur durch den Absprung in die kaum explizierte und widersprüchliche Theorie zu erledigen.

Trotz wiederholter Beteuerungen, strenger Empiriker zu sein, der über Literatur das Material für die Erkenntnis des „Stammesproblems" erst bereitstellen könne,[8] ist Nadler als praktisch arbeitender Literarhistoriker gezwungen, mit Stämmen als relativ beständigen historischen Realtypen zu rechnen: die immanente Gefahr, sich logisch damit im vitiösen Zirkel zu bewegen, braucht nicht eigens hervorgehoben zu werden.

Nadlers Neigung zum kausalen Reduktionismus, nämlich durch das Verlassen der Textebene überhaupt erst neue Wertgrundlagen für geschichtliche Urteile zu gewinnen, gibt zuletzt den Ausschlag: Das Forcieren der genealogischen Forschung und – mehr noch – die nach der Jahrhundertwende junge Disziplin einer umfassenden beschreibenden Volkskunde sollen das Vakuum nach der abgedankten ästhetischen Literaturbetrachtung ausfüllen. Das in solchen Wissenschaften selbstverständliche Interesse für historische Residuen, ihre Vorliebe für konkrete Anschauung, Gegenstandsnähe und Feldforschung bringt einen Denkstil mit einem konservierenden Begriff von Tradition hervor, dem solche Tradition (alles, was „gewachsen" ist und „Dauer" hat) als Wesen der Geschichte überhaupt erscheint, deren räumliches Subjekt die Heimat der kleinen Räume mit ihren überschaubaren Kulturen bildet. Hier ist nun aber auch ein fast schon kanonischer Begriff von Volk und Volkstum virulent, der – selten präzisiert – entscheidende heuristische Bedeutung erlangt: Schon 1907 nennt Nadlers Prager Lehrer August Sauer als zum Volk gehörig das jeweils „Einfachere, Primitive, Gesunde" der „ländlichen (von den internationalen Bildungs- und Kulturelementen möglichst unberührten) Schichten der Bevölkerung".[9] Sosehr eine von den Texten und nicht den „großen Namen" her aufgebaute Literaturwissenschaft folgerichtig ihren Gegenstandsbereich durch die Wissenschaft von der anonymen Kultur (Volkskunde u.ä.) erweitern konnte, ist sie doch ebenso wieder durch den Ethnozentrismus und einen prinzipiell gegen die Stadt gerichteten, scharf antizivilisatorischen Affekt horizontal verengt.

Wie nun im Einzelfall ein literarisches Zeugnis kategorisiert wird, entscheidet sich sozusagen ad hoc, doch ist zunächst jeder Text als stammestümliches Dokument anerkannt. War damit eines der Erbübel des Historismus, der Wertrelativismus, scheinbar behoben, so verschob die apodiktische Form dieser Lösung das Problem doch nur auf eine andere, „untere" Ebene der „Stammesmerkmale", die – wieder nach Sauer – „die älteste und festeste Schicht" ausmache, „auf welcher alle anderen Einflüsse und Eindrücke, wie sie Erziehung, Bildung und Leben mit sich bringen", erst abgebildet werden.[10] Während der Lehrer aber noch von den vielen Unbekannten und allenthalben im Konjunktiv spricht, gilt Nadlers Interesse bereits – durchaus indikativisch – primär jenen „natürlichen Verbänden", die als kultur- und literaturbildend erkannt sind. Methodisch geht es ihm dabei immer weniger um die von Sauer geforderte Typologie aus wie immer definierten Stammesmerkmalen; unter Vermeidung der sonst üblichen Terminologie entwickelt Nadler schließlich vor dem Deutschen Soziologentag 1930 eine Skala von „Bedeutungskonkurrenzen" jener Formationen, die für Texte und Autoren jeweils funktional bedeutsam werden: S t a n d , S t a a t , K o n f e s s i o n sind ihm dabei die wichtigsten, während als „letzte Instanz" die „ n a t ü r l i c h e V o l k s g r u p p e " über die Zuordnung entscheidet.[11] Sind zum Beispiel „zwanzig bairische Schriftsteller einander stilistisch oder gedanklich verwandt, weil sie Bürger des einen bairischen

Staates sind, weil sie bäuerlicher Herkunft oder katholischen Bekenntnisses oder bairischen Stammes sind?".[12] Schon die Frage signalisiert die methodische Lösung im Sinne einer **konservativen Literatursoziologie**, der die gesellschaftlichen „Mächte des Beharrens" (W.H. Riehl) die Stichworte liefern. So wird Literatur verstanden als Erzeugnis von historisch relativ unbeweglichen Größen, von gleichsam naturwüchsigen Sozialgebilden, denen möglichst geschlossene weltanschauliche Einheiten entsprechen. (Es ist bezeichnend, daß die meisten Belege für die Beweisführung der Zeit vor 1800 entnommen sind, Epochen also, in denen mit einigem Recht von einer Homogenität der Stammesliteraturen gesprochen werden konnte. Aber bereits in Nadlers abschließendem Band von 1928, der das neunzehnte Jahrhundert bis zur Gegenwart, d. h. der Zäsur von 1914 heranführte, befand sich die ursprüngliche Stammeskonzeption in Selbstauflösung.)

Trotz aller Ungereimtheiten und Widersprüche festigte sich Nadlers Ruf beständig; für Stefan Großmanns Berliner *Tagebuch* war er „ohne Zweifel der bedeutendste Mann, der zur Zeit auf einem deutschen Literatur-Katheder steht".[13] Solche Elogen aus der Publizistik häuften sich, während die Fachkollegen sich mehr und mehr auf bloße Detailkritik beschränkten. Mit der Vollendung des „großen Wurfs" ist ihr Verfasser nicht nur akademisch endgültig etabliert, sondern auch der Beachtung durch eine größere Öffentlichkeit gewiß, ob man nun sein Verfahren als älteren Positivismus mit naturalistischen Einsprengseln, als verspätete romantisch-naturphilosophische Entwicklungslehre oder einfach als völkische Soziologie der Literatur auffassen mochte.[14] Über den Erfolg entschieden dabei weniger Theorie oder Methode — beides seine Stärke nicht — sondern der Gesamteindruck eines Opus, das Thomas Mann wohlwollend-ironisch als „neuen, merkwürdigen und übrigens sehr deutschen Versuch" gelten ließ,[15] dessen „anregenden Entwürfen" auch ein Walter Benjamin die Nützlichkeit nicht absprechen wollte.[16]

In der ersten Phase ihrer Wirkung appellierte Nadlers Literaturgeschichte noch stark an den historischen Instinkt konservativer Ästheten und Bildungsbürger, die allenthalben den Verlust von Tradition und historischem Wissen beklagten; hier brauchen neben den zahlreichen kleineren, überlauten Lobrednern nur Hugo von Hofmannsthal und der deutsche Romanist Ernst Robert Curtius genannt werden.[17] Ein Kriterium für den Erfolg Nadlers dürfte in seiner souverän literarisierenden Darstellung zu finden sein, einem Verfahren, das zwar der eigenen postulierten Methode spottet, aber — bei aller begrifflichen Verschwommenheit — durch Bilderreichtum (von Organ-, Natur-, Handwerksmetaphern etc.), Zitatmontagen, erzähltechnisch geschickten Überleitungen insgesamt eine gemäldeartige, episch breite Panoramatik ermöglicht und sich in einem anschaulichen, stark eigengeprägten

Sprachstil präsentiert. Der Inhalt dieses dem Genre des traditionellen Romans angenäherten historischen Diskurses ging nie ganz im Titel, sein Reichtum an Gesichtspunkten schon gar nicht in der doktrinären Theorie auf. Das Interpretationsschema war doppelsinnig angelegt, „Stämme und Landschaften" haben – wie angedeutet – seit der ersten Auflage schon eine implizite Zweifachbedeutung; sie meinen neben dem jeweiligen kulturräumlichen und dem ethnographischen, sprich: biologistischen Substrat der Literaturentwicklung immer auch eine geistesgeschichtliche Größenordnung – was bei der andrängenden Schwierigkeit, nach der Erfindung der Eisenbahn mögliche Stammeseinheiten überhaupt noch in Evidenz zu halten, für Gegenwart und Zukunft viele Optionen offen hielt.

Ein Jahr nach der eingangs erwähnten Wortmeldung ruft Nadler nun, 1934, – wie es scheint – ebenso energisch einige offiziöse Rassentheoretiker[18] mitsamt ihrem akademischen Anhang zur Ordnung. Auf der Suche „nach den geistesgeschichtlichen Aufschlüssen" rassenkundlicher Schriften kann der Kritiker nur deren Apriorismus, fehlende Empirie und eine allgemeine Beweisnot konstatieren. Ihr Denkfehler liege in einem offensichtlichen Zirkelschluß, in dem eben das, „was gerade unter Beweis zu stellen ist", bereits vorausgesetzt werde.[19] Während jetzt „jede Geisteswissenschaft (...) das Wirken überpersönlicher Kräfte erkennen will"[20], begnüge sich die neue Rassenkunde damit, aus Bildnissen von Einzelindividuen den rassischen Befund einfach herauszulesen. Die Rückführung geistiger Leistungen auf den vermuteten biologischen Typus ist für Nadler ebenso „individualistisch", „erkenntniskritisch hoffnungslos", auf ein rational nicht faßbares Einzelwesen fixiert, wie die Rasse-Stil-Kongruenzen eines Hans F. K. Günther (barock = „dinarisch") ungenügend sind. Dagegen nehme sich die Stammeskunde im Verein mit der Volkskunde „soziologische Gebilde" zum Gegenstand, beziehe „alle gemeinschaftsbildenden Kräfte", „die Landschaft wie den Staat, die Stände wie die Formen des Glaubenslebens" in ihre Fragestellungen ein und beschreibe zuletzt „die geistigen Leistungen" von Großgruppen (Stämmen).[21] Die Methoden der Rassenkundler, „das, was Blut und Geist zu Leben gemacht haben, auf seine Einzelposten mechanisch zurückzurechnen", seien aber – auch aus sachlichen Gründen – wegen der geringen Zahl von Bildquellen gescheitert. Wohl gebe die historisch weiter zurückführende Literatur der Familien- und Stammesforschung Auskünfte über Herkunfts- und Verwandtschaftsbeziehungen, enthalte aber gar keine rassenkundlich verwertbaren Informationen.

Wenig später trat Nadler vor einem von ihm selbst bemühten Wiener Gericht dem Vorwurf entgegen, Teile seiner Literaturgeschichte legten eine rassentheoretische Deutung dennoch nahe. Wörtlich:

> Wenn man heute von Blut und Boden spricht, so denkt jeder Mensch an den Rosenbergschen Mythos. Nun habe ich schon im Jahre 1911 über den Einfluß von Blut und Boden auf das Schaffen eines Menschen geschrieben, es ist daher nicht meine Schuld, wenn die Nationalsozialisten sich manches von meinem Gedankengut – sehr verändert – angeeignet haben.

Seine (oben referierte) Abhandlung lege klar, daß er „mit Rassentheorie nichts zu tun haben will".[22] Und nach einem außergerichtlichen Vergleich resümierte Nadler, sein Werk wolle als Ganzes beurteilt werden; es sei zunächst „weder eine Theorie noch eine Methode (sic!), sondern eine geschichtliche Darstellung"[23]. Mit diesem Rückzug auf das „Faktische" waren zwar allzu simple Vermutungen, nicht aber innere Zweideutigkeiten in vielen Textstellen behoben[24]. Ohne Frage ist trotz solcher Beteuerungen der Blutglaube für Nadler konstitutiv, er bildet zum mindesten den atmosphärischen Hintergrund – ohne die Notwendigkeit, immer ausdrücklich von „Rasse" reden zu müssen. Sein eigenes Verfahren ist in der Tat historisch gesehen im Vorteil: Das von ihm (mit)geschaffene Wissenschaftsparadigma kann berechtigte Prioritätsansprüche anmelden und die Rosenberg und Günther auf das Feld bloßen „Glaubens" und damit aus dem Tempel der „Wissenschaft" verweisen. Sein Plädoyer für eine empirisch-induktive Methodik ließ ihn das Konstrukt einer maßstäblichen nordischen „Systemrasse" (als Schöpfer und Träger der „germanisch-deutschen" Kultur) ablehnen, hinderte ihn aber nicht daran, sich auf der ominösen Glaubensebene zum „Mysterium aus Blut und Boden" zu bekennen.[25] Von hier aus erfolgt dann aber doch – gegen alle vorherigen Bedenken – die Zielprojektion, „von der Rasse her (...) die letzten Aufschlüsse zu erwarten, die weder die Volkskunde noch die Stammeskunde geben können"[26] – Bedingung wäre eben nur der von ihm vorgeschlagene methodische Weg... Für diesen lautet dann die erkenntnisleitende Grundfrage, wie „bei r a s s i s c h   g e m i s c h t e n Menschen die verschiedenen körperlichen die jeweils zugehörigen seelischen und geistigen Merkmale" bezeugen. Als rassengeschichtliches Beobachtungsfeld kommt daher wieder nur die Stammeskunde und der von ihr bevorzugte „gewaltige Mischungsraum" im deutsch-slawischen Osten und „lateinischen" Süden in Betracht[27].

Es dürfte klar geworden sein, daß die geforderte scharfe Trennung von „Wissenschaft" und „außerwissenschaftlichen" Überzeugungen so nicht durchzuhalten war; sie beruhte auf der Annahme, daß im Prozeß der induktiven Begriffsbildung und beim Aufdecken kausaler Relationen grundsätzlich Werturteile ausgeschaltet seien. Dieser vermeintliche Objektivismus konnte zwar ein großangelegtes Forschungsprogramm aber keine adäquate eigene Erkenntnisweise hervorbringen. Über die deduktiven Elemente (Stammesbegriff) sind von Anfang an Nadlers Überzeugungen präsent, die eine Operationalisierung der methodischen Grundbegriffe fast zwangsläufig verhindern. Der an die Rassenkunde gerichtete Vorwurf, ihr Schluß von geistigen Leistungen auf biologisch-anthropologische Ursachen sei nichts als ein mechanischer Reduktionismus, fällt letztendlich auf den Kritiker selbst zurück. Ähnliches gilt vom durchaus zweischneidigen Einwand gegen das logisch zirkuläre Verfahren. In Nadlers eigener pauschaler Kategorienbildung („bairisch", „fränkisch" usf.) wird ein i n t u i t i v e s Moment vorherrschend, während die Versicherung, es handle sich beim „Stamm" zunächst nur um eine hypothetische Setzung, sich durch den begriffshypostasierenden, inflationären Wortgebrauch selbst widerlegt[28]. Die wissenschaftshistorisch nicht seltene Kluft zwischen Begriffsscholastik[29] und praktischer Arbeit blieb bestehen, zwischen dem argumentierenden Diskurs der methodisch-theoretischen Ebene und dem erzählenden der Literaturgeschichte selbst konnte die Vermittlung nicht gelingen. Daß der apologetische Versuch einer gleichsam doppelten Buchführung nicht aufging, bestätigt schon die Bemerkung eines sonst wohlwollenden Zeitgenossen, im Sauer-Nadlerschen Versuch „zerrinnt die schöne und strenge Kausalität" trotz aller deterministischen Dogmatik und übrig bleibe nicht der Begriff, sondern eine „mystische Etikette" von Stamm.[30]

Ein berühmt gewordener Satz Nadlers hatte den literaturwissenschaftlichen Gegenstand auf „Geschichte, nur das, was war und wurde" festgelegt und die Pointe dazugesetzt: „Wer die schöneren Augen hatte und die besseren Verse konnte, das ist für die Geschichte eine interessante Gleichgültigkeit"[31]. Die wiederholten Einwände der Kritik, damit beginne die Literaturgeschichte ihren eigentlichen Gegenstand, die Literatur, aus dem Blickfeld zu verlieren, haben den Kritisierten wenig bekümmert. In Ausführung seines Programms historischer „Erkenntnis" – nicht eines wie immer begründeten „Sinn" verstehens – sollte das Erbe des literaturwissenschaftlichen Positivismus, die grundsätzliche Trennung von Wissenschaft und Werturteil,[32] neu bestätigt werden: Erst durch den Verzicht auf ästhetische Kritik sei eine umfassende, thematisch nicht selektive Literaturgeschichtsschreibung möglich geworden. Durchaus folgerichtig wird dann auch die germanistisch kanonisierte Hierarchie von hoher Dichtung (und darunter liegenden Schwundstufen) ersetzt durch einen Literaturbegriff, für den ein historisch-genetisches *und* ein pauschal wirkungsgeschichtliches Kriterium geltend gemacht werden.

In der Nachfolge romantisch-nationaler Theorie sind für Nadler die eigene Sprache und Literatur das bevorzugte historische Erkenntniswerkzeug. Literatur zumal „ist die allgemeinste, zugänglichste, unmittelbarste geistige Funktion eines Volkes"[33]. Das Geschäft des Literarhistorikers bestehe nun aber darin, nicht von Volk oder Stamm auf Literatur, sondern umgekehrt von der Wirkung auf den Verursacher, vom Bekannten auf das Unbekannte zu schließen.[34] Damit befinde er sich in der

Lage des Empirikers, der um der Sache willen zu hypothetischen Schlüssen genötigt sei. Schon die „Wesenheit" einer einzigen Autorpersönlichkeit könne man ja nicht eigentlich dem „positivistisch Erweisbaren" zurechnen; denn man schließe z. B. „in gleicher Weise vom Stil der Goetheschen Werke auf deren Urheber" wie von „überpersönlichen Stilmerkmalen" auf mögliche Kollektive.[35]

Zu genau dem Zeitpunkt, als Nadler sich endgültig akademisch und öffentlich durchzusetzen beginnt, deutet sich damit ein gewisser m e thodologischer Rückzug an. Am Beginn der dreißiger Jahre zeigen solche Äußerungen, daß grundsätzlich der Naturalismus und Soziologismus nicht aufgegeben, wohl aber das bis dahin behauptete Erkenntnisprivileg, wonach nur das, was als gemeinsames Merkmal einer bestimmten Sozietät, Gattung etc. auftritt, niemals aber ein Individuum als solches der rationalen Erkenntnis zugänglich sei, deutlich eingeschränkt wird. Mehr noch, Nadler sieht jetzt in der Darstellungstechnik des Literarhistorikers „als erstes das Vermögen" v o r a u s g e s e t z t , „durch Einzelheiten ein Ganzes zu sehen und anschaulich zu machen", was aber „noch weniger lehrbar und noch weit mehr i n g e n i u m " sei als die notwendig vorausgehende induktiv-kausale Beobachtung und Begriffsbildung.[36] Dieser letzte Satz, den man wohl eher als verstecktes Selbstlob denn als Selbstkritik lesen muß, zieht nur die Konsequenzen aus einer längst geübten Praxis. Der Begriff des Stammes bezeichnet zwar auch weiterhin jene angenommene „gemeinsame Grundkraft", die „langanhaltende und räumlich begrenzte Dichter- und Dichtungstypen am besten erklärt",[37] doch von der methodischen Maximalforderung lückenloser Kausalität ist längst keine Rede mehr; denn weder von letzterer noch von einem analytisch nachvollziehbaren Verfahren der Generalisierung her baut sich die *Literaturgeschichte der deutschen Stämme und Landschaften* auf: Die Kluft zwischen der Masse der z. T. neuerschlossenen literarischen und außerliterarischen Dokumente und der biologischen Sphäre kann allein durch einen forcierten, zu universeller Geltung gebrachten O r g a n i z i s m u s geschlossen werden. In holistischen Begriffen (Ganzheit, organische Einheit, natürliche Wesenheit etc.) spricht sich das entscheidende theoretische Vorverständnis aus, das untrennbar in Nadlers Gegenstand selbst eingeht: Immer wieder definiert er „Literatur als ein Ganzes", „einen geistigen Organismus"; Idealfälle der Beobachtung sind ihm raum-zeitlich „in sich abgeschlossene Gebilde" und deren „geistiges Eigenleben".[38]

Derselben Ordnung unterliegen auch die ethnischen Verbände und überhaupt alle Formen menschlicher Gesellschaft; ihre Zugehörigkeit zur „Körperwelt" in einem nicht mehr metaphorischen, sondern durchaus wörtlichen Sinn steht fest.[39] Nachdem schlechthin alle historischen Objekte auch der „organischen" Welt angehören, sind in dieser nur mehr Abstufungen, Gliederungen höheren oder niedrigeren Ranges u.

dgl. denkbar. Die Erscheinungen der menschlichen Natur/Gesellschaft gehen wie die kulturellen Produktionen für Nadler aus ein und derselben „Substanz" hervor.[40]

Es ist unschwer zu erkennen, daß dieses Konzept ohne die Fiktion eines jeweiligen K o l l e k t i v g e i s t e s (Kollektive verstanden als Gruppenpersonen mit Geist-, Instinkt-, Triebausstattung) nicht auskommen kann: Ein dem Biologischen immanentes Prinzip, die Vorstellung eines gleichsam anonym-mystischen, die Wirklichkeit bestimmenden Geistes[41], sorgt für den Zusammenhalt dieser Ganzheitsmetaphysik.

Verdeutlichen kann man sich dies alles schon mit der Leitfrage nach der Möglichkeit einer Abgrenzung der Stammesliteraturen. Die Frage zielt nämlich ausdrücklich „auf die Identität zwischen Bevölkerung und geistigen Vorgängen bestimmter Räume"[42]. Der Nachweis dieser Identität ist aber bloß literatur- oder sprachgeschichtlich nicht zu führen, da allein schon die Dialekte und Mundarten in ihrer Verbreitung nicht allgemein mit den Stammesgrenzen übereinstimmen. Die Beweislast fällt damit allen geschichtlich orientierten Disziplinen im Verein mit der genealogischen Forschung zu, die – dem breiten kulturhistorischen Ansatz entsprechend – die „Vergleichbarkeit aller Lebensäußerungen", von Künsten, Wissenschaften, Religion, über den Staat bis zu den alltäglichen Lebensformen sich zum Gegenstand machen.[43] Trotz des geforderten deskriptiven Aufwands ist allerdings recht flink die Lösung zur Hand, wenn etwa beim unglücklichen Grillparzer oder im Fall Anzengruber die Ahnentafel aufzulisten eindeutig gelungen ist. Hier dürfe dann die „geistige Leistung als Ganzes für Schlüsse auf die Eigenart" der eingesessenen bayerisch-österreichischen „bäuerliche[n] Grundbevölkerung" (nicht der städtischen Wiener!) verwertet werden.[44] Hinter solcher energisch kurzschließenden Logik steht – in der Formulierung Nadlers – das „Unwillkürliche" als „das wichtigste Kriterium soziologischer Bindungen", von Familie, Stamm, Volk.[45] Nachdem das „Unwillkürliche" – wie uns der Erfinder dieses Gedankenflugs überraschend belehrt – keineswegs im Sinne biologischer Determination als simple Vererbung aufzufassen sei,[46] es aber auch realsoziologisch nicht näher beschreibbar ist, bleibt dem Leser nur die psychologische Interpretation des Begriffs als eines „Unbewußten", eines kollektiven Stammesgeistes o. ä. als letzte Möglichkeit.

Ganz ähnlich beantwortet sich auch die zweite erkenntnisleitende Frage Nadlers, „ob tatsächlich besondere Zeiten und Räume ihre jeweils besonderen Ideen denken", bzw. im Literarischen bestimmte herrschende Stile und Gattungen hervorbringen.[47] Der Nachweis über die auch sonst geforderte Empirie „der möglichst vielen Fälle"[48] ist ebenfalls nicht denkbar ohne die romantisch anmutende Geist-Seele, die sich nun an historische und geographische Räume heftet und wohl als letzte Ahnung der alten Milieu- und Klimatheorie übriggeblieben ist.[49]

Aus der Überzeugung, daß – mit den Worten eines Kritikers – „Blut dicker wie Geist ist" (sic!)[50], und den anonymen Mächten eines dumpfen Unbewußten ergeben sich für Nadler die eigentlichen, die irrationalen Antriebe der Geschichte. Damit muß der Weg der geforderten totalen Historisierung aller literarischen Prozesse über die Entästhetisierung der Literaturgeschichte in naturhafte, unbewußte, letztlich vorgeschichtliche Bereiche führen, um von dort die letztgültigen Kriterien der Darstellung und Bewertung zu entnehmen. Das Nadlersche Geschichtsbild unterliegt – wie alle Weltbilder mit kollektivpsychischen Konstanten und einem biologisch-vitalen Substrat – dem „Zwang zur Biomythologie" (H. Plessner).[51] Auch das gewiß vorhandene, wenn auch etwas schrullig anmutende soziologische Interesse[52] löst sich in der Vogelperspektive des „Ganzheitlichen" auf. Und der Stamm in seiner Mehrdeutigkeit eignet sich zum einen als Mittel zur Umschreibung der mythischen Ursprünge der eigenen Nationalgeschichte – hierin ist Nadler Teil der seit der Jahrhundertwende anschwellenden ultrakonservativen völkischen Bewegung[53] – enthält aber zum anderen eine aktivistische, gegenwarts- und zukunftsbezogene Bedeutung, die ihn für eine offene, real-politische Ideologisierung funktionstüchtig macht.

Was den „Stämmen und Landschaften" ungeachtet ihrer schillernden Begrifflichkeit Konturen verleiht, ist die These von drei großen, relativ selbständigen historischen Vorgängen. Nadler unterscheidet als wesentliche stammesgeschichtliche Entwicklungen[54]: Die Volks- und Siedlungsgeschichte der sogenannten „Altstämme" im deutschen Westen und Südwesten, die Gruppe der „Neustämme" östlich der Elbe als Träger der Ostkolonisation und die Sonderentwicklung im bayerisch-österreichischen Süden und Südosten. Das kulturell bestimmende Motiv ist im ersten Fall die auf altem römischen Boden vollzogene Rezeption des antik-klassischen Bildungserbes (seit der karolingischen Renaissance) – ein Vorgang, der mit der deutschen Klassik um 1800 abschließt; im zweiten die Übernahme derselben nun schon „deutsch" vermittelten Tradition durch die Stammesteile im ursprünglich slawischen Osten seit dem Hochmittelalter – dieser Prozeß mündet nach vollzogener Eroberung und ethnischer Durchsetzung, „der Verdeutschung der Erde und des Blutes"[55], in die Romantik; im dritten die wieder direkte Aufnahme antiker Bildung bei den Bayern – dies führt über die Einschmelzung aller Künste zur Ausbildung einer bis ins neunzehnte Jahrhundert reichenden Theaterkultur.

In diesem Schema werden historisch nur die Langzeittraditionen ernstgenommen. Die sonst üblichen literarischen Epochenbezeichnungen sind auf geschichtliche Stammesräume projiziert, trotz dieser Umdeutung aber beibehalten: „Klassik" ist die Kulturform der westdeutschen, „Romantik" die der ostdeutschen Stämme, während „Barock" die Folie abgibt für die dritte Entwicklungseinheit. Nur die letztere soll hier noch näher erörtert werden.

Der oft gehörten Meinung, Nadlers Unternehmen habe die besondere Aufwertung der Literatur Österreichs angestrebt und erreicht[56], ja diese sei durch die Literaturwissenschaft – von der Ausnahme weniger Spezialisten abgesehen[57] – erst jetzt ernsthaft zur Kenntnis genommen worden, kann zugestimmt werden, sofern man dabei den entrichteten theoretischen, ideologischen und politischen Preis mitbedenkt. Die im dritten Band von Nadlers Literaturgeschichte (1918) ausgesprochene Parteinahme gilt „der geschlossenen Säule historischer Einheit"[58], die eine vom sechzehnten Jahrhundert über die Ludi Caesarei bis zu Raimund und Grillparzer reichende Linie des Theaters ausgebildet habe, eine Tradition, der gegenüber eine literarische Buchkultur nie wirklich aufgekommen sei. Entsprechend geringes Interesse wird der „äußerlichen" Stoff- und Formgeschichte gewidmet: umso lebhafter gestaltet der Verfasser die Schilderung von Fürstenhöfen, Klöstern, städtischen, dörflichen und handwerklichen Spielgemeinschaften als Repräsentanten dieses theatralischen Treibens. Das alles – nicht nur die Oper – ist als „Gesamtkunst" gesehen, die „unmittelbar durch die Sinne wirkt"[59]; das Theater des Hochbarock und das spätere Stegreifstück – beide „unliterarisch", nicht auf festgelegten Texten aufbauend – zeichne die gemeinsame Qualität aus, „Gelegenheitsdichtung im höchsten Sinne"zu sein.[60] Immer wieder wird auch vergleichend auf die Entstehungsbedingungen bestimmter dominanter Gattungen verwiesen: so verbinde Volkslied, Volksepos und Stegreiftheater, „daß sie Gemeingut sind und den Begriff des Eigentums nicht kennen; daß sie aus der Arbeit ganzer Gesellschaften erwachsen; daß sie jedem, der es kann (sic!), in jedem Augenblick gehören".[61] Für die gesamte Welt dieses Theaters wird der Gesichtspunkt geltend gemacht, zwar ständisch differenziert, sozial aber nicht abgeschlossen zu sein. Die These, daß in allen ihren Formen „die Kunst des Barock (...) wirklich zur Kunst des bairischen Volkes geworden" sei,[62] scheint nur folgerichtig zu sein.

Weniger klar ist auf den ersten Blick die zweite zusammenfassende Formel „Hofkunst, Reichskunst, Volkskunst"[63] für dasselbe Phänomen; sie stellt offensichtlich den Zusammenhang her mit der dynastischen Geschichte Habsburgs und des Reichs. Nadler gelingt die Integration politischer, nicht primär aus der Volksgeschichte ableitbarer Daten – auch sonst – schier mühelos, als Interpret aber muß man notgedrungen wieder auf die ominösen „Geist"qualitäten der Stammeskollektive rekurrieren. Nur über diese nämlich vermitteln sich „Ideen" jeder Art, literarisch-ästhetische, philosophisch-weltanschauliche und politisch-staatlich-überstaatliche. So sind dann – stellvertretend für die anderen Stämme – die Bayern über Jahrhunderte Träger der Reichsidee. Solche Gedanken hat Nadler von einer Auflage seiner Literaturgeschichte zur nächsten weitergesponnen, in den dreißiger Jahren schließlich ausgeweitet und aktualisiert.

Nach den Höhepunkten um 1800 und dem Auslaufen der süddeutsch-österreichischen Theaterentwicklung (was individuelle Fortsetzungen und Spätformen nicht ausschließt) ist das neunzehnte Jahrhundert auch literarhistorisch unter das Leitwort der deutschen Staatswerdung gestellt.[64] Die österreichische Geschichte gerät dadurch spätestens seit 1866 ins Zwielicht, von dem auch rückblickend das Barock eingeholt wird. War dieses noch 1918 – die betreffenden Abschnitte lagen seit 1914 fertig vor – mit einem unverkennbar antipreußischen Affekt dem Norden gegenüber abgegrenzt und nach dem italienischen Süden hin offen, so ist nun – wir schreiben Sommer 1933 – „das gemeindeutsche Bildungsleben" vorrangig geworden. Bisher waren bei Nadler Ideen „geistiges Gemeingut", denen ein bestimmter Stammesraum reserviert blieb; jetzt steht aktuell „die letzte Gemeinsamkeit" alles Deutschen vor Augen. Barock ist im Rückblick zwar noch immer die überstaatliche, universale Kunst, doch ebenso – im Zeichen der im siebzehnten Jahrhundert erneuerten Reichsidee – ein „Inbegriff deutscher Weltgemeinschaft". Hundert Jahre später hat dann die nord- und nordwestdeutsche Aufklärung schon „die nationale Selbstbefreiung des deutschen Volkes angebahnt", in die auch der deutsche und österreichische Süden (Joseph II!) einbezogen sind.[65] Bei anderer Gelegenheit heißt es lapidar: „Das deutsche Theater, das ist die Schöpfung des deutschen Barock", die „national im Sinne des Reiches", „politisches Theater" im Sinne von Staat und Kirche und vom Publikum her gesehen „auch national im Sinne der V o l k s g e m e i n s c h a f t " war. Nach dieser Argumentation kommen alle Festspielgedanken, Freilichtbühnen und Laienspiele ebenso wie „die kunstvoll inszenierten Massenaufzüge" der Gegenwart vom Barock her.[66]

Die Liquidierung des älteren Stammesdenkens ist damit vollzogen, jener Standpunkt, der zunächst nur die eigene, „bodenständige" Literatur als gleichwertig verteidigen wollte, endgültig verlassen. Eine durch perspektivische Verkürzung erreichte Raffung des geschichtlichen Prozesses, eine Redeweise, die dazu auffordert, durch großzügige Kontinuitätsbehauptungen die idealisierte Vergangenheit der eigenen Gegenwart bis zur Nichtunterscheidbarkeit anzunähern, die alt-neue Imagination einer homogenen Kultur: all das bietet sich den neu etablierten politischen Gewalten zur historischen Legitimierung an. Die Assoziation zu den Versatzstücken der nationalsozialistischen Ideologie – Nationalisierung der Reichsidee, kultische Herstellung der „Volksgemeinschaft" durch Theater- und Masseninszenierungen – stellt sich nicht zufällig ein.

In den zwanziger Jahren schon hatte Nadler – eine Parole Moeller van den Brucks aufnehmend – gefordert: „Der kommende große

Staatsmann wird die Rüstung des dritten Reiches dem deutschen Volk nach den Maßen und dem Gefüge des naturhaften Leibes schmieden müssen" und eine Verfassung nach Stammeseinheiten vorgeschlagen.[67] Der eigenen Wissenschaft von der Literaturgeschichte war dabei eine Präzeptorrolle zugedacht, das „Volk zum Höchstmaß seiner reibungslosen Leistungsfähigkeit (zu) erziehen", „eine neue Generation von Staatsbürgern"[68] für „die Verwirklichung des großdeutschen Gedankens".[69]

Im Zeichen der geforderten „Leistungsfähigkeit" treten zunehmend die „Obskuren"[70], jene anonymen oder sonst kaum bekannten Vertreter der Masse von Schreibern als Exponenten der Stammesliteratur zurück und eine Staats- und Dichteridolatrie an ihre Stelle: „Monarchie und F ü h r e r s t a a t", dekretiert Nadler nach einem Jahr Nationalsozialismus, „gewährleisten die vollkommenste Art des Zusammenwirkens von Staat und Dichtung", sie schaffen „Mittelpunkt und Kunstapparat", geben „Richtung" und „Aufgaben", besorgen die „Auslese", setzen „Normen", von Klopstock bis Wagner, von Karl dem Großen bis Stefan George... Der Dichter, in der „Stellung des Ebenbürtigen, des Souveränen, des Repräsentativen", ist in die Lage versetzt, „suggestive (...) fortreißende Staatsgedanken, emporziehende Urbilder" zu schaffen. Vollends die monumentalen Gattungen verwandeln „die Zweckhaftigkeit des Staatsverbandes in Schönheit". Das „zweite und das dritte Reich der Deutschen" sind lange vor ihrer politischen Realisierung „geistigen Vorgängen entstiegen", „die von der Literatur bestritten wurden"[71] – *und* von der Literaturgeschichte, wird man hinzufügen müssen. Einer Wissenschaft, die griffige Formeln liefert und deren unscharfer Optik alles zum großen Ganzen verschwimmt, das Unerwünschte aber als „unorganisch" ausscheidet.

Späte Apotheose des Barock?

Das gewaltsame Ende Österreichs im März 1938 stellte den Österreicher sudetendeutscher Herkunft, den Katholiken und Großdeutschen Josef Nadler vor keine neuen Entscheidungen. Seine Deutung der Geschichte sollte erst später ins Wanken geraten.

Anmerkungen

* Ausgehend von den methodologischen und theoretischen Äußerungen werden Nadlers zentrale Begriffe und – an einem praktischen Beispiel – ihre Anwendung diskutiert. Thematische Grenze ist das Jahr 1938. Eine vergleichende Beschreibung verschiedener Auflagen der Nadlerschen Literaturgeschichte ist hier ebensowenig beabsichtigt wie die Ideologiegeschichte des Stammesdenkens oder eine Analyse der Debatten um Nadler vor und nach 1945. Zur akademischen Karriere Nadlers bis zum „Anschluß" vgl. Verf.: *Germanistik in Österreich. Zu ihrer Geschichte und Politik 1918–1938*. In: *Aufbruch und Untergang. Österreichische Kultur zwischen 1918 und 1938*. Hrsg. v. Franz Kadrnoska. Wien 1981, S. 475–496.

1. Vgl. Walther Linden: *Aufgaben einer nationalen Literaturwissenschaft*. München 1933. Josef Nadler: *Wo steht die deutsche Literaturwissenschaft*. In: *Völkische Kultur* 1 (1933), S. 308 f. Der erste Band der Literaturgeschichte hat „Regensburg 1912" als Verlagsdatum und „Herbst 1911" für das Verfasser-Vorwort stehen.
2. Vgl. Josef Nadler: *Die Wissenschaftslehre der Literaturgeschichte*. In: *Euphorion* 21 (1914), S. 29 Vgl. Josef Nadler: *Literaturgeschichte der deutschen Stämme und Landschaften*. I. Band. Regensburg 1912, S. VI
3. Nadler (Anm. 2, 1914), S. 33–36, 42 f.,48
4. Ebd. S. 47
5. Josef Nadler: *Rassenkunde, Volkskunde, Stammeskunde*. In: *Dichtung und Volkstum*. N. F. d. Euphorion 35 (1934), S. 8.
6. Vgl. Rudolf Unger: *Die Vorbereitung der Romantik in der ostpreußischen Literatur des 18. Jahrhunderts. Betrachtungen zur stammeskundlichen Literaturgeschichte*. (1925) In: R. U., *Gesammelte Studien*. Berlin 1929, 1. Band, S. 189.
7. Zur Lamprecht-Rezeption vgl. Josef Nadler: *Entwicklungsgeschichte des deutschen Schrifttums*. Jena 1914. Zur Diskussion um Nadlers theoretisches Fundament vgl. Unger (Anm. 6), S. 176 f. Werner Mahrholz: *Literaturgeschichte und Literaturwissenschaft*. Berlin 1923, S. 132–143. Franz Koch: *Zur Begründung stammeskundlicher Literaturgeschichte*. In: *Preußische Jahrbücher* 260 (1926), S. 141–158. Zur Bedeutung von „Psychologie" vgl. unten.
8. Vgl. Josef Nadler: *Die literarhistorischen Erkenntnismittel des Stammesproblems*. In: *Verhandlungen d. Siebenten Dt. Soziologentages*. Tübingen 1931 (=Schriften d. Dt. Gesellschaft f. Soziologie. VII. Band), S. 242–257.
9. August Sauer: *Literaturgeschichte und Volkskunde. Rektoratsrede*. Stuttgart ²1925, S. 14, 16.
10. Ebd. S. 5 Vgl. Karl Otto Conrady: *Deutsche Literaturwissenschaft und Drittes Reich*. In: *Germanistik- eine deutsche Wissenschaft*. Beiträge v. Eberhard Lämmert u. a. Frankfurt/M. 1967 (=edition suhrkamp 204), S. 92.
11. Nadler (Anm. 8), S. 251.
12. Josef Nadler: *Literatur, Rasse, Volk*. In: *Bullettin of the International Committee of Historical Sciences. Proceedings of the First International Congress of Literary History* (Budapest, 1931). IV/I (1932), S. 73.
13. *Tagebuch*. Hrsg. v. Stefan Großmann. 7 (1926), H. 41, S. 1502.
14. Vgl. Unger, Mahrholz, Koch (Anm. 7)
15. Thomas Mann: *Lübeck als geistige Lebensform*. In: Th. M., *Werke. Autobiographisches*. Hrsg. v. Hans Bürgin. Frankfurt/M. 1968 (=Fischer Bücherei, Moderne Klassiker 119), S. 178. Des Autors Abrechnung mit Nadlers weiterer Entwicklung ist die Figur des Professor Georg Vogler im *Doktor Faustus*.
16. Walter Benjamin: *Der Stratege im Literaturkampf. Zur Literaturwissenschaft*. Frankfurt/Main 1974 (=suhrkamp taschenbuch 176), S. 123.
17. Vgl. Hugo von Hofmannsthal: *Zu Josef Nadlers „Literaturgeschichte"*. In: H. v. H., *Gesammelte Werke in Einzelausgaben. Prosa IV*. Hrsg. v. Herbert Steiner. Frank-

furt/Main 1955, S. 492–497. Ernst Robert Curtius: *Deutscher Geist in Gefahr.* Stuttgart 1932, S. 22 f.
18 Im NS gab es keine „offiziellen", sondern immer nur miteinander rivalisierende „offiziöse" Ideologen. Zum Komplex der Rassentheorie (H. F. K. Günther u. a.) vgl. Hans-Jürgen Lutzhöft: *Der nordische Gedanke in Deutschland.* Stuttgart 1971 (=Kieler Historische Studien 14)
19 Nadler (Anm. 5), S. 3. f.
20 Ebd. S. 2.
21 Ebd. S. 5, 7 f., 9 (f. Zit. nach Anm. 21)
22 *Eine gerichtliche Feststellung Professor Nadlers.* In: *Reichspost* (1935), 15. Juni. *Eine eindeutige Erklärung Professor Nadlers.* In: *Wiener Zeitung* (1935), 15. Juni, S. 5. *Beleidigungsprozeß Professor Nadlers. Er ist nicht Rassentheoretiker in nationalsozialistischem Sinne.* In: *Danziger Volkszeitung* (1935), 16. Juni. (Übereinstimmender Wortlaut in allen Quellen)
23 Josef Nadler: *Das Stammesproblem in der Literaturgeschichte.* In: *Österreichische Pädagogische Warte* 30 (1935), F. 7, S. 164. Der Prozeßgegner war Oskar Benda, nach 1945 Nadlers Nachfolger im Wiener Ordinariat.
24 Vgl. „Leitgedanken" zur Geschichte der „Neustämme" in allen Auflagen der Literaturgeschichte. Vgl. unten.
25 Nadler (Anm. 1), S. 308.
26 Nadler (Anm. 5), S. 17.
27 Ebd. S. 18 (Hervorhebung S. M.)
28 Vgl. Josef Nadler: *Stamm und Landschaft in der deutschen Dichtung.* In: *Neophilologus* (1936), Nr. 9, S. 8.
29 Vgl. Conrady (Anm. 10), S. 83.
30 Hermann Gumbel: *Dichtung und Volkstum.* In: *Philosophie der Literaturwissenschaft.* Hrsg. v. Emil Ermatinger. Berlin 1930, S. 65, 75.
31 Josef Nadler: *Literaturgeschichte der deutschen Stämme und Landschaften.* III. Band. Regensburg 1918, S. 12.
32 Vgl. *Literarische Wertung. Texte zur Entwicklung der Wertungsdiskussion in der Literaturwissenschaft.* Hrsg. v. Norbert Mecklenburg. Tübingen 1977, S. VIII f. (Einl. d. Hrsg.) Daß es sich bei dieser Dezision nur um eine Verdrängung des Problems handelt, macht Mecklenburg deutlich.
33 Josef Nadler: *Literaturgeschichte, Volksstaat, Weltvolk.* In: *Deutsche Allgemeine Zeitung* (1927), 5. Juni.
34 Vgl. Nadler (Anm. 28), S. 8.
35 Josef Nadler: *Das Problem der Stilgeschichte.* In: *Philosophie der Literaturwissenschaft.* (Anm. 30), S. 392 f.
36 Ebd. S. 394 (Hervorhebung S. M.)
37 Nadler (Anm. 28), S. 8
38 Nadler (Anm. 12), S. 67
39 Vgl. bereits Nadler (Anm. 2), S. 46
40 Vgl. Josef Nadler: *Literatur.* In: *Staatslexikon.* Hrsg. v. H. Sacher. 3. Band. Freiburg/Br. 1929, Sp. 1034–1036. Ders.: *Nation, Staat und Dichtung.* (1934). In: J.N., *Deutscher Geist/Deutscher Osten. Zehn Reden.* München/Berlin/Zürich 1937 (=Schriften der Corona XVI), S. 17.
41 Vgl. zum geistesgeschichtlichen Zusammenhang: Ernst Troeltsch: *Der Historismus und seine Überwindung.* Berlin 1924, S. 41–61.
42 Nadler (Anm. 8), S. 242, 245–247; (Anm. 12), S. 71.
43 Nadler (Anm. 35), S. 394 f.
44 Nadler (Anm. 8), S. 245.
45 Nadler (Anm. 35), S. 395; S. 380 f.: Er führt hier die *Sprache* an, die gerade, weil „man sie lernen muß", „ihre unwillkürliche Macht" vermittelt. Gemeint sind alle primär erlernten Sonder-, Standes-, Regionalsprachen, Mundarten etc., die aber nicht in

einem „äußerlichen Sinne" an bestimmte Lautformen gebunden seien: „Worauf es ankommt, ist die ganz eigentümliche Art des *Sprachgeistes*"[sic]. (Hervorhebungen S. M.).

46 Vgl. Nadler (Anm. 8) S. 247; (Anm. 12), S. 71.
47 Nadler (Anm. 8), S. 249.
48 Nadler (Anm. 12), S. 73.
49 Vgl. z. B. Ernst Troeltsch: *Der Historismus und seine Probleme. Erstes Buch: Das logische Problem der Geschichtsphilosophie.* Tübingen 1922, S. 460: Der neben Sauer entscheidende Anreger, Karl Lamprecht, wird hier mit gutem Grund „der deutsche Taine" genannt (auf den sich Nadler aber nie direkt berufen hat).
50 H. A. Korff: *Literaturgeschichte der deutschen Stämme und Landschaften* In: *Zeitschrift für Deutschkunde* 34 (1920), S. 403.
51 Helmuth Plessner: *Die verspätete Nation. Über die politische Verführbarkeit bürgerlichen Geistes.* Frankfurt/Main 1974 (suhrkamp taschenbuch wissenschaft 66), S. 26.
52 Bezeichnenderweise geht Nadlers Begriff des „Unwillkürlichen", s. o., auf die Unterscheidung „Wesenswille" – „Kürwille" in „Gemeinschaft" und „Gesellschaft" bei Ferdinand Tönnies zurück. Über diesen Nestor der deutschen systematischen Soziologie vgl. zahlreiche Hinweise in: *Soziologie in Deutschland und Österreich 1918–1945. Materialien zur Entwicklung, Emigration und Wirkungsgeschichte.* Hrsg. v. M. Rainer Lepsius. Opladen 1981 (=Kölner Zeitschrift für Soziologie und Sozialpsychologie. Sonderheft 23).
53 Vgl. Armin Mohler: *Die konservative Revolution in Deutschland 1918–1932. Ein Handbuch.* Darmstadt ²1972, S. 132.
54 Vgl. *Entwicklungsgeschichte des deutschen Schrifttums.* Jena 1914.
55 Nadler (Anm. 31), S. 9. Diese Stelle ist textidentisch – wie alle „Grundgedanken" Nadlers – von der ersten bis zur vierten Auflage (Berlin 1938–1941) beibehalten. Modifikationen beziehen sich meist nur auf einzelne Autoren.
56 Einige Namen statt langer Zitate: August Sauer, H. v. Hofmannsthal; Nach 1945: Viktor Suchy, Roger Bauer usf.
57 Alexander v. Weilen, Otto Rommel, Nagl-Zeidler-Castle. Nadler selbst ließ neben seinem Lehrer Sauer nur die beiden Erstgenannten als stoffliche Anreger gelten.
58 Nadler (Anm. 31), S. 12.
59 Ebd. S. 25.
60 Ebd. S. 31 f.
61 Ebd. S. 32.
62 Ebd. S. 25.
63 Ebd. S. 25.
64 Vgl. Josef Nadler: *Literaturgeschichte der deutschen Stämme und Landschaften.* IV. Band. *Der Staat (1814–1914).* Regensburg ¹/² 1928.
65 Josef Nadler: *Österreichisch-süddeutsche Literatur im siebzehnten und achtzehnten Jahrhundert.* In: *Die dritten Salzburger Hochschulwochen.* Salzburg 1934, S. 146, 149. Ähnlich in Nadler: *Deutschland und Österreich im Wechselspiel der deutschen Dichtung.* In: Nadler (Anm. 40, 1937), S. 70.
66 Josef Nadler: *Barocktheater im deutschen Rundblick.* In: *Völkische Kultur* 2 (1934), S. 484 f., 487 (Hervorhebungen S. M.)
67 Josef Nadler: *Das stammhafte Gefüge des deutschen Volkes.* In: *Deutschland. Vergangenheit und Gegenwart.* Hrsg. v. Karl Federn und Joachim Kühn. Berlin, München 1925, S. 25.
68 Wie Anm. 33.
69 Nadler (Anm. 40, 1929), Sp. 1042.
70 Vgl. das Motto „Man kann die Berühmten nicht verstehen, wenn man die Obskuren nicht durchgefühlt hat" (aus Grillparzer, *Der arme Spielmann*) zu Nadler (Anm. 64).
71 Nadler (Anm. 40, 1937/1934), S. 19–21, z. T. vorweggenommen in Nadler (Anm. 40, 1929), Sp. 1036. (Hervorhebung S. M.)

Schriftstellerorganisationen der Zwischenkriegszeit I

Zur Geschichte österreichischer Schriftstellerorganisationen in den dreißiger Jahren. Überlegungen und Thesen.

von
ERNST FISCHER

Die Geschichte schriftstellerischer Organisationsbestrebungen in Österreich reicht bis in die Mitte des 19. Jahrhunderts zurück. 1859 wurde der „Wiener Journalisten- und Schriftsteller-Verein ‚Concordia'" gegründet, 1897 folgte die „Deutschösterreichische Schriftstellergenossenschaft", 1895/1898 wurde der „Verband katholischer Schriftsteller und Schriftstellerinnen Österreichs" ins Leben gerufen, und 1920 konstituierte sich (nach einem mißglückten Anlauf 1916) der „Schutzverband deutscher Schriftsteller in Österreich" [SDSOe] – um nur die bedeutenderen zu nennen.

Gemeinsames Kennzeichen dieser Verbände war eine meist explizite politisch-ideologische Bindung: an den Liberalismus („Concordia"), Deutschnationalismus („Deutschösterreichische Schriftstellergenossenschaft") oder an den politischen Katholizismus („Verband katholischer Schriftsteller und Schriftstellerinnen Österreichs"); sozialdemokratische Positionen wurden – neben linksliberalen – gelegentlich innerhalb des SDSOe vertreten, ein eigener Verband kam erst spät zustande. Die Vertretung wirtschaftlicher und rechtlicher Interessen, sei es in berufsständischer oder gewerkschaftlicher Ausrichtung, trat gegenüber dem weltanschaulichen Moment in den Hintergrund. Die Verbände stellten gemäß ihrem eigenen Selbstverständnis Zentren eines literaturpolitischen und im weiteren eines direkt politischen Lobbyismus dar, mit dem Ziel, größeren oder gar monopolisierenden Einfluß auf Publizistik, Literatur und Theater zu gewinnen.

Den Schriftstellerverbänden kommt eine strukturbildende Funktion insoferne zu, als sie als Bestandteile einer umfassenden Segmentierung der literarischen Öffentlichkeit aufzufassen sind: dem Zusammenschluß der Autoren im Zeichen einer bestimmten Weltanschauung entsprechen weltanschaulich gleichermaßen gebundene Instanzen der literarischen Distribution und Konsumtion, also katholische, sozialdemokratische, deutschnationale, liberale Verlage und Buchgemeinschaften, Leihbibliotheken und Literaturzeitschriften, Theater und Literaturkritik, Literaturpreise usf. Dadurch kommt es zur Herausbildung literarischer Subsysteme, die teils in strenger Abgrenzung voneinander, teils in offener Kampfstellung koexistieren. Die österreichische Literatur seit dem ausgehenden 19. Jahrhundert erscheint so als Geflecht mehrerer, miteinander konkurrierender „Binnenliteraturen", deren gemeinsames Merkmal in einem ideologieproduzierenden Literaturverständnis besteht, und einem vergleichsweise isolierten Strang ideologiekritischer Literatur (von Kraus über Musil bis Canetti), die von uns im Rückblick als die „eigentliche" Literatur der jüngeren Vergangenheit wahrgenommen wird.

Eine – kritische – Adaptierung der aus der Geschichtswissenschaft bekannten „Lagertheorie" auf die literarhistorische Entwicklung in Österreich im 20. Jahrhundert liegt damit nahe. Als Arbeitshypothese könnte gelten, daß der „Versäulung" der Gesellschaft eine (die geschichtlichen Umbrüche überdauernde) Versäulung der Literatur entspricht, der gegenüber Periodisierungsversuche („Literatur der Zwischenkriegszeit") als sekundär erscheinen. Auszugehen wäre freilich nicht von einem undifferenzierten und statischen Lagerbegriff, sondern vom Prozeßcharakter der literarischen Entwicklung, unter Miteinbeziehung lagerübergreifender ideologischer Frontlinien wie Antiliberalismus, Antimarxismus, Antisemitismus, Antiklerikalismus usw.

Eine Erforschung dieser literarischen Subsysteme und ihrer Interdependenzen könnte bei institutionellen Faktoren ansetzen, wie das z. B. F. Aspetsberger, ausgehend vom Staatspreis im Ständestaat, vorgeführt hat. Eine nähere Befassung mit der Geschichte der Schriftstellerorganisationen läßt ähnlich ergiebige Einsichten in die Mechanismen des literarischen Lebens erwarten, und gerade in den dreißiger Jahren mit ihren radikalen Veränderungen der politisch-gesellschaftlichen Rahmenbedingungen tritt die Funktion dieser Verbände als „Kadergruppen" politischer Kräfte deutlich hervor.

Dazu eine kleine Skizze: Am Beginn der 30er Jahre konnte zunächst noch der SDSOe, damals um eine Integration aller politisch-ideologischen Lager im Zeichen einer (gewerkschaftlich getönten) Vertretung schriftstellerischer Berufsinteressen bemüht, eine führende Stellung behaupten. Die Wiener „Concordia" war als Schriftstellerverband bedeutungslos geworden, dagegen waren auf der linken Seite des Spektrums 1930 mit dem „Bund proletarisch-revolutionärer Schriftsteller Österreichs" [BPRS] (unter Ernst Fabri) und 1933 mit der „Vereinigung sozialistischer Schriftsteller" (Fritz Brügel, Rudolf Brunngraber, Theodor Kramer, Josef Luitpold Stern) neue Zusammenschlüsse entstanden, die jedoch keine besondere Bedeutung mehr erlangen konnten. Seit 1928 hatte auch in den Bundesländern eine organisatorische Aufbruchstimmung Platz gegriffen (1928 „Steirischer Schriftstellerbund", 1929 „Niederösterreichischer Schriftstellerverband", „Alpenländischer Schriftstellerverband" [als Dachorganisation], „Schriftsteller-Verband Salzburg", 1930 „Kärntner Schriftstellerverband" [unter J. F. Perkonig], später noch der „Oberösterreichische Schriftstellerverband"), gleichsam als Vorausweisung auf eine Politik, die nach dem Februar 1934 die Schwerpunkte des kulturellen Geschehens offiziell in die Provinz zu verlagern suchte. Ebenfalls noch v o r dem politischen Umbruch 1934 kam es über den PEN-Kongreß 1933 in Ragusa zur Scheidung der Geister in der österreichischen Schriftstellerschaft, zum Exodus der „nationalen" und „völkischen" Autoren, die organisatorisch nunmehr weitgehend isoliert waren.

Mit der Errichtung des christlichen Ständestaates schlug die Stunde des politischen Katholizismus und damit auch die Stunde des „Verbandes Katholischer Schriftsteller und Schriftstellerinnen Österreichs". Dieser hatte am Beginn der 30er Jahre nach der offenbar erzwungenen Ablösung des katholischen Literaturpatriarchen Richard v. Kralik durch Josef August Lux eine Krise durchlebt, die 1931 mit der Abspaltung eines konservativen Konkurrenzverbandes („Christlich-Deutsche Schriftstellervereinigung ‚Winfried'", unter Fanny Wibmer-Pedit, dann Adele Kment) ihren Höhepunkt erreichte. J. A. Lux konnte sich nicht durchsetzen; sein (am „Schutzverband deutscher Schriftsteller" inspirierter) „gewerkschaftlicher" Kurs wurde bereits 1932 revidiert, und mit dem Eintritt von Rudolf List, Guido Zernatto und Rudolf Henz in Spitzenfunktionen gewann der Verband 1933 erneut an ideologischem Profil.

1934 stand damit der ständestaatlichen Literatur- und Kulturpolitik eine organisatorische und vor allem personelle Plattform zur Verfügung, die sofort zu einer Monopolisierung des Literaturbetriebs genützt wurde. Andere Schriftstellervereinigungen wurden neutralisiert (wie der SDSOe unter O. M. Fontana) oder aufgelöst (wie die „Vereinigung sozialistischer Schriftsteller" und der BPRS); hingegen kam es zur Zusammenarbeit mit der von Hans Nüchtern (als Nachfolger K. H. Strobls) geleiteten „Deutschösterreichischen Schriftstellergenossenschaft". Die 1936 von Viktor Matejka initiierte Gründung eines „Österreichischen Arbeiter-Schriftstellerverbandes" änderte an der Eindimensionalität der literarischen Landschaft nichts.

Als zukunftsweisend erwies sich jedoch – nach den gescheiterten Bemühungen Mirko Jelusichs, 1933 einen „Ring nationaler Schriftsteller" ins Leben zu rufen – die 1936 erfolgte Errichtung eines getarnt nationalsozialistischen „Bundes deutscher Schriftsteller Österreichs". Mit seiner Hilfe konnte sich der „Anschluß" 1938 auch auf literaturpolitischer Ebene reibungslos vollziehen.

Schriftstellerorganisationen der Zwischenkriegszeit II

„Hitler-Eid für österreichische Schriftsteller?"
Über österreichische Schriftstellerorganisationen der dreißiger Jahre.

von

GERHARD RENNER

Im Zeichen der politischen und sozialen Konflikte der dreißiger Jahre sollten die Schriftstellerorganisationen, so möchte man vermuten, an Bedeutung und Einfluß gewonnen haben. Paradoxerweise ist gerade das Gegenteil der Fall. Dem großen Aufschwung, den die Idee einer organisierten Interessenvertretung der Autoren seit der Jahrhundertwende auch in Österreich genommen hatte, folgte in den dreißiger Jahren der teils jähe, teils schleichende Zerfall der wichtigsten Organisationen. Ein wesentlicher Grund für diese Entwicklung lag wohl in der Machtübernahme der Nationalsozialisten in Deutschland. Mit ihr war der Funktionsverlust jener Organisationen verbunden, die mit der nationalsozialistischen Diktatur keine aufgezwungene Zusammenarbeit eingehen wollten. Es entstanden in diesem zentralen Konflikt einerseits neue Formen, mit denen die in den zwanziger Jahren gegründeten Verbände dieses Problem zu lösen hofften, andererseits aber auch neue Organisationen, die mit den herkömmlichen, berufspolitisch orientierten Vereinen nicht mehr viel zu tun hatten. Der Verlust der demokratischen Möglichkeiten in Österreich selbst beschleunigte diese Entwicklung.

Der „Schutzverband deutscher Schriftsteller in Österreich" (SDSOe) der zwar ein eigener Verein war, mit der Organisation des „Schutzverbandes deutscher Schriftsteller" (SDS) aber eng zusammenarbeitete, bekam die neuen Verhältnisse in Deutschland als erste österreichische Organisation zu spüren. In den zwanziger Jahren war der SDSOe sehr aktiv, im Rahmen dieses Vereines wurden Richtlinien für die rechtliche Behandlung von Zeitungsartikeln zusammengestellt (1922), ein *Künstlerhilfe-Almanach* ediert (1924), er forcierte den Gedanken einer öffentlich-rechtlichen Schriftstellervertretung (1925), arbeitete einen Entwurf für ein Radiorecht aus (1925), demonstrierte gegen die Honorarpraxis der RAVAG (1927), gegen das geplante Schmutz- und Schundgesetz (1929) und die Einschränkung des Devisenverkehrs mit Deutschland (1931). Ein Paragraph seiner Statuten war der Bekämpfung von Bücherbeschlagnahmen gewidmet. Um seinen Mitgliedern auch in Deutschland den nötigen rechtlichen Schutz verschaffen zu können, hatte er mit dem SDS eine Art Rechtshilfeabkommen geschlossen.[1] Nach der handstreichartigen Okkupation des SDS-Vorstandes durch die „Arbeitsgemeinschaft nationaler Schriftsteller"[2] sah sich der SDSOe genötigt, zu den sofort einsetzenden Säuberungen Stellung zu nehmen. „Der SDSOe steht nach wie vor für die gesamten beruflichen Interessen und den einheitlichen Zusammenschluß aller österreichischen Schriftsteller aller Weltanschauungen ein", hieß es in einer Erklärung des Vorstandes, die mit einem Bekenntnis zur „Voraussetzung jedes Schrifttums" schloß, zur „Unabhängigkeit des Schaffens."[3] Der Hauptvorstand des SDS verständigte den SDSOe daraufhin, „daß die Möglichkeit eines organischen Zusammenarbeitens mit dem SDSOe bis auf weiteres ausgeschlossen" sei. Wenig später sanktionierte die Generalversammlung des SDS den Beschluß des Hauptvorstandes, die Beziehungen zum SDSOe wurden definitiv abgebrochen.[4]

Anläßlich der drohenden Bücherverbrennung wandte sich der SDSOe an die österreichische Gesandtschaft in Berlin mit der Bitte um „Schutz- und Hilfsmaßnahmen gegen Bücherverbrennungen österreichischer Autoren."[5] Zwar sind keine entsprechenden Maßnahmen des Gesandten überliefert, doch war damit offenbar ein Kontakt hergestellt, den der SDSOe noch zu nutzen gedachte. Ende Juni 1933 widmete der Vorstand dem Verhältnis zum SDS ein „Rundschreiben an die Mitglieder". In dem Schreiben wurde betont, daß die mit dem SDS der Tschechoslowakei und den Schriftstellerverbänden der Schweiz, Polens und Ungarns geschlossenen Abkommen weiterhin gültig seien, in Deutschland hingegen „für einen anderweitigen Rechtsschutz unserer Mitglieder im Wege der österreichischen Gesandtschaft vorgesorgt worden" sei.[6] Welcher Art auch immer diese „Vorsorge" gewesen sein mag, als wirkungsvoll sollte sie sich nicht erweisen. Als gegen Ende des Jahres 1933 in deutschen Medien immer dringender die Forderung auftauchte, die Unterzeichner der von R. J. Kreutz initiierten, „deutschfeindlichen" Resolution des „Wiener P. E. N.-Clubs" zu boykottieren[7], wandte sich O. M. Fontana als erster Vorsitzender des SDSOe an Stefan Tauschitz, den österreichischen Gesandten in Berlin, mit einer Darstellung der Probleme und der Bitte, sich ihrer anzunehmen:

> Nun wird gerade in den letzten Wochen in verschiedenen deutschen Zeitungen, u. a. auch im Börsenblatt des deutschen Buchhandels [sic] gegen österreichische Schriftsteller zum Boykott aufgefordert, unter dem Vorwand, sie seien als Österreicher Deutschenfeinde. Diese Aktion bezieht ihr

Material zum größten Teil von österreichischen, in letzter Zeit nach Deutschland übergesiedelten Schriftstellern. Der SDSOe [...] überläßt das Urteil darüber getrost jedem Menschen, der sich sein moralisches Bewußtsein gewahrt hat. Etwas anderes ist aber der angedrohte und in einigen Fällen auch zur Ausführung gelangte Boykott, dem österreichische Schriftsteller in Deutschland zum Opfer gefallen sind. [...] Der SDSOe ersucht Sie, sehr verehrter Herr Gesandter, im Propagandaministerium, in der Reichsschrifttums-Kammer und in der Reichspresse-Kammer [...] vorstellig zu werden und dahin zu wirken, daß solche Ächtungen, in welcher Form immer sie erfolgt sein mögen, aufgehoben werden.[8]

Auf das eigentliche Problem, nämlich wie man den inszenierten Boykottaufrufen wirksam entgegentreten könne, ging Tauschitz in seiner Antwort kaum ein. Er habe sich

mit den zuständigen Stellen in Verbindung gesetzt und den Eindruck gewonnen, daß es sich bei den Reklamationen des österreichischen Schutzverbandes wohl um eine mißverständliche Auffassung und gegebenenfalls voreilige Auslegung jener Maßnahmen handeln dürfte, die im Zusammenhang mit den [...] Verordnungen zur Durchführung des Reichskulturkammergesetzes [...] im Schoße des deutschen Schriftstellertums getroffen worden sind.[9]

Die Entwicklung der Kulturkammergesetzgebung schien ihm für die österreichischen Autoren offenbar wichtiger zu sein als diverse Boykottdrohungen. Die Hoffnung des SDSOe aber, die Rechte seiner Mitglieder mit Hilfe der Diplomatie weiter sichern zu können, schien sich nicht zu erfüllen.

Das Problem eines Boykotts der österreichischen Autoren wurde bald von den Versuchen überschattet, den „Reichsverband deutscher Schriftsteller" (RDS) – die Nachfolgeorganisation des SDS und Vorläufer der Reichsschrifttumskammer (RSK) – auf Österreich auszudehnen. Die wenig publik gewordene Vorgeschichte dieses Plans begann im März 1933. Offenbar angespornt von den Erfolgen der Nationalsozialisten in Deutschland und den Wahlerfolgen in Österreich, beschloß eine Gruppe von österreichischen Autoren, einen „Ring nationaler Schriftsteller" (RnS) zu gründen. Am 31. März 1933 versandten M. Jelusich, R. Hohlbaum, H. Greinz, E. Rainalter und E. P. Danszky ein Rundschreiben, in dem es hieß:

[...] der Durchbruch der nationalen Revolution in Deutschland wird es unseres Erachtens bald nötig machen, daß sich auch in Österreich die geistigen Kräfte, namentlich die national gesinnten Schriftsteller, für die kommenden Dinge bereitstellen. Es ist daher in den Kreisen der nationalen Schriftsteller der Plan aufgetaucht, sie in vorläufig noch loser Form zusammenzufassen, um ihnen im gegebenen Augenblick die Möglichkeit des Mitsprechens und Mitentscheidens in der nationalen Bewegung zu schaffen.[10]

Die Hoffnungen, die diesem Aufruf zugrunde lagen, erfüllten sich nicht. Die NSDAP übernahm in Österreich nicht die Macht, sie wurde vielmehr verboten. Der RnS, der in engem Zusammenhang mit dem „Kampfbund für deutsche Kultur" stand[11], verzichtete angesichts dieser Situation darauf, sich formell als Verein zu konstituieren.[12]

Eine mit den Initiatoren des RnS teilweise identische Gruppe beschäftigte sich bereits im August 1933 mit der Ausdehnung des RDS auf Österreich. Der in Salzburg ansässige Autor Franz Löser war dabei die treibende Kraft. Bis November 1933 allerdings konnte er über die mangelnde Weitsicht seiner Kollegen nur klagen, der österreichische Zweig gedieh nicht recht. Das änderte sich schlagartig, als der RDS mit der „Ersten Verordnung [...] zur Durchführung des Reichskulturkammergesetzes vom 1. November 1933" zur Reichsschrifttumskammer und damit zur Zwangsorganisation für alle deutschen Autoren ausgebaut werden sollte.[13]

Für die österreichischen Autoren war diese Aufwertung von großer Bedeutung. Denn die Pflicht zur Mitgliedschaft in der RSK wurde allen auferlegt, die am Prozeß der Entstehung oder Vermittlung eines literarischen Werkes beteiligt waren. Unerheblich war dabei laut §6 der zitierten „Ersten Verordnung", ob diese Tätigkeit „durch Reichsangehörige oder Ausländer" ausgeübt wurde.[14] Die Eingliederung der Schriftsteller in die RSK sollte mit 15. Dezember 1933 abgeschlossen sein, erst am 9. Dezember allerdings wurde in einer „Amtlichen Bekanntmachung" präzisiert, daß Ausländer, die ihren Wohnsitz nicht im Reichsgebiet hatten, auch nicht zur Mitgliedschaft verpflichtet waren.[15] Österreichische Autoren, die auch in Österreich lebten, wären demnach nicht in die künftige RSK einzubeziehen gewesen. Die Praxis jedoch sah anders aus.

Zum einen betrieb F. Löser heftig Werbung für den österreichischen RDS, publizistisch unterstützt von Will Vespers Zeitschrift *Die neue Literatur*. Zum anderen hatten die deutschen Verlage ihren österreichischen Autoren Aufnahmeformulare für den RDS übersandt, mit der Mitteilung, den Beitritt möglichst rasch zu vollziehen. Die österreichischen Medien, aufmerksam geworden durch einen Artikel Paul Westheims im *Neuen Tagebuch*, vermuteten in diesen Formularen einen versteckten „Hitler-Eid für österreichische Schriftsteller".[16] Denn die Autoren hatten neben einem Bekenntnis zur nationalsozialistischen Kulturpolitik auch die Erklärung zu unterschreiben, dem Reichsführer des RDS in allen diesen Verband betreffenden Angelegenheiten Folge zu leisten. Die *Wiener Allgemeine Zeitung* verwies auf die Folgen der Unterschrift für den einzelnen Autor:

> Wenn also der RDS – woran wir ja kaum zu zweifeln haben – demnächst eine von Ergebenheit triefende Huldigungsadresse an Reichskanzler Hitler befiehlt, kann kein dem RDS beigeschlossener Autor sich dieser Unterschrift entziehen![17]

Dazu muß noch vermerkt werden, daß der RDS in Österreich eine illegale Organisation war. Die Versuche, ihn unter einem unverfänglicheren Namen als österreichischen Verein zu etablieren, waren fehlgeschlagen, die Mitgliedschaft in deutschen Vereinen aber war Österreichern im Friedensvertrag von St. Germain – wie ihn der SDS und auch der RDS interpretierten – verboten.[18]

Der „Gesamtverband schaffender Künstler Österreichs", 1927 als Dachorganisation der österreichischen Verbände mit dem Zweck gegründet, eine öffentlich-rechtliche Vertretung der österreichischen Autoren durchzusetzen[19], versuchte die verworrene Lage zu klären. O. M. Fontana, der neben seiner Funktion im SDSOe auch der literarischen Sektion des Gesamtverbandes vorstand, richtete gemeinsam mit H. Nüchtern, dem Präsidenten der „Deutschösterreichischen Schriftstellergenossenschaft", einen Brief an den Präsidenten der RSK. Sie versuchten, ihn zu einem Abkommen mit dem Gesamtverband zu bewegen, das den einzelnen Autor aus der Entscheidung – Beitritt zum RDS oder möglicher Verlust der Publikationschancen in Deutschland – entlassen hätte.[20] Eine Antwort auf diesen Brief ist nicht bekannt.

Nüchtern leitete das Schreiben auch Wilhelm Wolf zu, dem späteren Außenminister der Regierung Seyss-Inquart, der damals noch im Unterrichtsministerium tätig war. Dieser hielt in einem Aktenvermerk die Situation fest, wie sie sich Ende 1933 darstellte:

> In Zukunft wird zu erwarten sein, daß der deutsche Verlag nur mehr Mitgliedern der vor kurzem gegründeten Reichsschrifttumskammer zugänglich sein dürfte. Die Zugehörigkeit zur Reichsschrifttumskammer setzt jedoch, soweit in Erfahrung gebracht werden konnte, das Bekenntnis zur Staatspolitik des deutschen Reiches voraus. Hiedurch kommen die österreichischen Autoren in eine außerordentlich schlechte Lage[...][21]

Es scheint, daß Wolf die Situation der Autoren richtig einschätzte. Zwar läßt sich sehr schwer sagen, ob tatsächlich nur Österreicher, die im RDS Mitglied waren, bei deutschen Verlagen und Zeitungen unterkamen, Löser versuchte aber alles, um den Autoren die Lage so darzustellen und er hatte Erfolg. Als der österreichische Zweig des RDS – offenbar im Gefolge des Juli-Putsches – im Oktober 1934 von Deutschland aus aufgelöst wurde, hatte er 450 Mitglieder und war damit eine der größten Schriftstellerorganisationen Österreichs. Zum Vergleich: Der „Wiener P. E. N.-Club" hatte ungefähr 200, der „Verband katholischer Schriftsteller" ungefähr 400 Mitglieder.[22] Den etablierten Organisationen gelang es also nicht, die Ausdehnung des RDS zu verhindern. Der Versuch des Gesamtverbandes, Diplomatie und Ministerialbürokratie im Sinne der Schriftsteller zu mobilisieren, blieb wie der des SDSOe erfolglos. Dem Gesamtverband wurde die Antwort Tauschitz' auf den Brief des SDSOe zugeleitet, im übrigen geschah nichts.

Die Verbände verloren aber nicht nur in Deutschland die Möglichkeit, die Interessen ihrer Mitglieder durchzusetzen, es erging ihnen auch in Österreich ähnlich. Der SDSOe hatte einen großen Teil seiner Erfolge in den zwanziger Jahren durch die Mobilisierung der Öffentlichkeit und der Medien errungen. Demonstrative Aktionen mit umfangreichen Diskussionen in der Presse und der Einsatz der bekanntesten Schriftsteller der Zeit verschafften ihm ein Gewicht, das die Politiker nicht ohne weiteres übergehen konnten.[23] Mit der Ausschaltung des Parlaments, 1933, und der folgenden Entwicklung zur Diktatur wurde die Möglichkeit zu solchen Aktionen drastisch beschnitten. Die Einschränkung der Demonstrationsfreiheit, die Einführung der Pressezensur und die Verlagerung der Diskussion über neue Gesetze bzw. Verordnungen vom Parlament in den unter Ausschluß der Öffentlichkeit tagenden Ministerrat[24], all das nahm dem SDSOe zunehmend die Möglichkeit, eine aktive Interessenvertretung in den traditionellen Aktionsformen weiterzuführen.

Die Verfassung von 1934 brachte weitere Einschränkungen für Vereine vom Typ des SDSOe mit sich. Als gegen Ende 1935 eine geringfügige Statutenänderung geplant war, stellte die Vereinsbehörde plötzlich die Existenz des SDSOe in Frage. Stein des Anstoßes war die Formulierung des zentralen §1 der Statuten.

Seit 1931, als sie denen des SDS angeglichen worden waren, hieß es dort: „Der SDSOe ist die Berufsvertretung der deutschen Schriftsteller in Österreich [...]".[25] Im §2 wurde festgehalten, daß sowohl freie, als auch in einem Angestelltenverhältnis beschäftigte Schriftsteller Mitglieder des SDSOe werden könnten. Die arbeitsrechtliche, wirtschaftliche und soziale Interessenvertretung der Arbeiter und Angestellten war im Ständestaat jedoch dem Gewerkschaftsbund vorbehalten worden, der 1934 die alten Richtungsgewerkschaften abgelöst hatte. Die Formulierung des §1 wurde deshalb von der „Generaldirektion für die öffentliche Sicherheit" als unzulässig bezeichnet.[26] Für den Bereich der freien Schriftsteller, so wurde mit bedauerndem Unterton festgehalten, böten die gesetzlichen Vorschriften nicht die Möglichkeit, den SDSOe zu untersagen.[27] Die Lösung dieses Konflikts bestand vorerst darin, daß der SDSOe sich auf die Berufsvertretung der freien Schriftsteller beschränkte, zusätzlich wurde in die Statuten die Bestimmung aufgenommen, daß „die den Berufskörperschaften kraft Gesetzes ausschließlich vorbehaltenen Aufgaben [...] keinen Gegenstand des Vereinszweckes" bildeten.[28] Dieser Kompromiß konnte allerdings nur so lange halten, solange nicht auch für die freien Schriftsteller eine „Berufskörperschaft" die Interessenvertretung übernahm. Danach hätte der SDSOe seine Funktion vollkommen verloren.

Vorgesehen war für die freien Schriftsteller eine „Schrifttumskammer" im Rahmen der verfassungsmäßigen Organisation des Standes der „Freien Berufe".[29] Damit schien sich die Erfüllung eines lange gehegten

Wunsches der Schriftsteller anzubahnen. Denn im Laufe der zwanziger Jahre hatten mehrere Schriftstellerorganisationen mit unterschiedlichem Nachdruck und durchaus verschiedenen inhaltlichen Akzenten eine „Künstlerkammer" gefordert. Die Gründung des Gesamtverbandes sollte unter anderem diesem Zweck dienen. „Zusammenschluß und Zentralisierung aller Organisationen der schaffenden Künstler Österreichs zur Gründung einer Künstlerkammer", so war im §2 seiner Statuten sein wichtigstes Ziel formuliert.[30] Dem „Alpenländischen Schriftstellerbund", wie der Gesamtverband eine Dachorganisation bestehender Vereine, vor allem jener in den Bundesländern, ging es in Wien zu langsam. Als in der Diskussion um die Verfassungsreform von 1929 auch der Vorschlag auftauchte, den bisher föderalistisch zusammengesetzten Bundesrat in eine „Länder- und Ständekammer" umzuwandeln[31], sah er sich veranlaßt, rasch zu handeln. Abklärungen hatten nämlich ergeben, daß in den verwandelten Bundesrat nur offiziell anerkannte Berufsvertretungen ihre Vertreter entsenden konnten.[32] Bei der Tagung des „Alpenländischen Schriftstellerbundes" in Salzburg, 1929, wurde daher beschlossen, den Bund als „Schriftstellerkammer" zu proklamieren.[33] Obwohl eifrig an Satzungen und Finanzplänen gearbeitet wurde, ging wohl ein Großteil der Motivation verloren, als feststand, daß der Bundesrat in unveränderter Form weiterbestehen würde.[34]

Von Interesse für die Entwicklung in den dreißiger Jahren sind die Vorschläge zur Finanzierung der diversen Kammerprojekte. Sowohl der „Alpenländische Schriftstellerbund" als auch der „Verband katholischer Schriftsteller" befürworteten eine Änderung des Urheberrechtsgesetzes. Der öffentliche Vortrag von literarischen Werken sollte Inhalt des Urheberrechtes werden, wie das bei musikalischen Werken ja schon lange der Fall war. Als Verwertungsorganisation dieser Vortragsrechte, bzw. einer – allerdings eher flüchtig diskutierten – „Urheberrechtsnachfolgegebühr" stellte man sich eine der AKM – der Verwertungsgesellschaft musikalischer Vortragsrechte – ähnliche Organisation vor, eben eine „Schriftstellerkammer". Nun wäre die Finanzierung der Kammer über Vortragsrechte, die in den zwanziger Jahren mangels gesetzlicher Grundlagen reines Wunschdenken war, auf der Grundlage des Urheberrechtsgesetzes von 1936 wahrscheinlich möglich gewesen. Doch die Kammerpläne des ständestaatlichen Österreich hatten mit denen der Autoren wenig gemeinsam.

Während es dem Gesamtverband vor allem darum gegangen war, eine zentrale Interessenvertretung aufzubauen, waren die Schriftsteller im Rahmen der „Freien Berufe" ein eher unbedeutendes Anhängsel. Vertreter des Unterrichtsministeriums waren zwar bei den Beratungen über das Gesetz regelmäßig anwesend, sich mit den betroffenen Autoren aber ins Einvernehmen zu setzen, wurde versäumt.[36] Die Präsentation einer vorläufigen Fassung des Kammergesetzes beim „Ersten österreichischen Dichtertreffen" im November 1936 stieß daher nicht auf ungeteilte Zustimmung. Obwohl die Präsentatoren verlauten ließen, die Autoren seien weniger zum Mitreden als zum Zuhören eingeladen worden, forderten die so Mißachteten in einer Resolution die Einsetzung eines „Spezialbeirats", der die „fachliche Vorbereitung" des Gesetzes besorgen sollte.[37] Die Mitglieder dieses Beirats wurden zwar ernannt, von irgendwelchen Zusammenkünften ist jedoch nichts bekannt.[38] Auch die geplante Finanzierung der Kammer stieß auf Widerspruch. Die Vorschläge aus den zwanziger Jahren waren nicht mehr durchführbar – zur Nutzung der Vortragsrechte sah ein eigenes Gesetz genossenschaftlich organisierte Verwertungsgesellschaften vor, die „Urheberrechtsnachfolgegebühr" hingegen war nicht Realität geworden. Da die Kammer aber den Staat nichts kosten durfte, sollte sie durch Mitgliedsbeiträge finanziert werden. F. Schreyvogl vermutete daraufhin, wahrscheinlich zu recht, daß die Kammer in diesem Fall nur ein weiterer „Verein" unter vielen anderen sein werde.[40] Für eine effektive Vertretung der Autoren schien diese Konstruktion jedenfalls nicht geeignet zu sein.

Aber sowenig ernst diejenigen, die dieses Gesetz vorbereiteten, die Autoren nahmen, so wenig ernst nahmen die Autoren die Kammer. R. Henz betonte beim „Dichtertreffen", die Autoren hätten in den „abgelaufenen schweren Kampfesjahren [...]eine Stelle, die das gesamte österreichische Schrifttum nach außen hin vertreten" hätte können, schwer vermißt. Nun, da nach dem Juliabkommen von 1936 die kulturelle Zusammenarbeit wieder stärker werde, bräuchten die Autoren eine Organisation, die „auf dem Gebiet des Schrifttums zu schaffende Abkommen" aushandle und die „Regelung all der strittigen Fragen mit Deutschland" voran treibe. Die Kammer sollte nach Henz eine „starke Basis" sein, die verhandlungsfähig sei.[41] Diese Begründung für die Notwendigkeit einer Kammer wurde in der Diskussion nicht aufgenommen. Denn die „nationalen" Autoren hatten längst ihre Kontakte mit Deutschland genützt, um auf nicht-offiziellem Wege mit der RSK ein erträgliches Verhältnis zu erreichen.

Die Probleme der Autoren hatten sich seit 1933 erheblich verändert. Versuche, allen österreichischen Autoren die deutschen Medien offenzuhalten, wären 1936 unsinnig gewesen. Nach der Auflösung des österreichischen Zweiges des RDS und der verstärkten wirtschaftlichen Isolierung Deutschlands hatten aber auch die sich dem „nationalen" oder „katholisch-nationalen" Lager zurechnenden Autoren immer größere Schwierigkeiten, mit deutschen Verlagen zusammenzuarbeiten oder in Deutschland verdiente Honorare nach Österreich zu transferieren. Der von Henz betriebenen Strategie, allen österreichischen Autoren – wenn auch mit ständestaatlichen Einschränkungen – in Deutschland wieder gleiche Rechte zu erkämpfen, maßen sie wahrscheinlich wenig Erfolgsaussichten bei. Im Laufe des Jahres 1936 kristallisierten sich in den Reihen der „nationalen" Autoren zwei Wege zum Problem des deutschen Marktes heraus.

Zum einen war geplant, die Kammer, wenn sie tatsächlich Wirklichkeit werden sollte, von innen her zu einem Instrument der nationalsozialistischen Literaturpolitik auszubauen, womit sie zugleich den Interessen der „nationalen" Autoren am besten gedient hätte. F. Schreyvogl, der beim „Dichtertreffen" rege diskutierte, und sich, nach eigenen Worten, Hoffnungen auf das Amt des Präsidenten der künftigen Kammer machte, informierte persönlich den ehemaligen Präsidenten der RSK, H. F. Blunck, von den Plänen in Österreich. Blunck, nun für die Auslandskontakte der RSK zuständig, schrieb über diese Begegnung an den amtierenden Präsidenten, H. Johst:

> Die Österreicher werden jetzt ebenfalls eine Kulturkammer erhalten. Ihr Präsident wird vermutlich Schreyvogl, die literarische Abteilung wird Perkonig leiten. Ich sprach gestern mit Schreyvogl über den Rechtsschutz und die rechtliche Lage hüben und drüben der Grenze. Wir kamen auf seinen Vorschlag überein, daß man in Österreich zumindest eine doppelte Liste führen muß, nämlich erstens die der für uns genehmen Mitglieder der Kulturkammer, zweitens die der ihrer Abstammung wegen in Deutschland nicht möglichen Angehörigen der österreichischen Kulturkammer.[42]

Schreyvogl plante also nichts weniger, als unter der Obhut Schuschniggs und des zuständigen Unterrichtsministers, die die Aufsicht über die Gruppe der „Freien Berufe", bzw. jene der Schriftsteller, geführt hätten, eine Liste von in Deutschland unerwünschten Autoren zusammenzustellen. Daß es sich dabei nicht allein um „rassische" Kriterien handeln sollte, zeigt eine Notiz in Bluncks Tagebuch: auch jene, die „Österreich als ‚germanisiertes' Italien" ausgegeben hätten, sollten in die Liste der Unerwünschten aufgenommen werden.[43]

Schreyvogls Eifer war Blunck natürlich hochwillkommen:

> Diese Liste aufzustellen, hat Schreyvogl übernommen; eine für uns sehr angenehme Lösung, da die Österreicher sich sozusagen selbst klassifizieren. Wir sind auch darüber einig, daß der Vorstand der Kulturkammer der neuen Entwicklung angepaßt werden müßte.[44]

Mit der „neuen Entwicklung" war offenbar das Abkommen vom Juli 1936 gemeint, das schon Henz beim „Dichtertreffen" zu einer neuen Einschätzung der Lage angeregt hatte, von dem sich die beiden Seiten aber offenbar Grundverschiedenes erwarteten.[45]

Kopfzerbrechen bereitete den beiden Verschwörern nur das Problem der Unverbesserlichen. Blunck vermerkte dazu in dem zitierten Schreiben an Johst:

> Es bleibt somit lediglich die Frage, was mit denjenigen zu geschehen hat, die in der Zeit des Unfriedens übermäßig auf die Trennung hingearbeitet haben und deshalb für uns schwer tragbar sind. Schreyvogl sagte man

werde nach Möglichkeit Rücksicht auf uns nehmen; hier werden wir wohl auch großmütig sein müssen.[46]

Im Interesse einer soliden Lösung war Blunck also auch bereit, ehemalige Gegner in Grenzen nachsichtig zu behandeln. Eine Gelegenheit, wie sie Schreyvogl bot, hätte sich ja schwerlich noch einmal gefunden.

Dieser Plan, von dem noch unbekannt ist, ob ihn Schreyvogl im Alleingang oder nach entsprechenden Absprachen aushekte, hing aber von der Realisierung der Kammer ab. In einer parallelen Aktion ergriff deshalb eine Reihe von Autoren selbst die Initiative, um unabhängig von der Kammer geregelte Beziehungen zur RSK herzustellen.

Seit November 1936 arbeitete eine kleine Gruppe an der Gründung eines „Bundes der deutschen Schriftsteller Österreichs" (BdSÖ). F. Spunda, J. Wenter, H. H. Ortner, F. Schreyvogl und W. Hartlieb, etwas später auch M. Mell und J. Weinheber planten diese Organisation, die von den Statuten her eine „unpolitische Zusammenfassung der deutschen Schriftsteller Österreichs" verwirklichen sollte.[47] Die artikulierten Vereinsziele sind von denen anderer Schriftstellerorganisationen auf den ersten Blick kaum zu unterscheiden: „[...]die Vertretung[...]der wirtschaftlichen Interessen, Beratung in Fragen des Autorenschutzes und Förderung des literarischen Absatzes"[48] haben nichts Verdächtiges an sich. Die „Anbahnung eines unpolitischen Gegenseitigkeitsverhältnisses mit ähnlichgerichteten Schriftstellerverbänden des gesamten deutschen Sprachgebietes"[49] läßt schon deutlicher die tatsächlichen Ziele durchscheinen, die vor allem im Feld der Konflikte mit der deutschen Kulturpolitik zu orten sind. Die sichtbare Unterstützung H. F. Bluncks für den BdSÖ – er reiste Ende 1936 und Ende 1937 nach Österreich, jedesmal traf er mit den versammelten Mitgliedern zusammen[50] – machte den Bund für die österreichischen Autoren besonders attraktiv. Für die Lösung der schwebenden Probleme mit Deutschland hielten sie ihn wohl eher für zuständig als eine im übrigen nicht existente österreichische „Schrifttumskammer". Denn obwohl der BdSÖ vor dem Anschluß nicht viel mehr als seine Gründung und einige gesellschaftliche Veranstaltungen zuwege brachte, zählte er gegen Ende seiner einhalbjährigen Existenz gegen 80 Mitglieder[51], nach dem Anschluß wurde er zur zentralen Institution für die Einschätzung der „Zuverlässigkeit" der österreichischen Autoren. Blunck riet seinen ehemaligen Kollegen in der RSK, sich in Österreich vor allem an den BdSÖ zu halten:

> Es werden jetzt viele kommen, die sich mit der Schrifttumskammer in Verbindung setzen werden. Auskunft über die Haltung in den schweren Jahren, Auskunft über arische Abstammung und Einstellung zur gesamtdeutschen Frage kann wohl am ehesten die parteioffiziöse Gruppe, der Bund deutscher Schriftsteller geben.[52]

Die Funktion, die österreichischen Autoren im Sinne der nationalsozialistischen Kulturpolitik in erwünschte und unerwünschte zu gruppieren, scheint tatsächlich der wichtigste Zweck des BdSÖ gewesen zu sein. Vor dem Anschluß entsprach er dem Wunsch vieler Autoren, sich dem nationalsozialistischen Regime gegenüber mit dem alles entscheidenden Etikett der „Zuverlässigkeit" schmücken zu können, er stellte andererseits in der für die deutsche Kulturpolitik unübersichtlichen Situation in Österreich klare Fronten her.[53] Nach dem Anschluß nahm diese Funktion der Geschäftsführer des BdSÖ, Max Stebich, wahr, der zum Geschäftsführer der RSK in Österreich avancierte. Er hatte alle Beitrittswilligen zu beurteilen, bei den meisten konnte er guten Gewissens zur Aufnahme raten.

Gegen Ende der zwanziger Jahre erschallten die Rufe nach einer einheitlichen Interessenvertretung der Autoren immer lauter. Der wohl konkreteste Versuch in dieser Richtung war die Gründung des Gesamtverbandes, der auch in einigen Fällen, z. B. bei der Verhinderung des Schmutz- und Schundgesetzes die Autoren über die politischen Parteiungen hinweg einigen konnte.[54] Diese Allianz zerbrach unter dem politischen Druck der dreißiger Jahre. Unter nicht ganz geklärten Umständen wurde der Gesamtverband 1934 durch den Austritt des „Verbandes katholischer Schriftsteller" und der „Deutschösterreichischen Schriftstellergenossenschaft" gesprengt.[55] Ein einheitliches Auftreten gegenüber den nationalsozialistischen Pressionen wurde dadurch unmöglich. Allerdings muß man sich fragen, ob ein „Abkommen", wie es der Gesamtverband 1933 vorgeschlagen hatte – alle seine Mitglieder quasi durch einen Rahmenvertrag zu Mitgliedern des RDS zu machen – an der Situation viel geändert hätte. Ansatzpunkt der nationalsozialistischen Reglementierung der Literatur war der einzelne Autor, es wäre von der Struktur des Systems her kaum möglich gewesen, den Österreichern eine Sonderstellung einzuräumen. Die Aktivitäten Schreyvogls im Vorfeld der österreichischen „Schrifttumskammer" zeigen ja, daß die Kriterien der nationalsozialistischen Zensur auch in eine staatliche österreichische Organisation heimlich Eingang gefunden hätten. Angesichts der engen Verflechtung des österreichischen literarischen Lebens mit dem deutschen hätte es wohl nur eine Möglichkeit gegeben, sich von der nationalsozialistischen Kulturpolitik zu lösen: diese Verflechtung durch eine enge Verbindung mit den deutschen Emigranten zu ersetzen. Ende April bemerkte dazu noch voll Hoffnung die *Arbeiter-Zeitung:*

> Nichts wäre leichter, als daß Österreich diesen Reichtum, der von Deutschland abgelenkt wird, zu sich herüberleite. Im heutigen Österreich fänden sie keine Schwierigkeiten, sich einzuleben, alle diese deutschen Gelehrten und deutschen Künstler, die jetzt heimatlos geworden sind und eine Stätte für ihre Betätigung suchen.[...] Österreich wäre imstande, jetzt ein geisti-

ges Zentrum für das Deutschtum, ein Weimar dieser Epoche zu werden. Verlagsanstalten könnten hier erstehen, weil ja der mächtige Buchverlagshandel im Reiche drüben erwürgt, zerschlagen worden ist.[. . .] Jetzt wären die Möglichkeiten für Musik, Theater, Film und alle anderen Künste ungleich umfassender: Wien könnte die Kunst- und Theaterstadt werden, von der man jetzt nur – redet.[56]

Die politische Entwicklung in Österreich hat dies und damit auch die erwähnte Alternative verhindert. Statt dessen verstrickten sich die österreichischen Autoren mit der zunehmenden Ausformung des nationalsozialistischen Kontrollsystems immer mehr in dessen Fesseln, der Druck zur Anpassung wurde immer stärker. Gewerkschaftlich orientierte Schriftstellerorganisationen verloren in dieser Konstellation ihre Handlungsräume, sie wurden ersetzt durch den BdSÖ, der es erlaubte, den Prozeß der Anpassung ohne großes Aufsehen vorläufig abzuschließen.

Anmerkungen

[1] Vermerkt im Rundschreiben des SDSOe an seine Mitglieder, Ende Juni 1933: Österreichisches Staatsarchiv/Allgemeines Verwaltungsarchiv (AVA), BMU, Z1.18.288/1933.

[2] Vgl. Ernst Fischer: Der „Schutzverband deutscher Schriftsteller" 1909–1933. In: *Archiv für Geschichte des Buchwesens* 21 (1980), Sp. 1–666, hier Sp. 594–597, 614–617.

[3] Brief des SDSOe an den Hauptvorstand des SDS, 14. 3. 1933. Abschrift im Akt des Vereinsregisters im Amtsgericht Berlin-Charlottenburg 94 VR 1379 Nz, Bd. 2, Bl. 120. Für die Unterlagen aus diesem Akt bin ich Ernst Fischer, München, zu Dank verpflichtet.

[4] Ebd., und *Der Schriftsteller* 21 (1933), H. 3–5, S. 34.

[5] *Die Reichspost*, 9. 5. 1933. Charakteristisch für die Haltung des katholischen Lagers in dieser Frage ist der dem Abdruck des Telegramms beigefügte Kommentar: „Es ist etwas viel, was da von dem österreichischen Gesandten verlangt wird. Daß die nationale Bewegung in Deutschland das Volk von dem namenlosen Bücherschmutz und dem Gift befreien will, die seit dem Umsturz sich als Literatur auftun durften, entspricht den gesunden Instinkten.[. . .] Österreicher die sich in dem Reigen jener gewissenlosen Literaten eingefunden haben, steht kein Recht auf eine Ausnahmestellung zu." Das Original des Telegramms konnte im Gesandtschaftsarchiv Berlin (Haus-, Hof- und Staatsarchiv, Wien) nicht aufgefunden werden.

[6] Vgl. Anm. 1.

[7] Vgl. die Arbeit des Verf.: *Österreichische Schriftsteller und der Nationalsozialismus. Der „Bund der deutschen Schriftsteller Österreichs" und der Aufbau der Reichsschrifttumskammer in der „Ostmark"*. Diss. Wien 1981 [masch.], S. 51–54 sowie Klaus Amann: *P.E.N. Politik, Emigration, Nationalsozialismus. Ein österreichischer Schriftstellerclub*. Wien / Köln / Graz 1984, S. 39–46.

[8] Brief vom 1. 12. 1933. Abschrift in: AVA, Bundeskanzleramt (BKA), Z1.103.275/1934.

[9] Schreiben vom 28. 12. 1933, ebd.

[10] Zitiert nach dem einzigen mir bekannten Exemplar des Rundschreibens im Deutschen Literaturarchiv, Nachlaß Franz Spunda, Konvolut mit Papieren zur Entnazifizierung.

11 Vgl. Renner (Anm. 7), S. 17–24.
12 Vgl. den Vereinsakt des RnS im Wiener Stadt- und Landesarchiv, Z1.5026/1933.
13 *Das Recht der Reichskulturkammer. Sammlung der für den Kulturstand geltenden Gesetze und Verordnungen, der amtlichen Anordnungen und Bekanntmachungen der Reichskulturkammer und ihrer Einzelkammern.* Hrsg.v. K. F. Schrieber, A. Metten, H. Collatz. Berlin 1943 (Guttentagsche Sammlung Deutscher Reichsgesetze Nr. 225), RKK I, S. 9–15.
14 Ebd. S. 11.
15 Vgl. Günther Gentz: *Das Recht der Reichsschrifttumskammer.* Leipzig 1936 ff., S. 9.
16 So die Schlagzeile der *Wiener Allgemeinen Zeitung,* 12. 12. 1933.
17 Ebd.
18 Vgl. Renner (Anm. 7), S. 79 f.
19 Vgl. den Vereinsakt im AVA, BKA, Z1.85.661/1928,
20 Brief vom 13. 12. 1933. AVA, BMU, Z1.1114/1933.
21 Ebd. Aktenvermerk vom 16. 12. 1933.
22 Vgl. Renner (Anm. 7), S. 82–84.
23 Vgl. Murray G. Hall: *Robert Musil und der „Schutzverband deutscher Schriftsteller in Österreich".* In: Österreich in Geschichte und Literatur 21 (1977), S. 202–221.
24 Vgl. Charles A. Gulick: *Österreich von Habsburg zu Hitler.* Wien 1976, S. 444 ff.
25 Zitiert nach den Statuten im Vereinsakt. AVA, BKA, Z1.349.641/1936.
26 Auch der „Gewerkschaftsbund der österreichischen Arbeiter und Angestellten" protestierte gegen diese Fassung der Statuten. Vgl. das Schreiben des Gewerkschaftsbundes an das BKA vom 14. 9. 1938. AVA, BKA, Z1.357.728/1936. Zum Gewerkschaftsbund selbst vgl. Anton Pelinka: *Stand oder Klasse? Die Christliche Arbeiterbewegung Österreichs 1933–1938.* Wien/München/Zürich 1972.
27 Stellungnahme des Bundesministeriums für soziale Verwaltung vom 3. 9.1936. AVA, BKA, Z1.355.090/1936.
28 Vgl. Anm. 25.
29 Zu den ständestaatlichen Kammerplänen vgl. Renner (Anm. 7), S. 107–135.
30 Nach den Statuten im Vereinsakt (Anm. 19). Diese Absicht des Gesamtverbandes ging in einen Gesetzesentwurf zur „Errichtung einer Schriftstellerkammer" ein, den der Abgeordnete Rudolf Zarboch vom „Nationalen Wirtschaftsblock" am 26. 3. 1931 im Parlament einbrachte. Im § 30 des Entwurfs heißt es: „Die Neugründung der Kammer obliegt dem derzeitigen Vorstand der literarischen Sektion des Gesamtverbandes schaffender Künstler Österreichs im Einvernehmen mit dem Bundesministerium für Unterricht." Vgl. *Stenographische Protokolle* 23 (26. 3. 1931), S. 712, sowie die *Beilage* 141/A.
31 Vgl. Norbert Leser: *Die Rolle der Sozialdemokratie bei der Verfassungsreform 1929.* In: *Die österreichische Verfassung von 1918–1938.* Wien 1980 (=Wissenschaftliche Kommission des Theodor Körner Stiftungsfonds und des Leopold-Kunschak-Preises zur Erforschung der österreichischen Geschichte der Jahre 1918–1938. Veröffentlichungen, Bd. 6), S. 71.
32 Vgl. dazu *Die österreichische Schriftstellerkammer.* In: *Die Alpenländische Literatur* 2 (1929), Nr. 11, S. 7–9.
33 Beschlußprotokoll vom 14. 10. 1929, gezeichnet vom Alpenländischen Schriftstellerbund, der Deutschösterreichischen Schriftstellergenossenschaft, dem Deutschen Schriftstellerverband, dem Verband der Schriftstellerinnen und Künstlerinnen, der Schriftstellerinnen-Gruppe des Frauenständebundes, den katholischen Schriftstellerinnen, dem Steirischen Schriftstellerbund, dem Schriftstellerverband Salzburg, der Gesellschaft für Literatur und Kunst in Tirol, und dem Niederösterreichischen Schriftstellerverband. (Ebd. S. 8) Der SDSOe hielt von den Aktionen des Alpenländischen Schriftstellerbundes sicheren Abstand.
34 Eine entsprechende Bestimmung wurde zwar in die Verfassung aufgenommen, jedoch kein Ausführungsgesetz erlassen. Vgl. Walter Goldinger: *Die Erste Republik.* In: *Die*

Entwicklung der Verfassung Österreichs. Vom Mittelalter bis zur Gegenwart. Hrsg. v. Institut für Österreichkunde. Graz 1963, S. 117.

35 Der „Alpenländische Schriftstellerbund" forderte eine Tantieme von 2%, die nach dem Verstreichen der Schutzfrist zur Finanzierung der Aktivitäten der Kammer verwendet werden sollte. Im „Verband katholischer Schriftsteller" wurde anscheinend das Vorbild der AKM höher geschätzt, doch sollten die Tantiemen nicht wie bei der AKM den Urhebern, sondern der zu gründenden Kammer zufließen. Vgl. Hans Rudolf Krill: *Die große Tagung in Salzburg.* In: *Die Alpenländische Literatur* 2 (1929), Nr. 11, S. 4−7, sowie *Der Kampf um die Künstlerkammer.* In: *Mitteilungen des Verbandes katholischer Schriftsteller Österreichs* 1931, Nr. 6/7, S. 4 f.

36 In den Akten ist kein Hinweis auf eine Beteiligung von Autoren bei den Beratungen zu finden, Vgl. Renner (Anm. 7), S. 113.

37 Zur Analyse des „Dichtertreffens" vgl. Friedbert Aspetsberger: *Literarisches Leben im Austrofaschismus.* Königstein 1980, S. 33−35 sowie Renner (Anm. 7), S. 115−124. Das Protokoll der Tagung befindet sich im AVA/Vaterländische Front, Karton 38.

38 Der „Spezialbeirat" sollte aus Schreyvogl, Mell, Weinheber, Nadler, Th. H. Mayer und List bestehen. Vgl. Schreiben von Guido Zernatto an R. Henz vom 1. 12. 1936, AVA/Vaterländischer Front, Karton 38.

39 BGB1. 112/1936.

40 Vgl. Anm. 37. Zur Finanzierung der Kammer forderten die Autoren, „durch einen gesetzgeberischen Akt dem Kulturleben aus dem Kreis jener Wirtschaftsgebiete, die ihren Ertrag und ihre Existenz dem Leben und Gedeihen der österreichischen Kultur verdanken, die entsprechenden Mittel zu sichern". In der Diskussion wurden in diesem Zusammenhang Rundfunk und Film als Beispiele herangezogen.

41 Zitiert nach dem Protokoll der Tagung (Anm. 37).

42 Schreiben von H. F. Blunck an H. Johst vom 1. 10.1936. Berlin Document Center (BDC)/Blunck.

43 Eintragung vom 30. 9. 1936 im Tagebuch Bluncks, Landesbibliothek Kiel/Nachlaß Blunck.

44 Vgl. Anm. 42.

45 Vgl. die Beiträge des Bandes: *Das Juliabkommen von 1936. Vorgeschichte, Hintergründe und Folgen.* Wien 1977 (Wissenschaftliche Kommission des Theodor-Körner-Stiftungsfonds und des Leopold-Kunschak-Preises zur Erforschung der österreichischen Geschichte der Jahre 1918−1938, Veröffentlichungen, Bd. 4).

46 Vgl. Anm. 42.

47 Vgl. die Statuten im Vereinsakt, AVA/BKA, Z1.369.852/1936.

48 Ebd.

49 Ebd.

50 Vgl. Renner (Anm. 7), S. 169−174, 202−205.

51 *Neues Wiener Tagblatt,* 3. 4. 1938, S. 12. Ein *Feierliches Bekenntnis der deutschen Dichter Österreichs,* de facto eines des BdSÖ, wurde dort von 82 Autoren unterzeichnet.

52 Josef Wulf: *Literatur und Dichtung im Dritten Reich.* Reinbek 1966. S. 221 f.

53 Da die ‚nationalen' Autoren in Österreich durchaus keine einheitliche Gruppe bildeten, sondern sich gegenseitig heftig befehdeten, war es aus deutscher Sicht nicht immer leicht, die „Rechtgläubigen" herauszufinden. Vgl. dazu den Fall Stebichs als Geschäftsführer der RSK. Renner (Anm. 7), S. 257−267.

54 Vgl. Alfred Pfoser: *Literatur und Austromarxismus.* Wien 1980, S. 204 f.

55 Vgl. die *Mitteilungen der Deutschösterreichischen Schriftstellergenossenschaft* 1934, Nr. 2, S. 2. Der Gesamtverband löste sich bei der Generalversammlung am 30. 11. 1934 auf; vgl. den Vereinsakt (Anm. 19).

56 *Arbeiter-Zeitung,* 23. 4. 1933. Für den Hinweis auf diesen Artikel bin ich Alfred Pfoser zu Dank verpflichtet.

Buchhandel und Verlag der dreißiger Jahre im Spiegel von Innen- und Außenpolitik [1]

von

MURRAY G. HALL

Ich möchte am Anfang meiner Ausführungen ganz allgemein anhand einiger Fakten und Zahlen auf die Marktverhältnisse im Buchhandel und Verlagswesen im Österreich der 30er Jahre eingehen und somit in einer groben Skizze versuchen, den Hintergrund zu zeigen, vor dem die Einflüsse der Politik sich bemerkbar machten. Ohne die allgemein bekannten Auswirkungen der Nazi-Machtübernahme auf die Verbreitung von Schrifttum zu unterschlagen, obwohl es auch hier noch Fehlansichten gibt hinsichtlich dessen, was verboten und tatsächlich verbreitet werden konnte, möchte ich die Frage des geistigen Inhalts der uns interessierenden Literatur vorerst ausklammern. Denn ich möchte aufzeigen, welche *handfestere* Mechanismen im Buchhandel und Handelsverkehr eine wesentliche Rolle spielten. Das heißt: jenseits des „schädlichen und unerwünschten Schrifttums" hingen beide – so banal das auch klingen mag – mit Geld und Handel, also mit wirtschaftlichen Fragen eng zusammen, und nicht bloß mit dem „oberflächlichen" Kriterium des „Inhalts". Auch soll auf die sehr unterschiedlichen Interessen von Autoren, Sortimentsbuchhändlern und Verlegern in Österreich hingewiesen werden.

Uns interessiert hier vor allem „Literatur" bzw. „schöngeistige Literatur", also eines von 24 Wissenschaftsgebieten, in die das *Börsenblatt* die deutschsprachige Bücherproduktion in seinen ausführlichen Statistiken einteilte. Es ist gewiß ein Gemeinplatz, wenn ich sage, der Buchhandel in Österreich war mit dem im Deutschen Reich traditionell eng verflochten. Die Dominanz der in reichsdeutschen Verlagen erscheinenden Bücher auf dem österreichischen Markt war eine Gegebenheit, die man sogar schon um die Jahrhundertwende registrierte. Die Gründe dafür, daß in Deutsch-Österreich vor allem belletristische Verlage sich nicht hatten entwickeln können, waren vielfach. Ich zähle hier einige nur kurz auf: das strenge und gefürchtete Preßgesetz aus dem Jahre 1862; die Gewerbe-Ordnung des Jahres 1859, die u. a. den Buchhandel (den „Nur-Verleger" kannte man noch nicht) zu einem konzessionierten Gewerbe machte; der mangelnde und mangelhafte Urheberrechtsschutz für Autoren, deren Werke in österreichischen Verlagen erschienen; damit verbunden das „Nationalitätenproblem", das einerseits einen Beitritt Österreich-Ungarns zur sog. „Berner Convention" jahrzehntelang verhinderte – bis er durch den Vertrag von St. Germain erzwungen wurde, während andererseits deutsch-österreichische Buchhändler und Verleger, die zum überwiegenden Teil aus Deutschland stammten, sich ohnehin am Deutschen Reich orientierten und diese Vorherrschaft reichsdeutscher Verlage als nichts Störendes empfanden.

Bis 1933 gab es zwischen Deutschland und Österreich trotz Streitigkeiten in den 20er Jahren einen regen Handelsverkehr. Mit dem Anbruch des Zeitalters der politisierten Literatur begann sich die Lage zu ändern. Die Probleme wurden vielschichtiger.

Ein Blick auf die Entwicklung der Buchproduktion im gesamten deutschsprachigen Gebiet zeigt für die Jahre 1925 bis 1934 einen deutlichen Abwärtstrend, der im Jahre 1928 einsetzt und 1934 den absoluten Tiefpunkt erreicht. 1928 erschienen um 12% weniger Bücher als 1925. Im Jahre 1933 erschienen ca. 32% weniger Bücher als 1925 und 1934 sank die Produktion auf zwei Drittel der Jahresproduktion zehn Jahre zuvor. Es wäre zu einfach und außerdem falsch, wollte man diese Entwicklung ausschließlich auf den Ausfall nunmehr „unerwünschter" Literatur und Autoren und das zunehmende Angebot genehmer Literatur zurückführen. Mit ein Grund war die Tatsache, daß man Mitte der 20er Jahre eine Überproduktion an Büchern verzeichnete. Freilich waren die Verleger vorsichtig geworden, hielten ihre neuen Publikationen zurück und warteten die weitere Entwicklung ab. Die sinkende Tendenz war zugleich auf die allgemeine wirtschaftliche Entwicklung zurückzuführen: Weltwirtschaftskrise, Firmenzusammenbrüche, Zahlungsschwierigkeiten etwa beim Rowohlt Verlag, Inflation, sinkende Kaufkraft, steigende Preise, Abwertung vieler Währungen usw. Die Produktion in Österreich sank in ähnlichem Ausmaß. Wenn man die Produktionsmeßziffer für die Büchererzeugung des nicht ungünstigen Jahres 1930 mit 100 ansetzt, so ging diese Ziffer 1933 auf 76,2 und 1934 auf gar 65,0 zurück. Welchen Anteil hatte Österreich überhaupt im Rahmen der Gesamtproduktion? Im Jahre 1933 betrug der Anteil 6,1%, ein Jahr später nur mehr 5,4%. In konkreten Zahlen sind das 1.121 Neuerscheinungen, Neuauflagen usw. Der Anteil stieg dann bis 1936 auf 6,3%. Rund 85% der Neuerscheinungen wurden im Deutschen Reich hergestellt, aber als Vergleich zu Österreich hier einige Zahlen für die Schweiz: der Anteil der Schweiz betrug 1933 4,4%, 1934 5,2%. Österreich war natürlich der führende Buchhersteller außerhalb Deutschlands. Etwas mehr als ein Drittel der sonstigen Produktion stammte aus Österreich. Auf Österreich folgte die Schweiz.

Die österreichische Buchproduktion war freilich weitgefächert, sodaß sich die Frage stellt, welchen – zumindest numerischen – Stellenwert die uns interessierende Literatur innehatte. Gemessen an den Zahlen für die Jahre 1934, 1936, 1937 waren 14,5% bzw. 20% bzw. 18,6% der Neuerscheinungen sog. „schöne Literatur". Mit anderen Worten: jedes 5. bzw. 7. Buch war „Literatur". Beinahe gleich stark vertreten war allerdings das Gebiet „Religion, Theologie". International gesehen stammten dann mehr als 40% der Produktion an Belletristik außerhalb Deutschlands aus Österreich. Zum Schluß noch eine letzte Statistik, um zu zeigen, welchen Stellenwert österreichische Belletristik aus österreichischen Verlagen innerhalb der Gesamtproduktion an schöner Literatur hatte. Der österreichische Anteil betrug ungefähr 6%.

So weit die Größenordnung der österreichischen Produktion. Zum Verständnis der stark divergierenden Interessen unter Autoren, Buchhändlern und Verlegern in Österreich sei noch darauf hingewiesen, daß nach einigen, voneinander unabhängigen Feststellungen, etwa 90% der österreichischen Schriftsteller ihre Werke in Deutschland verlegen ließen. Ebenso bedeutend für die weiteren politischen Entwicklungen ist die ausgesprochen große Abhängigkeit österreichischer Verlage vom reichsdeutschen Absatzmarkt. Grob geschätzt gingen 70—75% der österreichischen Verlagsproduktion ins Deutsche Reich, wobei der Grad der „Abhängigkeit" von Verlag zu Verlag verschieden war. Im August 1935 z. B. veranstaltete der Verein der österreichischen Buch-, Kunst- und Musikalienhändler aus gegebenem Anlaß eine Rundfrage, um in Erfahrung zu bringen, welcher prozentmäßige Anteil der jeweiligen Verlagsproduktion wo abgesetzt wurde. Mit Ausnahme einiger Schulbuch- bzw. Spezialverlage haben so gut wie alle belletristischen Verlage die Hälfte und mehr ihrer Produktion in Deutschland abgesetzt. Die F. Speidel'sche Verlagsbuchhandlung etwa, Nachfolger des Rikola-Verlags und bekannter Verleger der Erfolgsbücher eines Mirko Jelusich verkaufte nur 12% in Österreich, 1934: 81% und 1935 sogar 90% nach Deutschland. E. P. Tal & Co. verkaufte 58%, der Augarten-Verlag 47%, Amalthea 45%, Verlag „Das Bergland-Buch" 70%, Zsolnay 68% nach Deutschland.

Wie sah der österreichische Markt Mitte der 30er Jahre selbst aus, vor allem in Hinblick auf den reichsdeutschen Anteil? Der Gesamtjahresumsatz betrug 36 Millionen Schilling, von denen etwa 8 Millionen oder 22% auf inländische Verlagswerke entfielen. Der Verkauf an Büchern in Österreich teilte sich mengenmäßig folgendermaßen auf: 40% reichsdeutsche, 40% andere ausländische, 20% inländische.

Aber nach all diesen Zahlen möchte ich versuchen zu zeigen, was für eine Relevanz sie im Gefüge Buchhandel-Verlag-Autor hatten und wie diese Marktverhältnisse oder „Gegebenheiten", wenn man will, von außen auf den Kopf gestellt wurden.

Wenn ich vorhin meinte, die Frage des „geistigen Inhalts" der Literatur ausklammern zu wollen, so möchte ich sie nun an dieser Stelle insofern miteinbeziehen, als – ich stelle das als kühne, aber belegbare These vor – belletristische Verlage in Österreich von einer bedeutungsschweren innenpolitischen Maßnahme kaum, wenn überhaupt, berührt waren. (Um Mißverständnisse zu vermeiden: der „Verlag der Wiener Volksbuchhandlung" kann nicht als belletristischer Verlag gelten.) Damit spreche ich jene wahre Flut von Verordnungen und Gesetzen an, die in Österreich ab 1933 mit Beginn der Dollfuß-Ära erlassen wurden. Auf die Gefahr hin, als Apologet aufzutreten, möchte ich festhalten: wenn man die Verbotspolitik in Hitler-Deutschland und Dollfuß-Österreich vergleicht, gab es in Österreich keinen Index, keine Indizierung, kein „volksschädliches Schrifttum", keine „Säuberung" – sieht man von der Praxis in Büchereien ab, – keinen annähernd vergleichbaren „Verbotsapparat" und zu allerletzt keine erkennbaren schrifttumspolitischen Vorstellungen. Diese erschöpften sich im Negativen. Ich möchte die Verbotskriterien kurz in Erinnerung rufen. Sieht man von den Tatbeständen im Strafgesetz einstweilen ab, so waren es im wesentlichen drei neue Bundesgesetze, die die Verbotspraxis in Österreich bis 1938 bestimmten. Alle hatten mit der Untersagung jedweder Tätigkeit von bestehenden politischen Parteien zu tun. Als erste wurde am 26. März 1933 die Kommunistische Partei Österreichs, dann am 19. Juni 1933 die NSDAP (Hitler-Bewegung) von der Regierung verboten und schließlich am 12. Februar 1934 die Sozialdemokratische Arbeiterpartei Österreichs. Hiedurch waren sämtliche Druckschriften, die eine Förderung dieser genannten Parteien darstellten, in Österreich verboten.

Die Bundespolizeidirektion Wien als wichtigste Instanz führte drei Verbotslisten: die Liste 1 mit verbotenem Nazi-Schrifttum – bis 1937 waren es über 600 Werke –, Liste 2 mit Druckschriften, die eine Förderung der Kommunistischen bzw. Sozialdemokratischen Partei darstellten und Liste 3 mit Druckschriften, die nach Paragraphen im Strafgesetz und nach einer Gerichtsverhandlung mit Schöffen verboten wurden. Dazu gehörten vorwiegend Werke pornographischen Inhalts sowie Werke, die sich gegen eine gesetzlich anerkannte Religionsgemeinschaft richteten. Der Vollständigkeit halber erwähne ich noch das „Bundesgesetz zum Schutz des Ansehens Österreichs" aus dem Jahre 1935, auch „Traditionsgesetz" genannt, (zutreffender wohl „lex Dollfuß" zu nennen), sowie das „Ordnungs-Gesetz" (O. G.) aus dem Jahre 1937. Beide gehörten zu einer Reihe von Gesetzen, die vollkommen überflüssig waren, überflüssig deshalb, weil sie ein Sammelsurium bestehender Gesetze darstellten und auch kaum Anwendung fanden, und wenn, dann selten gegen österreichische Verlage. Ein gründliches Studium der erwähnten Listen zeigt, daß österreichische Verlage im allgemeinen sowie belletristische Verlage im besonderen kaum betroffen waren. Außerdem sind die verbotenen belletristischen Werke auch sonst nicht zahlreich – es handelt sich vielleicht um ein halbes Dutzend.

Angesichts der Entwicklung im Deutschen Reich nach Hitlers Machtübernahme und der Abhängigkeit österreichischer Verleger von diesem Absatzmarkt ist es nicht verwunderlich, daß manche österreichischen Verleger ihr Programm umstellen mußten. Ein prominentes Beispiel, das inzwischen gut dokumentiert worden ist, war der Paul Zsolnay Verlag. Aber auch andere „jüdische" Verleger wie Ernst Peter Tal mußten auch kaufmännisch denken, entsprechend vorsichtig sein und dennoch Wege finden, um unerwünschte Autoren auf den deutschen Markt bringen zu können.

Die größte Gefahr kam von außen, von Deutschland, und war auf den ersten Blick nicht kulturpolitischer, sondern vielmehr handels- und wirtschaftspolitischer Natur – freilich nicht ohne parteipolitischen Anstrich.

Der Gleichschaltung zweiter Schritt erfolgte nämlich im Jahre 1935, als Propagandaminister Goebbels sich – gegen den Rat seiner Ministerkollegen und gegen die Wünsche des Börsenvereins – entschloß, Bücher in die sogenannte Exportförderungsaktion bzw. in das Exportausgleichsverfahren, das alles von Stahl bis zu Seidengespinsten umfaßte, aufzunehmen. Diese Dumpingpraxis zielte darauf, im Interesse des sog. „Neuen Plans" und der Rüstungswirtschaft Exporte zu forcieren und größere Deviseneingänge zu erzielen. Im Durchschnitt lag die Preissenkung diverser Waren im Ausland bei 25% und um genau diese 25% sollten nun die Preise für Bücher reichsdeutscher Verlage u. a. in Österreich gesenkt werden. Trotz anfänglich heftigen Widerstands seitens des Auslandsbuchhandels gegen diese, gelinde gesagt, unfaire und marktverzerrende Maßnahme, gab die österreichische Standesvertretung dem Diktat nach, während der Schweizer Buchhandel es glatt ablehnte, an der Aktion mitzumachen. Das Propagandaministerium begründete das „Dumping" sowohl mit fadenscheinigen wirtschaftlichen, als auch mit kulturpropagandistischen Argumenten. Im September 1935 trat die Exportförderungsaktion in Kraft. Ab sofort waren alle reichsdeutschen Bücher im Buchhandel um 25% verbilligt, was zu einer Konkurrenzierung mit den bislang billigeren österreichischen Büchern führte. Die Preissenkung führte zu einer schweren Spaltung innerhalb des Vereins sowie zwischen Buchhändlern und Verlegern, die an sich aufeinander angewiesen waren und nun zu natürlichen Gegnern wurden. Hier der zusammenfassende Kommentar eines betroffenen Verlegers:

> Die Buchhändler denken gar nicht daran, den österreichischen Verlag in den Vordergrund zu schieben, im Gegenteil. Sie sind zum Teil Nazis, und wenn schon nicht das, so doch natürlich Geschäftsleute; das gedumpte deutsche Buch ist ihnen bequem, weil billiger und die Verdienstspanne größer. Wir sind also auch auf dem Inlandsmarkt ungeschützt.[2]

Während die – in der Regel – deutschnational gesinnten Sortimenter, deren Einfluß bestimmend war, sich weigerten, von „Dumping" zu sprechen, und sich das Geschäft ihres Lebens erhofften, waren sowohl die Verleger als auch die Presse sehr aufgebracht. Diese warf dem Verein Geldgier, Verrat und Opportunismus vor. Einige Schlagzeilen – es wurde übrigens sehr viel über das Dumping in den Zeitungen berichtet – mögen ihre Einstellung zeigen:

> „Nationalsozialismus zu ermäßigten Preisen", „Die Propagandaaktion des Herrn Goebbels", „Verschleudern unter staatlicher Beihilfe", „Das Geschenk der 25%" oder: „Verstärkte Nazipropaganda gegen Österreich".

Der Ruf von Presse und Verlagen an die österreichische Bundesregierung, Schritte zum „Schutz des österreichischen Verlags" zu unternehmen, blieb nicht ohne Widerhall. Die Regierung mußte allerdings aus Angst vor Retorsionsmaßnahmen und wegen bestehender Handelsverträge verschiedene Vorschläge, reichsdeutsche Bücher nun kompensierend mit einem 25%-igen Zoll zu belegen, ablehnen. Stattdessen verabschiedete der Ministerrat Ende November 1935 gegen den fanatischen Widerstand der Sortimenter ein Gesetz, das die Schaffung eines Fonds zur Förderung des österreichischen Verlags vorsah und das am 1. Jänner 1936 in Kraft trat. Dem Gesetz nach sollte der Fonds durch eine 3%ige Abgabe auf alle neuen und antiquarischen Bücher, die auf den Käufer überwälzt wurde, gespeist werden. Kernstück des Fonds war eine vermeintlich paritätisch besetzte Verwaltungskommission, und mit deren Zusammensetzung begann der der Öffentlichkeit leider verborgen gebliebene Skandal. Zu den ernannten Mitgliedern gehörte die Clique Hammerstein-Equord (Obmann), Guido Zernatto und Hans Nüchtern. Außerdem gab es Nazi-Mitglieder oder Sympathisanten, die oft zugleich Vaterländische Front-Mitglieder waren. Verleger waren unterrepräsentiert, die Buchhändler und andere, die nicht ganz selbstlos in der Kommission saßen, hatten das Sagen. Aus der Theorie des Gesetzes, es dem österreichischen Verlag durch Zuschüsse aus Fondsmitteln zu ermöglichen, auch seine Ladenpreise entsprechend den deutschen zu senken, entwickelte sich eine Praxis, bei der die Verleger im Glücksfall eine kleine Entschädigung für nachweisbare Verluste, die durch das reichsdeutsche Buchdumping entstanden waren, erhielten. Nach den aufgestellten Richtlinien nämlich mußte zudem das österreichische Verlagswerk durch ein reichsdeutsches konkurrenziert werden, was besonders im Fall schöngeistiger Literatur ein absurdes Kriterium war. Fondsmittel wurden gesetzwidrig verwendet, Anträge äußerst schleppend behandelt, geschädigte Verlage im allgemeinen von Anfang an davon abgehalten, überhaupt Anträge zu stellen. Wen wundert es dann, daß ein Antrag auf Auflösung des Fonds in der zweiten Sitzung der Kommission eingebracht wurde? Das Verlagsförderungsgesetz entpuppte sich als „lex Universal-Edition". Diese große Musikalienfirma erhielt nicht weniger als 90% der ausgezahlten Mittel, während belletristische Verlage gelegentlich mit läppischen 100-Schilling-Beträgen abgespeist wurden. Symptomatisch für die programmierte Erfolglosigkeit des Fondsgesetzes ist die Tatsache, daß die Einhebung der Fondsmittel bereits Ende 1936, also Ende des ersten Jahres, für immer sistiert wurde. Nach einer groben Einnahmen-Ausgaben-Rechnung des Fonds zwischen 1936 und 1938 kann man das Versagen auch in Zahlen ausdrücken: Die Gesamteinnahmen betrugen ca. 319.000 Schilling, und das war ungeheuer viel Geld, wenn man bedenkt, daß die Staatspreise für Literatur mit 1.000, ab 1936 mit 2.000 Schilling dotiert waren, daß z. B. das Stammkapital von Verlagen wie Bermann-Fischer nur 20.000 Schilling, und daß der Jahresumsatz etwa des Augarten-Verlags ein Viertel dieser Summe betrugen. Zieht man von der Gesamtsumme nämlich Posten wie gesetzwidrige Zuwendungen, Zuschüsse an die Universal-Edition, Verwaltungsaufwand und spätere Nazi-Beute ab, kamen den österreichischen Verlagen in etwa 6 % der von Buchkäufern aufgebrachten Fondsmittel zugute. Ein Detail am Rande: die Zuschüsse an diverse Verlage waren von den Zinsen gedeckt, sodaß Fondsmittel gar nicht angetastet werden mußten. Zusammenfassend kann man sagen, daß es selbst auf gesetzlichem Wege nicht gelang, österreichische Verlage zu schützen oder zu fördern. Aber auch die Rechnung der Buchhändler ging nicht auf...

Das reichsdeutsche Buchdumping hatte seinerzeit einen prominenten Befürworter gehabt: Guido Zernatto, der, wie man weiß, nicht nur in öffentlichen Stellen ein Multifunktionär war. Er hatte nämlich von d e m Standpunkt aus argumentiert, die Aktion bedeute die Erleichterung der Verbreitung von mehr als neun Zehnteln des österreichischen Anteils an der deutschen Dichtung. Und, um mit den Sortimentern zu sprechen, man könne doch nicht die österreichischen Autoren gegen eine Verbreitung ihrer Schriften in Österreich gar durch eine Zwangsauflage oder einen Zoll „schützen". Aber damit tritt die Kehrseite der Medaille hervor, etwas, was sowohl die österreichischen Autoren als auch die Verleger in ihrer Existenz traf: Stichwort: Zahlungsverkehr. Der Zweck der Nazi-Wirtschaftspolitik bestand nicht nur darin, – wie erwähnt – die Deviseneingänge für Rohstoffimporte bzw. die Rüstung zu vermehren, sondern, klarerweise auch, den Devisenabfluß ins Ausland stark einzuschränken. Diese Frage der Devisenbewirtschaftung wurde z. B. schon 1931 von Österreich aus aktualisiert, als die Bundesregierung im Oktober eine Devisensperre verhängte, d. h. ein strenges Verbot des freien Handels in Devisen und Valuten. Kein Wunder also, daß etwa die literarische Sektion des Gesamtverbandes schaffender Künstler Österreichs auf die Bedrohung der materiellen und geistigen Existenz fast aller österreichischen Schriftsteller durch eine Drosselung der Einfuhr ihrer Bücher wie auch durch eine Sistierung der Devisenanweisungen an im Ausland lebende Schriftsteller hinwies. Drei Jahre danach wurde das Problem in umgekehrter Richtung sehr ernst. Obwohl Österreich und Deutschland im Sommer 1934 ein sog. „Clearingabkommen", d. h. ein Übereinkommen über die Zahlungsregelung aus dem gegenseitigen Warenverkehr abgeschlossen, blieb die Frage Autorentantiemen, also „geistiges Gut", ausgeklammert. Die Auswirkung der schleppenden Devisenanweisungen nach Österreich kann man anhand zweier Einzelschicksale und auch am Beispiel der Gesellschaft der A. K. M. demonstrieren. Das Gefühl, in Deutschland verlegte, vielgekaufte Bücher verfaßt zu haben und vom „Erfolg" finanziell nichts zu haben, muß, nebenbei, auch deprimierend gewesen sein. Und es scheint kein allzu großer Unterschied bestanden zu haben zwischen einer Nazi-Koryphäe wie Karl Hans Strobl oder einem unerwünschten, noch dazu jüdischen Schriftsteller wie Robert Neumann. Wie die betreffenden Unterlagen zeigen, bekam der eine ein wenig vom Erlös aus dem Verkauf seiner Bücher in Deutschland, der andere aber gar nichts. Dem Verlag wurde untersagt, das Guthaben auszuzahlen.[3]

In dieser Frage besonders leidgeprüft waren Mitglieder der A. K. M., also der staatlich genehmigten Gesellschaft der Autoren, Komponisten und Musikverleger. Die umfangreichen Dokumente im Bestand des Handelsministeriums erlauben eine lückenlose Darstellung. Ein Blick auf die Bruttoeinnahmen der A. K. M. in den Jahren 1933 bis einschließlich 1936 zeigt ganz eindeutig, wie abhängig österreichische Autoren und Künstler vom Deutschen Reich waren. Im Durchschnitt stammten nämlich ca. 78 % der Jahreseinnahmen von dort, nur: Guthaben und Überweisungen waren zwei sehr verschiedene Dinge. Das spielte sich folgendermaßen ab: Die A. K. M. verhandelte natürlich nicht mit der Regierung oder einer Regierungsstelle, sondern mit der der Reichsmusikkammer unterstellten STAGMA [Staatlich genehmigte Gesellschaft zur Verwertung musikalischer Urheberrechte] und hatte keine Rechtsmittel, um die Zahlungen nach Österreich zu erzwingen. Die A. K. M. „erhielt" zwar 1935 einen Betrag von rund 1,3 Millionen Mark; nur, überwiesen wurde die Summe in kleinen Raten nur zu einem Bruchteil. Der beträchtliche Rückstand blieb. Ein Hoffnungsschimmer schien das am 27. Jänner 1937 nach längeren Verhandlungen in Wien unterzeichnete Abkommen über den Warenverkehr zwischen Österreich und dem Deutschen Reich zu bieten, das die Angelegenheit der Überweisung von Urheberrechtsentgelten neu ordnete. Es war nämlich durch ungeheure Anstrengungen möglich, die Einbeziehung der Urheberrechtszahlungen in das Zahlungsabkommen durchzusetzen. Die Deutsche Reichsregierung gestattete die Überweisung von 240.000 Mark, doch war diese Summe nur ein Tropfen auf den heißen Stein. Mitte November 1937, also fünf Monate vor dem „Anschluß", belief sich der Transferrückstand in Deutschland auf mehr als 1,5 Millionen Mark. Das alles war den Österreichern vorenthaltenes Geld. Auf deutscher Seite empfahl man den österreichischen Autoren und Künstlern, einmal in Deutschland Urlaub zu machen, um die Guthaben abzubauen... Aber auch die österreichischen Verlage hatten diese Probleme, wiewohl manche belletristische Verlage scheinbar überhaupt keine Schwierigkeiten hatten: Beispiel Paul Zsolnay. Ganz besonders ab Jänner 1937 traten Behinderungen in der Ausfuhr österreichischer Bücher nach Deutschland auf, die man durchaus von zwei Gesichtspunkten aus betrachten und beurteilen kann. Wirtschaftliche Sachzwänge und Mittel zur Erreichung von kulturpolitischen Zielen in Nazi-Deutschland lassen sich nicht so fein säuberlich trennen. Welche Schwierigkeiten waren es, die zu einer existentiellen Bedrohung oder, etwas gewagt formuliert, in Richtung eines geistig-kulturellen Anschlusses führten? Eine österreichische Zeitung sprach in diesem Zusammenhang von der „Brechzange der Devisenvorschriften". Beginnen wir mit dem Kontingentensystem und den Devisenbeschränkungen. Im März 1934 wurde im Deutschen Reich der Weg beschritten, einen immer größeren Kreis von Einfuhrwaren in die Überwachung einzubeziehen. Bis zum Herbst dieses Jahres wurden praktisch alle Einfuhrwaren im Reich zu „überwachten" Waren. Im Rahmen des „Neuen Plans" bestanden im Herbst nicht weniger als 26 solcher Überwachungsstellen, darunter die neuerrichtete „Überwachungsstelle für Papier", die ihren Sitz in Berlin hatte. Kurz zusammengefaßt stand der Überwachungsstelle für Papier z. B. eine bestimmte, auf Handelszahlen der vergangenen Jahre basierende, begrenzte Devisensumme für Bücherimporte aus Österreich zur Verfügung. Der direkte Verkehr zwischen Deutschland und Österreich wurde ausgeschaltet, alles mußte über Leipzig gehen und die Kommissionäre einzelner österreichischer Verlage in Leipzig mußten bei der Überwachungsstelle um Devisenzuteilungen ansuchen. Im Gegensatz zur ländläufigen Meinung in Österreich stand keinem Verlag eine fixe jährliche Summe zu, der Kontingentkuchen wurde nach Gutdünken aufgeteilt. Man konnte somit die Einfuhr von Büchern bestimmter Verlage leicht gänzlich drosseln. Es konnte genausogut vorkommen, daß ein Verleger eine Neuerscheinung nicht nach Deutschland liefern konnte, weil das Einfuhrkontingent seines Kommissionärs in Leipzig erschöpft war. Problematisch war außerdem die Tatsache, daß das Gesamtkontingent aus monatlichen Wertgrenzen bestand, was der üblichen Produktionsweise eines Verlags – etwa: tote Sommersaison, großes Weihnachtsgeschäft – zuwiderlief. Im *Sturm über Österreich* vom 22. 8. 1937 liest man dazu:

> Im übrigen wird das Argument des Devisenmangels nur jenen Verlagen gegenüber angewandt, die nicht genehm sind, während andere, genehmere Verlage nicht die mindesten Schwierigkeiten haben. Auch mit diesem Mittel also wird die Zensurierung österreichischer Verlage durchgeführt.

Mag die beschränkte Einfuhr österreichischer Bücher eine beträchtliche Behinderung bedeutet haben, so waren die Zahlungsmodalitäten eine Praxis, mit der der österreichische Verleger ohne weiteres an den Rand des Ruins getrieben werden konnte. Dazu wieder der *Sturm über Österreich:*

> Man sucht [. . .] den österreichischen Verleger auch dadurch mürbe zu machen, daß man seine Guthaben in Leipzig so langsam durch den Clearing überweist, daß er – falls er nicht sehr kapitalskräftig ist – an dem Erfolg seiner Bücher im Reich zugrunde gehen kann.

Während Zahlungen in umgekehrter Richtung in kürzester Frist erfolgten, erfolgt nach dem zitierten Artikel „die Gutschrift beim österreichischen Verlag erst nach einem viel längeren Zeitraum nach Zinszahlung des Betrages durch den deutschen Importeur, er schwankt zwischen vier Wochen und vier Monaten, dauert aber manchmal sogar noch länger".

Das Einfrieren bzw. der erschwerte Zugang zu den Guthaben österreichischer Verlage im Reich mußte über kurz oder lang zu Liquiditätsschwierigkeiten führen. Das heißt, das Betriebskapital blieb im Ausland und Verleger durften diese Guthaben nicht – oder nur selten – zur Zahlung von Honoraren in Deutschland verwenden. Sie mußten vielmehr Schillingbeträge in Wien gegen Mark eintauschen.

Ein Ausweg stand den so geschädigten Verlagen offen: nämlich Druck- und Bindeaufträge nach Deutschland zu vergeben. Aber das hatte Folgen, wie aus folgender Stellungnahme hervorgeht:

> Der aus dieser Notlage geborene Versuch, die Einfuhrschwierigkeiten dadurch zu umgehen, daß die Druck- und Bindeaufträge nach Deutschland verlegt werden, schädigt nicht nur auf empfindlichste Weise die österreichische Buchindustrie, sondern verschärft auf die Dauer auch die Notlage der Verlage selbst, da die aus den in Deutschland hergestellten Werken erzielten Erlöse nicht nach Österreich transferiert werden können. So häufen sich diese Erlöse in Deutschland immer mehr und mehr an, zwingen die Verlage immer mehr Werke in Deutschland herstellen zu lassen, bis sie eines Tages ihr gesamtes verfügbares österreichisches Kapital nach Deutschland transferiert haben und praktisch von allen Mitteln entblößt sind.[4]

Was Druckaufträge betrifft, so beschwerte sich die Großdruckerei Waldheim-Eberle beim Handelsministerium im Oktober 1937, daß die Aufträge der Wiener Verleger zum größten Teil in die Tschechoslowakei oder nach Deutschland abgewandert seien und daß manche mehr als 50 % ihrer Produktion in Brünn drucken ließen.[5] Hier nun ein konkretes Beispiel für diese Zwangslage. Es handelt sich nicht zufällig um einen Neuankömmling in der österreichischen Verlagsszene, um einen übersiedelten, um einen Sezessionsverlag (und nicht: Exilverlag), nämlich den Bermann-Fischer Verlag. Die Sezessionsverlage Bermann-Fischer, Thomas Verlag Jakob Hegner und Bastei-Verlag des ehemaligen Piper-Verlag-Mitbesitzers Robert Freund hatten besonders Probleme mit dem Kontingentensystem, nicht zuletzt, weil der Kuchen bei unveränderter Devisensumme unter mehr Verlagen, trotz Einräumung eines Sonderkontingents, geteilt werden mußte. Während Bermann-Fischer besonders zuvorkommend behandelt wurde, erhielt der in Wien neugegründete Bastei-Verlag für seine gänzlich unpolitischen Werke gar keine Devisenzuteilung. So geschah es, daß z. B. Gottfried Bermann-Fischer „notgedrungen", wie er selber sagte, 1936 ein Drittel seiner Produktion in Deutschland herstellen ließ.[6]

Wechseln wir nun von Handel und Wirtschaft zur „hohen" Politik, zu den Beziehungen zwischen Deutschland und Österreich über. Es gilt nun die direkten und indirekten Auswirkungen des sog. Juli-Abkommens 1936 hinsichtlich Buchhandel und Verlag ein wenig zu skizzieren. Man kann vorausschicken, daß die später aus dem Juli-Abkommen hervorgehenden Kulturausschüsse nicht in der Lage waren bzw. nicht befugt waren, über Angelegenheiten zu befinden, die – siehe die diversen handels- und devisenpolitischen Maßnahmen – von existenzieller Bedeutung waren.

Als die ersten Vorschläge zu einer Normalisierung der Beziehungen zwischen Deutschland und Österreich im Sommer 1935 erläutert wurden, war zwar von Zeitungsverboten, von Buchverboten bzw. deren gegenseitiger Aufhebung noch nicht die Rede. Zumal von nachdrücklichem Einfluß auf die Emigrantenpresse ausdrücklich die Rede ist, kann man fast folgern, daß – verstärkt nach Unterzeichnung des Abkommens – Exilverlage in der Art von Querido oder Allert de Lange in Amsterdam auf kurze Sicht keine Chance gehabt hätten, und man kann verstehen, daß es auch keine solchen Verlage gab. Das lag zunächst einmal an der Tatsache, daß vielfach die im Reich unerwünschten und verbotenen Autoren – natürlich mit Ausnahmen – aus denselben Gründen in Österreich unerwünscht waren, und zum anderen kam der Zeitpunkt, wo es zunehmend schwerer wurde, von österreichischem Boden aus, anti-Nazi-Literatur in all ihren Formen zu produzieren. Wenn auch ein paar deutsche Verlage nach Wien übersiedelten, so scheinen eher die bereits bestehenden Verlage die Funktion eines Exilverlags übernommen zu haben.

In dem auf deutschen Wunsch geheimgehaltenen Gentlemen-Agreement zwischen Hitler und Schuschnigg vom Juli 1936 ist hinsichtlich der gegenseitigen kulturellen Beziehungen ganz kurz von Büchern die Rede: „Bezüglich des Absatzes von Werken beiderseitiger Autoren auf dem Gebiet des anderen Teiles werden – insoweit sie den Gesetzen ihres Bezugslandes entsprechen – alle Behinderungen beseitigt."[7] Das Unsinnige, das unvermeidlich zu Konzessionen österreichischerseits Zwingende an dieser Absichtserklärung lag auf der Hand. Vielleicht war sie auch deshalb so vage formuliert. Wie sich herausstellte – obwohl Guido Schmidt und Franz Papen darüber einig waren, nur belletristische Literatur in Betracht zu ziehen, – ging es den Deutschen doch nur um

Werke nationalsozialistischer Ideologie, die nach der österreichischen Liste 1 verboten waren, allen voran Hitlers *Mein Kampf*. Außenpolitisch befand sich Österreich nach diesem „point of no return" in einem Dilemma. Es gab kein Zurück mehr. Erstens konnte man unmöglich auf Dauer mit den Nazis in Deutschland „befreundet" und den Austronazis gegenüber feindlich eingestellt sein. Zweitens konnte man die Nazi-Schriften nach dem Geist des Abkommens nicht alle auf die Dauer ausschließen. Mit dem Abkommen hatte man sich doch außenpolitisch auf einen deutschen, nationalsozialistischen Kurs auch auf kulturellem Gebiet festgelegt, und das mußte innerhalb Österreichs Konsequenzen haben. Das Widersprüchliche am zitierten Passus des Abkommens lag darin, daß – nehmen wir als Beispiel die österreichischen Verbote – diese Werke verboten wurden, eben weil sie „den Gesetzen des Bezugslandes" nicht entsprachen. Neben der Freigabe dieser Schriften wollten die Deutschen ein Verbot für das, was sie als „anti-Nazi-Hetzliteratur" apostrophierten, erreichen. Die Prozedur der angesprochenen Beseitigung aller Behinderungen brauchte einen konkreten Rahmen, und dieser wurde im November 1936 anläßlich des Berliner Besuches des österreichischen Staatssekretärs für Auswärtige Angelegenheiten, Guido Schmidt, ins Leben gerufen. Im Februar 1937 kam es in Wien zur Konstituierung des „Ausschusses für kulturelle Angelegenheiten zwischen Österreich und Deutschland" und zur Bildung eines Unterausschusses für Buchfragen. Während der deutsche Gesandte von Papen auf eine Behandlung der Verbotsaufhebung geradezu drängte, verfolgte die österreichische Behörde eine ausgesprochen dilatorische, also hinauszögernde Taktik. Erst im Frühjahr 1937 kam es zum Austausch von Verbotslisten, wobei beide Seiten nun ihre vordringlichen Wünsche auf Aufhebungen bekanntgeben sollten. Die Deutschen bekamen die Liste 1 der verbotenen NS-Schriften in Österreich, die Österreicher hingegen nicht die „Liste 1 des schädlichen und unerwünschten Schrifttums" aus dem Jahre 1935, sondern ein Verzeichnis der seit 1933 im Deutschen Reich verbotenen Bücher österreichischer Verlage. Es muß von vornherein klar gewesen sein, daß es sich hier um sehr ungleichwertige Verhandlungsgegenstände handelte. Zum einen gleicht das deutsche Verzeichnis eher einem Antiquariatskatalog mit Werken, an deren Verbreitung die Verleger wohl nicht sehr interessiert waren, zumal viele überhaupt nicht mehr lieferbar waren. Zum zweiten, und das entschuldigt vielleicht die „Interesselosigkeit" der österreichischen Unterhändler, bedeutete jede Gegenforderung ihrerseits den Zwang, weiteres NS-Schrifttum zuzulassen. Außerdem, was konnte man z. B. als Gegenforderung für die Freigabe von *Mein Kampf* verlangen? Im Verlauf der Tagungen des Ausschusses bis in den Februar 1938 hinein konnte die deutsche Seite die Verbotsaufhebungen für Dutzende von NS-Schriften, wenn auch nicht für alle, erreichen. Die österreichischen Gegenforderungen bestanden darin, etwa acht Werke, meist religiösen Inhalts, freizubekommen. Aber die deutsche Taktik beschränkte sich mit dem Juli-Abkommen als diplomatische Rückendeckung nicht bloß auf Verbotsaufhebungen. Der Buchhandel in beiden Ländern sollte enger verflochten, neue Propagandamöglichkeiten für deutsche Bücher eröffnet, der unmittelbare reichsdeutsche Einfluß auf Rundfunk, Theater, Film und Kino ausgedehnt und in Österreich die sog. anti-deutsche Hetzliteratur restlos verboten werden.

Die Öffentlichkeit war weder über die allgemeine Verhandlungstaktik der österreichischen Seite – die des Hinauszögerns – noch über die Vorgänge in den Kulturausschüssen informiert. Der schleichende kulturelle Anschluß durch die Nazis fand aber nicht nur auf hochoffizieller Ebene statt. Es tat sich außerdem die Kluft auf zwischen der Redlichkeit der Beteiligten im Kulturausschuß und der täglichen Praxis. Inoffiziell traten neben den erwähnten Behinderungen devisenpolitischer Natur auch Methoden auf, österreichischen Verlagen in jüdischem Besitz durch diverse Schikanen, Boykottmaßnahmen usw. das Leben zu erschweren. Die Arbeit in den Ausschüssen wurde durch den „Anschluß" überholt. Was sich dann Mitte März im Buchhandel und Verlagswesen vor allem in Wien abspielte, war ein Gemisch von Chaos, Berechnung, Improvisation und Brutalität. Das deutsche Vorhaben, Wien nicht gänzlich als Verlagsmetropole verkommen zu lassen, hat sich nicht erfüllt. Und die Ekstase der vielen nationalen Buchhändler, die sich seit Jahren schon auf die Heimkehr ins Reich gefreut hatten, war auch nur von kurzer Dauer...

Anmerkungen

1. Die folgenden Ausführungen sind eine extrem verkürzte Darstellung eines Bereichs, den ich im Rahmen eines umfangreichen Forschungsprojekts *(Geschichte der belletristischen Verlage in Österreich 1918—1938)* eingehend behandelt habe. Es wird daher auf eine große Anzahl von Anmerkungen hier bewußt verzichtet, nicht zuletzt, weil dies darauf hinauslaufen würde, praktisch jeden zweiten Satz mit einem entsprechenden Beleg zu versehen. Zitate hingegen erfolgen mit Quellenangabe. Verwiesen wird allgemein auf meinen Aufsatz *Literatur und Verlagspolitik der dreißiger Jahre in Österreich. Am Beispiel Stefan Zweigs und seines Wiener Verlegers Herbert Reichner.* In: *Stefan Zweig 1881/1981. Aufsätze und Dokumente.* Wien 1981, S. 113—136 sowie auf das Manuskript des Vortrags *Das Buch als Mittel zum Zweck. Österreichs Verlage vom „Ständestaat" zum „Anschluß"* in der Alten Schmiede, Wien, am 10. März 1982, und schließlich auf das Manuskript einer Sendung im Hessischen Rundfunk am 26. Mai 1982: *Zwischen „Ständestaat" und „Anschluß". Literarisch-kulturelle Beziehungen zwischen Österreich und Deutschland.*
2. Österr. Staatsarchiv, Allg. Verwaltungsarchiv (im folgenden: AVA), BMU, Geschäftszahl 25.962/37. Vertrauliches Schreiben vom 24. August 1937.
3. Diese Fälle sind näher erläutert in, Gerhard Renner: *Österreichische Schriftsteller und der Nationalsozialismus: Der „Bund der deutschen Schriftsteller Österreichs" und der Aufbau der Reichsschrifttumskammer in der „Ostmark".* phil. Diss. Wien 1981 [mschr.].
4. Österr. Staatsarchiv, Haus-, Hof- und Staatsarchiv (HHSta), N. P. A., Karton 134, BKA 43.118—13/1937. „Memorandum zu den Einfuhrschwierigkeiten österreichischer Bücher nach Deutschland", S. 2.
5. AVA, BMfHuV, Karton 3663, Grundzahl: 92.040—9a/37, Geschäftszeiten: 552; Geschäftszahl: 109.291.
6. AVA, BMU, Geschäftszeiten: 24a, Grundzahl: Bermann-Fischer, Geschäftszahl 36.034—I, 6b. Schreiben Gottfried Bermann-Fischer an das Bundeskanzleramt vom 15. Oktober 1936.
7. Siehe Hall, *Literatur und Verlagspolitik der dreißiger Jahre* (Anm. 1), bes. S. 114.

Literatur in österreichischen Zeitschriften der dreißiger Jahre.
Mit einem bibliographischen Anhang

von

SIGURD PAUL SCHEICHL

Im literarischen Leben der dreißiger Jahre erscheint heute vieles so unwirklich und unglaublich, daß man bei seiner Darstellung immer wieder am Einzelfall hängen bleibt, an der einzelnen Person, am einzelnen Text, die – vielleicht – symptomatisch für die Zeit sind, während uns Abstraktionen noch schwer fallen. Man neigt fast unwillkürlich zum Anekdotischen[1], und der Germanist verkleidet sich nicht ungern als Satiriker, der etwa durch groteske Zitate die literarische Szene jener Epoche ‚entlarvt'. Von dieser Tendenz ist auch das folgende nicht frei.

In dieser Neigung wird der Anspruch spürbar, sich zum Richter über diese Jahre aufzuwerfen und dabei die Voraussetzungen nicht ausreichend zu reflektieren, die speziell zu der uns erschreckenden Dominanz, ja schließlich Alleinherrschaft antiprogressiver Literatur geführt haben. Dabei muß ich mich im folgenden auf die Voraussetzungen im innerliterarischen Bereich beschränken, obwohl es grundsätzlich dieses Problem der übersehenen Rahmenbedingungen auch im politischen Bereich gibt – so bei den Ursachen des Anschlußstrebens, das uns heute so unverständlich geworden ist – und obwohl die Liebe der Zeit zu überholten literarischen Themen und Verfahrensweisen selbstverständlich ebenfalls außerliterarische Wurzeln hat. Bezeichnend für diesen Zusammenhang ist eine Parallele zwischen literaturkritischen und politischen Texten der Epoche: bei Meßner[2] und Pawek („Was heute vor sich geht, ist ein Kurswechsel des Weltgeistes [...]") [3], bei Papesch (Georg Kaiser baue „eine Welt, von der kein Ziegel aus unserer Erde gebrannt ist. H e u t e gibt es viele Leute, die er foppen kann. M o r g e n wird man verwundert fragen: H a t e s s o e t w a s g e g e b e n ?") [4] und Hartlieb, der den Gegensatz zwischen Ernst Hardts im Burgtheater gespieltem *Tantris der Narr* und „ h e u t e" unterstreicht[5], kehrt immer wieder das Argumentationsmuster wieder, daß die Demokratie überholt und daß die literarische Moderne Sache einer überwundenen Vergangenheit sei, daß ‚heute' die Zeit einer neuen Volksgemeinschaft und einer neuen Einfachheit in der Literatur anbreche.

Die systematische Verweigerung des Neuen – die in dieser Breite überrascht – bewirkte schließlich, wohl schon vor 1933, ein Informationsdefizit, das zu den Rahmenbedingungen des literarischen Lebens der Zeit gehört. Die im weiteren darzustellende Nicht-Präsenz Brochs, Musils, Horváths oder auch Brechts und Döblins in fast allen literarischen Zeitschriften – anders in den wenigen liberalen Wiener Tageszeitungen – konnte erst die Rückgriffe auf Sagastil und Passionsspiel innovativ erscheinen lassen, während wir, die unter diesem Informationsdefizit nicht leiden, darin nur einen Rückschritt hinter Positionen sehen können, die bereits der Naturalismus oder gar die Aufklärung erreicht hatte. Die damalige Germanistik, in der ohnehin (schon aufgrund der Studienvorschriften, aber auch aus wissenschaftsgeschichtlichen Gründen) die historische Sprachwissenschaft und die Mediävistik dominierten, hat an diesem Informationsdefizit offensichtlich durchaus Gefallen gefunden.[6]

Wollen wir die Literatur der dreißiger Jahre verstehen, dürfen wir diese Bedingungen des Entstehens von Literatur nicht übersehen, auch wenn wir im Interesse unserer eigenen gesellschaftlichen Zukunft auf die Richterrolle nicht ganz verzichten sollten.

Wahrscheinlich spiegeln sich diese Bedingungen des Entstehens und der Verbreitung von Literatur nirgends besser als in den – vermutlich – etwa 70 österreichischen Zeitschriften, die zwischen 1930 und 1939 zur Gänze oder zum Teil literarische Texte und Texte über Literatur veröffentlicht haben. Es ist gleich festzuhalten, daß viele von diesen 70 Zeitschriften recht kurzlebig gewesen und daß daher nie 70 Zeitschriften zum gleichen Zeitpunkt nebeneinander erschienen sind.

Der vorliegende Versuch einer in Ansätzen systematischen Behandlung dieser Zeitschriften wird mit der Darstellung einiger methodischer Probleme beginnen, die zugleich den etwas fragmentarischen Charakter dieser Arbeit rechtfertigen soll; eine wirklich gründliche Aufarbeitung der Materialfülle war in der zur Verfügung stehenden Zeit keineswegs möglich, zumal brauchbare Einzeluntersuchungen weitgehend fehlen.[7]

Heute sind nur noch wenige dieser Zeitschriften bekannt: die letzten Jahrgänge der *Fackel, Der Brenner, das silberboot* und *Plan* als Träger von Neuansätzen. Oskar Maurus Fontana, übrigens selbst nur selten durch Beiträge in literarischen Zeitschriften hervorgetreten, erinnert sich 1951 aus den dreißiger Jahren noch an den *Augarten* und an die *Monatsschrift für Kultur und Politik*[8], deren Bekanntheitsgrad schon wesentlich geringer sein dürfte.[9]

Die *Literarischen Monatshefte,* die Ernst Überall und Ludwig Schweinberger von 1929 bis 1932 herausgegeben haben, dürften dagegen heute überhaupt niemand mehr bekannt sein. Die erste Nummer dieser Zeitschrift wird durch einen Glückwunsch von Stefan Zweig eingeleitet, auf den bald ein längerer Beitrag von Robert Hohlbaum folgt. Ähnlich widersprüchlich die Rezensionen: in ein und derselben Nummer wird ein Roman von Karl Hans Strobl als „ein gewaltiges Buch" gepriesen und in Franz Werfels *Barbara* „eines der größten Werke der neuen Weltliteratur" verherrlicht[10]; dementsprechend würdigt die Zeitschrift Bücher aus dem Staackmann-Verlag gleich nachdrücklich wie Veröffentlichungen des Malik-Verlags.

Die Zeitschrift, die an sich trotz einigen Erstveröffentlichungen später bekannt gewordener Autoren wie Fritz Hochwälder[11] und trotz einer Rezension des *Manns ohne Eigenschaften*[12] nicht besonders interessant ist, möge hier als überschaubares Beispiel für die Erörterung einiger der methodischen Probleme dienen, mit denen man bei der Bearbeitung der literarisch orientierten österreichischen Zeitschriften der dreißiger Jahre rechnen muß.

Gestoßen bin ich auf diese Zeitschrift im Katalog der Österreichischen Nationalbibliothek – als ich die Signatur der *Österreichischen Monatshefte* suchte, also durch Zufall. Auf diesen ist man beim Auffinden der einschlägigen Zeitschriftentitel überhaupt angewiesen: Anmerkungen in Monographien, Hinweise in Zeitschriftenschauen bereits eruierter Zeitschriften, Erinnerungen von Autoren, auch Antiquariatskataloge helfen eher weiter als konventionelle Bibliographien.[13] Schwierigkeiten gibt es besonders bei jenen Zeitschriften, die 1930 schon seit mehreren Jahren oder Jahrzehnten erschienen sind. Sehr hilfreich war der systematische Katalog der Wiener Stadt- und Landesbibliothek.[14] Darstellungen der Zeitschriftensituation in Österreich in diesem Zeitraum gibt es bisher nicht.

Die *Literarischen Monatshefte* sind immerhin in der Österreichischen Nationalbibliothek vorhanden. Andere Zeitschriften, deren Titel mir bekannt sind, blieben dagegen vorläufig unauffindbar.[15] So weiß man, daß Jean Améry, damals unter dem Namen Hanns Mayer, gemeinsam mit Ernst Mayer, 1934 in Wien die Zeitschrift *Die Brücke* herausgegeben hat[16]; diese (nur hektographierte) Zeitschrift ist mir wie eine Reihe anderer bisher unzugänglich geblieben.

Eine nicht unbeträchtliche Erschwernis bedeutet auch die Praxis der Buchbinder, um nicht zu sagen, der Unfug der Buchbinder, durch die Entfernung der Umschläge wichtige Informationen über Preis, Werbung, Erscheinungsdatum der Hefte, oft sogar über Herausgeber und Mitarbeiter zu vernichten.

Wenn man eine Zeitschrift bibliographisch ermittelt und in einer Bibliothek ausfindig gemacht hat, stößt man auf weitere Schwierigkeiten. Viele Beiträger sind heute so unbekannt, wie sie es wahrscheinlich damals waren[17]; im Falle der *Literarischen Monatshefte,* und nicht nur in ihrem, trifft das sogar auf die Herausgeber zu. Eine Zeitschrift mit wenig bekannten Mitarbeitern kann aber ohne aufwendige Einzeluntersuchung kaum in das literarische und politische Spektrum eingeordnet werden. Eine systematische Aufarbeitung der österreichischen Zeitschriften dieser Zeit müßte mit listenmäßigem Erfassen der Beiträger beginnen, um wenigstens zu wissen, wer an welchem Ort was veröffentlicht, auch wer im *Bekenntnisbuch österreichischer Dichter*[18] und wer im Exil oder an schlimmeren Orten geendet hat. Solche Listen müßten auch für die rezensierten Bücher (und ihre Verlage) angelegt werden.

Vor gültigen Urteilen über einzelne Zeitschriften wäre auch der quantitative Anteil zu bestimmen, den Literatur überhaupt an ihnen hat; rein literarische Zeitschriften sind ja relativ selten. Schließlich müßten die Texte der jeweiligen Zeitschrift (wohl auch die nicht unmittelbar auf Literatur bezogenen) mit den Methoden der Inhaltsanalyse untersucht werden, die die Beschreibung so großer Textmengen ermöglicht.[19]

Über die *Literarischen Monatshefte,* in denen Hohlbaum und Papesch, aber auch Zernatto zu Wort kamen, in denen jedoch Begeisterung für Else Lasker-Schüler und in späteren Nummern für Karl Kraus nicht fehlt, in denen ferner Theodor Kramer geschrieben hat, über diese Zeitschrift kann ich zwar behaupten, daß sie ihren Hauptzweck in einer unkritischen Geschäftigkeit gehabt zu haben scheint, daß sie ihren Herausgebern und ihren vielen jungen Mitarbeitern offenbar eine reibungslose Eingliederung in den Literaturbetrieb ermöglichen wollte. Diese Charakterisierung mag von der Realität nicht weit entfernt sein, aber sie bleibt doch subjektiv und feuilletonistisch, bevor eine eingehende Einzeluntersuchung der Zeitschrift vorliegt. Der generelle Mangel an solchen Einzeluntersuchungen, die auch Erinnerungen von noch Lebenden, Nachlässe und Archivmaterial nutzen müßten, hat die Vorläufigkeit der meisten Charakterisierungsversuche in dieser Arbeit zur Folge.

Aus demselben Grund können innere Wandlungen einzelner Zeitschriften hier nicht dargestellt werden. Die *Literarischen Monatshefte* bemühen sich im 3. Jahrgang um ein – auch grafisch – neues Gesicht; im Rahmen einer Skizze wie der vorliegenden wäre es müßig, die Darstellung von Art und Gründen einer solchen Entwicklung auch nur zu versuchen. Der Wandel der bald wieder eingegangenen *Literarischen Monatshefte* ist dabei gewiß weniger interessant als solche Entwicklungen in anderen Zeitschriften: *Der Augarten* etwa ist im 1. Jahrgang (1934/35) noch durchaus nicht so eindeutig ein Organ jener Schriftsteller, die sich Ende 1936 zum nationalsozialistisch orientierten „Bund der deutschen Schriftsteller Österreichs"[20] zusammenschließen sollten; so hat im April 1935 Schuschnigg selbst in dieser Zeitschrift einen Beitrag zum 70. Geburtstag Heinrich von Schullerns veröffentlicht[21]; im darauffolgenden Doppelheft erst tritt Roman Hädelmayr als Schriftleiter auf, unter dessen Verantwortung die Zeitschrift rasch zu einem literarischen Organ der österreichischen Nationalsozialisten geworden ist.

Eine solche Entwicklung ist auch bei den *Alpenländischen Monatsheften* festzustellen, dem Organ des von Graz aus tätigen Deutschen Schulvereins Südmark. Im Jahrgang 1931/32 geht der Anteil der literarischen Texte an der Zeitschrift rapid zurück. Es erscheinen nur noch wenige Erzählungen und überhaupt keine Gedichte mehr, und die Zeitschrift wendet sich ganz der Diskussion über „Gegenwartsfragen des deutschen Volkes" zu.[22] Nach der Machtergreifung Hitlers im Deutschen Reich wendet sich das Blatt, das zunächst mit der sogenannten „konservativen Revolution" sympathisiert zu haben scheint und noch 1932 in einem Beitrag aufgrund eines Systemvergleichs die Demokratie der Diktatur vorgezogen hatte[23], dezidiert den Nationalsozialisten zu und veröffentlicht auf der ersten Seite des April-Heftes 1933 eine Stellungnahme des Schulvereins gegen alle politischen Maßnahmen, die irgendwie den Anschluß hemmen könnten; der Stellungnahme kommt umso mehr Gewicht zu, als es vergleichbare Aufrufe in der Zeitschrift sonst nicht gibt.[24]

Diese Beispiele machen deutlich, daß es unzulässig wäre, Zeitschriften aufgrund eines einzigen Jahrgangs oder einiger weniger Jahrgänge zu beurteilen, ganz abgesehen davon, daß ja eben in dieser Entwicklung, in den Antworten auf neue Fragestellungen aus Politik und Gesellschaft nicht der geringste Reiz solcher Zeitschriftenuntersuchungen liegt. Was über die *Alpenländischen Monatshefte* gesagt wurde, macht auch deutlich, daß solche Untersuchungen nicht nur Sache des Germanisten, sondern auch des Historikers sein müßten.

Ein Hauptproblem der Darstellung ist die große Zahl der zu untersuchenden Zeitschriften (von denen bei weitem nicht alle eingesehen werden konnten, selbst wenn sie zugänglich waren). Damit in Zusammenhang steht das Problem der Ausgrenzung der nicht-literarischen Zeitschriften. Was tut man mit einem Kuriosum wie der *Gedicht-Zeitschrift,* die 4 Mal erschienen ist, um auf je 4 Seiten Gedichte eines gewissen Josef Göhl zu verbreiten?[25] Eine ausgesprochene Unterhaltungszeitschrift wie das *Wiener Magazin* – gelegentlich mit tiefdekolletierten Damen illustriert – enthält immerhin auch Texte von Peter Hammerschlag; muß sie deshalb in die vorliegende Untersuchung einbezogen werden? Und wie steht es mit den verschiedenen Radiozeitschriften, die auch über literarische Sendungen schreiben, sich auch mit der Form des Hörspiels beschäftigen? Diese Fragen sollen hier nur gestellt, nicht beantwortet werden, um auch dieses methodische Problem der Abgrenzung wenigstens kurz zu erwähnen.[26]

Einer Übersicht über die Entwicklung der literarischen, kulturell-literarischen und politisch-literarischen Zeitschriften im Österreich der dreißiger Jahre könnte man den Titel „Der Sieg der Fraktur über die Antiqua" geben. Die Wahl der Schrift ist in dieser Zeit offenbar mehr als eine Äußerlichkeit. *Die Bühne* etwa, 1924 von Imre Békessy gegründet[27], ein aufwendig illustriertes Mode-, Sport- und Theaterjournal, das sein Publikum in den Resten des liberalen, oft jüdischen Bürgertums gesucht haben dürfte, erschien bis zum März 1938 in Antiqua; nach dem Anschluß wurde die Zeitschrift politisiert, arisiert, umgetauft *(Die Wiener Bühne)* – und in Fraktur gesetzt. In einer offiziösen Zeitschrift des Ständestaats, der 1935 gegründeten *pause,* wurde die Fraktur zwar seit jeher gelegentlich als Zierschrift verwendet, doch auch hier erfolgt eine Umstellung des Satzes von Antiqua auf Fraktur im Jahr 1938 – hier allerdings schon kurz vor dem Einmarsch der deutschen Truppen. Vom Inhalt der literarischen Beiträge her stand dieser Umstellung gewiß nichts im Wege.

Von den Zeitschriften, die zum autoritären Regime in einem Nahverhältnis standen, verwendeten mit Ausnahme der von Johannes Meßner herausgegebenen *Monatsschrift für Kultur und Politik* und der *pause* (bis Anfang 1938) alle die sogenannte „deutsche Schrift", die auch das grafische Gesicht der als völkisch zu bezeichnenden Zeitschriften bestimmt. In Antiqua sind die *Fackel* und der *Brenner* gesetzt, die schon erwähnte *Bühne,* das *Nebelhorn,* auch die *Literarischen Monatshefte, Die Freyung, 23, Die Zeit, Die Glocke, das silberboot* und *Plan,* damit so gut wie alle Zeitschriften, die nicht voll in die kulturpolitische Szene integriert waren (selbst wenn sie wie *Fackel, Brenner* und *23* durchaus gewisse Sympathien für den Ständestaat artikulierten), daneben noch *Schönere Zukunft.* 1938 bestanden von diesen Zeitschriften jedoch nur noch Meßners *Monatsschrift,* die *Schönere Zukunft,* die *Bühne, 23* und *Plan* (hingegen mindestens 9 Zeitschriften, die in Fraktur gesetzt waren).

Dieser Hinweis sollte nicht nur anekdotisch verstanden werden. Einmal zeigt auch diese Tatsache, in welchem Aufwind sich damals die konservativen und die völkischen Kräfte befanden. Zum zweiten scheint es methodisch wichtig, an einer Zeitschrift nicht nur die Texte zu beachten, sondern auch die nicht-sprachlichen Mittel, zu denen neben der Schriftwahl auch die Illustration (oder Nicht-Illustration) gehört. Auffällig etwa die Bedeutung der Fotografie in den Zeitschriften, gerade in den vom Ständestaat als repräsentativ konzipierten, wobei die Fotos besonders häufig heimische Landschaft und heimische Kunst zum Gegenstand haben.[28]

Ein historischer Überblick über die Entwicklung der Zeitschriftenszene ist auch insofern schwer zu geben, als man über die literarischen Periodika der zwanziger Jahre in Österreich keineswegs besser informiert ist als über die der dreißiger Jahre und so nicht recht bestimmen kann, wie sich die Situation im hier zu behandelnden Jahrzehnt grundsätzlich vom vorhergehenden Zeitraum unterscheidet.

Ein Vorgang, der hier nicht verfolgt werden kann, ist der des Auslaufens der eher linken Medien um 1933.[29] Die Sozialdemokratie hatte, sieht man von *Kunst und Volk,* dem Mitteilungsblatt der sozialdemokratischen Kunststelle ab, eigentlich über keine Zeitschrift mit literarischem Schwerpunkt verfügt; auch *Kunst und Volk* wurde schon 1931 eingestellt. Aufgrund des geänderten politischen Klimas verzichtete auch Herbert Müller-Guttenbrunns Einmannzeitschrift *Das Nebelhorn* – mit eher anarchistischer Tendenz – Anfang 1933 auf das Weitererscheinen.

Vor allem zwischen 1934 und 1936 gab es eine Reihe von Neugründungen. Sie sind zum Teil wohl in Zusammenhang mit der bewußten Medienpolitik der Staatsführung zu sehen, die damals vielleicht zum ersten Mal in Österreich durch Subventionen in den Bereich der Kulturzeitschriften eingegriffen hat. Bekannt sind die durch Ernst Krenek vermittelte finanzielle Förderung des *Brenner*[30] und die Subventionierung des *Christlichen Ständestaates.*[31] Aber auch Gründungen wie die *Wiener Bücherbriefe* und *die pause*[32], beide vom Volksbildungsreferenten des Bürgermeisters der Stadt Wien Dr. Karl Lugmayer initiiert, sind ohne öffentliche Förderung kaum vorstellbar. Ferner sind hier die Umwandlung der bescheidenen *Volksbildung* in die repräsentative *Österreichische Rundschau* und die Gründung des *Neuen Lebens,* des offiziellen Organs des gleichnamigen Kulturwerks der Vaterländischen Front (allerdings erst 1937), zu nennen.

Daneben gab es in diesen Jahren auch andere Zeitschriftengründungen, die teils in Antiqua, teils in Fraktur auf jeweils andere Weise der Regierung Schuschnigg eher distanziert gegenüberstanden. Warum es zu dieser Häufung von teils recht kurzlebigen Neugründungen gekommen ist und wieweit sie etwa auch mit dem Ausfallen der Literaturzeitschriften im Deutschen Reich zusammenhängen (zeitweise anscheinend sogar für völkische Autoren), darüber können hier nicht einmal Vermutungen angestellt werden. Ein denkbarer Grund für die überraschende Vielzahl von Zeitschriften ist vielleicht darin zu sehen, daß es in Blättern mit kulturellem Schwerpunkt eher möglich schien, vorsichtige Distanz zum Regime – sei es aus demokratischer, sei es aus nationalsozialistischer Perspektive – zu äußern als in anderen Medien. Das Zusammentreffen dieser Möglichkeit des ‚Opponierens' mit den gegenteiligen Absichten der Regierung, die sich wiederum in der Gründung von Zeitschriften niederschlugen, könnte eine Erklärung für das Erscheinen so vieler Blätter und Blättchen sein, zumal daneben ja unverfängliche ältere Zeitschriften weiter publiziert wurden.

Während sich bis 1938 die meisten Zeitschriften mit der aktuellen Politik so gut wie gar nicht, mit Politik im allgemeinen allenfalls auf recht abstrakter Ebene beschäftigten, wurden jene Zeitschriften, die nach dem Einmarsch der deutschen Truppen nicht sofort eingestellt wurden, sofort politisiert. Die vor dem ‚Anschluß' fast unglaublich apolitische

Bühne enthält jetzt plötzlich Führer-Bilder, Anschluß-Bildberichte, Fotos von Weinheber und Jelusich bei der Anschluß-Volksabstimmung[33] usw. Eingestellt wurden die meisten Zeitschriften, die sich völlig mit dem Ständestaat identifiziert hatten und bei denen das bereits im Titel zum Ausdruck gekommen war, ferner jene, die sogenannte ‚entartete Kunst' gefördert hatten (also *Plan* und *23,* das allerdings ohnehin seit September 1937 nicht mehr erschienen war). 9 Einstellungen – nur bei den von mir erfaßten, bis März 1938 regelmäßig erscheinenden Zeitschriften – stehen aber immerhin 8 weitergeführte Zeitschriften gegenüber: einerseits jene, die ohnehin schon eine gewisse Affinität zum neuen Regime aufwiesen *(Der getreue Eckart, Bergland, Der Augarten, Die Warte*[34], mit großen Einschränkungen auch *Schönere Zukunft)*, ferner Zeitschriften, deren mutmaßliche Popularität man ausnützen wollte: *Die Bühne* und *die pause* (wobei hier sogar ein Teil des Redaktionspersonals, darunter auch der Schriftleiter Pawek, bald wieder in verantwortliche Positionen zurückkehren konnte).[35] Die *Wiener Bücherbriefe* erschienen wohl vor allem deshalb weiter, weil auch und gerade die Nationalsozialisten ein Informationsblatt für Leihbibliotheken brauchten. Das zeigt insgesamt immerhin ein beachtliches Ausmaß von Kontinuität über den März 1938 hinaus, die zum Teil durchaus in der vorhergehenden Zeit schon angelegt war.

Es ist hier nicht möglich noch sinnvoll, alle Zeitschriften in eine Typologie einzuordnen.[36] Ganz kann die formale Vielfältigkeit des österreichischen Zeitschriftenwesens jener Zeit – der inhaltlich eine gewisse Einfältigkeit entspricht – jedoch nicht ausgespart bleiben. An fast allen Zeitschriften ist, zumindest nach 1933 – vielleicht auch wegen des Erscheinungsrhythmus und zum Teil gewiß auch wegen der Rücksichtnahme auf den deutschen Markt – ziemlich starke Zurückhaltung gegenüber der aktuellen Politik zu beobachten. In den rein literarischen Zeitschriften war für Politik ohnehin kein Raum.

Mehrere der zu behandelnden Zeitschriften setzen den Typ der Familienzeitschriften des 19. Jahrhunderts[37] fort, die Unterhaltung und Bildung mit weltanschaulicher Beeinflussung zu verbinden suchten und zu diesem Zweck sich auch der Literatur bedienten. Ganz in dieser Tradition steht der von Rosegger 1877 begründete und 1935 eingestellte, in Graz erscheinende *Heimgarten,* der die „Gesunden, Volkstümlichen, Einfachen" sammeln wollte[38]; er weist, 1930 stärker als 1935[39], völkische Tendenz auf. Das verbindet ihn mit den *Alpenländischen Monatsheften* des Schulvereins Südmark und dem offensichtlich einem anderen Schulverein nahestehenden *Getreuen Eckart* des Wiener Luser-Verlags.

Am Anfang der dreißiger Jahre erschien in Wien auch noch das 1932 eingestellte, von Norbert Hoffmann herausgegebene „Jüdische Familienblatt für Wissenschaft, Kunst und Literatur" *Menorah,* interessant durch Beiträge von Roth[40], Theodor Kramer[41] u. a., auch durch einen großen, für moderne Literatur aufgeschlossenen Rezensionsteil.[42] Die jüdischen Themen dominieren hier sehr stark.

Die schon mehrfach erwähnte *pause* könnte man als eine Übergangsform zwischen einem modernisierten Familienblatt und einer gehobenen Unterhaltungszeitschrift charakterisieren. Reine Unterhaltungszeitschriften, aber nicht ganz ohne interessante literarische Beiträge, sind beispielsweise *Bergland* (mit Resten der Familienblattkonzeption) und die recht seichte *Bühne*. Die Literatur wurde wohl oft von Agenturen bezogen, oder es handelt sich um Vorabdrucke, auch um Nachdrucke aus Büchern. Aber unter zehn Unbekannten findet sich dann auch einmal ein Döblin-Text.[43] Durch ihre große Auflage sind diese Zeitschriften vermutlich als wichtige Literaturvermittler einzustufen, wobei vor allem *Die Bühne* auch für Autoren offen stand, die man sonst kaum findet.

Reine Literaturzeitschriften sind in dieser Periode nur die fast gleichzeitig gegründeten Zeitschriften *das silberboot* und *Das Werk,* wobei die beiden extreme Positionen markieren. Jenes enthält fast nur heute noch lesbare Texte, dieses mit sonst selten gegebener Ausschließlichkeit heute unlesbar gewordene Texte. Dieser Unterschied bestand jedoch für die Zeitgenossen offenbar nicht. Durch die Gleichzeitigkeit des Erscheinens kam es im Brünner *Tagesboten* zu einer Doppelrezension von *silberboot* und *Werk,* die mit den Sätzen beginnt: „Eine literarische Renaissance scheint in Wien angebrochen zu sein. Gleich zwei literarische Zeitschriften von beachtenswertem Niveau trug uns die Post zu."[44]

Lebendige Dichtung. Österreichische Monatshefte für deutsches Schrifttum brachte vor allem Rezensionen, Berichte und Artikel über Literatur, jedoch keine literarischen Beiträge. In der *Freyung*, im *Augarten* und in der *Glocke* hatte Literatur einen dominierenden Anteil; in dem erschienenen und in den verschollenen Heften des *Plan* wurde anderen Bereichen des kulturellen Lebens mehr Platz eingeräumt.

Als vierte Gruppe wären eine Reihe politisch-kultureller Zeitschriften vorzustellen, die nicht ganz einfach zu kennzeichnen sind, zumal der Stellenwert der Literatur in ihnen ganz verschieden ist. In der *Österreichischen Rundschau* und in der *Monatsschrift für Kultur und Politik* ist Literatur ein Themenbereich unter anderen, insgesamt eher am Rande stehend und an der Vergangenheit orientiert, der ad maiorem Austriae gloriam abgehandelt wird. Bezeichnend die Umdrehung in der Reihenfolge der Besprechungen im Inhaltsverzeichnis zwischen Band 1 und Band 2 der *Österreichischen Rundschau:* folgte 1934/35 die „Deutsche Dichtung aus Österreich" der „Gesamtdeutschen Dichtung", so war es 1935/36 bereits umgekehrt. Beide Zeitschriften enthalten gelegentlich auch Primärtexte, vor allem Lyrik.

Der *Ruf der Heimat,* der sich an ein breiteres Publikum wandte, und tendenziell auch das *Neue Leben* wählten ihre literarischen Beiträge recht direkt in Hinblick auf die politische Beeinflussung ihrer Leser aus: Kriegserleben, Abwehrkampf, Bindung an die Heimat sind speziell in der erstgenannten Zeitschrift immer wiederkehrende Themen der literarischen Texte, die hier recht unverhüllt in den Dienst der staatstragenden Ideologie gestellt werden.

Die deutschvölkischen und nationalsozialistischen Tendenzen konnten nach 1933 kaum in Zeitschriften offen politischen Charakters zum Ausdruck kommen[45]; sie mußten sich in Zeitschriften des ersten und dritten Typs zurückziehen, machten sich aber dort sehr wohl bemerkbar. So hat man im *Augarten* den Eindruck, daß die Wörter „Österreich" und „österreichisch" bewußt vermieden werden; hier kommt — wie im *Heimgarten*[46] — auch expliziter Antisemitismus zu Wort[47], der sonst eher selten ist und nicht einmal in den *Alpenländischen Monatsheften* oder im *Getreuen Eckart* den Stellenwert hat, mit dem man eigentlich rechnen würde, geschweige denn in den für den Ständestaat eintretenden Zeitschriften, wo ich so gut wie überhaupt keine Belege für expliziten Antisemitismus finden konnte.

Bei den Zeitschriften politischer Tendenz soll nicht übersehen werden, daß mit der *Zeit* schon 1934 wieder ein Organ erscheinen durfte, das mit ständiger Berufung auf arbeiterfreundliche Worte von Dollfuß und Schuschnigg an Positionen der Sozialdemokratie anknüpfte. Der Anteil der Literatur an dieser von dem ehemaligen Sozialdemokraten Max Ermers herausgegebenen, 1935 schon wieder eingestellten Zeitschrift ist allerdings gering.[48] Auch in der *Glocke,* einer schon erwähnten Kulturzeitschrift, war Raum für liberale und sozialdemokratische Autoren, so für Brunngraber und Waldinger, wie für eine positive Rezension eines Buches von Hermynia Zur Mühlen, die als „eine wahrhaft freiheitliche und sozial gesinnte Natur" vorgestellt wird.[49] Auch die ebenfalls kurzlebige Literaturzeitschrift *Kleines Lesebuch* (1934) scheint in Verbindung mit Anhängern der verbotenen Sozialdemokratie gestanden zu sein.

Die Beobachtung, daß sozialdemokratische Autoren im literarischen Leben des Ständestaates nicht aller Publikationsmöglichkeiten beraubt waren, möge diesen Rückgriff auf den dritten Zeitschriftentyp rechtfertigen; zwischen den einzelnen Typen sind ohnehin keine klaren Grenzen zu ziehen.

Die *Wiener Bücherbriefe* und die *Volksbildung* würden einen fünften Zeitschriftentyp darstellen, die Informationszeitschrift für Volksbibliothekare. Es sind praktisch reine Rezensionsorgane, auf die ich trotz ihrer Bedeutung für die Literaturvermittlung nicht näher eingehen kann. Umfangreiche Rezensionsteile weisen auch die 1934 aus der *Volksbildung* hervorgegangene *Österreichische Rundschau* und das betont katholische *Volkswohl* auf; die schon erwähnte *Lebendige Dichtung* könnte ebenfalls hier eingereiht werden.

Als sechster Typ wären die sehr individualistischen Zeitschriften von der Art der *Fackel* zu nennen. Kraus' Vorbild ist auch für den *Brenner* – der in den dreißiger Jahren streng genommen gar keine Zeitschrift mehr ist –, das *Nebelhorn* und die Musikzeitschrift *23* bestimmend. Immerhin ließ das Ständestaatsregime mit seiner „negativen Toleranz"[50], mit einer gewissen Gleichgültigkeit auch für solche Zeitschriften noch Raum, obwohl gerade in der *Fackel* und noch mehr in *23* Kritik an der Kulturpolitik der Regierung laut wurde. Auch *Plan* und *silberboot* weisen manche Parallelen zu den Einmannzeitschriften auf.

Den Parnaß aller dieser Zeitschriften, mit Ausnahme der zuletzt genannten und einiger weniger anderer, hat schon 1931 Joseph Papesch in einer Rezension der von ihm herausgegebenen *Alpenländischen Monatshefte* zusammengestellt:

> Überhaupt: Hermann Stehr, Paul Ernst, Wilhelm Schäfer, Kolbenheyer, Hans Franck, Binding, Nabl, Gagern, Dwinger, Schaffner, Thieß, Carossa, Schnack, Blunck, Willi Seydl, Ponten, Agnes Miegel, Max Mohr, Münchhausen – die alle und manche andere leben und arbeiten mitten unter uns, ich verstehe nicht, wozu wir Ausländer lesen. Wie reich und vielfältig, wie frisch und echt ist diese deutsche Welt![51]

Wir dürfen mit einiger Sicherheit annehmen, daß Papesch auch nicht verstanden hätte, warum wir Hofmannsthal, Döblin, Musil, Broch lesen sollten.

Zu dieser Dichterliste ist zweierlei zu bemerken. Einmal ist nur der Typ der genannten Autoren repräsentativ für die österreichischen Literaturzeitschriften, nicht die Namen selbst. Denn fast nur die *Alpenländischen Monatshefte* selbst enthalten in relativ großer Zahl Beiträge von ‚reichsdeutschen' Autoren wie Blunck oder Franck und besprechen auch deren Bücher. Dagegen publizierten die meisten anderen Zeitschriften – sicher auch bedingt durch die Entwicklung der österreichisch-deutschen Wirtschaftsbeziehungen nach 1933 – vorwiegend österreichische Autoren, auch wenn sich die Zeitschrift noch so gesamtdeutsch gebärdete. Insofern sind Namen wie Stehr, Schäfer und Blunck durch Wildgans, Mell, Scheibelreiter, Oberkofler, Wenter zu ersetzen, die in fast allen Zeitschriften der Zeit vertreten sind.[52]

Zweitens ist eben dieser Typ von Autoren von Interesse. Es sind durchwegs Autoren des 19. Jahrhunderts, die im 20. Jahrhundert schreiben und dieses darum ungeschehen machen wollen, die – ob christlich oder völkisch – „in einer gleich abgedrängten Lage und in der Atmosphäre des Schlicht-Provinziellen agierten".[53] Auf eine nähere Charakterisierung muß ich verzichten, obwohl es zwischen Binding, Miegel und Münchhausen einerseits, Blunck und Stehr andererseits wohl Unterschiede gibt, gewiß auch zwischen Grogger, Preradović und Henz auf der einen, Strobl, Hohlbaum und Hartlieb auf der anderen Seite. Papesch' Liste enthält eine recht geringe Zahl von Heimatdichtern im engeren Sinn, was mit dem persönlichen Geschmack des Rezensenten zu tun haben mag, der zum Beispiel kritische Urteile über Karl Hans Strobl abgibt – dafür umso hymnischere über Waggerl[54] –, vielleicht auch mit einem Bestreben, die gesamtdeutsche Gesinnung auch dadurch zu dokumentieren, daß in einer derartigen Liste nicht zu viele engere Landsleute aufscheinen.

Nicht nur milieu-, sondern zeittypisch scheint Papesch' Abwendung von fremdsprachiger Literatur. Nichtdeutschsprachige Autoren werden auch in anderen als völkischen Zeitschriften kaum rezipiert. Eine interessante Ausnahme ist die Polemik Schiller Marmoreks gegen Proust in der *Freyung* (1930).[55] Allein *das silberboot* beschäftigt sich eingehend mit Literatur des Auslands; in der *Bühne* kommen wenigstens gelegentlich fremdsprachige Autoren zu Wort, vielfach allerdings aus dem Bereich der Unterhaltungsliteratur.

Die Beiträger der Zeitschriften wie die Verfasser der rezensierten Bücher stammen – außerhalb von *silberboot, Plan* und *Bühne* – mit ermüdender Eintönigkeit aus dem von Papesch gefeierten Parnaß, auch wenn sie anders heißen, und bezeugen die „Einförmigkeit und Hermetik des staatlich approbierten Literaturbetriebs".[56] Es gibt da und dort Ausnahmen – Hesse im *Getreuen Eckart*[57] –, und es gibt ‚Flügelmänner', die nur in einer oder in wenigen Zeitschriften schreiben, aber insgesamt ist das Bild von einer bestürzenden Monotonie, die nicht nur mit den Entscheidungen der kulturpolitischen Instanzen, sondern auch mit dem Geschmack der Leser zu tun haben muß[58]; sie „läßt den Schluß zu, daß in der allgemein bürgerlichen Literaturszene der Zwischenkriegszeit der ‚Ständestaat' mit einer weit breiteren Basis rechnen konnte, als sie ihm in der Tagespolitik je zukam".[59]

Eine Ausnahme wäre Theodor Kramer (in der *pause* und in der *Monatsschrift für Kultur und Politik*, auch in *Bergland*[60]), der freilich vor allem formal mit Zernatto oder Oberkofler manches gemeinsam hat. Als ‚Flügelmänner' kann man Hartlieb oder Jelusich bezeichnen, die in *Werk* und *Augarten,* aber nicht in den ständestaatsfreundlichen Zeitschriften vorkommen können, wo es – in den *Wiener Bücherbriefen* – mit einer sonst seltenen polemischen Spitze über Jelusich nicht unrichtig heißt, „wir" könnten seine Bücher „ohne Schaden entbehren"[61], während umgekehrt Preradović und Zernatto nur in ständestaatlich orientierten Zeitschriften, allenfalls noch in der *Bühne* veröffentlichen[62], aber eben nicht in *Werk* oder *Augarten.* Weinheber oder Waggerl beispielsweise finden sich dagegen in fast allen Zeitschriften. Daß Zernattos Verlag der Hausverlag jenes heimattreuen Parnaß, nämlich der Leipziger Staackmann-Verlag, ist, ist aber schon ein Indiz dafür, daß für Erscheinen und Nicht-Erscheinen eines Autors in bestimmten Zeitschriften eher parteipolitische als qualitative Unterschiede maßgeblich waren.

Zum Problem dieser ‚Einheitsliteratur' läßt sich in keiner literarischen oder vorwiegend literarischen Zeitschrift, auch nicht in *silberboot* und *Plan,* eine so pointierte Frage finden, wie sie Austriacus, d. i. Ernst Krenek, 1934 in der Musikzeitschrift *23* zur Kulturpolitik im Bereich der Musik gestellt hat. Kreneks Frage ist nicht nur durch ihren Inhalt, sondern auch durch ihre Form bemerkenswert, denn sie ist ein Beispiel für die in den meisten Zeitschriften offenbar schon vor 1933 verpönte Satire und Polemik. Dafür gibt es in der Ständestaatsära außerhalb von *Fackel* und *23* fast nur noch im *Christlichen Ständestaat*[63] Beispiele. Krenek reagiert hier auf die Verteidigung der „b o d e n s t ä n d i g e n österreichischen Musik" gegen den „e n t w u r z e l t e n , l a n d - u n d v o l k s f r e m d e n Atonalismus" durch einen Komponisten namens Friedrich Bayer:

> Das ist das komplette Vokabular und die unverfälschte Gesinnung des Dritten Reiches, und es ist völlig unerträglich, uns zuzumuten, daß wir uns das in Österreich gefallen lassen sollen. [...]
> Es muß hier die Frage gestellt werden, ob die politische Führung unseres Landes, die unter Einsatz von Leib und Leben mit beispiellosem Todesmut den Kampf gegen die Barbarei und für die Erhaltung abendländischer Geistigkeit führt, gewillt ist, eine so zweideutige Haltung kultureller Faktoren schweigend zu billigen. [...] Im Ausland vermag kein Mensch einzusehen, wozu die unerhörten Opfer an Gut und Leben gebracht werden, wenn sie zur Aufrichtung eines Kulturzustandes führen, der sich von dem mit Recht bekämpften kaum mehr ersichtlich unterscheidet.[64]

Das Problem stellt sich in der Literatur nicht viel anders als in der Musik.

Broch und Musil, die ein anderes als das ‚bodenständige' Literaturideal vertreten, konnten nur in einer Zeitschrift veröffentlichen, im *silberboot*[65], sieht man von einem Vorabdruck aus *Nachlaß zu Lebzeiten* in der *Bühne* ab.[66] Broch wird (nach 1933) außerhalb des *silberboots* offenbar nicht einmal erwähnt. Texte von Horváth sind nicht nachweisbar; auch von Joseph Roth sind nach 1933 nur persönliche und politische Beiträge in *23* und im *Christlichen Ständestaat* erschienen, aber offenbar keine literarischen Arbeiten im engeren Sinn.

Die von den Nationalsozialisten wegen ihrer Form und wegen ihrer Thematik verfolgte Literatur wurde also mindestens in den literarischen Zeitschriften den österreichischen Lesern kaum vermittelt.[67] Auch Rezensionen von Exil-Büchern sind selten, obwohl die Möglichkeit, auch solche Werke bekannt zu machen, bestanden hat: *Die Bühne,* eine an sich ganz apolitische Zeitschrift, die sogar auf dem deutschen Markt präsent war, hatte in ihrer Rubrik von Vorabdrucken „Bücher, die Sie lesen müssen" ab 1933 unter vielen bloßen Unterhaltungsromanen – sehr wenigen allerdings aus dem Papesch'schen Parnaß – auch Döblin, Gina Kaus (Allert de Lange), Hermynia Zur Mühlen, Virginia Woolf (noch S. Fischer), Alfred Neumann, Max Brod, Bruno Frank, Thomas Mann, Musil, Wassermann, Kästner vorgestellt, durchwegs Autoren, die in den dominierenden Zeitschriften nicht vorkommen, sieht man von einigen wenigen Rezensionen u. a. in den *Wiener Bücherbriefen* ab. Interesse an dieser Literatur, von der man wohl auch durch die liberalen Zeitungen erfuhr, scheint dagegen vorhanden gewesen zu sein. In einer gegen die Anpassung der österreichischen Literatur an die auf dem deutschen Markt herrschenden Prinzipien gerichteten Glosse von Ernst Karl Winters *Aktion* heißt es nämlich:

> In den privaten Leihbibliotheken sind [...] die sogenannten „kulturbolschewistischen" Bücher, die heute in Amsterdam, Prag und Zürich von (beileibe nicht sozialistischen, sondern gut bürgerlichen) Emigranten herausgegeben werden, immer schon auf Wochen vorher vergeben. Es besteht also in Österreich tatsächlich ein Lesebedürfnis nach nicht gleichgeschalteter Literatur [...][68]

Auch Stefan Zweig, gewiß kein besonders anspruchsvoller Autor, steht schon weitgehend jenseits der Toleranzschwelle der literarischen Zeitschriften der dreißiger Jahre. Veröffentlicht scheint er nur in der *Glocke* zu haben[69]; allerdings wurde er fast überall rezensiert, so die *Baumeister der Welt* durch Taras von Borodajkewycz in der *Österreichischen Rundschau*:

> Der Versuch mutet etwas anachronistisch an, ältere Aufsätze Stefan Zweigs [...] zusammenzufassen und dem Publikum in einem neuen Buch vorzusetzen. [...] Staunenswert ist die Einfühlungsgabe des Verfassers sowohl in die menschliche Persönlichkeit wie auch in die Umwelt der von ihm geschilderten Gestalten. Seine Sprache sprüht von geistreichen Wendungen und überschlägt sich in glanzvollen Bildern und Effekten. Aber es ist die Sprache und Darstellungskunst einer dahingesunkenen Welt. Das Buch entbehrt nicht eines großen literarhistorischen Reizes, aber die Generation von heute kann diese feingewürzte Kost nicht mehr mit dem Appetit genießen, den sie dem früheren Geschlecht erregte. Sie wünscht sich einfachere, derbere und wohl auch gesündere Kost.[70]

Die Argumentation ist bis in die Speisemetaphorik typisch: antiurban und antizivilisatorisch. Auch die Zuordnung Zweigs zu einem „früheren Geschlecht", das einer „dahingesunkenen Welt" angehöre, ist, wie schon erwähnt, zeittypisch. Daß die hier angesprochenen Vorbehalte mit Antisemitismus zu tun haben könnten, ist mindestens vorstellbar.

Meistens werden solche Vorbehalte, die auch gegenüber Werfel – trotz seiner positiven Einstellung zum Ständestaat – bestanden haben dürften, nicht so deutlich ausgesprochen; sie dürften jedoch dafür bestimmend gewesen sein, daß von den nicht ‚bodenständigen' Autoren generell so wenig die Rede ist. Auch die Expressionisten, selbst Trakl –

allein in der *Bühne* war eine Würdigung zu seinem 50. Geburtstag zu finden[71] –, fielen diesem Totschweigen zum Opfer, und sogar Hofmannsthal stieß auf weniger oder zumindest nicht auf mehr Interesse als Wildgans.

Ausgesprochene Polemik gegen moderne Literatur im engeren Sinn ist selten und kommt, wenn überhaupt, dann eher in den für den Nationalsozialismus offenen Zeitschriften zum Ausdruck, wo Erika Spann-Rheinsch – im *Augarten* – über Wladimir von Hartlieb schreibt: „Als Hofmannsthal berühmt wurde, konnte Hartlieb, ebenso jung wie jener, viel mehr."[72] Hartlieb selbst wetterte in derselben Zeitschrift gegen die „Verfallskunst" Ernst Hardts, die für ein „mit allen Nervenreizmitteln aufgeputztes Großstadtpublikum" bestimmt sei.[73] Ebenfalls im *Augarten* beginnt H. Berger eine Rezension von *Kasimir und Karoline* mit folgenden Sätzen:

> Ein Volksstück nennt Oedön Horvath [!] in grober Mißdeutung dieses Begriffs sein Stück. In Wirklichkeit handelt es sich um eines jener Milieustücke aus den dunkelsten Teilen der Großstadt, ein Stück jener tendenziösen Nachkriegsliteratur, über die man in Mitteleuropa schon endlich hinaus gekommen zu sein glaubte. Sie wollen alle das Leben zeichnen, diese Herren. Aber das ist nicht so einfach. Dazu muß man es von vielen Seiten kennen, nicht nur von einer. Sie zeichnen alle vorbei. Was dabei herauskommt, ist eine jämmerliche, lächerlich-pathetische Kritzelei, die unbedingt und absolut unbegründet ernst genommen sein will. Wir können das nicht.[74]

Interessant ist in diesem Zusammenhang auch der Vergleich von drei Rezensionen über Thomas Manns *Leiden und Größe der Meister*. Die ausführlichste steht im *silberboot*. Detmar Heinrich Sarnetzki setzt sich dort eingehend mit dem Inhalt und mit der literarischen Technik der Essays auseinander und nennt sie „immer fesselnd und geistig fruchtbar", spricht von ihrer „hohen Vollendung".[75] In der *Lebendigen Dichtung* werden dann schon Vorbehalte artikuliert, wenn auch – angesichts des großen Namens? – noch recht vorsichtig. G. W. (vermutlich Gerhart Wagner) meint zu Manns Goethe-Bild, es sei „wohl zum Teil geistvoll", gehe aber „am Wesentlichen vorüber". Und er schließt: „Große Gestaltenschau erwächst kaum irgendwo."[76] Noch einen Schritt weiter geht E. F. (wohl Edmund Finke) im *Augarten:*

> Thomas Mann ist ein Schriftsteller, der sein zeitgebundenes Werk überlebt hat. Seine Probleme sind längst keine mehr; kranke, überalterte, schwache Menschen, die von ihren Renten leben und eingebildete oder echte Krankheiten hegen und pflegen, haben ihre fragwürdige Gültigkeit verloren, die uns gewaltsam vorgezaubert wurde; die manirierte Sprache hat die Beschaffenheit kandierter Medikamente, die, wenngleich sie die geistige Verdauung fördern, so doch ihrerseits weder Substanz noch Nährwerte beinhalten. Das Schicksal Deutschlands und seiner Menschen bietet Bilder von erhabener Größe. Thomas Mann schreibt zehn Jahre lang an einem Josefs-Roman. Uns wundert, daß Herr Mann nicht schon längst zum Judentum übergetreten ist. Als überzeugtem Marxisten dürfte ihm diese Rege-

lung seiner seelischen Verhältnisse nicht allzuschwer fallen, da er doch überhaupt nur noch für Juden schreibt.[77]

Hier ist das Feindbild[78] wenigstens klar und deutlich ausgesprochen.

So artikuliert sich die Rache der zu kurz Gekommenen, die mit dem Jahre 1933 in Österreich wie in Deutschland ihre große Chance hatten. Zu kurz gekommen sind diese Autoren freilich erst in der Nachwelt; in der hier behandelten Epoche waren sie ganz ohne Zweifel die dominierende Gruppe, die im literarischen Bereich die Bedürfnisse erfüllte, denen in der Politik der Faschismus gerecht wurde.[79]

Die *Literarischen Monatshefte,* die vor 1933 Hohlbaum und Strobl als gleichrangig mit Döblin und Musil rezipierten, die ausgewogen Staackmann- und Malik-Bücher lobten, scheinen mir auch in diesem Zusammenhang signifikant zu sein, als Beispiel für mangelnde Unterscheidung. In dem Augenblick, in dem durch die Machtergreifung Hitlers das kleine Publikum, das die uns heute wichtig scheinende Literatur der zwanziger Jahre schätzte, zerstört, die Theaterdirektoren und Journalisten, die um die Vermittlung dieser Literatur bemüht waren, vertrieben wurden, waren die schon vorher erfolgreichen Autoren von Staackmann und Hanseatischer Verlagsanstalt die einzigen Schriftsteller, die übrig blieben. Wie gering das Bewußtsein ihrer Andersartigkeit bei vielen gewesen ist, geht nicht nur aus den *Literarischen Monatsheften* hervor, sondern auch aus den Veröffentlichungen von Oberkofler und Michel im *Brenner* und aus dem Interesse, das ein Karl Kraus im Laufe der Jahre für Mell, Zerzer und Maria Ditha Santifaller[80] gezeigt hat. Weniger überraschend ist, daß Nadler in seinen Vorlesungen über Gegenwartsliteratur Kolbenheyer und Stehr in den Vordergrund rückte[81], aber es war selbstverständlich meinungsbildend.

Man darf offenbar die österreichische Literatur der dreißiger Jahre nicht unter dem Gesichtspunkt unseres heutigen literarischen Bewußtseins sehen, unter dem fast allein Schönwieses *silberboot* und Basils *Plan* Bestand haben. Bei der großen Quantität der uns heute trivial scheinenden präfaschistischen historischen und Heimatromane, bei der Fülle konventionell gereimter Verse und beim Mangel jeglicher Polemik dagegen war es wahrscheinlich kaum möglich, einen anderen als den irrationalen Literaturbegriff zu entwickeln, den wir vor allem in den Rezensionen der Zeitschriften finden: Dichtung als Magie, als Seelentrost, als Prophetie, als Schmückedeinheim, aber auch als nationaler Appell.

Mit einigen Beispielen für diese Wertung von Literatur möchte ich schließen. In der *pause* geht es „um die Erhaltung eines stammestümlichen, bodenständigen Volkstums, um die Abkehr von Stadt und Maschine und um das Gemeinschaftserlebnis".[82] Ebendort werden die „erhabenen, hallenden Strophen der nordischen Seherin Agnes Miegel"[83] gepriesen, und man fordert von einem Buch Alexander Stenbock-Fermors, „in der Darstellung und Erfassung des Lebens auch das Lichte und Schöne zu sehen und seine innere Gesetzmäßigkeit zu erkennen".[84] In den *Werkheften des V. F. Werkes „Neues Leben"* geht es dem Dichter eigentlich um „die tiefere Wirklichkeit, an die jedes Sein anstößt", aus dem Werk eines anderen spricht „nichts Erkünsteltes, nichts Erdachtes, [sondern] die Natur selbst".[85] Dagegen wird Arnold Zweigs *Erziehung vor Verdun* (Querido-Verlag) in den *Wiener Bücherbriefen* zwar besprochen, aber als „intellektualistisch" abgelehnt.[86] Und Joseph Papesch formuliert 1931 sein Literaturideal in den Worten:

> Hans K l o e p f e r s „Gedichte" sind in neuer und vermehrter Auflage erschienen. Freundlicher und wärmer ist keines der vielen Bücher, die uns das ausklingende Jahr 1930 beschert hat: wie da jedes Wort, jedes Bild, jeder Gedanke in stillem behaglichem Leuchten liegt, wie es dem Leser warm, tröstend und vertraulich aus diesen wunderbar in sich, in Rhythmus und Bedeutung vollkommen ruhenden Versen anweht! Über die kleinen Nöte, die andere zu Grimassen zwingt, längst hinaus, in tiefem Wissen um die große Not des Lebens und von seiner ewigen Helligkeit demütig angezogen: so ist Hans Kloepfer, so formt und gibt er sich und schenkt den abgelagerten, goldklaren Seelenwein. [. . .][87]

Es ist nicht verwunderlich, daß dort, wo man so rezensierte, bald auch nur noch solcher Seelenwein ausgeschenkt wurde – und daß sich eine Generation an ihm berauschte.

Anhang[88]

Die folgende Übersicht enthält bei weitem nicht alle möglicherweise interessanten Zeitschriftentitel; der Großteil jener Zeitschriften, die ich aus zeitlichen oder bibliothekarischen Gründen nicht einsehen konnte, ist nicht aufgeführt, um irreleitende Angaben möglichst zu vermeiden. Auch von den erwähnten Zeitschriften sind einige nur sehr kursorisch durchgesehen worden. Die Charakterisierungen können nur sehr grob sein.

In Einzelfällen beschränke ich mich auf die Wiedergabe des Zeitschriftentitels.

KIKERIKI[89]
1864−1933
Satirisches Witzblatt, in der Ersten Republik in einem Naheverhältnis zur christlichsozialen Partei.

HEIMGARTEN. Monatsschrift für Unterhaltung und Aufklärung.
1876−1935
Fraktur
54. Jg. 1930. Graz: Leopold Stocker. Geleitet von Anton Adalbert Hofmann.
57. Jg. 1933. Ebendort. Schriftleiter Dr. Erwin Biebl.
59. Jg. 1934/35. Graz: Leykam. Titel: *Roseggers Heimgarten. Zeitschrift für das deutsche Haus.* Schriftleiter: Hans Flecker.
Mit Ende dieses Jahrgangs eingestellt. Änderungen in Schriftleitung, Verlag, Format und Erscheinungsweise deuten auf die wirtschaftlichen Schwierigkeiten der Zeitschrift hin. Mitarbeiter der durchgesehenen Jahrgänge u. a. Theodor Heinrich Mayer, Zillich, Karl Itzinger, Ginzkey, Perkonig, Hohlbaum, Mell, Nabl, Herbert Strutz, Grogger, Bruno Brehm, Springenschmid, Dwinger, Wiechert.
Vgl. Schlawe, Fritz: *Literarische Zeitschriften 1855−1910.* Stuttgart: Metzler 1961. S. 82 = Sammlung Metzler 6.
ÖNB 397.963−C. Period.

DIE FACKEL
1899−1936
Antiqua
Wien: Verlag „Die Fackel". 1930 bis 1936 erschienen die Nummern 827−922. Herausgeber (und fast alleiniger Autor) Karl Kraus.
Reprint München: Kösel 1968−1973; Frankfurt: 2001 1977.
Vgl. Scheichl, Sigurd Paul: *Kommentierte Auswahlbibliographie zu Karl Kraus.* München: text+kritik 1975.
Fortsetzungen dazu in: *Kraus-Hefte.* München 1977 ff.

DIE MUSKETE[90]
1905−1941
Satirisches Blatt nach *Simplicissimus*-Vorbild mit vielen literarischen Beiträgen.
Vgl. Hall, Murray Gordon u. a.: *Die Muskete. Kultur- und Sozialgeschichte im Spiegel einer satirisch-humoristischen Zeitschrift 1905−1941.* Wien: Edition Tusch 1983.
Darin S. 35−50: Wendelin Schmidt-Dengler: *Literatur in der „Muskete".*

DER BRENNER

1910−1954
Antiqua
Innsbruck: Brenner-Verlag. 13. Folge 1932; 14. Folge 1933/34; 15. Folge 1934. Herausgeber Ludwig von Ficker.
Mitarbeiter u. a. Theodor Haecker, Hildegard Jone, Ferdinand Ebner †, Paula Schlier, Werner Kraft, Ignaz Zangerle; Beiträge über Kraus und Trakl. Literarische Beiträge im engeren Sinn sind eher in der Minderheit.
In diesem Zusammenhang wichtig der Bericht von Stieg (s. u., S. 83 f.) über das Konzept eines *Brenner* für 1938.
Reprint Nendeln: Kraus-Reprints 1969.
Vgl. *„Der Brenner". Leben und Fortleben einer Zeitschrift.* München o. J. (1965) = Nachrichten aus dem Kösel-Verlag. Sondernummer (mit Bibliographie).
Stieg, Gerald: *Der Brenner und die Fackel. Ein Beitrag zur Wirkungsgeschichte von Karl Kraus.* Salzburg: Otto Müller 1976 = Brenner-Studien 3 (enthält eine Geschichte der Zeitschrift).
Untersuchungen zum „Brenner". Festschrift für Ignaz Zangerle. Salzburg: Otto Müller 1981.

VOLKSWOHL

1910−1936
Fraktur
Jg. 22. 1930/31 mit Untertitel „Wissenschaftliche Monatsschrift". Hg. vom Volksbund der Katholiken Österreichs. Redakteur: Dr. Hans Schmitz.
Jg. 27. 1935/36 (mit Heft 4, Januar 1936, wird das Erscheinen eingestellt) mit Untertitel „Katholische Monatsschrift für Volksbildung, Kultur und Gesellschaftsreform". Redakteur Robert Uhl.
Hier interessieren weniger die spärlichen literarischen Beiträge (Henz, Waldeck, List, Preradović) als die zahlreichen (meist sehr kurzen) Rezensionen.

UBI 14.807

VOLKSBILDUNG. Monatsschrift für die Förderung des Volksbildungswesens in Deutschösterreich

1919−1933
Fraktur
Hrsg. von der Volksbildungsstelle im Bundesministerium für Unterricht. Erschien im Bundesverlag. Schriftleiter bis 1933 Dr. Maximilian Mayer, seit Mai−Juni 1933 Dr. Wilhelm Wolf (ein höherer Ministerialbeamter).
Der Untertitel lautete spätestens seit 1931 „Zeitschrift für die Förderung des Volksbildungswesens in Österreich".
Hier interessiert vor allem der ausgebaute Rezensionsteil „für die öffentliche Bücherei und den Volksbildner"; keine literarischen Beiträge.
Ab 1934/35 als *Österreichische Rundschau* weitergeführt.

UBI 14.243

BERGLAND. Illustrierte alpenländische Wochenschrift[91]

1919−
Fraktur
Schriftleitung bis Juli 1937 Dr. Herbert Stifter (Wien), bis Mai 1938 Erwin H. Rainalter (Wien), ab Oktober 1938 Karl Paulin (Innsbruck). Verlag der Wagner'schen Universitäts-Buchdruckerei Innsbruck.
Aufwendig illustriert, repräsentativ gestaltet. Viel Unterhaltungsliteratur. Kleiner Rezensionsteil. Mitarbeiter waren im Jg. 1937 u. a. Linus Kefer, Rudolf List, Alfred Grünewald,

Theodor Kramer, Erich Landgrebe, Max Stebich, Springenschmid, Herbert Strutz, Ernst Kreuder, Perkonig, Otto Alscher, Edmund Finke, Bergengruen, Haringer, Weinheber; offensichtlich handelt es sich nur selten um Originalbeiträge.

UBI 19.236

DER GÖTZ VON BERLICHINGEN. Eine lustige Zeitschrift gegen alle.[92]
1919—1934
Humoristisch-satirische Zeitschrift, gilt als „linksliberal".

LEUCHTRAKETE[93]
1923—1933
Gilt als „Parteiwitzblatt der Sozialdemokraten".

DER KUNSTGARTEN. Wiener Volksbildungsblätter.
1923—1931
Fraktur
Jg. 8. 1929/30. Hrsg. vom Volksbund der Katholiken Österreichs. Schriftleitung: Hans Brecka-Stiftegger, Dr. Siegmund Guggenberger.
Diente in erster Linie der „Kunststelle für christliche Volksbildung", einer Organisation, die ihren Mitgliedern vor allem verbilligte Theaterkarten besorgte. Dementsprechend liegt der Schwerpunkt auf der Mitteilung der Spielpläne und auf Artikeln über das Theater, doch gibt es auch literarische Beiträge und vereinzelte Primärtexte. Unter den Mitarbeitern auch Henz.

UBI 14.454

MENORAH. Jüdisches Familienblatt für Wissenschaft, Kunst und Literatur.
1923—1932
Antiqua
Jg. 8—10 (1930—1932). Herausgeber Dr. Norbert Hoffmann, der ab Mai 1930 auch als Verleger aufscheint (vorher Habrith-Verlagsgesellschaft, Wien).
Illustriert. Starke Konzentration auf jüdische Probleme, Themen aus der jüdischen Geschichte usw. Literarisch interessant sind Beiträge von Theodor Kramer, Joseph Roth, Armin T. Wegner, Ernst Waldinger, Thomas Mann. Auch Veröffentlichungen über Literatur und Rezensionen.

UBI 14.472

DER GETREUE ECKART
1923—
Fraktur
Eckart-Verlag Adolf Luser, Wien. Verantwortlicher Schriftleiter 1931 Josef Rothe, 1937 Adolf Luser. Spätestens 1937 Untertitel „Monatsschrift für das deutsche Haus".
Sehr umfangreiche Zeitschrift — die Jahrgänge umfassen bis zu 1000 Seiten, dazu noch Beilagen (u. a. „Das neue Heim", Rätsel, Rezensionen). Jedes Heft mit Kunstdruckbeilagen. Ein gewisser Schwerpunkt liegt auf Berichten über das Auslandsdeutschtum. Schon 1930 schreibt Alexander Schilling-Schletter über *Das Wesen des Faschismus* (Jg. 8, 1930/31, S. 68—72) und kommt zu einem sehr positiven Urteil über Mussolinis Politik. Manche Beiträge erwecken den Eindruck einer gewissen Offenheit auch zum katholischen ‚Lager'. Literarische Beiträge 1930/31 u. a. von Manfred Hausmann, Strobl, Hohlbaum, Linus Kefer, Hans Watzlik, Paul Anton Keller, Springenschmid, Scheibelreiter, Hans Giebisch, Ginzkey, Hans Franck, Erna Blaas, Waggerl (*Brot* als Fortsetzungsroman), Blunck, Per-

könig, Marie Grengg, Gustav Renker. Literarische Beiträge 1936/37 u. a. von Mell, Erich August Mayer, Friedrich Sacher, Franz Nabl, Johannes Freumbichler, Heinrich Zillich, Georg von der Vring, Bruno Brehm, Robert Michel, Wenter, Franz Braumann und einem Teil der schon 1930/31 aufscheinenden Mitarbeiter.
Neben den literarischen Beiträgen auch Beiträge über Künstler, historische, kulturhistorische und politische Artikel.
Der Getreue Eckart wird von den deklariert nationalsozialistischen *Mitteilungen des Kampfbundes für deutsche Kultur* (Folge 2, Mai 1933, S. 7) ausdrücklich empfohlen.
UBI 15.135

DIE BÜHNE. Wochenschrift für Theater, Film, Mode, Kunst, Gesellschaft, Sport.

1924–
Antiqua
Zuerst Kronos-Verlag, ab 1936 (oder früher) Verlag Vernay, Wien. Chefredakteur bis 1938 Dr. Josef C. Wirth.
Erscheint ab 1930 alle 14 Tage.
Aufwendig gedruckte Zeitschrift, reich illustriert, mit stark ausgeprägtem Unterhaltungscharakter. Insgesamt eher für Neues aufgeschlossen. Ab 1931 eine Rubrik auf der 2. Umschlagseite „Bücher, die Sie lesen müssen", die durch den Abdruck von Auszügen auf Neuerscheinungen aufmerksam macht (u. a. von Kisch, Werfel, Schickele, Bruno Brehm, Edschmid, Grete v. Urbanitzky, Blei, Joseph Conrad, Döblin, Paula Schlier, Schreyvogl, Sinclair Lewis, Hermynia Zur Mühlen, Bartsch, Virginia Woolf, Max Frisch, Thomas Mann, Scheibelreiter, Hilde Spiel usw.). Ähnlich gemischt ist die Mitarbeiterschaft (Roda Roda, Strobl, Blei, Pirandello, O. M. Fontana, Urbanitzky, Zuckmayer, Haringer, Billinger, Gütersloh, Doderer, Wassermann, Ginzkey, Hesse, Kefer, Annette Kolb, Binding, Weinheber).
Ab April 1938 mit neuem Titel *Die Wiener Bühne* und vielen neuen, aber auch einigen alten Mitarbeitern.
Die Bühne ist gerade durch ihre ‚Charakterlosigkeit' eine der interessantesten Zeitschriften der Zeit.
WSLB B 70.735

ALPENLÄNDISCHE MONATSHEFTE für das deutsche Haus.

1924–1935
Fraktur
Graz: Alpenland-Buchhandlung Südmark. Geleitet von Dr. Joseph Papesch. Fortsetzung der „alpenländischen Monatsschrift" *Südmark*. Für den Jg. 1931/32 ließ sich durch einen eingebundenen Umschlag der Untertitel „Familienzeitschrift des Deutschen Schulvereins Südmark" feststellen.
Insgesamt sehr ähnlich dem – umfangreicheren – *Getreuen Eckart,* jedoch mit stärkerer Betonung der politischen, auch wirtschaftspolitischen Beiträge (deren Gewicht in den späten Jahrgängen wächst) und mit einem gewissen steirischen Schwerpunkt. Relativ viele Rezensionen, zumeist von Papesch. Der Jg. 1932/33 ist fast um die Hälfte dünner als die vorhergehenden Jahrgänge.
Im Jg. 1930/31 Beiträge u. a. von Paul Alverdes, Blunck, Paul Ernst, Emil Ertl, Hans Franck, Bernhard Jülg, Hans Kloepfer, Nabl, Perkonig, Wilhelm Schäfer, Friedrich Schnack, Edmund Finke, Paul Anton Keller.
Auch die *Alpenländischen Monatshefte* werden von den *Mitteilungen des Kampfbundes für deutsche Kultur* (Folge 2, Mai 1933, S. 7) empfohlen.
ÖNB 551.508–C. Period.
UBI 11.201

BERICHTE ZUR KULTUR- UND ZEITGESCHICHTE
1924–
Antiqua
Die nicht zuletzt wegen ihrer Sonderreihen bibliographisch sehr schwer zu beschreibende Zeitschrift wurde 1936 von Nikolaus Hovorka herausgegeben; die Schriftleiter waren Hovorka, Viktor Matejka und Otto Maria Fidelis; erschienen ist sie im Reinhold-Verlag, Wien.
Der Schwerpunkt liegt auf der Zusammenstellung (und zum Teil kritischen Kommentierung) bereits anderswo erschienener Artikel, auch über literarische Themen. Rezensionen.

SCHÖNERE ZUKUNFT
1925–1941
Antiqua
Hrsg. von Joseph Eberle im Selbstverlag, Wien.
Im 11. Jg. (1935/36) Untertitel: „Zugleich Ausgabe von ‚Das Neue Reich'. Wochenschrift für Religion und Kultur, Soziologie und Volkswirtschaft".
In diesem Jg. ziemlich kleiner Teil „Literatur, Kunst und Presse", in dem die Literatur wiederum keine besondere Rolle spielt. Keine primären Texte. Betont katholisch, mit beachtlicher Offenheit gegenüber dem Nationalsozialismus (vgl. die positive Erwähnung in den *Mitteilungen des Kampfbundes für deutsche Kultur*, Folge 4, Juli 1933, S. 12 f.).
Vgl. Bußhoff, Heinrich: *Das Dollfuß-Regime in Österreich in geistesgeschichtlicher Perspektive unter besonderer Berücksichtigung der „Schöneren Zukunft" und „Reichspost"*. Berlin (W): Duncker & Humblot 1968. = Beiträge zur politischen Wissenschaft 6.
Eppel, Peter: *Zwischen Kreuz und Hakenkreuz. Die Haltung der Zeitschrift „Schönere Zukunft" zum Nationalsozialismus in Deutschland 1934–1938*. Wien: Böhlau 1980. = Veröffentlichungen der Kommission für neuere Geschichte Österreichs 69.
Beide Bücher untersuchen allerdings nur politische Aspekte der Zeitschrift und gehen auch auf ihre kulturpolitischen Positionen nur am Rande ein.
UBI 10.092

KUNST UND VOLK. Mitteilungen des Vereines „Sozialdemokratische Kunststelle".
1926–1931[94]
Antiqua
Verantwortlicher Redakteur David Josef Bach.
Im Jg. 1930/31 neben organisatorischen Mitteilungen der Kunststelle literarische Texte von Brecht, Chlumberg, Fritz Brügel, Ernst Fischer, Josef Luitpold, Majakowsky [!], Friedrich Wolf; Aufsätze von Bach, Braunthal, Erich Kästner, Schiller Marmorek u. a.
Vgl. Kotlan-Werner, Henriette: *Kunst und Volk. David Josef Bach 1874–1947*. Wien: Europa 1977. Besonders S. 82–90. = Materialien zur Arbeiterbewegung 6.
(Die Informationen sind allerdings nicht sehr genau).
ÖNB 609.659–C. Per.

DAS NEBELHORN. Satirische Halbmonatsschrift für die Interessen vorurteilslosen Menschentums.
1927–1933
Antiqua, seit August 1931 maschinschriftlich vervielfältigt. Herausgeber Dr. Herbert Müller-Guttenbrunn im Verlag „Das Nebelhorn" Graz, später Wien (also einem Selbstverlag).
Zu dieser seit 1931 in zwangloser Folge erscheinenden Zeitschrift, für die das Vorbild von Kraus' *Fackel* maßgebend gewesen zu sein scheint und die fast ausschließlich Beiträge ihres

Herausgebers – mit anarchistischer Tendenz – enthält, vgl. den Beitrag von Eckart Früh in diesem Band. Literarisch von Interesse ist vor allem die Form der Beiträge.

ÖNB 608.471 – B. Period.

LITERARISCHE MONATSHEFTE.
Eine Zeitschrift junger Menschen.
1929 – 1932
Antiqua
Herausgeber Ludwig Schweinberger und Ernst Überall, nach 1931 nur von Ernst Überall. Offenbar Selbstverlag (als Verleger und verantwortlicher Redakteur ist Gusti Überall angegeben).
Die Hefte, die gelegentlich mit mehrmonatiger Verspätung erscheinen, sollen der „Förderung junger Kunst und vorurteilsfreier Kritik" dienen und „unabhängig von politischen oder materiellen Bindungen" „als freies Forum für junges Schaffen und junge Geistigkeit" verstanden werden (2. Jg. 1930/31, Heft 5, April 1931, 2. Umschlagseite).
Autoren sind u. a. Stefan Zweig, Hohlbaum, Alfred Wolfenstein, Erika Mitterer, Robert Faesi, Jelusich, Mell, Grete von Urbanitzky, Waldinger, Friedrich Sacher, Toller, Lernet-Holenia, Polgar, Musil (Abdruck aus dem *Mann ohne Eigenschaften*), Herta Staub, Kramer, Stoessl, Heinz Politzer. Sehr viele Rezensionen mit einem breiten Spektrum besprochener Bücher.

ÖNB 600.981 – B. Per.

DIE FREYUNG. Eine Wiener Zeitschrift.
1930/31
Antiqua
Heft 1 im März 1930, Heft 2 im April 1931, in verschiedenen Verlagen. Herausgeber: Fritz Brügel, Otto Erich Deutsch, Leopold Liegler, Schiller Marmorek.
Schön gedruckte Kulturzeitschrift mit einem gewissen Interesse an Texten aus älterer Literatur. Beiträge über Literatur. Enthält an Primärtexten u. a. Werke von Stoessl, Leifhelm und Weinheber.

ÖNB 601.606 – B

23. Eine Wiener Musikzeitschrift.
1932 – 1937
Antiqua
Eigentümer, Herausgeber und Verleger Willi Reich.
Insgesamt erschienen 33 Nummern in 20 Heften.
Reprint Wien: O. Kerry 1971.
Die Zeitschrift war als „musikalische ‚Fackel'" (Reich, S. 1) konzipiert und gehört schon deshalb in diesen Zusammenhang. Literarische Beiträge (Roth, Stoessl) sind selten; wichtiger ist die literarische Form (vielfach satirische Glossen), in der sich die Zeitschrift mit dem zeitgenössischen Musikleben auseinandersetzt. Kulturpolitisch interessant ist auch die oppositionelle Haltung gegenüber dem offiziösen Kulturbetrieb. Eine maßgebende Persönlichkeit war offenbar Ernst Krenek.
Vgl. Reich, Willi: *23. Eine Wiener Musikzeitschrift. Dokumentarische Einleitung und Inhalt* [Begleitheft zum Reprint]. Wien: O. Kerry 1971.

JEDERMANN. Die Sonntagszeitung für Alle.
1932/33
Fraktur
Verlag L. Goldschmidt, Wien. Verantwortlicher Redakteur Raimund Keiter. Leitartikel vielfach von einem Dr. Franz Wahrhaft (Pseudonym?).
Die Zeitschrift, die am besten als Illustrierte bezeichnet werden kann, behandelt vorwie-

gend Politik, Reisen, Geschichte, bringt unterhaltende Teile, unter anderem auch Literatur. Sie bezeichnet sich als „ein ö s t e r r e i c h i s c h e s Blatt", das auf „dem Boden der k a t h o l i s c h e n Weltanschauung" stehe (Jg. 1, Nr. 9, 3. Dezember 1932, S. 2), und polemisiert gelegentlich heftig gegen die Nationalsozialisten. Literarische Beiträge von Weinheber, Polgar (relativ häufig), Waggerl, Schaukal, Oskar Baum und Herbert Strutz.

WSLB F 80.314

MITTEILUNGEN DES KAMPFBUNDES FÜR DEUTSCHE KULTUR

1933
Fraktur
Herausgegeben vom nationalsozialistischen „Kampfbund für deutsche Kultur", mit dessen Auflösung am 4. November 1933 eingestellt.[95] Verantwortlicher Schriftleiter Dr. Anton Haasbauer. Fachberater u. a. Jelusich für Theater und Wache für Büchereiwesen. Insgesamt sind 5 Folgen erschienen.
In Folge 2 (Mai 1933, S. 8) werden die folgenden österreichischen Autoren empfohlen: Ertl, Geramb, Ginzkey, Graedener, Rudolf Greinz, Grengg, Grogger, Handel-Mazzetti, Hohlbaum, Huna, Jelusich, Paul Keller, E. A. Mayer, Adam Müller-Guttenbrunn, Nabel [!], Pschorn, Rainalter, Renker, Rubatscher, Schönherr, Springenschmied [!], Strobl, Trenker und Zerzer.
Keine Primärtexte, keine Besprechungen. Viel Polemisches, viel bloß Organisatorisches.

ÖNB 637.738−B
(ohne Folge 3)

DER CHRISTLICHE STÄNDESTAAT

1933−1938
Antiqua
Verleger war der Kulturpolitische Presseverein in Wien, Herausgeber (bis 1937) Dietrich von Hildebrand, Chefredakteur Klaus Dohrn (beide Emigranten aus dem Deutschen Reich).
Vgl. Ebneth, Rudolf: *Die österreichische Wochenschrift „Der Christliche Ständestaat".* Mainz: Grünewald 1976. =Veröffentlichungen der Kommission für Zeitgeschichte B 19. Ebneths Darstellung ist, dem Charakter der Zeitschrift entsprechend, historisch-politisch orientiert. Eine von ihm veröffentlichte Denkschrift Hildebrands und Dohrns hatte zwar auch die Möglichkeit literarischer Beiträge ins Auge gefaßt (Ebneth, S. 259), doch ist es dazu nie in größerem Ausmaß gekommen. Wichtig ist jedoch die kulturpolitische Stellungnahme der Zeitschrift, wichtig sind die Versuche, sich mit dem nationalsozialistischen Deutschland auch satirisch auseinanderzusetzen.[96]

ZEITSCHAU. Monatsschrift für Kultur, Wirtschaft und Politik.

1934
Antiqua
Verleger und Herausgeber Carola Sachs, Wien.
Von dieser Zeitschrift sind nur 15 Hefte erschienen. Viele Beiträge unter Pseudonymen, kaum bekannte Mitarbeiter. Die Zeitschrift ist kompromißlos antinationalsozialistisch und setzt sich auch in diesem Sinn mit Literatur auseinander (gegen die Angriffe der „Hakenkreuzpresse" auf Heinrich Mann; über die Ermordung Mühsams; gegen Sassmann, Molo, Hamsun usw.). Keine Primärtexte; der Anteil literarisch relevanter Beiträge ist eher gering. Manches deutet darauf hin, daß sich um diese Zeitschrift eher linksorientierte Mitarbeiter scharen.

ÖNB 642.689−B
(1 Heft fehlt)

DIE ZEIT. Blätter für Erkenntnis und Tat.[97]
1934/35
Antiqua
Herausgegeben von dem ehemals in der Sozialdemokratie tätigen Max Ermers.
Bemüht sich offenbar um einen Ausgleich zwischen Regierung und Arbeiterschaft; scharf antinationalsozialistisch. Über die spärlichen literarischen Beiträge ist Ähnliches zu sagen wie über die der *Zeitschau*.

ÖNB 641.310−B. Period.

MITTEILUNGSBLÄTTER DER ÖSTERREICHISCHEN KUNSTSTELLE
1934−1938
Fraktur
Im Verlag der Österreichischen Kunststelle, Wien. Verantwortlicher Redakteur Dir. Fritz Bornemann.
Ein reines Mitteilungsblatt dieser Organisation zur Vermittlung von Theaterkarten[98]; die Texte gehen kaum über die Präsentation der Stücke hinaus. Interessant sind die Versuche, für bestimmte Aufführungen (*Lueger* von Hans Naderer[99], das Jesuitendrama *Die erste Legion* von Emmet Lavery) besonders zu werben.

ÖNB 644.239−C. Period.

WIENER BÜCHERBRIEFE
1934−
Fraktur
Verleger: Wiener Bildungswerk. Herausgeber: Volksbildungsreferent des Bürgermeisters der Stadt Wien Dr. Karl Lugmayer. Verantwortlicher Redakteur: Dr. Friedrich Korger.
Einzelrezensionen und Überblicksartikel, immer in Hinblick auf die Brauchbarkeit der besprochenen Bücher für Volksbibliotheken. Deutlich kirchlich geprägt. In Einzelfällen werden auch Bücher aus Exilverlagen besprochen.

WSLB B 83.243

ÖSTERREICHISCHE RUNDSCHAU. Land, Volk, Kultur.
1934−1938
Fraktur
Österreichischer Bundesverlag. Als Fortsetzung der *Volksbildung* (1919 gegründet) herausgegeben unter Mitwirkung der Zentralstelle für Volksbildung im Bundesministerium für Unterricht. Verantwortlich Sektionsrat Dr. Wilhelm Wolf, Guido Zernatto und (ab 1937) Hans Hammerstein-Equord (Wolf scheidet 1937 aus).
Repräsentative Kulturzeitschrift mit schönen Fotos (vor allem über österreichische ‚Kulturstätten') und einem umfangreichen Rezensionsteil (in der Art der *Volksbildung*). Sehr regierungsnahe. Literaturkritische und kulturpolitische Beiträge u. a. von Castle, Enzinger, Henz, Liegler, Waggerl, Kloepfer, Pernter, Schreyvogl, Zerzer, Hammerstein, Sacher; Gedichte von Billinger, Fischer-Colbrie, Leifhelm, Scheibelreiter, Schullern, Waldeck, Weinheber, Kefer, Tumler.
Im 3. Jg. Verbindung zum V. F. Werk „Neues Leben".

ÖNB 638.939−B. Period.
UBI 14.243

DIE BRÜCKE. Kritische Beiträge[100]
1934
Mit wechselndem Untertitel. Geleitet von Hanns und Ernst Mayer (Hanns Mayer, eigentlich Hans Maier, späteres Pseudonym Jean Améry).

Insgesamt erschienen 4 hektographierte Hefte. Beiträge u. a. von Friedrich Bergammer, Beiträge über Hofmannsthal, Kraus, Thomas Mann, Zernatto.
Vgl. Pfäfflin, Friedrich: *Améry. Unterwegs nach Oudenaarde.* Ausstellungskatalog. Marbach 1982. = *Marbacher Magazin* 24. S. 39 f. Vorwort zur *Brücke,* S. 61 f. Verzeichnis der Beiträge.

KLEINES LESEBUCH
1934
Vermutlich Antiqua
2 Hefte. Heft 1 im Saturn-Verlag, Wien; Heft 2 verlegt vom Herausgeber Richard Axelrad.
Aus Kopien der Umschlagseiten – mehr war nicht zugänglich – gehen Kramer, Mostar, Hermynia Zur Mühlen, Stefan Pollatschek, Waldinger, Walter Mehring, Peter Mendelssohn, Hilde Spiel als Mitarbeiter hervor; damit erscheint eine gewisse Beziehung zur verbotenen Sozialdemokratie wahrscheinlich.

DER AUGARTEN. Blätter für Schrifttum und Kunst in Österreich.[101]
1934–
Fraktur
Augartenverlag Stephan Szabo, Wien. Schriftleiter bis Heft 8/9 von Jg. 1 (April/Mai 1935) Dr. Vorwald-Westerhorst, dann Dr. Roman Hädelmayr. Wird 1938 zunächst unter anderem Titel, später wieder als *Augarten* weitergeführt.
Rubriken der monatlich erscheinenden Zeitschrift sind Theater, Bildende Kunst, Musik, Schrifttum, Buchbesprechungen usw. Der Schwerpunkt liegt eindeutig auf Literatur und Theater, wobei die Nähe zum Nationalsozialismus unübersehbar ist und im Lauf der Jahre immer deutlicher wird.
Autoren des 2. Jahrgangs 1935/36 sind Rainalter, Edmund Finke, Ernst Scheibelreiter, Strobl, Hohlbaum, Wladimir von Hartlieb – offensichtlich die dominierende Persönlichkeit im Umkreis des *Augarten* –, Mell, Otto Emmerich Groh, Colerus, Spunda, Kefer, Hermann Heinz Ortner, Erich Landgrebe, Jelusich, Josef Nadler u. a. Viele charakteristische, oft auch polemische Buchbesprechungen.

UBI 14.986

LEBENDIGE DICHTUNG. Österreichische Monatshefte für deutsches Schrifttum.[102]
1934–1936
Fraktur
Verlag Adolf Luser, Wien. Herausgegeben von Hans Bruneder, Hugo Ellenberger, Adalbert Schmidt. Dieser ist auch Schriftleiter. Ellenberger scheidet im Oktober 1935 als Herausgeber aus.
Keine Primärtexte, sondern Aufsätze über Autoren, literarische Probleme, Gattungen sowie (meist kurze) Buchbesprechungen (vielfach von den Herausgebern) und Theaterrezensionen. Den folgenden Dichtern sind im 1. Jg. (1934/35) „Hauptartikel" gewidmet: Jelusich, Schönherr, Scheibelreiter, Grogger, George, Weinheber, Hofmiller, Margarete Schiestl-Bentlage, Carossa, Spengler, Verner von Heidenstam, Hans Grimm. Unter den Mitarbeitern befinden sich viele Hochschulgermanisten.

WSLB A 82.868

DIE GLOCKE. Wiener Blätter für Kunst und geistiges Leben.
1935–1937
Antiqua
Herausgeber Kurt Roger; als Adresse wird dessen Adresse angegeben. Die Zeitschrift erscheint mit einem Motto von Ernst Lissauer, der sonst auch sehr einflußreich gewesen zu sein scheint.
Der Herausgeber, Musikkritiker und Gegner der neuen Musik[103], interessierte sich vor allem für Musik. Daneben aber doch wichtige literarische Veröffentlichungen, u. a. von Stoessl, Waldeck, Lissauer, Erika Mitterer, Preradović, Leifhelm, Stefan Zweig, Waldinger, Ernst Schönwiese, Felix Braun, Brunngraber, Rudolf List, Fontana. Interessant das Erscheinen einer Sondernummer „Soziale Dichtung" (Heft 27/28, 1936). Bemerkenswert auch prononciert positive Besprechungen von Büchern mit jüdischem Hintergrund (Buber, bin Gorion).

ÖNB 646.395–B

RUF DER HEIMAT
1935–1938
Fraktur
Herausgegeben in Zusammenhang mit der Arbeitsgemeinschaft Jung-Österreich, die – in Innsbruck – mehrere Zeitschriften im Sinne der Regierung herausbrachte. Schriftleiter waren Franz Braumann und nach ihm Ignaz Zangerle.
Versuchte mit Fotos, Fortsetzungsromanen, Erzählungen und Unterhaltungsteil im Sinne des Ständestaates zu wirken. Dominierende Figuren waren Hans Bator und Robert Skorpil. Beiträge literarischen Charakters u. a. von Braumann, Oberkofler, Ausserhofer, Mell, Waggerl.
Vgl. Natter, Bernhard: *Die „Heimat" und die „Tiefen der Seele". Volksbildungsliteratur im „Ständestaat". Am Beispiel der Zeitschrift „Ruf der Heimat" (1935–38).* Diss. (masch.) Innsbruck 1984.[104]

UBI 19.379

DIE PAUSE. Kultur, Kunst, Bildung, Leben[105]
1935–
Antiqua, ab Anfang 1938 Fraktur
Verleger: Preßverein des Wiener Bildungswerks. Hrsg. vom Volksbildungsreferenten des Bürgermeisters der Stadt Wien, Kulturrat Prof. Dr. Karl Lugmayer. Hauptschriftleiter Dr. Karl Pawek.
Folioformat. Aufwendig illustriert, sehr vielseitiger Inhalt. Zeitweise Hefte mit thematischen Schwerpunkten. Die Nähe zur Regierung ist unübersehbar.
Literarische Beiträge u. a. von Waggerl, Scheibelreiter, Mell, Trenker, Zillich, Georg Rendl, Ruth Schaumann, Nadler, Bruno Brehm (Reportage!), Erna Blaas, Rubatscher, Perkonig, Zernatto, Kramer, Mitterer, Billinger, Preradović, Hans Franck, Hammerstein, Weinheber, Hartlieb, Robert Michel u. a. Auch Rezensionen, die allerdings nicht sehr ins Gewicht fallen.

ÖNB 648.017–C. Period.
WSLB B 83.641

DAS SILBERBOOT. Zeitschrift für Literatur
1935/36
Antiqua
Als Eigentümer und Verleger scheint eine Literarische Gesellschaft auf, als Herausgeber Ernst Schönwiese.
1935/36 erschienen 5 Hefte. Die Zeitschrift wurde nach 1945 wieder aufgenommen.
Beiträge u. a. von Felix Braun, Albrecht Schaeffer, Ricarda Huch, Stoessl, Gütersloh,

Broch, Sinclair Lewis, Joyce, Faulkner, Waldinger, Blei, T. S. Eliot, Urzidil, Kafka (aus dem Nachlaß), Musil. Auch viele Rezensionen, vielfach von sonst kaum besprochenen Büchern.
Vgl. Weyrer, Ursula: „*Das Silberboot*". *Eine österreichische Literaturzeitschrift.* Innsbruck 1984. = Innsbrucker Beiträge zur Kulturwissenschaft. Germanistische Reihe 22.

Brenner-Archiv

DAS WERK. Monatshefte zur Pflege deutschen Schrifttums

1935/36
Fraktur
Erschien im Österreichischen Wirtschaftsverlag Payer & Co., Wien. Herausgeber mindestens des 1. Heftes war Mirko Jelusich.
Insgesamt sind 5 Hefte erschienen. Im 1. Jahr stärker politischer Charakter; auch die nationalsozialistischen Autoren sind im 2. Jg. weniger dominierend.
Beiträge von Alma Holgersen, Siegfried Freiberg, Weinheber, Franz Braumann, Kloepfer, Jelusich, Hohlbaum, Finke, Kefer, Springenschmid, Mell, Wenter, Bruno Brehm u. a. Auch Rezensionen.

WSLB A 84.312
ÖNB 646.031 – B. Period.

MONATSSCHRIFT FÜR KULTUR UND POLITIK[106]

1936–1938
Antiqua
Erschienen im Österreichischen Kulturverlag Wien, hrsg. von Johannes Meßner.
Die Gründung der Zeitschrift hängt mit der Trennung Meßners von der *Schöneren Zukunft*, an der er vorher mitgearbeitet hatte, zusammen.[107] Schuschnigg, der den offiziösen Charakter der Zeitschrift durch ein Geleitwort zum 1. Heft (1, 1936, S. 1 ff.) unterstrichen hatte, bezeichnete sie noch 1974 in einem Brief als „kulturpolitisches Sprachrohr der Regierung".[108]
Literarisch interessante Aufsätze u. a. von Fontana, Gregor, Paula Grogger, Liegler, Nadler, Stoessl [!], Zangerle, Hammerstein, Ludwig Hänsel, Albert von Trentini, Ernst Jirgal. Gedichte und (wenige) Erzählungen u. a. von Giebisch, Haringer, Hans Leb, Kramer, Oberkofler, Preradović, Waldeck, Franz Braumann, Leitgeb, Rudolf List, Wibmer-Pedit, Riemerschmid. Auch Rezensionen von neuen Büchern. Insgesamt ist der Anteil an Literatur nicht sehr groß.

UBI 14.992

DIE WARTE. Deutsche Blätter aus Österreich für Geschichte, Literatur und Wirtschaft

1936–1938
Fraktur
Eigentümer, Herausgeber und Verleger war zuerst Ferdinand Ertl, Wien, ab Ende 1936 der Österreichisch-Deutsche Volksbund.
Die Warte beschloß ihr Erscheinen mit einer Art Festnummer im August 1938, indem sie im Rückblick ihr Erscheinen als Akt der Agitation für den „Anschluß" darstellt. Mit diesem sei ihre Aufgabe erfüllt.
Steht in enger Verbindung mit den anschlußfreundlichen Professoren der Universität Wien wie Eibl, Srbik und Nadler. Von diesen stammen auch viele Beiträge, zumeist Nachdrucke aus ihren Büchern. Literarische Beiträge (in eher geringer Zahl) von Weinheber, Finke, Wenter, Mell, Hohlbaum, Jelusich, Springenschmid. Vereinzelt auch literarische Rezensionen.

WSLB B 85.550
ÖNB 646.030 – C. Period.

WERKBLÄTTER. V.-F. WERK „NEUES LEBEN"[109]

1937
Fraktur
Für den Inhalt verantwortlich Bundeskulturrat Dir. Dr. Rudolf Henz.
Aufgabe der Werkblätter war die Verbindung zwischen der Bundes- und den lokalen Organisationen des „Neuen Lebens". Daher vor allem praktische Hinweise für Veranstaltungen u. dgl.; Literatur taucht im wesentlichen nur in Besprechungen auf, u. a. über Ginzkey, Grogger, Henz, Leitgeb, Scheibelreiter, Tschurtschenthaler, Waggerl, Weinheber, Wildgans, einmal aber auch über Musil *(Über die Dummheit,* S. 256) und sogar über Mauriac (S. 286).
Nach 12 Heften eingestellt.

ÖNB 657.240−B

NEUES LEBEN

1937/38
Fraktur, gelegentlich (für Mitteilungen) Antiqua
Herausgeber und Eigentümer ist das V.-F.-Werk „Neues Leben", Verlag der Bergland-Verlag Wien, Schriftleiter Dr. Rudolf Fiedler.
Die Zeitschrift, von der nur 3 Hefte erscheinen konnten, wendet sich offensichtlich an die Mitglieder des „Neuen Lebens" und kann daher eine Auflage von 300.000 angeben. Versucht unterhaltenden und bildenden Charakter miteinander zu verbinden. Aufwendig illustriert. Viele organisatorische Informationen. Beiträge literarischen Charakters von Leitgeb, Zerzer, Zernatto (ein programmatischer Aufsatz), Watzinger. Kulturpolitisch interessant eine Liste von Laienspielen.[110]

UBI 107.253

PLAN. Zweimonatsschrift für Kunst und Kultur

1938
Antiqua
Herausgegeben von Otto Basil im Verlag der Ringbuchhandlung Wien.
Von den 3 geplanten und zum Teil schon gedruckten Heften scheint nur eines wirklich erschienen zu sein. Im Programm der Zeitschrift (1. Jg., 1. Heft, 2. Umschlagseite) bekennt sich die Zeitschrift zu „einer freizügigen und fortschrittlichen Kunst- und Kulturbetrachtung". „Den schöpferischen Geist reglementieren, ihn gleichschalten und einexerzieren, heißt ihn töten", wird überdeutlich formuliert. Im erschienenen ersten Heft spielt Literatur – mit Gedichten von Kramer und Geist – vor allem neben den Architekturbeiträgen eine geringe Rolle. Für die beiden weiteren Hefte waren u. a. Gedichte von Politzer und unveröffentlichte Briefe von Kafka geplant. Nach dem Krieg wurde *Plan* neu begonnen.
Vgl. Gross, Ruth V.: *PLAN and the Austrian Rebirth: Portrait of a Journal.* Columbia, S. C.: Camden House 1982. Besonders S. 15−36. = Studies in German Literature, Linguistics, und Culture 6.
Teilvorabdruck des hier interessierenden Kapitels u. d. T. *The Poetics of Opposition: PLAN 1938.* In: *Modern Austrian Literature* 12 (1979), Heft 2. S. 22−40.

ÖNB 660.737−B

Anmerkungen

1 Wie fruchtbar diese „anekdotischen" Ansätze sein können, zeigen Friedbert Aspetsberger: *Literarisches Leben im Austrofaschismus. Der Staatspreis.* Königstein 1980 (= Literatur in der Geschichte. Geschichte in der Literatur 2) und zum Teil auch Klaus Amann: *Die literaturpolitischen Voraussetzungen und Hintergründe für den „Anschluß" der österreichischen Literatur im Jahre 1938.* In: *Zeitschrift für deutsche Philologie* 101 (1982), S. 216–244.
2 Johannes Meßner: *Volk, Staat und berufständische Ordnung.* In: *Monatsschrift für Kultur und Politik* 1 (1936), S. 7–20, hier S. 7 f.
3 Karl Pawek: *Die Lawine hat sich ausgelaufen!* In: *die pause* 1 (1935/36), Heft 1, S. 54 f., hier S. 55.
4 Joseph Papesch: *Gute und andere Bücher.* In: *Alpenländische Monatshefte* 1931/32, S. 254–265, hier S. 256 (über *Es ist genug* von Georg Kaiser). Hervorhebungen von mir.
5 Wladimir von Hartlieb: *Burgtheater – „Tantris der Narr". Von Ernst Hardt.* In: *Der Augarten* 2 (1935/36), S. 310–313, hier S. 310.
6 Vgl. Aspetsberger (Anm. 1), S. 92 f. über die mehrmalige Tätigkeit von Josef Nadler, dem damals angesehensten österreichischen Literaturwissenschaftler, in der Jury für den Staatspreis, und über die einmalige Mitgliedschaft Eduard Castles in dieser Jury. Über die Haltung Moriz Enzingers (zu Walter Mehring, 1934) vgl. Ulrich Weinzierl: *Die Kultur der „Reichspost".* In: *Aufbruch und Untergang. Österreichische Kultur zwischen 1918 und 1938.* Hrsg. v. Franz Kadrnoska. Wien 1981, S. 325–344, hier S. 340.
7 Das stellt auch Horst Jarka fest: *Zur Literatur- und Theaterpolitik im „Ständestaat".* In: *Aufbruch und Untergang* (Anm. 6), S. 499–538, hier S. 527.
8 Oskar Maurus Fontana: *Literaturzeitschriften, die wir erlebten.* In: *Freude an Büchern* (Wien) 2 (1951), S. 146–150, hier S. 148. Die *Monatsschrift für Kultur und Politik* scheint Fontana dabei doch etwas zu überschätzen.
9 Nähere Angaben über die im Text erwähnten Zeitschriften finden sich im Anhang.
10 Besprechungsteil der *Literarischen Monatshefte* 1 (1929/30), Heft 4, S. 16.
11 Fritz Hochwälder: *Trommler. Ein Hörspiel.* In: *Literarische Monatshefte* 3 (1932), S. 54 f. Ebenda, S. 95–99, ein weiterer (nicht-dramatischer) Text von Hochwälder.
12 Ludwig Schweinberger über Musil: *Der Mann ohne Eigenschaften.* In: *Literarische Monatshefte* 2 (1930/31), Heft 3, S. 16. Ebenda S. 8–10, Abdruck eines Abschnitts aus dem *Mann ohne Eigenschaften.*
13 Fritz Schlawe: *Literarische Zeitschriften 1910–1933.* ²Stuttgart 1973 (= Sammlung Metzler 24) ist für Österreich in dieser Zeit unergiebig; auch bei Dagmar Laakmann und Reinhard Tgahrt: *Literarische Zeitschriften und Jahrbücher 1880–1970. Verzeichnis der im Deutschen Literaturarchiv erschlossenen Periodica.* Marbach 1972 (= Deutsches Literaturarchiv. Verzeichnisse. Berichte. Informationen 2) fand sich wenig. Einige Zeitschriftentitel bei Jarka (Anm. 7), S. 527 f. Sehr nützlich der Sonderteil „Zeitschriften, Zeitungen und Verwandtes" in: *Kürschners Deutscher Literatur-Kalender auf das Jahr 1934,* 47. Jg., Berlin 1934, Sp. 133*–200*.
14 Ferner konnte ich die von Ursula Weyrer für ihre Dissertation über *das silberboot* gesammelten Informationen über Zeitschriften der Periode nützen, die zum Teil auf mündlichen Auskünften von Ernst Schönwiese beruhen. Dafür danke ich Ursula Weyrer.
15 Aus Zeitgründen konnte ich nur in der Universitätsbibliothek Innsbruck, dem Brenner-Archiv Innsbruck, der Österreichischen Nationalbibliothek und der Wiener Stadt- und Landesbibliothek arbeiten. Nicht benützt habe ich die Universitätsbibliothek in Wien und das Deutsche Literaturarchiv in Marbach.
16 Sie befindet sich offenbar im Améry-Nachlaß in Marbach.
17 Vgl. Amann (Anm. 1), S. 218, über die „damals wie heute gleichermaßen unbekannte Juliane Ludwig-Braun".

[18] *Bekenntnisbuch österreichischer Dichter.* Hrsg. vom Bund deutscher Schriftsteller Österreichs. Wien 1938. Mit diesem Buch feierte eine beachtliche Anzahl österreichischer Autoren den ‚Anschluß'.
[19] Vgl. zu dieser Methode u. a. Jürgen Ritsert: *Inhaltsanalyse und Ideologiekritik.* Frankfurt 1972. (= Fischer Athenäum Taschenbücher Sozialwissenschaften 4001).
[20] Zu dieser Vereinigung vgl. Amann (Anm. 1), S. 232–239, und Gerhard Renner: *Österreichische Schriftsteller und der Nationalsozialismus. Der „Bund der deutschen Schriftsteller Österreichs" und der Aufbau der Reichsschrifttumskammer in der „Ostmark".* Diss. [masch.] Wien 1981. Auf die Beziehung zum *Augarten* gehen beide Untersuchungen nicht näher ein. Auffällig ist, daß *Der Augarten* die Gründung des „Bundes der deutschen Schriftsteller Österreichs" zumindest in der ersten Jahreshälfte 1937 mit keinem Wort erwähnt.
[21] Schuschnigg zum 70. Geburtstag Heinrich von Schullerns, in: *Der Augarten* 1 (1934/35), S. 151 f.
[22] *Zur Beachtung!* In: *Alpenländische Monatshefte* 1931/32, S. 384 u. ö. (am Ende jedes Hefts). Die Zurückdrängung der „schöngeistigen Beiträge" zugunsten der „Gegenwartsfragen" hat offenbar einigen Lesern der Zeitschrift mißfallen; vgl. *Fragen und Antworten,* ebenda, S. 319 f., wo die Redaktion erklärt, die *Alpenländischen Monatshefte* wollten eine „kämpferische Führerzeitschrift" werden (S. 320).
[23] Wilhelm Taucher: *Krise der Demokratie.* In: *Alpenländische Monatshefte* 1931/32, S. 290–299, 351–358, hier S. 299. Taucher plädiert dabei jedoch für sehr autoritäre Regierungen, die vom Parlament möglichst unabhängig sein sollen (S. 357 f.).
[24] *An die österreichischen Deutschen!* In: *Alpenländische Monatshefte* 1932/33, S. 249.
[25] *Gedicht-Zeitschrift.* Herausgegeben und geschrieben von Josef Göhl, Wien, April 1933 bis Juli 1934. Wiener Stadt- und Landesbibliothek E 80.956.
[26] Daß diese Zeitschriften im Anhang nicht behandelt werden, bedeutet nicht ihre endgültige Ausgrenzung aus dem Bereich der literarisch wichtigen Zeitschriften.
[27] Näheres über Békessy, allerdings aus dem Blickwinkel seines Gegners Kraus, bei Alfred Pfabigan: *Karl Kraus und der Sozialismus.* Wien 1976, S. 255 ff.
[28] Gross (genaues Zitat im Anhang unter *Plan*), S. 17 f., bietet einen Ansatz zur Analyse der Fotos im *Neuen Leben;* eine eher nebensächliche Bemerkung dazu auch bei Jarka (Anm. 7), S. 530.
[29] Einiges zum Wandel der kulturpolitischen Situation, kaum jedoch zu den Zeitschriften bei Alfred Pfoser: *Literatur und Austromarxismus.* Wien 1980.
[30] Stieg (genaues Zitat im Anhang unter *Brenner),* S. 79, sowie S. 313, Anm. 134, und mündliche Mitteilung von Ernst Krenek.
[31] Ebneth (genaues Zitat im Anhang unter *Der christliche Ständestaat),* S. 60.
[32] Aspetsberger (Anm. 1), S. 57, denkt in diesem Fall offensichtlich eher an eine indirekte Förderung, indem ihr halboffizieller Charakter der *pause* hohe Werbeeinnahmen ermöglicht habe.
[33] *Unsere Prominenten bei der Abstimmung.* In: *Die Wiener Bühne* Heft 470 (2. Aprilheft 1938).
[34] *Die Warte* (siehe Anhang) brachte allerdings nach dem ‚Anschluß' nur noch eine Nummer heraus, da sie mit diesem Ereignis ihre Ziele als erfüllt ansah.
[35] Zum Schicksal der *Pause* im Jahre 1938 vgl. Aspetsberger (Anm. 1), S. 57.
[36] Die Typologie von Schlawe (Anm. 13) ist wegen des ganz anderen Charakters der vorzustellenden Zeitschriften für diese Arbeit kaum brauchbar.
[37] Vgl. Hellmut Rosenfeld: *Familienblatt.* In: *Reallexikon der deutschen Literaturgeschichte.* ²Berlin (W) 1958. Band 1, S. 450–456, Definition auf S. 450.
[38] In der Ankündigung der Einstellung der Zeitschrift mangels Abonnenten. In: *Roseggers Heimgarten* 59 (1934/35), S. 767 f., hier S. 768.
[39] *Heimgarten* 54 (1930) enthält, z. B. S. 225 und 511, explizit antisemitische Glossen.
[40] Joseph Roth: *Hiob.* In: *Menorah* 8 (1930), S. 433–443; *Brief aus Polen,* ebenda, S. 579–585.

41 Gedichte von Theodor Kramer in *Menorah* 8 (1930), S. 51 f.; 9 (1931), S. 450; 10 (1932), S. 213.
42 Z. B. E. W. [Ernst Waldinger?] über Brochs *Schlafwandler,* in: *Menorah* 10 (1932), S. 439.
43 Alfred Döblin: *Eine kassenärztliche Sprechstunde.* In: *Bergland* 12 (1930), Heft 1, S. 2 ff. – Laut Louis Huguet: *Bibliographie Alfred Döblin.* Berlin (DDR) 1972, S. 102 (Nr. 658), ist ein Beitrag dieses Titels zuerst in der *Frankfurter Zeitung* vom 6. 1. 1928 erschienen; ebenfalls 1928 erschien er noch im *Hamburger Anzeiger* und in der *Saarbrücker Zeitung;* weitere Abdrucke weist Huguet nicht nach, auch der in *Bergland* ist ihm nicht bekannt. Der Text ist wiedergedruckt in: Alfred Döblin: *Die Zeitlupe. Kleine Prosa.* Olten 1962. S. 122–126.
44 P. K.: *Eine literarische Renaissance.* In: *Tagesbote* (Brünn), 11. 4. 1936, S. 9. Dieses Zitat verdanke ich Ursula Weyrer.
45 Auch *Die Warte* konnte nur indirekt, durch historische und literaturhistorische Beiträge, für den ‚Anschluß' werben.
46 Vgl. Anm. 39.
47 In einer Thomas Mann-Besprechung von E. F. [wohl Edmund Finke] in *Der Augarten* 2 (1935/36), S. 302, sowie in L. E. Gastinger: *Lichtspieltheaterbesitz als Kampfwaffe zu „betonter" Programmgestaltung,* ebenda, S. 326 f. Weitere Beispiele ließen sich in dieser Zeitschrift unschwer finden.
48 Vgl. zur *Zeit,* die er allerdings als „sozial-liberal" qualifiziert und von der er die Arbeiterschaft ausgeschlossen sieht, Friedrich Stadler: *Spätaufklärung und Sozialdemokratie in Wien 1918–1938.* In: *Aufbruch und Untergang* (Anm. 6), S. 441–473, hier S. 463 und S. 470 f., Anm. 42 mit der Mitarbeiterliste der *Zeit.*
49 Alfred Werner über Hermynia Zur Mühlen: *Ein Jahr im Schatten.* In: *Die Glocke* Heft 18 (15. November 1935), S. 15 f., hier S. 16.
50 Aspetsberger (Anm. 1), S. 50.
51 Joseph Papesch: *Gute und andere Bücher.* In: *Alpenländische Monatshefte* 1930/31, S. 762–764, hier S. 763 (in einer Besprechung von Max Mohr: *Die Freundschaft von Ladiz*).
52 Vgl. bei Jarka (Anm. 7), S. 523 die Liste der Autoren, die im Rahmen des „Neuen Lebens" Autorenabende gestalteten. Zu diesen Namen kämen noch Hohlbaum, Jelusich und weitere Schriftsteller prononciert nationalsozialistischer Tendenz.
53 Aspetsberger (Anm. 1), S. 40.
54 Joseph Papesch: *Gute und andere Bücher.* In: *Alpenländische Monatshefte* 1931/32, S. 671 f., hier S. 672 (über Strobl und über Waggerl).
55 Schiller Marmorek: *Marcel Proust als Symptom.* In: *Die Freyung* Heft 1 (1930), S. 34–40.
56 Jarka (Anm. 7), S. 523.
57 Hermann Hesse: *Aus Martins Tagebuch* [Romanfragment]. In: *Der getreue Eckart* 12 (1934/35), S. 724–726.
58 Vgl. jedoch unten Anm. 68.
59 Jarka (Anm. 7), S. 508.
60 Gedichte von Theodor Kramer in *die pause* 1 (1935/36), Heft 6, S. 16; in *Monatsschrift für Kultur und Politik* 1 (1936), S. 1002, und 2 (1937), S. 428; in *Bergland* 19 (1937), Heft 2, S. 29.
61 *Die Tätigkeit der österreichischen Verleger im Jahr 1935.* In: *Wiener Bücherbriefe* 2 (1935/36), S. 65–70, hier S. 68 f. Vgl. ferner die durchaus auch politisch begründete Polemik gegen die „Verflachung klassischer Ideenwelt" durch Jelusich bei Robert Uhl: *Hannibal oder historische Knabenliteratur. Zum Roman von Mirko Jelusich.* In: *Volkswohl* 26 (1934/35), S. 79 f., Zitat S. 80.
62 Z. B. Guido Zernatto: *Jetzt poltert am Gepranter schon der Tod.* In: *Die Bühne* Heft 435 (November 1936).
63 Vgl. Jarka (Anm. 7), S. 528.

⁶⁴ Austriacus [Ernst Krenek]: *Ravag-Sendung und österreichische Sendung.* In: *23* Nr. 15/16 (Oktober 1934), S. 18–24, hier S. 22, 24.
⁶⁵ Über die Einzigartigkeit des *silberboots* vgl. auch Jarka (Anm. 7), S. 527.
⁶⁶ Robert Musil: *Türen und Tore* [aus *Nachlaß zu Lebzeiten*]. In: *Die Bühne* Heft 415 (Januar 1936), 2. Umschlagseite (zitiert in der Rubrik „Bücher, die Sie lesen müssen").
⁶⁷ Daß Ähnliches auch von der *Reichspost* gilt, hat Weinzierl (Anm. 6), S. 339 f., belegt.
⁶⁸ Sch.: *Der Schriftsteller und das Dritte Reich.* In: *Die Aktion* (Wien) 2, Nr. 14 (6. April 1935), S. 7. Es muß allerdings bedacht werden, daß es sich hier um eine Glosse in einem polemischen Kontext handelt.
⁶⁹ Stefan Zweig: *Das Problem Maria Stuart* [Einleitung zu Zweigs Maria Stuart-Biographie]. In: *Die Glocke* Heft 6 (1. April 1935).
⁷⁰ [Taras von] Borodajkewycz über Stefan Zweigs *Baumeister der Welt,* in: *Österreichische Rundschau* 3 (1937), S. 449 f.
⁷¹ Erhard Buschbeck: *Worte des Gedenkens: Georg Trakl.* In: *Die Bühne* Heft 442 (Februar 1937).
⁷² Erika Spann-Rheinsch: *Wladimir von Hartlieb.* In: *Der Augarten* 2 (1935/36), S. 271–273, hier S. 272.
⁷³ Hartlieb (Anm. 5), S. 310 f.
⁷⁴ H. Berger: *Kasimir und Karoline.* In: *Der Augarten* 2 (1935/36), S. 117. Ähnlich, wiewohl weniger polemisch H. Bruneder in *Lebendige Dichtung* 1 (1934/35), S. 131.
⁷⁵ S. [Detmar Heinrich Sarnetzki] über Thomas Manns *Leiden und Größe der Meister,* in: *das silberboot* 1 (1935/36), S. 200.
⁷⁶ G. W. [Gerhart Wagner?] über dasselbe Buch, in: *Lebendige Dichtung* 1 (1934/35), S. 201.
⁷⁷ E. F. [Edmund Finke?] über dasselbe Buch, in: *Der Augarten* 2 (1935/36), S. 302. Vgl. auch Aspetsberger (Anm. 1), S. 39, über Hartliebs Polemiken gegen Thomas Mann in derselben Zeitschrift. Davon zu unterscheiden ist die sachbezogene, wiewohl polemische Auseinandersetzung mit Thomas Manns Wagner-Bild bei Kurt Roger: *Thomas Mann und Richard Wagner.* In: *Die Glocke* Heft 2 (1. Februar 1935), S. 15 f.
⁷⁸ Vgl. auch Aspetsberger (Anm. 1), S. 36–44, über Ressentiments und Feindbilder der österreichischen Schriftsteller.
⁷⁹ Zu dieser Entsprechung von Politik und Literatur vgl. Karlheinz Rossbacher: *Literatur und Ständestaat.* In: *Staat und Gesellschaft in der modernen österreichischen Literatur.* Hrsg. v. Friedbert Aspetsberger. Wien 1977, S. 93–107. (= Schriften des Institutes für Österreichkunde 32).
⁸⁰ Maria Ditha Santifaller veröffentlichte u. a. auch im *Getreuen Eckart* 9 (1931/32), S. 154. Belege für Kraus' Interesse an den genannten Autoren bei Franz Ögg: *Personenregister zur Fackel von Karl Kraus.* München 1977 bzw. (für Zerzer) in Helmuth Burgert: *Er haßte das Ungefähre. Eine Nacht mit Karl Kraus im November 1933.* In: *Almanach für Literatur und Theologie* (Wuppertal) 1 (1967), S. 83–89.
⁸¹ Vgl. Sebastian Meissl: *Germanistik in Österreich. Zu ihrer Geschichte und Politik 1918–1933.* In: *Aufbruch und Untergang* (Anm. 6), S. 475–496, hier S. 491, Anm. 12.
⁸² *Kennen Sie Bücher?* In: *die pause* 1 (1935/36), Heft 1, S. 60 f., hier S. 60.
⁸³ *Bücher.* Ebenda, Heft 3, S. 61.
⁸⁴ *Neue Bücher.* Ebenda, Heft 7, S. 61–63, hier S. 63.
⁸⁵ *Werkhefte. V. F. Werk „Neues Leben"* 1 (1937), S. 254, 255.
⁸⁶ *Wiener Bücherbriefe* 2 (1935/36), S. 95. Da es hier nur auf die Formulierungen ankommt, wird in dieser und den vorhergehenden Anmerkungen auf die genauere Angabe des Kontexts verzichtet.
⁸⁷ Joseph Papesch: *Gute und andere Bücher.* In: *Alpenländische Monatshefte* 1930/31, S. 254–256, hier S. 254.
⁸⁸ Bei Standortangaben werden für die Bibliotheken folgende Siglen verwendet: ÖNB =

Österreichische Nationalbibliothek; UBI = Universitätsbibliothek Innsbruck; WSLB = Wiener Stadt- und Landesbibliothek.

[89] Angaben nach Hannes Haas: *Satirische Zeitungen* [!] *der Ersten Republik.* In: *Watzmann. Satire Österreich* (Salzburg) 1 (1982), Nr. 2, S. 23–25.

[90] Ebenda.

[91] Einstellungsdaten nach 1938 wurden in diesem und anderen Fällen nicht ermittelt.

[92] Haas (Anm. 89).

[93] Ebenda.

[94] Im Katalog von SWLB ist auch ein Jg. 6 (1931/32) verzeichnet; dessen tatsächliches Vorhandensein konnte nicht überprüft werden.

[95] Vgl. dazu Renner (Anm. 20), S. 24.

[96] Vgl. Jarka (Anm. 7), S. 528.

[97] Weitere Angaben bei Stadler (Anm. 48).

[98] Über die Österreichische Kunststelle vgl. Aspetsberger (Anm. 1), S. 59–61.

[99] Vgl. ebenda, S. 60 f.; Jarka (Anm. 7), S. 516 f.

[100] Vgl. auch den Hinweis auf die *Brücke* bei Ernst Schönwiese: *Literatur in Wien zwischen 1930 und 1980.* Wien 1980, S. 181 f.

[101] Zusätzliche Informationen über den *Augarten* bei Aspetsberger (Anm. 1), S. 37 ff.

[102] Bei der von Jarka (Anm. 7), S. 527, angegebenen Zeitschrift *Lebendige Literatur* muß es sich um eine Titelverwechslung handeln.

[103] Vgl. eine Glosse in *23,* Nr. 3 (23. März 1932), S. 15.

[104] Bernhard Natter danke ich für Informationen zum *Ruf der Heimat.*

[105] Weiteres zur *pause* bei Aspetsberger (Anm. 1), S. 56 ff.

[106] Einige Anmerkungen zu dieser Zeitschrift und ihrer Entstehung bei Eppel (Zitat im Anhang unter *Schönere Zukunft),* S. 68 ff.

[107] Ebenda, S. 68.

[108] Ebenda, S. 69.

[109] Zum „Neuen Leben" vgl. Aspetsberger (Anm. 1), S. 61 ff. und Jarka (Anm. 7), S. 522 ff. Die unveröffentlichte Dissertation von Rainer Schubert: *Das Vaterländische Frontwerk „Neues Leben".* Wien 1978 habe ich nicht benützen können.

[110] Zur Bedeutung des Laienspiels im Ständestaat ein Hinweis bei Jarka (Anm. 7), S. 517.

3. FALLSTUDIEN

Heimat- und Provinzliteratur in den dreißiger Jahren.
Am Beispiel der Rezeption Peter Roseggers

von

KARL WAGNER

Wer im Rahmen einer Darstellung der Literatur der 30er Jahre über die Wirkungsgeschichte Peter Roseggers schreibt, läuft Gefahr, das abzuliefern, was man auch ohne Recherche schon zu wissen glaubt: einen braun präparierten Provinzschriftsteller, den sich die Reaktion ein für allemal erworben hat, um ihn zu besitzen, wie die Heimat- und Provinzliteratur insgesamt, als deren Repräsentant er hier interessiert. Es scheint die kritische Mühe nicht zu lohnen, ihn zum Gegenstand der Auseinandersetzung zu machen, die auch dort nicht stattfindet, wo braun einfach grün übermalt wird. Wenn im folgenden gezeigt werden soll, wie Rosegger zugerichtet und zu Legitimationsdiensten der Reaktion instrumentalisiert wurde, so kann sich das nicht „im sammelnden und registrierenden Entzücken"[1] über die Fülle der Rezeptionsdokumente erschöpfen. Hat in der literaturwissenschaftlichen Praxis die theoretische Anstrengung aus den Anfängen der Rezeptionsästhetik und -geschichte weitgehend zugunsten neopositivistischer Faktenhuberei abgedankt, so macht gerade die faschistische Ära auf ein Dilemma der Rezeptionsästhetik aufmerksam, welche die „Sinngenese des Werks als Spur seiner historischen Verarbeitung"[2] ermöglicht sieht. Gerade die im Nationalsozialismus betriebene eklektizistische Auswertung der literarischen Tradition macht die Jauß'sche These, in der Wirkungsgeschichte eines Textes entfalte sich dessen Sinnpotential, unfreiwillig zum kollaborativen Axiom eines legitimierungssüchtigen Terrorregimes, indem sie das, was die Faschisten herauslesen, als latenten Sinn des Werkes bestätigt. Dieser inkriminierenden Version stünde eine die Autoren ebenso unfreiwillig entlastende Position entgegen, die, wie in funktionsgeschichtlichen Modellen erkennbar wird, Rezeptionsdokumente nicht als Aussagen über den Text, sondern als solche über den Rezipienten liest, der in den Text hineinlegte, was er in ihm finden wolle. In diesem Falle wäre das rezeptionsgeschichtliche Material nichts weiter als ein historisch bedeutsamer Beleg einer zeittypischen Bedeutungs-Zuweisung, die unsere heutige (Nicht-) Aneignung unberührt lassen würde. Gegen diese Variante der Rezeptionsästhetik, die „nur subjektive Projektionen und ideologische Vorurteile zutage fördern kann"[3], hat ihr Begründer nicht bloß an den hermeneutischen Vorrang des Textes als Rezeptionsvorgabe erinnert, sondern nachdrücklich verlangt, die Rezeptionsästhetik dürfe die „Frage nach der gewahrten, verwandelten oder auch verlorenen Identität des Textes so wenig aus dem Auge verlieren wie die besondere Konstitution ihres Textrepertoires".[4] Diese Option für den Text als Regulativ unterschiedlichster Auslegungen erlaubt es jedenfalls nicht, umstandslos vom „faschistisch verfälschten" Rosegger zu reden.

NACHRUFE ZU LEBZEITEN

Roseggers Werk ist umfangreich und unübersichtlich genug, um widersprüchliche Auslegungen zu provozieren. Schon zu Lebzeiten war sein Werk auf verschiedenste Ausgaben verteilt, in unzähligen Anthologien und Sammelbänden portioniert und heterogensten Zwecken unterworfen. Wohl bot die von seinem geschäftstüchtigen Verleger Staackmann veranstaltete Ausgabe letzter Hand dem Dichter die Möglichkeit, sein literarisches Vermächtnis nach seinem Willen der Nachwelt zu übergeben, doch ist gerade diese seit 1913 erscheinende 40-bändige Gesamtausgabe, die zudem nur geschlossen abgegeben wurde, nicht zuletzt infolge der Kriegssituation weniger bestimmend geworden als die vielen Einzel- und Sonderausgaben. Unter diesen wurde insbesondere die vom Hamburger Prüfungsausschuß für Jugendschriften bei Staackmann herausgegebene dreiteilige Auswahl *Als ich noch der Waldbauernbub war* zum erfolgreichsten Unternehmen. Um 1900 erstmals erschienen, waren die einzelnen Bände Anfang der 30er Jahre bereits in einer Auflage von 375 bis 384 Tsd. Exemplaren (Bd 2: 291 bis 300 Tsd., Bd 3: 251 bis 260 Tsd.), Ende der 40er Jahre die ersten beiden Bände jeweils im 465 bis 474 Tsd., der dritte Band im 316 bis 325 Tsd. verbreitet.[5] Nicht erwähnt sollen hier jene zahllosen Auszüge aus seinem Werk werden, die nach seinem Tod erschienen sind und unter Titeln wie *Rosegger-Brevier* oder *Auf der Wacht* bzw. in Reihenwerken wie *Volksschatz, Deutsche Hausbücherei, Deutsche Lesestoffe für tschechische Mittelschulen* oder *Aus deutschem Erbgut* dafür sorgten, das Textcorpus auf jeweils andere Interpretationsziele abzustimmen.[6] Die Anthologisten lösen Aussagen aus ihren Erzählumgebungen, um sie als Versatzstücke ihrer Ideologie handeln zu können. Dabei kommt ihnen Roseggers serielle Schreibweise, die lockere Verknüpfung auch längerer narrativer Texte entgegen: widerständige Momente des Erzählkontinuums können ohne größeren Aufwand eliminiert werden. Roseggers Werk wird eine variable Größe, das unterschiedlichen Auslegungen nicht als Korrektiv dient, sondern ihnen fungibel gemacht wird.

Dieser Sachverhalt hat mit der Berühmtheit zu tun, die Rosegger schon zu Lebzeiten erlangt hat. Was Hermann Broch in seiner Studie *Hofmannsthal und seine Zeit* für die Künstler des l'art pour l'art als „Novum in der Geschichte der Kunst" erkannt und als Folge ihrer „Sozialgleichgültigkeit" bestimmt hat, nämlich „[d]aß der Nachruhm wichtiger als der Ruhm wird"[7], trifft für Rosegger nicht zu. Seine Kunst suchte sich, um Brochs Kriterien zu verwenden, nicht nur „mit sozialen Themen zu befassen", sondern sich auch „als erfreuendes, belehrendes, erhebendes oder sonstwie verkäufliches Erzeugnis ins Sozialgefüge einzugliedern".[8] Diese Eingliederung hat schon zu Lebzeiten des Dichters zu einem Rosegger-Kult geführt. Zahlreiche hohe Auszeichnungen beförderten die Auratisierung der Person des Autors, aber auch – und das ist für die Rezeptionsgeschichte wichtiger – die Reduktion seiner politisch eingreifenden, nicht selten widersprüchlichen Stellungnahmen auf Ideologeme, in denen sich die auszeichnenden Institutionen selbst erkennen konnten und wollten.

Am 1. August 1913 schreibt die *Neue Freie Presse:*

> Die Zahl der seit gestern hier [in Krieglach] eingelangten telegraphischen und brieflichen Gratulationen anläßlich Roseggers siebzigsten Geburtstages ist so enorm, daß dieselben von Stunde zu Stunde in ganzen Stößen und Säcken zur Villa Roseggers gebracht werden mußten. Die Grazer Postdirektion hat anläßlich der Geburtstagsfeier das Beamten- und Dienstpersonal des Postamtes Krieglach um je zwei Mann vermehrt, da sonst eine Bewältigung des Einlaufes unmöglich gewesen wäre.

Neben den Künstlern werden auch prominente Politiker, wie Ministerpräsident Graf Stürgkh, Unterrichtsminister Ritter v. Hussarek und der deutsche Reichskanzler v. Bethmann Hollweg namentlich erwähnt. Zu diesem einig' Volk von Gratulanten gehörten auch die unteren Chargen:

> Zahllose Glückwunschdepeschen kamen von Vereinen Deutsch-Österreichs und Deutschlands, von wissenschaftlichen und schriftstellerischen Vereinigungen [...], von den deutschen Beamten-, Lehrer- und Arbeitervereinen, von den verschiedenen Schulen des Deutschen Schulvereines usw.[9]

Nicht alle Gratulanten mochten so genau gewußt haben, daß sie sich damit selbst ehrten, wie der Grazer Gemeinderat, der Rosegger im selben Jahr zum Ehrenbürger der Stadt ernannte. Im „Dringlichkeits-Antrag" heißt es: „Diese Werke voll Poesie, Kraft, Wahrheit und Gemüt, die uns wie der frische Tannenduft der steirischen Bergwälder und wie die reine, klare Luft der Alpen erquicken, haben Roseggers Namen überall dort, wo Deutsche wohnen, bekannt und berühmt gemacht." Und dann folgt ein Passus, der zum Repertoire fast aller späterer Würdigungen gehört; ein Passus, der Rosegger als Projektionsfigur politischer Handlungsziele erscheinen läßt:

Nicht nur sein Ruf als Dichter, sondern vor allem das Vertrauen auf sein richtiges Empfinden und Denken macht es, daß auch öffentliche Angelegenheiten, denen er die Unterstützung seiner Feder leiht, trotz vielfacher Hindernisse fast immer und in kürzester Zeit zu einer günstigen Lösung gelangen. [–] Durch sein Wort wurde der Maria Grüner Wald vor der Abholzung gerettet, durch seinen Einfluß entstand die evangelische Heilandskirche in Mürzzuschlag, auf seinen Weckruf hin erhob sich binnen kurzer Zeit in der Nähe seines Geburtshauses das schmucke Schulhaus auf dem Alpelsteig und sein machtvoller Aufruf schuf eine der größten deutschvölkischen Taten in ganz Österreich: die Sammlung der Millionenspende für den deutschen Schulverein.[10]

Was dem „deutschen Graz" recht war, wollten andere nicht billiger geben. Im selben Jahr wurde Rosegger das Ehrenzeichen für Kunst und Wissenschaft durch das Unterrichtsministerium verliehen; die philosophische Fakultät der Wiener Universität zeichnete den „hochherzigen und so beredten Volksschriftsteller, die Wonne, die Zierde, den Verteidiger der österreichischen Deutschen"[11] mit dem Ehrendoktorat aus, um zu bekunden, wie es im Schreiben an den Dichter heißt, „wie hoch sie nicht nur Ihre literarische, sondern Ihre allgemein kulturelle und nationale Wirksamkeit einschätzt".[12] Wien folgte mit einem Jahrzehnt Verspätung der Universität Heidelberg, die den „geistvollen, die Wahrheit im Verein mit der Schönheit erstrebenden Mann, der immer auf dem Posten war, wenn es galt, deutsche Sprache, Sitte und Erziehung auf der Grenzwacht tapfer zu verteidigen"[13] schon 1903 zum Ehrendoktor ernannte. Die Universität Graz wollte da nicht nachstehen und „ehrt[e] sich selbst", indem sie 1917 „dem Dichter der deutschen Alpen, dem weisen Fürsprech deutscher Art und deutschen Rechtes" das Ehrendoktorat der Rechte mit der nun schon bekannten Begründung verlieh:

> Wo immer Deutsche wohnen, wird ROSEGGER gelesen. Der Deutsche, der im fernen Amerika, der in einem Lande der Tropen sich an den Dichtungen ROSEGGERS erquickt, dem ist es, als ob die Luft unserer grünen Berge ihn umwehte. Der große deutsche Dichter ist der stärkste Kämpfer für deutsches Volkstum, für deutsches Recht, in und außerhalb Österreichs, in und außerhalb Europas.[14]

Es ist keine Übertreibung, wenn man feststellt, daß in diesen Lobesreden das Wort deutsch übertrieben oft vorkommt. In dieser Herzeigeform als nationaler Identitätsstifter der Deutschen, dessen weltweite Wirkung zur kaum verhohlenen imperialen Kulturmission der Deutschen umgebogen wird, komprimiert sich ein Wirkungspotential, das in den 30er Jahren gute Dienste leisten konnte. Dies wurde noch dadurch begünstigt, daß die Roseggerjubiläen in den Jahren 1928, 1933, 1938 und 1943 zumeist mit prekären Daten österreichisch-deutscher Geschichte zusammenfielen. Wie provozierend dieses Autorenstereotyp schon im Jahre 1913 auf die nichtdeutschen Nationalitäten der Monarchie gewirkt hat, läßt sich am Beispiel des Nobelpreises für Literatur zeigen. Rosegger soll für diese Auszeichnung vorgeschlagen, aufgrund tschechischer Interventionen aber nicht berücksichtigt worden sein. Den Preis erhielt der Inder Rabindranath Tagore. In einem Brief an seinen französischen Biographen Vulliod zeigt sich Rosegger gekränkt über dieses „tschechische Produkt":

> Und was habe ich den Tschechen getan? Eine Schutzsammlung habe ich gemacht, um an den bedrohten Sprachgrenzen *deutschen* Kindern *deutsche* Schulen zu bauen oder zu erhalten, unter dem Leitwort: ‚Uns zu Schutz, niemandem zu Trutz'. Die Tschechen wollten sogar mitten in unseren *deutschen* Provinzen ihre tschechischen Schulen haben. Wir wehren uns um Schillers Sprache, um Goethes Kultur. Wenn mir *deshalb* der Nobelpreis verloren ging, dann wohl mir![15]

Diese Überlegenheit aus der Defensive äußert sich im politischen Alltag aggressiv. Der Grazer Gemeinderat reagiert auf diese Vorgänge in Stockholm mit einem, schließlich ohne die Stimmen der Sozialdemokraten gebilligten Antrag, in dem es heißt:

> Der Gemeinderat der Stadt Graz spricht seine Entrüstung aus über die heimtückischen charakterlosen Winkelzüge der Tschechen und Südslaven, die eines Kulturvolkes, was sie doch sein wollen, unwürdig sind. Er bedauert, daß unser, von der genannten deutschen Welt und auch den übrigen Kulturnationen Europas hochgeschätzte steirische Volksdichter Dr. Peter Rosegger einem bisher unbekannten indischen Dichter bei der Verleihung des Nobelpreises nachgesetzt wurde. [...] Der beste Protest aber wird sein, wenn wir die Parole ausgeben: *Deutsche* antwortet den tschechischen Neidern durch die Vollendung der 4. Million für den deutschen Schulverein.[16]

Im kleinen Feld der Dichter-Ehrung werden schon zu Roseggers Lebzeiten jene politischen Kämpfe ausgetragen, deren blutiger Ernst wenige Jahre später Anlässe wie Rosegger-Gedenktage zur Rechtfertigung brauchte.

INSTANZEN DER LESERLENKUNG: AM BEISPIEL DEUTSCHER SCHULVEREIN (SUEDMARK) UND STAACKMANN

Die Verdienste, die sich Rosegger für den 1880 in Wien gegründeten Deutschen Schulverein erworben hatte und die auch nach seinem Tod in fast jeder Würdigung aufscheinen, verankerten ihn nach dem Ersten Weltkrieg, infolge der Radikalisierung dieser Organisation, fest im völkischen Lager. Sein unter der Überschrift ‚Zweitausend Kronen gleich zwei Millionen!' 1909 im *Neuen Wiener Tagblatt* und später als Flugblatt veröffentlichter ‚Aufruf zu einer großen, gegenseitigen Nationalspende für deutsche Schulen an den Sprachgrenzen' gibt sich betont defensiv:

> Wir wollen nicht über die Grenzen greifen, wir wollen nur unserer Väter deutsches Erbe verteidigen und unseren Nachkommen bewahren [...] Wir

glauben so sehr an die Kraft und den Segen einer guten Schule, daß wir von ihr nicht bloß unseren sprachlichen Schutz, sondern auch Gesittung und Verständigung für beide Lager erhoffen.[17]

Dieser Konzeption, die sich sozusagen aus der Verinnerlichung spezifisch deutsch angesehener Tugenden – Rosegger sieht sie im Bauerntum verwirklicht – eine Stärkung der deutschnationalen Sache erhofft, entspricht seine – trotz gelegentlicher Ausfälle – vergleichsweise moderate Haltung beim Ausbruch des Ersten Weltkriegs. Mit der öffentlichen Proklamation stellte sich aber das aggressive Moment über das Organisatorische von selbst ein. Die Aktion war überaus erfolgreich: Bei seinem 70. Geburtstag war bereits die dritte Million der ‚Rosegger-Sammlung' erreicht. Hinter Roseggers innerer Mobilmachung aus dem Geiste eines anachronistischen Antikapitalismus[18] steckt das Bewußtsein eines in seiner Superiorität bedrohten Nationalgefühls, wie es Rosegger in dem *Gespräch mit Bauern über den Deutschen Schulverein* am Beispiel der sozialen Hierarchie des Bauernhofes veranschaulicht. Das Bild der gestörten sozialen Ordnung – der Halterbub nimmt den Platz des Großknechts ein – überzeugt die Bauern von den Gefahren nationaler Gleichberechtigung in der Monarchie.[19]

Mit dem Deutschen Schulverein hatte Rosegger sein Prestige einer Organisation zur Verfügung gestellt, die im nationalen Lager noch eine gemäßigte Richtung vertrat. Gleichwohl hatte er gute Kontakte zur ‚Südmark', die 1889 aus Schöneres Gegengründung, dem ‚Schulverein für Deutsche' – wegen antisemitischer Umtriebe bald verboten – hervorgegangen war. Die ‚Südmark' übernahm Schönerers antisemitische Propaganda, aktivierte germanische Bräuche, konzentrierte sich auf die Besiedlungspolitik im Grenzland und errichtete – auf Empfehlung des späteren Bundespräsidenten Hainisch – ein dichtes Netz von Volksbüchereien, um durch „gutes, gesundes, aufbauendes Schrifttum [...] gegen die von den Feinden und Verächtern des Volkstums erfolgreich begonnene Überfremdung"[20] anzukämpfen. Kurz vor dem Krieg betrieb der mittlerweile 88.000 Mitglieder zählende Verein mehr als 300 Büchereien mit über 200.000 Bänden. Obwohl auch der Deutsche Schulverein dem wachsenden Antisemitismus nachgab – er überließ die Entscheidung über die Nicht-Aufnahme von Juden den einzelnen Ortsgruppen – wollte er auf die nach dem Ersten Weltkrieg noch verschärfte Linie der ‚Südmark' nicht einschwenken.[21] 1925 waren diese Differenzen im Sinne der ‚Südmark' beseitigt und beide Organisationen im ‚Deutschen Schulverein Südmark' vereinigt. Was in einem Leitartikel der *Weltbühne* vom 4. 3. 1920 angesprochen wird: „Und die Entente darf sich rühmen, Deutschland das nationalistisch-reaktionäre Fieber erst recht eingehaucht zu haben", kennzeichnet auch die Radikalisierung in Österreich nach dem Frieden von Versailles.[22] Im Ruhmesbericht des Rosegger-Biographen Friedrich Pock über die *Grenzwacht im*

Südosten (1940) heißt es, die Südmark habe „ihren schon in den Gründungssatzungen angesprochenen Grundsatz der völkischen Reinheit im Frühjahr 1921 durch die Aufnahme des Hakenkreuzes in ihr Vereinsabzeichen besonders unterstrichen".[23] Die Grenzland-Frage trat in ihre militante Phase, geistig aufgerüstet durch die sogenannte ‚wissenschaftliche Schutzarbeit', die durch ein eigenes Wirtschaftsunternehmen finanziert und die 1922 gegründete ‚Alpenland-Buchhandlung Südmark' sowie durch gezielten Ausbau der ‚Volksbüchereien' gefördert wurde. Unter diesen ‚Schutzarbeitern' und leitenden Personen des Deutschen Schulvereins Südmark finden sich jene Namen, die in der Rosegger-Wirkungsgeschichte der 20er und 30er Jahre immer wiederkehren: Friedrich Pock, Joseph Papesch, Viktor von Geramb. In den Publikationsorganen des Vereins veröffentlichten jene Schriftsteller, die sich als Nachfolger Roseggers verstanden oder zu solchen stilisiert wurden, allen voran Hans Kloepfer, Emil Ertl, Richard Plattensteiner. Neben dem im engeren Sinne als Mitteilungsblatt des Vereines anzusprechenden *Grenzland* mit bald mehr als 10.000 Abnehmern und dem als Jahrbuch geführten *Deutschen Volkskalender* gehörten die von Papesch geleiteten *Alpenländischen Monatshefte* (1923ff.) zu jenen Organen, die über die alten Aufgaben des Vereins hinaus mit ihrer „Anschlußarbeit"[24] am intensivsten das neue Ziel beförderten. Für dieses wurden später auch die von der RAVAG ermöglichten Vorträge als „wertvolles Werbe- und Aufklärungsmittel"[25] gewürdigt. Für den Anschluß, „der kommen muß wie eine Naturnotwendigkeit"[26], war die schon früher erfolgte Eingliederung in den Verein für das Deutschtum im Ausland (VDA) nützlich. Weil es auf natürlichem Weg allein nicht ging und die NSDAP in Österreich verboten wurde, driftete der Verein, der nun mehr denn je aus strategischen Gründen seine parteiunabhängige Position herausstellte, mindestens aber einige prominente Mitglieder, in die Illegalität ab. Die verschärfte Kontrolle und polizeiliche Überwachung des Vereins zwang die Redner, wie Pock schreibt, „sich schließlich äußerlich unverfänglicher Vorwürfe, wie zum Beispiel über ‚Peter Rosegger', über ‚Gesundheitspflege', über den ‚Weltkrieg' [zu] bedienen, um überhaupt noch auftreten zu können".[27] Wie sehr der Verein nationalsozialistisch exponiert war, geht aus dem Rücktritt des langjährigen, von der Naturnotwendigkeit des Anschlusses überzeugten Obmannes Dr. Groß hervor, der das „Hauptgewicht der Vereinstätigkeit nach wie vor auf die Schutzarbeit im bedrohten Gebiete gelegt wissen" wollte.[28] Sein Nachfolger, Ministerialrat Maximilian Mayer, hatte bei der Jahreshauptversammlung 1935 allen Scharfsinn aufzubieten, um den Verdacht auszuräumen, der Deutsche Schulverein sei mit einer legalen oder illegalen Partei in Verbindung zu bringen.[29] Es gelang immerhin, daß der Deutsche Schulverein Südmark, abgesehen von dem Verbot einzelner Ortsgruppen wegen nationalsozialistischer Betätigung und erschwerter Versammlungstätigkeit, bis 1938 nicht verboten wurde, wiewohl er als „Sammelbecken der Nationalsozialisten und deren Sympathisanten"[30] erkannt worden war. Von den Maßnahmen der Sicherheitsdirektion war auch die Zeitschrift *Alpenländische Monatshefte* betroffen. Die „künstlerisch und kulturpolitisch abgestimmte hochwertige Familienzeitschrift" erscheint dem rückblickenden Friedrich Pock als „die ernsteste bodenständige Zeitschrift, die Österreich seit Roseggers *Heimgarten* hatte".[31] Auch Maximilian Mayer lobt bei der Jahreshauptversammlung 1935 diese Zeitschrift, „die unter ausgezeichneter Schriftleitung ein künstlerisch und inhaltlich hochstehendes Blatt der bürgerlichen Kreise wurde", muß aber anfügen, die „Möglichkeit ihrer Fortführung" sei fraglich geworden.[32] Tatsächlich stellte der Verein 1935 die Zeitschrift ein und beantwortete auf die Weise die behördliche Verfügung, Papesch nicht mehr als Schriftleiter zu genehmigen. Papesch hielt in seiner 1933 erschienenen Broschüre *Fesseln um Österreich* ein leidenschaftliches Plädoyer für den Anschluß, dem sich nur „krankhafte Querköpfigkeit", „entarteter Eigensinn oder nackter Volksverrat und politische Reisläuferei in fremden Interessen" entgegenstellen könne. Die „armselige Geschichtsfälschung", „es gebe eine österreichische Nation", sei das „schimpflichste und niederträchtigste Produkt des Geistes", in dem der „neuösterreichische Patriotismus", „die alte Ostmark um ihre Ehre und Zukunft bringen will".[33] In diesen gegen christlich-soziale und legitimistische Politiker gerichteten Attacken kann er sich nach dem Einmarsch Hitlers bestätigt sehen: 1938 schreibt er als Landesrat und Hauptstellenleiter für Kultur in der Gauleitung Steiermark ein Geleitwort zu einem Katalog der Alpenlandbuchhandlung des Deutschen Schulvereins Südmark, in dem er „mit berechtigten Stolz auf ihre mutige Haltung und die vollbrachten Leistungen in den nun für immer versunkenen schwarzen Jahren" zurückblickt:

> Sie hat von ihrer Gründung an bis zum Parteiverbot buchhändlerisch für die Macht, Größe und Einheit des deutschen Volkes gewirkt. 1933 wurde ihr Weihnachtskatalog beschlagnahmt, weil darin die gesamte nationalsozialistische Parteiliteratur gewürdigt, angeboten und empfohlen wurde. Fünf Jahre lang war sie den Verfolgungen der Polizei, den Gehässigkeiten der V. F. ausgesetzt und oft genug wurden sie und der sie betreuende Verein in der Existenz bedroht.[34]

Anläßlich der 1943 von der Grazer Universität veranstalteten Gedenkstunde zum 100. Geburtstag hält der Regierungsdirektor Dr. Papesch die Erinnerungsrede an Rosegger, der dem „ganzen deutschen Volk" jene „unvergänglichen Werte"[35] geschenkt habe, „um deren Kraft und Fortbestand es in diesem Kriege geht". Als führender Nazifunktionär sieht er Roseggers Volkstümlichkeit insbesondere in seiner „kulturpolitischen Leistung" begründet, die sich letztlich seiner bäuerlichen Herkunft verdanke. Diesem Topos hatte schon Hans Kloepfers

Gedicht *Roseggers Tod* vorgearbeitet. In Papesch'sche Prosa übertragen, liest sich das so: „Wenn steirische Bergbauern Kinder in die Welt hinausschicken, dann sind das griffige, zähe, geschmeidige, gescheite Leute, die zupacken, nehmen, was zu haben ist, und halten und zielbewußt mehren, was sie gewinnen".[36] Angesichts der prekären Kriegssituation wird Roseggers Leben und Werk unter zwei Gesichtspunkten funktionalisiert: Das kämpferische Moment und, gleichsam die Folgen des Kampfes kompensierend, der Konsolationseffekt seines Werks sind die in den Feierstunden und Gedenkartikeln abgezogenen Durchhalteparolen. Am deutlichsten hat, neben Gauleiter Dr. Sigfried Uiberreither, Hans v. Dettelbach Rosegger als „Kämpfer" gesehen, der „unermüdlich für die großen Ziele gestritten" habe, „für deren Durchsetzung wir heute letzten Endes die Waffen führen". Er habe jenem „echten Nationalismus" gehuldigt, „der von den Gefühlen auch zur Tat vorstößt und für den man nicht nur zu werben, sondern auch zu arbeiten, zu leiden und, wenn es nottut, zu sterben bereit ist".[37] Unter dieser Perspektive wird die reale geschichtliche Situation mit der Autorintention kurzgeschlossen. Der Terror des Nationalsozialismus wird als Ermöglichungsgrund für die einzig richtige Auslegung Roseggers angesehen, dessen Denken und Handeln erst jetzt „in seinem tiefsten Sinn"[38] erfaßt werden kann. Die Wunschziele des Deutschen Schulvereins Südmark sind mit dem Nationalsozialismus erreicht. Gestus und Bildlichkeit des Führerkultes werden Rosegger nicht vorenthalten. 1938 dankt Friedrich Pock im *Vorposten*, der 1933 neu gegründeten Zeitschrift des Deutschen Schulvereins, der „Vorsehung", daß sie Rosegger „hat reifen lassen", „als sein Volk eines lauteren Führers zum verschütteten Urquell völkischer Kraft bedurfte".[39]

Ohne empirische Daten zur Verfügung zu haben, scheint mir die These gerechtfertigt zu sein, daß die Aktivitäten des Deutschen Schulvereins (Südmark) – in der Tschechoslowakei hieß die Nachfolgeorganisation nach dem Ersten Weltkrieg ‚Deutscher Kulturverband' – wesentlich zur massenhaften Verbreitung von Roseggers Werken gerade in den Agitationsgebieten dieser Organisation beigetragen haben. Musil notierte jedenfalls schon Anfang der 20er Jahre in sein Tagebuch: „Von den deutschen Gemeinden der Tschechoslowakei werden in großen Posten Stackmannbücher (sic) gekauft".[40] In den Volksbüchereien, die einen Schwerpunkt der kulturellen ‚Schutzarbeit' darstellten, gehörte Rosegger zu den empfohlenen und meistentlehnten Autoren. Es steht zu vermuten, daß unter den Vorzeichen dieser Grenzschutz- und Besiedelungspolitik das Robinsonaden-Modell, wie es in den *Schriften des Waldschulmeisters* – dem meistgelesenen Roman Roseggers – beispielhaft gestaltet ist, neue politische Wirkungsmächtigkeit erlangte.

Als ‚kleiner Zeuge' (Aspetsberger) für diese These kann Richard Plattensteiner gelten, der mit seinen Rosegger-Büchern – seine *Volks-*

schrift war immerhin in 25.000 Exemplaren verbreitet –, vor allem aber durch seine unermüdliche Vortragstätigkeit erfolgreich für Rosegger und die völkische Schutzarbeit warb. Stolz konnte er sich auf seinen Meister berufen, der ihn einen „treuen Apostel seiner Bestrebungen" genannt hatte. Solches Erbe verpflichtete ihn zum Nachfolgespiel: Er leitete 1919 bis 1922 für den Deutschen Schulverein eine ‚Rosegger-Gedächtnissammlung' ein, die 1923 mehr als dreihundert Millionen Kronen für Schulen und Kindergärten in „bedrohten deutschen Sprachgebieten erwarb".[41] Seine unzähligen ‚Rosegger-Abende' waren ebenfalls auf dieses Ziel abgestimmt; über 300 soll er allein im sudetendeutschen Gebiet gehalten haben. So konnte es ihm nicht schwergefallen sein, auch für das *Bekenntnisbuch österreichischer Dichter* seinen Beitrag zu leisten. Als „Vertrauensobmann der österreichischen Rosegger-Gemeinden" wird er 1938 aufgefordert, „für die Gründung einer reichsdeutschen Rosegger-Gemeinde zu werben, die für die Umwandlung des Sterbehauses des Dichters in eine nationale Weihestätte sowie für die Errichtung von Jugendherbergen in der Waldheimat Roseggers eintreten soll".[42]

Plattensteiners Schriften über Rosegger sind – wie die schon zu Lebzeiten Roseggers erschienenen Monographien von Möbius, Seillière, Vulliod oder Frankl im Staackmann-Verlag erschienen.[43] Die Praxis, die Sekundärliteratur an den eigenen Verlag zu binden, führte gelegentlich zu Ausfällen gegen Konkurrenzwerke, doch wurden auch diese unter dem Gesichtspunkt ihrer Werbefunktion gutgeheißen: „Es wird im Grunde doch auch nur dazu dienen, Deinen Namen und Deine Schriften immer und immer bekannter zu machen".[44] Auf dieses Ziel arbeitete Alfred Staackmann, der nach dem Tode seines Vaters 1896 den Verlag übernahm, mit allen Mitteln, oft sogar unter dem leisen Einspruch Roseggers hin. Er beförderte zunächst energisch alle Ansuchen, Roseggers Texte als Vor- oder Sonderabdrucke zu verbreiten, unterstützte die Übersetzungswünsche und riet seinem Autor, Auszügen seiner Werke in Schul- und Lesebüchern zuzustimmen.

1929 ist Rosegger der „meistgekaufte Autor des Verlages", von dem mindestens 3,588.000 Bände[45] abgesetzt sind. Jeder 17. Deutsche besitzt einen Band des steirischen Heimatdichters, jeder 5. ein Buch des Staackmann-Verlages.[46] Wichtiger noch als diese Erfolgsstatistiken, die eine im *Heimgarten* geäußerte Vermutung bestätigen können: „Wäre der Verlag Staackmann nicht gewesen, so gebe [sic] es keinen großen Dichter Peter Rosegger [. . .]"[47], sind die verlags- und kulturpolititschen Folgen dieses spektakulären Verlagswechsels. Im zitierten Jubiläums-Almanach wird Roseggers „Lebenswerk" als „Ausgangspunkt für die große Mission" bezeichnet, „die der Verlag für das deutsch-österreichische Schrifttum, dessen erlesenste und erfolgreichste Vertreter nach und nach unter den Fittichen des Staackmann-Adlers vereinigt werden konnten, zu erfüllen suchte".⁴⁸ Die Würdigungsartikel aus den 30er und 40er Jahren identifizierten Richtung und Programm des Verlages geradezu mit dem Werk Roseggers. Die „gesunde", „bodenständige" Literatur der Schönherr, Ginzkey, Greinz, Wildgans, Hohlbaum, K. H. Strobl erhält so ihren Ahnenpaß. Rosegger gilt als Begründer und Vorbild einer nationalvölkischen Literatur; Staackmann wird als bleibendes Verdienst angerechnet, „daß er den besten Federn des österreichischen Schrifttums aus der Zeit der Jahrhundertwende in seinem Verlag eine sichere Heimstätte zur Verfügung stellte".⁴⁹ In dem von Rudolf Greinz herausgegebenen *Staackmanns Almanach* schreibt 1929 der Leiter der Gesellschaft für deutsches Schrifttum einen programmatischen Artikel wider die „Asphaltierung des geistigen Lebens", die „Unreinheit des Blutes" als Krankheitserreger im gesunden Volkskörper und eine „blutlose Internationale", die ihre „überfeinerte und überspitzte Geistigkeit" als „deutsche Bildung" ausgibt. Da im Schrifttum „unzweideutig" der „Charakter und die Gesundheitsverhältnisse eines Volkes" zu erkennen sind, sei für das deutsche, dank Staackmann, nichts Schlimmes zu befürchten. Der Beitrag aus Österreich ist ein wichtiges Therapeutikum: Neben Rosegger, „diesem Brunnen unserer reinen Art" und vielen anderen Autoren ist den Gesunden das „großartige Werk deutscher Literaturforschung" von Professor Nadler „der zuverlässigste Führer zur Dichtung unseres Volkes".⁵⁰ Der zuletzt Gelobte hatte schon früher für seinen Rosegger-Beitrag in der *Allgemeinen Biographie* Staackmann um Material gebeten und angedeutet, „etwas Abschließendes" über den Dichter zu schreiben und es ihm später erweitert zum Verlag anzubieten.⁵¹ Daraus ist nichts geworden, der Kontakt aber blieb erhalten: Aus Anlaß der Heimkehr der Ostmark ins Reich stellt Nadler den *Almanach auf das Jahr 1939* unter dem Titel *Deutsches Alt-Österreich* zusammen. Dieser historische Anschluß nach hinten – fast alles wird zur Vorgeschichte des Dritten Reiches – wurde in den Almanachen auf der Ebene der Literaturpolitik vorbereitet. Rudolf Greinz sieht 1930 in den beiden „Säulen" des Verlages, Friedrich Spielhagen und Peter Rosegger, das „Symbol der Vereinigung von Nord und Süd deutschen Volkstums, deutscher Volkskraft und deutschen Volksgeistes".⁵² Das symbolisch Gemeinte, der „geistige Zusammenschluß", verweist auf das, was 1930 politisch noch nicht der Fall war, literarisch aber vorweggenommen wurde: „Es muß als eine Naturnotwendigkeit bezeichnet werden, daß eine große Zahl deutsch-österreichischer Dichter den Weg in das Haus Staackmann gefunden haben, wie es in dieser Gesamtheit und Geschlossenheit nirgends anderswo der Fall ist".⁵³ Um diese Reihe noch dichter zu schließen, rückten in den 30er Jahren noch andere an. In der 1930 erschienenen Staackmann-Anthologie *Die 7 Jungen aus Oesterreich* werden junge Schriftsteller vorgestellt, über die der Herausgeber Leopold Steiner „nur ehrlicherweise feststellen" kann, „daß dieser jungen österreichischen Generation ein Platz an der Sonne gebührt".[54] Einigen von ihnen wie Guido Zernatto, Friedrich Schreyvogl oder K. H. Waggerl sollte das auch gelingen. Max Mell gab 1935 einen aus der vierbändigen Ausgabe zusammengestellten Auswahlband der *Waldheimat* heraus. Dabei war – wie der Sohn Sepp Rosegger 1942 schrieb – zu berücksichtigen, „daß keine Stücke aufgenommen werden sollten, die zur Zeit der ‚schwarzen Ära' ein katholisches Gemüt beleidigen könnten".[55] Obwohl mit dem Herausgeber Mell sicherlich der geeignete Mann gefunden wurde, solche Bedenken zu zerstreuen, blieb das katholische Lager zunächst reserviert. Ein Gedenkartikel der *Schöneren Zukunft* rügt Mells „kritiklose Bewunderung" für seinen Landsmann. Zwar wird Rosegger ein „ehrenvolle[r] Platz in der Geschichte der schollengebundenen deutschen Literatur" eingeräumt, unverzeihlich sei jedoch seine „Verbindung mit dem aufklärerischen Liberalismus", die ihn zu einer völlig unberechtigten und törichten Kriegserklärung an den ‚Klerikalismus' verleitet hätte und manche seiner vom „Stigma eines dilettantischen religiösen Reformatorentums" geprägten Werke für „Katholiken unerträglich" mache.[56] Versöhnlich gibt sich dieselbe Zeitschrift aber 1938, wenn sie das früher belastete Verhältnis dem Vergessen anheimgibt.[57] Mit diesem Akt wird auf die mit dem Staackmann-Programm bezeichnete einsinnige Rezeptionslinie eingeschwenkt, die kulturpolitische Kämpfe anderer Art propagierte. Die „Erneuerungskräfte" „ einer außerordentlich reichen und vielgestaltigen landschaftlich-bäuerlichen Heimatliteratur", Domäne der „Staackmänner", haben nach Josef Nadler die „Wiedererhebung" des deutschen Volkes aller Länder „angetrieben, vorwärtsgetragen und ans Ziel führen helfen".[58] Die Stationen zu dieser aus dem politisch Erreichten resultierenden Gewißheit lassen sich auch mit dem Wirken Staackmanns und der Rezeptionsgeschichte Roseggers bezeichnen. Der politische Fluchtpunkt 1938 verleiht der Metaphorik eines unsäglichen Gedichts, das Rudolf Greinz 1918 im *Taschenbuch für Bücherfreunde* für den toten Rosegger veröffentlicht hat, geradezu beklemmend-prophetische Hellsicht: „Sein [Roseggers] Lebenswerk ist einem Heere gleich, / Das kühn und unaufhaltsam Reich um Reich / Erobert mit des Wortes ewiger Kraft, / Mit seiner tiefen Glut und Leidenschaft. / Kein Grenzstein heget enge Marken ein / Für dieses Königtum, die Welt ist sein! [. . .] Solch einer, kernhaft deutsch und wurzelstark / War Meister Peter aus der Steiermark".[59] Abgesehen vom Identifikationsangebot für die Grenzland-Kämpfer der ‚Südmark' oder des Deutschen Schulvereins könnten „kernhaft deutsch" und „wurzelstark" auch als Kürzel für das Staackmann-Programm gelesen werden, das sich dem Dienst „eines weitgesteckten künstlerischen und menschlichen Nationalgedankens"[60] verschrieben hat. „Man schwärmte", notiert Musil 1919, „für Erhöhung des deutschen Wesens in Österreich, meinte damit aber nicht etwa Rilke, obgleich der ein Deutscher, Österreicher und

‚Arier' ist, sondern kern-inniges deutsches Staackmannestum".⁶¹ Was darunter zu verstehen ist, erfuhr der Leser der von Roderich Müller-Guttenbrunn herausgegebenen *Österreichischen Woche:*

> Der Leser weiß, daß er in diesen Büchern keinerlei zersetzenden Tendenzen der Gegenwart begegnen wird, daß alle diese Bücher mitarbeiten wollen an der inneren Gesundung des deutschen Volkes. Positiv sind sie fast alle, aber deshalb durchaus nicht hausbacken, wie von einer gehässigen Kritik, der alle gesunden Lebensäußerungen des deutschen Volkes verhaßt sind, manchmal hämisch bemerkt wurde.⁶²

Mit der hämischen Kritik mochte Karl Kraus gemeint sein, der sich schon früh eine Ehrenbeleidigungsklage Alfred Staackmanns einhandelte und 1914 aus Anlaß des ersten Verlagsalmanaches schrieb:

> Eine gründliche anatomische Untersuchung würde ergeben, daß die meisten in diese Kategorie fallenden Patienten [die Autoren des Staackmann-Verlages] infolge Schwindens der Schilddrüse Romanschriftsteller anstatt Tramwaykondukteure geworden sind. Bei den intelligenteren versteht man wiederum nicht, warum sie das Schreiben, dessen dunkler Schändlichkeit sie sich doch bewußt werden, nicht aufgeben, und kann als Grund hierfür höchstens die Erfahrung gelten lassen, daß es Geld einbringt.⁶³

Solche Kritik wurde übertönt und schließlich gewaltsam zum Verstummen gebracht. Österreich wußte, was es dem deutschen Verleger schuldig war, und ehrte Staackmann 1929 mit dem Goldenen Ehrenzeichen für Verdienste um die Republik Österreich, 1936 mit dem philosophischen Ehrendoktorat durch die Universität Innsbruck.⁶⁴ An seinem 65. Geburtstag (1938) erhielt er vom Führer die Goethemedaille für Kunst und Wissenschaft.

Daß Rosegger das ideologische Programm dieses Verlags gleichsam verkörperte, wie es Zeitgenossen schien, hängt sicher auch damit zusammen, daß er nicht zuletzt durch den propagandistischen Aufwand seines Verlegers dessen erfolgreichster Autor wurde, hat aber auch damit zu tun, daß viele der österreichischen Autoren durch ausdrückliche Empfehlung des Meisters zu Staackmann kamen und/oder in seinem *Heimgarten* hochgelobt wurden. In der ‚Bücherschau' der Rosegger-Zeitschrift war immer viel Platz für sie, und er wurde unter der Leitung seines Sohnes noch erweitert. Schon 1908 zeigte sich Rosegger „glücklich darüber, daß in Österreich wieder ganze Kerle aufstehen und daß sie in Deiner Obhut stehen".⁶⁵ Da es, wie Karl Kraus mit Recht vermutete, auch ums Geld ging, schien den Jüngeren die Rosegger-Nachfolge auch aus diesem Grund attraktiv genug.

Vom Geld ist in den Briefen Staackmanns an die Witwe Roseggers oft die Rede. In der Zeit nach dem Ersten Weltkrieg häuften sich die Klagen. Ein Großteil des beträchtlichen Vermögens verfiel durch die Inflation. Sorgen bereiten nicht nur der schlechte Absatz in Österreich, sondern auch die politischen Verhältnisse. Der versäumte Anschluß und die „Gefahr der Spartakisten und Bolschewisten"[66] sind konkrete Anlässe für politische Unzufriedenheit, die schließlich in ein diffuses, tiefsitzendes Unbehagen mündet, für das der Verleger allerdings Abhilfe wüßte: „Es fehlt eben", schreibt er am 16. 8. 1927, „der Zentralpunkt von wo aus eine starke Faust regiert. Der Anschluß ist leider in jeder Hinsicht versäumt, und einstweilen müssen wir uns in Geduld fassen".[67] Verlegerisch war Staackmann bemüht, den ins Stocken geratenen Absatz der Ausgabe letzter Hand zu beschleunigen und Nachlaßpublikationen zu ermöglichen.[68] Obwohl die Abrechnungen ungünstig ausfallen, „was natürlich an der allgemeinen Krisis und vor allem auch an den allem Geistigen abholden Strömungen unserer Zeit [liegt]"[69], wird die anläßlich des 10. Todestages von Hans Ludwig Rosegger herausgegebene Gedenkausgabe in 2 Folgen zu je 6 Bänden zum großen Bucherfolg. In nicht einmal zweieinhalb Jahren sind insgesamt 60.000 Serien verkauft.[70] Nach diesem Erfolgsrezept wurden auch die folgenden Jubiläen für Neuausgaben genutzt. Zum 90. Geburtstag erschien Roseggers Werk in billigen Einzelausgaben, die den „Grundstock für einen Volks-Rosegger" legen sollten, „[i]n einer Zeit, in der soziales Empfinden und das leuchtende Beispiel der Tat, vor allem das Bekenntnis zum Deutschtum zu neuer Bedeutung und Wirkung gelangen".[71] Zehn Jahre später konnte unter anderen Voraussetzungen einem ähnlichen Bedürfnis mit den von Friedrich Pock herausgegebenen *Ausgewählten Werken* entsprochen werden. Die Auswahl und die beigefügten Kurzkommentare bezeugen die wandelbare und verwandelte Identität des Roseggerschen Oeuvres. Sie blieb jedoch ein Torso. Der letzte Doppelband, der Roseggers volkskundliche Schriften enthalten hätte sollen, war bereits gesetzt, wurde aber bei der Bombardierung Leipzigs – nur ein Teilmanuskript blieb erhalten – vernichtet. Die Mitherausgeberin, Gertraut Laurin, war noch nach dem 2. Weltkrieg bemüht, die Ausgabe zu komplettieren, wurde aber vom Verleger auf die Schwierigkeiten dieses Unterfangens hingewiesen: „Zudem fragen wir uns, ob nicht unter den neuen Verhältnissen dem Band auch inhaltlich eine neue Gestalt gegeben werden sollte. [. . .] Vielleicht könnten Sie uns schon Vorschläge machen, wie Sie sich den Band heute denken würden".[72] Es entbehrt nicht einer gewissen Ironie, daß gerade jener Doppelband vernichtet wurde, der bei der Planung der Ausgabe zum ideologischen Streitobjekt wurde. Der Verlag lud „auf besondere Empfehlung des Herrn Dr. Mell" den bekannten Volkskundler Dr. Viktor von Geramb zur Mitarbeit ein, wollte ihn mit der Edition eines Teiles des letzten Doppelbandes betrauen und bot ihm dafür ein Honorar von RM 400,– an.[73] Geramb machte dies von der Bedingung abhängig, daß keine „Beschneidung dieses Lebenswerkes aus gewissen Rücksichten", er nannte es auch „konjunkturelle Zurechtstutzung"[74], erfolgen dürfe. Als Prüfstein für seine

Beteiligung nannte er Roseggers Aufsatz *Über Marienverehrung in den Alpen*, den er schon in einem – von Rosegger gelobten – Vortrag von 1913 als bedeutende Darstellung des Marienkultus gewürdigt hatte.[75] Obwohl der Verlag nichts dagegen hatte und Gerambs Honorar sogar auf RM 600,– erhöhte, wurde Geramb von Sepp Rosegger gebeten, diesen Aufsatz nicht aufzunehmen, der „eindeutig für katholische Kultusformen Stellung" nehme, was „von Freund und Gegnern als Kampfruf aufgefaßt werden [könnte]" und „natürlich den Zweck der neuen Ausgabe nur schädigen würde". Und Roseggers Sohn fährt fort:

> Wir leben im Zeitalter des Nationalsozialismus, dagegen kannst weder Du noch irgend wer andrer etwas machen. Aber vielen tausenden würde der Aufsatz nichts sagen, oder nur Opposition hervorrufen. Und Dr. Pock sagt sehr richtig, daß in einer solchen Gedenkausgabe, die für das ganze deutsche Volk bestimmt ist, nur das Bindende und nicht das Trennende herausgehoben werden muß.[76]

In einem langen Antwortbrief begründet Geramb, warum er unter solchen Bedingungen nicht mittun wolle. Er erinnert an seine Abhandlungen zu diesem Thema, wovon eine sogar 1938 erscheinen konnte, ohne daß sich in „ganz Deutschland" jemand daran gestoßen hätte: „Mein lieber Freund, es würde sich auch heute kein vernünftiger Mensch im Altreich daran stoßen. Wohl aber stößt man sich h i e r im lieben Steirerland daran!" Geramb belegt diesen steirischen Übereifer mit weiteren Beispielen und lehnt es grundsätzlich ab, „katholisch" und „staatsfeindlich" gleichzusetzen in einer Zeit, „wo Hunderttausende von Katholiken auf den Schlachtfeldern für das deutsche Vaterland verbluten".[77] Verbittert zieht er sein persönliches Fazit aus dieser Affäre, das auch deswegen aufschlußreich ist, weil aus früheren Aufsätzen Gerambs, etwa seinem 1933 in den *Alpenländischen Monatsheften* erschienenen Plädoyer für die „großdeutsche Kulturzusammengehörigkeit"[78] eine andere Karriere zu erwarten gewesen wäre. Stattdessen: „Es ist auch in Eurem Interesse, wenn Ihr mich aus dem Spiel laßt. Mein Name erweckt bei einigen Leuten immer wieder Anstoß". War es allein die „katholisierende Tendenz", die ihn zur persona non grata machte, eine Tendenz, die unter anderem darin bestand, daß er in seinem im NS-Gauverlag erschienenen Märchenbuch den – wie Geramb einfügt – „illegalen Pg.!" P. Romuald Pramberger und noch einen anderen Pfarrer zitiert? Als Trost bleibt ihm seine Gewißheit, daß „Deines Vaters Geist auf m e i n e r Seite steht". Dieses andere Fazit, gegen den Sohn Roseggers gerichtet, muß als singuläres, abweichendes Rezeptionsdokument gerade dieser Jahre angesehen werden: „Dein seliger Vater war nicht das, was jetzt besonders gewünscht ist. Er war kein kriegerischer Mensch, sondern er war ein liberaler Verkünder der Menschenliebe, der Güte (die er als ‚aller Weisheit höchste' bezeichnet hat), der Barmherzigkeit und des Friedens".[79] Die Rosegger-Feiern 1943 gaben ein anderes Bild. Gewünscht war das, was etwa Hans Kloepfer im Namen der steirischen Schriftsteller über Rosegger mutmaßte: „[s]o sehr Rosegger friedlicher Natur war, so wäre er in dem jetzigen schicksalsentscheidenden Kampf Deutschlands gewiß treuer Gefolgsmann des Führers gewesen im Kampf für Volk und Vaterland".[80] Mit ähnlicher Gewißheit meinte der 1944 zum Leiter des Roseggerbundes ‚Waldheimat' ernannte Karl Anton Albert, Rosegger „würde einer der besten Nationalsozialisten sein".[81] Plumper ging's nicht, differenzierter war es selten. Der Höhepunkt einer Rezeptionslinie, die von den beschriebenen Instanzen – und den Festrednern von 1943 – maßgeblich und bestimmend geprägt wurde, war erreicht. Viele Personen hatten lange im Namen Roseggers dafür gesprochen, daß sie 1943 so sprechen konnten.

AKTIONEN, FESTE, DENKMÄLER

Was Geramb in seiner 1933 am Grabe Roseggers gehaltenen Rede an die Einheimischen prophezeite, traf ein: „Es wird Zeiten geben – wahrscheinlich schon in zehn Jahren wird so eine Zeit sein – wo um dieses Grab noch viel, viel mehr Leute versammelt sein werden als heute".[82] Diejenigen, die in den 30er Jahren Rosegger-Gedenktage benutzten, um dafür zu agitieren, was 1943 schon lange der Fall war, ließen den 100. Geburtstag nicht aus. Das Kriegsjahr 1943 wurde zum Rosegger-Jahr erklärt und unter dem Gesichtspunkt der „Kulturpflege im totalen Krieg der Nation" mit unzähligen Feierstunden und Festen begangen. Der Erlaß des Reichsleiters Martin Bormann machte klar, daß die Partei eine Kulturarbeit zu betreiben hätte, „die unmittelbar der deutschen Volksseele und ihrer Bereitschaft zur kämpferischen Selbstbehauptung dient", weil „Herz und Gemüt unserer Volksgenossen" „nach Stärkung und Ausrichtung" verlangten.[83] Die Festredner und Leitartikler waren bemüht, dieses Programm zu poetisieren. Das wollte keinem mißlingen – im übrigen konnten die vor zehn oder fünfzehn Jahren geschriebenen Artikel unverändert bleiben. Im Veranstaltungskalender des Reichspropagandaamtes Steiermark war auch jene Gedenkfeier in der Waldheimat vorgesehen, die Gerambs Prophezeiung aufs schönste einlöste. Franz Nabl erinnert sich noch fünfzehn Jahre später an die „unübersehbare, sommerlich bunte Menge", die den Rahmen der veranstalteten Feier sprengte und sie „zum wahren Volksfest" machte. Er weiß aus der Sicht von 1958, daß sich ein Volksfest nicht verordnen läßt. Die Festregie der Nazis war also nur der Rahmen. Für das „Volksfest" mußte es, wie Nabl sich ausdrückt, „bei des Wortes erdhaftestem Sinn", „tiefere Gründe" geben. Womöglich hat er auch an sich gedacht, als er Rosegger nachträglich in Schutz nimmt: „wenn parteimäßig Denkende seine Werke und Aussprüche je nach Bedarf in ihrem Sinne auszulegen versuchten, so dürfen nicht die Werke und ihr Schöpfer dafür verantwortlich gemacht werden".[84] Geramb, der das schon 1942 gewußt hatte, war bei diesem steirischen Volksfest nicht dabei, wo Sepp Rosegger vom Gauleiter erfahren konnte, er sei von Hitler eingeladen worden, um ihm das Manuskript des Romans *Jakob der Letzte*, das die Familie Rosegger dem Führer zueignen wollte, persönlich überreichen zu können.[85] Der älteste Sohn Roseggers erhielt zu seinem 70. Geburtstag ein Glückwunschtelegramm des Führers, das auch seines Vaters gedachte, „der dem deutschen Volke so viele wunderbare Dichtungen geschenkt hat".[86] Das Rosegger-Gedenkjahr, mit dessen „würdiger Gestaltung" Gaupropagandaleiter Gustav Fischer und Regierungsdirektor Dr. Joseph Papesch betraut worden waren, bescherte eine Rosegger-Woche, Rosegger-Vorträge und Lesungen des Volksbildungswerkes, Rosegger-Abende der NS-Gemeinschaft ‚Kraft durch Freude', eine Ausstellung im Joanneum (mit Rekordbesuch) – später auch in Wien gezeigt –, Morgenfeiern der NSDAP, eine Rosegger-Ehrung der steirischen Schriftsteller, die schon erwähnte Jubiläumsgabe sowie die Neuherausgabe der im NS-Gauverlag (vormals Leykam) erschienenen Werke, Rosegger-Briefmarken und einen Sonderstempel der Reichspost.[87] Damit nicht genug: 1943 wurde der auf 10.000 RM erhöhte Kunstpreis der ‚Stadt der Volkserhebung' in einen ‚Rosegger-Preis' umgewandelt und schließlich vom Gauleiter eine mit 300.000 RM dotierte Peter-Rosegger-Hochschulstiftung zur Förderung von Studierenden errichtet, „die sich mit Fragen der Landes- und Volksforschung im Südostraum befassen". Außerdem waren schon zuvor die Rosegger-Gedenkstätten in Krieglach zu „nationalen Weihestätten" erklärt worden. Der 1943 gedrehte Kulturfilm über Peter Roseggers Waldheimat wurde noch im selben Jahr mit den Prädikaten „volkstümlich wertvoll" und „volksbildend" ausgezeichnet. Der VDA ehrte mit über 300.000 Rosegger-Bildern den großen „Vorkämpfer der deutschen Volksschutzarbeit" und ermöglichte so, daß „jede steirische Familie" ihr Andachtsbild erhalten konnte.[88]

Dieser Kult wurde von Leuten produziert, die Rosegger seit Jahren zur Galionsfigur ihrer faschistischen Ideologie aufbauten. Die zahlreichen Gedenktafeln und Denkmäler zu Ehren des Autors sind sichtbarer Ausdruck einer Rezeptionshaltung, die ein hergestelltes Persönlichkeitsbild notfalls auch gegen die Lektüre des Textes durchsetzt, bis schließlich der Text für die gewünschten Rezeptionsdispositionen überhaupt überflüssig werden konnte. Die Rezeptionsdokumente der Zwischenkriegszeit unterstreichen die persönliche Kontinuität dieser Ideologieproduzenten, die dafür sorgten, daß Gegenstimmen, die es auch gab, verstummten. Das zukunftgerichtete Pathos eines Nekrologs aus dem Jahre 1918, in dem es hieß: „die Spuren seiner Werke mögen vielleicht verschwinden, die Erinnerung aber an die sittliche Größe seiner Menschlichkeit wird bestehen bleiben und wird unwillkürlich mitarbeiten an der sittlichen Klärung seines Volkes"[89], wurde auf schaurige

Weise eingelöst – von Bütteln eines Terrorregimes, die Rosegger durchaus auch in derselben humanitären Phraseologie für ihre Absichten herbeizitierten. Schon zehn Jahre später aktualisiert ihn Robert Hohlbaum im Zeichen neuer Hoffnung: „Heute, da doch schon das erste Ahnen der Morgenröte sich am Himmel zeigt, da wir das Labyrinth des geistigen Irrens und Wirrens hoffentlich zum größeren Teile durchwandert haben, wird uns auch neu das Verstehen für dieses schlichten Großen Optimismus erwachsen".[90] Dem so als „Heilmittel"[91] Gepriesenen wurde mit Hitlers Heil neue Morgenröte versprochen, beispielsweise von Ernst Scheibelreiter, der am 26. 6. 1938 in der *Neuen Freien Presse* schrieb: „Unser Schicksalswinter ist vorbei und mit dem völkischen Frühling ist auch alles Gute und Treue wieder auferstanden; so ist Roseggers Stimme wieder lauter geworden für uns".[92] Diese Gleichung mit zwei Bekannten, daß der Faschismus gut sei und der gute Rosegger ein Faschist, wollte 1933 dem langjährigen und im glühenden Eifer für die nationale Sache verbundenen Freund Roseggers, Emil Ertl, nicht einleuchten. Mit dem Mute eines Hilflosen meinte er damals, „es wäre nützlicher, wenn der mißleitete Tatendrang der deutschen Jungmannschaft statt auf B ü c h e r v e r b r e n n u n g sich darauf werfen würde, z u r V e r b r e i t u n g d i e s e r g e s u n d e n V o l k s s c h r i f t e n beizutragen".[93] Durchaus auch im Namen der Gesundheit, aber mit klaren politischen Zielen, forderte im selben Jahr ein vom damaligen Funktionär des Deutschen Schulvereines, Friedrich Pock, verfaßtes *Gedächtnisblatt* auf, in den Ortsgruppen dieser Organisation Rosegger-Gedenkabende zu veranstalten. Da der Verein in diesen Jahren unter dem Prätext des Rosegger-Gedenkens agitieren mußte, stellt das Flugblatt weitere Behelfe zur Feiertagsgestaltung in Aussicht. Wiederum beweist Roseggers Millionensammlung „am besten", „wie lebendig dieser [...] treue Sohn der Heimat ist und bleiben wird": „In der Tschechoslowakei fürchtet man diese Autorität noch an dem toten Dichter so sehr, daß sein Name aus Straßentafeln und Gedenksteinen ausgemeißelt werden mußte".[94] Für den Deutschen Schulverein Südmark war dies Grund genug, um in diesem Gedenkjahr, „im Zeichen Peter Roseggers" zu einer „Hundert-Millionen-Groschen-Sammlung" aufzurufen. Die „mehr als 4 Millionen Deutsche[n] des altösterreichischen Staatsgebietes" sollten damit in ihrem „beispiellosen Ringen um die Erhaltung ihrer Kultur" unterstützt werden. Das mit der schweren wirtschaftlichen Notlage begründete bescheidene Sammlungsziel – für das Persönlichkeiten wie Paula Grogger, Clemens Holzmeister, Max Mell oder Josef Nadler ihre Namen hergaben – ist für den wohlwollenden Kommentator des Grazer *Tagblatts* zudem ein Beweis für „unsere Staatsenge".[95] Dieser kaum verhüllten pronazistischen Proklamation war mit einem anderen, von Rosegger selbst massiv aufbereiteten Ideologem nicht beizukommen, das im Bauerntum die Grundlage einer ständisch organisierten Gesellschaft erblickte und – wie das Rosegger in seinem Roman *Erdsegen* vorwegnahm – den hierarchisch gegliederten Bauernhof als Modell für den Staat empfahl. Wer sich, wie dies der Berichterstatter der *Tagespost* anläßlich einer 1933 gezeigten Rosegger-Ausstellung in Graz, auf die „neue Staatsarchitektur" berief, die sich anschicke, „den in seinen naturewigen Werten endgültig begriffenen, zu gerechteren Daseinsbedingungen gehobenen Bauernstand zu ihrem unverrückbaren Fundament zu machen"[96], war zwar näher bei den Texten Roseggers, aber nicht allzuweit von nationalsozialistischer Indienstnahme entfernt. Im gleichen Jahr fand in Anwesenheit des Vizekanzlers Ing. Winkler eine Rosegger-Ehrung des Landbundes statt, bei der Leopold Stocker – in seinem Verlag erschien von 1924 bis 1933 *Roseggers Heimgarten* – den Dichter als Anreger zur Gründung dieser Organisation bezeichnete.[97] Nicht nur an der politischen Rolle des Landbunds zeigte sich, wie durchlässig die berufsständische Bauernideologie für völkisch-rassische Vorstellungen war.[98] Anknüpfend auch an literarische Vorleistungen der Heimatkunst war es leicht, Rosegger später als begeisterten „Vorkämpfer für das Lebensrecht des Bauern" oder seinen *Erdsegen* als „ein Hohelied auf das in sich fest gegründete urproduktive Bauerntum"[99] zu feiern.

Verglichen mit dieser brisanten politischen Applikation nehmen sich andere Aktivitäten in den 30er Jahren nachgerade harmlos aus. In Mürzzuschlag wurde 1933 ein von Wilhelm Gösser entworfenes Denkmal unter Beisein des „deutschen Dichterheros" Gerhart Hauptmann enthüllt, was Franz K. Ginzkey Gelegenheit für eine Gedenkrede bot.[100] Erst 1936 konnte in Graz ein Rosegger-Denkmal der Öffentlichkeit präsentiert werden. Ein schon 1923 gegründeter Denkmalausschuß schrieb einen Wettbewerb unter steirischen Künstlern aus, bei dem Wilhelm Gössers Enwurf mit dem ersten Preis ausgezeichnet und 1925 im Rahmen der Steirischen Kunstschau auf der Grazer Herbstmesse präsentiert wurde. Zieht man die verzögerte Realisierung dieses Projekts in Betracht, für das sich in Schulvereinskreisen nicht unbekannte Prominente wie Heinrich Wastian und Landeskonservator Walter Semetkowski einsetzten und den Ausschuß in den Verein ‚Rosegger-Gemeinde' umbildeten, so ist die 1925 geäußerte Meinung, die Gegenwart sei weder „den rassig-geistigen noch den materiellen Grundlagen der bildenden Kunst"[101] günstig, nicht ganz unrichtig. Für Wilhelm Gösser und andere veränderte sich dies in ihrem Sinn und so konnte die 1942 von Paul Anton Keller herausgegebene, dem Andenken Roseggers gewidmete Anthologie *Ruf von der Grenze* das Foto einer von Wilhelm Gösser geschaffenen Hitler-Büste den Texten voranstellen.[102]

Der Lebenslauf des Waldbauernbuben als Propaganda- und Identifikationsangebot.

So kurz in diesen Jahren die Verbindungslinien von Rosegger zu Hitler gezogen werden, so nahe liegen im Werk der Panegyriker das Lob Roseggers und des Führers beisammen. Das ist bei Wilhelm Gösser so und bei Hans Kloepfer nicht anders, der in seinem *Steirischen Bergbauerngruß* die fast schon verzweifelnden Bauern frohlocken läßt, daß „über Nocht / a großmächtiger Richter / rund Modi hot gmocht": „Schreibm tuat er si Hitler, / und uns so guat gsinnt, / wia ma weit in der Welt / net an liabern wo findt".[103] Überlebensgroß und allerliebst sind auch die Zuschnitte von Roseggers Biographie, die in der Darstellung seines Lebens das ausblenden oder vergrößern, was durch das Werk nicht zu decken war. Gerade seine kämpferischsten Verehrer bedurften gelegentlich der Negation, um störende Züge zu retouchieren. Dazu gehören sein Tribut an liberalistische Denktraditionen oder auch seine pazifistischen Anschauungen: „Manchem hatte es weh getan, als er sich einst schützend vor Berta von Suttner gestellt hatte".[104] Mit größerem Verständnis sieht man ihm nach, daß er „nie einen nationalen Kämpferroman"[105] geschrieben hat, denn für dieses Versäumnis entschädigt hinlänglich seine Schulsammlung.

Was mit Roseggers Werk nicht geht, geht mit seinem Leben immer noch. Sein Werk, als in unzähligen Kapiteln fortgeschriebener Ich-Roman gedacht, und sein Leben seien nur als Einheit zu denken, wenn nicht überhaupt sein Leben Roseggers größtes Werk sei. Das hatte bislang Goethe vorgemacht, der vielleicht auch größer sein mag, aber dafür kein Bauer gewesen ist. Das war auch Rosegger die längste Zeit seines Lebens nicht, aber „im Innersten seines Wesens ist er Bauer geblieben" und Bauern gedeihen bekanntlich „nur im Stahlbad harter, mühsamer Arbeit".[106] Fleißig war nun Rosegger in der Tat und das befreite ihn von jedem Verdacht, ein unnützer, ichsüchtiger Literat gewesen zu sein, während das deutsche Volk bei der Arbeit war. Sein Vorzug war es gerade, daß er nicht nur schrieb, sondern auch handelte, indem er beispielsweise für das sich bedroht fühlende Deutschtum kämpfte. Daß das Problem der praktischen und tätigen Arbeit dringlich war, beweisen die Schwierigkeiten Franz Nabls mit den Entwicklungsromanen des 19. Jahrhunderts, die fast immer „den im bürgerlich-sozialen Sinn typisch untätigen" Menschen in den Mittelpunkt stellen. Nabl erklärt diesen mißlichen Umstand mit der Ehrlichkeit der Schriftsteller, die darin ihre eigene Existenzweise zum Ausdruck brächten, fügt aber an: „Krieg und Umsturz mit ihrem Gefolge bitterster wirtschaftlicher Verelendung haben übrigens, den allzu Besorgten zum Trost, hier einen Wandel angebahnt, und es scheint eine Blütezeit für den Entwicklungsroman des werktätigen Menschen anzubrechen. Nach dem ausgiebigen Rückfall in

Thomas Manns ‚Zauberberg', dem allerdings auch gegenteilige Versuche, wie Frenssens ‚Klaus Hinrich Baas' und Kolbenheyers gewaltige Parazelsus-Trilogie vorausgegangen waren, hat Hans Grimm mit dem ‚Volk ohne Raum' eine weithin sichtbare Bresche geschlagen [...]"[107]. Diese wahrhaft tröstliche Aussicht durfte man in der Lebensgeschichte Roseggers, die wie ein Roman anmute[108], vorweggenommen sehen. Der Roman seines Lebens wird zum Bildungsbuch seiner vorwiegend mittelständischen Leser, die darin ihre nur zu verständlichen, auch Rosegger immer wieder plagenden, Sekuritätsideale verwirklicht sehen konnten. Dazu mußte allerdings seinem Aufstieg jede negative Konnotation genommen werden, die an Selbstbehauptung im allgemein gewordenen Konkurrenzkampf gemahnen wollte. Rosegger arbeitete daran mit, um einer zu sein, der es zu etwas gebracht hat und doch so wie die zu sein, die davon nur träumen konnten. Emil Ertl, einer der Zurückhaltenderen unter den Fabrikateuren der Rosegger-Legende, interpretiert diesen beispielhaften, zur Identifikation einladenden Aufstieg so:

> Jeder fühlt in diesem erfreulichen, um nicht zu sagen, erhebenden einmaligen Lebensgang die Möglichkeit des Oftmaligen, des Sichhinaufringens aus dürftigen Anfängen zur Höhe – einer Höhe, die im steirischen, im österreichischen Sinn zu verstehen ist, nicht im amerikanischen. Sein Leben ist Sinnbild – keineswegs des Karrieremachens, sondern des Aufstiegs aus innerer Seelenkraft. Des Aufstiegs nicht so sehr zum ‚gemachten Mann' als zum höchsten Menschentum.

Mag sein Werk auch in Vergessenheit geraten, seine Persönlichkeit wird als „heiliges Vermächtnis" „dem eisernen Vorrat der deutschen Seele"[109] angehören. Während es Ertl mit dem besonderen Merkmal der ‚deutschen Seele' versucht, bemühen andere das Fatum, um Roseggers Aufstieg vom Odium des Amerikanischen zu befreien. Rosegger sei „ein vom Himmel Gefallener", sein Dasein müsse als „schöne Legende" oder als „gemütsreiches Lebensmärchen" vorgestellt werden, meint Paul Anton Keller[110]; auch für Friedrich Pock und Robert Hohlbaum ist Roseggers Leben ein „Märchen". Andere wieder sehen ein „gütiges Geschick" am Werk, das ihn nach Graz führte.[111] Allein, das Geschick überbot sich in seiner Güte dadurch, daß es Roseggers Ursprung in das steirische Bergbauerntum verlegte. Also ist Rosegger „ein Gesegneter", der „im Mythos aufgewachsen" ist.[112] Dafür, daß er in diesem verblieb, wurde gesorgt. Für Ginzkey ist es ein „tieferes Sinnbild", „daß du" – so spricht er 1933 den Verstorbenen an – „deinen Ausgang genommen hast von jener Stätte, von der germanisches Empfinden von altersher die tiefsten Wurzelkräfte seiner Erkenntnis- und Gestaltungsfähigkeit in sich aufnahm, aus dem mystischen Schweigen des deutschen Waldes". Zu diesem Sinnbild gehört auch, daß er „uraltem deutschem Bauerngeblüt" entstammte und aus dem „Heiligtum der Scholle entsproß", die ihn „mit all ihrer Erdhaftigkeit" genährt hat.[113] Davon, daß die meisten Bergbauern von dieser Erdhaftigkeit nicht satt wurden, sondern zugrundegingen oder abwandern mußten, und daß Rosegger in den besten seiner Werke diese dunkle Seite des ökonomischen und sozialen Wandels ins Bewußtsein der Öffentlichkeit brachte, davon ist nicht die Rede. Später durfte wieder davon geredet werden, denn der Nationalsozialismus hätte dieses Problem gelöst und zum Glück sei 1943 auch dort, wo die Waldheimat liegt, heute Deutschland.[114] Das wußte auch Heinz Kindermann zu schätzen, der Rosegger als den „ersten deutschen Bauernsohn" vorstellt, der die bäuerliche „Lebenszone" „zu gültiger Darstellung erhob". Aus dieser „literatur-soziologische[n] Tatsache" erklärt sich letztlich auch, daß Rosegger mit seinem *Jakob der Letzte* die „Krise des Bauerntums in diesem Zeitalter der kapitalistischen Industrialisierung und des Materialismus" zur Anschauung gebracht habe, wissend, daß „die Pseudo-Demokratie des beginnenden 20. Jahrhunderts" „die Rettung" nicht werde bringen können. „Nach dem glücklich vollzogenen Anschluß der Ostmark an das Reich" sei es „an der Zeit", das Werk des „größten *grenzdeutschen* Volkserzähler[s] dieses Raumes" „einzugliedern in den ewigen Bestand des Lebendig-Deutschen, das wir von Generation zu Generation weitergeben als das dauernd Fruchtbare unseres geistigen Erbes!"[115] Kindermann schien sich von diesem Appell mehr erhofft zu haben, denn 1943 zeigt er sich enttäuscht über das „Versagen der Literaturhistoriker", die nach dem Franzosen Vulliod noch immer keine „umfangreiche Rosegger-Monographie" zustande gebracht hätten: „Ich rufe die junge volkverbundene Germanistengeneration auf, ihrer Nation endlich ein würdiges Rosegger-Denkmal zu schenken, das der Dichtung und dem Deutschtumswerk des Großen von der Steiermark Gerechtigkeit widerfahren läßt und vor der ganzen Nation aussagt, welches Zukunftserbe es birgt".[116] Wie viele vor und nach ihm hält auch Kindermann daran fest, daß das Entscheidende schon mit bäuerlicher Herkunft und im deutschen Wald passiert war: „Es ging nicht mehr darum, sein Weltbild etwa städtisch zu bereichern, sondern es ging nur darum, ihm das schriftstellerische Rüst- und Handwerkszeug zu bieten, das ihm die Darstellung der längst erkannten Welt ermöglichen sollte".[117] Daß Rosegger in seinen späteren Jahren, vor allem in seiner Autobiographie *Mein Weltleben*, diesen Mythos bestärkt hatte, macht ihn noch zwingender. Er ist besonders gut geeignet, eine Identität zu präsentieren, der städtische Bildungseinflüsse und Kultur nichts anzuhaben vermochten. Roseggers Treue zu sich selbst und zu seiner Herkunft ist zum zentralen Topos nahezu aller biographischen Darstellungen geworden. Er steht im Zeichen einer Ideologie, die seinen Lesern die Teilhabe an einer ungebrochenen Identität ermöglicht. Rosegger kann nur als „ganze Person" vorgestellt werden. So wie sein Werk die „ganzen Personen" immer als Bauern gibt, wird auch er meist als Bauer gegeben. Sein Feld ist allerdings ein weites: „Er, der große Bauer sät so vieles in den Seelenacker seines Volkes".[118] Roseggers Leben wird zur Wunschbiographie seiner Biographen und Leser stilisiert. Der Dichter und seine Biographen denken sich ein prästabilisiertes Ich aus, das aus den Wäldern kommt und das die Gesellschaft nicht zu deformieren vermag. Als das „vollendete Beispiel und Muster eines Mannes von eigener Bestimmung" wird Rosegger den „Unruhvollen, Disharmonischen, Zwiespältigen"[119] zur Reliquie. Rosegger schmilzt alles zur harmonischen Einheit ein; das will in den dreißiger Jahren, wie Ginzkey klagt, zunächst nur schwer gelingen: „In dieser Zeit der vielen verworrenen Stimmen, der peinigenden Widersprüche, der qualvollen Ratlosigkeit scheint es offenbar eine große Kunst zu sein, sich selbst noch zu bewahren".[120] Seine Biographie erscheint als Remedium für alles Unreine – ein stärkeres sollte gefunden werden. Auch Max Mell findet „kein[en] Bruch in seinem Leben. Den Größten, die bei uns schufen, ist sonst irgendwie die Existenz geknickt worden. Ihm schlich keine Vergiftung ins gesunde Blut. [...] Er ging unbeirrt seinen Weg".[121] Anfechtungen werden lediglich herbeizitiert, um diese Unbeirrbarkeit und Harmonie zu unterstreichen. Von ihrer Bedrohlichkeit berichtet nicht nur der Waldbauernbub in seinen Jugendschriften und frühen Werken, auch in Wurzbachs *Biographischem Lexikon* ist 1873 davon zu lesen:

> So sehr ihm seine Waldheimat an das Herz gewachsen ist, so lebt er von dieser doch in einer Art Verbannung. Die Leute können es dem Peter nicht verzeihen, daß er nicht Bauer geblieben oder kein Priester geworden ist. In stiller Nacht oder Sonntags, wenn die Alpler in der fernen Pfarrkirche sind, schleicht nun Peter in die Waldberge, um die lieben Stätten seiner Kindheit und die Wohnung seines Vaters zu besuchen. Ginge er am hellen Werktage hin, er wäre leicht Insulten ausgesetzt, daß er so herumlungert in der Welt und nicht arbeitet.[122]

Doch der Erfolg schreibt Roseggers Lebensgeschichte um. Der mit dem Stigma des abtrünnigen Kopfarbeiters Behaftete singt mit der Entfernung vom Elend der Herkunft das Lob des Ursprungs. Der Rechtfertigungsdruck ist mit den Anpassungszwängen in der neuen Umgebung nicht kleiner geworden; die ärmliche Abkunft verleiht ihm das Merkmal einer besonderen Identität und entlastet doch nicht davon. Aus der Position des Erfolgreichen verfaßt Rosegger seine Autobiographie in Form einer locker gereihten Anekdotensammlung. Die Sicherheit des Ichs wird zur Prämisse einer Darstellung von Ereignissen, aus denen das Ich gestärkt hervorgeht. Mit dieser Kettentechnik kann all das ausgespart werden, was prekärer war, als es erscheinen darf. Der immer deutlichere Wunsch Roseggers, in seine Kindheit auszuwandern, um dort die Souveränität seines Ichs zu suchen und zu finden, verrät eine Bewußtseinslage, die auch seine Biographen veranlaßt, in seinem Leben das zu suchen, was ihnen abgeht.

ZAGHAFTE GEGENSTIMMEN

In der Konstruktion einer widerspruchsfreien Persönlichkeit artikuliert sich ein sozialpsychologisches Bedürfnis, welches das ihm Entgegenstehende, Unreine mit Gewalt beseitigt sehen möchte. Im innerliterarischen Zusammenhang hat das auch mit der gewaltsamen Ausgrenzung von literarischen Traditionen zu tun, in denen die Reduktionsformen von Individualität als Index geschichtlicher Prozesse, ohne dem Wunsch nach ‚Ganzheit' voreilig nachzugeben, dargestellt werden. In einer „kulturpolitischen Untersuchung" wird 1943 als Gegenentwurf zum „zerfallene[n], wurzellose[n] Individuum" des modernen psychologischen Romans die „in sich geschlossene Persönlichkeit in der Gemeinschaft, im Schicksal, in der Zeit"[123] verherrlicht, wie sie insbesondere für die „neue Sagaform der epischen Erzählung" charakteristisch sei. Das Postulat der „unbedingte[n] Vorherrschaft des Handelns"[124] hat auch in Roseggers Leben nach kämpferischen Elementen suchen lassen und sie auch ansatzweise verwirklicht gefunden. Eine derartige Aneignungsform sucht das, was im Werk nicht mehr zu finden ist – gerade die Romane Roseggers sind von der gepriesenen Saga-Form weit entfernt – über sein Leben zu bestätigen. Wenn Rosegger zum kämpferischen, sich selber treu bleibenden Bauern stilisiert wird, so ist das als Einkleidungsform einer psychischen Struktur zu verstehen, die das autoritäre Gefüge der NS-Gesellschaft bestimmte und stabilisierte. Obwohl der Krieg und die Rüstungsindustrie den eigenen Mythos von Schollentreue und Blut und Boden widerlegte, konnte das mit diesem Mythos zur Anschauung gebrachte Persönlichkeitsideal gute Dienste für die nach wie vor nicht abgeschlossene „seelische Sanierung"[125] leisten. Es geht nicht um die von einem Großteil der Provinzliteratur gepflogene Stadtfeindlichkeit, sondern um „den seelische[n] Anschluß an das ländliche Lebensgefühl".[126]

Es stellt sich die Frage, ob mit der nationalsozialistischen Rezeption Roseggers seine Wirkungsgeschichte nicht überhaupt beendet sei oder doch beendet sein sollte. Das war sie sicher nicht für jene, die auch nach 1945 außer einzelnen Formulierungen nichts verändert sehen wollten oder mit dem nach Rosegger benannten Preis jene ehrten, die dazu beigetragen hatten, ihn zu diskreditieren.[127] Mit Blick auf die Neuausgaben in den späten 40er und frühen 50er Jahren kann überhaupt nicht davon gesprochen werden, die faschistische Aneignung hätte in der unmittelbaren Nachkriegszeit verkaufshemmende Konsequenzen gehabt. Da es leicht ist, Rosegger gegen Rosegger auszuspielen, meinte man, das Problem mit einschlägigen, dem Nazikult widersprechenden Zitaten aus der Welt geschafft zu haben. Man machte es einfach, indem man wieder den Dichter des Einfachen hervorkehrte und in seinem Werk hintergründigen Humor und Trost suchte.

Naheliegend war sie ja, die Rückkehr zu einem Rezeptionsstereotyp, über das sich Anton Kuh schon anläßlich von Roseggers 70. Geburtstag lustig gemacht hatte, um den Dichter im selben Artikel – vergeblich, wie sich zeigte – gegen jene zu verteidigen, die ihn schon damals nicht ohne Grund politisch interpretierten. „Man wird morgen", schreibt Kuh 1913 im *Prager Tagblatt*, „aller Orten die schmackhafte Bravebuben-Geschichte zu lesen bekommen vom 18jährigen Schneidergesellen, der jetzt zum 70jährigen Volksjubilar wird. Man wird mit oder ohne Anführungszeichen das Wort ,wurzelecht' gebrauchen. Man wird vom Schalk reden, – der ihm im Nacken sitzt, vom Schelm, der ihm aus dem Auge blitzt, vom Humor, der aus seinem Herzen quillt, von der Liebe, die sein Wesen füllt – und der liebe gute Rosegger mag sich dieses vierzeilige G'stanzel heimlich in seinen satirischen Dialekt übersetzen und sich darüber ärgern, daß man der Echtheit noch immer nur in Phrasen bezahlt."[128] Mit solchen Phrasen wurde auch in den meisten Gedenkartikeln der sozialdemokratischen Blätter bezahlt. Es wird kein Hehl daraus gemacht, daß sich die Rosegger-Rezeption, deren Breite in Arbeiterkreisen betont wird, im Zeichen eines Naturkults und der Sehnsucht nach idyllischen Gegenwelten zum proletarischen Alltag stand und sich weitgehend auch darin erschöpfte. Gerade weil diese Huldigung die ideologischen Differenzen nicht verwischt, „daß wir seine Weltanschauung nicht teilen und er unsere nicht kennt"[129], ist aus der von Alfred Pfoser mit empirischen Daten belegten Tatsache, daß Rosegger (wie andere Heimatliteratur-Autoren) zu den von Arbeitern vielgelesenen Schriftstellern gehört, nicht auf eine politisch profilierte Rezeptionsweise zu schließen.[130]

Auch den sozialdemokratischen Lesern wird Roseggers Biographie schmackhaft gemacht. Besonderes Augenmerk gilt der proletarischen Abkunft des Waldbauernbuben. Sein Engagement für die nationale Sache wird weitgehend heruntergespielt oder überhaupt verschwiegen, stattdessen wird – wovon sonst nie mehr die Rede sein sollte – seines Eintretens für das allgemeine Wahlrecht gedacht. Geradezu zur Projektion einladend hat Rosegger auf jene wirken müssen, die in ihm ihr Funktionärsproblem gelöst sehen konnten. Wie nicht bald einer hat Rosegger die ,Massen' erreicht, wenn auch kaum im Sinne der Sozialdemokraten. Schon um die Jahrhundertwende wird in der *Neuen Zeit* das „Fabuliertalent" gerühmt, das dieser – bedauerlicherweise – „intellektuell doch gar zu simple und versimpelte P. K. Rosegger besitzt."[131] Kritischere Köpfe erwarteten sich um diese Zeit nicht nur von Rosegger mehr:

> Die Generation ist noch nicht geboren, der der Kampf um das Leben Selbstzweck und so zwar wäre, daß er Kunst gebärt und als Erhebung wirkt. Noch immer flüchten Tausende aus ihrer Welt des Seins in die des Scheins, des Träumens und lassen sich willig einlullen in die ewige Melodie von der

Schönheit dieser Erde und wie es die Menschen gut haben könnten, wenn sie gut wären.[132]

Bei der Suche nach dem kämpferisch-tätigen Subjekt in der Geschichte zeigt sich die *Linkskurve* 1930 allergisch gegen Präsentationsformen ramponierter Proletarier-Identität, wie sie Döblin in seinem *Berlin Alexanderplatz* vorstellte. Als Antwort auf diese Kunst entwirft J. R. Becher das Zukunftsbild der proletarischen Literatur: „unsere Werke werden die natürliche einfache proletarische Sprache bekommen, Geruch und Färbung, wie sie wirklich dem Proletariat eigen sind [...]"[133]. Auf Bechers Kritik und Alternative reagiert Döblin ebenfalls polemisch: Er fragt sich „als Fachmann und Laie", wie das von Becher Geforderte wohl zu schaffen sei: „Realistisch darf der Autor nicht sein, stimmen darf es nicht, was er schreibt, wirklicher Berliner Dialekt darf es auch nicht sein: was also? Klar: Rosegger! Heimatkunst, der natürliche Geruch, die berühmte ‚Scholle'. Ich meine leider weder Rosegger noch Ganghofer!"[134] Interessant an dieser Polemik, die hier weder in ihren politischen noch in ihren erzähltheoretischen Implikationen, zu denen auch Benjamins Konzeption des vom Romancier geschiedenen Erzählers gehört[135], entfaltet werden kann, ist auch der Vorstellungskomplex, den Döblin mit dem Namen Rosegger aufruft. Immerhin gibt es Belege, daß zu Rosegger nicht einfach Ganghofer assoziiert wurde, sondern auch sein Interesse für vorgängigen gesellschaftlichen Wandel und dessen Folgelasten. Roseggers Diagnose konnten sich die Sozialdemokraten anschließen, in der Suche nach Lösungen trennten sich die Wege.

In einem Kapitel seiner Autobiographie, *Meine lieben Feinde,* widmet Rosegger der Sozialdemokratie keinen eigenen Abschnitt, sondern lediglich eine beiläufige Charakteristik der gegenseitigen Einschätzung: „Absichtlicher, als die Kirchen, habe ich die Sozialdemokratie bekämpft, weil sie das bisher feststädige und zufriedene Bauernvolk in die zigeunerhafte Heimatlosigkeit hinauslockt. Die Sozialdemokratie antwortete: Rosegger hat zwar unrecht, aber wir verstehen ihn, er ist eine konservative Natur und kann nicht anders."[136] Das ist fast die Formulierung, die Engelbert Pernerstorfer 1913 gebrauchte.[137] Nach dem Krieg las man's anders. In dem von Roseggers Sohn geleiteten *Heimgarten* wird die Sozialdemokratie als bolschewistisch-jüdische Verschwörung gebrandmarkt und mit aller verbalen Gewalt bekämpft. Hans Ludwig Rosegger sucht sein paranoides Wahnsystem beispielsweise auch mit einem Auszug aus seines Vaters *Heimgärtners Tagebuch* zu legitimieren, in dem es heißt, die Sozialdemokraten würden den Bauernstand entwurzeln.[138]

An diesem Konflikt war auch die theoretische Auseinandersetzung der Sozialdemokratie mit der Agrarfrage schuld, eine Auseinandersetzung, die lange Zeit durch die von Kautsky bemühte Geschichtsautomatik bestimmt war, derzufolge nur ein abgestifteter Bauer für die Bewegung interessant sei. Carl Ossietzkys Befund aus dem Jahre 1928 ist nicht ohne Berechtigung:

> Auch in dieser Frage hat die Sozialdemokratie den historischen Moment verpaßt. Teils weil sie überhaupt nichts Fundamentales wollte, teils weil ihr auf der Bildungsschule des alten Kautsky eingeimpft war, daß das kleine bäuerliche Eigentum vor dem erhabenen marxistischen Dogma ein Ärgernis sei. [...] Ach, wenn die Sozialdemokratie, die so viel ererbten orthodoxen Hausrat unbeschwerten Sinnes über Bord geworfen hat, auch diesen ehrwürdigen Schinken aus Kautskys Weisheitskiste hinterher geschickt hätte![139]

Eine – verspätete – Einsicht in die Defizite sozialdemokratischer Agrarpolitik bezeugt Otto Bauers *Der Kampf um Wald und Weide,* in dem Roseggers *Jakob der Letzte* wiederholt als sozialhistorisch bedeutsames Zeugnis für den ökonomischen Wandel auf dem Lande angeführt wird.[140] Da sich, wie die Kindermann-Zitate gezeigt haben, auch die nationalsozialistische Agrarideologie durch Roseggers Roman bestätigt sah, scheint eine produktive Auseinandersetzung mit dem Werk Roseggers nur dann möglich zu sein, wenn seine Texte in ihrer Teilhabe an den politischen und sozialen Problemen des ausgehenden 19. Jahrhunderts ernstgenommen werden. Dies kann nur dann zu einem aktuellen Rosegger-Bild führen, wenn das, was der nationalsozialistischen Aneignung in die Hände spielt, nicht tabuisiert wird. Ein wie immer halbierter Rosegger trägt zum Verschweigen dessen bei, was sein Werk in unsere Gegenwart hat reichen lassen, die im Lichte politischer Stichwörter wie Regionalismus oder Ökologie sich anschickt, neues Interesse an ihm zu bekunden. Unsere heutige Aneignung kann die vorausgegangene Auslegungsgeschichte nur unter Preisgabe kritischer Selbstreflexion überspringen. Jeder eklektizistisch zurechtgelegte Rosegger überläßt das Ausgegrenzte jenen dunklen Zwecken, denen es a u c h vorgearbeitet hat, statt es der Kritik auszusetzen.

Daß in den 30er Jahren aber allein schon mit dem Hinweis auf einen sich der betriebenen Ausbeutung sperrenden Text Roseggers Widerspruch gegen die Nazi-Ideologie möglich war, beweist Walter Mehring 1935 im *Neuen Tagebuch.* Er zitiert ausgiebig aus der Geschichte *Auf den Hund gekommen,* in der ein „Roseggerscher Sonderling" bei den Gassenbübereien, die ‚deutsche' Jugendliche mit Juden inszenieren, vor Scham versinkt, eine Gassenbüberei, „die heute Regierungsprogramm eines Kulturvolkes geworden ist", wie Mehring anfügt. Resignierend schließt Mehring:

> Das war 1897! Damals hat man über den Mann in literarischen Zirkeln gelächelt. Es waren Binsenweisheiten! Heute: läse man es als Augenzeugenbericht aus Deutschland, man würde wieder die Achseln zucken. Es ist eine Alltagsgeschichte![141]

Anmerkungen

1 Karl Robert Mandelkow: *Probleme der Wirkungsgeschichte.* In: *Jahrbuch für Internationale Germanistik* 2 (1970), Heft 1, S. 84.
2 Wolfgang Iser: *Interpretationsperspektiven moderner Kunsttheorie.* In: *Theorien der Kunst.* Hrsg. v. Dieter Henrich u. Wolfgang Iser. Frankfurt/Main 1982, S. 41.
3 Hans Robert Jauß: *Zur Abgrenzung und Bestimmung einer literarischen Hermeneutik.* In: *Text und Applikation.* Hrsg. v. Hans Robert Jauß und Wolfhart Pannenberg. München 1981 (=Poetik und Hermeneutik 9), S. 467. – Vgl. auch Gunter Grimm: *Rezeptionsgeschichte.* München 1977.
4 Ebd.
5 Zahlen nach *Gesamtverzeichnis des deutschsprachigen Schrifttums* (GV) 1911–1965. Bd 109. München 1960.
6 Vgl. ebd.
7 Hermann Broch: *Hofmannsthal und seine Zeit.* In: *Schriften zur Literatur* 1. Hrsg. v. Paul Michael Lützeler. Frankfurt/Main 1975 (=Kommentierte Werkausgabe 9/1), S. 124.
8 Ebd., S. 123.
9 *Neue Freie Presse* v. 1. 8. 1913, S. 10.
10 Stadtarchiv Graz, Präsidialakten Z 914 ex 1913.
11 Zit. bei Rudolf Latzke: *Der ältere und der alte Rosegger.* Graz/Köln 1953, S. 35 f.
12 Rosegger-Nachlaß, Steiermärkische Landesbibliothek. Z 123 ex 1913/14 v. 12. 11. 1913.
13 Zit. bei Theodor Kappstein: *Peter Rosegger. Ein Charakterbild.* Stuttgart 1904, S. 332.
14 Universitätsarchiv Graz, Jurid. Fak. Z1 425 ex 1916/17.
15 *Peter Roseggers Briefe an einen Franzosen.* Hrsg. v. Amédée Vulliod. Leipzig 1930, S. 82.
16 Wie Anm. 10. – Vgl. ferner: Stenographischer Bericht über die Sitzung des Gemeinderates v. 27. 11. 1913. In: *Amtsblatt der landesfürstlichen Hauptstadt Graz* v. 10. 12. 1913, S. 59 ff.
17 Text zitiert nach dem vom Deutschen Schulverein gedruckten Flugblatt *Aufruf zu einer großen, gegenseitigen Nationalspende für deutsche Schulen an den Sprachgrenzen.*
18 Vgl. Roseggers *Heim zur Scholle.* Warnsdorf i. B. 1915 (=Flugschriften für Österreich-Ungarns Erwachen, Heft 5). Dieser Text ist ein Verschnitt früher publizierter Arbeiten.
19 Als Separatum (aus der *Deutschen Zeitung*) gedruckt, Wien 1907.
20 Friedrich Pock: *Grenzwacht im Südosten. Ein halbes Jahrhundert Südmark.* Graz/Wien/Leipzig 1940, S. 25. – Vgl. ferner Francis L. Carsten: *Faschismus in Österreich. Von Schönerer zu Hitler.* München 1978.
21 Rosegger schrieb 1910 in seiner Rubrik ‚Heimgärtners Tagebuch' in seiner Zeitschrift *Heimgarten* (1910, S. 536): „Nach meiner Meinung entscheidet auch in der sittlichen Auffassung des Nationalen die Gesinnung und nicht die Rasse."
22 Vgl. dazu jetzt auch Lothar Kettenacker: *Der Mythos vom Reich.* In: *Mythos und Moderne.* Hrsg. v. Karl Heinz Bohrer. Frankfurt/Main 1983, bes. S. 263.
23 Pock, *Grenzwacht* (Anm. 20), S. 74.
24 Erwin Barta und Karl Bell: *Geschichte der Schutzarbeit am deutschen Volkstum.* Dresden 1930, S. 96.
25 Ebd.
26 Deutscher Schulverein Südmark: *Anleitung für Jugend-Ortsgruppen.* Wien 1927, S. 1 (Vorwort von Gustav Groß).
27 Pock, *Grenzwacht* (Anm. 20), S. 119.
28 *Deutscher Volkskalender 1933.* Hrsg. v. Deutschen Schulverein Südmark, S. 149.
29 Vgl. *Deutscher Schulverein Südmark:* 55 Jahre deutsche Schutzarbeit in Österreich. 10

Jahre Deutscher Schulverein Südmark. Jahreshauptversammlung 1935. Wien o. J., bes. S. 32.
30 Stuhlpfarrer (Diskussionsbeitrag). In: *Das Juliabkommen von 1936*. Vorgeschichte, Hintergründe und Folgen. Wien 1977, S. 432.
31 Pock, *Grenzwacht* (Anm. 20), S. 93.
32 Wie Anm. 29, S. 11.
33 Joseph Papesch: *Fesseln um Österreich.* Hamburg 1933, S. 5, 21, 22.
34 *Südmark*. Gute Bücher. Alpenlandbuchhandlung Südmark 1938–1940. 3 Hefte. Graz 1938–1940. S. 1.
35 *Tagespost* (Graz) v. 16. 7. 1943.
36 *Badener Zeitung* v. 29. 5. 1943. – Hans Kloepfers Gedicht ist nochmals abgedruckt in: *Rosegger-Gedenkbuch*. Hrsg. v. d. Raabe-Stiftung. Leipzig 1937, S. 240 f.
37 Hans v. Dettelbach: *Rosegger – eine sittliche Macht*. In: *Deutsche Arbeit* 43 (1943), Heft 7/8, S. 200.
38 Friedrich Pock: *Dichter des tapfren Herzens*. In: *Deutsche Arbeit* (Anm. 37), S. 194.
39 Friedrich Pock: *Ein Dichtermärchen*. In: *Vorposten*. Zeitschrift d. Deutschen Schulvereines Südmark 5 (1938), Folge 6/7, S. 159. – Vgl. auch Ders.: *Rosegger der Deutsche*. In: *Jahrbuch des Volksbundes für das Deutschtum im Ausland* 4 (1938), S. 5 ff. Dieses im Verlag Grenze und Ausland erschienene Jahrbuch ist zur Gänze Rosegger und der Geschichte der „deutschen Schutzarbeit" gewidmet. Es enthält auch einen Beitrag des schon erwähnten Maximilian Mayer über die *Rosegger-Schulsammlung 1909–1913*. Vorangestellt sind Ausschnitte der am 13. März in Wien gehaltenen Hitler-Rede.
40 Robert Musil: *Tagebücher*. Bd 1. Hrsg. v. Adolf Frisé. Reinbek 1976, S. 624.
41 Richard Plattensteiner: *Bausteine zu einem Bericht über mein Leben*. Hrsg. v. d. Wiener Lese-Gemeinde Plattensteiner'scher Werke. Wien 1938, S. 33 f.
42 *Die Neue Literatur*, Heft 5, Mai 1938, S. 267. – Vgl. *Bekenntnisbuch österreichischer Dichter*. Hrsg. v. Bund deutscher Schriftsteller Österreich. Wien 1938, S. 79.
43 Vgl. Hermine und Hugo Möbius: *Peter Rosegger. Ein Beitrag zur Kenntnis seines Lebens und Schaffens*. Leipzig 1903. – Ernest Seillière: *Peter Rosegger und die steirische Volksseele*. Autorisierte Übersetzung v. J. B. Semmig. Leipzig 1903 (frz. 1902). – Amédée Vulliod: *Peter Rosegger. Sein Leben und seine Werke*. Übers. v. M. Necker. Leipzig 1913 (frz. 1912). – Adolf Frankl: *Peter Rosegger. Ein Volksbuch*. Leipzig 1913.
44 Alfred Staackmann an Rosegger, 26. 9. 1903 (Briefzitate ohne weitere Angaben beziehen sich auf den in der Steiermärkischen Landesbibliothek aufbewahrten, handschriftlichen Nachlaß Peter Roseggers).
45 *60 Jahre L. Staackmann Verlag*. Leipzig 1929, S. 42.
46 Ebd., S. 41.
47 *Heimgarten* 57 (1933), S. 304.
48 Wie Anm. 45, S. 10.
49 F[ritz] St[über] im *Neuen Wiener Tagblatt* v. 5. 3. 1941.
50 Alle Zitate aus Franz Alfons Gayda: *Schrifttum und Volkstum*. In: *Staackmanns Almanach* 1929. Hrsg. v. Rudolf Greinz. S. 9–20. (Dieser Almanach erschien früher u. d. T. *Taschenbuch für Bücherfreunde*.)
51 Staackmann an Anna Rosegger, 5. 1. 1922.
52 Staackmanns Almanach 1930, S. 3.
53 Ebd., S. 5.
54 Leopold Steiner (Hrsg.): *Die 7 Jungen aus Österreich*. Leipzig 1930, S. 7.
55 Sepp Rosegger an Viktor v. Geramb, 6. 3. 1942.
56 Heinrich Römer: *Zu Peter Roseggers 90. Geburtstag*. In: *Schönere Zukunft* Nr. 39 v. 25. 6. 1933, S. 931 f.
57 Vgl. Johannes Triebl: *Zum zwanzigsten Todestag Peter Roseggers*. In: *Schönere Zukunft* Nr. 39 v. 26. 6. 1938, S. 1029.

58 Josef Nadler: *Deutsche Dichtung unserer Zeit.* In: *Schönere Zukunft* Nr. 32 v. 8. 5. 1938, S. 834.
59 Rudolf Greinz: *Peter Rosegger* †. In: *Taschenbuch für Bücherfreunde* 5 (1918), S. 11.
60 Robert Hohlbaum: *Alfred Staackmann.* In: *Der getreue Eckart* (Wien), 7 (1929/30), Bd 1, S. 179.
61 Robert Musil (Anm. 40), S. 602.
62 *Der Verlag L. Staackmann.* In: *Österreichische Woche* (Wien), 1. Jg., Heft 37, 14. Dezember 1924.
63 Karl Kraus: *Briefe an Sidonie Nádherný von Borutin 1913–1936.* Hrsg. v. Heinrich Fischer und Michael Lazarus. Bd 2. München 1974, S. 151 f.
64 Vgl. *Anzeiger für den Buch-, Kunst- und Musikalienhandel* 70. Jg., Nr. 48 v. 29. 11. 1929. – Vgl. *Innsbrucker Nachrichten* Nr. 251 u. 259 v. 30. 10. bzw. 3. 11. 1936. – Für diese und andere Auskünfte zu Staackmann bin ich Herrn Dr. Murray G. Hall (Wien) sehr zu Dank verpflichtet.
65 *Peter Rosegger. Das Leben in seinen Briefen.* Hrsg. v. Otto Janda. Weimar 1943, S. 263 (Rosegger an Staackmann, 9. 3. 1908).
66 A. Staackmann an Anna Rosegger, 13. 6. 1919.
67 A. Staackmann an Anna Rosegger, 16. 8. 1927.
68 Als erster Briefband wurde die Korrespondenz mit Friedrich von Hausegger (nicht immer originaltreu) veröffentlicht. Der Wagnerianer war auch Roseggers Verteidiger im Prozeß gegen seinen früheren Verleger Hartleben. Der Briefwechsel, herausgegeben von Siegmund v. Hausegger, erschien 1924. Auch das Medium Film wurde genützt. Für M 225.000,– wurde das Verfilmungsrecht für *I. N. R. I.* verkauft.
69 A. Staackmann an Anna Rosegger, 17. 2. 1928.
70 Vgl. *Heimgarten* 54 (1930), 3. Heft (unpag.): „Dies ist ein ungeheurer Bucherfolg. Es ist dies ein erfreulicher Beweis, daß heute wieder das gute Schrifttum mehr beachtet wird und daß Rosegger noch immer zu den gelesensten Dichtern gehört".
71 Anzeige des Staackmann-Verlags im *Heimgarten* 57 (1933), unpag.
72 Brief an Gertraut Laurin v. 17. 3. 1948.
73 Staackmann an Geramb, 16. 9. 1941.
74 Geramb an Staackmann, 9. 10. 1941.
75 Vgl. Viktor Ritter von Geramb: *Peter Roseggers Bedeutung für die Volkskunde.* Graz 1914 (=4. Flugschrift des Vereines für Heimatschutz in Steiermark)
76 Sepp Rosegger an Geramb, 6. 3. 1942.
77 Geramb an Sepp Rosegger, 10. 3. 1942.
78 Viktor von Geramb: *Von der Einheit der deutschen Stämme.* In: *Alpenländische Monatshefte* 1933, Heft 6, S. 211 ff. – Vgl. auch das Lob Pocks in: *Die Südmark*. Ein Überblick über Verbreitung, kulturelle Eigenart und völkische Kampfstellung der Südmarkdeutschen. Eine Gedenkschrift. (=*Deutsche Kultur in der Welt* X. Jg., Nr. 1/4, 1924), S. 25.
79 Wie Anm. 77.
80 *Der Ennstaler* (Gröbming) v. 20. 8. 1943.
81 Karl Albert: *Peter Rosegger als Vorkämpfer des Nationalsozialismus.* In: *Obersteirerblatt* (Bruck a. d. Mur) v. 10. 4. 1943. – Vgl. *Völkischer Beobachter* (Wien) v. 24. 4. 1944.
82 *Tagespost* v. 16. 7. 1933. Diese Rede ist wiederabgedruckt in: Viktor von Geramb: *Verewigte Gefährten. Ein Buch der Erinnerung.* Graz 1952, S. 116 ff.
83 *Die Neue Gemeinschaft.* Das Parteiarchiv für nationalsozialistische Feier- und Freizeitgestaltung. 9. Jg., Heft 5/6, Mai/Juni 1943, S. 258.
84 Franz Nabl: *Peter Rosegger.* In: *Wort in der Zeit 1958*, S. 352/354. Zu den Veranstaltungen vgl. *Rosegger-Feiern in der Steiermark* März bis Oktober 1943. Hrsg. v. Reichspropagandaamt Steiermark. Graz o. J.
85 Vgl. *Tagespost* v. 3. 8. 1943.
86 Wortlaut nach *Deutsche Allgemeine Zeitung* (Berlin) v. 1. 3. 1944.

[87] Hektographierter Bericht des Reichspropagandaamtes Steiermark. Vgl. auch Anm. 84.
[88] Ebd.
[89] Rudolf Holzer in der *Wiener Zeitung* v. 29. 6. 1918.
[90] *Wiener Neueste Nachrichten* v. 26. 6. 1928.
[91] *Neue Freie Presse* v. 28. 6. 1928 (Sophie v. Khuenberg).
[92] *Neue Freie Presse* v. 26. 6. 1938.
[93] *Neue Freie Presse* v. 30. 7. 1933.
[94] Friedrich Pock: *Peter Rosegger – Zum 90. Geburtstag.* Gedächtnisblatt des Deutschen Schulvereins Südmark. Graz 1933.
[95] *Ein Aufruf im Zeichen Peter Roseggers.* In: *Tagblatt* (Graz) v. 30. 7. 1933. – Vgl. ebd. den Kommentar *Die neue Rosegger-Sammlung.*
[96] *Tagespost* v. 25. 5. 1933. – Vgl. die differenzierten Ausführungen über diesen Zusammenhang bei Karlheinz Roßbacher: *Dichtung und Politik bei Guido Zernatto. Ideologischer Kontext und Traditionsbezug der im Ständestaat geförderten Literatur.* In: *Aufbruch und Untergang.* Österreichische Kultur zwischen 1918 und 1938. Hrsg. v. Franz Kadrnoska. Wien/München/Zürich 1981, S. 539–559, bes. 548 f.
[97] *Tagespost* v. 27. 6. 1933.
[98] Vgl. Werner Conze: *Bauer, Bauernstand, Bauerntum.* In: *Geschichtliche Grundbegriffe. Historisches Lexikon zur politisch-sozialen Sprache in Deutschland.* Hrsg. v. Otto Brunner u. a. Bd 1. Stuttgart 1972, bes. S. 439. – Vgl. auch Carsten (Anm. 20).
[99] *Morgenpost* (Brünn) v. 9. 3. 1943; – *Deutsche Zeitung* (Budapest) v. 27. 6. 1943.
[100] *Tagespost* v. 26. 6., 3. 7. und 7. 7. 1933.
[101] *Steirische Kunstschau* und Wettbewerb für das Roseggerdenkmal [Katalog]. Graz 1925, S. 3.
[102] *Ruf von der Grenze.* Ein Buch steirischer Kunst. Im Auftrag d. Landeskulturwalters gesammelt und gestaltet v. Paul Anton Keller. Graz 1942.
[103] Zit. bei Willi Kadletz: *Peter Rosegger. Ein Gedenken zum 20. Todestag.* In: *Obersteirische Volkszeitung,* Juni 1938.
[104] Friedrich Pock: *Rosegger. Ein Lebensbild.* Leipzig 1943, S. 291.
[105] Robert Hohlbaum im *Völkischen Beobachter* (München) v. 13. 6. 1943. – Fast gleichlautend Roderich Müller-Guttenbrunn in der *Dresdner Zeitung* v. 1. 8. 1943.
[106] Richard Plattensteiner: *Peter Rosegger. Eine Volksschrift.* Leipzig 1922, S. 22. – Ähnlich Pock (Anm. 104), S. 311.
[107] Franz Nabl: *Der Entwicklungsroman als Bildungsbuch.* In: *Alpenländische Monatshefte* Oktober 1932, Heft 1, S. 63 u. 65.
[108] *Deutsche Zeitung Bohemia* v. 29. 7. 1933.
[109] *Neue Freie Presse* v. 30. 7. 1933.
[110] Paul Anton Keller: *Wallfahrt zur Waldheimat.* Graz 1949, S. 5 u. 19 (geschrieben 1941, vgl. S. 4).
[111] Robert Hohlbaum in den *Wiener Neuesten Nachrichten* v. 29. 6. 1928. – Theodor Zenker: *Vom Waldbauernbub zum Volksdichter.* In: *Wiener Neueste Nachrichten v. 26. 6. 1938.*
[112] Hans Watzlik in *Der Neue Tag* (Prag) v. 31. 7. 1943.
[113] Franz Karl Ginzkey: *Peter Rosegger.* In: *Tagespost* v. 7. 7. 1933.
[114] Vgl. Alfred Maderno: *Segen der Waldheimat.* In: *Berliner Lokalanzeiger* v. 25. 6. 1943.
[115] Heinz Kindermann im *Völkischen Beobachter* (Wien) v. 26. 6. 1938.
[116] Heinz Kindermann: *Der Dichter der Waldheimat.* In: *Berliner Börsenzeitung* v. 24. 6. 1943.
[117] Wie Anm. 115.
[118] Ernst Scheibelreiter in der *Neuen Freien Presse* v. 26. 6. 1938.
[119] Rudolf Holzer in der *Wiener Zeitung* v. 29. 6. 1918.
[120] Ginzkey (Anm. 113).

[121] Max Mell in der *Neuen Freien Presse* v. 27. 6. 1918.
[122] *Biographisches Lexikon* des Kaiserthums Oesterreich [...] Von Constant von Wurzbach. 25. Theil. Wien 1873, S. 358 f.
[123] Peter von Werder: *Literatur im Bann der Verstädterung. Eine kulturpolitische Untersuchung.* Leipzig 1943, S. 69.
[124] Ebd., S. 72.
[125] Ebd.
[126] Ebd.
[127] Zum Rosegger-Preis im Kontext steirischer Kulturpolitik nach 1945 vgl. Johann Strutz: *... die Dichter dichten, die Maler malen und die Komponisten komponieren. Über die Kulturpolitik der Steiermark in den frühen fünfziger Jahren.* In: *Literatur der Nachkriegszeit und der fünfziger Jahre in Österreich.* Hrsg. v. Friedbert Aspetsberger, Norbert Frei und Hubert Lengauer. Wien 1984, S. 139–154. Siehe auch Wolfgang Schober: *Roseggerforschung und Roseggerkult.* In: *Österreich in Geschichte und Literatur* 25 (1981), S. 156–167.
[128] [– uh]: *Rosegger, der Altösterreicher.* In: *Prager Tagblatt* v. 31. 7. 1913.
[129] *Arbeiterwille* Nr. 208 v. 31. 7. 1913.
[130] Vgl. Alfred Pfoser: *Literatur und Austromarxismus.* Wien 1980, S. 164 ff. – Vgl. jetzt auch Kristina Zerges: *Sozialdemokratische Presse und Literatur.* Stuttgart 1982.
[131] Zit. nach: *Zum Kulturprogramm des deutschen Proletariats im 19. Jahrhundert.* Hrsg. v. Helmut Barth. Dresden 1978, S. 313.
[132] K. Boromäus: *Peter Rosegger.* In: *Der Kampf* Jg. 6/11 v. 1. 8. 1913.
[133] Johannes R. Becher: *Einen Schritt weiter!* In: *Die Linkskurve* 2 (1930), Nr. 1, S. 4.
[134] Alfred Döblin: *Katastrophe in einer Linkskurve.* In: Ders.: *Schriften zur Politik und Gesellschaft.* Olten 1972, S. 251.
[135] Vgl. Walter Benjamin: *Oskar Maria Graf als Erzähler.* In: *Gesammelte Schriften.* Hrsg. v. Rolf Tiedemann u. Helmut Schweppenhäuser. Bd. 3. Frankfurt/Main 1972, S. 309–11.
[136] Peter Rosegger: *Mein Weltleben.* Neue Folge. Leipzig 1924 (=GW Bd 40), S. 99. Der Passus fehlt übrigens in der Volksausgabe!
[137] Engelbert Pernerstorfer: *Von Peter Rosegger.* In: *Der Strom* 3 (1913), Nr. 6, S. 161–164.
[138] Vgl. *Heimgarten* 43 (1919), S. 123.
[139] Carl von Ossietzky: *Bundschuh und Escarpins.* In: *Die Weltbühne* 24. Jg., Nr. 13 v. 27. 3. 1928.
[140] Otto Bauer: *Der Kampf um Wald und Weide.* Wien 1925 (=Agrarsozialistische Bücherei 1).
[141] Walter Mehring: *Auf den Hund gekommen.* In: *Das Neue Tagebuch.* Hrsg. v. Leopold Schwarzschild v. 17. 8. 1935.

Metaphysische Grimassen. Zum biographischen Roman der Zwischenkriegszeit

von

FRIEDBERT ASPETSBERGER

DIE DISKUSSION DES GENRES UM 1930

„Keine Zeit, behaupte ich, war reicher an biographischen Romanen als die unsere"[1]: Biographische Romane und romanhafte Biographien erschienen in den zwanziger und dreißiger Jahren so erfolgreich und so zahlreich, daß man vom „geglückten soziologischen Experiment" dieser „Erfolgsbücher"[2] reden kann und daß vom „Überhandnehmen der Gattung"[3] und vom „Ausverkaufsartikel" der Warenhäuser[4] gesprochen wurde. Es kam zu heftigen Auseinandersetzungen um das Genre und zu Analysen aus unterschiedlichsten Perspektiven, auch von seiten der etablierten Geschichtswissenschaft, die dieser „auf das Exemplum hervorragender Individuen reduzierten Schwundstufe systematischer Geschichtsschreibung" zu steuern suchte.[5]

Mitentscheidend für die rege neue Diskussion – schon Nietzsche nennt die „biographische Seuche"[6] – waren auch die jüngsten historischen Ereignisse, der Zusammenbruch der Monarchien, der alle Kontinuitäten zu gefährden schien, und das schwierige Erwachen in den Republiken, insbesondere was die literarisch-produktiven und Bildungsliteratur konsumierenden Schichten betraf: „Je stärker eine Zeit ihre eigene Abhängigkeit vom allgemeinen geschichtlichen Ablauf spürt – und dieses Wissen wird unter der Wirkung zerstörerischer Kräfte stärker sein als unter dem Einfluß aufbauender –, umso eifriger wird sich ihr Interesse der Darstellung historischer Persönlichkeiten oder Ereignisse zuwenden" – ein „unserer deutschen Gegenwart besonders spürbarer seelischer Zwang".[7] W. Schmidt-Dengler spricht von dem für die Zeit nach 1918 konstatierbaren „Bedürfnis nach Geschichte" und sieht es in der tiefen Unsicherheit begründet, welche die Umwälzungen hervorgerufen hatten.[8] Der realgeschichtlich und literarisch von Bismarck gestützten Übermenschentradition konnte die gegenwärtige Untermenschengeschichte der Republiken nicht entsprechen und sollte abgewehrt werden. In der literarisch gerundeten, machtvollen, „bildhaften", auch tragischen „Geschlossenheit der Persönlichkeit"[9] schien jenes Allgemeine an Geschichte noch mitumfaßt, das – unter anderem – als expansive nationalstaatliche Endlösung zu lange ersehnt und seit 1870 zu kurz und eingeschränkt praktiziert worden war, als daß es nicht in Kürze, nach 1933, sich in besonderer Konkretion, kulturlos und expansiver, wieder hätte etablieren können.

In zahlreichen kritischen Essays werden die Wertkriterien diskutiert, die das Genre zu bestimmen hätten. Ich greife für den vorliegenden Zusammenhang nur wenige Ansätze heraus. Die positive, wertvolle Gestaltung der Biographie, so meint einer ihrer Verfechter, Paul Wegwitz, setzt

> die Meinung voraus, daß in jedem Leben es sich nicht nur um den Ablauf von Begebenheiten allein handelt, die irgendwann beginnen und enden, an kausaler Kette aneinanderhängen, sondern daß das gelebte Leben ein Ganzes ist, etwas, in dem jeder Moment nicht nur vom vorhergehenden abhängt, wie bei einem kausal-mechanischen Prozesse, sondern in jedem Moment vom Ganzen aus erst Sinn und Bedeutung erhält.[10]

Diese Sätze gießen die Spuren aus, die der klassisch sich mehr oder weniger rundende Wilhelm Meister und Schillers ästhetische Schriften im Wilhelminismus hinterlassen hatten, am wirksamsten und deutlichsten sichtbar dann in der Auffassung von Wilhelm Dilthey. Nach ihm wird die spezifische Struktur jedes Lebens nicht als Bedingungszusammenhang, sondern als Bedeutungszusammenhang bewußt[11]; Geschichte erscheint als struktureller Wirkungszusammenhang von Bedeutungen; ihm ist Individualität eingeordnet, ja sie ist, als geschichtliche, Voraussetzung für die Erkenntnis geschichtlicher Wirklichkeit. Geschichte und (große) Persönlichkeit werden im Werk des Geisteshelden enggeführt und eins.

Zu Diltheys Gedanken kommt nun ein kräftiger Schuß Irrationalismus. Die Persönlichkeit ist „metaphysisch" und die Biographie ein Genre der „Metaphysik". Denn die Überzeugung von einem Lebens-Ganzen könne „in jedem Augenblick des Lebens mit der Evidenz einer nicht rational beweisbaren, aber intensiv gefühlten metaphysischen Sicherheit erlebt werden"[12] – und diese „metaphysisch" gesichtete Biographie ist Gegenstand des biographischen Romans.

Was Wegwitz als „Metaphysik" beschreibt, sieht der Soziologe Siegfried Kracauer zugleich als (anachronistische) „Garantie der Komposition", also als Formproblem des verunsicherten und entwurzelten Bürgertums; die Biographie-Mode sei auch Ausdruck des Bedürfnisses „nach einer rechtmäßigen literarischen Form"[13] in einer Zeit, die mit eben dieser traditionellen Form nicht mehr ihr Auslangen finden könne. Wegwitzens Argumentation bestätigt Kracauers Diagnose der historischen Verunsicherung als „Metaphysik" der Persönlichkeit: der biographische Roman, schreibt Wegwitz, müsse „erlebtes Leben" sein, wie

R. G. Binding die „klassisch geformte Erzählung seines Lebens" genannt habe; grundlegend dafür aber sei „das Gefühl von der metaphysischen Würde des Individuums", das „teilnehmende Verstehen und Verehren mystischer Gewalten". „Der große Einsame, den niemand mehr versteht", ist „Persönlichkeit im klassischen Sinne", die „aus dem Niedergang und Zusammenbruch demokratischer Formen, aus dem Egoismus der Parteien" usf. emporwächst.[14] Erleben und Deuten in diesem Sinn ersetzt, in personaler „klassischer Form", den konkreten Text der Geschichte.

Noch deutlicher wird das bei Josef August Lux, der dem Kralik-Kreis verbunden und durch publizistische und dichterische Werke sowie durch seine „Lux-Spielleute Gottes" hervorgetreten war. Ihm verdichtet sich im lebensgeschichtlichen Roman „die Vergangenheit [...] durch die Phantasiekraft des Dichters zu einer geformten symbolischen Figur oder Bildgestalt, die die Züge der Wahrheit trägt". Die „Wahrheit" beginne aber erst, „wenn Biographie zu Ende ist": von der tatsächlichen Biographie sei „in Wirklichkeit nicht ein einziges Wort brauchbar".[15]

Der zur Gestalt geformten Individualität im biographischen bzw. biographisch-historischen Roman, wie er hier gemeint und für die Zwischenkriegszeit typisch ist[16] – einschließlich des „ewigen" Menschen in der Hausse der Bauernromane[17] –, liegt also eine gewaltige Verachtung des Tatsächlichen voraus, das als unbrauchbar erklärt wird. „Individualität" und „Geschichte" stehen im Gegensatz zum Belegmaterial. Kyser spricht selbst für den Geschichtsroman davon, daß „die Wirklichkeit der Seele" das Entscheidende sei, und daß der Autor „eher das Historische korrigieren als unterstreichen" müsse.[18] Eine sich verhindert fühlende Gegenwart will in diesem Genre die Tatsachen unsichtbar machen, also in der Literatur den unerfundenen Roman durch die erfundene Historie ersetzen.[19] Lux gibt auch den ideologischen Ort seiner Überzeugungen an: „Es ist die große Persönlichkeit, die dem heutigen M a s s e n b e w u ß t s e i n verlorengegangen ist und nach der man sich wieder sehnt als dem Sammelpunkt aller großen Ideen und sittlichen Kräfte, die heute zersplittert und zerbröselt erscheinen".[20] Es geht also in der „bildhaften" Persönlichkeit um die Zeitkorrektur, zu der bezeichnenderweise kein einziges Wort aus der Realität brauchbar ist. Dieses Paradox ist Ausdruck der Flucht aus dem Massenzeitalter und seiner Verwaltung, die im monumentalisierten Individuum die „metaphysische" Endstation ihrer Sehnsüchte findet.

Diese Lösung besteht allerdings vorwiegend darin, die „Größe" im Alltag des kleinbürgerlichen Lesers heimisch zu machen.[21] „Wir nehmen teil", so betont Lux für die Leser der Biographie-Monumente, „an ihren Sorgen und Kämpfen mit dem niederziehenden Alltag, der auch uns bedrückt, und sind wundersam erschüttert und getröstet, daß es den

Größeren nicht besser ging als uns kleineren Schicksalsbrüdern". Ihre „Ölbergstunden" und ihre „Triumphe" lassen uns das „Ewige im Menschen" ahnen und können „uns hinanheben über die Kleinheit dieser Zeit".[22] Der Autor biedert sich in diesen Worten gleichsam an seine eigenen Abstraktionen von Größe und Macht an und „verdoppelt [...] die Schönheit ihres Anblicks", indem er ihr großes Schicksal in den Leser-Alltag mischt.[23]

Der sich mit seinem „österreichischen Zyklus" über Grillparzer, Schubert, Beethoven, Liszt als „Bahnbrecher" auf dem Gebiet des lebensgeschichtlichen Romans fühlende Lux betreibt hier also für sich und sein gedachtes Publikum „Problemlösungsspiele", in denen sich dichterische und Alltagsphantasie mischen[24] und in denen sich auch der poeta minor als Führer der Nation fühlen darf.[25]

Diese Stellung aber ist durch Schmutz und Schund im gleichen Genre gefährdet, also von jenen, denen die „metaphysische" Ehrfurcht vor der Größe mangelt und die sie daher nicht erkennen: etwa Stefan Zweig, der im *Joseph Fouché* die Charakterlosigkeit groß beschreibt, von Jakob Wassermann, der Kolumbus zum *Don Quijote des Ozeans* verzerre, von Rudolf H. Bartsch, der Schopenhauer als großen alten Kater sehe, und natürlich von Emil Ludwig, dem entscheidenden Biographen dieser Jahrzehnte.[26] An ihm läßt sich das Feindbild der „metaphysischen", sich immer rundenden großen Biographie am deutlichsten fassen; es ist kein literarisches, sondern ein ideologisch-politisches.

Ludwigs psychologisierende Vorgangsweise, die „den Menschen" in den Griff zu bekommen suchte („Geschichte eines Menschen" ist der Untertitel seiner Goethe-Biographie), war von linken Kritikern „Personenkult" und individualistische Geschichtsauffassung, von rechten „seine Sicht der deutschen Geschichte als einer verhängnisreichen Folge von Triumphen unpolitischen Geistes und geistloser Macht" vorgeworfen worden.[27] Die Historiker W. Mommsen und O. Westphal haben ihn den „Feinden Bismarcks" zugezählt.[28] Am schärfsten griff ihn Niels Hansen in seinem Buch *Der Fall Emil Ludwig* (Oldenburg 1930) an. Er wirft ihm z. B. vor, von bestimmten Größen Biographien geschrieben, es bei anderen unterlassen zu haben, wobei dem heutigen Leser – und wohl auch vielen von 1930 – kaum einsehbar wird, worin der entscheidende und durchgehende Unterschied zwischen den genannten Personengruppen zu sehen ist:[29]

> Ludwig schrieb größere oder kleinere Biographien von den Dichtern Goethe, Balzac und Dehmel, den Komponisten Beethoven und Weber, den Künstlern Michelangelo und Rembrandt, den Staatsmännern Lincoln, Napoleon und Bismarck, dem Kaiser Wilhelm II. und dem Heiland Christus.
>
> Er schrieb k e i n e Biographie von den mittelalterlichen Großen, Otto I., den drei Staufern, Franz von Assisi, Dante, Wolfram, Walther, keine von

den großen Mystikern, keine von Luther und Grünewald; es fehlen bei Ludwig Bach und Leibniz, Hölderlin und Kleist, Kant und Hegel.[30]

Dieser absurden Vorrechnung von Namen der Großen der Geistesgeschichte und der Politik ohne unmittelbar einsichtiges Kriterium ihrer Gruppierung liegt Hansens Meinung voraus, in der zweiten Gruppe Menschen „des unbändigen faustischen Dranges der Seele" zu nennen, denen also Michelangelo, Rembrandt, Beethoven etc., entgegen den herkömmlichen Klischees, nicht zuzurechnen sind; die zweite Gruppe sondert von der ersten die Menschen mit „Gottesgewißheit", „die dem Transzendenten nahe, der Wirklichkeit fast schon entwachsen sind". Es wird deutlich, daß hier ganz andere, „metaphysische" Kategorien gelten, die sich als solche des Politischen und der „Reichs"mythologie erweisen: es sind „Deutsche eines unbegrenzten, eines geistlichen Reiches". In ihm (das bald als Drittes Reich von Hanns Johst das „ewige" genannt wurde)[31], sei Emil Ludwig nicht zu Hause; wohl aber die „Knaben, Jünglinge und Männer des Reichs", deren „Sehnsucht" der sein Leben „klassisch" formende R. G. Binding 1933 ausgesprochen hatte: „Mann sein zu dürfen und deutsch sein zu dürfen". Das erfreute P. Fechter noch 1952[32]. Hansen wendet sich also gegen die weltbürgerlichen, humanistisch-demokratischen Intentionen Ludwigs.[33] Sie, nicht die historische Größe oder die geschichtliche Richtigkeit, sind der Angriffspunkt. Ludwig würde, so führt Hansen das aus, sogar „gerne auf die Ilias verzichten, wenn dann die Menschenopfer des Trojanischen Krieges vermieden wären". Die pazifistisch-aufklärerische Haltung wird so schlüssig erklärt, daß auch hier kein einziges Wort aus der Wirklichkeit brauchbar erscheint: „Denn ihm [Ludwig] ist der christliche Gedanke fremd, daß der Mensch für die große sittliche und künstlerische Idee zu wirken und sich zu opfern hat"; deswegen hat Hansen wohl auch den „Heiland Christus" in seiner Aufzählung nicht den Großen „eines geistlichen Reiches" zugeordnet.[34] Die „metaphysisch"-politische Begründung großer Persönlichkeiten bei Hansen hat auch ihr praktisches Korrelat. Er fragt sich schlicht: „Ist Emil Ludwig menschlich und geistig berechtigt, Bücher zu schreiben [...]? Besitzt der von uns entlarvte Autor das Genie und den Charakter, die seiner Bedeutung als meistgelesener Biograph der Welt entspricht?" Hansen plädiert mit diesen Worten, indem er vorgibt, Ludwigs Werk selbstlos „nicht nur gegen unberechtigte Angriffe, sondern vor allem auch gegen ihn selber in Schutz [zu] nehmen", zumindest für ein Berufsverbot wegen „völligem Mangel an Staatsgefühl".[35] Sein Traum vom Reich (um einen Romantitel von Mirko Jelusich heranzuziehen, dem neben Zweig populärsten österreichischen Biographen) ist „metaphysisch", zeigt aber gerade darin aggressiv die Feindbilder. Beim „metaphysischen" Ruhm der Größe geht es überwiegend um etwas ganz anderes, darum, mit der kaum begründbaren diffusen „Größe" eine Legitimations- und Argumentationsbasis für die eigenen politischen Ansprüche zu schaffen und alles ihnen Widersprechende auszuradieren. Die „Geschlossenheit der Persönlichkeit" in den Biographien, die „gelebten Leben" in „klassischer Form" sind wehrhaftes Produkt politisch und sozialgeschichtlich bedingter Aggressionen. – Auch der aus einem anderen Lager kommende Lux glaubt, daß sich die „Grundfrage der Zeit" am Genre der Biographie entscheiden werde: „Ist der Geist eine metaphysische Gewalt, die zu ungeahnten, unvorhersehbaren Genieleistungen befähigt und vom Irdischen erlöst, oder ist der Geist nur Skepsis, Analyse, Zersetzung, im Irdischen befangen? Es ist die Frage, ob in der Kunst die positiven oder die negativen Vorzeichen vorherrschen und überleben werden".[36] Jedenfalls herrschten bald die „positiven" Kräfte ausschließlich vor und nur wenige skeptische überlebten dieses Vorherrschen, in dem sich, um Luxens Worte hier zu übertragen, „die tiefe Volks- und Himmelsverwandtschaft großer Genies mit dem namenlosen Menschen [...] einer bestimmten Rasse [...], eine erdverwurzelte Schicksalsverwandtschaft" zeigte.[37] Bei Hansen, Lux und vielen anderen reimen sich biographiewürdiges Genie und der Namenlose in der Masse tatsächlich einmal auf Rasse[38] in dem Versuch, Gesellschaftliches und politisch Aktuelles „metaphysisch" aufzuheben oder zu verdrängen. In diesem Sinn hat Hansen Emil Ludwig den Schädel vermessen und eine Rasse gefunden, der es verwehrt wurde, jene „metaphysische" Dimension zu fassen.

Dem Ideologem des klassisch geformten erlebten Lebens des großen Individuums stehen freilich schon in der Zeit der Klassik selber, dann besonders im 19. Jahrhundert, Schwierigkeiten mit der Größe bzw. der literarischen Rede über sie gegenüber, anschaulich einerseits in der pathetisch-klassizistischen Gestaltung des von der Geschichte gefährdeten oder in ihr untergehenden Übermenschen besonders in der dramatischen Produktion seit Grabbe und Hebbel, andererseits in der ironischen und humorigen Relativierung bei Heine, Keller, Raabe, Fontane, bis man um die Jahrhundertwende und nach ihr sich daran gewöhnt, von der „Krise" der epischen und dramatischen Formen zu sprechen.

Um 1930 aber konstatiert Siegfried Kracauer eine Krise, als er sich mit dem zeitgenössischen biographischen Roman beschäftigt. Er sieht ihre Ursache im sozio-ökonomischen Wandel, der besonders die Masse des Mittelstandes und der Intellektuellen betraf und ihre Bildungswerte obsolet machte. „Statt sich durch die geistige Leere [...] zum Ausbruch aus dem Gehege der bürgerlichen Bewußtseinslage zwingen zu lassen, suchte sie dieses Bewußtsein im Gegenteil mit allen Mitteln zu konservieren. Weniger aus positiver Gläubigkeit als aus Angst". Die Erfolgsbücher der Zeit zeigen nach Kracauer einige der Ängste wie der Barrikaden, hinter denen man sich verschanzte: z. B. den „kräftigen Individualismus" der Biographien, der historisch ausgespielt habe, oder ihre geschlossene literarische Form. „Mit dem Schwinden dieses festen Koordinatensystems [der objektiven Bedeutung des Individuellen] haben auch alle darin eingetragenen Kurven ihre Bildgestalt eingebüßt"[39] – und gerade von „bildhafter" „Geschlossenheit" ist bei den Verteidigern des Genres die Rede.[40] In ihr aber besteht nach Kracauer die Krise des Romans, also darin, „daß die bisherige Romankomposition durch die Aufhebung der Konturen des Individuums und seiner Geschichte außer Kraft gesetzt ist". Kracauer kennzeichnet den nekrophilen Charakter dieser literarischen Mode, wenn er die Flucht in den anachronistischen Individualismus als tragische Einbettung des „verlorenen bürgerlichen Bewußtseins in Metaphysik" sieht und damit die „metaphysischen" Eigendefinitionen in seine Betrachtung aufnimmt. Der biographische Roman als Form des stabilisierten Bürgertums kennzeichnet in diesen Jahren eben dessen Instabilität.[41]

In diesem Sinn sieht auch Leo Löwenthal die Biographie als „Ausdruck völliger Ratlosigkeit", als „klassische Emigrationsliteratur des deutschen Bürgertums" und als Ausdruck der tiefen Depression, „welcher den gegenwärtigen Zustand breitester Schichten des Bürgertums, vor allem in Mitteleuropa", charakterisiert.[42] Auch er trifft sich damit mit der oben zitierten Selbstdarstellung, in der von der bedrückenden Abhängigkeit von den zerstörerischen Kräften der gegenwärtigen Geschichte die Rede ist.

Die biographische Mode der dreißiger Jahre wird demnach gerade in ihren hohen Ansprüchen als Hohlform, als Negativform dessen umschrieben, was Literatur als Vermittlung der historischen Widersprüche sein und leisten soll und was von der persönlichen Identität, von der literarischen und realen Biographie als „systematischer" Vermittlung von Natur und Geschichte auch heute erhofft wird.[43] Die Hochliteratur dieser Jahre hat sich dazu des Modells des lebensgeschichtlichen Romans als geschlossener Form kaum bedient; sie konstituiert das Erzählen zum Teil aus dem Verzicht auf traditionelle Individualität, am deutlichsten in Musils Negativform eines Übermenschen im *Mann ohne Eigenschaften*. Mit Hinweisen auf einzelne Ansätze bei Jelusich, Canetti und Musil sollen im folgenden Illustrationen der prekären Situation der „Geschlossenheit" der Persönlichkeit und ihrer literarischen Ausformung angedeutet werden.

MONUMENTE DES TRAUMS VON GRÖSSE UND REICH

Konzept, Grimasse, literarhistorischer Ort

Aus der Reihe der Autoren historisch-biographischer Romane in Österreich in den dreißiger Jahren hebt sich in der Gruppe der Nationalen (K. H. Strobl, R. Hohlbaum, B. Brehm, J. Wenter u. a.) Mirko Jelusich mit seinen Romanen *Cäsar* (1929), *Don Juan* (1931), *Cromwell* (1933) – mit dem er nach eigenem Zeugnis seinen illegalen Mitkämpfern „eine kaum noch getarnte Hitler-Biographie" schenkte[44] –, *Hannibal* (1934), *Der Löwe* (1936), *Der Ritter* (1937), *Der Soldat* (1939) und dem Prinz-Eugen-Roman *Der Traum vom Reich* (1941) deutlich ab, nicht nur weil er höchste Auflagen erzielte und zahlreiche Übersetzungen erfuhr – *Cäsar,* der ihm einen Empfang bei Mussolini bescherte, wurde in 13 Sprachen übersetzt –, sondern auch, weil er nach dem Zweiten Weltkrieg und damit nach dem teilweisen Zusammenbruch der Welt, der er bewußt diente, im gleichen Genre weiter erfolgreich blieb *(Die Wahrheit und das Leben,* 1949; *Talleyrand,* 1945; *Asa von Adgar,* 1964) und seine Vorkriegsromane, auch *Cromwell,* in Buchgemeinschaften wie Donauland Dauerbrenner wurden. J. Sachslehner hat ihm eine einläßliche und erhellende Studie gewidmet, auf die sich die folgenden Ausführungen stützen.[45]

Ich greife aus seinen Romanen zur Illustration des „metaphysisch"-biographischen, „reichs"-bezogenen geschichtlichen Romans den *Traum vom Reich* heraus, der, wie auch die anderen Werke, „als Kommentar zur Zeitgeschichte" gelesen werden will.[46] In ihm werden, am Beispiel des Prinzen Eugen, im sparsamen historischen Gewand die besonders seit den Friedensschlüssen von 1919 aufgeblähten Mystifikationen politischen Denkens in monumentalen Personen und „Reichs"-Vorstellungen (den „Schwundstufen der Geschichte") beschrieben, die über die Realisierung im Dritten Reich hinaus unter gebildeten „Unpolitischen", Abendländern, „Gesamtdeutschen", im Katholizismus, bei Monarchisten usw. eine breite Basis hatten. Biographie ist in diesem Zusammenhang auch „Symbol für Reichseinheit".[47] Wenn Jelusich für die erzählte Zeit des Romans angibt, in ihr hätte auch „der Wille Gottes" an der Realisierung des Reichs scheitern müssen, so tritt umso überzeugender heraus, welch übergöttliche Leistung mit dem Dritten Reich vollbracht worden war.

Wie der Bestseller *Cäsar* ist auch dieser Roman aus einer Reihe dramatisch erzählter, stark dialogisierter Szenen aufgebaut, die jeweils scharfe Schlaglichter auf die heroischen, alltagsmenschlichen und tragischen Dimensionen der Helden werfen und – das zeigt die Weglassung einiger Kapitel in der Neuauflage – relativ selbständig und in sich geschlossen sind. Es geht eben nicht, wie zitiert, um die kausale Verknüpfung, sondern um die „metaphysische" Dimension in ihrer Allgegenwärtigkeit. So erfolgt die Darstellung im Präsens. Die Zeitstruktur des Romans hebt die „Reichs"-Geschichte auf in ihre Zeitgenossenschaft mit der Gegenwart des Dritten Reichs und koppelt auch die Leserbiographie an. In diesem einheitlichen „Bedeutungszusammenhang" werden alle Unterschiede aufgehoben, Gegenwart und historischer und biographischer Roman eins. Jener Text und Kontext, den die Geschichte der Historie zur Verfügung stellt, gerät dabei sehr kurz; es b e d e u t e t viel und ersetzt die Zusammenhänge in der Geschichte, wenn der Kaiser oder Eugen ihre Mienen verändern, schneller oder langsamer gehen, die Unterlippe vorschieben oder es „hinter der hohen gewölbten Stirn arbeitet"[48] – es bedeutet viel, weil damit in der „metaphysischen" Dimension geredet wird. So geschieht, was Musil dem Wirken der Ideologie zuschreibt:[49] die Ideologie entidentifiziert die Dinge – hier die Geschichte, die zum Stummfilm sprachloser Grimassen wird:

> Tiefer ziehen sich die Brauen des Kaisers, fest pressen sich seine Lippen aufeinander. Mit bangender, nie begreifender Verwunderung, sehen die Wiener die unheilverkündende Miene ihres Herrn an seinem Ehrentage.[50]

Auch sie vermögen nicht zu deuten, was sich an (reichsgeschichtlicher) Bedeutung in der „Geschlossenheit der Persönlichkeit" zusammenballt, und prallen an ihr ab. Größe und Masse vermitteln sich nicht, außer im Verhältnis der Unterwerfung. Mit anderen Worten: das Grimassieren ersetzt die Darstellung der Geschichte, „bedeutet" ohne Anstrengung der Sprache[51] und fordert Folge: „Der Dessauer stößt einen knurrenden Laut der Befriedigung aus", als Prinz Eugen nach langem, uneinsichtigem Mienenspiel den Angriffsbefehl gibt.[52] Im Mienenspiel fallen die Würfel, in ihm wird die von Wegwitz geforderte „Evidenz einer nicht rational beweisbaren, aber intensiven gefühlten metaphysischen Sicherheit" dargestellt.[53] Als „symbolische Figur oder Bildgestalt"[54] bleibt sie notwendig hermetisch und kommt dabei, wie im folgenden Beispiel, auf den Hund:

Es handelt sich – bei der Huldigung der niederösterreichischen Stände – „um ein schönes Tier, das sich auf einen unmerklichen Wink seines Herrn gesetzt hat, und mit klugen wachsamen Augen die Vorgänge im Saal verfolgt":

> Es ist ein mittelgroßer, schwarz-weiß gefleckter Jagdhund mit langem Gehänge und einer rosigen Schnauze. Die Nase wittert unaufhörlich, die Rute bewegt sich leise. Was wohl der Hund von der feierlichen Versammlung denken mag? Läßt ihn der herkömmliche Pomp auch so gleichgültig wie den jungen Mann unter dem Baldachin [den Kaiser], den plötzlich, unabweisbar ein Gefühl der Einsamkeit überkommt? Weiß auch er, das Sinnbild der Treue, daß diese Kundgebung eine bloße Förmlichkeit darstellt? [...] Wo bleibt die Opferfreude, wenn's darauf ankommt? [...] Wahrhaftig, das Tier könnte die Menschen beschämen. Eine flammende Röte auf den Wangen, die gleich wieder vergeht, erhebt sich der Kaiser [...].[55]

Fast scheint es, als sei das tierhafte Verhalten die eigentliche Maxime und der Geschichtsmächtigkeit näher als jedes menschliche, abseits der „Geschlossenheit" in Widerspüche zerfallende Verstehen. Die erlebte Rede von Kaiser und Hund wirkt wie an die innere Oberfläche eines Glassturzes projiziert, bewandert diese Fläche mit Blick auf eine intrigante Feindwelt. Die flammende Rötung des Kaisers signalisiert den

Alarm in der Glassturz-Festung zum Kampf gegen sie. Isoliert zitiert erscheint die Hunde-Szene als Satire oder als Parodie, was auch literarhistorisch ihr eigentlicher Ort wäre. Dazu ein kurzer Exkurs.

Das Grimassieren vor allem am Beispiel der blitzenden, leuchtenden, strahlenden, glühenden Augen, dem „primären Geschlechtsmerkmal" des Übermenschen[56], ist Teil der Literaturgeschichte wie der Geschichte. Das Augenblitzen und die Theatralik Wilhelms II., auch die Hitlers und Mussolinis[57], wurde vielfach vermerkt. Der Leibdramatiker der Hohenzollern, Ernst von Wildenbruch, hat das berühmte Blitzen Wilhelms in seinen mit dem Schillerpreis ausgezeichneten Dramen *Heinrich und Heinrichs Geschlecht,* besonders in *Der Deutsche König,* zu einem entscheidenden Kriterium der Persönlichkeitszeichnung gemacht. Schon ältere Literaturgeschichten konstatieren an Wildenbruch „jene Freude der Hohenzollern am pathetischen Moment" („Wir sehen nur die Gesten, die wilden Bewegungen [. . .] wie Pantomimen") und empfinden diese Darstellungsweise als historische Regression: „Aus der Zeit nach Goethe, aus der modernen Ehrfurcht vor mächtigen ernsten Gesetzen, sind wir zurückgeworfen in eine Weltanschauung, die nur eine Entwicklung in Katastrophen kennt – ja, für die die Entwicklung um der schönen Katastrophen willen da ist". Man betonte den „falschen Idealismus", der alle Wirklichkeit verachte. „Heißt das Idealismus, so gilt es, das deutsche Volk und die deutsche Poesie davor zu warnen".[58]

Als diese Literaturgeschichten gelesen wurden, arbeitete Heinrich Mann schon am *Untertan,* dem häßlichen Deutschen des Wilhelminismus, Diederich Heßling, der, seinem Kaiser Wilhelm II. gleich, „blitzt". Heßlings Blitzen ist Ausdruck seiner autoritätshörigen und autoritären Brutalität, Ausdruck seines Appellierens an die Macht wie seiner Unterwerfung unter sie. Es ist die Geste, in der sich der Untertan, als Verrat an den liberalen und individuellen Werten der bürgerlichen Tradition, groß macht. Nicht umsonst setzt der Roman einen entscheidenden Akzent auf die Errichtung eines Kaiser-Denkmals, auf dessen Weihe der Untertan höchste Hoffnungen setzt und bei der er seine Titel-Rolle bestätigt erhält.

Das ist nur ein Beispiel dafür, daß das, was bei Jelusich im Blitzen und Grimassieren als Bekenntnis zur Größe und unter dem Anspruch von Literatur auftritt und gelesene Literatur wurde, längst von der bürgerlichen Hochliteratur als kritische Satire zu Ende geschrieben worden war. Die Beispiele ließen sich vermehren – etwa im Hinblick auf die besonders österreichische Art der Offiziere bei Jelusich, die sich mit saluti, servitore, piacere charmant und kommod begrüßen, wie es Karl Kraus in den *Letzten Tagen der Menschheit* die Offiziere Pokorny, Powolny, Nowotny an der Sirk-Ecke als Einleitung der Akte in satirischer Absicht tun ließ.

Das bekennend, was die Hochliteratur nur mehr satirisch faßte, gelingt Jelusich das „soziologische Experiment" des Erfolgsbuches in seinen Biographien.

So wenig dieses „Experiment" von der literarischen Tradition gedeckt ist, so sehr fügt es sich in die Vorstellungsmodelle zeitgenössischer politischer Begeisterung und Propaganda, wie ein Hinweis auf J. Steinhardts 1933 erschienenes Werk *Unser Hermann Göring*[59] illustrieren kann:

Göring wirft einen „letzten Blick [...] auf die am Horizont versinkenden Dünen". In diesem ruhigen Blick zuckt dann „blitzartig" künftige Tat auf, bevor sich die Miene wieder glättet: „blitzartig zuckt das Erinnern an den urigen Elch durch sein Hirn, blitzartig die Vorfreude auf das Ende des Septembers, denn in Rominten harrt ein Hirsch von zweiundzwanzig Enden der Kugel des Ministerpräsidenten. Dann aber nimmt sein Gesicht wieder jenen Ernst an, den wir aus seinen Bildern kennen".

Wie in Kaiser Joseph und Prinz Eugen bei Jelusich arbeitet es auch in Göring ununterbrochen, „ihm selber unbewußt", zum Wohle des Reichs, so sehr, daß er zu den ganz Großen der Geschichte gezählt werden kann und künftige Zeiten nicht nur von „Heinrich dem Löwen, dem Braunschweiger", sondern auch von „Hermann dem Löwen, dem Braunhemdträger" „sagen und singen" werden. Die maschinenhafte „Unbewußtheit" ejakuliert wie bei Eugen, wenn er sich in den Kampf wirft, im Willen zur Tat:

> Aber wohlgemerkt: auch wenn er in zitternder Jägerleidenschaft des Elches harrt, ruht sein Gehirn nun und nimmer, sondern arbeitet unbewußt; schlägt sich unausgesetzt mit diesen oder jenen Sorgen herum; prüft unbewußt die schwierigsten Entschlüsse, denkt und denkt und grübelt und zermartert sich ohne Rast und Ruhe, arbeitet selbst im Schlafe noch – bis plötzlich aus dem Unterbewußtsein der Wille zur Tat emporschäumt.

Der Maschinenhaftigkeit dieses, die Persönlichkeit total prägenden Traums vom Reich korrespondiert der menschenverachtende Konnex, der bei Jelusich Kaiser und Hund, bei Steinhardt Göring und den Boden, auf dem er steht, verbindet. Nur Tier und Natur können jenes Geschichtskonzept zur Anschauung bringen, das abseits menschlicher Wirklichkeit den Sinn immer schon in sich trägt:

> Schütteln würde sich der Pfad in der Erinnerung an jene verfluchten Zeiten! Und hell aufjubeln würde er, könnte er an diesem heißen Septembertag 1933, im Jahre der Erhebung des Hakenkreuzes, mit dem Manne sprechen, der, durch Sumpf und Moor und Urwald pirschend, über ihn schreitet: Hermann Göring, der markanteste Paladin des Führers und markanteste Vorkämpfer des Hakenkreuzes [...].

Auch hier, wie bei Jelusich, vermitteln sich „große Persönlichkeit" und Masse nur in der Unterwerfung: Hitler und Göring „werden schon Sorge tragen, daß andere, bessere Zeiten kommen [...] unter der Voraussetzung, daß jedermann den Führern unbedingten, vertrauensvollen Gehorsam leistet".

Zugangsmöglichkeiten zur Größe

Der Roman eröffnet dem Leser gerade in seinen (Schwundstufen-) Größen eine Fülle von Zugängen, Identifikations- und Exkulpationsmöglichkeiten bei der (zeitgenössischen) Gewaltanwendung.[60]

Bezeichnenderweise fehlt in der Neuauflage von 1979 (unter dem Größen variierenden Titel *Prinz Eugen. Feldherr Europas. Der Traum von Kaiser und Reich*) auch das Kapitel über die Erstürmung eines in jüdischem Besitz befindlichen Palais' durch die Wiener: „Freiwillige" nennt dort der Roman jene aus der rasenden Meute, die Ziegelsteine zur Zertrümmerung der Fenster herbeischleppen; die ganze Unternehmung erscheint als gerechte Empörung der gutmütigen und biederen Wiener: „Ehe man sich's versieht, ist aus dem Aufruhr ein Volksfest geworden, dem sich alle mit dem größten Vergnügen ergeben" und dessen „Belustigungen" sie genießen, zumal, wie Jelusich Prinz Eugen feststellen läßt, die Meute weniger Schaden anrichte als der jüdische Wucher. Aber nicht nur Billigungsmöglichkeiten der Gewalt im Schutze der biederen Masse offeriert der Roman, auch die historische Größe selber wird bieder. Der Kaiser ist mehrfach „fröhlich und unbeschwert wie ein Bub", Eugen rückt mit seiner Freundin Lori Batthyány in diese Dimension unschuldiger kindlicher Unmittelbarkeit, wenn sie beim Kaffee „lachend wie zwei Kinder scherzen".[61] Bei Lori kann Eugen – mit Lux zu reden – seine „Ölbergstunden" aufheitern, wenn ihn die Sorge ums Reich quält. Aber diese, dem Leser leicht zugängliche Privatseite dient ebenfalls der Monumentalisierung. Denn vor Lori offenbart Eugen zuerst seinen „Lieblingstraum": Feldherr Europas zu werden, wenn „der Weg nach dem Osten [...] frei" ist und Europa zum „Gegenangriff" übergeht, was im Erscheinungsjahr des Romans eben der Fall zu sein schien – eines der vielen Beispiele, daß alles Visionäre seine realistischen Korrelate hat. Wie im Privaten – Lori muß tief Atem holen, „ihre Augen glühen vor Bewunderung und Verehrung" – löst dieser Plan Eugens auf politischer Ebene gewaltige Reaktionen im Sinne des „bedeutenden" Grimassierens aus. Als Eugen – „visionär blicken die Augen" – dem Kaiser seinen Plan offenbart, mündet das in Unterwerfung und Befehl:

> Joseph bebt am ganzen Leib. Seine zuckenden Hände fassen die Eugens, halten sie krampfhaft fest. Tief neigt er den Kopf.
> „Der Kaiser sind Sie [...] Der heimliche, der wahre Kaiser [...] Wann soll ich beginnen?"
> „Sofort", antwortet Eugen.[62]

Liebenswerte Kindlichkeit, „Denken in Kontinenten"[63] und Größe des Visionärs sind in solcher Pantomime eins in der Art der Stammtisch-Weltpolitik des Kleinbürgertums, die unbescholtenes Gemüt und aggressive Brutalität nicht leicht unterscheidbar macht.[64]

Heroische Erstarrung. Eugen und Schreber

Freilich wird die Kaffeegemütlichkeit von der monumentalen Erstarrung in Visionen bei weitem überwogen. Diese geht vielfach aus blutigen Kämpfen hervor oder mündet in sie, wird aber fast immer denkmalhaft abgehoben. Im Falle des Schmieds von Kochl verzichtet der Autor bei einer Kampfszene auf den im vorhergehenden Text genannten Schußwaffengebrauch, um diesen „Riesen wie aus einer Urwaldsaga" monumental herauszuheben: „Und dann ist nur noch der Bartl übrig. Im sinkenden Abend ragt er unerschütterlich wie er den ganzen Tag dastand [...] Zu seinen Füßen häufen sich die Leichen. Ein leerer Kreis ist um ihn"[65], für den hier die Dimensionen Hagen von Tronjes aus dem Nibelungenlied entlehnt werden, einem Stoff, der auch in Österreich damals im Schwange war, wie der Nibelungenroman Friedrich Schreyvogls (1941) und Mells umfängliche zweiteilige dramatische Gestaltung *Der Nibelunge Not* (1944/1951) zeigen. Auch bei Schreyvogl werden übrigens Tiere entscheidende Bedeutungsträger; die mythischen Rappen Brünhildes, „Feuer" und „Sturm", begehen bei der Abreise der Nibelungen zu Etzel und damit in ihren Untergang durch die endlosen Massen der Hunnen zeichenhaft im Rhein Selbstmord. Ihre Heroik gibt dem Schmied von Kochl, Bartl, nichts nach.[66]

Die anscheinend im Menschen kaum mehr auflösbaren Pantomimen der Größe veranschaulichen besonders deutlich, was in jenen Jahren vielfach unter geschichtlichen Ereignissen als Erfüllung eines Schicksals verstanden wurde und in die Literatur Eingang fand. Solche gestisch-„metaphysische" Motivierung des Handelns gilt umso mehr für den Feldherrn Europas. Monumental erstarrt[67] erlebt er, wie drei Eroberungsstürme seiner Truppen mit schweren Verlusten zurückgeschlagen werden, „unbeweglich, die Hände auf dem Rücken, mit steinernem Gesicht". Dann schlägt die Erstarrung in Raserei um: „Seine Starrheit löst sich", er reißt die „mit halbirren Augen" sich schon verweigernden Soldaten, seine „Kinder", „den blanken Degen hochhaltend", mit „flammenden Augen" mit, steckt plötzlich „im dicksten Gewühl und schlägt um sich wie ein Besessener", um nach dem Sturm in die Isolation zurückzufallen; verwundet wehrt er die Feldscher ab, hat sich, Geist über der Masse und Geist der Masse, wieder aus ihr zurückgezogen in die Starre, ist bei sich, entzogen, überlegen, unnahbar. „Der Savoyer wehrt sie alle ab".[68] Seit Theweleits Einsichten ist diese Starre kein Zufall oder die Eigenart nur eines Autors.[69]

Wie das „Blitzen" schon bei Heinrich Mann, so ist die Erstarrung in der zeitgenössischen Hochliteratur als Figur kritischer Beschreibung präsent. In eine solche Starre der Überlegenheit, in sein eigenes „Bedeuten", sucht sich auch der Bildungsbürger Peter Kien in Elias Canettis 1935 erschienenem Roman *Die Blendung* zu retten. Er erhält sich als Bildungsgröße gegen die Anstürme seiner schlagenden Haushälterin Therese als Vertreterin der Unterschichten, indem er zu Stein erstarrt. In der *Blendung* funktionalisiert Canetti in dem harten, verkürzenden Kontur der typisierten Figuren, in der damit verbundenen Signalisierung bestimmter Bewußtseinslagen kritisch jene Züge, die bloß positiv die Übergrößen der trivialen Modebiographien konstituieren.

Canetti konnte sich in seiner Figurenzeichnung nachträglich bestätigt sehen, als ihm 1949 die Krankengeschichte des Senatspräsidenten Schreber aus dem Jahre 1903 in die Hände fiel und symptomatisch für das Machtbedürfnis gegenüber der Masse wurde, also für jenen Allmachtswahn, den er dann in *Masse und Macht* beschrieb. Auch der Paranoiker Schreber bekennt von sich, nur in Bezug zur Ewigkeit zu leben, wie Eugen bei Jelusich in Bezug auf das „Reich" des „ewigen Kaisertums" lebte[70] und wie viele damals für das Dritte, Tausendjährige Reich lebten und sich dabei auf die politische Erlösung durch Blut und Rasse verließen; wie Jelusich mit der Reichsidee einen Gang von den mittelalterlichen Kaisern zu Eugen und zu Hitlers Ostpolitik unternimmt, so erstrecken sich Schrebers Erlebnisse über Jahrhunderte; wie Eugen in den Weiten des Ostens, ist er im Weltraum zu Hause. Canetti hebt das positionelle Denken heraus, das sich in der denkmalartigen Übergröße in unendlichen Räumen und Zeiten spiegelt und in ihnen behauptet: „Die Position als solche ist das Wichtigste, und sie kann nicht groß und ewig genug sein", weil das im Drunter und Drüber der Welt Sicherheit bedeute. Es ginge immer darum, eine exaltierte Stellung zu verteidigen und zu sichern. Dies sei auch die Position des Machthabers.[71]

Was vielen nach dem Frieden von 1919 eine zerstörte Welt schien, drückte sich bei Schreber in einer menschenlosen, in eine einzige kosmische Intrige zusammengebrochenen Wirklichkeit aus. Die Seelen der Toten, „kleine Männer", „winzige Figürchen in Menschenform", „zu Hunderten wenn nicht zu Tausenden", bedrohen ihn, werden aber auch von ihm angezogen, um sich dann auf seinem Kopf oder an seinem Leib zu verflüchtigen und völlig zu verschwinden.[72] Das Visionäre Eugens entspricht dieser Vernichtungskraft, deutet sie zumindest an. Sie hätte sich auch der Kaiser gegen die niederösterreichischen Stände gewünscht, als er ihnen den Jagdhund vorzog. Über Schreber hinausgehend versteht es der Feldherr Europas, Eugen, die Soldatenmassen grimassierend zur Ordnung zu rufen, sie im Kampf gegen seine Feinde zu Teilen seines Leibs zu machen und sie so oder durch den Feind zu töten bzw. aufzulösen. Die von Eugen akzeptierten Größen neben ihm, der Kaiser und dann Marlborough, entschwinden, der eine durch den Tod, der andere durch Intrigen, sodaß Eugen, als der Roman mit dem Tod des Kaisers endet, umso monumentaler und einsamer dasteht und – mit der Versager-Figur des neuen Kaisers – eindeutige Schuldzuweisungen an andere zuläßt. Das wäre in geringerem Maße der Fall gewesen, hätte Jelusich den Roman bis zum Tode Eugens geführt. Die in der Biographie liegende Einheit im Ablauf hat sich aber längst „metaphysisch" in Augenblick und Ewigkeit der Vision zusammengezogen. Der biographisch-historische Roman dient der Zerstörung der Geschichte bzw. der Historie und ihres Erzählens.[73]

Die politische Lokalisierung bei Canetti

Manche Züge des Romans stehen im historischen Befund der politischen Interpretation der Paranoia Schrebers bei Canetti nahe: „[...] es geschieht in dieser Paranoia *gleich,* was die Völker, die sich um ihre Führer häufen, [...] im Laufe der Jahre erfahren: sie werden an ihm immer *kleiner* [...], schrumpfen schleunig ein, bis zur Größe von Millimetern, und das wahre Verhältnis zwischen ihnen kommt so auf das überzeugendste heraus: er, im Vergleich zu ihnen, ein Riese; sie, als winzige Kreaturen [...]"[74]. Die Wirkung des großen Mannes auf die kleinen sei vernichtend. Bei Jelusich ist Eugen, der an einen Sieg seiner Idee nicht mehr glaubt, sogar bereit, dafür auch die noch Ungeborenen zu verbrauchen: „Noch ahnen sie es selbst nicht, noch sind sie nicht geboren [...] Schon nahen sie, schon schließen sich die Reihen, einer dicht am andern, das heilige Heer der Nation"; der Traum vom Reich werde „erst mit dem letzten der Deutschen" ausgeträumt sein und dann dieses Volk seine Vollendung erreichen; die Flamme in den Herzen müßte so hoch lodern, bis sie „die ganze Welt erhellen wird!"[75] Der Weltenbrand bzw. die Menschenvernichtung sind also diesem Traum vom Reich, diesem Allmachtstraum nekrophiler Prägung, inhärent.

Canetti sieht in Schrebers Allmachtsphantasien „das genaue Modell der politischen Macht, die sich von der Masse nährt".[76] Sie korrespondieren den besonders „geistig" verstandenen Vorstellungen der „Geschlossenheit der Persönlichkeit", die nach Lux „dem heutigen Massenbewußtsein verlorengegangen ist und nach der man sich wieder sehnt als dem Sammelpunkt aller großen Ideen und sittlichen Kräfte, die heute zersplittert und verbröselt erscheinen".[77] Es liegt nahe, sich an Hitlers Worte an Speer zu erinnern: „Ich bin nicht geneigt, auf die Weiterexistenz des deutschen Volkes Rücksicht zu nehmen; geht der Krieg verloren, dann damit auch die Existenzberechtigung des deutschen Volkes".[78] Canetti weist selber auf solche historischen Korrespondenzen zu Schrebers *Denkwürdigkeiten* aus dem Jahre 1903 hin: „Man wird nicht leugnen können, daß sein politisches System es einige Jahrzehnte später zu hohen Ehren gebracht hat. Es wurde in etwas roherer und weniger ‚gebildeter' Fassung zum Credo eines großen Volkes"[79]; seine Leser waren, eingespannt in Gewalt, in die Ehrenhalle der Erzählformen des großen Individuums geflüchtet, d. h. in „eine Art versteinerte Anthropologie", in der nach Löwenthal die höchsten Prinzipien der Geschichte verdinglicht werden.[80] Die Vision künftiger Größe, entstanden aus den Angstgefühlen vergangener oder gegenwärtiger Verfolgtheit, findet in dieser Ehrenhalle wie in einem Gefängnis statt, projiziert dort Übergrößen an die Wand und macht in ihrer verzerrenden Optik die Geschichte zum Theater der Gleichzeitigkeit starrer heroischer Szenen. Für Allmachtsphantasien gibt es keine Geschichten und keine Geschichte mehr zu erzählen. In der anachronistischen Form des biographischen Romans äußert sich die Krise des Erzählens, nicht in den avantgardistischen Formen. „Gesunkenes Kulturgut" der Soziologie für den Massenkonsum nennt Löwenthal die biographischen Romane.[81] Sie sind, gerade in ihren literarischen Ambitionen und im Hinblick auf das Bild von Literatur, das sie für zahlreiche Leser prägen, jene Trivialliteratur der Bildung, die als Literarisierung von Ideologie auf den Text der Wirklichkeit verzichtet.[82]

Die Blendung der „Bedeutungen"

Während die triviale Literatur die alten Vehikel der Biographie und der Geschichte – „gesunkenes Kulturgut", Ressentiment der „Masse des Mittelstands und der Intellektuellen" – besteigt, weil in ihrer gewohnten Bequemlichkeit („ein individuelles Schema [...] fertig ins Haus"[83]) jede Abschweifung und Ideologisierung erlaubt, zumindest möglich erscheint, nützt die Hochliteratur das Repertoire auch dieser literarischen Formen schöpferisch aus, perspektiviert und funktionalisiert es und nimmt in dieser differenzierteren Formung das in der biographisch-historischen Perspektive verhüllte – im eigenen Verständnis: klassisch geformte – Chaos der Wirklichkeit und insbesondere der „Größe" als Wahn ernst, der heroisch die Realität verstellt. Canettis Roman *Die Blendung* beweist, daß sich diese heute kanonisierte Literatur dabei keineswegs auf Formexperimente als Alternative beschränken muß. Canettis Beispiel ist dabei von besonderem Interesse, da sich seine autobiographischen Schriften[84] in den letzten Jahren eindrucksvoll zu eben jenem Ganzen subjektiv und biographisch überformter Wirklichkeit runden, das der Roman *Die Blendung* (1931, erschienen 1935) verweigerte: Erzählen als Form der Ideologie des Individuums. In der Autobiographie entfaltet sich ein Held des Bildungsromans, zerteilt immer selbständiger die widersprechende und widersprüchliche Wirklichkeit nach seinen Interessen und kann so seine Zunge retten. Das führt ihn zwar in keine elitäre und versichernde Gesellschaft vom Turm mehr wie Wilhelm Meister, aber doch zum Nobelpreis in unserer Zeit, in der die Biographie wieder hoch im Kurs steht. Die nach der Studie *Masse und Macht* liegende späte Autobiographie aber macht gerade in ihren Einseitigkeiten deutlich, was sie konstituiert: der Haß gegen den Tod als Liebe zur stets gefährdeten Wirklichkeit. Im Gegensatz zu diesen Zügen der Autobiographie und bestimmt vom geschichtlichen Horizont der dreißiger Jahre wird in Canettis Roman *Die Blendung* der Haß auf den Tod, als der die umgebende Wirklichkeit empfunden wird, direkter deutlich und literarisch wirksam, auch darin, daß Canetti die Wirklichkeit als sinnlosen Machtkampf von „Bedeutungen" in starren Übergrößen kennzeichnet — und damit den biographischen Roman bzw. das traditionelle biographische Modell als anachronistische neubürgerliche Kunstform im Sinne Kracauers.

Die Blendung faßt dieses Bürgertum in Gestalt des überragend gebildeten Peter Kien, einer auch nach seiner Selbsteinschätzung monumentalen Größe bürgerlicher Bildung. Kien erstarrt in ihr, wie oben angeführt, zu Stein, sie und sich so im Wahn aufrechterhaltend. Seine Stimme, laut gegenüber dem einzig ihm würdigen Gesprächspartner, den Büchern, versagt im realen Leben wie seine Augen und Ohren und seine Körperkräfte. Der am Fach Sinologie angezeigte weltweite Bildungshistorismus wird stumm und wird stumm gemacht und pervertiert im Bücherwahn. Hofmannsthals Lord Chandos, den man als Höhepunkt der Identitätsstörung eines nervenhaft verfeinerten, auf die Spitze getriebenen Individualismus sehen kann[85], versagt die Sprache bei seinen literarischen Plänen, unter anderem eine Enzyklopädie zu schreiben; er starrt fasziniert und erschreckt auf die Einzelheiten der Wirklichkeit. In dieser glücklichen Lage ist Kien nicht mehr. Er steht immer abseits der Wirklichkeit, wohnt fensterlos in Bücherwänden und bleibt bei seinen sparsamen Ausgängen Träger seiner Wissenschaft (konkret seiner als Schutzschild vor die Brust gehaltenen Büchertasche), und als er durch Therese der Wirklichkeit ausgeliefert wird, trägt er diese buch- und bildungsorientierte Lebensform als wahnhafte Selbstdeutung und den andern zu oktroyierende Bedeutung mit sich bis zu seinem Untergang. Canetti spricht dem Bildungsbürger dieser Prägung aber nicht nur alle Annäherungsmöglichkeiten an die Wirklichkeit ab, sondern läßt ihn auch aller Anbiederungsformen an sie entbehren; sein „Panzer" hat kaum eine Lücke. Die Erstarrung Eugens in weltgeschichtlichen Visionen zeigt Canetti an Kien als längst auch im abseitigsten Alltag stabil, und er zeigt jede Alltagsposition als die „exaltierte" des Machthabers. Mit der Haushälterin Therese prallt ein so starr wie Kiens hybride Bildung verwalteter Aufstiegs- und Machtwille auf ihn. Kiens asketischem Selbstbild der vollendeten Gelehrsamkeit entspricht ihr sinnliches als weiße Taube der Liebe. Dieses im Herzen schiebt sie brutal ihr Bett in sein Arbeitszimmer und prügelt ihn schließlich hinaus. Wie Eugen im militärischen Ansturm und gegenüber der Niedrigkeit der Welt in den Visionen, so versteinert Kien unter dem Ansturm der Gegenwart auf den Bildungsbürger und flieht in die Vergangenheit als seinem Traum vom Reich bzw. seiner Hoffnung auf die Zukunft (so wie die Trivialliteratur nach Kracauer und Löwenthal ins biographisch-historische Genre flüchtet):

> Die Zukunft, wie kommt er in die Zukunft hinüber?[...] An allen Schmerzen ist die Gegenwart schuld. Er sehnt sich nach der Zukunft, weil dann mehr Vergangenheit auf der Welt sein wird. Die Vergangenheit ist gut[...] Wer fühlt sich in der Gegenwart glücklich?[86]

Kien nimmt in diesen Wünschen die Position ein, aus der nach Schmidt-Dengler typischerweise für die Jahre nach 1918 das Bedürfnis nach Geschichte entsteht: „Die Verzweiflung an der Gegenwart läßt die Gedanken in eine Vergangenheit gehen, aus der man eine sichere Zukunft konstruieren zu können meint".[87] Kien will die Gegenwart totstellen und sich in ihr totstellen, d. h. vor allem Therese ermorden, die meist zu negativ gesehene Repräsentantin der Unterschichten, die seine die „Geschlossenheit der Persönlichkeit" spiegelnde Wohnung mit dem Schläger und Polizeipensionisten Pfaff übernimmt. Kien wird bewußtloses, immer schuldiges Opfer seines „Stipendiaten" Fischerle, welchen schließlich der Blinde (mit einer „Bedeutung", einem Knopf anstelle einer echten Münze abgespeist) zerschneidet. Canetti typisiert die Verhaltensformen der Gewaltanwendung, auch sozial und ideologisch, bis zum äußersten. Er stellt darin den Autismus der Macht allgegenwärtig dar, der in Eugens Visionen schön, als höhere Wahrheit, als Schicksal und Deutung erscheinen sollte. Dem Grimassen-Pathos bei Jelusich entspricht trefflicherweise die „heruntergekommene" Sprache[88] der Typen der *Blendung*, in der sich ihr Wirklichkeits-Verlust und ihre Machtansprüche äußern. Was Canettis Roman formt, ist der Haß auf eine solche Wirklichkeit, der er nicht ausweicht, sondern auf die er sich im Gegenteil beschränkt, ist sein Entsetzen über sie und ihre Aussichtslosigkeit. Was Doderer – wohl mit Recht kritisiert – in der Restauration der fünfziger Jahre mit der Figur des Leonhard Kakabsa wagte, ist hier undenkbar: weder Fischerle noch Therese lernen Latein und steigen dadurch auf. Wagt man das zu vergleichen, so würde Fischerles Bibliothekarsdasein bei Kien Kakabsa karikieren. Fischerle aber ist bei Canetti weniger durch das Buch als vielmehr durch seine Wahnwelt des Schachspiels, seiner „Bedeutung", charakterisiert und geht in der Auseinandersetzung der „Bedeutungen" zugrunde. Canetti verweigert die Zusammenhänge der „Bedeutungen", zeigt sie in ihrer Blindheit und blendet sie. Das gesamte gewohnte Erfahrungssystem ist in diesem Roman verändert: „weggelassen ist alles ‚höhere Menschliche' der Figuren, das die reinen [...] Macht- und Freßtriebe hemmen oder auch nur verhüllen könnte".[89] Der Erzähler harmonisiert nicht, schon gar nicht „metaphysisch". Die Wahnwelten der einzelnen Typen werden bei Canetti jeweils innerhalb ihrer Grenzen totalisiert und nur ihre Konfrontation unterbricht ihre hermetischen Monologe, besser: potenziert sie. Jeder wird an jedem zunichte, auch der sich im Wahn der andern verwaltende Psychiater Georges Kien hebt sich darüber nicht hinaus. Die Dissonanzen dieser Monologe hallen so schaurig wie die Harmonisierungen in den trivialen Formen des biographischen Romans schön tönen wollen. Die gräßlichen Tode der Wirklichkeit bei Canetti aber eröffnen keine Chance ihrer Verklärung. Die Brandstiftung Kiens, zuletzt auch angeregt von den ihm verschwimmenden, von ihm auf seine exaltierte Position bezogenen Schlagworten der Zeitungen, der seine Bücher und er selbst zum Opfer fallen, korrelieren mit dem Verbrennen der Bücher und der Vernichtung der Wirklichkeit nach 1933 in direkterer, weil in erkennender Weise, als das identifikativ-abbildende Feuer im Herzen der Deutschen, das bei Jelusich ihren Traum vom Reich bis zur Einbeziehung der Ungeborenen nährt und die ganze Welt entzünden sollte und entzündete. Nur in diesem un- und antiliterarischen Sinn behält Jelusich recht.

Werkcharakter und Zeitkommentar

Die politische Wirklichkeit der dreißiger und vierziger Jahre bestimmt die Beurteilung der damaligen Literaturproduktion. Sie scheint entscheidend nicht nur im Sinn der politischen Implikate für das Schaffen gewesen zu sein: Canetti schreibt keinen weiteren Roman der ursprünglich geplanten Romanreihe, sondern konzentriert seine Arbeitskraft auf eine andere Form der Wirklichkeitserfassung. Bis 1960 beschäftigt ihn die erzählende Analyse von Masse und Macht, mit der er „dieses Jahrhundert an der Gurgel zu packen" glaubt[90], und erst danach, lange nach diesem Griff an die Gurgel, scheint ihm das biographische Modell als autobiographisches wieder zu tragen.

Diese Relativierung der Literatur begegnet auch in den literarischen Theorien wie im poetischen Werk bedeutender Dichter dieses Zeitraums nicht selten. Brochs massentheoretische Studien und sein „polyhistorischer" Roman schließen an Canettis Doppelform der sprachlichen Analyse der Wirklichkeit an. Thomas Mann schreibt zu seinem *Faustus* mit dem antagonistischen doppelten biographischen Modell die *Entstehungsgeschichte des Dr. Faustus. Roman eines Romans,* in dem die Lebens- und die politische Situation zur Zeit der Entstehung kommentierend zum Schaffensprozeß eingebracht wird. Musil hatte schon in seinem Ansatz eines monsieur le vivisecteur nach der Jahrhundertwende das biographische Modell experimentell systematisiert und dann zu einem Mann ohne Eigenschaften entwickelt, einer Unfigur von der Biographie-Hausse her gesehen. Mit dem „anderen Zustand" experimentiert er an der Grenze des zeitgenössischen, auch politischen Wunsches, das Individuum in der Masse aufzulösen, freilich ohne jede denkmalhafte Größe.[91] Musil gelang die Beendigung des Romans, der sich die Analyse der in den Weltkrieg mündenden Epoche in literarischen Figuren vorgenommen hatte, nicht – also das Ende, das dem biographischen Modell immer schon vorgegeben ist. Im Jänner 1942, kurz vor seinem Tod, denkt er daran, die weltpolitischen Entwicklungen, die seinen Roman gefährden und in ihrer Brutalität sein literarisches Muster zu überholen drohen, auszuscheiden und in eigenen Aphorismen- und Essaybänden zu behandeln, was Canettis Umschwenken zu *Masse und Macht* ebenfalls vergleichbar ist. Die als Experimentierform aller denkbaren Möglichkeiten von Wirklichkeit geschaffene Hauptfigur Anders/Ulrich hätte in diesem Fall die Verantwortung für die Romanform auf sich nehmen müssen und hätte damit die literarische Figur als literarische potenziert: Dem gealterten Ulrich, „der den zweiten Weltkrieg miterlebt und auf Grund dieser Erfahrungen seine Geschichte, und mein Buch, epilogisiert", wäre ein „Nachwort, Schlußwort" zugemutet worden. Musil meinte, dieses Schlußwort ermögliche es, „die Geschichte in ihrem Wert für die gegenwärtige Wirklichkeit und Zukunft zu betrachten". Mit diesem Kunstgriff sollte noch einmal ein relatives Ganzes geschaffen und der Widerspruch als literarischer Widerspruch gegen die „Geschlossenheit der Persönlichkeit" von Figur und Autor betont werden. Mit dieser, nach seinen eigenen Worten Pirandelloschen Ironie wollte er das Werk „ins Lot rücken", da auch ein Mann ohne Eigenschaften an der gegenwärtigen weltpolitischen Lage nicht vorbeisehen könne.[92] Auch Musil spielte also mit dem Gedanken an die Trennung von literarischem Werk und aphoristischer oder essayistischer Zeitanalyse. Auch die Versuche, die Zeit durch neue technische Mittel in den Griff zu bekommen, wie sie in diesen Jahren in Österreich Rudolf Brunngrabers Roman *Karl und das zwanzigste Jahrhundert* zeigt, stehen in diesem Rahmen.[93] Die vernichtende Zeit scheint die Literatur überfordert, gesprengt, jedenfalls aufs äußerste angestrengt zu haben, sofern sie nicht willfährig mitspielte. Die triviale Bildungsliteratur vom Typ eines Jelusich, Wenter, Mell, Hohlbaum etc. hat die Erwartungen der Macht in einfachen Formen eingelöst und ist heute – im Gegensatz zur nicht-willfährigen – in die Zeit auflösbar.

Hinweise auf die Nachkriegszeit

Während Canettis Roman trotz seiner Neuauflage 1948 im deutschen Sprachraum fast vergessen blieb, Canetti auf die *Denkwürdigkeiten* Schrebers stieß und mit ihnen seine Studien zu *Masse und Macht* weitertrieb, während Musils Werke nur sehr zögernd vom Publikum angenommen wurden, während Brechts Werk in Österreich unterdrückt wurde[94] usw., traf sich Mirko Jelusich mit den alten Gesinnungsgenossen Hans Grimm, Hans Friedrich Blunck, Erwin Guido Kolbenheyer, Bruno Brehm, Will Vesper u. a. bei den Lippoldsberger Dichtertagen.[95] Auch ihre realen Biographien blieben, unbeeindruckt vom Vernichtungskrieg und vom Umbruch der Verhältnisse, politisch so stabil, wie es ihre dichterischen Arbeiten in Übereinstimmung mit den politischen Formen der Zeit vor 1945, also mit der historischen Biographie als neubürgerlicher Kunstform waren. Mit wenig Lärm, aber im wesentlichen auch ungefährdet – Prozeß und Haft von Jelusich 1946/48 stellen, wie die Zeugenaussagen und sein Tagebuch belegen, keinen Einschnitt dar[96] – setzte sich die „Reichs"-geschichte in Lippoldsberg und anderswo fort.

Das ist nicht so selbstverständlich, wie es ausschaut und ablief: Eine der exzessivsten und den politischen Zeitläufen offensten Großbiographien dieser Generation, die Arnolt Bronnens, läßt das erkennen. Bronnen hatte sich noch in den späten dreißiger Jahren – wie zahlreiche andere früher, gleichzeitig oder später – vom Nationalsozialismus gelöst und am österreichischen Widerstand teilgenommen, tat das im weiteren auch literarisch in seiner dramatischen Produktion.[97] Bronnen, der in den zwanziger Jahren in einem Ein-Personen-Stück gar Alexander den Großen, historische Figur und zugleich Gegenwartsmensch, auf den Mount Everest führte und diesen baalartigen Übermenschen dort in der Einsamkeit sitzen ließ (*Ostpolzug*, 1926), rückte das Genre der Autobiographie wie das des „großen" biographischen Modells im Roman um die Mitte der fünfziger Jahre zurecht. In Form des Gerichtsspiels verhandelte er in *Arnolt Bronnen gibt zu Protokoll* (1954) gegen seine Vergangenheit und sucht seine Biographie damit öffentlich als doch gerechten und wahren Vermittlungsversuch der historischen und persönlichen Widersprüche zu rechtfertigen und in die neue Geschichte zu retten. Das *Protokoll* ist als Werk seiner Generation – der Untertitel erhebt den Anspruch auch programmatisch: *Beiträge zur Geschichte des modernen Schriftstellers* – ein monumentales Werk, das stellvertretend für viele verfaßt erscheint, die dazu, auch literarisch, nicht fähig waren. Kaum einer der Betroffenen aber sah sich darin vertreten, vielmehr machte es Bronnen in diesen restaurativen Jahren, in denen die Pflege der österreichischen Gegenwartsliteratur 1951 mit dem zweiten Teil von Max Mells *Der Nibelunge Not* und Billingers *Traube in der Kelter* am Burgtheater eingesetzt hatte, zum noch größeren Außenseiter, als er es durch den Wandel mit der Geschichte und gegen sie schon war. Der Großteil des Lesepublikums und viele Kollegen schienen sich in ihren Vorlieben noch nicht verändert zu haben.

Auch Bronnens exemplarischer, wieder monumentaler Dichterbiographie in Form des spätgriechischen Romans *Aisopos. Sieben Berichte aus Hellas* (1956) blieb der Erfolg (im Westen) versagt[98] – vielleicht auch, weil er darin noch immer keine „metaphysische" „Geschlossenheit der Person" anzielt, sondern die praktische, soziale und politische Aufgabe des Dichters, seine Funktion als Hersteller eines aufklärerischen und aufklärenden „Bedeutungs"geflechts in Fabeln gewaltig aufwölbt. Aisopos hat, wie sein Autor durch die politischen Entwicklungen, ein gebrochenes Kreuz und geht trotzdem aufrecht, ist immer auf dem Weg und eignet sich nicht zum Denkmal. Bronnen sicherte damit dem biographischen Genre eine legitime Form und Fortsetzung. Wie er biographisch durch den Nationalsozialismus aus der deutschen Literatur wieder ausschied und patriotischer österreichischer Dichter wurde, so schied er 1955, isoliert, wieder aus der österreichischen Literatur aus und begab sich in die DDR, wo er 1959 verstarb. Sein Schicksal ereilte ihn, den „Vatermörder" als Dichter und im Leben,[99] spät nochmals im (auto)biographischen Roman seiner Tochter.

(Bronnens Leistung wird umso deutlicher, wenn man sie in die Fortführungsversuche des biographischen Genres in den fünfziger Jahren einordnet. Zu ihnen zählt nicht zuletzt der in Österreich ungeschätzte und unterschätzte Paradeintellektuelle der Nachkriegszeit und Parteigenosse Arnolt Bronnens, Ernst Fischer, mit seinem „Roman in Dialogen" *Prinz Eugen* aus dem Staatsvertragsjahr 1955, in dem Bronnen in die DDR übersiedelte. Fischers Roman macht es sich zur Aufgabe, sein Lesepublikum am Beispiel der populären Heldenfigur Eugen auf seinen „österreichischen Volkscharakter" aufmerksam zu machen.[100] Obwohl Eugen in einem breiten sozialen und politischen Spektrum steht und von unterschiedlichen Figuren perspektiviert wird, bleibt der Roman, der sich der Denkmalbildung nicht entzieht, dem literarischen Erbe der dreißiger Jahre verhaftet, nicht zuletzt in Hinblick auf seine politischen Intentionen. Lori und Eugen, herzlich beim Kaffee, fehlen nicht.[101] Geschichte und Literatur werden auch hier nicht geschrieben, sondern auf Gegenwart umgeschrieben.)

Bronnen wirkte zwar in seinem Linzer „Exil" (1945 – 1951) und dann in Wien anregend, aber nur in einem sehr bescheidenen Rahmen, sodaß die jüngere Generation in ihm keinen Anschlußpunkt fand. Das Scharnier zu ihr scheint Heimito von Doderer zu bilden, der über seinen persönlichen Einsatz für die vom Wiederaufbau verschüttete Avantgarde, wie sie heute vor allem in der Wiener Gruppe rekonstruiert ist, auch literarische Wirkung auf sie ausübte. Nicht mit Leonhard Kakabsa. Die Widmung eines Kapitels der *verbesserung von mitteleuropa* von O. Wiener macht das deutlich.[102] Danach muß sein Roman *Die Merowinger oder Die totale Familie* (1962) entscheidend gewesen sein. Darin hat der „ordinäre" Schriftsteller Dr. Döblinger eine ähnliche Funktion, wie sie oben im Hinweis auf die Kommentierung der Zeit und der Werke durch theoretische Studien, Essays etc. bei Canetti, Broch, Mann und Musil angedeutet wurde.[103] Dr. Döblinger, beinahe eine Bronnen-Figur, ist als autor-reflexive und autobiographische Figur movens am Rande jener aggressiven Welt des Romans, die die Einheit des literarischen Werks fast zu sprengen scheint. Die Autorfigur wird der grotesken Identifizierung von Geschichte und Gegenwart im Allmachtswahn Childerichs von Bartenbruch inseriert und in der Auflösung dieses Modells auch das a la mode Genre der dreißiger Jahre aufgelöst und die Position des Autors darin kritisch bestimmt.

Dr. Döblinger ist ein Vorläufer des „Erzählers" und des „Erzählens" in Oswald Wieners *die verbesserung von mitteleuropa, roman* (1969). Das Werk scheint in seiner Anarchie repräsentativ für die sechziger Jahre, in denen selbst Handke noch die Schwierigkeiten mit dem biographischen Modell als literarische Wirklichkeitserfassung aufzeigte (*Die Hornissen* 1966). Augenscheinlich konnten sich die Begabten in der Wiederaufbau-Restauration kein praktikables erwerben. Wiener wendet sich aus dem Horizont seiner Jahre gegen die Gefahr, Biographie und Person nicht mehr als systematische Vermittlung von Natur und Geschichte zuzulassen[104], sondern sie als bloße Imagination gesellschaftlicher Zwänge, insbesondere der elektronisch technisierten Zivilisation aufzuheben. Dies zeigen etwa die Studien zum „bio-adapter" als Anschauungsmodell dafür, wie die Persönlichkeit beliebig simulierbar und manipulierbar wird und wie diese Zwänge internalisiert werden – eine Parallele zu ihrer Vernichtung in der Übergröße der historischen Figuren in den dreißiger Jahren. Auch hier werden Aggressionen entscheidend, die offen mit dem Terror spielen, um der Person die lebendige Diskontinuität zu wahren und sie nicht zum elektrifizierten Plastikdenkmal werden zu lassen. Wiener steht mit dieser kritischen Haltung nicht allein, wenngleich die kritischen Ansprüche seines Werks an literarische und biographische Authentizität unvergleichlich sind. Im Gegensatz zu Wieners permanenter Aggressivität als Selbsterhaltung läßt H. Heißenbüttel seinen Protagonisten in *D'Alemberts Ende* (1970) resignieren, nachdem er in der Medienwelt in heißem Bemühen unzählige Sätze zur geistigen Bewältigung der Zeit mit seinen Mediengenossen ausgetauscht hat. Als er den Tod sucht, dreht sich seine Perücke – als Repräsentant der Persönlichkeit im Zeitalter ihrer technischen Reproduzierbarkeit – am Plattenteller weiter. Biographie ist in den sechziger Jahren, wie es Max Frisch nach seinen Romanen in dem Stück *Biographie: Ein Spiel* (1967) festschrieb, kein leichtes Spiel. Sie liefert ihre widersprüchlichen Situationen in der Literatur ab, diese zum Teil des Lebens erklärend und von ihr Authentizität fordernd.

Diese Frage der Authentizität wurde – in den unterschiedlichsten Formen – für die starke Renaissance des biographischen Modells tragend, als es, zur großen Erleichterung von Lesern und Kritik, spätestens mit Handkes *Die Angst des Tormanns beim Elfmeter* (1970), in der Avantgarde wieder etabliert wurde und, nicht zuletzt aufgrund der veränderten soziologischen Rekrutierung der Autoren, als Überschneidung von Autobiographie und Roman in „kleinen" Biographien in den siebziger Jahren ins Kraut schoß.[105] Im Gedenken an die in den sechziger Jahren veröffentlichten sozialen und politischen Bedingtheiten individuellen Lebens pflanzten Einflüsse der Dokumentarliteratur manche rauhe Staude in die schönfarbigen Bosquette der glatten Formen des 19. Jahrhunderts, die Handke im *Wunschlosen Unglück* (1973) für die Darstellung von Unterschichtenbiographien in Anspruch genommen und durchgesetzt hatte.[106] Die „realen" Lebensläufe der Gastarbeiter und Lehrlinge, z. B. in Originalton-Tonbandcollagen, wie sie Scharang anstrebte (*Das Glück ist ein Vogerl,* 1972), wurden von diesen Biographien „kleiner" Figuren aufgesogen. Freilich entstehen hier — mit Ausnahmen, z. B. Thomas Bernhards und Josef Winklers Trilogien, der historischen Biographik etc.[107] — kaum übergroße Monumente, vielmehr tritt an ihre Stelle der Grabstein des täglichen und alltäglichen Gedichts (Jandl) und die Erzählung des Alltagsmenschen (Wolfgruber, Innerhofer, Henisch usw.). Die systematisch gedachte Vermittlung von Natur und Geschichte, als die das biographische Modell hochgeschätzt wird[104], scheint allerdings einer Erweiterung der typisierend-individuellen Beschränkung zu bedürfen, um den unbeabsichtigten Kontur als Gartenzwergdenkmal zu vermeiden. So treten die, die Vermittlungsleistung des biographischen Modells deutlicher in Frage ziehenden Kontinuitäten in den Figuren der Väter, Mütter, Kinder als Figuren unmittelbarer, „natürlicher" Erfahrung von Geschichte in den Vordergrund. Es genügt hier der Hinweis auf wenige Namen wie Th. Bernhard, P. Handke, P. Henisch, Chr. Meckel, J. Schutting, B. Schwaiger, K. Struck, P. Weiss, J. Winkler usf., um den vielfach konstatierten Boom dieser Vermittlungsversuche in Erinnerung zu rufen. Nicht die Größe der Väter, sondern ihre Beschränkungen und Beschränktheiten, ihre falsche Größe oder akzeptable Kleinheit werden von diesen historisch gerechteren und jede „Metaphysik" scheuenden Biographien in den Vordergrund gestellt.

Den Höhepunkt dieser Entwicklung bildet ein sehr unmittelbarer, biographisch keineswegs abgebrühter Text, insbesondere für die noch kaum etablierten Leserschichten, nämlich der lange nicht auf dem offiziellen Buchmarkt vertriebene Roman Bernward Vespers († 1973) *Die Reise* (erschienen 1977). Vesper sortiert aus dem zähen Magma gesellschaftlich-politischen Ungenügens und individueller Konturierungsversuche jene Materien und Gestaltungsmöglichkeiten heraus, die neue Literaturkohorten zu betreffen scheinen; in kurzer Zeit überschritten die Auflagen die Hunderttausendergrenze; die Nachlaßmaterialien wurden im deutschen Literaturarchiv in Marbach hinterlegt und in Nachfolge der beflissenen Philologie eine „Ausgabe letzter Hand" ediert. Der fragmentarische, simultane Schreib- und Lebensprozeß wird damit gleichsam zu einer Canovaschen Grabpyramide mit abgebrochener Spitze.

Auf diesem Denkmal ist auch der Name des Vaters, des „Lippoldsbergers" Will Vesper, eingeschrieben, der im Roman als einer der wesentlichen Antriebskräfte der biographischen und literarischen Unruhe bzw. der formsprengenden Leiden erscheint.

Mit dem Vater Vesper stellt sich der Anschluß an die dreißiger Jahre her. Will Vesper, seit 1922 Herausgeber der *Schönen Literatur,* war der politischen und der Geistesgeschichte jener Jahre eng verbunden: Im Dienste großer Dichterpersönlichkeiten (Herausgeber Goethes, Eichendorffs, Hölderlins, Jean Pauls, Mörikes), als Biograph (Luther, Hutten), historischer Erzähler und Neudichter der Tradition (Tristan und Isolde, Parzifal, Nibelungen- und Gudrunsage). Er war ein typischer Vertreter jener Generation, die in die politischen Fehlentwicklungen unseres Jahrhunderts oft ausweglos involviert war und auch nicht immer Auswege suchte, wie die Lippoldsberger Dichtertage und Bernward Vespers Roman zeigen. Die „Größe" dieser Väter – Vesper gehörte „zu den einflußreichsten literarischen Publizisten der Hitler-Zeit"[108] – stellt einen der Anstöße zur Verengung des biographischen Modells auf alltägliche Unmittelbarkeit und authentisches Leben dar, in dem freilich – wie die Pasagen über die Drogen in der *Reise* zeigen – nicht immer das Auslangen gefunden wird.

Der Roman *Die Tochter* (1980) von Barbara Bronnen, der Tochter Arnolt Bronnens, sucht dem biographischen Modell der dreißiger Jahre entschiedener als Vesper den Fangschuß zu versetzen und daraufhin die eigene Biographie zu gründen – wozu das Schreiben, die Literarisierung der eigenen Biographie, gerichtet gegen die Väter und ihre Literatur, wesentlich zählt. Barbara Bronnen resümiert das Leben des Vaters und Dichters Bronnen in Form eines Lexikon-Artikels, der, den Untertitel der Autobiographie des Vaters zitierend (*Arnolt Bronnen gibt zu Protokoll. Beiträge zur Geschichte des modernen Schriftstellers*), gleichsam eine amtliche Todeserklärung darstellt: „[...] A. B. schrieb 1954 seine Autobiographie unter dem Titel: Niemand. Beiträge zur Geschichte des modernen Schriftstellers".[109] Deutlicher wurde die Distanzierung von der übergroßen Biographie der Vätergeneration bisher nicht formuliert. Dieses Resümee seiner gewaltigen Biographie und Autobiographie mußte Bronnen als einer, über den man hinwegsah, schon in den fünfziger Jahren hinnehmen. Erst in den letzten Jahren beginnt sich sein Werk wieder aus dem Dunkel abzuheben, bezeichnenderweise auch die Autobiographie, aus der Dietrich Kayser eine „Farce" für die Spielzeit 1981/82 der Bühnen der Stadt Bonn herstellte. Die trivialen Literaten und ihre Parteigänger aber haben sich in der Publikumsgunst ohne Unterbrechung gehalten, wie vor allem Jelusich, seine Auflagen in Buchgemeinschaften und seine Empfehlung an die Schulen noch 1973 zeigen.[110]

Anmerkungen

1 Guido K. Brand: *Der biographische Roman. Anmerkungen zu J. Pontens „Hochzeitsreise",* In: *Die Literatur* 32 (1929/30), S. 76–78, 76.
2 Siegfried Kracauer: *Über Erfolgsbücher und ihr Publikum.* In: S. K.: *Das Ornament der Masse. Essays.* Frankfurt/M. 1977 (st 371), S. 64–74, 67. Vgl. auch ders.: *Die Biographie als neubürgerliche Kunstform.* Ebda., 75–80 (in künftigen Zitaten an der Seitenzahl zu unterscheiden).
3 Paul Wegwitz: *Brief über den biographischen Roman.* In: *Die Tat* 21 (1929), S. 167–173, 167.
4 Leo Löwenthal: *Literatur und Massenkultur.* Frankfurt / M. 1980 (Schriften, Bd. 1), S. 231 (Die biographische Mode, S. 231–257).
5 Michael Kienzle: *Biographie als Ritual: Am Fall Emil Ludwig.* In: A. Rucktäschel / H. D. Zimmermann (Hrsg.): *Trivialliteratur.* München 1976, S. 230–248, 230. – *Historische Belletristik. Ein kritischer Literaturbericht.* Hrsg. v. d. Schriftleitung der Historischen Zeitschrift. München-Berlin 1928. – Vgl. zum Zusammenhang und zum Problemhorizont: Helmut Scheuer: *Biographie. Studien zur Funktion und zum Wandel einer literarischen Gattung vom 18. Jahrhundert bis zur Gegenwart.* Stuttgart 1979, S. 112–229. – Ders.: *Kunst und Wissenschaft. Die moderne literarische Biographie.* In: G. Klingenstein / H. Lutz / G. Stourzh (Hrsg.): *Biographie und Geschichtswissenschaft. Aufsätze zur Theorie und Praxis biographischer Arbeit.* München 1979 (Wiener Beiträge zur Geschichte der Neuzeit, Bd. 6), S. 81–110 (in künftigen Zitaten an der Seitenzahl zu unterscheiden).
6 Zit. nach Löwenthal (Anm. 4), 232 (Nietzsche: Werke, 2. Abt., Bd. X, Stuttgart 1922, 26).
7 Hans Kyser: *Über den historischen Roman.* In: *Die Literatur* 32 (1929/30), S. 681–682, 681.
8 Wendelin Schmidt-Dengler: *Bedürfnis nach Geschichte.* In: Franz Kadrnoska (Hrsg.): *Aufbruch und Untergang. Österreichische Kultur zwischen 1918 und 1938.* S. 393–408, 393.
9 Josef Aug. Lux: *Literaturbrief. Der lebensgeschichtliche Roman.* In: *Allgemeine Rundschau* (München) 26 (1929), S. 997–998, 998.
10 Wegwitz (zit. Anm. 3), 170 f.
11 Wilhelm Dilthey: *Gesammelte Schriften.* Bd. 7, Berlin 1927, S. 191–251. – Vgl. Jürgen Hauff: *Hermeneutik.* In: Hauff et al: *Methodendiskussion. Arbeitsbuch zur Literaturwissenschaft.* Frankfurt / M. ²1972, Bd. 2, S. 1–82, 10–18. – Leopold Rosenmayr: *Lebensalter, Lebensverlauf und Biographie,* In: Klingenstein et al (Anm. 5), S. 47–67, 56 ff. – Scheuer (Anm. 5), S. 91–103.
12 Wegwitz (Anm. 3), S. 171.
13 Kracauer (Anm. 2), S. 77.
14 Wegwitz (zit. Anm 3), S. 172 f.; Lux (Anm. 9), S. 998. Das letzte Zitat ist eine Charakterisierung der Romane von M. Jelusich durch Franz Koch: *Gegenwartsdichtung in Österreich.* In: *Bücherkunde* 5 (1938), S. 237–244, 240. – Es ist erhellend, eine, gedanklich und ideologisch nicht fernstehende, aber doch realere Beschreibung als Kontrast solcher Verklärung anzuführen, die einerseits eine ökonomisch-soziale Komponente solcher Klassizität andeutet und anderseits nachdrücklich auf die Zeit vor 1918 weist, also die negative Einschätzung der Zeit nachher noch einmal betont: Binding „war als reicher, gepflegter, kultivierter Mann durch das Leben gegangen und hatte lange tastend gewartet, bis er gestaltend versuchte, den Ungewißheiten des Inneren Herr zu werden. Er hat als Sechziger sein Leben selbst erzählt, in dem schönen Buch ‚Gelebtes Leben', in dem noch einmal der Glanz der reichen, großen Zeit vor 1914 aufleuchtete" (Paul Fechter: *Geschichte der deutschen Literatur.* Gütersloh 1952, S. 590).
15 Lux (Anm. 9), S. 997 f.
16 Zeitgenössisch wird auch theoretisch kaum ein Unterschied zwischen historischem und

biographischem („lebensgeschichtlichem") Roman gemacht. Vgl. Kyser (Anm. 7): „Man kann ebenso den Satz aufstellen: es gibt keinen historischen Roman, wie den Satz: jeder Roman ist ein historischer" (681). – Brand (Anm. 1): „Die Grenzpfähle des biographischen Romans sind sehr weit gesetzt: von dem Bericht eines Lebens, das mit Hilfe von Briefen, Tagebüchern, Gesprächen, erforschten Tatsachen, historischen Verbundenheiten aufgebaut wird, über die Romane, die aus dem eigenen Leben des Dichters oder Literaten Begebenheiten, Zustände, Erlebnisse in eine erfundene, das ist seelisch erlebte Figur hineinweben, bis zu den seit dem Kriege hereinflutenden Romanen aller möglichen Helden und Heldinnen, deren eigentliche Namen wir nicht wissen, die aber aus der Wirklichkeit, stärkster Konzentration des Seins zu einer Darstellung wirklicher Menschen geworden sind" (76 f.). – Auch heute sind vergleichbare Grenzüberschreitungen zu beobachten.

[17] Löwenthal (Anm. 4), 243. – Zum Bauernroman vgl. Peter Zimmermann: *Der Bauernroman. Antifeudalismus – Konservativismus – Faschismus.* Stuttgart 1975, bes. die Tabellen. – Gerhard Schweizer: *Bauernroman und Faschismus. Zur Ideologiekritik einer literarischen Gattung.* Tübingen 1976.

[18] Kyser (Anm. 7), S. 682.

[19] Löwenthal (Anm. 4), S. 233.

[20] Lux (Anm. 9), S. 998. – Sperrung F. A.

[21] Kienzle (Anm. 5), S. 241 ff.

[22] Lux (Anm. 9), S. 998.

[23] Löwenthal (Anm. 4), S. 243 f.

[24] Heinz Hillmann: *Der Bildungswert der Literatur.* In: A. Brandstetter (Hrsg.): *Gegenwartsliteratur als Bildungswert.* Wien 1982 (Schriften des Instituts für Österreichkunde, Bd. 41), S. 30–53, bes. S. 34, 39. – Ders.: *Alltagsphantasie und dichterische Phantasie. Versuch einer Produktionsästhetik.* Kronberg 1977, bes. 6. Kap.

[25] Zu den unterschiedlichen Ausformungen vgl. Max Kommerell: *Der Dichter als Führer in der deutschen Klassik.* Berlin 1928. – *Deutsche Klassiker als Führer und Dichter.* In: *Klassiker in finsteren Zeiten. 1933–1945.* Marbach 1983 (Marbacher Kataloge 38), Bd. 2, S. 159–181. – Vgl. Scheuer (Anm. 5), S. 112 ff. u. ö.

[26] Lux (Anm. 9), S. 998. Vgl. Kienzle (Anm. 5), S. 231.

[27] Vgl. Kienzle (Anm. 5), 232, 235 ff. Zitate nach Helmut Kreuzer: *Emil Ludwig.* In: H. Kunisch (Hrsg.): *Handbuch der Gegenwartsliteratur.* München, 2. Aufl. 1970, Bd. 2, S. 40 f.

[28] Vgl. Kienzle (Anm. 5), S. 235; Niels Hansen: *Der Fall Emil Ludwig.* Oldenburg 1930, S. 10.

[29] Kienzle sieht in Ludwigs Werken „den Autoren- bzw. Titelbestand des bürgerlichen Wohnzimmers", seine Auswahl also repräsentativ (Anm. 5, S. 239).

[30] Hansen (Anm. 28), S. 21.

[31] *Dem Führer. Glückwunsch und Bekenntnis der deutschen Dichter zum 50. Geburtstag Adolf Hitlers am 20. April 1939.* Berlin 1939, zit. nach: *Klassiker in finsteren Zeiten.* (Anm. 25), Bd. 1, 133 f.

[32] Hansen (Anm. 28), S. 21. Fechter (Anm. 14), S. 591.

[33] Vgl. Kienzle (Anm. 5), S. 234 f. u. ö.

[34] Hansen (Anm. 28), S. 24.

[35] Hansen (Anm. 28), S. 11, 9, 15.

[36] Lux (Anm. 9), S. 998.

[37] Ebd.

[38] „Karl Kraus war nach 1930 über die Gebildeten und Halbgebildeten verzweifelt, als er sie alles zurückführen sah – und jetzt kommt ein wundervoller Reim – auf Rasse, Klasse und Kasse" (nach Paul Stöcklein – ohne ihm in Hinblick auf die Literatursoziologie recht zu geben: *Literatursoziologie. Gesichtspunkte zur augenblicklichen Diskussion.* In: R. Grimm / C. Wiedemann (Hrsg.): *Literatur und Geistesgeschichte.* Festgabe für H. O. Burger. Berlin 1968, S. 406–421, 419.

[39] Kracauer (Anm. 2), S. 70, 71, 76.
[40] Lux (Anm. 9), S. 998.
[41] Kracauer (Anm. 2), S. 76, 71, 77.
[42] Löwenthal (Anm. 4), S. 240.
[43] Thomas Luckmann: *Persönliche Identität und Lebenslauf — Gesellschaftliche Voraussetzungen.* In: Klingenstein et al (Anm. 5), S. 29—46, 30.
[44] Schmidt-Dengler (Anm. 8), S. 395.
[45] Johannes Sachslehner: *Der Fall Mirko Jelusich. Eine Monographie.* phil. Diss. Wien 1982 [masch].
[46] Schmidt-Dengler (Anm. 8), S. 396.
[47] Vgl. Scheuer (Anm. 5), S. 107 ff.
[48] Mirko Jelusich: *Der Traum vom Reich. Ein Prinz Eugen Roman.* Berlin 1941, S. 131 (zahlreiche Beispiele bei Sachslehner, zit. Anm. 45).
[49] R. Musil: *Texte aus dem Nachlaß.* Hrsg. v. d. Arbeitsstelle Robert-Musil-Nachlaß Wien / Klagenfurt. Reinbek b. Hamburg / Wien 1980, Blatt 1 / 04 / 015—017, 2 / 01 / 137 [nicht im Buchhandel].
[50] Jelusich (Anm. 48), S. 28.
[51] Sprachlosigkeit, vor allem als Schweigen, ist aber auch eine der typischen Formen der Jahrhundertwendeliteratur; sie wird bei Regine Baltz-Balzberg: *Primitivität der Moderne 1895—1925 am Beispiel des Theaters.* Königstein/Ts 1983 unter „Primitivierung" gefaßt. Vgl. das dort gebrachte Maeterlinck-Zitat: „Wenn die Lippen schlummern, so thun die Seelen ihre Augen auf [...]" (S. 114 ff.).
[52] Jelusich (Anm. 48), S. 131.
[53] Wegwitz (Anm. 3), S. 171.
[54] Lux (Anm. 9), S. 997.
[55] Jelusich (Anm. 48), S. 31.
[56] Vgl. Sachslehner (Anm. 45), S. 219, 336, 314.
[57] Vgl. Sachslehner (Anm. 45), S. 215 ff., bes. 340 (mit Beziehung auf Klaus Theweleit: *Männerphantasien.* 2Bde., Frankfurt 1977).
[58] Richard A. Meyer: *Die deutsche Literatur des 19. Jahrhunderts.* Berlin ²1900 (Das 19. Jahrhundert in Deutschlands Entwicklung, Bd. 3), S. 696, 697, 701. Es ist bezeichnend, daß in der Bearbeitung durch Hugo Bieber (7. Auflage 1923) die kritischen Momente gegenüber dem „neu erwachenden Idealismus" nur mehr sehr abgeschwächt erscheinen (S. 451 f.).
[59] Zitiert nach: Kurt Stern: *Neudeutscher Kitsch. Göring auf der Elchjagd — Horst Wessel und die Maikäfer — Wallfahrt nach Braunau.* In: *Der Gegen-Angriff in der Tschechoslowakei,* 2. Jg. (1941), Nr. 41 (12. 10. 1934), S. 4.
[60] Vgl. die entsprechenden Feststellungen E. Ludwigs bei Kienzle (Anm. 5), S. 233 f.
[61] Jelusich (zit. Anm. 48), S. 95., 311, 416—21.
[62] Ebd., S. 58 f., 321 f.   [63] Ebd., S. 59.
[64] Vgl. Kienzle (Anm. 5), S. 241 f.
[65] Jelusich (Anm. 48), S. 61, 67.
[66] „Da rissen sich die beiden Rappenhengste mit einem Ruck von den Reitknechten los, sprangen aus dem Zug und jagten auf die Felsplatte [...] Die beiden Hengste standen schon hart am Rand des felsigen Vorsprungs und hoben wiehernd die Köpfe. Herrlich hob sich der dunkel glänzende Körper der Tiere von dem weißen Gestein und dem tiefen Himmel ab, über den keine Wolke flog. Dann spannten sie alle Sehnen und sprangen mit einem einzigen großen Satz in den Rhein, der schäumend über ihnen zusammenschlug. Die Knechte schrien auf, auch Gernot war blaß bis in die Lippen" (F.Schreyvogl: *Die Nibelungen.* Berlin 1941, S. 164).
[67] Sachslehner spricht im Anschluß an Theweleit (Anm. 57) mehrfach vom „Körperpanzer" (Anm. 45, S. 177); er ist aus Eugens Reichs-Vorstellungen gebildet und dient wohl der Sicherung des Visionärs gegen die Masse bzw. des Autors gegen das republikanische Chaos.

⁶⁸ Jelusich (Anm. 48), S. 275–278.
⁶⁹ Theweleit (Anm. 57).
⁷⁰ Jelusich (Anm. 48), S. 321 f.
⁷¹ Elias Canetti: *Masse und Macht*. O. O. [München] u. J. (Reihe Hanser), S. 180 f.
⁷² Ebd., S. 188, 184.
⁷³ Vgl. Sachslehner (Anm. 45), S. 242.
⁷⁴ Canetti (Anm. 71), S. 186 f.
⁷⁵ Jelusich (Anm. 48), S. 425 ff.
⁷⁶ Canetti (Anm. 71), S. 187.
⁷⁷ Lux (Anm. 9), S. 998.
⁷⁸ Zit. nach R. Brunngraber: *Wie es kam*. Wien 1946, S. 4
⁷⁹ Canetti (Anm. 71), S. 194.
⁸⁰ Löwenthal (Anm. 4), S. 233.   ⁸¹ Ebd., S. 236.
⁸² Vgl. Verfasser: *Letteratura senza testo: Due esempi di letteratura „triviale" come letteratura impegnata e letteratura di masse*. In: *Trivialliteratur? Letterature di massa e di consumo*. Trieste 1979, S. 403–435.
⁸³ Kracauer (Anm. 2), S. 77. Vgl. Löwenthal (Anm. 4), S. 231, 233.
⁸⁴ E. Canetti: *Die gerettete Zunge. Geschichte einer Jugend*. München / Wien ⁷1982. – Ders.: *Die Fackel im Ohr. Lebensgeschichte 1921–1931*. München-Wien 1980.
⁸⁵ Vgl. W. Mauser: *Sensitive Lust und Skepsis. Zur frühen Lyrik Hofmannsthals*. In: *Das Nachleben der Romantik in der modernen deutschen Literatur*. Heidelberg 1969, S. 116–129, 124 f.; ders.: *H. v. Hofmannsthal. Konfliktbewältigung und Werkstruktur. Eine psychosoziale Interpretation*, München 1977. S. 117–126.
⁸⁶ E. Canetti: *Die Blendung*. Frankfurt o. J., (Fischer-Taschenbuch 168) (Die Erstarrung).
⁸⁷ Schmidt-Dengler (Anm. 8), S. 393.
⁸⁸ Ernst Jandl verwendet den Ausdruck für die reduzierten Sprachformen seiner letzten Gedichtbände, weil „es nicht mehr geben einen beschönigen" *(von einen sprachen,* In: *die bearbeitung der mütze*. darmstadt-neuwied 1978, S. 147); er setzt sie als kritisches Kunstmittel zur Darstellung einer Wirklichkeit ein, in der „die menschliche Dimension als Maßstab [. . .] ohne Gültigkeit" ist. *(der gelbe hund*. darmstadt-neuwied 1980, Klappentext von Jandl). Bei Canetti ist die heruntergekommene Sprache im Gegensatz zu Jandls individueller Ausdruckssprache negatives sozial-kritisches Moment. Auf diesen Unterschied der Bedeutung sei ausdrücklich hingewiesen.
⁸⁹ Harald Landry: *Die Blendung*. In: *Kindlers Literatur Lexikon* im dtv, München 1978, Bd. 5, S. 1549 f.
⁹⁰ E. Canetti: *Aufzeichnungen 1942–1972*. Frankfurt/M. 1979 (Bibliothek Suhrkamp, Bd. 580), S. 164.
⁹¹ Auf die Zeitgemäßheit und Zeitgenossenschaft dieses Stoffs, der freilich darin nicht aufgeht, habe ich hinzuweisen versucht, in: *Anderer Zustand. Für – In. Musil und einige Zeitgenossen*. In: U. Baur / E. Castex (Hrsg.): *Robert Musil. Untersuchungen*. Königstein 1980, S. 44–66, bes. 48 ff.
⁹² Robert Musil: *Gesammelte Werke*. Hrsg. v. A. Frisé, Reinbek b. Hamburg 1978, 2 Bde., Bd. 1, S. 1943.
⁹³ Vgl. Schmidt-Dengler (Anm. 8), S. 400 f.
⁹⁴ Vgl. Kurt Palm: *Brecht und Österreich. Vom Boykott zur Anerkennung*. Wien 1983.
⁹⁵ Vgl. Sachslehner (Anm. 45), S. 123. Zur Kontinuität seit den dreißiger Jahren vgl. Paul Fechter (Anm. 14), S. 587 ff. *(Hans Grimm und sein Lippoldsberg)*.
⁹⁶ Vgl. Sachslehner (Anm. 45), S. 113–120.
⁹⁷ Gemeint sind die Dramen *Die Kette Kolin* (1950) und *Die jüngste Nacht* (1952), beide erst in: *Viergespann*. Berlin 1958, gedruckt.
⁹⁸ In der DDR vier Auflagen bis 1969, Übersetzungen ins Bulgarische (zwei Auflagen), Rumänische, Slowakische, Tschechische und Ungarische. Vgl. Edwin Klingner: *Arnolt Bronnen. Werk und Wirkung. Eine Personalbibliographie*. Hildesheim 1974.

[99] Das Stück *Vatermord* (1920) hat eine biographische Parallele, nämlich den erfolgreichen Versuch Bronnens, nicht als Sohn von Ferdinand Bronner – demnach seinem Ziehvater – zu gelten. Vgl. *Arnolt Bronnen gibt zu Protokoll. Beiträge zur Geschichte des modernen Schriftstellers.* Hamburg 1954, S. 174 f., 253 ff. u. ö.

[100] Das Zitat bezieht sich auf die kleine patriotische Schrift Fischers: *Die Entstehung des österreichischen Volkscharakters.* Wien 1945 (Schriftenreihe Neues Österreich 2).

[101] Ernst Fischer: *Prinz Eugen. Ein Roman in Dialogen.* Mit einem Nachwort von Lion Feuchtwanger. Wien 1955, S. 310.

[102] Es handelt sich um das zum Prügel- bzw. Terrorfest umgedeutete *purim. ein fest (für heimito dr. von doderer)* In: *die verbesserung von mitteleuropa, roman,* Reinbek b. Hamburg 1969, S. CV–CXIII.

[103] Vgl. Doderers theoretische Ansätze in seinen Tagebüchern und Essays, z. B. *Sexualität und totaler Staat, Grundlagen und Funktion des Romans* u. a., in: H. v. Doderer: *Die Wiederkehr der Drachen. Aufsätze, Reden, Traktate.* Hrsg. v. Wendelin Schmidt-Dengler, München 1970.

[104] Luckmann (Anm. 43), S. 31.

[105] Darüber liegt eine zusammenfassende Darstellung vor: Ingo Mose: *Beispiele autobiographischer Kindheits- und Jugendschilderungen der österreichischen Gegenwartsliteratur. Beiträge zu einer Analyse und Systematisierung.* Hausarbeit Osnabrück (Abt. Vechta), 1982 [masch.]. Einen historischen Entwicklungsrahmen zum biographischen Modell suchte ich anzudeuten in: *Gewalt und Gewaltlosigkeit als Problem literarischer Verfahrensweisen.* In: F. Engel-Janosi / G. Klingenstein / H. Lutz (Hrsg.): *Gewalt und Gewaltlosigkeit. Probleme des 20. Jahrhunderts.* Wien 1977 (Wiener Beiträge zur Geschichte der Neuzeit, Bd. 4), S. 143–173, 163 ff.

[106] Peter Handke: *Wunschloses Unglück.* Salzburg 1972, S. 54 f., vgl. 42 f.

[107] Vgl. Scheuer (Anm. 5); Adolf Haslinger: *„Biographismus" in der Gegenwartsliteratur?* Salzburg 1979 (Salzburger Universitätsreden 66); Ingo Mose (Anm. 104).

[108] Klassiker in finsteren Zeiten (Anm. 25), Bd. 1, S. 94.

[109] Barbara Bronnen: *Die Tochter.* Roman, München 1980, S. 143 f.

[110] Vgl. Sachslehner (Anm. 45), S. 230 f.

Götter, Dämonen und Irdisches.
Josef Weinhebers dichterische Metaphysik

von

ALBERT BERGER

Als Josef Weinheber 1932 – vierzigjährig – seinen Dienst als Postbeamter quittierte, war er überzeugt, nach Rilke und neben George der größte lyrische Dichter deutscher Sprache zu sein, obgleich seine drei bis dahin in Wien veröffentlichten Gedichtbücher über einen kleinen Kreis hinaus keinen Widerhall gefunden hatten. Und die letzte Publikation in Buchform lag damals auch schon sechs Jahre zurück.[1] Mit unerhörter Hartnäckigkeit hatte er sich seit Anfang der zwanziger Jahre mit den handwerklichen Grundlagen der Lyrik und mit dem ästhetischen Wesen und den Formen des Gedichts beschäftigt. Seit 1924 lernte er Griechisch und Latein, um Sappho, Alkaios und Horaz im Original lesen zu können, das sprachtheoretische Rüstzeug seiner Poetik fand er in der *Fackel,* vor allem in der *Sprachlehre* von Karl Kraus.[2] Lyrik, die dem Anspruch von Kunst in seinem Verständnis genügen konnte, waren weder seine eigenen Jugendgedichte, noch die Exaltiertheit des Expressionismus, schon gar nicht die aparte oder dekorative Einkleidung eines beliebigen Inhalts mit Hilfe von Versen und Reimen, sondern Gedichte, die aus dem Material der Sprache gearbeitet waren, Werke der Sprachkunst, der Begriff so aufgefaßt, wie Karl Kraus ihn wiederholt definiert und umschrieben hatte.[3]

Diese substantialistische, auf ein ideales, unveränderliches Wesen der Sprache rekurrierende Auffassung vom Gedicht korrespondierte mit der substantialistischen Anthropologie, die sich bei Weinheber schon seit seinen dichterischen Anfängen in den zehner Jahren abzeichnete. Der Mensch als Gattungswesen schlechthin, der „nackte Mensch", bildet den thematischen Kern, um den schon seine frühen Verse kreisen; der Mensch, gefordert von seiner Sehnsucht nach „geistiger Höherentwicklung"[4] – dafür stehen bildhaft (der nicht mehr christlich verstandene) Gott und die Götter –, und der Mensch, gequält von seiner animalischen, niederziehenden, triebhaften Natur – für sie stehen die Dämonen. Das *Zwischenreich* (so der ursprünglich geplante Titel für den Band *Zwischen Göttern und Dämonen)* ist der Ort des leidenden Menschen, und insbesonders der auserwählte Mensch, der Künstler, der die Zusammenhänge so erkannt hat, nimmt stellvertretend für alle anderen den ewigen Kampf auf sich, und dieser Kampf ist das eigentlich nackt Menschliche, Humanität, mit allen Folgen in Sieg und Niederlage. Sieg – das heißt Adel, Würde, Selbstwertgefühl, Glück des Gelingens, Erlösung; Niederlage – das heißt Untergang, Schuld, Gewissensqualen, Verzweiflung. In der dichterischen Sprachkunst, der Bewahrerin solcher Humanitas, ist das eine nicht ohne das andere, und beides zusammen nicht ohne die technische Beherrschung des Metiers. So sieht es Weinheber. Daß die Kunst durchs Handwerk müsse, steht nicht nur in dem Gedicht *Meister Anton Pilgram*,[5] sondern gehört zu seinen grundlegenden Maximen. Die handwerkliche Könnerschaft bedeutet auch eine Gefahr, denn Weinheber kann schließlich alles in seinem Metier, aber diese Gefahr ist zu vermeiden durch die materialgerechte Sorgfalt, erst in ihr beweist sich die höhere Könnerschaft. Das Material des Sprachkünstlers, die Sprache, will aufmerksam umworben sein wie eine geliebte Seele – „Anima" heißt die Geliebte des Firmus, des Starken, in dem Drama *Genie* (1918) –, auf daß der männliche Geist in der Paarung zu sich selbst und zum „Werk" komme.

Dieses Drama *Genie* von 1918,[6] markanter Endpunkt seiner Jugendentwicklung, gibt mit seiner expressionistischen Figurentypik und Motivkonstellation Aufschluß über einige Grundlagen der dichterischen Metaphysik Weinhebers: Der junge Schriftsteller Firmus Haschenwind strebt nach Höherem. Die Mutter, die ihn auf der Erde halten möchte, stirbt, als er sich gegen sie zu Anima, seiner Geliebten, bekennt. Anima ist für ihn die Kraft, die sein erhabenes Schöpfertum zwar beflügelt, aber zugunsten seines Werks vergißt er schließlich auch sie. Sie betrügt ihn. Nach dem Tod der Mutter scheidet auch der Vater, haltlos, aus dem Leben. Firmus fühlt sich vom Geist der Mutter verfolgt, als schuldbeladener Mörder, schuldig auch daran, daß seine Geliebte zur Dirne geworden ist. Am Ende des Stückes ist er selber am Ende. Sein und Animas Kind soll von ihrer beider Schuld rein bleiben. Sie trennen sich, er geht unter der Last seiner Schuld in Einsamkeit und Heimatlosigkeit. Doch es gibt noch einen Epilog: Im Gespräch zwischen dem Engel als dem Gottesboten, dem schuldigen Firmus und dem „Geist der gemordeten Mutter"[7] bahnt sich Erlösung an: Der Engel erklärt den Schöpferdrang, durch den Firmus sich schuldig geworden glaubt, als große metaphysische Sehnsucht. Der Geist der Mutter – „aller Mütter Geist"[8] – wendet sich ihm liebend zu, erschüttert – „(mit einem letzten Rest von Qual aufschreiend)"[9] – bekennt auch er ihr seine Liebe. Das ist die Erlösung, der Engel deutet ihm den seelischen Vorgang: „Sie [die Mutter] ist in dir. Doch nicht mehr schmerzhaft stumm. / Ihr ewiges Leben ist dein Menschtum." Firmus empfängt vom Engel „Gottes Ritterschlag".[10] Der „Chor der suchenden Seelen" bittet ihn, der „heimgefunden" hat:

> Zeige uns, den Schweren
> wo wir hingehören.
> Unser Weg ist weit.
> Führ durch Sturm und Fährde
> uns zurück zur Erde
> der geklärten Menschlichkeit.[11]

In dieser Aufforderung der „suchenden Seelen" ist Weinhebers Verständnis seines Dichterberufs ausgesprochen, in den Kernmotiven des Dramas seine dichterische Metaphysik vorgebildet. Firmus-Weinheber nimmt den Auftrag an, die dramatische Fiktion verschiebt sich in die persönliche Dichterexistenz. Dem Sprachkünstler sind die Frauengestalten nicht nur Inhalt dichterischen Sprechens, sondern mehr: Die Sprache selbst vertritt das Weibliche, die Frau, ja, sie i s t es. Aber „Abgrund der Nacht" ist das Geschlecht: „Mann und Weib".[12] So besteht ständig die Gefahr und die Angst, daß die Sprache, wie Anima, zur Dirne wird, doch sie verheißt auch, als liebende Mutter, Erlösung, und der Dienst an ihr ist Opferdienst an der als Göttin in die Transzendenz „ihrer ewigen Mutter-Herrlichkeit"[13] Entrückten. „Öder Tagbrauch, er will und nimmt / dich wie eine Gekaufte. / Aber furchtbar erfährt deinen geheimen Leib, / wer dich liebt, und dem Gott nah, dich erleiden darf" wird Weinheber später sagen in einem Gedicht, das an die *Göttin des Worts*[14] gerichtet ist.

Männerwahn und Männerangst. Karl Kraus hat für sich in Anspruch genommen, er habe die Sprach-Hure zur Jungfrau zurückverwandelt.[15] Den Kraus-Adepten Weinheber quält der Gedanke an das bedrohliche Verschwimmen der Sprachgrenzen zwischen der reinen Geliebten und der Dirne und er klammert sich hilfesuchend an das Himmelsbild der „heiligen Mutter" Sprache.[16] Das Deutungsschema vom weiblichen Dreieck Mutter – Geliebte – Dirne gehörte, nicht zuletzt unter dem verheerenden Einfluß Otto Weiningers,[17] zum Gemeingut der Geschlechtermetaphysik. Weinheber hatte Weiniger zwar gelesen, kannte die angedeuteten Zusammenhänge aber wohl über Karl Kraus, der ihm deutlich machte, wie sich der weibliche Triangel zur Sprache und wie beides zusammen sich zum Mann, und das heißt bei ihm: zum Geist verhielt.[18]

Der Geist ist männlich, die Sprache weiblich. Die Dichtung, die Sprachkunst, sieht sich vor die Aufgabe gestellt, die Kopulation zu vollziehen, denn erst durch die Sprache wird der Geist Wirklichkeit.[19] Dabei gilt es, den Geist nicht ans Irdische zu verraten und das heilige Bild der Mutter Sprache rein zu bewahren, es nicht durch die Selbsterniedrigung des Geistes, in der die Geliebte Dirne wäre, zu beflecken. Ein äußerst anspruchsvolles und kompliziertes Unterfangen, lastendes Geschick auf dem Menschen, der von diesem Baum der Erkenntnis gegessen hat, und eben deshalb ein grundlegendes Motiv in Weinhebers Lyrik, um das sich die anderen zentralen Motive seines Werks gruppieren und das ahnen läßt, wie ihre Verquickung mit bestimmten Komponenten der nationalsozialistischen Ideologie sich anbahnte. Denn wie der Geist der Mutter im Drama *Genie* „aller Mütter Geist" in sich schließt, so ist die Mutter Sprache nicht nur seine Sprache, sondern „Sprache des Volks";[20] im Umgang mit der Sprache zeigt sich – und hier ist Weinheber von Karl Kraus schon weit entfernt – der Wert eines Volkes, es zeigt sich, wie es mit dem Dienst an der „heiligen Mutter" bestellt ist. Und da die Sprache Inbegriff des Volks ist, gerät die Poetik in verhängnisvolle Nähe zur Politik. In einem Gedicht aus den zwanziger Jahren, *Europäische Frauenporträts*,[21] erscheinen die europäischen Staaten als Dirnen, Verführerinnen, Wahnsinnige, auch Deutschland. Aber in der Hure Deutschland regt sich, so steht es in den Versen, eine große Zukunftssehnsucht.

Lebensweltliche Implikationen drängen sich auf: Die Lebenswirklichkeit der zwanziger Jahre ist für Weinheber von seinem Sehnsuchtsbild weit entfernt. Der elende Zustand des Staatswesens in der „verrotteten Zeit"[22] spiegelt sich im Verfall der Sprachkunst. Der von ihm gehaßte Literaturbetrieb der Republik ist die Dirne, an der sich der selbstvergessene Geist der Zeit schmählich befriedigt, Kulturbolschewismus, Versündigung an der heiligen Mutter Sprache und mit ihr am Volk. Der Dichter, eingedenk seines priesterlichen Auftrags, entwickelt jenen erhabenen Einsamkeitsgestus, der im *Genie*-Drama von 1918 mit dem Ritterschlag und mit der Stellvertretungsaufgabe für die „suchenden Seelen" schon angekündigt war. Er sieht sich allein gegen die „verrottete Zeit" stehen, die ihn mißachtet: „Kein anderes Argument für ihre Schmach: / Ein Kästner groß, / indessen ich, der Riese, namenlos / an meiner Einsamkeit zerbrach",[23] sagt er dann, 1933. In seinem heroischen, unverstandenen Dienst fühlt er sich nur verbunden mit den „großen Toten", den priesterlichen Helden in Kunst, Frömmigkeit, Weisheit, von Sappho bis Michelangelo und Hölderlin, dessen Ode *An die Parzen* er für sich achtmal abwandelt.[24]

Die Humanitas, das Menschliche, die Bewahrung des reinen Geistes in der Welt verkörpert sich als das Männliche. Mann – das ist Geist; Tapferkeit, Treue, stoischer Heroismus sind seine Beigaben, mit deren Hilfe er den Kampf gegen das Untere, gegen die Dämonen, durchficht. Und weil solcher Adel so schwer zu behaupten und der Untergang so drohend nahe ist, heißt das Schicksal des Künstlers, der sich seiner erkannten Bestimmung und Sendung aussetzt: unverstandene Größe, metaphysische Verlassenheit, Leiden. So steht es dann in der bündigsten Form im *Leitwort* zu *Adel und Untergang*, das Ende 1926 geschrieben wurde:

> Ich selbst berief mich zu dem strengen Werke.
> Nicht Gnade nahm ich, Frost war meine Stärke.
> Nie gab ich mich dem Gott der Zeit zu eigen.

> Die mit mir leben, sind mir längst gestorben.
> An ihrer Nacht hab ich das Recht erworben,
> unangetastet an mein Licht zu steigen.
>
> In einem hoffnungslosen Kampfe falle
> ich weit voran, kein Mann der Ruhmeshalle;
> jedoch der Ehre *wert,* daß jene schweigen.[25]

Und im *Spruch zur Abwehr,* 1934, heißt es so:

> Mich verdammt die Stimme des Gemeinen,
> ich umschriebe nur mein kleines Weinen.
> Ja, ich singe bloß, was e i n e r leidet.
> Denn der n a c k t e   M e n s c h allein entscheidet.
>
> Einsamkeit ist Erdreich aller Dinge.
> Jedes lebt getreu in s e i n e m Ringe.
> Nachts als Feuer, tags in dunkler Wolke:
> M i c h vollendend, diene ich dem Volke.[26]

Aus solchen Momenten bezieht die dichterische Metaphysik Weinhebers ihren ausgeprägt elitären Charakter, der in der schroffen Ablehnung der Zeit und Zeitgenossen oft zum Ausdruck kommt. Die Kehrseite des Sendungsbewußtseins als „singulärer Künstler"[27] aber war die, daß er seine große Einsamkeit dennoch um jeden Preis veröffentlichen und öffentlich machen wollte. Im Wunsch nach Anerkennung und Ruhm steckte das Risiko seiner Metaphysik, wenn sie auf den irdischen Markt ging. Positiv anschließen ließ sie sich an die politische und kulturelle, von ihm als Analphabetentum qualifizierte Realität der zwanziger Jahre nicht, seine Teilnahme am literarischen Betrieb in Wien empfand er als Notlösung; wohl aber ließ sie sich anschließen an die in seinen Augen Erneuerung verheißende „Bewegung", die sich parteimäßig in der NSDAP verkörperte und in deren ideologischen Programmpunkten und Postulaten die Komponenten seiner Metaphysik Unterschlupf fanden: Dienst an der Sprache als Dienst an der Volksgemeinschaft; das auf den großen Einzelnen gestellte Sendungsbewußtsein, der Mutterkult, die heroische Männlichkeit, die Abwehr des Gemeinen, des Schmutzes; die Idee der Reinheit und andere Motive in diesem Umkreis. Es läßt sich — wenigstens im nachhinein — erkennen, daß von diesen und ähnlichen Komponenten einer zunächst ganz individuell erscheinenden Metaphysik nur ein kleiner Schritt war zu konkret politischen Berührungspunkten, wie es in seiner Vorstellung vom Deutschtum, in seiner Idee vom Reich, in seinem Wunsch nach dem Anschluß Österreichs an Deutschland zum Ausdruck kam.

Anfang der dreißiger Jahre lagen die hier nur knapp skizzierten Umrisse seiner künstlerischen Metaphysik fest; auf ihr beruht seine Poetik und sie ist impliziter Bestandteil seiner lyrischen Hauptwerke, aber die waren noch nicht erschienen. Auf 1700 bezifferte er 1932 die Zahl seiner Gedichte,²⁸ nur ein Bruchteil, etwa 200, war in Zeitschriften, Zeitungen und in seinen drei Lyrikbänden veröffentlicht, alle anderen lagen brach, darunter solche, die nach seiner Auffassung „zum gehüteten Sprachgut der Deutschen gehören sollten", aber das interessiere die „berühmten Zeitgenossen" nicht, wie er mit Verbitterung bemerkte.²⁹ Seit Jahren warb er bei österreichischen und vor allem bei deutschen Verlagen, u. a. bei Piper, S. Fischer, G. Müller / A. Langen, persönlich und durch vermittelnde Freunde für seine Gedichte. 1927 schrieb er: „Das wirklich Wichtige ist, daß ich endlich in die deutsche Literatur eingeführt werde. [. . .] Wenn doch der Thomas Mann mein Onkel wäre! Dann käme ich gleich nach dem Stephan George!"³⁰ Auf ein Angebot zur Mitarbeit in einer Anthologie reagierte er mit schroffem Selbstbewußtsein: „Sie werden jedoch begreifen, daß ich mir die confratres, mit denen ich gemeinsam chorsingen soll, ein wenig ansehen möchte, bevor ich mir die Ehre ihrer Gesellschaft gefallen lasse."³¹ Das war 1930; 1932 formulierte er im Gefühl seines verkannten Genies: „Ich lebe, gezwungen durch die mir aus dem allgemeinen Verschweigen meiner Leistung erwachsenen Kampfstellung, in einer heroischen Luft. Ich fühle mich als Einzelner gegen meine ganze Zeit stehen. Die Begriffe von Heldenmut, Adel, Opfer und Ausnahmeschicksal sind mit dem Stempel stündlichen Mißbrauchs meiner Menschen- und Künstlerwürde unauslöschlich in meine Seele gestampft."³²

So waren die subjektiven Voraussetzungen beschaffen, als Weinheber (am 18. 12.) 1931 der NSDAP beitrat.³³ Aus der Perspektive des Jahres 1931 hat dieser Schritt nichts auffällig Opportunistisches an sich, der Anschluß an die Partei der Nationalsozialisten, die sich seit den deutschen Reichstagswahlen im September 1930 zwar im Aufwind befand und deren Anwachsen auch in Österreich der hiesigen Regierung gegen Ende 1931 einige Sorgen bereitete³⁴, war für Weinheber eher ein Akt der Selbstbestätigung seiner Isolation als verkannter deutscher Künstler in Österreich, verbunden aber auch mit der Hoffnung, über die „nationale Bewegung" jene Anerkennung und Geltung zu erlangen, um die er mit zäher Verbitterung kämpfte. Ebenfalls 1931 war eine österreichische Zweigstelle der Rosenberg-Gründung „Kampfbund für deutsche Kultur" installiert worden, und Weinheber scheint dort im Mai 1933 als Leiter der „Fachschaft für Schrifttum" auf.³⁵ Nachdem die Partei am 19. 6. 1933 von der Regierung Dollfuß verboten und wenige Monate später auch der „Kampfbund" aufgelöst worden war, verlagerten sich die kulturellen Ambitionen der nationalen Autoren ins „Deutsche Haus" auf dem Stephansplatz, in dem Weinheber damals Stammgast war.³⁶ Die Überwinterung in der Illegalität beendete er vorerst im Herbst 1934, als er die Zahlung des Mitgliedsbeitrags an die Partei einstellte und damit durch „schlüssige Handlung", wie man ihm in den vierziger Jahren vorhielt,³⁷ ausgeschieden war. Gerade zu diesem Zeitpunkt aber begann sein janusgesichtiger Aufstieg als repräsentativer österreichischer Lyriker im Ständestaat und zugleich als nationaler Dichter der Deutschen: Im Oktober 1934 erschien sein ersten Hauptwerk *Adel und Untergang.*

Weinhebers Stellung in den Jahren 1935 bis 1938 läßt sich charakterisieren als individuelle Verkörperung jener für den Ständestaat insgesamt kennzeichnenden „Übergänge", jener osmotischen Durchdringung der verschiedenen konservativen Lager in der Kulturpolitik, die Aspetsberger ausführlich in seinem Buch *Literarisches Leben im Austrofaschismus*[38] dargestellt hat. Weinheber-Verse wurden bei „vaterländischen" Veranstaltungen in Anwesenheit der Bundesregierung unter Schuschnigg vorgetragen,[39] als repräsentativer österreichischer Lyriker erhielt er 1936 den Professoren-Titel; noch am 6. März 1938 lasen Schauspieler seine Gedichte bei einer „österreichischen Matinee" im Theater in der Josefstadt, zusammen mit Texten von Alfred Polgar, Stefan Zweig, Franz Werfel, Hermann Broch, Ernst Lothar, den Emigranten von morgen.[40] Als repräsentativer völkisch-nationaler Autor feierte er mit seinem *Hymnus auf die Heimkehr*[41] den gewaltsamen „Anschluß" Österreichs ans Reich, schrieb ein Gedicht *Österreich frei!* mit den Versen: „Zum deutschen Himmel hebt die Hand / und schwört dem größern Vaterland [...] Blut, Kerker, Nacht: / Heut ists vollbracht"[42] und lieferte den nationalsozialistischen Machthabern auf Bestellung Gedichte, sei es zum Geburtstag des „Führers", zu dem eines Ministers, zu einem Ausstellungskatalog und anderen Anlässen.[43] Während er den Nationalsozialismus und dieser sich seiner bediente, war er jedoch nach wie vor, und bis zu seinem Selbstmord im April 1945, davon überzeugt, als Künstler jenseits der Politik zu stehen. Als er den Zwiespalt zwischen seiner öffentlichen Stellung und seiner privaten Kunstmetaphysik wahrnahm, reagierte er als Künstler nicht öffentlich, sondern im hermetischen Innenraum seiner Gedichte, die zwar den Charakter einer Distanzierung, aber eben einer im Privaten verbleibenden Distanzierung, haben. Die Bekenntnisgedichte in *Hier ist das Wort,* geschrieben 1940−42, sind Dokumente einer Gewissensqual wie sie von keinem anderen Dichter vorliegen: „Er sah auf einmal. Schaute mit Erbleichen / sein eigenes Antlitz" − „Geschwür, das sich nicht schließt, / Verwundung, die nicht heilt" − „und wie ich gut gewollt / und wie ich bös getan; der Furcht, der Reu gezollt / und wieder neuem Wahn −" − „So schließt sich nimmer das Geschwür. / Und alles, was ich sprach, bleibt ungesagt."[44] Gedichte wie *Als ich noch lebte* (1940), *Janus* (1941), *Mit fünfzig Jahren* (1942) − diese Strophen tragen im Nachlaßkonvolut den Untertitel *Ein Zyklus gegen mich und die Zeit*[45] − diese und andere Gedichte bezeugen die Erkenntnis der Verstrickung, und es gehört zur künstlerischen Stärke Weinhebers, d a ß und w i e er schonungslos mit sich verfuhr. Doch er begriff sich vornehmlich als Opfer und gab der für ihn unlösbaren Verwirrung umso mehr die höhere Weihe des „Menschlichen": „Blut, Mord, Frevel, Bezicht: / Das ist der Mensch – Und ich / trage sein Angesicht. [. . .] Stürzt e r , stürzt das Meinige auch."⁴⁶ Die Wendung der Verstrickung ins Positive einer besonderen humanen Qualität der Opferhaltung – darin liegt zugleich die berührende Schwäche dieser heroischen Gedichte, nämlich die Fortsetzung jener scheinbar so politikfernen, antiaufklärerischen ästhetischen Metaphysik, die Weinheber sich bis zum Beginn der dreißiger Jahre zurechtgelegt hatte und die eben jene Folgen zeitigte, denen er sich nicht mehr entziehen konnte.

Gewiß verband Weinheber mit der Partei, der er 1931 beigetreten war und der er nach seinem Ausscheiden jedenfalls sehr nahe stand, ehe sie ihn 1944 wieder in die Reihen ihrer Mitglieder aufnahm,⁴⁷ kein ungebrochenes Verhältnis. Das bezeugen die zahlreichen verbürgten Auseinandersetzungen mit Parteigenossen und Funktionären, die Freiheiten, die er sich selbst Goebbels gegenüber herausnahm, der Gedanke an Emigration im Jahre 1938,⁴⁸ die Anteilnahme am Geschick der von der Partei gemaßregelten Freunde, die Ausfälle gegenüber dichtenden Parteigenossen. Im Jahr der „Machtergreifung" Hitlers, die er begeistert begrüßt hatte,⁴⁹ schrieb er den sarkastischen Vierzeiler:

> Die Welt hat anders begonnen.
> Es ist ein Sieg der Natur.
> Die Blunck und Brehm und Bronnen
> übernahmen die deutsche Kultur.⁵⁰

Hermann R. Leber, dem nationalsozialistischen Lektor des Zsolnay-Verlages in Wien, der ihm 1934 vorgeworfen hatte, er sei zu österreichfreundlich, schrieb er ein böses Schlüsselgedicht *An das Übel* auf den Leib, eigentlich Verse zu einem Holzschnitt, aber die Anfangsbuchstaben der Zeilen bilden das Akrostichon: Dr. H. R. L., Verleumder, Erpresser. Es stand 1936 in der völkisch orientierten Zeitschrift *Der getreue Eckart,* dann in dem Gedichtband *Späte Krone.*⁵¹

Bei diesen und ähnlichen Querelen handelt es sich jedoch um parteiinterne, pragmatische Auseinandersetzungen und Intrigen, die an das grundsätzliche Selbstverständnis Weinhebers als „nationaler Schriftsteller" und an seine Stellung zur „Bewegung" und zur „nationalen Erhebung"⁵² in den dreißiger Jahren nicht rühren. Die aufgebrachten und verärgerten Glossen an die Adresse seiner Parteikollegen besagen ja nur, daß er sich selbst ein qualitativ höheres Verständnis der „Bewegung" zuschreibt. Indem er die Vorwürfe von den verschiedenen Seiten auf sich nimmt, kehrt er seine Opfer- und Leidenshaltung hervor und erklärt er sich kraft seines Dichteramtes als über den Parteien stehend. In der Glosse *Im Parteienstaat* (1935) läßt er sich als Monarchist, als Sozialist, als Nazi, als liberaler Hund beschimpfen, mit dem Resümee: „Dies alles bin ich, wenn nicht gar noch mehr. / Ein Dichter, nicht wahr, hats nun einmal schwer."⁵³

Der Nationalsozialismus ist in seinem Dichter-Selbstverständnis offenbar nicht primär eine Partei unter und gegen andere Parteien, sondern „die Bewegung" schlechthin, von der er meint, daß sie in ihrer Teleologie sein erhabenes Kunstideal mittragen werde. Daß sie es – und zwar in ihrer empirischen Erscheinungsform als Partei mit all den bekannten Folgen – tatsächlich getan hat, das ermöglichte ihm den Aufstieg zum bedeutendsten Lyriker des Dritten Reiches und war sein Verhängnis, aber weder ein bloßer Zufall noch ein Mißverständnis. Wenn er 1936 in seiner Dankesrede anläßlich der Verleihung des Mozartpreises in München seinen „Ruhm" als „Mißverständnis" apostrophierte,[54] so war das subjektiv ehrlich gemeint, es zeigt zugleich aber, wie wenig er in der Lage war, die wirkungs- und rezeptionstheoretischen Voraussetzungen seiner Lyrik zu durchschauen. Diese Voraussetzungen bestanden ja gerade in jenen Momenten seiner Dichtung, die ihm den Ruhm, den er doch anstrebte, hätten verweigern müssen. Der herrische Gestus des Unverstandenseins, der Einsamkeit, des stellvertretenden Leidens, der Abwehr der Menge, die Verweigerung gegenüber dem „Gott der Zeit"[55] in Form und Inhalt der Gedichte ermöglichten infolge der abstrakt bleibenden Allgemeinheit des Schemas „Ich gegen die ganze Zeit" jedem einzelnen der Leser seiner Lyrik Empathie und Identifikation, und was da abzuwehren war, das konnte sich jeder selbst aussuchen. Vom Autor waren sie im Sinne seiner Auffassung von der „nationalen Bewegung" intendiert. Am 25. 3. 1935 schrieb er im Zusammenhang mit dem erwähnten Streit mit Hermann R. Leber, er habe „die Ideen, die jetzt deutsches Gemeingut geworden sind", schon vertreten, „als es noch keinen Dr. Leber gab. Dies geht ja auch für jeden, der lesen kann, aus meinen Oden, aus meiner Heroischen Trilogie, überhaupt aus meinem Werk, soweit es weltanschaulich verankert ist, hervor. [. . .] Mein dichterisches Wort wird unserer Anschauung einen größeren Dienst erweisen, als die kindische Splitterrichterei dieser Herren."[56]

Der geheimnisvoll-mystische Sprachkult Weinhebers erklärt die paradox scheinende Tatsache, daß die so gemeinten und von der Kulturpropaganda des Nationalsozialismus auch so rezepierten Gedichte[57] von manchen uninformierten Lesern geradezu als Texte der Widerstandsbewegung aufgefaßt werden konnten.[58] Diese unterschiedlichen Rezeptionsmechanismen bedürfen einer Illustration am Beispiel:

>Auf seinem Schild sterben
>
>Ihr stillen Kämpfer edleren Vaterlands!
>Bekränzt ihr euch? Die heilige Irrfahrt ward
>noch nicht beendet. Unser Teil heißt
>nimmer: Zu leben und heimzukehren.
>
>Ein armes Dasein rettet sich ewig in
>des feilen Tages feileres Erbe: Groß

> ist nur das Opfer unser. Selbst die
> Erde verweht und die Götter sterben.
>
> Doch Dauer hat der Tod. Die Vergeblichkeit
> hat Dauer. Dauer hat, die uns hüllt, die Nacht.
> Zu fragen ziemt uns nicht. Uns ziemt zu
> fallen; jedwedem auf seinem Schilde.[59]

Einige Rezeptionsvarianten in Kurzform:

Das Gedicht demonstriert heroische Haltung. Von Kämpfern fürs Vaterland, von Opfer, Tod und Vergeblichkeit ist die Rede, in hart gefügten, alkäischen Odenstrophen. Auch der Gegenpol zur tugendhaften Haltung, des „feilen Tages feileres Erbe" wird apostrophiert. Die Verse sagen wenig, deuten manches an, verschweigen viel. Dem Leser mag's genug sein: Heroische Haltung steht zu Gebote, in heroischer Sprache, Tapferkeit fürs Vaterland, und zwar für ein „edleres". Wer möchte da nicht teilhaben? Wer möchte sich auf die Seite des käuflichen Tages stellen? Und das Fallen auf seinem Schilde ist ohnehin bloß eine Metapher, und wenn es wirklich wird: Schicksal. „Zu fragen ziemt uns nicht".

– Seinerzeit, in militärischen Kreisen, wurden die Verse Berichten zufolge deutlicher gelesen: als Glorifizierung des Leutnantstods.[60] Der Herausgeber der Werke Weinhebers zeigt sich verwundert darüber, aber was spricht dagegen? Der Text, in seiner abgehobenen Abstraktheit, schließt eine derartige Rezeption keineswegs aus. Auch Soldaten müssen sich nicht als laute Kämpfer begreifen, und kämpfen und fallen fürs edlere Vaterland, für das „neue Deutschland" – wem sonst als ihnen mußte dieser Gedanke naheliegen?

– Der Herausgeber der Weinheber-Neuausgabe weist diese Deutung ebenso wie die existentialistisch inspirierte, derzufolge die Verse einen „heroischen Nihilismus" verkünden, zurück.[61] Er argumentiert ansatzweise historisch: Das Gedicht, 1933 geschrieben, besage, daß die „Machtergreifung" durch Hitler für die „stillen Kämpfer" kein Grund zum Feiern sei: „die angebliche ‚Erneuerung' ist keine. Sie ist nur einer feilen Epoche ‚feileres Erbe', Fortdauer der Nacht".[62] Also doch so etwas wie ein verschlüsseltes Widerstandsgedicht gegen den Nationalsozialismus? Wenn man den historischen Deutungsansatz rechtzeitig abbricht, kann man es so lesen. – Aber so ist es nicht.

– Die Analyse muß weiter gehen. Ich schlage eine andere Erklärung vor, die der historischen Wahrheit näherkommt. „Auf seinem Schild sterben" wurde geschrieben am 18. 5. 1933. Sein Autor, seit 1931 Mitglied der österreichischen NSDAP, war begeistert von der „Machtergreifung" seiner Partei in Deutschland, er verachtete die österreichische Politik. Als Funktionär im „Kampfbund für deutsche Kultur" war er selbst für die „Bewegung" aktiv, allerdings nicht in S. A.-Stiefeln, sondern als stiller, geistiger Kämpfer in Sachen Kultur, wie die angesprochenen Kollegen im Geiste. Und gerade jetzt, nachdem eben Dollfuß, den er haßte,[63] sein autoritäres Regime angetreten hat, hält er es für verfrüht, hier in Ö s t e r r e i c h schon den Sieg der „nationalen Erhebung" zu feiern. Pessimismus scheint ihm angebracht, Österreichs „Heimkehr ins Reich" noch nicht absehbar (Strophe 1). Das Leben hier ist armselig, klein; unsere, der nationalen Künstler Größe besteht im Opfer für die noch ausständige große Sache. Das ist eben unser Schicksal (Strophe 2). Unser Ideal, unsere Sehnsucht nach der „deutschen Einheit" bleibt, wie vergeblich auch, bestehen. Mit dem Schicksal ist nicht zu rechten, jeder von uns muß mit der Situation selbst fertig werden (Strophe 3).

Man sieht, der heroische Stoizismus hat, je mehr man sich dem historischen Kontext nähert, umso deutlicher, durchaus eine irdische Basis: Nicht der deutschen „Erneuerung" unter Hitler erteilt Weinheber eine Absage, wie Jenaczek meint,[64] sondern Österreich. Diese Deutung ist gerafft, aber sie trifft den tatsächlichen Kern der Autorintention und ließe sich modellhaft an anderen heroischen Oden verifizieren.[65] Es trifft indessen zu, daß allein aus der Sprache der Gedichte die politischen Implikationen im Sinne einer rein immanenten Analyse nicht unmittelbar abzulesen sind, da Weinhebers Diktion auf Erhabenheit, Abgehobenheit, metaphysische Allgemeinheit ausgerichtet ist und im Gestus der Vergeistigung das Stofflich-Inhaltliche auf einige wenige Grundkonstellationen im Dunstkreis des „rein Menschlichen", wie Adel, Heldentum, Opfermut und Leiden, Nacht und Schicksal, Blut und Volk, Jugend und Menschentum zusammendrängt. Das zeigt aber nur, wie unzureichend eine immanente Analyse bleiben muß, die sprachliche Zeichen mit Weinheber als überzeitliche, substantielle Wesenheiten auffaßt und nicht wahrhaben will, daß diese Zeichen in ihrer Konstellation von Adel und Blut und Kampf und Volk usf. der Zirkulationssphäre einer gefährlichen, geschichtsbelasteten Ideologie angehören. Denn was die Sprache der Gedichte scheinbar ungesagt läßt, indem sie sich auf einer überzeitlichen Position wähnt, nämlich ihre Verflechtung in den konkreten Diskurs der geschichtlichen Realität der dreißiger Jahre, das liefert der Produktionskontext – und in ihm zu allererst der Autor selbst mit seiner Haltung und Stellung – als Verstehensvorgabe mit. In diesem Sinne war die Rezeption Weinhebers als Dichter des Nationalsozialismus – zu seinen Gunsten in der Machtsphäre des Dritten Reiches, zu seinen Ungunsten in der Zeit nach dem Krieg – beileibe kein Mißverständnis. Wie kein anderer Lyriker genoß er durch seine Vortragsreisen und durch die hohe Auflage seiner Bücher[66] eine Öffentlichkeit, die unter den herrschenden Bedingungen gar nicht anders denn als Affirmation des nationalsozialistischen Regimes verstanden werden konnte. Die expliziten, auf Bestellung gelieferten Parteigedichte nach dem „Anschluß" waren nur noch die Bekräftigung seiner Position als repräsentativer, in die nationalsozialistische Kulturpropaganda integrierter Künstler. Die Begründung für die Behandlung seines Wiederaufnahmeantrags in die Partei in den vierziger Jahren lieferte denn auch seine „überragende Stellung im Kulturleben des deutschen Volkes".[67]

Als Weinheber während des Krieges sah, welch unheilvolle Verbindung der geistige Anspruch seiner Kunst – obwohl ohne seine Absicht, dennoch nicht ohne sein Zutun – eingegangen war; als das Gefühl in ihm aufkam, daß er mißbraucht wurde und daß e r es geschehen ließ, fand er keinen Ausweg mehr. Er hatte sein Dichten als Kampf verstanden, aber den wirklichen Feind nie erkannt. Er sehnte sich nach Heilung und Erlösung, dafür stehen in seinen Gedichten die unversehrten Naturdinge, die idyllischen Szenen von *Wien wörtlich,* die in sich ruhenden Motive seiner Kalendergedichte in *O Mensch, gib acht* ebenso wie die heroischen Motive von den „Jünglingen", dem „kommenden Menschen" und dem „Menschen der Mitte" in den großen Oden und Hymnen. Der Ausweg hätte für ihn, der die Heilung seiner lebensgeschichtlich weit zurückliegenden seelischen Verwundung von der Kunst erhoffte, nur in einer Generalrevision seiner dichterischen Metaphysik bestehen können. Er tat das ihm Mögliche, indem er die Schuld nicht mehr ausschließlich der „Zeit" anlastete, sondern sie – noch einmal in einer heroischen Wendung – auch als s e i n e Schuld begriff, in jenen „Bekenntnis"-Gedichten, von denen vorhin schon die Rede war. Das verdient Achtung. Das Zwiespältige, Janusgesichtige, das sein Werk bis zum Ende begleitet, kann es nicht aufheben.

Die Geschlechterproblematik des *Genie*-Dramas von 1918, Ausdruck der frühen seelischen Verwundung, die er durch den ästhetisch-priesterlichen, stellvertretenden Dienst an der ins Jenseits entrückten „gemordeten Mutter" zu überwinden hoffte, holte ihn ein. Aber nicht das Weib, die Anima des *Genie*-Dramas, erwies sich als die gefährliche, vom Männerwahn gefürchtete Dirne, sondern die obszöne, machtpolitische Pragmatik des Nationalsozialismus, die den Geist in den Schmutz zog, während er verblendet gegen die erotischen Gespenster seiner Männermetaphysik ankämpfte. Als er der Zwiegesichtigkeit seiner Kunst inne wurde, schrieb Weinheber das schon genannte Gedicht *Janus,* in dem es heißt:

> Er sah zurück. Und ohne Herzbewegen
> sah er voraus und sah auf Glanz und Ruhm
> sich die Verlassenheit wie Schneefall legen –
> und sah zerbrechen Werk und Menschentum.[68]

Die Verse markieren die Endphase der Entwicklung eines hochbegabten Lyrikers, deren Weichen schon vor mehr als zwei Jahrzehnten falsch gestellt worden waren.

Anmerkungen

1. *Boot in der Bucht,* 1926.
2. Vgl. Edwin Hartl: *Josef Weinheber und Karl Kraus.* In: *Österreich in Geschichte und Literatur* 9 (1965) S. 214–223.
3. Dazu: Verf.: *Der Begriff der „Sprachkunst" und die Lyrik Josef Weinhebers.* In: *Sprachkunst* 12 (1981), S. 311–333; bes. 321 ff.
4. Vgl. Josef Weinheber: *Sämtliche Werke,* Bd. I/1. Salzburg 1980, S. 329. – Zitiert wird grundsätzlich nach der von Friedrich Jenaczek besorgten Neuausgabe (SW I/1, II, IV, V). Da sie noch nicht vollständig ist, wird bei Heranziehung der Nadler-Ausgabe (Salzburg 1953–1956) jeweils ein N vor die Bandzahl gesetzt. – Zur Situation der Neuausgabe s. Verf.: *Über das Verhältnis von Sachgehalt und Kritik. Bemerkungen zur Neuausgabe der Werke Josef Weinhebers.* In: *Sprachkunst* 12 (1981), S. 393 f. – Die Ausgabe ist leider völlig ins Stocken geraten.
5. *SW* II, S. 328/29.
6. *SW* I/1, S. 201–275.
7. Ebd. S. 270. [8] Ebd., S. 273. [9] Ebd., S. 274. [10] Ebd., S. 275. [11] Ebd., S. 275.
12. *SW N* I, S. 618 (Gedicht *Brücken schlagen* ...)
13. *SW* I/1, S. 272.
14. *SW* II, S. 278.
15. Karl Kraus: *Werke.* Hrsg. v. Heinrich Fischer, München 1952 ff., Bd. 3, S. 293.
16. *Hymnus auf die deutsche* Sprache, *SW* II, S. 99. – In diesem Gedicht ist die Sprache-Weib-Metaphorik das durchgehende Strukturprinzip.
17. Otto Weininger: *Geschlecht und Charakter.* Wien/ Leipzig 1903; [17]1918, [25]1923.
18. Dazu Verf. (Anm. 3), bes. S. 325 ff.
19. Ebd., S. 326; *SW* IV, S. 68.
20. *Hymnus auf die deutsche Sprache* (Anm. 16).
21. *SW N* I, S. 395–398.
22. Ein Topos in Weinhebers Briefen der zwanziger und der beginnenden dreißiger Jahre. (*SW N* V).
23. *SW* II, S. 512.
24. *Variationen auf eine Hölderlinische Ode, SW* II, S. 40–47.
25. *SW* II, S. 9.
26. Ebd., S. 105/06.
27. *SW N* V (Briefe), S. 134.
28. Ebd., S. 108. [29] Ebd., S. 108. [30] Ebd., S. 56. [31] Ebd., S. 63. [32] Ebd., S. 71.
33. Für alle NS-Daten Weinhebers danke ich Herrn Klaus Amann, Klagenfurt, der mich die Weinheber betreffenden Kopien der *NS-Parteikorrespondenz* aus dem Berlin Document Center einsehen ließ. – Über Weinhebers Parteizugehörigkeit bestand bis dato Unsicherheit.
34. Vgl. F. L. Carsten: *Faschismus in Österreich. Von Schönerer zu Hitler.* München 1978, S. 176.
35. Zu Weinhebers Aktivitäten im Kreis der nationalen Schriftsteller vgl. Gerhard Renner: *Österreichische Schriftsteller und der Nationalsozialismus: „Der Bund der deutschen Schriftsteller Österreichs" und die Anfänge der Reichsschrifttumskammer in der „Ostmark".* Diss. Wien 1981 [mschr.], S. 17 ff. u. 87 ff.
36. Eintragungen in Taschenkalendern; Weinheber-Nachlaß, Österreichische Nationalbibliothek, (ÖNB), Ser. nov. 22601.
37. *NS-Parteikorrespondenz* (Anm. 33)
38. Friedbert Aspetsberger: *Literarisches Leben im Austrofaschismus. Der Staatspreis.* Königstein/Ts. 1980

[39] *Den Gefallenen, SW* II, S. 290–293 und Anm. S. 735.
[40] Ernst Lothar: *Das Wunder des Überlebens. Erinnerungen und Ergebnisse.* Hamburg/Wien 1961, S. 100.
[41] Erschienen in der *Chronik des Wiener Goethe-Vereins* 43 (1938), im *Bekenntnisbuch österreichischer Dichter.* Wien 1938, und im *Inneren Reich* 5 (1938), Heft 2.
[42] Weinheber-Nachlaß, ÖNB, Ser. nov. 19546, Blatt 12.
[43] Nachweis *SW N* IV, S. 810.
[44] *SW* II, S. 601, 604, 605.
[45] Ebd., S. 789 (Anm. d. Hrsg.).
[46] Ebd., S. 607.
[47] *NS-Parteikorrespondenz* (Anm. 33).
[48] *SW* II, S. 756 (Anm. d. Hrsg.).
[49] Vgl. Otto Basil: *Erinnerung an Josef Weinheber.* In: Österreichisches Tagebuch 2 (1947), Nr. 36, S. 10.
[50] *SW* II, S. 487.
[51] Ebd., S. 280 und S. 734 (Anm. d. Hrsg.).
[52] *SW N* V (Briefe), S. 126.
[53] *SW* II, S. 518.
[54] *SW* IV, S. 568.
[55] *SW* II, S. 9.
[56] *SW N* V (Briefe), S. 242.
[57] Vgl. etwa Franz Koch: *Die großdeutsche Idee in der deutschösterreichischen Dichtung.* In: *Nationalsozialistische Monatshefte* 9 (1938), S. 607 ff.
[58] *SW* II, S. 737 (Anm. d. Hrsg.).
[59] Ebd., S. 25/26.
[60] Ebd., S 637 (Anm. d. Hrsg.).
[61] Ebd., S. 637 u. S. 700.
[62] Ebd., S. 700.
[63] Im Nachlaß befindet sich das Typoskript eines bösen Spottgedichts auf Dollfuß *(Ein Kurpfuscher in Rotweißrot...),* ÖNB, Ser. nov. 19546, Blatt 10.
[64] *SW* II, S. 700 (Anm. d. Hrsg.).
[65] Z. B. an *Der befreite Held, SW* II, S. 282.
[66] Vgl. die genauen Angaben des Hrsg., *SW* II.
[67] *NS-Parteikorrespondenz* (Anm. 33).
[68] *SW* II, S. 602.

Heimito von Doderer: Rückzug auf die Sprache

von
WENDELIN SCHMIDT-DENGLER

Der Fall Doderer ist ein zweiter Fall Fontane: der Fall eines Autors, der erst mit fünfundfünfzig Jahren mit dem Buch *Die Strudlhofstiege* (1951) jene Resonanz fand, die ihn zum repräsentativen Autor der fünfziger Jahre dieses Jahrhunderts in Österreich machte.[1] Indes war dieser Autor vorher keineswegs unbekannt gewesen, freilich auch keineswegs untätig: wer seine Romane liest, merkt, daß die dafür nötigen Erfahrungen vor allem in den zwanziger Jahren gesammelt worden waren; wer die Bibliographie studiert, wird finden, daß von Doderer, ehe *Die Strudlhofstiege* erschien, bereits sechs Bücher erschienen waren. 1923 und 1924 waren die Gedichtsammlung *Gassen und Landschaft* sowie die (expressionistische) Erzählung *Die Bresche* publiziert worden; 1930 waren es gleich zwei Bücher: Der Roman *Das Geheimnis des Reichs* und *Der Fall Gütersloh. Ein Schicksal und seine Deutung*. Doch die damit erworbene Anerkennung hielt nicht lange vor. Doderer war nur jenen bekannt, die sich Insider des Literaturbetriebs nennen konnten; als „begeisterten Gütersloh-Anhänger" apostrophiert ihn Musil in einem Brief an Franz Blei (1931)[2], und viel mehr scheint man in der Tat nicht von ihm gewußt zu haben.

Trotz zahlreicher kritischer Arbeiten ist über die Entwicklung Doderers in den dreißiger Jahren wenig bekannt; inwieweit sein Verhalten in diesem Zeitraum als für eine bestimmte Generation typisch und darüberhinaus aufschlußreich für die literarische Situation der dreißiger Jahre in Österreich sein kann, wage ich nicht zu entscheiden. Daß indes die Entwicklung, die er in diesem Zeitraum genommen hat, vor dem kulturpolitischen Zusammenhang der dreißiger Jahre in Österreich gelesen werden sollte, steht wohl außer Zweifel. In dem folgenden soll, gestützt auf Briefe und unveröffentlichte Tagebücher, versucht werden, in Umrissen nachzuzeichnen, wie gerade in diesem Zeitraum das Fundament für ein Oeuvre gelegt wurde, das für die Zweite Republik solchen Repräsentanzcharakter bekommen sollte. Mit der Genese der Werke, mit ihrem Verhältnis zu der Umgebung, der sie entsprungen sind, läßt sich vielleicht zeigen, wie vielfältig und in sich widersprüchlich just diese dreißiger Jahre in Österreich gewesen sind.

Das Jahrzehnt von 1930 bis 1940 kann als eine in sich geschlossene Periode im Leben Doderers betrachtet werden. Nach außen hin zeichnet sich nur wenig ab. Was die Arbeit an Romanen betrifft, geschieht zwar unerhört viel, erschienen aber sind – von größeren Arbeiten – nur zwei: *Ein Mord den jeder begeht* (1938) und *Ein Umweg* (1940). Wer heute diese Bücher liest, wird ihnen die Zeit der Entstehung nur schwer anmerken, noch weniger deren Umstände. Umso notwendiger scheint es jedoch, sie mit der Entstehungszeit in Beziehung zu setzen und zu prüfen, wie nun darin jene in Frage stehende Epoche verarbeitet scheint. Die geringe Anzahl der Publikationen trügt: in dieser Zeit, von etwa 1930 bis 1936, entstand das erste Drittel der *Dämonen* (erschienen 1956) und die Erzählung oder der „Ritter-Roman" *Das letzte Abenteuer* (1953). Auch zahlreiche Erzählungen, z.B. *Eine Frau aus Porzellan, Die Peinigung der Lederbeutelchen, Bischof tollgeworden* usw. sind in diesen Jahren zu Papier gebracht worden; vor dem Krieg schrieb Doderer an seinem Roman *Die erleuchteten Fenster oder Die Menschwerdung des Amtsrates Zihal,* der 1940 fertiggestellt wurde. Soviel zur äußeren Chronologie.

Das Jahr 1930 war eine Zäsur, dies nicht nur in bezug auf die literarische Entwicklung Doderers, sondern auch in bezug auf seine private Biographie. Doderer heiratet in diesem Jahr – am 20. Mai – die Tochter des jüdischen Stadtphysikus und Zahnarztes, Gusti Hasterlik, womit eine neun Jahre dauernde Liebesbeziehung legitimiert und zugleich auch beendet wird. Nach übereinstimmenden Berichten von Zeitgenossen und Aussagen von Doderer selbst lebte das frisch vermählte Paar nicht länger als zwei Wochen zusammen. In den nächsten Jahren gab es zwar nach zahlreichen Zerwürfnissen immer wieder den Versuch einer Annäherung, doch ist es damit endgültig 1932 vorbei. Doderer gerät damit auch aus den Kreisen heraus, in denen er zuvor, wenngleich nicht mit innerer Überzeugung und Anhänglichkeit, Umgang hatte. Vor allem seine Geliebte und spätere Frau Gusti Hasterlik hatte ihm den Zugang zu verschiedenen Zeitschriften und Zeitungen ermöglicht, und nach seiner Promotion (1925) bis etwa 1932 bestritt Doderer seinen Lebensunterhalt durch historische Feuilletons für größere Tageszeitungen wie *Der Tag* und *Der Abend.* Noch 1932 erscheint eine achtteilige Artikelserie über Hinrichtungen unter dem Pseudonym „Dr. Ottokar Stix" im linksorientierten *Abend;* mit der Trennung von seiner Frau verliert er auch diese Verbindungen.[3] In zunehmendem Maße sieht er sich vereinsamt und widmet sich mehr und mehr der Verehrung für den Meister Gütersloh, doch weiß er in der Folge auch immer wieder von den radikalen Unterschieden zwischen ihnen beiden zu berichten. „*Ja*, das ist der rechte Weg und Entschluß, Wien zu verlassen, durchzugehen einfach", notiert Doderer am 29. 9. 1932. Und: „Was hab ich in Wien? Kaum eine Redaktion, kaum einen Verleger mehr. Fast alles jüdisch und daher jetzt zergehend wie Eis in der Hand." „Ich werde scharf wenden, *sofort*", heißt es dann abschließend.⁴ Die Wendung kam, und die, die ihn aufnehmen wollten, standen bereit. Ab 1. April 1933 ist Doderer Mitglied der NSDAP, Nummer 1 526 987. Das Zeitgeschehen glossierte er in den Jännertagen des Jahres 1933 kaum; doch bald kommt die Zeit der politischen Pflichtübungen. Auffallend, daß von der gemeiniglich für nationalistisch angesehenen Literatur sich wenige Spuren nur in den Tagebüchern niedergeschlagen haben: Billinger wird kurz erwähnt (mit ihm war Doderer durch den Verleger Haybach in den zwanziger Jahren befreundet), ein Hinweis auf Moeller van den Bruck: das ist im wesentlichen schon alles. Es gibt dann Essays, die offenkundig für die *Dötz* konzipiert, aber nicht angenommen worden sein dürften, worin er sich mit den Deutschen auseinandersetzt und diese Nation als Volk ohne Chauvinismus zu definieren sucht.⁵ Erwiesen sind Kontakte zu dem Hauptschriftleiter, Dr. Gerhard Aichinger, der im Tagebuch als „Gerhard A." ein paar Mal apostrophiert wird. Die Artikel Doderers dürften indes für eine linientreue Auslegung wenig brauchbar gewesen sein: hier wie dort war ihm die Anpassung – trotz einer deutlich merkbaren Bemühung – nicht möglich: Er beschwört Dostojewski und dessen von metaphysischem Grundton bestimmten Begriff der heiligen russischen Nation (10. 8. 1933).

Die Erinnerung an die Ehe macht ihm zu schaffen, auch die Erinnerung an seine vielen, unzähligen Geliebten. Die Rassenpolitik scheint eine bequeme Handhabe dafür, das eigene Verhalten zu entschuldigen und das der Frau zu erklären, zugleich aber ist ihm dessen Inkonsequenz und die Unredlichkeit in der erotischen Sphäre mehr als bewußt. Wieder passieren die Ereignisse des Februar 1934 ohne Kommentar in den Tagebüchern. Man ist zu befangen mit persönlichen Problemen. 21. Juli 1934: „Bis zu meiner Ehe habe ich keine Jüdin berührt. Diese Tatsache scheint wichtig. Ich trat in jedem Sinne unter ein neues Gestern." Immer noch wird die Distanz zur Politik gewahrt. Ein Gespräch mit Gütersloh am 24. Juli 1934 befaßt sich mit der Frage, welche Stellung der Schreibende zur Politik überhaupt nehmen sollte. Ergebnis: da der Schriftsteller sich aller Lebensgebiete anzunehmen habe, müsse er sich auch der Politik widmen. Doch: den „Z u s t ä n d e n d e s L e b e n s gegenüber aber bleibt es die seit eh und je ausgemachte Pflicht des Schriftstellers, den Kopf über den Wassern der Zeit zu halten, genau so wie über den Fluten seines eigenen, ihn bedrängenden persönlichen Schicksals." (25. 7. 1934). Die nächste Eintragung im Tagebuch nimmt Bezug auf die Ermordung des Bundeskanzlers Dollfuß, doch auch hier glossiert Doderer:

> Meine Natur benutzte nun, ihrer Art nach, den Vorwand großer Ereignisse, zu einer kleinen Drückebergerei, vor der Arbeit nämlich. Dies ist, in kurzen Worten, die dürre Wahrheit. Freilich, die Luft schmeckt in diesen

Tagen nicht fruchtbar nach geruhiger Sammlung: dieses mag einen Milderungsgrund, keine Ausrede abgeben. (28. 7. 1934)

Ausführlich kommentiert Doderer in den Septembertagen die Einrichtung der Reichsschrifttumskammer. Hier aber meldet sich sofort ein Zitat des Mentors Gütersloh: „. . . denn wir sind ein Oktroi auf die Gesellschaft und durch keine Organisation äußerlicher, zahlenmäßiger, hilfsfreundlicher Art ihr anzunähern." Doch in der Folge windet sich Doderer, dieser RSK doch eine Art von Berechtigung zu gewähren, und entwickelt sogar einen ziemlich genauen Plan. Angst hat er vor der Macht eines einzelnen: das wäre Diktatur. Doderer ist weiter der Auffassung, daß eine solche Organisation „ihrem Wesen nach nur die Mittelmäßigkeit erfassen kann". „Man bemerkt wohl, welch' trauriges Kapitel die Naturgeschichte aller staatlichen Kunstpflege ist." Mit der nun – törichterweise – erhofften Vollkommenheit des Reiches würde, so Doderer, der politische Schriftsteller unnötig, ja liquidiert werden. Obwohl nun das Vorhandensein dieser RSK so bedenklich schien: hereinkommen wollte man doch. Doderer erlegt sich in der Folge im Tagebuch mehr und mehr Zurückhaltung auf; was er schreibt, hat ab 1935 immer weniger mit dem „Reich" zu tun, immer weniger werden die 1934 noch so häufigen Anspielungen auf die politische Situation. Im November 1934 mußte er bereits resignierend feststellen, daß seine Zeit noch nicht gekommen sei:

> Und im Reiche draußen ist mir bisher nicht gelungen, auch nur einen Schritt breit Boden zu gewinnen, eine recht verwunderliche Tatsache, wo man doch glaubte, daß für Schriftsteller meiner Art nun ein Morgenrot angebrochen sei.[6]

Doch auch dieser Mißerfolg (die erste Fassung seines 1934 beendeten Romans *Ein Umweg* war vom Verlag Eugen Diederichs zurückgekommen) bringt ihn von der einmal gewonnenen Linie nicht ab. 1935 konzentriert sich Doderer auf die Arbeit an den *Dämonen* und betreibt, obwohl er im Erzählablauf noch nicht so weit ist, Vorstudien für den Höhepunkt, den 15. Juli 1927 – als Quellen dienen ihm die *Neue Freie Presse*, die *Arbeiter-Zeitung* und die *Reichspost* sowie das Fackelheft von Karl Kraus. In einem Brief vom 21. 7. 1936 an Gerhard Aichinger (Gerhard A.), der offenkundig in der RSK gelandet sein dürfte, schreibt Doderer:

> Ich glaube, es ist das erste Mal, daß die jüdische Welt im Osten deutschen Lebensraumes von einem rein deutschen Autor in den Versuchsbereich der Gestaltung gezogen wurde. Denn die bisher darüber schrieben (Schnitzler, Wassermann etc. etc.) waren selbst Juden und ihre Hervorbringungen können wohl seit langem schon nicht mehr ernsthaft gelesen werden.

In diesem Brief wird der Roman auch zum ersten Mal *Die Dämonen der Ostmark* genannt. Doderer preist sich selbst an – er spricht von „der

Reinheit seines Blutes". Gewiß ist der Adressat auslösend für solche Formulierungen, sie sind aber ebensowenig zu entschuldigen wie der Opportunismus, der aus diesen Zeilen spricht. Seinem Roman will er (ganz im Gegensatz zu der Haltung, die aus den Gesprächen mit Gütersloh hervorgeht!) nun auch eine gesellschaftspolitische Dimension zuschreiben: „Ich versuchte" – so heißt es an derselben Stelle – „dieses Theatrum Judaicum sozusagen in drei Stockwerken vorzuführen: auf der Ebene des familiären und erotischen Lebens, auf der Ebene der Presse und der Öffentlichkeit, und endlich auf der Ebene der Wirtschaft, in der Welt der großen Banken."

Vorbereitet wird die Übersiedlung ins Reich, nach Deutschland, wobei auch der banale Umstand eine Rolle gespielt haben dürfte, daß Doderer dort eher in den Genuß von Renditen von Bieraktien kommen konnte, die der Familie gehörten. Am 1. August kommt er in München an, ab 3. August wohnt er in Dachau in einer Atelierwohnung. Hier rekapituliert Doderer eine Lektion, die ihm Gütersloh noch in Wien gewährt hatte: Es geht um die „Convenüs", die für den Schriftsteller lebenswichtig seien; Gütersloh hätte verwiesen auf die „Fülle von frischen, lebenstragenden und geordneten Convenüs, die dem neuen Reiche entwachsen [...] werden, als Achsen eines wirklicheren und gestalteteren Lebens, denn das bisherige im deutschen Raume und Europa gewesen war." (25. 8. 1936). Positiv wird die Zusendung der Verordnungen von der Reichsschrifttumskammer begrüßt, doch: „Der Anblick solcher riesenhafter bürokratischer Maschinerie wirkte auf mich äußerst niederschlagend." (27. 8. 1936). Doch nun zeichnet sich die Ernüchterung ab. „Es stellt sich heraus, daß ich hier völlig isoliert bin." heißt es am nächsten Tag. Und in allen seinen Werken, die Doderer nun konzipierte, ist die Ausgangssituation die schmerzhaft empfundene Einsamkeit des Helden. „Man war allein",[7] das ist der Einleitungsakkord des „Ritter-Romans" *Das letzte Abenteuer.*

Die Beobachtungen, die Doderer zunächst über seine Umgebung anstellt, sind rar. Zwar verspürt er „die Befreiung von jenem entsetzlichen Druck, der vom Politischen her auf meiner bisherigen Heimat lastete, zumindest aber auf allen Menschen meiner Art und Gesinnung." (28. 8. 1936). Doch in der Folge verlieren sich mehr und mehr solche Worte aus dem Text. Anlaß war offenkundig noch die Macht und Kraft des Reiches, die in einem Brief an Gütersloh staunend hervorgehoben wird. Doch auch Kritik mengt sich in die Zeilen. Die Welt in Deutschland habe „eine gewisse trübere Leere" in sich (ebda). Aus den Aufzeichnungen geht hervor, daß sich Doderer von Deutschland nicht die Realisierung einer neuen Weltanschauung erhoffte, sondern vermutete, in ein Reich zu kommen, in dem für ihn, für den Schriftsteller, eine ideale, weil unpolitische Stellung in der Gesellschaft möglich wäre.

Es beginnt ein Rückzug, der nicht nur ein Rückzug aus der Politik, sondern auch ein Rückzug aus dem Reich zu sein scheint. Er äußert sich abfällig über die Bayern und deren Roheit, nennt die Deutschen allesamt roh. Dieser Prozeß ist ziemlich deutlich ab Jahresbeginn 1937 in den Aufzeichnungen festzustellen, freilich ohne Anflug von Selbstkritik oder Kritik an der Politik der Nationalsozialisten. „Ich bin wieder Ausländer geworden, sapienti sat, et Deo gratias", so am 18. 6. 1937, und : „‚Mythos der Landschaft' – ‚Mission des Fremdenverkehrs' – ja, ja, das sind so die Überschriften hier", so am 25. 6. 1937. Und pointiert merkt er über die Bayern an:

> So also ist hier das Volk. Zudem von einer stumpfen, stierhaften Gereiztheit, Streitlust und Rauflust, die zu der ohnehin bedeutenden Herzensroheit, welche uns Deutsche leider auszeichnet, noch als bayrische Besonderheit hinzutritt. Auf dem Wege all dieser Beobachtungen gelangte ich am Ende zur folgenden Definition: die bayrische Bevölkerung zerfällt in zwei Teile, einen kleineren und einen weit größeren. Den ersten bilden die, welche von Beruf Metzger sind. Den zweiten, größeren, jene, die nur so aussehen. (23. 2. 1937).

So witzig das zunächst sich auch anhören mag: verrechnet mit der Wirklichkeit jenes Deutschland von 1937 verursacht das Bild einer Nation, die aus Metzgern besteht, oder von Menschen, die so aussehen wie diese, Beklemmung.

Auf dem Umweg über Bayern wurde für Doderer die österreichische Heimat wieder teuer. Er konzedierte ihr 1937 eine „verborgene virtus" und pries das vor fünf Jahren so verdammte Wien.

Bestimmend für die Folgezeit ist fast ausschließlich die Arbeit am Roman *Ein Mord den jeder begeht,* mit dessen Konzept Doderer schon nach Deutschland gekommen war und den er nun, anstelle der *Dämonen,* zu Ende schrieb. Die Arbeit wurde in einem Jahr vollendet. Ab 1937 hatte der Autor einen Verlagsvertrag in der Tasche, der ihm nicht nur das Auskommen sicherte, sondern auch eine gute Perspektive für weitere schriftstellerische Tätigkeiten bot. Das Verlagshaus C.H. Beck hatte sich seiner angenommen; die Arbeit am *Letzten Abenteuer* und vor allem an dem Roman *Ein Mord den jeder begeht* war eine Befreiung von jenen Doderer bis dahin peinigenden Wiener Themen. Der Verlag fand die Bewältigung des Themas in den *Dämonen* nicht profiliert genug, freilich in seinem Sinne, nämlich im nationalsozialistischen, ein Umstand, der dem Werk späterhin nur günstig sein sollte. Doch das ist ein anderes Kapitel, und zudem schon in der Literatur aufgearbeitet.[8]

Für Doderer war das, was ihn um 1933/34 beschäftigte und in die Nähe des Nationalsozialismus brachte, uninteressant geworden. Von einer entscheidenden politischen Konversion, von einer Einsicht in die Zusammenhänge, und zwar in die konkreten Zusammenhänge, kann freilich keine Rede sein. So paradox es klingt: Doderers unpolitische Haltung, vor allem seine oft krassen Fehldiagnosen in bezug auf die Politik der Nazis bewahrten ihn davor, dieser Weltanschauung so zu verfallen, daß der Schaden für sein Werk irreparabel geworden wäre. Zugleich kam dem auch noch der Umstand entgegen, daß man ihn, der sich dem Nationalsozialismus geradezu offerierte, nicht wollte, als solchen nicht wollte. Was sich als Abkehr Doderers vom Nationalsozialismus präsentiert, vor allem für die gutgläubigen Hagiographen, ist vielmehr das vielschichtige Produkt aus einer Reihe persönlicher Erfahrungen, im besonderen Desillusionen, Glücksfällen wie dem Verlagsvertrag und Schwierigkeiten im Alltagsleben; nur allmählich setzt sich die kritische Einsicht gegen das Nazi-Regime durch. Aber auch diese wird nur erworben auf dem für Doderer kennzeichnenden Umweg: und dieser Umweg ist auch das einzige Verdienst des Autors an der Sache. Er ließ sich nicht ein auf die ästhetischen Programme, die empfohlen wurden, nicht auf den historischen Roman, in dessen Mittelpunkt der große einsame Held stand, nicht auf die erdnahe Dichtung mit dem Bezug zur Scholle, nicht auf den Kriegsroman und nicht auf die Hymnik, die eine Führerpersönlichkeit pries; was jene Autoren, die das *Bekenntnisbuch* von 1938 vereint, auch vereinte – dem war er fern. Er ridikülisierte die Heimatliteraten mit deutlicher Pique gegen einen ihrer renommiertesten Vertreter:

> Man komme mir nicht mit dem „einsamen, ursprünglich gebliebenen Bergbauern". Denn man läßt ja keineswegs nur ihn allein als „Volk" gelten. Höbe man nur irgendeinen Teil besonders heraus! – man bewiese wenigstens damit eine Ahnung von der Form unseres geschichtlichen Lebens: wenn man dabei mit dem Bauern auch einen lächerlichen Mißgriff begangen hätte. Denn jener ist vor-geschichtlich, also überhaupt geschichtslos. Er ist die Wiege und das Kind darin. Es wäre gleichsam das selbe, wie wenn ich unter den Menschen nur die Kinder verstehen wollte. Jedoch der Bauer, dieser Grundsumpf jeder Nation, wird heute auch schon ausgetrocknet, erstens, indem man ihm sein „Bauerntum" bewußt macht und es also unter ein mörderisches rationalistisches Schlaglicht stellt – in dessen Schein aus seinem alten Filz ein „Trachtenhut", aus gewissen halb bewußten Resten der Vorzeit ein „Brauchtum" wird, worüber er bereits angereisten Schriftleitern Auskunft zu erteilen vermag. Vor allem aber hat man ihm die Stille seiner Ofenbank restlos genommen, an welche er sonst, besonders im Winter, völlig ausgeliefert war, so daß die Zeit in dieser Verschmauchtheit stehen bleiben konnte wie die blauen Ringe des Pfeifenrauchs in der Luft. Es ist ja die Bauernstube wirklich der Ort, wo der eilende Kronos zur völligen Rast einkehren kann. Sie ist zeitlos, sie ist ohne Zeit, daher man an solchen Abenden und in solchen Stuben immer vor dem Beginn einer neuen Geschichte stand, in ihrer Vorform nämlich und an ihrer Wiege. (‚welche freilich erhalten bleiben muß'. Bemerkenswert ist der rationalistische Beigeschmack, welchen dieser Satz am Schluß bekommt: ich lasse das der Curiosität halber stehen, statt es zu streichen.) Heute wirst Du da überall die Klimperkiste des Rundfunks finden, jeden Augenblick bereit, den Quell der Stille zu verstopfen, wozu das Ding mit jener allen Dingen eben innewohnenden Gewalt geradezu magisch zwingt: immer wird jetzt der Griff an den Schalter geschehen.
> Inzwischen ist es ja seit längerem schon – dies sei aber hier nur am Rande angemerkt – zu einem anderen Kurz-Schlusse gekommen, dessen

wahrhaft nicht göttliche Funken an sich armselig sind, jedoch beweist dieser bescheidene Lichteffekt wieder eine gewisse in den Köpfen herrschende Dunkelheit. Die auffällige physiognomische Widerwärtigkeit entwurzelten Bauerntums, dort wo es zum Kurz-Schlusse mit einer städtisch-zivilisierten Belle-Literatur kommt, erinnert an jene Dorf-Cretins, die als riesige Mannskerle gleichsam noch im Keimwasser kindlicher Blödigkeit schwimmen und den Eindruck eines monströsen wandelnden Embryo's machen, wozu meist ihre Kopf-Form beiträgt. So beginnt denn das Volk, welches keines mehr ist, nachdem es den bewußten Schalter an der früher erwähnten Klimperkiste abgedreht hat, nunmehr in der „heiligen Stille seiner Bergwelt" zu dichten. Und was in Generationen erst hinaufgefiltert werden soll, alle nach göttlichem Willen nun einmal unerläßlichen Zustände geistiger Pubertät durchlaufend, das trottelt jetzt unausgegoren, embryonal, im erborgten Gewande einer späten, zivilisierten Litteratur durch die Straßen der Städte. Dort aber bestaunt man die ungesund-geschwollenen Hervorbringungen des dörflichen Genies – denen die typische Angelesenheit der Sprache des Halbgebildeten eignet – als rechte erdnahe und volksverbindende Kunst. Vielleicht werden spätere Literär-Historiker – denn auf das Aussterben dieser Sorte Menschen ist wenig Hoffnung, und ein längeres Leben als die Dichtkunst selbst haben sie nun einmal ganz gewiß – vielleicht also werden einst solche Literär-Historiker das „Schrifttum" unserer Zeit als die „Periode der Volksschul-Lehrer-Dichtung" verzeichnen. Denn es kann nicht mehr übersehen werden, daß die meisten dieser erdverbundenen, heimatlichen, volksnahen Dichter und Dichterinnen von Beruf Schul-Lehrer und Schul-Lehrerinnen sind, gleichsam in ihrer eigenen Person und deren physiognomischer Abscheulichkeit die Brücke darstellend, über welche der Kurzschluß läuft: aus den Städten herüber in ein Bauerntum, welches ja seiner Natur nach nicht dazu bestimmt und befähigt sein kann und darf, sich selbst einzuholen, und auf solche Weise etwa jenes bittere Gewürz der Entscheidung zu gewinnen, welches allein der Infection widerstehen könnte.

Einer dieser Helden wurde von einer Dame, die sein Buch gelesen hatte, gerade heraus gefragt, wie's ihm denn eigentlich beifallen könne, den Knut Hamsun auf eine solche, beinahe unverschämte Weise, auszuschreiben, wie er das betreibe?! Die Antwort des erdnahen Dichters verdient festgehalten zu werden. Er sagte: „Nun, dann sagen Sie mir einen Besseren!" Die Geschichte habe ich verbürgt, sie wurde mir von der betreffenden Dame selbst vor einigen Tagen erzählt. Waggerl hieß jener Mensch. (21. 2. 1937)

Wozu Doderer sich in der konkreten politischen Situation bereit fand, zum Mitläufertum, dazu fand er sich für seine literarische Produktion nicht bereit. So kritisierbar auch seine später angepriesene Ideologie der Ideologielosigkeit sein mag – seine Mühe um die Definition dessen, was ein Roman ist, und seine Mühe um die „Apperception"[9] – so muß doch in Rechnung gestellt werden, daß wenigstens dies ihn vor noch verhängnisvolleren Schritten bewahrte. Allerdings – und das ist ihm anzulasten – zog er aus seinen Einsichten bezüglich der Kunstprogramme des Dritten Reichs keine Folgerungen. Er ließ mit sich geschehen, was geschah, und verstand sich nicht auf den Protest. Immerhin zitiert er stets den (vormarxistischen) Lukács und notiert in dessen Gefolgschaft 1937 überraschend: „Die Technik der Erzählung ist die Übertragung einer Sinnfolge in die atheistische Sprache der Causalität." (4. 1. 1937). Er schätzt jene Maler, die als entartet verfemt waren: Picasso, Juan Gris, Fernand Léger, kurzum die „Parnassiens", die er für die letzte große Epoche europäischer Malerei erklärt – trotz des verehrten Meisters Gütersloh. (13. 9. 1937). Er beruft sich mehrmals auf den seines Lehramts enthobenen Jaspers. Ab 1937 (etwa September) beginnt er (wenn ich recht sehe) zunächst in der Bibelübersetzung Luthers, später lateinisch Zitate aus dem Alten und Neuen Testament ins Tagebuch einzutragen.

Anläßlich des Anschlusses schreibt er zwar noch seinem Freund Haybach im März 1938 (auch hier ist der Empfänger zu berücksichtigen), daß nun ein Deutschland hergestellt worden wäre, wie es auf den Landkarten von 1100 zu sehen wäre, aber das Tagebuch hält sich zurück mit solchen Äußerungen.[10] Entscheidender für ihn ist, daß der Roman *Ein Mord den jeder begeht* am 17. 5. 1938 abgeschlossen werden konnte. Ab 1939 ist nachzulesen, wie Doderer versucht, sich vom Nationalsozialismus zu lösen. Mehr und mehr Bezugnahmen auf die Religion finden sich. Der Kreis um die junge Medizinstudentin Gaby Murad (der späteren Licea der *Dämonen*) erweist sich hier als ausschlaggebend. Es ist die Katechumenenzeit; anfangs 1940 wird Doderer katholisch getauft. Mitte August 1938 war Doderer endgültig nach Österreich zurückgekehrt. „Ja, wir mußten die Abstractionen schärfen und ihre Geleise tief in uns einfahren, um zu einer neuen Form unsres Lebens zu gelangen. Nun heißt es, die Geister wieder los werden, die wir riefen" (31. 8. 1939), was wohl – sehr verschlüsselt – darauf zielt, daß der Umweg über die „Abstractionen" (sprich: Nationalsozialismus) notwendig war, daß man aber nun versucht, sich von den Folgen dieser notwendigen Maßnahmen zu reinigen. Damit wird der Grund für die spätere apologetische Haltung gelegt. Ab September dieses Jahres zeigt sich Doderer vor allem als Verehrer Kafkas; er preist das *Andreas*-Fragment des sonst so ganz und gar nicht gelittenen Hofmannsthal; hier zeigt sich die Möglichkeit zu einer „europäischen", id est: „österreichischen Sprache" (8. 4. 1939). Damit war, wie mir scheint, die Position, die Doderer nach der Wiederherstellung Österreichs einnehmen konnte, gut vorbereitet. Sie kam aus der Enttäuschung über die Reichsidee. Das Alibi, auf dem er nach dem Zusammenbruch des Reiches angetroffen werden wollte, war die Sprache: Sprache gegen die Meinung, gegen das Meinen.

> Meinungen sind so etwas ähnliches wie die Hämorrhoiden des Geistes. Ein Schriftsteller hat leider manchmal auch Meinungen. Aber man zeigt solche unappetittlichen Sachen doch nicht unaufhörlich vor. [. . .]
> Wenn sich die Sprache ihrer wahren [. . .] Aufgabe gegenüber sieht: da vergeht ihr das hochstaplerische Geklapper des Meinens, da vergeht's ihr, in passabler Haltung auf ihren Hämorrhoiden zu sitzen. (17. 10. 1939).

Und: „Ich bin auf niemand mehr bös, denn es geht mir nur um den Ausdruck." Damit beschließt Doderer sein Journal für 1939, vier Monate genau nach Ausbruch des Krieges, zu dem ihm nicht viel eingefallen war.

Von der Unschuld im Indirekten lautet der Titel eines Gütersloh 1947 gewidmeten Essays[11], ein Titel, der, betrachtet man die dreißiger Jahre, in bezug auf Doderer verräterisch ist: die Sprache als Asyl, die Metapher als Ort der Unschuld. In der Tat: was Doderer an belletristischen Schriften in den dreißiger Jahren verfaßte, dazu konnte er auch nach dem Kriege stehen, daran mußten keine Retouchen vorgenommen werden. Im Gegenteil: erst die fünfziger Jahre schufen für ihn die ideale Rezeptionshaltung. Eine Literatur, in der das therapeutische Moment nicht zu kurz kam, eine Literatur, der man die Zeit ihrer Entstehung kaum anzumerken schien.

Und doch: unfreiwillig wird die Metapher verräterisch, unfreiwillig steht der ganze Roman *Ein Mord den jeder begeht* für jene Haltung, die Doderer in diesem Zeitraum einnahm. Ich darf kurz den Inhalt rekapitulieren: Conrad Castiletz begeht als Gymnasiast einen Mord, ohne es zu wissen. Er läßt sich auf eine schäbige Lausbüberei in einem Nachtzug ein, indem er einen Totenkopf in einem Tunnel beim Fenster hinaushält, um eine Einzelreisende im Nachbarcoupé zu schrecken. Ein vermeintlicher Medizinstudent hat ihn dazu angestiftet. Die arme Frau erschrickt, schlägt gegen die Mauer des Tunnels und ist sofort tot. Nur weiß Castiletz nichts von den Folgen seines Streiches. Erst neun Jahre später erfährt er, daß seine Schwägerin auf einer Bahnfahrt ermordet und ihres Schmuckes beraubt worden sein soll. Castiletz zeigt sich beunruhigt und trägt, wie ein Detektiv, Detail um Detail zusammen. Doch er muß wie Ödipus und der Dorfrichter Adam gegen sich selber recherchieren. Das Ergebnis: nicht der Verdächtigte ist schuldig, sondern der Richter in eigener Sache. Da Castiletz alles in Erfahrung gebracht hat, ist auch die Zeit für ihn reif, und Doderer bemüht noch die Konstruktion des perfekten Zufalls und läßt seinen Helden sterben: der Postbote betätigt die Klingel in der darüber liegenden Wohnung, in der Gas ausgeströmt ist: Castiletz wird zum Opfer der Explosion. Was sich als perfekte Konstruktion eines Unglücksfalles und einer Serie von Unglücksfällen anläßt, was den Helden doch zu exkulpieren scheint, das kann, in bezug auf Doderers Verhalten in den dreißiger Jahren, auch anders gelesen werden. Castiletz läßt sich auf den Streich ein, ohne zu ahnen, daß diese Handlung Folgen haben könnte. So wie im Indirekten die Unschuld liegen kann, so kann auch die Schuld darin liegen. Mittelbar wird Castiletz schuldig. So wie Doderer doch auch mitmachte, wenigstens für eine gewisse Zeit, für die Zeit des Anfangs, so hat auch Castiletz eine Tat gesetzt, deren Folgen sich seiner Verfügung entzogen.

Es muß auch – zur Ehre Doderers – gesagt werden, daß ihm bewußt war, was jene, die dem Nationalsozialismus huldigten, angerichtet hatten. Er hat auch, wie Castiletz, später gegen sich ermittelt, allerdings so, daß dies Verfahren hinter zahlreichen Bildern verborgen erscheint, kaum je so konkret wird, daß man den Eindruck hätte, es schmerzte den Autor auch. Die Kritik, die einen Konnex zwischen Doderers Bekenntnis zur NSDAP und seiner späteren Praxis herzustellen suchte, ist nicht unberechtigt. Jede Apologie Doderers in dieser Hinsicht kann zu einer heimlichen Apologie auch jenes Systems werden, dem Doderer den Rücken gekehrt hat.

Indes sollte dieses Wissen um sein Verhalten nicht von der Lektüre eines Werkes abhalten, das unverwechselbar Vorgänge zu gestalten verstand, Optisches in Sprache zu transponieren suchte und der neuerdings oft bemühten Kategorie der Alltäglichkeit in der Epik einen Platz anwies. Schwer ist es, Doderers Werk in eine der von der Literaturgeschichtsschreibung vorgesehenen Nischen abzustellen. Ich versuchte zu zeigen, wie Doderer Abstand hielt zu in den dreißiger Jahren zumindest empfehlenswerten Rezepten. Man soll sich nicht von den sicher vorhandenen Berührungspunkten täuschen lassen, denn, wie Gütersloh anläßlich von Doderers sechzigstem Geburtstag formulierte: „Doderer stammt weder aus dem Ziller- noch aus dem Hofmannsthal."

Anmerkungen

1. Vgl. zur Formulierung Dietrich Weber: *Heimito von Doderer*. In: *Deutsche Literatur der Gegenwart in Einzeldarstellungen*. Bd I. Hrsg. von Dietrich Weber. 3. Aufl., Stuttgart 1976. S. 70.
2. Robert Musil: *Briefe 1901-1942*. Hrsg. v. Adolf Frisé. 1. Bd, Reinbek 1981. S. 518.
3. Die Liste der Feuilletons findet sich im Anhang zu: Heimito von Doderer: *Die Wiederkehr der Drachen. Aufsätze, Traktate, Reden*. Hrsg. von Wendelin Schmidt-Dengler. München 1970. S. 313-322.
4. Die nun folgenden Zitate stammen aus den Tagebüchern im Nachlaß Doderers in der Österreichischen Nationalbibliothek (Signaturen Ser. n. 14.068-14.75) und sind unter den angegebenen Daten leicht auffindbar. Zeichensetzung und die mitunter willkürliche Orthographie Doderers sind in den Zitaten – mit Ausnahme der S-Schreibung – wiedergegeben. Sperrung bedeutet Unterstreichung im Original.
5. Solche Essays konnten vielleicht nicht mehr erscheinen, weil die *Deutsch-österreichische Tageszeitung* im Juli 1933 eingestellt wurde. Publiziert wurden in der *Dötz* lediglich vier Erzählungen, und zwar *Ein Schneegewitter* (2. 4. 1933), *Der Golf von Neapel* (7. 5. 1933), *Im Irrgarten* (4. 6. 1933) und *Ein sicherer Instinkt* (9. 7. 1933).
6. Zitiert bei Elizabeth C. Hesson: *Twentieth Century Odyssey. A study of Heimito von Doderer's „Die Dämonen"*. Columbia 1982. S. 125.
7. Heimito von Doderer: *Das Letzte Abenteuer. Ein Ritter-Roman. Mit einem autobiographischen Nachwort*. Hrsg. von Wendelin Schmidt-Dengler. Stuttgart 1981. S. 7.
8. Vgl. dazu Anton Reininger: *Die Erlösung des Bürgers. Eine ideologiekritische Studie zum Werk Heimito von Doderers*. Bonn 1975.
9. Grundlegend ist dafür Hans Joachim Schröder: *Apperzeption und Vorurteil. Untersuchungen zur Reflexion Heimito von Doderers*. Heidelberg 1976.
10. In diesem Brief vom 27. 3. 1938 kommentiert Doderer den Einmarsch folgendermaßen: „Die Ereignisse von der Monatsmitte hatten auf mich eine sehr eigentümliche Wirkung. Irgendwie schien mir mit diesem Geschehen die Flut des Positiven in der Welt wieder zu steigen, so daß sie auch mich, der ich auf dem besten Wege war, ein alter Granthefen zu werden, emporhob, wie einst das Wasser die weiland Noah Arche. Tatsächlich zeigt meine Arbeits-Statistik der zweiten Hälfte März einen Hochstand der Leistung, wie ich ihn seit Neujahr bei aller Anstrengung nicht erreicht habe.[...] (Dein Bub soll Dir im historischen Schulatlas die Karte zeigen „Deutschland im 11. Jahrhundert", sie schaut aus, als ob sie 14 Tage alt wär'!)" (Österreichische Nationalbibliothek, Handschriftensammlung. Autograph 760/14.21).
    Über die Umstände der Übersiedlung und der Taufe Doderers müßten in der Folge noch genaue Untersuchungen angestellt werden.
11. Vgl. Heimito von Doderer: *Von der Unschuld im Indirekten*. In: Heimito von Doderer: *Wiederkehr* (Anm. 3), S. 111-125.

Karl Kraus und das Jahr 1934

von

NORBERT FREI

Für die Literaturwissenschaft ist Karl Kraus immer noch ein schwierig zu vermessendes Gelände. Verunsichert schon das Gesamtoeuvre sowohl die Experten als auch – nicht zu unterschlagen – die Leser, so darf man das mit zugespitzter Dringlichkeit für den Aspekt ‚Karl Kraus und das Jahr 1934' behaupten. Innerhalb einer hin und wieder pauschal reklamierten Karl-Kraus-Renaissance[1] hat dieses Detailproblem – das eben gerade kein solches ist – in den letzten Jahren einiges wissenschaftliches Interesse auf sich konzentrieren können. Besonders bemerkenswert sind dabei Bemühungen, die die genannte Thematik aus einem generalisierenden Bekennertum – ob apologetisch oder verwerfend – herausführen wollen, und statt dessen eine nuancierte Betrachtungsweise vor dem Hintergrund eines mittlerweile einigermaßen wissenschaftlich abgesicherten historischen Kontextes versuchen.[2] Daran anzuschließen ist auch das Ziel der folgenden Überlegungen.

Im eigenen Selbstverständnis ist man dabei unversehens durch Postulate irritiert, die in salopper Formulierung warnen, Kraus sei

> ein lohnendes Objekt [...] auch für akademische Arbeiten. Deren wachsende Zahl wird aber nur der überschätzen, der in diesem Bezirk unbewandert und etwa in der irrigen Meinung befangen ist, solche Manuskripte würden jemals von anderen als von denen gelesen, die die Pflicht dazu anhält und die die nächsten Dissertationen darüber und daraus machen.[3]

Nun läßt sich dieser Sachverhalt kaum dementieren – und zwar gerade weil er am Eigentlichen vorbeigeht. Es ist schon bemerkenswert, wie eine solche Diktion hinterrücks wieder krudeste Vorstellungen von Verwertungsmechanismen der Wissenschaft re-installiert, die man doch vordergründig-plakativ zu kritisieren nicht müde wird. Abseits solcher Ziererei und obschon einiges wissend über die Bedenklichkeiten der Selbstreproduktion des akademischen Betriebes sei das Zynische unternommen; nämlich „die Mitwelt, wenn man es schlecht mit ihr meint, mit einer weiteren Interpretation zu behelligen.".[4]

Zunächst kurz gerafft die Fakten. Im Oktober 1933 erscheint, nach einer Pause von neun Monaten, die Nr. 888 der *Fackel*. Das Heft ist mit vier Seiten das dünnste des monströsen Gesamtunternehmens und enthält neben der Grabrede auf den Freund Adolf Loos vom 25. August 1933 nur das bekannte zehnzeilige Gedicht:

> Man frage nicht, was all die Zeit ich machte.
> Ich bleibe stumm;
> und sage nicht, warum.
> Und Stille gibt es, da die Erde krachte.
> Kein Wort, das traf;
> man spricht nur aus dem Schlaf.
> Und träumt von einer Sonne, welche lachte.
> Es geht vorbei;
> nachher war's einerlei.
> Das Wort entschlief, als jene Welt erwachte.[5]

Es folgte ein Sturm der Entrüstung und der Empörung. Vor allem die linke Emigrantenpresse konnte und wollte nicht verstehen, warum Kraus, der große Kommentator des Zeitgeschehens, angesichts der Ereignisse schwieg: seit Jänner 1933 war Hitler deutscher Reichskanzler, im März entledigten sich sowohl Hitler als auch Dollfuß in Österreich des Parlamentarismus.

Die wütenden Angriffe werfen Kraus vor allem moralische Skrupellosigkeit und politischen Opportunismus vor. Sie sind auszugsweise in einem gesonderten *Fackel*-Heft vom Juli 1934 unter dem Titel *Nachrufe auf Karl Kraus* abgedruckt.[6]

> Diese finstere Gegenwart enthüllt die Naturen der Menschen. Schauspielerseelen, die in Vortragssälen heroische Charaktere darstellten, löschen in dieser Zeit, da keiner schweigen durfte, ihre Fackel aus.[7]

In einigen wenigen Polemiken kommt neben persönlichen Invektiven auch Zeittypisches zu Wort: „Der gnadenlose Kritiker jeder Art von wiener Schlamperei ist da plötzlich ganz Wiener, und so ist er schon beinah Asiat. Was für eine tragische Veränderung! Und welches Symptom!"[8] Generell lautet der politische Tenor, Kraus habe sich bewußt und vorsätzlich aus der antifaschistischen Allianz absentiert:

> W e r h e u t e s c h w e i g t, hat sich aus der Gemeinschaft der Kämpfenden ausgeschaltet. Man kann nicht durch Schweigen protestieren auch nicht unzureichend. Schon gar nicht, wenn man Karl Kraus ist.[9]

Ende Juli 1934 – nun wird auch die Mikrostruktur der Datierung wichtig und illustrativ zugleich – erscheint die berühmte Nr. 890-905, *Warum die Fackel nicht erscheint*.[10] Sie ist deutlich in drei Abschnitte gegliedert. Der erste Teil, datiert „Anfang Januar bis 12. Februar 1934", ist ein Brief des Verlages der *Fackel* an einen fiktiven Empfänger aus der „Gemeinschaft der Kämpfenden". Es folgt ein Brief von Karl Kraus an den Verlag mit dem Datum „April bis Anfang Juli 1934". Der letzte zweiseitige Teil, „Mitte Juli", ist „Ad Spectatores" überschrieben. Problematisch erscheint der Hinweis von Caroline Kohn, er stamme aus der Zeit „Nach der Ermordung Röhms".[11] Sie stützt diese ihre These nämlich mit zwei falschen Textzitaten, die sie vom Präsens ins Imperfekt verschiebt, was dann natürlich die Annahme ‚post festum' nahelegt. Zwar fragt Kraus „Wer kann sagen, wie in zwei Wochen die Welt aussieht, da jener Ablauf der Natur begonnen scheint" (314), aber es ist zumindest voreilig, daraus für Karl Kraus zu folgern: „Ein Hoffnungsfunke war aufgeglommen, als ‚die Monstren einander würgten, das große Messerstechen zur Selbsterhaltung anhob.'" [12] Die richtige Fortsetzung des Zitats lautet vielmehr: „wenn die Monstren einander würgen, wenn das große Messerstechen zur Selbsterhaltung anhebt" (314)! Damit ist zwar nicht die Datierungsfrage, wohl aber jene der Textintention anders zu beantworten.

Dies das engere Textkorpus für die hier abzuhandelnde Thematik. Karl Krausens große Abrechnung mit dem Nationalsozialismus, von Mai bis September 1933 geschrieben und auch bereits gesetzt, erschien bekanntlich erst 1952 posthum: *Die Dritte Walpurgisnacht,* als Band 1 der Werkausgabe.[13] Die Erörterung der Gründe, die Kraus veranlaßten, den Text nicht zu publizieren, muß in diesem Zusammenhang unterbleiben; ebenso jene über das Verhältnis zwischen *Warum die Fackel nicht erscheint* und der *Dritten Walpurgisnacht.*

Als praktisch einzig Prominenter aus dem linken Lager hat Bertolt Brecht das von Kraus im Oktober 1933 programmatisch verkündete Schweigen akzeptiert und auch gewürdigt. Dies in dem Gedicht *Über die Bedeutung des zehnzeiligen Gedichtes in der 888. Nummer der ‚Fackel' (Oktober 1933):*

> Als das dritte Reich gegründet war
> Kam von dem Beredten nur eine kleine Botschaft.
> In einem zehnzeiligen Gedicht
> Erhob sich seine Stimme, einzig um zu klagen
> Daß sie nicht ausreiche.
> [...]
> Als der Beredte sich entschuldigte
> Daß seine Stimme versage
> Trat das Schweigen vor den Richtertisch
> Nahm das Tuch vom Antlitz und
> Gab sich zu erkennen als Zeuge.[14]

Das Gedicht erschien – nun wirklich eine Groteske – erst im August 1934, in der Würdigungsschrift *Stimmen über Karl Kraus zum 60. Geburtstag.*[15] Grotesk deshalb, weil zu diesem Erscheinungsdatum naturgemäß längst die positive Stellungnahme von Karl Kraus zur Niederschlagung des Arbeiteraufstandes durch das Dollfuß-Regime im Februar 1934 bekannt war. Brecht reagierte prompt und ablehnend. *Über den schnellen Fall des guten Unwissenden* knüpft zu Beginn an das vorangegangene Gedicht an:

> Als wir den Beredten seines Schweigens wegen entschuldigt hatten
> Verging zwischen der Niederschrift des Lobs und seiner Ankunft
> Eine kleine Zeit. In der sprach er.

Es folgt die klare politische Verurteilung des Standpunktes von Karl Kraus sowie zum Schluß eine Anspielung auf die verquere Gegenläufigkeit von literarischer Manifestation und einem Be- und Vertrieb, der jene erst öffentlich werden und wirken läßt einerseits, den sich überstürzenden politischen Ereignissen andererseits:

> Er zeugte aber gegen die, deren Mund verbunden war
> Und brach den Stab über die, welche getötet waren.
> Er rühmte die Mörder. Er beschuldigte die Ermordeten.
> [...]
> Welch eine Zeit, sagten wir schaudernd
> Wo der Gutwillige, aber Unwissende
> Noch nicht die kleine Zeit warten kann mit der Untat
> Bis das Lob seiner guten Taten ihn erreicht!
> Sodaß der Ruhm, den Reinen suchend
> Schon niemand mehr findet über dem Schlamm
> Wenn er keuchend ankommt.[16]

„Welch eine Zeit" – so ist auch heute noch und wieder zu fragen, und die Antworten werden kaum leichter fallen als damals. Friedrich Achberger, der in einer jüngst erschienenen Studie *Lehrstück Weimar? Österreichische Perspektiven auf den Untergang der Deutschen Republik* die Verschränkung von österreichischer und deutscher Optik kenntnisreich abhandelt, glaubt, „auf ein Schema gebracht", die „Zukunftsperspektiven eines österreichischen Beobachters der deutschen Szene in jenen Jahren" in „etwa vier verschiedene Ziele" gliedern zu können:

> 1) Erhaltung der österreichischen Republik (Status quo 1929) ; 2) sozialdemokratische Machtübernahme (parlamentarisch oder revolutionär) ; 3) austrofaschistischer Weg (probeweise bis 1938 beschritten) ; 4) baldmöglichster Anschluß an ein autoritär regiertes Deutschland. „Anschluß" schien jedoch nicht nur den unter (4) skizzierten deutschnationalen, sondern – mit jeweils unterschiedlicher Füllung des Begriffs – auch so konträren Lagern wie dem sozialdemokratischen und dem katholischen durchaus denkbar und wünschenswert bis Ende 1932, ja sogar bis nach Hitlers Machtübernahme.[17]

Man tritt einem solch notwendig vergröbernden Überblick bestimmt nicht nahe, wenn man ihm den Hinweis auf einschlägige Detailuntersuchungen zur Seite stellt; beispielsweise zuletzt jene des Zeithistorikers Gerhard Jagschitz, der seinerseits weitere Forschungsbemühungen zur Thematik des Ständestaats einmahnt.[18]

Innerhalb der von Achberger gebotenen Diversifikation ist man verführt, in Karl Kraus vorschnell einen Proponenten des austrofaschistischen Weges zu sehen. Dieser Sachverhalt hat zu teilweise gehässigen

Auseinandersetzungen zwischen Anhängern und Gegnern, vor allem in den Jahren 1966 bis 1968, geführt. Inzwischen wird der Disput auf einer wesentlich sachlicheren Ebene geführt, was vor allem dem Umstand zu danken ist, daß zum Ausganspunkt der Überlegungen wieder verstärkt der Text von Kraus dient sowie die dort sich manifestierende Argumentationsweise.

Für unsere Belange ist vor allem der erste Abschnitt des Heftes *Warum die Fackel nicht erscheint* von Interesse, weil Kraus hier um die Rechtfertigung seines Schweigens gegenüber dem Phänomen des Nationalsozialismus ringt. Der zweite große Teil, die Abrechnung mit der Sozialdemokratie, ist in einem viel weiter gespannten Kontext zu sehen; vor allem mit der Polemik *Hüben und Drüben* von 1932[19] und bis hin zu *Wichtiges von Wichten,* 1936 im letzten Heft der *Fackel* erschienen.[20] Das Verstummen von Karl Kraus kann nicht, wie mancherorts geschehen, reduziert werden auf das Zitat „Mir fällt zu Hitler nichts ein" (2). Der Autor selbst nimmt jenen gegenüber, die ihn zum Schreiben nötigen wollen, eine Deutung vor:

> Wenn man ihnen sagt, daß einem nichts dazu eingefallen ist, so ist das natürlich eine Hyperbel, man will damit nur sagen, daß man sein Wort für unzulänglich hält, weil einem bloß mehr als ihnen eingefallen ist und weil – so bescheiden ist man wieder – solches noch geringern praktischen Wert hat. (137 f.).

Abseits also solcher Vereinfachungen lassen sich in der Rechtfertigungsschrift, Kraus selbst spricht von einer „Klarstellung" (5), einige Argumentationsstränge wenn nicht sondern, so doch auseinanderhalten. Ein erstes Motiv ist, sich und andere nicht in Gefahr zu bringen. Kraus merkt an, „daß die Selbsterhaltung vielleicht gemeinnütziger sei als die Tat", und zwar unter anderem, „weil man sich eine spätere, noch schönere Fackel vorbehalten habe (etwa diese da)" (119). Was im Zusammenhang mit der eigenen Person immerhin noch als ironisch zu deuten möglich wäre, wird sogleich zu sittlichem Ernst, wo es andere betreffen könnte. Kraus sieht sich in einer Lage, „worin Verantwortung den schmerzlichsten Verzicht auf den literarischen Erfolg geringer achtet als das tragische Opfer des ärmsten, anonym verschollenen Menschenlebens" (10).

> Hat diese oder jene Sorte denn eine Ahnung, wie sehr die anonyme Version, Herr Kraus habe „auch sonst Rücksicht zu nehmen", den Nagel auf den Kopf trifft? Können sie vorstellungsmäßig ermessen, daß wenn der Satan, an dessen Greuelfähigkeit sie doch nicht zweifeln, eben deren Konsequenz betätigt, für polemische Taten, deren Nutzen nicht beweisbar wäre, um des Verdachtes der bloßen Anhängerschaft willen Menschenopfer fallen? (10 f.)[21]

Als weiteres Argument führt Kraus immer wieder die Ohnmacht des Wortes und der Sprache angesichts des Gewaltigen und Gewalttätigen der Zeitereignisse an. Den Vorwurf, er sei ein kontemplativer Ästhet in einer Zeit, in der es gerade gilt zu handeln, läßt Kraus nicht gelten, sondern wendet ihn gegen jene, die ihn erheben.

> Sind sie, denen dann der Vorwurf des „Ästhetentums" einfällt, nicht die eigentlichen Ästheten, welchen in ihrer Politisiertheit nichts näher liegt als der Wunsch, daß man das Unwirksame, zur Unwirksamkeit Verdammte, schöner als sie zum Ausdruck bringe? (9)

Für Kraus ist gerade „der ‚Aktivist', der den geformten Ausdruck seiner Erregung begehrt, eben der nichtsnutzige Ästhet [. . .], als den er den Zeitflüchtling zu demaskieren glaubt" (12). Das Grauen der Wirklichkeit, der aberwitzige Inhalt, der sich eine kongruente Form gesucht und gefunden hat, ist immun gegen die Versuche der Destruktion durch Geist und Literatur; die Phrase, Realität geworden, läßt sich nicht mehr entlarven. Solches sich überlegend, kommt Kraus zu dem Schluß, „daß Gewalt kein Objekt der Polemik, Irrsinn kein Gegenstand der Satire" (26) mehr sei. In den immer wiederkehrenden Aufforderungen, sich zu Wort zu melden, vermag er nur mehr „die ermüdende Dummheit eines Postulats" zu sehen, „das gleichermaßen von der Unterschätzung des Übels wie von der Überschätzung des Polemikers eingegeben ist" (23).

> Wie erst, wenn der Stoff als solcher ihre [der Satire, N. F.] geistige Möglichkeit negiert, wenn der Gegenstand der Satire spottet und in der zeitlichen Konkurrenz, nach Wesen und Maß, über jeden Versuch triumphiert, seiner habhaft zu werden! Über allem Erlebnis der Gewalt, der Lüge, des Irrsinns steht da, einzig gestaltbar, das Erlebnis des Inkommensurablen, der Unmöglichkeit diese Phänomene zu gestalten – zumindest in der Gleichzeitigkeit des Wirkens (7 f.).

Ein weiterer Grund, das Zeitgeschehen nicht mehr zu glossieren, findet sich des öfteren in die weitläufigen Überlegungen eingeflochten. Es ist die Annahme, jenen, die bei ihm das Wort einfordern, nicht trauen zu können. Immer wieder unterstellt Kraus vor allem den emigrierten Führern der Sozialdemokratie eine gedanklich-strukturelle (zumindest) Ähnlichkeit mit ihren Gegnern. Diese sieht er vor allem gegeben im Pathos der Ideologie, der Indolenz der Programmatik und der Gesinnung, die dem einzelnen Individuum kaum Bedeutung zumißt. Hier kommt erstmals die Neigung zum Pragmatischen ins Blickfeld, zum Konkret-Machbaren, die es sich angesichts der akuten Bedrohung verbietet, die Höhenflüge der Parolen mitzumachen.[22] Davon wird noch zu reden sein.

Vorderhand soll eine erste Zusammenfassung der Überlegungen genügen; Kraus selbst formuliert die Konsequenzen: „der Entschluß zu schweigen ist unumstößlich: sofern er den Verzicht auf den ‚Frontalangriff' Schulter an Schulter mit jenen bedeutet, deren Mut in der Unverantwortlichkeit besteht" (23). Allerdings, und hier ist wieder an die beiden Brecht-Gedichte zu erinnern, hat es damit keineswegs sein Bewenden. Die Pointe des Schweigens von Karl Kraus besteht gewissermaßen darin, daß er es nicht tut. Als Stein des Anstoßes gilt, und zwar noch immer, sein Bekenntnis zum Dollfuß-Regime; unter anderem in der Bemerkung, „daß einer, der gegen Hitler schweigt, keine Bedenken trägt, für Dollfuß zu sprechen" (181).

Gesprochen hat Karl Kraus über Dollfuß insbesondere im „Nachruf" vom 9. November 1934.[23] Hier beschwört er ein „Gedenken an solches, unser aller Leben dargebrachtes Opfer", „Gedanken an ein heldenmütiges Leben, an ein unbeschreibliches, nicht beschriebenes Sterben"; es

> beugen sich Herz und Geist vor dem großen, kleinen, armen Schatten, in welchem wir vor einem fragwürdigen Europa bestehen werden, wenn uns das Verhängnis nicht ins falsche Licht verführt. Die ihn verlassen, werden die Sonne nicht mehr sehen.[24]

Dollfuß ist für Kraus abschließend schlicht „der Glaubensheld künftiger Freiheit".[25]

Dabei darf das Pathos dieses Nachrufes nicht die anfänglich viel ambivalentere Haltung von Kraus zur Person Dollfuß' und der durch sie repräsentierten Ideologie überdecken. Kraus, der die Theorie von zwei in Deutschland und Österreich praktizierten Faschismen als „Taktik" der Sozialdemokratie abqualifiziert (173), sieht im Ständestaat das kleinere Übel (176) gegenüber einer drohenden Vereinnahmung durch den Nationalsozialismus. Deshalb betont er auch, daß nur der „Gedanke [...] der erkannten österreichischen Notwendigkeit" ihn „mit rechts" verbindet (13). Vor diesem Hintergrund nicht zuletzt sind die äußerst aggressiven Anschuldigungen an die Adresse der Sozialdemokraten im Heft *Warum die Fackel nicht erscheint* zu interpretieren. Kraus vermag nicht einzusehen, warum diese das nach seiner Meinung dringend Gebotene verweigern, nämlich

> vor dem gemeinsamen Würger Meinungsverschiedenheiten oder weltanschauliche Divergenzen zurückzustellen [...] ja selbst in den Verlust einer Freiheit zu willigen, die bestimmt keine ist und die unsereins nachweislich nie gemeint hat (176 f.).

Das Umfeld solcher Gedankengänge als „Peinlichkeit" eines „Alterswerkes" abzutun, wie dies Alfred Pfabigan tut[26], erscheint einigermaßen forsch, selbst wenn es stimmen sollte, daß Kraus „ ein Bild des Austrofaschismus [...] zeichnet, das von der Realität weit enfernt war".[27] Heutiger Geschichtswissenschaft stellt es sich so dar:

> Der Ständestaat stellt die Summe bürgerlicher Revisions- und Restaurationspolitik gegen das System des November 1918 dar. Seine bestimmenden Faktoren Antimarxismus und Antibolschewismus, Destruktion des parlamentarisch-demokratischen Prinzips, Antiliberalismus und Staatsvorstellungen des politischen Katholizismus mündeten in der Konstruktion eines autoritären, ständisch gegliederten Staates im Rahmen der Maiverfassung des Jahres 1934.[28]

Wenn nun Karl Kraus für Dollfuß plädiert, mit Sicherheit einer der Architekten jener Maiverfassung, so muß sich seine Schrift eine Prüfung gefallen lassen, inwieweit Ideologeme des Ständestaats in ihr ein Pendant finden. Ein erster überblicksmäßiger Vergleich kommt kaum in Verlegenheit bei der Auffindung von Parallelen.[29] Daß Kraus mit dem Liberalismus nie etwas im Sinne hatte, macht das Gesamtwerk evident. Zum Kommunismus und zum politischen Katholizismus finden sich in dem uns primär interessierenden Text auf die aktuelle Situation bezogene Belegstellen. Kraus mißtraut der sowjetischen Politik des vorsichtigen Taktierens mit dem Nationalsozialismus, ja deutet sogar kryptisch Gemeinsamkeiten an: „Die Gegenwelten sind, wenigstens in ihrer journalistischen Vertretung, nicht so unverbunden, wie diese tut" (203). Den Rest des linken Lagers diffamiert generell das böse Wort von der „Nationalsozialdemokratie" (180). Als sichere Bastion der Resistance wird demgegenüber die katholische Kirche stilisiert:

> Gegen die Religion der Vernichtung; gegen die Idee des Prangers und eines Flagellantismus, der sich am andern betätigt; gegen die Verklärung des Unheilands, der Sehende blind macht, wie gegen die Möglichkeit, daß sich an die volkswirtschaftliche Illusion: „Wenn's Judenblut vom Messer spritzt, geht's uns nochmal so gut" nunmehr [...] der Wunsch knüpft: „Christus krepiere, Hitlerjugend marschiere!" – gegen all das, was mit der Menschheit unvereinbar ist, scheint der kirchliche Widerstand dauerhafter, mutiger und aussichtsvoller als der des Freidenkertums. (183)[30]

Es folgt in unmittelbarem Anschluß jene bedenkliche Absage an eine Art von Politik, die sich als das Bemühen um Realisierung eines klar definierten ideologischen Programmes begreift zugunsten eines vage formulierten privatistischen ,Verhaltens':

> Wie immer der geistige Gehalt dessen beschaffen sein mag, was sich entfaltet, wo das Gedankengut der Mittelwelt keinen Raum mehr hat – von Rassenwahn und von allem befreit, womit Germaniaken siebzig Millionen wehrlos und wehrhaft gemacht haben, läßt es doch in trostloser Zeit auch das innere Leben fristen, besonders wenn man sich vornimmt, dieses nicht mit Staatsbegriffen zu belasten, deren Unterschiedlichkeit beiweitem nicht so wichtig ist wie einen die Ideo- und Terminolügner glauben machen wollen. Es ist, so schmerzlich es von Berufsträgern empfunden sein mag, in solcher Lage der Menschheit ein Verdienst, die Politik abgeschafft zu haben – eine Notverordnung im Generellen, deren Bestandteile nur jenen Heuchlern zuwider sind, denen es erspart wurde, die parlamentarische Verantwortung für Notwendigkeiten zu übernehmen und den Massen zum erstenmal die Wahrheit zu sagen (183 f.).

Im Rahmen dieses Kontextes erneuert und pointiert Karl Kraus immer wieder seine Angriffe gegen die Sozialdemokratie, die, auch und gerade im Jahr 1934, bemüht ist, ihre politischen Standpunkte aus einer – wie fehlerhaft auch immer – ideologiekritischen Analyse zu gewinnen. Solchem Ethos vermag Kraus nicht mehr zu folgen. Illustriert sei dies an einer Textpassage, die er aus der unveröffentlichten *Dritten Walpurgisnacht* in das *Fackel*-Heft einmontiert:

> Ich bin für so manches, was die Sozialdemokraten „wollen" und freue mich, es von ihren Gegnern vor dem Äußersten behütet zu wissen. Man fühlt das Leid ihrer Verluste, mag mehr ihre Unfähigkeit oder Feindeswille sie verursacht haben: gegenüber dem größern Übel bewahrt dieser ihnen mehr, als sie verlieren. Ich denke an nichts als an Alles nur nicht Hitler; denn ich bringe den innern Reichtum jener nicht auf, die noch mehr wollen oder „nicht wollen", und beneide sie um die Amplitüde, vermöge derer sie mit einem Parteiorgan auf zwei Bluthochzeiten tanzen möchten (185). [31]

In der Gegenüberstellung des Widerstandspotentials von katholischer Kirche und Sozialdemokratie – und in der eindeutigen Parteinahme zugunsten der ersteren – fehlt auch nicht die personale Zuspitzung. So etwa in dem Hinweis,

> daß die sozialpolitischen Dinge, welche ja im Grunde mehr die Arbeiterschaft als die Intellektuellen betreffen, (und wahrscheinlich auch die geistigen Dinge) bei Faulhaber, Innitzer und Mercier in besserer Obhut sein dürften als bei Hilferding, Bauer und Blum (181). [32]

Nach dieser kursorischen Revue zu den Stichworten Antiliberalismus, Antikommunismus und Wertschätzung des politischen Katholizismus darf vielleicht die Frage, wie Kraus 1934 zur parlamentarischen Demokratie steht, ein besonderes Interesse beanspruchen. Wir kennen bereits die tagespolitische Anweisung von Kraus, „in den Verlust einer Freiheit zu willigen, die bestimmt keine ist" (176 f.). Und genau dieser Raster einer einigermaßen tautologischen Argumentationsweise findet sich, den engeren Komplex des Demokratieverständnisses betreffend, im gesamten Text. Beispielsweise in der Verhöhnung eines Artikels *Zwischen zwei Faschismen* von Otto Bauer (187 f.). Das Anliegen dieses Aufrufes, durch eine Stärkung der Demokratie der Gefahr des Faschismus zu begegnen, vermag Kraus nicht zu begreifen, sondern nur noch zynisch zu kommentieren. Der Kampf um und für die Demokratie wird im Gegenteil nur als Hindernis in der Auseinandersetzung mit dem Nationalsozialismus angesehen, die Ausschaltung des Parlamentarismus folgerichtig zum „Schönheitsfehler" (188) herabgemindert. Unter diesem Aspekt wird auch der Februaraufstand 1934 eindeutig negativ gewertet, die antifaschistische Komponente dementiert. „Im Gegenteil, erst der ‚Sieg'" hätte „solches" – nämlich „‚wie es in Deutschland geschehen ist'" – „herbeigeführt, mindestens beschleunigt" (196). Dies alles gipfelt in dem Bekenntnis,

> daß ich ganz mit Dollfuß darin übereinstimme, gegen die Auferstehung Wotans sei der Parlamentarismus unwirksam, gegen das Mysterium von Blut und Boden versage die Demokratie, und die Gnadenwahl von Gangsters sei durch das allgemeine Stimmrecht nicht zu verhindern (276 f.).

Noch im Novemberheft 1935 der *Fackel* macht sich Kraus in einer „Erklärung" über jene lustig, die von Inhalt und Bekenntnis des Juliheftes 1934 *Warum die Fackel nicht erscheint* betroffen waren – „denn sie dachten sich den Autor der Fackel als Kämpfer für Parlamentarismus und Preßfreiheit".[33]

Dieser notwendig punktuell angestellte Vergleich läßt nun doch einen ersten Schluß zu; nämlich, daß zwischen der Ideologie des österreichischen Ständestaates und zumindest Teilen des Karl Kraus'schen Denkens eine nicht unerhebliche Übereinstimmung besteht. Es ist zu betonen, daß dies das Ergebnis von Beobachtungen ist, die entlang einem Horizontalschnitt, eben jenem des Jahres 1934, gemacht wurden, mithin über Komplexität und Widersprüchlichkeit der politischen Terminologie im Gesamtwerk von Kraus wenig auszusagen vermag, es auch nicht will; ebenso, daß in diesem ersten Analyseschritt noch nicht die Gründe erörtert wurden, die Kraus allenfalls veranlaßt haben, in einer spezifischen historischen Situation so Stellung zu beziehen.

Gerade diese Frage beschäftigt naturgemäß die wissenschaftliche Literatur über Karl Kraus. An Schuldzuweisungen und Versuchen der Exkulpation mangelt es dabei nicht. Eine letzteres betreffend eher unübliche Variante präsentiert Caroline Kohn in ihrer Kraus-Monographie. In seltsam idealistisch-unpräziser Sprache – „welche gewaltige, welche entsühnende Tat" nennt sie beispielsweise die Texte *Warum die Fackel nicht erscheint* und *Die Dritte Walpurgisnacht* – sieht sie die Absicht von Kraus weniger darin, „Hitler zu bekämpfen", sondern „in diesem besonderen Augenblick für Dollfuß zu zeugen".[34] Etwas prekär scheint auch die vorgetragene Meinung zu sein, daß Kraus „einen Parlamentarismus nicht gut verteidigen [konnte], der zu schweren Unterlassungen und verhängnisvollen Kompromissen geführt hatte".[35] Der Großteil der Kraus-Anhänger argumentiert hier gerade umgekehrt – nur die Bedrohung durch Hitler habe Kraus zum Dollfuß-Parteigänger gemacht. Als Beispiel für viele sei hier nur Friedrich Jenaczek genannt.

> Kraus bejaht in Dollfuß nur den entschlossenen „Anschluß"-Gegner; [...] innenpolitisch dagegen hat Kraus Dollfuß immer nur als das kleinere Übel bezeichnet – das kleinere, gemessen an dem von außen drohenden größeren, Hitler –, und betont, daß keine andere Gemeinsamkeit zwischen seinem Denken und dem des Kanzlers bestehe.[36]

Das zuletzt Gesagte wird man vor dem Hintergrund des hier bis jetzt Referierten denn doch eine Verharmlosung nennen dürfen. Wie überhaupt der allgemeine Tenor des abstrakten Diktums, Dollfuß (und damit auch Kraus) hätten nur „die Verteidigung eines kleinen Kulturstaates gegen die Machtpolitik einer Großmacht"[37] im Sinne gehabt, über die konkrete historische Situation fast gar nichts mehr aussagt. Als zumindest peinliche Zweideutigkeit, vor allem angesichts der hier abzuhandelnden Thematik, nimmt sich der Hinweis von Jenaczek aus, Karl Kraus habe

„die Notwendigkeit erkannt", „den überwuchernden Anhang immer wieder abstoßen und zurückstutzen zu müssen. Solche ‚Säuberungen' [...] haben sich in der Entwicklung der *Fackel* mehrfach wiederholt".[38]

Entgegen solcher doch sehr weitgehender Apologie, meint Martina Bilke ganz lapidar, in seinem Eintreten für Dollfuß habe sich Kraus eine „Verkennung der politischen Situation" zuschulden kommen lassen.[39] Wesentlich schärfer kritisiert Pfabigan den „Beschluß des Satirikers, den einen Faschismus durch die Unterstützung des anderen zu bekämpfen".[40] Krausens Argumentation des „kleineren Übels" wird unter Hinweis auf die sonst so oft kritisierte ‚relative Moral' verworfen.[41] Allerdings scheinen die gezogenen Schlußfolgerungen einigermaßen zu generalisierend: „Kraus' Werk zeichnet sich [...] durch ein generelles Defizit an emanzipatorischen Ansätzen aus". – „Freiheit und Selbstbestimmung des Menschen waren für ihn [...] zeitlebens keine wesentlichen Werte".[42] Entgegen solchen Verallgemeinerungen soll hier abschließend doch noch versucht werden, Ursachen und Gründe für das Verhalten von Kraus im Jahre 1934 aufzuspüren. Dabei wird kein monokausales Erklärungsmodell angestrebt, sondern ein individual- und sozialpsychologisches Motivenbündel.

Ein in der Sekundärliteratur immer wieder auftauchender Hinweis ist jener auf eine gewisse Affinität in der Persönlichkeitsstruktur von Kraus und Dollfuß, die als Begründung für die besondere Wertschätzung des Politikers durch den Literaten dient.[43] In der Tat ist es bemerkenswert, daß Kurt Schuschnigg, der Nachfolger von Dollfuß nach dessen Ermordung im Juli 1934, im Werk von Kraus praktisch keine Rolle spielt, obwohl er doch als politischer Erbe dem österreichischen Ständestaat bis zum unrühmlichen Ende 1938 autoritär vorsteht. Der Verweis auf Krausens Tod im Juni 1936 vermag die Merkwürdigkeit nur zum Teil zu erklären. In der gesamten *Fackel* wird Schuschnigg nur an zwei Stellen genannt. Das eine Mal, völlig bedeutungslos 1932[44], das andere Mal im Februar 1936. Kraus zitiert hier einen tschechischen Leitartikel, in dem Dollfuß und Schuschnigg gemeinsam gewürdigt werden; sie hätten „ein verdienstvolles Werk von bleibender Bedeutung geschaffen", als sie „unter den schwierigsten Bedingungen ebenso tapfer wie geschickt den Ansturm auf die österreichische Selbständigkeit" abwehrten. Ironisch merkt Kraus an, das habe er schon vor zwei Jahren verfochten, damals habe man ihn aber des „Widerspruchs" geziehen.[45]

Fest steht, daß auch hier Schuschnigg keine eigenständige Würdigung erfährt, sondern gewissermaßen im Schatten von Dollfuß mit-auftritt. Es kann daher einigermaßen vorsichtig abgeleitet werden – ohne die Kürze der Zeitspanne von 1934 bis 1936 zu mißachten; ohne Unterschlagung der Tatsache, daß die politische Glossierung in jenen Jahren generell abnimmt; und ohne auch in ein vereinfachendes Deutungsschema der Psychoanalyse hineinzugeraten – daß Kraus gerade und vor allem in der Persönlichkeit von Engelbert Dollfuß einen Garanten gegen die Bedrohung durch den Nationalsozialismus sah.

Eine weitere Überlegung knüpft an einen Befund aus der schon erwähnten Arbeit von Achberger an. Dieser vertritt die Meinung, daß die österreichische Arbeiterbewegung der 30er Jahre „viel stärker eine kulturelle als eine politische Bewegung war"; ebendeshalb aber in einer „Selbstisolierung" gefangen, charakterisierbar mit dem von Negt/Kluge entlehnten Begriff einer „Lagermentalität", die dann „ein Verkennen der politischen Umwelt förderte".[46] Aus einer Analyse der zeitgenössischen antifaschistischen Propagandaarbeit gelangt Achberger zu dem Schluß, daß die Sozialdemokratie „das praktische Ringen um Machtpositionen in der Demokratie längst aufgegeben und sich in eine Wagenburg humanistischer Kultur zurückgezogen hatte".[47]

Unterstellt man einmal die Richtigkeit dieser Beobachtungen, so erfährt die Tatsache des gestörten Verhältnisses zwischen Kraus und der Sozialdemokratie eine zusätzliche Pointe. Auf die Frage, wo Kraus hier stehe, könnte man umgangssprachlich erwidern: weder auf der Seite des Kampfes um die Demokratie – dies deckt sich mit unseren bisherigen Resultaten –, noch aber auch auf jener einer humanistischen Kulturtradition, was einigermaßen überraschen mag. Auch hier bewährt sich wieder der Abscheu von Kraus vor der hohlen Phrase, die zu demaskieren ihm zeitlebens Lust war. In vielen seiner Kulturpamphlete wendet er sich gegen einen pompös-ornamentalen Kunstbegriff, losgelöst vom Konkretum des Sozialen. Am eindrucksvollsten vielleicht für den hier gemeinten Zusammenhang in seinem Eingriff in jene bizarre Groteske des Jahres 1919, als selbsternannte Hüter der Kultur gegen den Plan der Regierung sich empörten, zur Bekämpfung der Hungersnot der Nachkriegszeit die Wiener Gobelinsammlung zu verkaufen. Kraus bezieht eine eindeutige Position; es ist jene des Praktischen und Naheliegenden. Er meint,

> daß die produktive Tat in leerer Zeit der Entschluß wäre, mit der Leinwand des vorhandenen Rembrandt die Blößen eines Frierenden zu bedecken. Denn der Geist steht zwar über dem Menschen, doch über dem, was der Geist erschaffen hat, steht der Mensch; und er kann ein Rembrandt sein.[48]

Ist es hier schon deutlich, wie Kraus die Prioritäten setzt, so wird die Position noch kenntlicher markiert, wenn die Entscheidung, losgelöst vom simplen Exempel, zum allgemeinen Bekenntnis wird:

> Nur eine Politik, die als Zweck den Menschen und das Leben als Mittel anerkennt, ist brauchbar. Die andere, die den Menschen zum Mittel macht, kann auch das Leben nicht bewirken und muß ihm entgegenwirken.[49]

Man darf annehmen und folgern, daß angesichts dieses selbstformulierten Politikverständnisses die Stellungnahmen von Kraus zum Juli 1927[50], zum Februar 1934 sowie auch sein Eintreten für das Regime

Dollfuß zumindest teilweise in einem neuen Licht erscheinen. Sein ausgeprägter Sinn für das nüchtern Pragmatische, das realpolitisch Machbare und seine forcierte Aversion gegen Ideologie und Programmatik sind bisher offensichtlich weitgehend unterschätzt worden. Dies vermag zum Teil auch eine Auseinandersetzung zu belegen, in die letzthin Karl Menges mit Sigurd Paul Scheichl eingetreten ist.[51] Menges kritisiert Scheichls Auffassung vom unpolitischen Karl Kraus, dessen Satire „ihr Wertzentrum außerhalb der sozialen Welt" habe.[52] Gerade im Zusammenhang mit der Parteinahme für den Ständestaat betont Menges, Kraus handle

> aus einer entschieden politischen Motivation, d. h. aber aus einer Einstellung, die letztlich zwar durchaus mit der moralisch-ästhetischen „Ursprungs"-Konzeption vermittelt ist, die aber faktisch doch zunächst eine eindeutig politisch-pragmatische Signatur trägt und als solche verstanden und ernstgenommen werden muß.[53]

Der hier offerierte Fast-Konsens – „letztlich zwar durchaus" versus „aber faktisch doch zunächst" – könnte, unter Betonung der „politisch-pragmatische[n] Signatur" auch aus der Sicht des hier Vertretenen akzeptiert werden. Die die zitierte Textstelle kommentierende Fußnote verschiebt aber die Akzentsetzung einigermaßen:

> Diesen pragmatischen Aspekt betont auch Scheichl [...]; allerdings verbindet er ihn mit seiner These der grundsätzlich apolitischen Haltung Kraus'. [...] Naheliegend ist eher das Gegenteil, nämlich daß Kraus' Engagement aus einer wachen ideologiekritischen und politischen Sensibilität abzuleiten ist.[54]

Im Attest der praktizierenden Ideologiekritik wird hier eine Überformulierung vermutet, die Kraus kaum adäquat ist. Diese Unschärfe, die ohne Not Komponenten zusammenzwingen möchte, die nicht unbedingt jeweils aufeinander angewiesen sind, mindert allerdings kaum die Verdienste der kenntnisreichen und ergiebigen Untersuchung. Ohnehin rückt der Text die gutgemeinte Zuschreibung zurecht. Dessen Grundannahme meint, daß Kraus

> aus einer pragmatischen, fast kalkulierten Einstellung heraus handelt, in die zwar auch persönliche Sympathieakzente Dollfuß gegenüber eingehen, die aber letztlich doch als Reflex eines wachen zeitgeschichtlichen Bewußtseins angesehen werden muß.[55]

Außerdem verrate er „ein beachtliches Gespür für die realpolitischen Gegebenheiten".[56] Es ist demnach nicht einsehbar, wie aus diesem widersprüchlichen Konglomerat von Kalkül, Reflex und Gespür – das indessen den Sachverhalt zutreffend umschreibt – eine einigermaßen zu akzeptierende Ideologiekritik erwachsen soll. Sie war so von Kraus gar nicht intendiert.

Die hier anvisierten Hauptmotive für das Verhalten von Kraus im Jahre 1934 – begrifflich etwa eine antiprogrammatische politische Pragmatik – lassen sich auch durch Textbelege aus dem Juliheft 1934 der *Fackel* stützen. Es ist auffällig, wie Kraus gerade der Person Dollfuß Attribute zumißt, die als konstitutiv für sein eigenes Handeln erkannt wurden. Zunächst wird er, in einem eindeutig positiven Kontext, „um altösterreichischer Züge willen" gewürdigt (285). Sodann überträgt Kraus die frühe allgemeine Erkenntnis, „daß in der Politik nicht das Richtigste, sondern das in jedem Augenblicke einzig Mögliche anzustreben ist"[57], auf Dollfuß: „Fühlt man denn nicht, eben Dollfuß und nicht Bauer erfülle die Definition der Politik als der ‚Kunst des Möglichen'?" (241). Damit wird Dollfuß zum Realpolitiker in der Bismarcknachfolge stilisiert und auch deutlich, warum er und der von ihm repräsentierte Ständestaat für Kraus die einzigen Garanten gegen die Annexionsgelüste des Nationalsozialismus darstellten. In dieser Perspektive ist es dann eben unsinnig – Kraus selbst bezeichnet es als „Trottelei" –, im Vergleich von zwei Faschismen deutscher bzw. österreichischer Prägung bei struktureller Ähnlichkeit nur Nuancen der Differenz festzustellen; gehoben auf die personale Ebene, Dollfuß sei „bloß ein Papen"(273).

In einem so skizzierten Umfeld des politischen Denkens hat, dies ist festzuhalten, das Eintreten für Dollfuß und den Ständestaat 1934 sowie die Verurteilung der Sozialdemokratie, die sich ihm, aus mehr oder weniger ideologisch-programmatischen Gründen, verweigert, durchaus seine immanente Logik. Akzeptiert man das nüchterne Kalkül einer Realpolitik, die in einer Situation aktueller Bedrohung unter Hintanstellung eventueller weltanschaulicher Differenzen dort steht, wo Hilfe nach Einschätzung am effizientesten zu erwarten ist, so ist auch der Vorwurf des Opportunismus obsolet. Gerecht wird solchem Komplex aber nur, wer ihn insgesamt begreift. Entstellende Verkürzungen, um Kraus für das eigene Lager mehr oder weniger reklamieren zu können, bieten sich zwar an, sind aber gleichwohl unstatthaft. Dies gegen Michael Scharang gesagt, der Krausens Entscheidung von 1934 folgend interpretiert:

> Er akzeptierte die Regierung Dollfuß aus dem einfachen Grund, weil angesichts der Bedrohung des kleinen Staates durch Hitler keine innenpolitischen Fragen, sondern nur die eine Frage gelten konnte, wer die Macht und den Willen hat, den Staat vor Hitler zu verteidigen. Dollfuß, entnahm Kraus den politischen Vorgängen, hatte den Willen dazu.[58]

Es mag sein, daß die Linke Interesse hat an einem, von „innenpolitischen Fragen" gesäuberten Karl Kraus, gesäubert von seiner Abrechnung mit dem Austromarxismus und seiner nicht allzu hohen Veranschlagung des Wertes der parlamentarischen Demokratie. Demgegenüber ist mit Menges speziell für diese Frage die Verschränkung von innen- und außenpolitischen Komponenten zu betonen. Denn der Kampf um die österreichische Unabhängigkeit manifestierte sich „gerade auch innenpolitisch in der Zurückdrängung der beiden Extreme des politischen Spektrums".[59] Nur eingedenk dieser Wechselwirkung läßt sich über die Genese des Austrofaschismus und über Kommentierung und Bewertung dieser Entwicklungslinie durch Karl Kraus etwas aussagen. Die Option für die Eigenständigkeit bedeutete im Rahmen des Lösungsversuches des Ständestaates die Zerschlagung der parlamentarischen Demokratie. Dies wiederum begünstigte die Annäherung an den italienischen Faschismus. Solche Zusammenhänge vermerkt auch Norbert Leser: „Die außenpolitische Orientierung war eine Folge des im Inneren eingeschlagenen Kurses, wie umgekehrt der innere Kurs durch die eingegangene Abhängigkeit verstärkt und zur letzten Konsequenz getrieben wurde."[60] Karl Kraus hat davon gewußt, als er im Juli 1934 seine Bekenntnisschrift veröffentlichte. Die weiteren Fragen, wie Kraus die Zeitereignisse 1936 – 1938 und darüberhinaus kommentiert hätte, „was wohl geschehen wäre, wenn Dollfuß mit seiner Politik Erfolge gehabt hätte"[61], diese Fragen sind reine Spekulation – und ihre Beantwortung eben deshalb nicht das Geschäft des Literaturwissenschaftlers.

Anmerkungen

1 So z.B. in Norbert Lesers Vorwort zu Alfred Pfabigan: *Karl Kraus und der Sozialismus. Eine politische Biographie.* Wien 1976, S. 9.
2 Mit derselben Intention untersucht Karl-Markus Gauß ein anderes Detailproblem: *Karl Kraus und seine „kosmischen Schlieferln". Zur Rehabilitation von Albert Ehrenstein, Hugo Sonnenschein und Georg Kulka.* In: *Zeitgeschichte* 10 (1982), H. 2, S. 43–59. – Allerdings vertritt Gauß die Auffassung, daß „sich in [sic] Kraus die Geister schon lange nicht mehr" scheiden (ebd. S. 43) – eine wohl allzu harmonisierende Sichtweise, wie ja auch die eigenen Argumentationsanstrengungen nahelegen.
3 Josef Quack: *Grammatiker sind keine Rebellen. Zur Rezeption von Karl Kraus nach dem Zweiten Weltkrieg.* In: *Literaturmagazin 7. Nachkriegsliteratur.* Hrsg. v. Nicolas Born und Jürgen Manthey. Reinbek 1978, S. 341–354, zit. S. 341.
4 Ebd. S. 354
5 Karl Kraus: *Die Fackel* (im folgenden nach dem zwölfbändigen Reprint, Frankfurt/M. 1977, abgekürzt zitiert als: *Die Fackel*) XXXV, Nr. 888 (Oktober 1933), S. 4.
6 *Die Fackel* XXXVI, Nr. 889 (Mitte Juli 1934), S. 1–16.
7 Ebd. S. 16.
8 Ebd. S. 9.
9 Ebd. S. 7.
10 *Die Fackel* XXXVI, Nr. 890–905 (Ende Juli 1934), S. 1–315. – Im folgenden werden Zitate aus diesem Heft im fortlaufenden Text durch die Seitenangabe in runder Klammer belegt.
11 Caroline Kohn: *Karl Kraus.* Stuttgart 1966, S. 163 und 171.
12 Ebd. S. 171
13 Karl Kraus: *Die Dritte Walpurgisnacht.* München ³1965. (Karl Kraus: *Werke.* Hrsg. v. Heinrich Fischer, Bd. 1).
14 Bertolt Brecht: *Gesammelte Werke.* Frankfurt/M. 1968, Bd. 9, *Gedichte 2*, S. 501–503, zit. S. 501 bzw. 503.

[15] Vgl. Friedrich Jenaczek: *Zeittafeln zur „Fackel". Themen – Ziele – Probleme.* München 1965, S. 76, Anm. 9 und S. 123.
[16] Brecht (Anm. 14), S. 505 f. Bei Jenaczek (Anm. 15), S. 123, finden sich Materialien zur Textgeschichte des Gedichtes, sowie S. 135–140 eine Deutung der Kraus – Brecht-Auseinandersetzung.
[17] Friedrich Achberger: *Lehrstück Weimar? Österreichische Perspektiven auf den Untergang der deutschen Republik.* In: *Weimars Ende. Prognosen und Diagnosen in der deutschen Literatur und politischen Publizistik 1930–1933.* Hrsg.v. Thomas Koebner. Frankfurt/M. 1982, S. 399–423, zit. S. 399.
[18] Gerhard Jagschitz: *Theorie und Praxis des Österreichischen Ständestaates 1934–1938.* In: *Zeitgeschichte.* Hrsg. v. Leopold Rettinger, Kurt Scholz und Ernst Popp. Wien 1982 (Beiträge zur Lehrerfortbildung, Bd. 22), S. 116–137.
[19] *Die Fackel* XXXIV, Nr. 876–884 (Mitte Oktober 1932), S. 1–31.
[20] *Die Fackel* XXXVII, Nr. 917–922 (Februar 1936), S. 94–112.
[21] Vgl. zu diesem Aspekt auch die Anmerkungen des Herausgebers Heinrich Fischer in Kraus (Anm. 13), S. 308 f.
[22] Vgl. z.B. (189 ff.) und auch Pfabigan (Anm. 1) S. 315.
[23] *Die Fackel* XXXVII, Nr. 912–915 (Ende August 1935), S. 69–72.
[24] Ebd. S. 69 f.
[25] Ebd. S. 71.
[26] Pfabigan (Anm. 1), S. 339.
[27] Ebd. S. 346.
[28] Jagschitz (Anm. 18), S. 117.
[29] Vgl. Pfabigan (Anm. 1), S. 352.
[30] Kraus war am 12. Oktober 1897 aus der israelitischen Kultusgemeinde ausgetreten (Jenaczek (Anm. 15), S. 8); am 8. April 1911 erfolgte der Eintritt in die römisch-katholische Kirche (Taufzeuge Adolf Loos; ebd. S. 33), die er aber am 24. September 1922 wieder verläßt (ebd. S. 49).
[31] Daran geknüpft ist der Vorwurf, daß der Politik der Sozialdemokratie maßgebliche Schuld an der Vergeblichkeit der antinationalsozialistischen Politik von Dollfuß zukomme (vgl. ebd. S. 186).
[32] Karl Kraus passiert hier eine Namensverwechslung – statt „Mercier" müßte es „Verdier" heißen; die Richtigstellung durch den Autor erfolgt in *Die Fackel* XXXVII, Nr. 917–922 (Februar 1936), S. 92. Den freundlichen Hinweis darauf erhielt ich von Sigurd Paul Scheichl, wofür ich mich bei ihm recht herzlich bedanken möchte. Jean Verdier (1864–1940) war seit 1929 Kardinal von Paris. Vgl. *Grand Larousse encyclopédique.* Paris 1964, Bd. 10, S. 744. – Desiré Mercier (1851–1926), Philosoph und Primas von Belgien, verwahrte sich während des Ersten Weltkrieges gegen Übergriffe der deutschen Besatzungsmacht. Vgl. *Lexikon für Theologie und Kirche.* Hrsg. v. Josef Höfer und Karl Rahner, 2., völlig neu bearb. Aufl., Freiburg 1968, Bd. 7, Sp. 306. – Vgl. dazu *Kraus-Hefte* 28 (1983), S. 9.
[33] *Die Fackel* XXXVII, Nr. 916 (November 1935), S. 7–10, zit. S. 7.
[34] Kohn (Anm. 11), S. 162.
[35] Ebd. S. 173.
[36] Jenaczek (Anm. 15), S. 137 f.
[37] Ebd. S. 135.
[38] Ebd. S. 140.
[39] Martina Bilke: *Zeitgenossen der „Fackel".* Wien/München 1981, S. 100.
[40] Pfabigan (Anm. 1), S. 343.
[41] Jahrzehnte zuvor, anläßlich der Wiener Gemeinderatswahlen von 1900, bekundet Kraus Verständnis für die vielen, die sich der Stimme enthielten, weil sie auch die Sozialdemokratie als „kleineres Übel" nicht zu akzeptieren vermochten; trotzdem ortet er gerade in dieser Partei ein optimistisches Zukunftspotential. Ohne die jeweils gänzlich andere historische Situation zu verkennen, erscheint die Wiederaufnahme des Bil-

des vom größeren und kleineren Übel doch nicht uninteressant: „Aber immer stärker wächst die Zahl derer, die, das Treiben unserer Parteien betrachtend, sich sagen, dass selbst die Wahl des kleineren Uebels hier unmöglich sei, weil auch das kleinste eine absolute Größe erreicht hat, die unerträglich ist. Diese Männer harren des Umschwungs, der kommen muß. Es kann nicht sein, daß eine ernste Volkspartei wie unsere Sozialdemokratie auf die Dauer so ganz ihrer Aufgabe der sittlichen Erziehung des Volkes sich entschlage." *(Die Fackel* II, Nr. 43 (Anfang Juni 1900), S. 7.

42 Pfabigan (Anm. 1), S. 352.
43 Vgl. z. B. ebd. S. 348.
44 *Die Fackel* XXXIV, Nr. 876–884 (Mitte Oktober 1932), S. 104; also im selben Heft, in dem die Polemik *Hüben und Drüben* abgedruckt ist.
45 *Die Fackel* XXXVII, Nr. 917–922 (Februar 1936), S. 73 f., zit. S. 74; es ist das letzte publizierte *Fackel*-Heft.
46 Achberger (Anm. 17), S. 411.
47 Ebd.
48 *Brot und Lüge.* In: *Die Fackel* XXI, Nr. 519/520 (Mitte November 1919), S. 1–32, zit. S. 3. Vgl. dazu auch das Gedicht *Alles, nur nicht die Gobelins! Die Fackel* XXIII, Nr. 588–594 (März 1922), S. 1–2.
49 *Die Fackel* XXI, Nr. 519/520 (Mitte November 1919), S. 1.
50 Vgl. vor allem *Die Fackel* XXIX, Nr. 766–770 (Oktober 1927).
51 Karl Menges: *Karl Kraus und der Austrofaschismus. Bestimmungsversuch anhand der „Fackel" Nr. 890–905.* In: *Colloquia Germanica* 14 (1981), S. 313–331.
52 Sigurd Paul Scheichl: *Politik und Ursprung. Über Karl Kraus' Verhältnis zur Politik.* In: *Wort und Wahrheit. Zs. für Religion und Kultur* 27 (1972), S. 43–51, zit. S. 51. Das vollständige Zitat bei Scheichl lautet allerdings: „Kraus' Satire ist eben nicht politische, nicht einmal soziale Satire, sondern hat ihr Wertzentrum außerhalb der sozialen Welt (auch wenn sie die Werte gegen diese zu verteidigen sich berufen fühlt)." Ebd.
53 Menges (Anm. 51), S. 315.
54 Ebd. S. 330, Anm. 14.
55 Ebd. S. 316.
56 Ebd. und S. 329.
57 *Die Fackel* [I], Nr. 13 (Anfang August 1899), S. 2.
58 Michael Scharang: *Kritik und Praxis im Angesicht der Barbarei. Zur Dritten Walpurgisnacht von Karl Kraus.* In: *Protokolle* 4 (1969) S. 237–260, zit. S. 257.
59 Menges (Anm. 51), S. 318.
60 Norbert Leser: *Zwischen Reformismus und Bolschewismus. Der Austromarxismus als Theorie und Praxis.* Wien 1968, S. 462.
61 Menges (Anm. 51), S. 329.

Die graue *Fackel*. Herbert Müller-Guttenbrunns Zeitschrift *Das Nebelhorn*.

von

ECKART FRÜH

Für Michael Guttenbrunner

Der Einfluß, den Karl Kraus auf seine Mitwelt ausgeübt hat, war stark; nicht geringer die Wirkung auf die zeitgenössische Publizistik.[1] Um nur diese zu nennen: Zeitschriften wie *Die Geißel, Im Fackelschein* und *Im Feuerschein, Don Quixote, Sturm!, Neue Freie Worte, Ver* und *Das Gesindel, Die Laterne, Torpedo, Der Knockabout* und *Der Querulant*, aber auch *Der Brenner* und *Der Ziegelbrenner*,[2] *Die Aktion, Die Schau-* und *Die Weltbühne* folgten mehr oder weniger dem Beispiel der *Fackel*.[3] Die meisten der genannten Blätter waren Imitationen, einige Gegenschriften, wenige frei und unabhängig; manche Herausgeber waren Karl Kraus in Haß, andere in Liebe und geradezu grenzenloser Verehrung verbunden – wie Karl K. Kende, dessen Blatt *Die Wahrheit* erstmals Anfang 1919 erschien und folgendes Bekenntnis enthält:

> K a r l K r a u s , den ich an die S p i t z e d e r österreichischen L i t e r a t e n stelle, war von mir auserkoren, an die S p i t z e d e r deutschösterreichischen R e p u b l i k gestellt zu werden.
> D e r P u t s c h m i ß l a n g und darüber bin ich froh: Denn ich glaube, dieser Ehrliche „von Gottes Gnaden" hätte die Schmach nicht überwunden, ihm zuzumuten, einen solchen Posten in Deutschösterreich anzunehmen.
> Mit Ausnahme derjenigen Schriften, die während meiner Kriegsdienstleistung vom Karl Kraus erschienen sind, hatte ich fast alle gelesen; Seine Schriften lösten bei mir die nicht deutlicher zu beschreibende Wirkung aus, als sie in die Worte zu kleiden: Den Menschen bete ich an!
> Als ich die „Absage" von K a r l K r a u s las, da erfaßte mich ein unwiderstehlicher Zwang, ich könne meine Hochachtung diesen mir persönlich unbekannten, göttlichen Menschen, nicht anders zum Ausdruck bringen, als daß ich i h m a n e i n e m T a g e die ehrlich v e r d i e n t e P o p u l a r i t ä t v e r s c h a f f e , die totzuschweigen eine korrupte Presse zwanzig Jahre hindurch sich erdreistete.
> Es entspräche dem W e s e n des K a r l K r a u s vollkommen, wenn er sich über diese von mir ü b e r i h n z u g e d a c h t e E h r u n g u n g e h a l t e n gebärden würde, anderseits wieder konnte ich aus seinen Schriften studieren, daß er ein naives Empfinden nicht so rasch über Bord wirft, als etwa das Empfinden eines Berichterstatters; und ich bin überzeugt, daß

ich Gnade finden werde, wenn ich für all dies um Entschuldigung bitte.
„Die Wahrheit" erscheint als mein Erstlingswerk im Eigenverlage und wie sehr auch jedes literarische Machwerk, wie auch die vorliegende Broschüre, für Karl Kraus eine Qual bedeutet, nehme ich an, daß er, wenn nicht die Existenzberechtigung, zumindest aber das Erscheinen dieser Broschüre eher gutheißen wird, als die neuen Zeitungen, die in der letzten Zeit angeschwemmt kamen.
Wenn ich ferner anzunehmen mir erlaube, daß ich dem Karl Kraus, dessen Vorlesung ich im großen Musikvereinssaale beiwohnte, mit der Hilfe zur „Hinauskomplimentierung" eines monarchisch Zartfühlenden, einen kleinen Dienst erwiesen habe, wird mich „das" mit Stolz erfüllen; ganz besondere Ehre würde mir aber erwachsen, wenn der große Meister Karl Kraus zu meinem Werkchen Stellung nähme, insoferne, daß er als ein dazu Berufener, als Erster den von mir gedachten idealen Kreis angehöre, dessen Aufgabe darin bestehen wird, eine „Internationale Gesellschaft, idealer guter Menschen" zu bilden mit Ausschluß von Mitgliedern der Presse, die heute genauso wie früher, jedes „freie" Wort zu unterdrücken bestrebt sind.
Aus dem Wenigen, das ich bis nun sagte, wird nicht schwer zu entnehmen sein, daß ich zu Karl Kraus wie zu Gottvater emporblicke und den möchte ich kennen, der dafür den ersten Stein auf mich wirft.[4]

Karl Kraus hat – gesetzt den Fall, er habe sie gelesen – die *Wahrheit* nicht zur Kenntnis genommen; er hat sie ignoriert. Auf Herbert Müller-Guttenbrunn und seine ganz andersgeartete Zeitschrift *Das Nebelhorn* hat er hingewiesen, wenn auch nur andeutungsweise und nur dem Eingeweihten erkennbar.

Zunächst die Geschichte der Zeitschrift: Das erste Heft erschien am 1. Januar 1927 im Verlag *Das Nebelhorn* Graz. Eigentümer, Herausgeber und verantwortlicher Redakteur war laut Impressum Dr. Herbert Müller-Guttenbrunn, Schriftsteller, Stübing bei Graz. Der Umfang betrug 24 Seiten. Der Druck erfolgte bei Heinrich Stiasny in Graz. Mit Nr. 68 übernahm W. Jacobi & Sohn, Wien, den Druck; die Verlagsadresse war Wien IX., Liechtensteinstr. 16.

Das Nebelhorn erschien zunächst regelmäßig am 1. und 15. jedes Monats (im Sommer jeweils eine Doppelnummer), von Januar 1931 an in zwangloser Folge. Bis Juli 1931 wurde die Zeitschrift gedruckt, ab Nr. 111 vom Herausgeber maschinenschriftlich hergestellt und vervielfältigt. Der Preis betrug 60 Groschen, später (ab Nr. 49) 45 Groschen pro Nummer.

Mit Nr. 149 von Ende März 1933 stellte das *Nebelhorn* sein Erscheinen ein. Aus folgendem Grund: Müller-Guttenbrunn hatte im Vorjahr[5] einen Aufsatz über *Kirchenbesucher* veröffentlicht, gegen den die Staatsanwaltschaft Anklage erhob, weil er geeignet sei, die „Lehren, Gebräuche und Einrichtungen der katholischen Kirche zu verspotten und herabzuwürdigen"[6]. Man verurteilte den Verfasser wegen Religionsstörung zu einer Strafe von 100 Schilling; die Zeitschrift wurde eingestellt. Der Herausgeber war nicht gewillt, wie ein Schulbub „unter den strengen Blicken eines paragraphenstockbewaffneten Lehrers deutsche Aufsätze zu schreiben".[7]

Um juristische Schwierigkeiten umgehen zu können, gab Müller-Guttenbrunn daraufhin sein *Panopticum der Maschinenzeit* heraus. In der Einleitung heißt es:

> Diese Enzyklopädie aller im Maschinenzeitalter auftretenden Abarten des menschlichen Schwachsinns und der Wege zu ihrer Entlarvung ist hervorgegangen aus der Zeitschrift *Das Nebelhorn* desselben Autors, die im VII. Jahrgang wegen Einmischung der Justiz in diese Entlarvung (natürlich zu Gunsten des Schwachsinns) eingestellt wurde.
> Das *Panopticum* erscheint im Selbstverlag seines Verfassers und Kompilators Dr. Herbert Müller-Guttenbrunn, Klosterneuburg bei Wien, Leopoldsgraben 4.[8]

Vom *Panopticum der Maschinenzeit* waren fünf Bände zu je 400 Seiten geplant; erschienen ist ein Band im Umfang von 189 Seiten. Das Werk, mit der Maschine geschrieben und vervielfältigt wie das folgende, war im Buchhandel nicht erhältlich und wurde nur an Subskribenten abgegeben, die sich verpflichteten, „es nie an Unmündige, Amtspersonen, Schwachsinnige, Kirchengläubige und Irrsinnige zu verleihen".[9]

1934 erschien wiederum das *Nebelhorn*. Es trug nun den Untertitel *Eine Enzyklopädie der Maschinenzeit,* den Vermerk: „Nur für Subskribenten!" und das Motto: „Der Eine achts, / der Andre verlachts: / Was machts?" Einleitend stellte Müller-Guttenbrunn fest, er sei

> nach einem neunmonatlichen Ausflug in das (...) zu zirkusmäßige Milieu eines *Panopticums* wieder zum alten Namen *Das Nebelhorn* zurückgekehrt, der jetzt eben keine Zeitschrift mehr, sondern eine Enzyklopädie bezeichnet.[10]

Dem „steten Jammer über das seltene Erscheinen" der Zeitschrift wolle er dadurch abhelfen, daß er „in Zukunft immer am 1. und 15. jedes Monats eine Lieferung erscheinen"[11] lasse. Insgesamt vier Lieferungen gab es, die letzte Ende März 1934.

Ein 160 Seiten umfassender Band einer ausdrücklich als „Schriftenfolge"[12] bezeichneten *Mystik der Sprache*[13] erschien Ende Mai, Anfang Juni 1934. Weitere Lieferungen blieben aus. Damit war Müller-Guttenbrunns Tätigkeit als Herausgeber einer periodischen Zeitschrift beendet.

Über die Auflage des *Nebelhorn* ist nichts bekannt. Die Angaben, die sich der Zeitschrift entnehmen lassen, sind vage. In Nr. 9 vom Mai 1927 werden „dreihundert Bezieher in Deutschland"[14] erwähnt. Auch das Resumée des ersten Jahres bleibt ungenau: „das Nebelhorn erhält sich heute schon selbst, mit Ach und Krach zwar noch, aber doch, und täglich erwachsen ihm neue Freunde aus dem Kreis derer, die schweigend an dieser Zeit leiden müssen."[15] Genauer ist die Feststellung, die

Müller-Gutterbrunn in Nr. 68 vom 15. Oktober 1929[16] trifft, daß sich „kaum schäbige 2000 Leute" für seine Bestrebungen interessieren. Daß diese Zahl die Abonnenten bezeichnet, ist möglich; sie hat sich jedenfalls bis 1931 merklich verringert, wie einer Mitteilung an die Leser zu entnehmen ist[17]. Als 1933 das *Nebelhorn* eingestellt wurde und das Nachfolgeblatt nur mehr für Subskribenten erhältlich war, dürfte die Auflage abermals gesunken sein.

Das *Nebelhorn* hatte, solange es gedruckt wurde, das Format und eine der *Fackel* ähnliche Anordnung von Titel, Angaben über Herausgeber, Inhalt und Verlag. Von Januar 1930 bis Anfang Juli 1931 waren die Umschläge mit gleichbleibenden Zeichnungen von Johannes Wohlfart versehen; auf dem Titelblatt das Bild eines unbekleideten Mannes unter lachender Sonne, der mit einem Horn so stark in's Dunkel bläst, daß etlichen Finsterlingen die Köpfe vom Hals gerissen werden. Auf der zweiten Umschlagseite eine Rose, die den 70. Spruch Lao-Tses einschließt: „Nur von den Einzelnen gekannt zu werden, gehört zu meinem Wert."

Müller-Guttenbrunn gab (auch hierin dem Vorbild der *Fackel* folgend) bezahlter Werbung keinen Raum. Auf ihm nahestehende Autoren wie Magnus Schwantje, Carl Dallago oder Freya Baumgart; auf den *Bund für radikalen Tierschutz;* auf Zeitschriften wie *Die Bereitschaft* oder Nikolaus Hovorkas *Berichte zur Kultur- und Zeitgeschichte,* die seine Zustimmung fanden, hat er aus eigenem hingewiesen. Eine einzige Ausnahme ist festzustellen: 1928 bot der Buchhändler Richard Lanyi, der Freund und Verleger von Karl Kraus, im *Nebelhorn* 27 Jahrgänge der *Fackel* zum Verkauf an.[18]

Herbert Müller-Guttenbrunn hat die rund 3500 Seiten seiner Zeitschrift nicht allein geschrieben. Obwohl er anfangs „keine fremden Beiträge"[19] bringen wollte, hat er bald etliche Mitarbeiter herangezogen. Von den weithin unbekannten sind die bekanntesten Namen Kurt Hiller, Carl Dallago, Leonhard Nelson, Ewald Gerhard Seeliger, Werner Ackermann, Magnus Schwantje und Erich Scheuermann. Darüber hinaus hat er von der chinesischen Spruchweisheit bis zu Nietzsches philosophischen Brocken alles abgedruckt, was ihm wichtig und richtig erschien; außer den Genannten Dichter und Denker wie Rousseau, Tolstoi, Stirner, Bakunin, Kropotkin, Plutarch, Kant, Fichte, Angelus Silesius, Goethe, Hölderlin, Nestroy, Lichtenberg und Ferdinand Kürnberger. Die Zitate stellen – nach dem Titel einer unveröffentlichten Aphorismensammlung – *Eigenes und zu Eigen Gewordenes* dar. So auch, wie sich zeigen wird, nicht wenige Lesefrüchte aus der *Fackel*.

Die erste Nummer seiner Zeitschrift widmete Herbert Müller-Guttenbrunn „Karl Kraus, dem Herausgeber der *Fackel,* dem Oeffner der Augen, dem Bekämpfer alles Unechten, dem Anwalt alles Echten, dem

Entdecker der mystischen Gedankenkräfte in der Sprache" mit „Dank und Gruß!"[20] Die Zueignung kam nicht von ungefähr; auch im Programmatischen war Müller-Guttenbrunn der *Fackel* verpflichtet. „Die Wasserköpfe", schreibt er, „die alles Simple und Konzentrierte durch geistreiche Klassifikationen und Komplikationen wissenschaftlich verwässern möchten, müssen trockengelegt werden. Das einzige Mittel dazu ist die Satire." Weiter heißt es im Text: „Der Mord, nicht mehr und nicht weniger also, ist die Aufgabe dieser Zeitschrift. Und zwar der Mord in seiner heute verpönten Form, also der Mord am Schwachsinn, d. i. an der – mit ihm leider schon identischen – Autorität." Und schließlich:

> Den unendlichen Nebel aber, der dem Phrasensumpfe entsteigt, in dem wir mit unserem Zivilisationskarren stecken geblieben sind, die intelligenten Blödsinnschwaden, die all diesen wie Eiterbeulen ‚offenen' Köpfen entquellen, soll ein kräftiges Nebelhorn durchdringen. Es soll mit seinem Klange die im Nebel einer papierenen Literatur von Ziffern und Phrasen verirrten Menschen nicht nur vor Zusammenstößen warnen, deren Nutznießer nur die Unnützen wären, sondern es soll sie durch sein Aufheulen auch darauf aufmerksam machen, daß es neben dem, was sie sehen, indem sie nichts sehen, noch etwas gibt: etwas Zartes, Heiliges und Tiefes, das sie mit ihren Fortschritten zu Tode trampeln, etwas, das nicht ausgesprochen, sondern nur gefühlt werden kann und dennoch die ausgesprochene Ursache alles Wertes auf Erden ist.[21]

Worin der Wert besteht, wird an dieser Stelle nicht mitgeteilt; daß er aus der Negation bestehenden Unwerts folgt, ist deutlich und aus der *Fackel* bekannt: „kein tönendes ‚Was wir bringen'", war da zu lesen, „aber ein ehrliches ‚Was wir umbringen' hat sie sich als Leitwort gewählt. Was hier geplant wird, ist nichts weiter als eine Trockenlegung des weiten Phrasensumpfes (. . .)"[22] Soweit Karl Kraus am Anfang – so ähnlich auch und teils wörtlich Herbert Müller-Guttenbrunn bis zum Ende seiner satirischen Laufbahn: „Sieben Jahre lang", schreibt er 1934, „habe ich mich in meiner Zeitschrift *Das Nebelhorn* bemüht, mit Hilfe der Satire die Wasserköpfe zu entwässern und den Phrasensumpf trokkenzulegen."[23]

Getreu dem Vorbild nahm er gleich in der ersten Nummer der Zeitschrift den Kampf gegen notorische Phrasendrescher aus Presse und Politik auf, gegen

> Steißgeburten aus Abrahams Wurstkessel, die durch keine Zeugung, sondern lediglich durch ihren Mangel an Überzeugung lebensfähig geworden sind, Handlungsreisende der Autoritätsbranche, die von Viehausstellung zu Viehausstellung reisen, um die Produktion der Milch der frommen Denkungsart im Lande zu heben, die sich aber sofort auf irgend eine rätselhafte Art in die Butter auf ihren Köpfen verwandelt; Saumeister der Zukunft, die ausbauen und vertiefen, aufbauen und abbauen und durch blödwitzige Geschäftigkeit und sonstiges gehaltloses Tun Gehalt verdienen; Nutznießer einer Konjunktur des Schwätzens, die die Wirtschaftskrise, in die sie die anderen durch ihre Wirtschaft gebracht haben, öffentlich bedauern, im

> Geheimen aber ungeniert stehlen und dabei das mangelnde Vertrauen der Bevölkerung zu den Gerichten bedenklich finden, es aber für unbedenklich halten, Prozesse, die ihre Aussichten für die nächste Wahl schmälern könnten, einzustellen. Werden wir es noch lange ertragen, daß in diesem Staate einfach kein Gesetz zustande kommen kann, das den primitivsten Bedürfnissen reiner Menschlichkeit entspricht, weil diese hadernden Arschgesichter keine Zeit dazu haben, da sie ununterbrochen zu irgend einem Blödsinn ‚Stellung nehmen‘, ‚Ansprüche stellen‘, ‚Insinuationen zurückweisen‘, ‚Standpunkte verfechten‘, ‚parteiamtlich verlautbaren‘, ‚Plattformen finden‘, ‚Schandtaten an den Pranger stellen‘, ‚die Straße mobilisieren‘, ‚Handlungen niedriger hängen‘, ‚Verleumdungen (die wahr sind) durch Gegenverleumdungen (die ebenfalls wahr sind) widerlegen‘, ‚Haltungen dahin spezialisieren‘, ‚die volle Aufrechterhaltung oppositioneller Stellungen besprechen‘ und ‚die wirtschaftlichen Notwendigkeiten des Augenblicks betonen‘ müssen, wobei sie immer falsch betonen? In einem solchen Phrasensumpfe, der einer einzigen Zeitungsnummer entnommen ist, baden wir täglich morgens unser Gehirn und wundern uns dann, wenn wir in jeder Beziehung impotent werden![24]

Ein starkes Stück Prosa, nicht wahr? Wahrlich, Herbert Müller-Guttenbrunn verfügt über den langen Atem heiligen Zorns, der wohl befähigt, auf dem grenzenlosen Gebiet der Dummheit und Niedertracht, wenn schon nicht siegreich, so doch ehrenvoll zu bestehen! Die Mittel satirischer Darstellung, die er bei Karl Kraus vorfand, verschmähte er nicht; er wandte sie vor allem in Glossenform an, sozusagen wortspielerisch, jedoch stets resolut, wie das zitierte Beispiel belegt. Es kann hier nur festgestellt, nicht detailliert beschrieben werden, daß die vorgegebenen Formen, die Karl Kraus für seine satirisch-polemischen Zwecke entwickelt hatte, die Anordnung von Text und Zitat, von Titel, Bericht und Kommentar, unverändert aus der *Fackel* übernommen und mit vielfach ähnlichem Inhalt versehen wurden. Die Leser des *Nebelhorn* haben dies durchaus bemerkt, gelobt und getadelt.

Von 1899 bis 1907 enthielt die *Fackel* auf ihren letzten Seiten einen redaktionellen Briefkasten, ‚Antworten des Herausgebers‘ genannt. Genauso hieß die Rubrik im *Nebelhorn*, die ab Heft 3 vom Februar 1927 nachweisbar ist und mit Unterbrechungen bis Nr. 139, 1932, fortgeführt wurde. Eine dieser Antworten wurde einem ‚Neugierigen‘ erteilt, der offenbar angefragt hatte, welche Aufnahme das *Nebelhorn* gefunden habe. Die Urteile, schreibt Müller-Guttenbrunn, fielen verschieden aus:

> Die einen behaupteten, ich sei ein „Affe von Karl Kraus", andere wieder fanden, ich sei „trotz der Widmung" ganz anders wie er. Und da auch in durchaus freundlichen und zustimmenden Briefen der Vorwurf, ich sei ein Nachahmer dieses Dornes in den Augen der Menschheit immer wiederkehrt, halte ich es für angemessen, die Schreiber höflichst aufzufordern, einmal ihrerseits zu versuchen, Karl Kraus nachzuahmen. Auf die Resultate bin ich neugierig. Ich halte nämlich Kraus für einen jener wenigen ganz Großen, die unnachahmlich sind. Daß ich viel von ihm gelernt habe, kann ich, von den Lesern also entlarvt, nicht leugnen, obwohl ich mich doch, wie schon aus der Aufnahme der Widmung an der ersten Stelle des ersten Hef-

tes hervorgeht, redlich bemüht habe, diesen Mangel an Originalität streng geheimzuhalten.²⁵

Im gleichen Heft, unmittelbar zuvor, traf der Herausgeber unter dem Titel *Feststellungen* diese:

> Aus der Grazer „Tagespost":
> **Schriftsteller Roderich Müller-Guttenbrunn** (Roderich Meinhart) ersucht uns zur Vermeidung immer wiederkehrender Verwechslungen um Aufnahme folgender Feststellung: „Nicht ich, sondern mein Bruder Herbert ist der Herausgeber der Zeitschrift „Das Nebelhorn."
> Aus dem „Grazer Tagblatt":
> **x.Schriftsteller Roderich Müller-Guttenbrunn** (Roderich Meinhart) ersucht uns, zur Vermeidung immer wiederkehrender Verwechslungen um Aufnahme folgender Feststellung: „Nicht ich, sondern mein Bruder Herbert ist der Herausgeber der Zeitschrift „Das Nebelhorn". Meine Ansicht über die nationale Frage geht, trotz mancher Uebereinstimmung in anderen Dingen, von der seinen weit auseinander".
> Dazu ist zu sagen, daß ich dankbar für jede Reklame bin, die nichts kostet, aber unschuldig an der immer wiederkehrenden Verwechslung. Mir ist es zum Beispiel noch nie gelungen, mit Roderich Meinhart verwechselt zu werden. Die Angelegenheit ist aber noch aus einem anderen Grunde beachtlich. Die liberale „Tagespost" begnügt sich mit der einfachen Feststellung einer Tatsache. Das deutschnationale „Tagblatt" aber sucht die Interessen des Deutschtums in Oesterreich noch durch Hinzufügung eines undeutschen Satzes zu wahren. Ich muß mich dagegen verwahren, daß ich „Ansichten zu einer Frage" habe, wenn sie auch anders sind, denn es gibt nur Antworten auf eine Frage. Und außerdem kann man nur mit jemandem auseinandergehen. Wer von etwas auseinandergeht, der explodiert. Es ist eben eine alte Erfahrung: Deutsch denken und Deutsch können ist zweierlei. Aber wenn gewisse Ansichten zu einer Frage von meinen Ansichten zu derselben Frage zur Explosion, also zum Aus-dem-Leim-gehen gebracht werden könnten – fürwahr, unter dieser Bedingung möchte ich sogar solche fragwürdige Ansichten haben!²⁶

Nun hat Karl Kraus bereits 1921 über „die Sprache derer, die zwar deutsch fühlen, aber nicht können"²⁷, ganz ähnlich, zum Beispiel mit diesen Worten gespottet; den bedenklichen Beitrag zur Sprachlehre, den das *Nebelhorn* gebracht hatte, überging er nicht, sondern nahm ihn in seine auf. Unter der Überschrift *Zwei, deren Ansichten auseinandergehen* ist da zu lesen:

> Ein menschlich gesinnter Schriftsteller gibt eine Zeitschrift heraus, was einen gleichnamigen, deutsch gesinnten Schriftsteller zu der Erklärung bestimmt, daß er mit jenem nicht zu verwechseln sei, auch gehe seine „Ansicht über die nationale Frage",
> trotz mancher Übereinstimmung in anderen Dingen, v o n d e r s e i n e n w e i t a u s e i n a n d e r.
> Daß also der deutsch gesinnte Schriftsteller, wie es sich gehört, nicht deutsch kann, ist nicht zu bezweifeln. Was nun den menschlich gesinnten Namensbruder anlangt, so sucht er es ihm auf eine Art zu beweisen, die, gleich allem was er schreibt, die redlichste Absicht dartut, aber auch wie recht er hat, seinen Widersachern, die ihm Nachahmung der Fackel vor-

werfen, zu antworten, daß diese unnachahmlich sei. Vorerst verwahrt er sich dagegen, daß er „Ansichten zu einer Frage habe", denn es gebe nur „Antworten auf eine Frage". Aber der andere hat von einer „Ansicht ü b e r die nationale Frage" gesprochen, die man wohl haben kann, da diese Frage nicht zu solchen Fragen gehört, die beantwortet werden, sondern etwas Fragliches, eine Streitfrage, ein Problem bedeutet, das hoffentlich einmal gelöst werden wird und z u dem man sich sogar mit der Ansicht stellen könnte, daß es endlich einmal an der Zeit wäre, die Menschheit davon zu erlösen. Mit diesem Versuch, die deutschnationale Gesinnung sprachkritisch zu entwerten, ist's also nichts. Dagegen kompromittiert sie sich gewiß durch die Erklärung, daß ihre Ansicht über die nationale Frage „ v o n " der des Namensbruders „weit auseinandergeht". Das empfindet auch dieser, hat aber leider den folgenden Plan, die Sache in Ordnung zu bringen:

Und außerdem kann man nur m i t jemandem auseinandergehen. Wer von etwas auseinandergeht, der explodiert. Es ist eben eine alte Erfahrung: Deutsch denken und Deutsch können ist zweierlei.

Ganz richtig. Diese beiden Fähigkeiten gehen auseinander. Dagegen geht auch der, der explodiert, nicht von etwas auseinander. Ferner kann man nicht mit jemandem auseinandergehen, weil solches hieße, daß man selbst darin mit ihm überein ist, also gerade im Explodieren. Dem deutsch gesinnten Schriftsteller wäre wohl nichts übrig geblieben als zu erklären, daß seine Ansicht über die nationale Frage u n d die seines menschlich gesinnten Namensbruders weit auseinander g e h e n. Was diesen betrifft, so hat er recht, sich solche Trennung gefallen zu lassen, und wenngleich er es bescheiden ablehnt, der Nachahmer eines „Dornes in den Augen der Menschheit" zu sein, so leistet er doch genug, wenn er, obschon in grauem Umschlag, als das rote Tuch für die steirische wirkt.[28]

Müller-Guttenbrunn hielt es „für ein Gebot der Ehrlichkeit", das Inkognito, unter dem er in der *Fackel* auftrat, zu lüften, um sich zu dem zu bekennen, was mangelhaft an ihm sei, froh, „Zeitgenosse eines Sprachkritikers" wie Karl Kraus zu sein.[29] Die Verteidigung seines Standpunktes, die er wider bessere Einsicht versuchte, fiel freilich fragwürdig aus. Bemerkenswert bleibt allerdings der Eindruck, den Lob und Tadel ihm hinterließen. Der Entschluß, die Glosse aus der *Fackel* abzudrucken, werde, so schreibt er, ihm durch die anerkennenden Worte schwerer gemacht als durch die kritischen. „Denn menschliche Gesinnung und redlichste Absicht behalten auch dann ihren Wert, wenn sie zwar nicht mit dem Streben, die Fackel nachzuahmen gepaart sind, so doch nach dem Schema: Gut aber dumm die Verquickung ihrer Anerkennung mit dem satirischen Hinweis auf ihre Unfähigkeit zu einer Nachahmung, die sie sich gar nicht angemaßt haben, hinnehmen zu müssen."[30]

Die Frage, ob Kraus Herbert Müller-Guttenbrunn derart beschämen wollte, ist müßig und bleibt unerörtert. Tatsache ist, daß er trotz der gebotenen Kritik im Sprachlichen, die Distanz schuf, das *Nebelhorn* in die Nähe der *Fackel* rückte. Dies wurde vom Leser begriffen; das – als

Gegensatz zum „deutsch gesinnten" – ausgesprochene Lob, ein „menschlich gesinnter Schriftsteller" zu sein, bis zum Überdruß zitiert. Am 22. 6. 1927 schrieb Carl Dallago dem „geehrten Herrn Doktor", er bestelle das *Nebelhorn* nicht, denn: „Neben Vielem, das dem Menschlichen das Wort redet, ist von Ihnen doch auch Manches vorgebracht, dem man unmöglich zustimmen kann. Das Schlimmste in dieser Hinsicht" enthalte ein Aufsatz in Nr. 12, betitelt *Das Ernstnehmen des Todes*. „Ein menschlich gesinnter Schriftsteller hätte ihn nicht schreiben können."[31] Ein zweiter Brief folgte am 3. 7. 1927; darin hieß es:

> Sie nehmen für sich Kraus' Ausspruch: „ein menschlich gesinnter Schriftsteller" in Anspruch und fühlen ihn mit „Recht als Lob, umso mehr, weil ihn Kraus tat, den Sie mit Recht sehr hochschätzen. Nun, halten Sie sich doch auch an das Beispiel Kraus', der mehr als vielleicht jeder andere Schriftsteller s e i n e G r e n z e n k e n n t u n d n i c h t ü b e r s i e h i n a u s z u - g e h e n w e i ß, was wesentlich auch zu seiner Größe als Schriftsteller gehört! Nie wird Kraus Ihrem Aufsatz *Das Ernstnehmen des Todes* zustimmen können, aber ich glaube, daß er mit mir darin übereinstimmen wird, daß Sie mit dieser Erörterung des religiösen Problems über die Grenzen Ihrer Fähigkeiten hinausgegangen sind.[32]

Müller-Guttenbrunn beantwortete den ersten, den zweiten Brief aber nicht; gewiß auch deshalb, weil er wünschte, die „fortwährende Zitierung" seiner „ehrlichen, menschlichen Gesinnung" möge „endlich schon einmal der Teufel holen", wie er kurz darauf bei passender Gelegenheit schrieb.[33]

Trotz der begreiflichen Animosität gegenüber dem wiederholten Versuch, ihn auf die Rolle festzulegen, die Kraus ihm zugewiesen hatte, hielt Müller-Guttenbrunn dem Herausgeber der *Fackel* die Treue. Ja: „Selbst auf die Gefahr hin, den schon ganz eingeschlafenen Vorwurf", er sei „ein Nachahmer von Karl Kraus, wieder aufzuwecken, auszubauen, zu vertiefen und zum Weitertorkeln durch jene verstopften Gehirne zu animieren, die auf Ordnung halten und keine größere Sorge kennen, als das Nebelhorn, das sich aller Klassifizierungssucht gegenüber so widerspenstig zeigt, dennoch einzuordnen, und zwar in das Gehirnkastel mit der Aufschrift: ‚Abteilung: Niederreißer, Unterabteilung: Fackelnachahmer'" – selbst auf diese angenommene Gefahr hin, die „keineswegs" zu unterschätzen sei, wies er im September und November 1928 ausführlich auf die *Fackel* hin.[34] Anlaß waren die Gedichte des „größten heute lebenden deutschen Lyrikers"[35], des Karl Piehowicz aus dem Czernowitzer Irrenhaus, und die umstrittene Frage seiner Autorschaft.[36]

Solcher Anlässe fanden sich mehrere. So beanstandete er Anfang 1927 unter Berufung auf die *Fackel*[37], daß beim Abdruck einer Rede, die Kurt Hiller im Oktober des Vorjahrs auf dem Paneuropa-Kongreß gehalten hatte, eine Kraus betreffende Stelle gestrichen worden war[38] und druckte sie im Wortlaut ab [39]. Bald darauf unterstützte er Kraus im Kampf gegen den erpresserischen Zeitungsherausgeber Emmerich Bekessy[40]; attackierte in diesem Zusammenhang auch den Polizeipräsidenten von Wien, Johann Schober, vor allem aber wegen seiner Rolle am 15. Juli 1927[41]; zitierte Kraus' plakatierte Aufforderung an Schober, abzutreten[42]; ließ seinerseits „als Reaktion auf die Reaktion an allen Grazer Straßenecken" ein Plakat anschlagen[43]; hielt es sarkastisch für einen besonderen Reiz Österreichs, daß ein Polizeipräsident – „von Karl Kraus öffentlich der Lüge, der Fälschung, des Mißbrauches der Amtsgewalt und der Felonie geziehen" – dennoch weder klage noch gehe[44]; und nahm endlich, angeregt durch das treuherzige Bekenntnis Schobers, er habe sich, wann immer gegen ihn polemisiert worden sei, an das Wort gehalten: „Es kann dir nix g'scheh'n", mit folgenden Worten Motive aus dem *Schoberlied* von Karl Kraus auf:

> Was soll Schober geschehn? Er ist fein heraus: Zu Gericht geht er nicht, das ist nicht seine Pflicht. Ginge er aber zu Gericht, so würden schon die Richter wissen, was ihre Pflicht ist.[45]

Anspielungen wie diese; Zitate, bei denen Anführungszeichen und Quellennachweis fehlen; sowie Beispiele aus dem Wort- und Gedankengut der *Fackel* sind allerorten im *Nebelhorn* zu finden. Sie machen das Lesen ebenso reizvoll wie kompliziert. Aus folgendem Grund: Im Juni 1920 belehrte Kraus eine Briefschreiberin, die sich nach der Lektüre ihres ersten *Fackel*-Heftes mit der Frage an ihn gewandt hatte, ob das Thema – *Innsbruck und Anderes*[46] – den Aufwand lohne, darüber, daß „ein Heft der Fackel, ja selbst eine Zeile der Fackel, nicht losgelöst von dem Kommentar, den zwanzig Jahre dazu geschrieben haben, abzuschätzen" sei und daß man nur die Wahl hätte, „es mit dem Ganzen gelten zu lassen oder zu verwerfen".[47] Ähnlich wurde 1931 einem Leser, dem der Nachruf auf Friedrich Austerlitz[48] „nur für besonders Eingeweihte bestimmt" schien[49], die Aufklärung zuteil,

> daß jedes in der Fackel gedruckte Wort ein Verständnis anspricht und befriedigt, das jeweils die Kenntnis einer vorangegangenen zeitgeschichtlichen Darstellung oder Polemik mitbringt: ohne diese Voraussetzung muß jedes in der Fackel gedruckte Wort unverständlich oder mißverständlich bleiben.[50]

Die thematische Kontinuität, die Kraus so behauptet, gilt gleichermaßen für Müller-Guttenbrunns Zeitschrift; und mehr: sie recht zu verstehen, setzt vielfach voraus, daß außer dem *Nebelhorn* auch die *Fackel* gelesen wurde. Das soll an einigen Beispielen dargetan werden.

Hier wie dort wird die „Journaille"[51] beschimpft; heißen Psychoanalytiker „Seelenschlieferl"[52]; entfesselte Kleinbürger „Obertanen"[53]; wird eine sogenannte „Verkaufskanone"[54] glossiert; von der „Einrückendmachung" gesprochen[55] und von den „weiblichen Hilfskräften"[56]; wird der Gruß laut: „Djehreguntagzwintschnkstiandschamstadienermenehoachtungkomplimentandersmalwieder"[57]; und gewünscht: „Bitt' hinaus, Herr Lehrer!"[58]; sind „die ‚Madeln gstellt vom Kopf bis zu die

Wadeln'"[59]; werden die Deutschen als „Koofmichs mit Hellebarde" agnosziert[60]; wird „das von Kraus entdeckte österreichische Antlitz" karikiert [61]; Patriotismus wortspielerisch als „Patridiotismus"[62], ihre Vertreter als „patridiotisch" abgetan[63]; die Phrase „ausgebaut und vertieft" samt Varianten zu satirischem Zweck verwendet.[64] Hielt Kraus die Justiz für „eine Hure, die sich nicht blitzen läßt und selbst von der Armut den Schandlohn einhebt"[65], so spricht Müller-Guttenbrunn von der „alten Justizhure, die immer dem, der am meisten Geld und Macht" besitze, „also immer der herrschenden Klasse, zu Willen" sei.[66] Schrieb Kraus: „Wir leben in einer Gesellschaft, die Monogamie mit Einheirat übersetzt"[67], so ist im *Nebelhorn* zu lesen, „Einheirat" sei die „jüdische Übersetzung des Wortes Monogamie."[68] Müller-Guttenbrunn stellt fest, daß „der Kaufmann die Kunst als Hausgehilfin angestellt" habe[69], daß der Dichter, die Kunst „im Dienste des Kaufmanns" stehen[70], daß „die sogenannte Kunst, die bisher im Dienste des Kaufmannes stand, gekündigt worden und als Animiermädchen in den Dienst der Religion getreten" sei[71] – all diese Variationen ein und desselben Themas, das Kraus beharrlich abgehandelt hat.[72]

Hier wie dort, bei Karl Kraus und bei Herbert Müller-Guttenbrunn werden die „blutrünstigen Kriegsgedichte eines gewissen Ottokar Kernstock"[73] zitiert; auch bei Müller-Guttenbrunn nicht ohne aktuellen Bezug. Denn

> Gestalten aus den *Letzten Tagen der Menschheit* sind wieder auferstanden und schaffen am sausenden Webstuhl einer neuen großen Zeit. Hochwürden Ottokar Kernstock, der prächtige Repräsentant der Religion der Liebe, der seinerzeit den steirischen Winzern empfohlen hat, aus „Welschlandfrüchtchen" blutroten Wein zu pressen, liest bei der Einweihung seines eigenen Denkmales in Wenigzell die Messe und der ehemalige Feldkurat Allmer, der höchst eigenhändig im Kriege mit dem roten Kreuz am Arme mitgeschossen hat, hält als Monsignore zündende Ansprachen bei Heldenfeiern.[74]

Ganz klar und Müller-Guttenbrunn stellt es hier einmal ausdrücklich fest: die Verse Kernstocks, „dieses Friedensapostels im geistlichen Gewande, der von seiner stillen Waldklause aus am Weltbrand mitschürte", sind „in die Weltliteratur eingegangen"[75], Anton Allmers „Geistigkeit"ist ebenda, „in Kraus' Letzten Tagen der Menschheit (...) aufbewahrt."[76]

Die Beispiele, die sich fast nach Belieben vermehren ließen [77], beziehen rund zwanzig Jahrgänge der *Fackel* ein, vor allem jedoch das Kriegswerk. Der Krieg – der Krieg, den ein Einzelner gegen den Krieg geführt hatte – prägte Müller-Guttenbrunn in besonderem Maße. Er hat ihn als das begriffen, was er, Karl Kraus zufolge, ist, als „Krieg der Maschinen"[78], in dem der Zufall über Leben und Tod entscheidet. Der Heldentod „Zufall eines Granatsplitters"?[79] Darauf antwortet Müller-Guttenbrunn: „der moderne Krieger taugt infolge der Passivität, zu der ihn der Maschinenkrieg verdammt, nicht mehr zum Heros."[80] Und an anderer Stelle: „Früher war der Mann noch was wert, heute kommts drauf an, ob der Tank oder das Flugzeug was wert sind."[81] Früher, heißt es in den *Letzten Tagen der Menschheit,* "war der Krieg ein Turnier der Minderzahl und jedes Beispiel hatte Kraft." Jetzt sei er „ein Maschinenrisiko der Gesamtheit".[82] Daß trotzdem die heroische Phrase den neuen Sachverhalt mit längst verblichenen Bildern verdeckt, macht das von Kraus so genannte „technoromantische Abenteuer"[83] des Weltkriegs aus, „zu dem man das Schwert zog, um mit Gas bis aufs Messer zu kämpfen".[84] Sollte, heißt es folgerichtig im *Nebelhorn,* „wieder einmal das Schwert, und zwar diesmal in gasförmigem Zustand, entscheiden", so werde „die europäische Menschheit" zugrunde gehen.[85]

Nein, der Krieg ist gewiß nicht länger „das Messen der Kräfte mutiger Männer im Kampfe um ihre Existenz"; er ist, weiter mit Müller-Guttenbrunn zu sprechen, „die von den Rüstungsindustriellen durch bezahlte Politiker angezettelte Vergasung wehrloser Weiber und Kinder zur Erwerbung neuer Absatzgebiete".[86] Das ist ganz im Sinne von Karl Kraus. Er wisse genau, schreibt er, „daß es zuzeiten notwendig ist, Absatzgebiete in Schlachtfelder zu verwandeln, damit aus diesen wieder Absatzgebiete werden."[87] Eben darum kann es nicht um Heldentum und militärische Ehre gehen, es sei denn im Wettstreit der Muskelkräfte. Wo aber die Fertigkeit der Ingenieure und die Begabung der Wissenschaftler entscheiden, spielen sie die geringste Rolle – vollends, da wirtschaftliche Bedingungen alles bestimmen. Am Ende ist der Krieg einer der Maschine, die Menschen erfinden und lenken; zugleich aber einer der Händler, die sie und sich und uns verkaufen oder verkaufen lassen.[88] Mit einem Wort von Karl Kraus: „Ein Krieg zur höheren Ehre der Rüstungsindustrie."[89]

Abgesehen von solchen Übereinstimmungen in der Beurteilung des Kriegs, die aber zweifellos nicht dem Zufall zu verdanken sind, gibt es im *Nebelhorn* etliche Zitate aus der *Fackel,* die nur ausnahmsweise als solche gekennzeichnet sind.[90] Es sind Nachdrucke ganzer Texte von fremder Hand, denen Kraus zuvor in seiner Zeitschrift Platz eingeräumt hatte. So übernimmt Müller-Guttenbrunn das *Kriegslied* von Matthias Claudius und versieht es mit einer ähnlichen Anmerkung wie Karl Kraus;[91] Lichtenbergs zwei Aphorismen über den Krieg, die dem *Nachruf* auf die eben untergangene Welt der Monarchie mottohaft vorangestellt waren;[92] Hölderlins Brief gegen die Deutschen aus *Hyperion*;[93] Ferdinand Kürnbergers Betrachtung *Der Krieg und das lettische Mädchen;*[94] und Heinrich Holeks Skizze *Vater, nimm mich!*, die zuerst in der *Arbeiter-Zeitung* vom 17. 10. 1923 erschien, dann in der *Fackel*[95] und endlich im *Nebelhorn.*[96] Dem Verfasser gebühre der Friedens-Nobelpreis, hat Karl Kraus geschrieben; und: „Es ist die einzige Szene, die in den *Letzten Tagen der Menschheit* fehlt, und ihre stärkste."[97]

Herbert Müller-Guttenbrunn hat dieses Lob nicht abgedruckt. Was er von den *Letzten Tagen der Menschheit* hielt, hat er bei anderer Gelegenheit unmißverständlich festgehalten. Ausdrücklich empfahl er seiner Leserschaft außer dem „Bilderbuch des Berliner Anarchisten Ernst Friedrich *Krieg dem Kriege*" die *Letzten Tage der Menschheit,* weil hier „in Wort und Bild der Krieg, so wie er war, beschlossen" liege.[98] Er mußte es wissen; nicht etwa nur, weil er am eigenen Leib erfahren hatte, was es heißt, Soldat zu sein. Er erkannte seine Erfahrungen im Drama wieder – unter ihnen solche, die er Karl Kraus bekannt gemacht haben könnte. Das will genauer, wenn auch mit gebotener Zurückhaltung ausgeführt sein; denn Herbert Müller-Guttenbrunn hat zwar zweimal die Zeugenschaft von Kriegsdingen übernommen, die im Drama behandelt werden, aber er hat sich nicht als Informant zu erkennen gegeben.

Im *Nebelhorn* vom 1. 8. 1927 berichtete der Herausgeber unter dem Titel *Das Gefecht bei Kotowice,* das er als Kadettaspirant und Kommandant einer Munitionskolonne mitgemacht hatte, außer manch anderem Erlebnis auch dieses: er habe „mit eigenen Ohren" gehört,

> wie der Kommandant der Division, Erzherzog Peter Ferdinand mit dem ihm zugeteilten Bruder der späteren Kaiserin Zita, dem Prinzen Elias von Parma, wettete, ob bei einem vierzehnjährigen ruthenischen Knaben, der am nächsten Tage wegen Spionage gehängt werden sollte, trotz seiner sexuellen Unreife bei der Hinrichtung schon eine ‚ejaculatio seminis', wie man sich gelehrt ausdrückte, eintreten werde oder nicht.[99]

Im Dezember 1928 erschien im *Nebelhorn* die autobiographische Erzählung *Der Spion.* Darin wirft Müller-Guttenbrunn die Frage auf, weshalb die österreichische Armee nach der verlorenen Schlacht bei Lemberg vorgerückt sei, statt sich in sichere Verteidigungsstellungen zurückzuziehen. „Nur deshalb", so fragt er, „um zum Namenstag des Kaisers am 4. Oktober einen neuen siegreichen Vormarsch von Westgalizien zum San antreten zu können?" Eine solche Vermutung sei nicht unbegründet, wenn man bedenke,

> daß zum Beispiel im Februar 1915, als der damalige Bürgermeister von Wien Dr. Weiskirchner das Bedürfnis verspürte, die Wiener Truppen an der Front zu besuchen, sich aber nicht weiter als bis zum Divisionskommando traute, in einer Periode tiefsten Friedens an der Nida in Polen sämtliche dem Divisionskommando vorgelagerte Intfanterie- und Artillerieformationen offiziell den Befehl erhielten, durch fleißiges Schießen Lärm zu machen, um den Herrn Bürgermeister nicht ins Hinterland zurückkehren zu lassen, ohne Schlachtendonner gehört zu haben. Ich habe diesen Befehl gelesen und ich habe auch mit eigenen Augen gesehen, wie im April 1915 an der Nida mit einem 30,5 cm Mörser, da gerade kein anderes Ziel sichtbar war, nach einem pflügenden Bauern hinter der russischen Front geschossen wurde, um dem Erzherzog Albrecht, der damals unseren Frontabschnitt besuchte, die Wirkung dieses Geschützes zu demonstrieren.[100]

An den gleichen Sachverhalt erinnert sich in den *Letzten Tagen der Menschheit* beim sogenannten ‚Liebesmahl'

> DER MAJOR: (...) Bei unserer Truppendivision – Herrgott waren das Zeiten – wie noch der Peter Ferdinand mehr freie Hand ghabt hat – da hams einmal gewettet, weißt die kaiserliche Hoheit und der Parma, der Generalstabschef – also ob bei der Hinrichtung von Vierzehnjährigen eine – Dingsda stattfinden werde – wie hat er's nur gheißen, der Doktor – so a gspaßigs Wort –
> EIN REGIMENTSARZT: Aha, eine ejaculatio seminis! (Gelächter).
> DER MAJOR: Ja richtig, natürlich! (...)

Kurz darauf berichtet

> DER MAJOR: (...) Wie der Weiskirchner zu uns bei die Edelknaben auf Besuch kommen is, also da hams ihm zu Ehren lebhafteren Kanonendonner anbefohlen – ja! Und mit dem 30,5 Mörser hams nach pflügenden Bauern schießen lassen – ja! und –
> DER OBERINTENDANT: Ja warumperl denn –?
> DER MAJOR: No – ein Erzherzog war zu Besuch! – also du Oberauditor, wannst mich derschlagst, weiß ich nicht mehr, welcher – also damit er sich halt von der Treffsicherheit der Geschosse überzeugen tut. No er hat aber auch seine Bewunderung ausgesprochen! Also in der leutseligsten Weise – richtig, der Josef Ferdinand wars! – (...)[101]

Dazu ist anzumerken: die zitierten Szenenausschnitte fehlen noch in der sogenannten Aktausgabe des Dramas, die 1918/19 in Sonderheften der *Fackel* erschienen ist; sie finden sich erst in der Buchfassung von 1922. Eine Vorlage, sei es ein Brief oder ein Zeitungsartikel, wurde bisher nicht bekannt. Die stoffliche Übereinstimmung zwischen Herbert Müller-Guttenbrunns Berichten und ihrer dramatisierten Fassung ist weitgehend gegeben.[102] Mithin liegt die Vermutung nahe, Müller-Guttenbrunn habe Kraus seine Erlebnisse, etwa brieflich mitgeteilt, als dieser an der Buchfassung des Dramas arbeitete. Ein Beleg war in den Archiven allerdings nicht auffindbar. Die weiterführende Frage, ob es zwischen Karl Kraus und Herbert Müller-Guttenbrunn überhaupt Kontakt gegeben hat, läßt sich ohne weiteres beantworten.

Herbert Müller-Guttenbrunn hat zwischen 1929 und 1931 mehrmals aus eigenen Schriften vorgelesen; fünfmal in Wien,[103] einmal in Graz. Die Grazer Vorlesung wurde vom steiermärkischen Bildungsverein ‚Apolloneum' veranstaltet. Sie fand am 27. 2. 1930 im großen Saal des Offiziersverbandes statt.[104] Zur Vorgeschichte dieser Veranstaltung gehört Karl Kraus. Am 2. November 1929 schrieben Vertreter des Bildungsvereins unter Berufung auf seine „freundlichen Zeilen" vom 26. September an Müller-Guttenbrunn:

> Wir freuen uns, daß Sie grundsätzlich bereit sind, der Sache näher zu treten. Ihr Name und Ihre Art ist uns bekannt, und daß wir uns trotzdem an Sie wenden, soll Ihnen schon ein Beweis sein, daß wir auch das beachten und für beachtenswert finden, was Sie zu sagen haben. Zu dem besteht die

Schar unserer Vortragsbesuchenden größtenteils aus einfachen, unverbildeten Menschen, die sich aber für alle kulturellen und ethischen Probleme der Zeit interessieren und das Recht der Kritik gerade in dieser Form, wie Sie sie üben, sicher (zum großen Teile) sympathisch aufnehmen.

Nach dieser allgemeinen Einleitung geht es folgendermaßen weiter:

> Wir stellen uns vor, daß Sie mit Herrn Kraus zusammen am Vortragspult erscheinen und daß Sie einen allgemeinen orientierenden Vortrag über Kraus halten, während Herr Kraus selbst Geeignetes aus seinem Wirken zum Vortrage bringen soll.[105]

Auf diese Mitteilung hin schrieb Müller-Guttenbrunn am 9. November an den Verlag *Die Fackel:*

> Ich erhielt heute zu meinem Erstaunen beiliegenden Brief und vermute, daß Sie, respektive Herr Kraus vielleicht eine ähnliche Nachricht erhalten haben könnten. Ich lege Wert darauf, Ihnen mitzuteilen, daß ich diesem naiven Projekt vollkommen fernstehe und daß es ohne mein Wissen und Zutun ausgeheckt wurde.
> Ich bitte um Retournierung des Briefes (Rückporto liegt bei) und zeichne hochachtend
> (gez.) Dr. Müller-Guttenbrunn[106]

Ob der Verlag der *Fackel* –, wie Karl Kraus auf diesen Brief reagierte, ist unbekannt. Immerhin war zur Zeit seiner Abfassung auf dem Umschlag der *Fackel* bereits zu lesen: „Zusendungen welcher Art immer sind unerwünscht."[107] Bemerkenswert ist zweierlei:

1) Müller-Guttenbrunn kannte die „Regeln", die Karl Kraus „im Verkehr mit Verlegern, Buchhändlern, Zeitschriften, Autoren, Abonnenten etc."[108] eingeführt hatte, und akzeptierte sie. Er wandte sich nicht an Kraus, sondern an den Verlag; mithin gab es zwischen beiden keinerlei privaten, geschweige denn engen Kontakt.

2) In Graz waren Name und Art Müller-Guttenbrunns bekannt. Man hielt ihn dort offensichtlich aufgrund seiner Zeitschrift für einen Fachmann in Sachen Karl Kraus, jedenfalls für geeignet, dessen Vorlesung angemessen einzuleiten.

Mehr läßt sich mit Gewißheit nicht sagen. Die Vorlesung fand statt – ohne Karl Kraus.[109] Doch wer den einleitenden Worten aufmerksam zuhörte, mochte wohl merken, daß der Abwesende nicht allzu fern war, als Töne angeschlagen wurden, die aus seiner Rede *In dieser großen Zeit*[110] bekannt sind. Gleich am Anfang hieß es da nämlich:

> Wir Genossen einer Zeit, die ehemals – während des Krieges – groß aber auch dementsprechend ernst war, heute aber wieder klein und dementsprechend lächerlich geworden ist, wir leben nicht nur im Fasching im Fasching, sondern das ganze Jahr über.[111]

Hier ist einzuhalten und zu fragen, worin die bekannte satirische Art Herbert Müller-Guttenbrunns, worin das Wesen der Kraus'schen Satire bestehe. Die Antwort fällt zunächst allgemein aus.

Nach weit verbreitetem Verständnis, auf das es hier ankommt, ist es dem Satiriker darum zu tun, nach Kräften, die mit dem Widerspruch zwischen Ideal und Wirklichkeit zu wachsen scheinen, alles und jeden der Lächerlichkeit zu überantworten. Von ihr heißt es metaphorisch, sie töte. Umbringen ist, wie schon gesagt, das erklärte Ziel des Satirikers, er heiße Karl Kraus oder Müller-Guttenbrunn. Daß es dabei um den „sittlichen Versuch"[112] geht, eine Gegen-, eine „Widerwart"[113] und „das ganze logische und moralische Greuel, von dem wir umklammert sind"[114], satirisch „zu überwinden"[115], versteht nicht jeder; noch die Notwendigkeit, angesichts von ‚Taten, fleischlich, blutig, unnatürlich' das politische „Einmaleins"[116] zu rehabilitieren. Das Grauen, das „Macht und Niedertracht"[117] einflößen, entsteht, wenn das Selbstverständliche – die Idee der Menschlichkeit und Vernunft, des Anstands und der Würde, die der satirische Geist prinzipiell behauptet, vom Tatsächlichen in Frage gestellt wird. Ihm antwortet das entsetzte ‚Nein!' des Satirikers. Aber wenn er ablehnt, verzichtet er nicht. Er ist auch ein Mensch, der ja sagt mit unbedingter Ursprünglichkeit. Seine Position beruht darauf, daß es möglich sei, „einer widerstrebenden Gegenwart die Grundbegriffe verlorener Menschenwürde beizubringen und nebstbei die Grundregeln verlorenen logischen Denkens";[118] seine Negation ergibt sich aus ihrem Verlust und ihrer Bedrohung. Das Nein, wenn schon nicht das Ja vermitteln zu können, ist die stärkste Leistung der Satire und ihre Legitimation. Ihm Raum und Gehör zu verschaffen, ist der unabdingbare Wille des satirischen Schriftstellers.

Gibt es einen Positiveren als den Künstler, dessen Stoff das Übel ist?[119] Von ihm erlösen kann er freilich nicht; es in Gelächter aufzulösen, vermag die Satire. Ihr „Witz lästert die Schornsteine, weil er die Sonne bejaht. Und die Säure will den Glanz und der Rost sagt, sie sei nur zersetzend."[120] Das Unverständnis für Witz und satirische Negation führt bis in germanistische Niederungen, wo der Satiriker nihilistischer Neigungen verdächtigt wird.[121] Doch läßt sich die Dummheit nicht auf Fachidioten beschränken. Sie beansprucht ein weites Feld, das am Ende allemal in dem seichten Anwurf gipfelt, der Satiriker könne nichts aufbauen, nur niederreißen und in den Dreck zerren. Wer, heißt es im *Nebelhorn,* die Leute an ihre Vergangenheit erinnere, laufe „Gefahr den schöpsernen, aber allgemein gebräuchlichen Vorwurf gemacht zu erhalten, daß er sein eigenes Nest beschmutze, weil er die Insassen auf den Dreck, in dem sie sich wälzen, nachdem sie ihn hervorgebracht haben, aufmerksam macht."[122] So ähnlich, ausführlicher und mit großem Nachdruck, hat das auch Karl Kraus gesagt:

> [...] man möge zur Kenntnis nehmen, daß ich wirklich das bin, was sie mit der dümmsten, niedrigsten, ungesehensten Metapher zu bezeichnen lieben: Der Vogel, der sein eigenes Nest beschmutzt. Ich frage den Menschen, der die Tierwelt durch den Vergleich mit sich be-

> schimpft, der es wagt, seine schäbige Denkart in die Sphäre freier Gottesgeschöpfe einzuschmuggeln, und der seine Eitelkeit im wahrsten Sinne des Wortes mit fremden Federn schmückt – ich frage ihn, ob er denn wirklich glaubt, daß ein Vogel es vorziehen wird, das f r e m d e Nest zu beschmutzen, weil der Mensch ihm das zutraut und weil er seinerseits solche Gemeinheit für praktisch hält. Der Mensch, der die Redensart ersonnen hat, in der seine ganze Selbstsucht mit so naiver Schamlosigkeit zum Ausdruck kommt, ist da offenbar in eine falsche Redensart hineingetreten, in die vom Kuckuck, der seine Eier in fremde Nester legt, und hat diesen Akt des Egoismus in der ihm nächsten Richtung des Schmutzes ausgebaut und vertieft. Doch die Seichtigkeit des Anwurfs, der dieser Redensart zugrundeliegt, ist gar nicht auszuschöpfen. Um Schmutz handelt es sich allerdings. Aber weil der Vogel, der sein Nest schmutzig findet, d e r V o g e l, d e n s e i n e i g e n e s N e s t b e s c h m u t z t, es reinigen möchte, weil er Lust und Mut hat zu dieser Arbeit, so sagen die anderen Vögel, die sich im Schmutze wohl fühlen, er „beschmutze" das Nest. Der Zusammenstoß zwischen einer Wirklichkeit und einer Metapher ist immer eine Katastrophe: der Zustand der Schmutzigkeit und dessen Darstellung, die ein Beschmutzen genannt wird von jenen, die den Schmutz zwar haben, aber verbergen wollen. Nun, ich habe mein ganzes Leben hindurch nichts anderes als dieses Beschmutzen getrieben und mir dafür den Haß der Schmutzigen bis zu einem Grade zugezogen, der in der Geschichte des Geisteslebens ohne Beispiel sein dürfte.[123]

– und als Nörgler die Phrase wortspielerisch pervertiert. Er wisse schon, sagt er in den *Letzten Tagen der Menschheit,* daß es einmal von ihm heißen werde, er sei ein Vogel, der sein eigenes Nest „niederreißt, anstatt ein fremdes aufzubauen".[124] Zum „Nörgeln"[125], zum „Niederreißen"[126] hat sich seinerseits Müller-Guttenbrunn bekannt und es hierin wie darin weit, zum Anarchisten gebracht.

Wie immer der ‚Anarchist' zu verstehen ist, der „vom bürgerlichen Schwachsinn als Bombenwerfer" gefürchtet, vom „kommunistischen als Utopist" abgetan wird[127], für Müller-Guttenbrunn war das Wort ein „Ehrentitel";[128] Anarchie nicht Willkür und Chaos, sondern Ordnung;[129] Herrschaftslosigkeit, nicht Terror und Gewalt.[130] Und weil die herrschenden Mächte den staatlichen Bereich behaupteten, hat er die Regierung und alle Kräfte, die sie stützten oder zu stürzen trachteten, um sie zu ersetzen, nahezu unterschiedslos bekämpft. Der Widerstand, den er seiner Zeit geleistet hat, war groß; gering der Erfolg, den er sich zusprach. „Alles, was der Einzelne in seiner Hilflosigkeit einer ganzen Zeit gegenüber tun kann, meint Kierkegaard, ist sagen, daß sie zu Grunde geht."[131] Kierkegaard – und mit ihm Karl Kraus – hatte das freilich anders, besser gesagt: „Ein einzelner Mensch kann einer Zeit nicht helfen oder sie retten, er kann nur ausdrücken, daß sie untergeht."[132]

Karl Kraus hat das Wort mit mehr Berechtigung zitiert als Müller-Guttenbrunn, der weder den Untergang der Welt durch schwarze Magie[133] noch die letzten Tage der Menschheit gekommen sah, sondern Hoffnung hatte, es könne künftig besser werden. Er unternahm es, die

Welt nach seinen Vorstellungen einzurichten, als sie schon gänzlich aus den Fugen geraten war.[134] So positiv war dieser Anarchist, daß er noch lange nach der Machtergreifung der Nationalsozialisten in zwei Schriften den Weg zur inneren und äußeren Freiheit wies, von der er das „Schicksal des Abendlandes"[135] abhängig machte. Das „Rezept", das „alle ‚Fragen', auf die es heute keine Antwort gibt"[136], beseitigt, war allerdings schon früher ausgestellt worden. In Stichworten zusammengefaßt, ergibt sich folgende Medikation: „Eindämmung des Maschinenunwesen" und „Bekämpfung des sogenannten Fortschrittes;"[137] „Rückkehr zur Erde";[138] „Anschluß an die Natur";[139] Übernahme der chinesischen Ackerbeetkultur[140] und Gründung einer breiten Siedlungsbewegung.[141]

Herbert Müller-Guttenbrunn hat nicht gezögert, mit gutem Beispiel voranzugehen. Er hat die landwirtschaftliche Anbaumethode der Chinesen im privaten Bereich angewendet[142] und öffentlich „alle, die noch nicht ganz verblödet sind", aufgerufen, im Geiste Chinas, wie er ihn begriff, „eine Brüderschaft von der Erde"[143] zu gründen.

Mit dem fernöstlichen Denken war Müller-Guttenbrunn vertraut. Zahlreiche Hinweise auf Buddha, Chao Kung, Kung Tse (Konfuzius), vor allem auf Tschuang Tse und Laotse, dem er die „Quintessenz"[144] seines Wissens verdankte, bezeugen einen Einfluß, der dem der *Fackel* gleichkommt. Doch gibt es auch hier bemerkenswerte Übereinstimmungen.

Karl Kraus hat die zeitgenössische Bewunderung des fernen Osten geteilt. Er hat, eher zufällig als planmäßig, manchen Blick hinter die Chinesische Mauer[145] geworfen. Was er sah, brachte ihn zu der Auffassung, der „ganze technische Schwindel" Europas sei dort „übergangsweise" vorweggenommen und „von der Weisheit einer superioren Rasse (...) rechtzeitig abgetan" worden.[146] In's Aphoristische gewendet, lautet die Erkenntnis:

> Die Chinesen müssen die technischen Errungenschaften der Neuzeit schon in der Vorzeit durchgemacht und ihr Leben gerettet haben. Wenn sie sie wieder brauchen sollten, um sie uns abzugewöhnen, wird ihnen das Ding wieder nicht über den Geist wachsen. Asien wird Firlefanz zu moralischem Zwecke treiben.[147]

Es werde Europa „mores"[148]lehren. Worauf es ankommt, erklärt der Nörgler seinem optimistischen Gesprächspartner: auf die „Idee, daß Gott den Menschen nicht als Konsumenten oder Produzenten erschaffen hat, sondern als Menschen. Daß das Lebensmittel nicht Lebenszweck sei. Daß der Magen dem Kopf nicht über den Kopf wachse. Daß das Leben nicht in der Ausschließlichkeit der Erwerbsinteressen begründet sei. Daß der Mensch in die Zeit gesetzt sei, um Zeit zu haben und nicht mit den Beinen irgendwo schneller anzulangen als mit dem Herzen."[149] Es sei die „Idee, die einst den wahren Weltkrieg in Bewegung setzen" werde.[150] Zu ihren Verfechtern gehörte nach Karl Kraus und neben ihm Herbert Müller-Guttenbrunn.

Es gibt keine Frage, deren sich Kraus, zumal seit dem Ersten Weltkrieg, beharrlicher angenommen hätte, als die nach dem rechtmäßigen Verhältnis von Mittel und Zweck; die alte Frage, ob dieser jenes heilige. Die Feststellung, daß das „Mittel den Zweck entheiligt"[151] hat, haben beide, Kraus wie Müller-Guttenbrunn, getroffen. Es sei, heißt es etwa in *Mensch und Erde,* „zum Zweck entartet".[152] Und im *Nebelhorn:* „Seit das Lebensmittel zum Lebenszweck geworden ist, ist dieser Menschheit jedes Mittel zum Zweck geworden."[153] Oder: „vor lauter Lebensmitteln" werde man „keinen Lebenszweck mehr gewahr" und halte „also die Erzeugung jener für diesen".[154] Das hätte ebensogut Karl Kraus schreiben können, der die Frage prinzipiell abgehandelt hat:

> Das primum vivere deinde philosophari ist eine plane physikalische Erkenntnis. Aber wenn primum philosophari wäre, käme es nie so weit, sie beherzigen zu müssen. Jetzt ist sie der Notausgang eines falschen Lebens, das gerade anstatt alles Leben auf das Denken, alles Denken auf das Leben eingestellt hatte und darum an diesem und jenem verarmen mußte. Wenn philosophari primum ist, ergibt sich alles vivere ‚deinde' und viel reicher, es wird wieder zur selbstverständlichen Voraussetzung alles Denkens, so daß dann der Satz als die Anleitung zu einem geordneten Lebenshaushalt erst zu Ehren kommt.

Summa summarum: „Wir brauchen das Leben als Zweck, damit uns künftig das Leben als Mittel nicht fehle."[155] So auch Albert Camus; kein Satiriker, aber Moralist und Humanist gleich Kraus oder Müller-Guttenbrunn: „Rechtfertigt das Ziel die Mittel? Das ist möglich. Doch wer wird das Ziel rechtfertigen? Auf diese Frage, die das geschichtliche Denken offen läßt, antwortet die Revolte" – weniger sie als die Logik, die beim Anblick der Unvernunft aufbegehrt: „die Mittel."[156]

Eine Formel, die Logik und Moral so schön verbindet wie die Camus'sche, führt zu chinesischer Spruchweisheit. – In der *Fackel* Nr. 852, erschienen Mitte Mai 1931, steht ein Zitat, das Erich Heller auf Karl Kraus bezogen, dieser „großartig"[157] und „herrlich"[158] genannt und abgedruckt hat. Es lautet:

> ... Konfutse sagt: ‚Wenn die Begriffe nicht richtig sind, so stimmen die Worte nicht; stimmen die Worte nicht, so kommen die Werke nicht zustande; kommen die Werke nicht zustande, so gedeihen Moral und Kunst nicht; gedeihen Moral und Kunst nicht, so trifft die Justiz nicht; trifft die Justiz nicht, so weiß die Nation nicht, wohin Hand und Fuß setzen. Also dulde man nicht, daß in den Worten etwas in Unordnung sei. Das ist es, worauf alles ankommt.'[159]

Darauf kam es auch Karl Kraus an; aber nicht nur ihm. Zwei Monate später, Mitte Juni 1931, war die zitierte Passage im *Nebelhorn* zu lesen. In folgender Form:

Tsi Lu sprach: ‚Der Fürst von We wartet auf den Meister, um die Regierung auszuüben. Was würde der Meister zuerst in Angriff nehmen?' Kung Tse antwortete: ‚Sicherlich die Richtigstellung der Begriffe.' Tsi Lu sprach: ‚Darum sollte es sich handeln? Da habt ihr weit gefehlt, Meister!' Kung Tse erwiderte: ‚Wie bist du roh, Yu! Der Edle läßt das, was er sozusagen nicht versteht, beiseite. Wenn die Begriffe nicht richtig sind, so stimmen die Reden nicht; stimmen die Reden nicht, so kommen die Werke nicht zustande; kommen die Werke nicht zustande, so gedeihen Moral und Kunst nicht; gedeihen Moral und Kunst nicht, so trifft die Justiz nicht; trifft die Justiz nicht, so weiß das Volk nicht, wohin Hand und Fuß setzen. Darum sorgt der Edle, daß er seine Begriffe unter allen Umständen in seine Reden bringen kann und seine Reden unter allen Umständen zu Taten machen kann. Der Edle duldet nicht, daß in seinen Reden irgend etwas Unpräzises ist. D a s i s t e s , w o r a u f a l l e s a n k o m m t ! ' [160]

Die Variante der *Fackel* hat den Vorteil der Prägnanz und Kürze; nicht ihr, sondern Richard Wilhelms Buch über *Kung-Tse* hat Müller-Guttenbrunn das Zitat samt umfangreichem Kontext entnommen. Es bestimmte ihn, die geläufigsten Begriffe, weltläufige Phrasen, auf seine Weise richtigzustellen. Zwar habe, so schreibt er, auch bis dato alles, was im *Nebelhorn* veröffentlicht worden sei „irgendwie direkt oder indirekt einer Richtigstellung der falsch, verlogen oder durch Mißbrauch verhatscht gewordenen Begriffe" gedient[161], nun aber sei planmäßig zu verfahren. Das Ergebnis ist „eine Art Wörterbuch"[162], das in mehreren Fortsetzungen im *Nebelhorn* erschien.[163] Einige kurze Beispiele:

> *Altvordern.* Die Vorfahren der Neuhintern. Pakete aus Knochen, die mit dem bekannten deutschen Mark gefüllt sind.
> *Annonce.* Ein lebenserhaltender Ausschlag, der sich vom Hinterteil der Zeitung allmählig auf das ganze Blatt ausdehnt und es immer lebensfähiger macht.
> *Budget.* Ein Voranschlag der Obertanen, dem der Anschlag auf die Taschen der Untertanen a tempo folgt.[164]
> *Fahne.* Ein Webereierzeugnis zur Bedeckung geistiger Blöße. Hinter der kleinsten Fahne läßt sich die größte geistige Armut leicht verbergen.[165]

Er versuche, schreibt Müller-Guttenbrunn, die „Richtigstellung der Begriffe aus dem Geist der Sprache"[166] zu bewerkstelligen. Das soll genauer ausgeführt werden; denn der Gedanke, so formuliert, führt ohne weiteren Umweg in Gebiete, in denen Karl Kraus beheimatet war. Die Annahme, heißt es, man könne die Sprache beherrschen, sei falsch. Die Lehre, die einem begriffsstutzigen Leser des *Nebelhorn* mit wünschenswerter Deutlichkeit erteilt wird, lautet:

> Merken Sie sichs und überliefern Sie es Ihren Kindern und Kindeskindern: Die Sprache ist eine geistige Macht, der man dienen muß und auch dienen kann, ohne seine Freiheit einzubüßen. Ja, im Gegenteil: Je demütiger man ihr dient, desto freier wird man.[167]

Ein „größenwahnsinniger Esel"[168], wer sich einbildet, sie zu beherrschen: „Unübertrefflich (...) Weisheit und Witz der Sprache, unerschöpflich (...) ihr Gedankenreichtum (...), unergründlich (...) Tiefe und Magie (...) und geheimnisvoll die Mystik"[169] der Sprache, als deren Entdecker, wie gesagt, anfangs Karl Kraus galt. In seiner Nachfolge, jedoch ohne ihn späterhin noch bei Namen zu nennen, hat Müller-Guttenbrunn einerseits den Sprachgebrauch als „Mißbrauch"[170] verurteilt, den Verlust aller Vorstellungen im Phrasensumpfe[171] beklagt und journalistische oder politische Phraseure, die er dafür verantwortlich machte, der Prügelstrafe unterziehen wollen.[172] Andrerseits war ihm die „markverzehrende Wonne der Spracherlebnisse"[173], die Karl Kraus beschrieben hat, nicht fremd. Ihm war's, so bekennt er, eine „Lust", im „Labyrinth der Sprache umherzuschlendern, nichts zu suchen und doch immer etwas zu finden".[174] „Der Gedanke ist ein Gefundenes", sagt Karl Kraus, „ein Wiedergefundenes";[175] und: „Die Sprache sei die Wünschelrute, die gedankliche Quellen findet."[176] Herbert Müller-Guttenbrunn war bemüht, die „Weisheit", die in Worten „vergraben" ist, „wieder bloßzulegen und den blöden Epigonen um die Ohren zu hauen";[177] zuweilen andächtig vor dem Wort, das im Anfang war, „auf den Knien" liegend[178], zuweilen barsch fordernd: „Auf die Knie (...) vor dem Wort, ihr Kamele! Und ein ‚Te verbum laudamus!' gesungen!"[179]

Diese „sprachtheologische"[180] Betrachtungsweise, ist in weniger rabiaten Varianten aus der *Fackel* bekannt; Folge oder Ergebnis einer als sprachsatirisch bezeichneten Praxis.

„Nestroy", hat Karl Kraus gesagt, sei „der erste deutsche Satiriker, in dem sich die Sprache Gedanken macht über die Dinge."[181] Der zweite ist der Autor dieses Zitats. Karl Kraus hat Johann Nestroy für seinesgleichen gehalten;[182] er war das ihm „näher" als Wedekind „liegende Beispiel sprachsatirischer Nachkommenschaft"[183] Nestroys: wie dieser ein „Sprachsatiriker".[184]

Auf die Frage, was das sprachsatirische Werk vom satirischen unterscheide, ist zu antworten: in ihm wird das Wort nicht aus dem Gedanken, sondern umgekehrt dieser aus jenem entwickelt; als hätte nicht der Autor, sondern „die Sprache etwas mit dem Gedanken" vor.[185] Sie ist es, die Nestroy wie Kraus, der es bei ihm feststellt, „für jede Redensart einen Gedanken" abwirft.[186] Läßt sich das auch von Müller-Guttenbrunn behaupten? Einmal abgesehen von der Wertschätzung für Nestroy, die er mit Karl Kraus teilte. Der Erkenntnis mystischer Kräfte der Sprache entsprach seine Neigung zum Wortspiel, in dem, Karl Kraus zufolge, alles, zumal der Gedanke, enthalten ist.[187] Eben darum hat Müller-Guttenbrunn den Vorwurf, er spiele nur mit Worten[188], ernstlich zurückgewiesen:

> In meiner *Mystik der Sprache* handelt es sich nicht um Wortspiele, die ich mir ausgedacht habe, um, ich weiß nicht aus welchem lausbübischen Grunde, die Gesetze zu verletzen und den Staatsanwalt zu ärgern, sondern um den Ernst der Worte.[180]

Wer ihn ignoriert, entlarve sich selbst. So werde der Gleimsche Vers: „Seines Geistes Armut zeigt, wer zum Wortspiel niedersteigt", von all denen immer wieder zitiert, „die Angst vor der Enthüllung ihrer Nichtigkeit durch die Sprache haben".[190] Müller-Guttenbrunn wußte vielmehr, daß es „mehr Beziehungen zwischen zwei Worten"gibt, „als irgend eine Schulweisheit sich träumen läßt";[191] er hat sie häufig genug wortspielerisch hergestellt. So schreibt er: Es gehe „nicht an, daß einem Selcher alles Wurst ist, gegenüber dem Konsumenten, dem die Wurst alles ist, weil er nicht ahnt, was alles in der Wurst ist."[192] Verächtlich spricht er „von den geistigen Fähigkeiten jener ehrlichen Friedensfreunde", die „nicht erkennen, daß alles nur zu dem Zwecke arrangiert ist, um der Industrie, die an Verstopfung der Absatzgebiete leidet, eine bessere Verdauung durch paneuropäische Bewegung zu verschaffen."[193] Und dem „heiligen Stuhl" wirft er vor, er sei in „Geschmacksfragen", geradezu unglaublichen Tierschändereien, „überaus hart" und denke nicht daran, „ein mitleidenthaltendes Abführmittel einzunehmen, damit er weicher werde."[194]

Diese Wortbeispiele könnten beliebig um bessere und schlechtere vermehrt werden. Sie folgen dem, was Nestroy und Kraus sprachsatirisch vorgeführt haben. Daß Müller-Guttenbrunn nicht selten zum Hilfsmittel des Buchstabenwitzes griff, soll nicht verschwiegen werden. So fand er etwa die „Kotz-Mahler"[195] zurecht verächtlich; aber auch die „Kakademiker"[196] und „Hackenkreuzler"[197], die „christlichsozialen Popolitiker"[198] und überhaupt die gesamte „Geschichte von der seligen Eiszeit bis zur heutigen Scheißzeit".[199]

Formulierungen dieser Art wurden nicht widerspruchslos hingenommen. Es versteht sich, daß eine „allen feinen Leuten unerklärliche Sympathie für unanständige Ausdrücke"[200] befremden mußte. „Das Nebelhorn hätte sicherlich weit mehr Abonnenten, wenn ich mich etwas gewählter ausdrücken wollte, schrieb neulich einer." Der Bescheid, den Müller-Guttenbrunn daraufhin seinem Leser gab, war kurz und bündig. „Bedaure. Ich will nicht." Auf die „Urwörter aus der Stoffwechselbranche" mochte er schon wegen „ihrer unübertrefflichen Plastik und Anschaulichkeit"[201] nicht verzichten. Keine Frage, ob er „zu weit gehe" und ob er „nicht am Ende zu derb sei";[202] die Frage war: „Warum verträgt dieses saft- und kraftlos gewordene Geschlecht die niederträchtigste und aufreizendste Schweinerei, wenn sie nur französisch serviert wird, und warum sträuben sich ihm die schütteren Haare vor jeder deutschen Drastik?"[203] Herbert Müller-Guttenbrunn war jedes Wort „recht, das den Irrsinn mit der größten Plastik hervortreten läßt."[204]

Verhielt es sich bei Karl Kraus wesentlich anders? Auch in der *Fackel* fehlt es nicht an tabuierten Ausdrücken. „Gewisse Worte auszusprechen", schreibt Kraus, habe ihn „noch keine irdische Rücksicht verhindern können, denn gewisse Worte" seien ihm „immer sogar wichtiger gewesen als gewisse Leute; und wären sie so banal wie diese, so abgegriffen wie sie, die sie nur abgreifen können: der Künstler belebt sie"; [205] ja, es hat den Anschein, als wachse seine Leistung mit der Wertlosigkeit des verarbeiteten Materials: „der Alchemie des Wortes, als der Kunst, unedle Metalle in edle zu verwandeln"[206], sei alles möglich. Nur die Unfähigkeit suche „ungewohnte" Worte, ein Meister sage „auch das Gewöhnliche zum ersten Mal. So kann eine Drohung mit Ohrfeigen nicht nur als der organische Ausdruck einer Stimmung, sondern sogar wie ein Gedanke wirken. Und der Götz von Berlichingen als Novität."[207]

Herbert Müller-Guttenbrunn hat keine ästhetische Theorie entwickelt, die – aphoristisch gebunden wie die Kraus'sche oder gar gehörig ausgeführt – zur sprachsatirischen Erprobung anhielt; er hat sie auf seine Weise einfach praktiziert, ohne weitergehende Überlegungen anzustellen:

> Der Ausdruck „Politik" kommt bekanntlich von dem griechischen Worte „polis", das „Stadt", zugleich aber auch „Staat" bedeutet und damit an jene glücklichen Zeiten erinnert, in denen die Gemeinde noch der einzige und oberste Verband der Menschen war. Heute aber, wo die Verhältnisse andere geworden sind, wo die Gemeinde nicht mehr der Inbegriff des Staates und das Wohl ihrer Bürger nicht mehr sein Zweck ist, heute, wo der Staat lediglich eine komplizierte Maschine zur Ausbeutung der Vielen durch die Wenigen geworden ist, die mit öligen Rechtsgrundsätzen geschmiert wird, muß eine andere Etymologie für das Wort „Politik" gesucht werden. Schon die komplizierte Zusammensetzung des heutigen Staates weist darauf hin, daß auch das Wort „Politik" zusammengesetzt sein muß, und zwar, wie ich mich mit Sicherheit anzunehmen für berechtigt halte, aus zwei Wortstämmen: nämlich aus dem Stamm „Po", eigentlich „Popo", (der, so sehr ich es aus Schicklichkeitsgründen bedaure, doch immer wieder aus Anschauungsgründen herbeigezogen werden muß, wenn ich gezwungen bin, mich mit dem Antipopodentum des Kopfes zu beschäftigen) und zweitens aus dem Stamme „lis", der lateinischen Ursprunges ist und „Streit" oder „Hader" bedeutet. Nach dieser Deutung würde dann „Politik" ungefähr „Streit um den Podex (der Welt)" bedeuten, während das Wort „Politiker" sinngemäß und frei etwa mit den Worten „Haderndes Arschgesicht" in die Sprache Götz von Berlichingens übertragen werden könnte. Wer Politiker je am Werke gesehen hat, muß zugeben, daß diese meine Auffassung viel für sich hat. Besonders in Österreich, wo der Stank, der bald als Zentralstank, bald als Steirerstank, bald als Postsparkassenstank die politische Luft verpestet, schon an und für sich auf die Angemessenheit dieser körperlichen Vergleichsregion hinweist.[207a]

Das ist ein Witz – keiner der Sprache, sondern des satirischen Geistes, der sie benutzt und die Ergebnisse etymologischer Forschung mutwillig verändert. Aber Müller-Guttenbrunn hat der Sprache auch ernstlich dreingeredet. Zum Beispiel:

> Daß das kanonische Recht und die Kanonen in mystischem Zusammenhange stehen, obwohl jenes von canon abstammt, diese von canna = Rohr, wird blitzartig klar, wenn in einem besonders ‚christlichen' Staat mit Kanonen auf von Weibern und Kindern bewohnte Häuser geschossen

wird. – Kretin und Christ sind (natürlich nur sprachlich!) ein und dasselbe; ebenso Klosett und Kloster.[208]

Ganz klar, hier hat Müller-Guttenbrunn der Sprache über die Schulter geschaut, dem Gegner mitten ins verhaßte Antlitz. So auch im folgenden Beispiel:

> Anti-Semiten sind Semiten, die ganz allgemein anti, also gegen etwas sind; so wie Antitoxine Toxine sind und Antithesen Thesen und Antistrophen Strophen! Und wie vom Donner gerührt steht man ganz plötzlich und seelisch völlig unvorbereitet vor der beachtlichen Tatsache, daß es, traun! neben den Nord-, Süd-, Ost- und Westsemiten auch noch Antisemiten gibt, und man ist sprachlos über die Entdeckung, daß sich deutschtumsbewußte Männer plötzlich als Semiten entpuppen, als Gegenjuden, aber doch als Juden, so wie ein Gegenpapst ein Papst ist und ein Gegenkaiser ein Kaiser.[209]

Fürwahr:

> Eine nette Überraschung! Die Anhänger des Faschismus werden sich freuen. Sie mögen aber nicht zu früh lachen, denn das Urteil der Sprache über den Faschismus ist nicht weniger überraschend. Denn abgesehen davon, daß das Wort ‚Fascismus' irgendwie mit dem Faschieren aller politischen Gegner verwandt oder verschwägert zu sein scheint, geht sein Wesen schon aus der ihm eigentümlichen Grußform hervor, welche bekanntlich darin besteht, d i e R e c h t e a u f z u h e b e n ! (...) die unbarmherzigste Enthüllung dessen, was die politische Partei, die diesen Gruß ahnungslos eingeführt hat, im Grunde will: die Rechte aufheben. Ja, diese Übereinstimmung geht sogar so weit, daß auch das fascistische Führerprinzip, ja selbst die Reichstagssitzung, bei der die ‚Volksvertreter' Hitlern die Vollmacht gaben, zu tun, was er wolle, in den Worten enhalten sind, wenn man darauf hinweist, daß bei diesem Gruß jeder (selber!) seine Rechte dem Führer gegenüber aufhebt. Einen solchen ‚Zufall' kann kein Etymologe erklären; das ist eben die Mystik der deutschen Sprache.[210]

Weniger Mystik als die unbändige Lust, der Sprache zu satirischem Zweck ins Wort zu fallen. Einmal unter Berufung

> auf Seite 57 des 8. Bandes der 15. Auflage der Bibel des Fortschritts, des großen Lexikons von Brockhaus. Dort steht zu lesen, daß nach der Meinung alter Inder von unzweifelhaft arischer Abkunft euer rechtsgeflügeltes Hakenkreuz Niedergang, Vergehen und Tod bedeutet, während das linksgeflügelte Aufstieg und Glück anzeigt. Besinnt euch beizeiten! Beachtet die Mahnung, die darin liegt, daß gerade dem nach links Gerichteten der Aufstieg verheißen wird, allem politisch nach rechts Gerichteten aber der Untergang! Wendet euer Hakenkreuz und eure Politik nach der genau entgegengesetzten Seite. Nur dann werdet ihr siegen.
> Es gibt aber nicht nur Hakenkreuze; es gibt auch ein Krückenkreuz. Ein Krückenkreuz ist ein Kreuz, das aus Krücken verfertigt ist und also auch als Krücke angemessene Verwendung finden kann. Wer benötigt nun Krücken? Einer, der nicht gut auf den Beinen ist z. B. ein Klumpfuß. Nach Kluges Etymologischem Wörterbuch, 11. Auflage, Seite 109 kann man für Klumpfuß auch das gleichbedeutende Wort „Dollfuß" setzen! Dieses Wort Dollfuß = Klumpfuß hängt mit dem griechischen Wort tylos = Geschwulst

zusammen und ist nach Kluge seit dem Jahr 1482 in Deutschland gebräuchlich.

Es ist ein Kreuz mit den Kreuzen! Übrigens hieß „Kreuz" vor der Einführung dieses vom lateinischen crux stammenden Lehnwortes bei den germanischen Völkern z. B. bei den Goten „galga". So daß man also zusammenfassend sagen kann: Es ist durchaus möglich, daß ein Klumpfuß =Dollfuß ein Krückenkreuz, d. h. ein Kreuz = galga als Krücke verwendet!

Hier endet die Mystik der Sprache. Höher gehts nimmer. Noch einen Schritt weiter und es beginnt die Justiz ihre Schlapfen anzuziehen und Unrat zu wittern.[211]

Das tat sie. Trotz der Versicherung, es handle sich hier „um rein theoretische Untersuchungen über mystische Sprachzusammenhänge",[212] wurde Müller-Guttenbrunn außer wegen „Beleidigung einer gesetzlich anerkannten Kirche" auch wegen „öffentlicher Herabwürdigung von Verfügungen der österreichischen Regierung" zu dreieinhalb Monaten strengem Arrest verurteilt, verschärft durch einen Fasttag monatlich.[213]

Den zitierten Beispielen läßt sich eines gewiß entnehmen. Was immer Müller-Guttenbrunn der Sprache auch verdankte –, Dienst an der Sprache, Spracherotik gar, war nicht seine Hauptsache, obwohl er es verschiedentlich behauptete. Er schrieb weniger „aus der deutschen Sprache" als „in deutscher Sprache";[214] und statt „in" ihr zu leben und „aus der Sprache" zu schaffen, tat er es „mit" ihr.[215] Ohne zu zögern oder zu zweifeln, ob er auch Recht spreche, hat er sie zuweilen in redlichster satirischer Absicht mißbraucht. Das unterschied ihn vom Herausgeber der *Fackel*. Die Sprache, die Karl Kraus Mutter war, und der Zweifel, der den Gedanken zeugte:[215] sie haben bei Herbert Müller-Guttenbrunn allenfalls Pate gestanden. Die Hebamme seines Geistes war der Zorn.

Mit glühendem Zorn überzog er diesen „Unglücksplaneten", der ihm „immer gewisser so eine Art Deportationsinsel für die Idioten des ganzen Kosmos"[216] zu sein schien, mit seinem totalen Krieg gegen alles und jedermann: gegen Monarchisten und Republikaner, Christlichsoziale und Großdeutsche; gegen Nationalisten, Sozialisten und Nationalsozialisten; gegen Christen, Antisemiten und Juden; gegen Kommunisten, Faschisten und Putschisten. Er war gegen die Diktatur und zugleich gegen die Demokratie; gegen Kirche, Presse und Justiz, von der „Drexekutive"[217] zu schweigen. So gewaltig entbrannte der Zorn und ohnegleichen, daß er, dem Sprachgebrauch gemäß, heilig zu sprechen wäre, wenn er nicht auch blind für die Realität gemacht und in den Jahren 1933 und 1934 zu verwirrendem Stellungswechsel an diversen Fronten geführt hätte.

Zwar war Herbert Müller-Guttenbrunn die „von den Nazis in die Politik eingeführte humane Tonart, abgestimmt aufs Verrecken und Judenblutvommesserspritzen, wohlklingend gemischt aus Fahnenflattern, Maschingewehrknattern, Köpferollen, Judenheulen, Freiheitsquatschen und Phrasenratschen", aufs äußerste zuwider, eine Tonart, die er „Bäh-Dur (mit einem Hakenkreuz als Vorzeichen zur Andeutung des Heroischen im Schafsmäßigen)" nannte;[218] zwar sah er die „armen Narren (...) mit dem Rufe ‚Heil!' ins Unheil" torkeln[219] – aber „der Nationalsozialismus" hatte für ihn auch „seine gute Seite";[220] denn „daß heute schlechte Taten, die früher nicht möglich gewesen wären, möglich sind", sei die Schuld der Nationalsozialisten; aber „daß heute gute Taten, die früher nie möglich gewesen wären, möglich sind, ist ihr Verdienst".[221] Und solange „auch nur das Kleinste Gute" geschehe, wolle er „mit ihnen nicht zu streng ins Gericht gehen", selbst „wenns beim Handeln oft gewissenlos" zugehe.[222] Gleichzeitig sah er sie „mit Schaudern (...) zum mittelalterlichen Faustrecht"[223] zurückkehren; „daß sie Menschen ihrer Abstammung wegen verfolgen und die Richter anweisen, Mord und Totschlag je nach der politischen Färbung des Täters und des Erschlagenen bald als Verbrechen, bald als Heldentat zu werten."[224] Zwar bezichtigte er die Nationalsozialisten, die „bewußte Lüge als ein Hauptkampfmittel" zu verwenden – und ausgerechnet „diese Leute beschweren sich über angebliche ‚Greuellügen' der Juden in der Auslandspresse"![225] Aber er sprach zugleich von Juden, die „blind vor Haß von einer absurden Lüge zur andern taumeln"[226] und Hitler, dem er „gern die nach seiner Einsicht redlichsten Absichten" zubilligte[227], mit einer „Flut von Lügen, Halbwahrheiten, Verdrehungen und böswilligen Entstellungen"[228] überschütten. Zwar war er entschieden gegen die „Blutmystiker", nannte die Rassenforschung einen „Stumpfsinn" und schlug vor, „weniger Bedacht auf die Länge und Breite der Schädel, dagegen mehr Bedacht auf ihren Inhalt zu nehmen";[229] aber er war auch „für die Eindämmung des Einflusses derer (...), die mit Recht – auch von den menschlich wertvollen Juden! – als Saujuden bezeichnet werden", und ergänzte diese Feststellung durch den Zusatz: „Heil sei Hitler, daß er in dieses Wespennest überhaupt einmal hineingegriffen hat".[230] Zwar war er, beeinflußt von Leonhard Nelson, von der „Richtigkeit der Homerschen Forderung" überzeugt: „‚E i n e r sei König, e i n e r nur Führer!'"[231] Aber das „in Deutschland geltende Führerprinzip"[232], „einem fremden Willen blind zu gehorchen", empfand er als „Zumutung".[233] Zwar bekämpfte er das ‚Dritte Reich' mit mehr Entschiedenheit als viele seiner schreibenden Zeitgenossen; aber die christlichsozialen Feinde der Nationalsozialisten nicht minder. Zwar deutete er nach dem Februar 1934 die „Galgenpolitik"[234] des österreichischen „Hängestaats"[235] als Versuch, die „allgemeine Gehirnerweichung durch allgemeine Herzensverhärtung zu paralysieren"[236]; aber er wurde darum kein Freund der Sozialisten, sondern blieb „Antisozialist".[237] Er rühmte die „Agilität bei den Nazis" und fand „die Leichenstarre bei den Sozis" erbärmlich;[238]

aber es stand für ihn fest, daß „die Sozialdemokraten weitaus bessere Menschen sind als alle diese scheinheiligen Schweinschristen",[239] und er bekannte sich zu ihnen.[240]

So, zwischen ‚zwar' und ‚aber', Spruch und Widerspruch eingekeilt, schrieb Herbert Müller-Guttenbrunn in heilloser Zeit gegen sie; ein Anarchist, dessen Sehnsucht nach einem „Reich der Vernunft"[241] sich am Ende der Einsicht ergab, daß die Dummheit „naturnotwendig" siegreich bleiben müsse.[242] Der Rest war, bis auf weiteres, Schweigen. Unmöglich sei es, heißt es im Tagebuch des politischen Häftlings 1934, „als Einzelner gegen die Gewalt" aufzubegehren; „gegen die Dummheit der einen und gegen die Kanonen der andern" war, allein „mit einer Feder" bewaffnet, nichts auszurichten.[243]

Karl Kraus war 1933 verstummt; das Gedicht, das im Oktober dieses Jahres zusammen mit einer kurzen Grabrede auf Adolf Loos erschien, „Ausdruck des Schweigens";[244] die *Fackel* vom Juli 1934 nichts als ein „gewendetes Schweigen",[245] seine Begründung. Sie lautet, auf die knappste Formel gebracht: Gewalt ist „kein Objekt der Polemik, Irrsinn kein Gegenstand der Satire".[246] Anders ausgedrückt: Wenn „die Tat das Wort hat",[247] die politische Phrase zur Tat aufbricht[248], das „Schlagwort den Schlag" entbindet und „die Faust" nicht länger eine Metapher zu beliebigem Gebrauch ist, sondern wirklich und wahrhaftig „aufs Auge paßt",[249] versagt die bewährte sprachsatirische Methode, „in Bildern und in Schemen / die Welt beim Wort zu nehmen".[250] Karl Kraus verschlug es die Sprache, als er gewahrte, „wie die Welt aussieht, die sich beim Wort genommen hat".[251] Zum Beispiel:

> (...) mit einem blauen Auge davonkommen'. Nicht allen ist es jetzt im uneigentlichen Sinne gelungen; manchem im eigentlichen. Es war eine Metapher gewesen. Es ist nur noch dann eine, wenn das andere Auge verloren ging; oder auch dann nicht mehr. Und etwas, was wie die Faust darauf paßt, und was dem Maß der Menschenwelt abhanden kam, ist wieder Erscheinung, denn die Faust hat so oft aufs Auge gepaßt, daß es nichts Ungemäßes mehr bedeutet.[252]

Angesichts dieses „Aufbruchs der Phrase zur Tat"[253] galt es, zum politischen „Einmaleins"[254] zurückzukehren. Was darunter zu verstehen sei, hatte Kraus bereits 1920 prinzipiell klargestellt:

> Vor der Tür ist ein Streit entstanden, worin es um mein Leben geht, und ich muß mich unterbrechen, um mich dazu zu stellen, denn die Entscheidung droht, mich noch gründlicher zu stören. Ich aber entscheide mich für den, der mir das Leben und somit alles Weitere bewahren will. Was er darüber hinaus für die Kultur bedeutet, darnach durfte ich einst, da es noch nicht an den Menschen ging und den Menschen nicht anging, darnach darf ich jetzt nicht fragen. Ich möchte auf die Gasse stürzen, alle aufrufen mitzuhelfen, denn es geht um aller Leben. So treibe ich Wahlpropaganda.[255]

Propaganda hieß damals: Aufruf für die sozialistische, gegen die christlichsoziale Partei; 1934 für diese und die ‚Vaterländische Front', gegen jene Sozialisten, die nach den blutigen Februarereignissen den Todfeind nicht länger nur im ‚Nationalbestialismus' (Michael Guttenbrunner) erblickten, sondern auch, ja vor allem im Austrofaschismus. „Alles politische Denken", schrieb Kraus nun, habe sich „auf die staatswissenschaftliche Formel der Lebensrettung reduziert".[256] Aus diesem Grund betrieb er Realpolitik. Er dachte „an nichts als an Alles nur nicht Hitler"[256a] und entschied sich für Dollfuß, der den nationalsozialistischen Usurpatoren Widerstand leistete.

Die Entscheidung, bei der es nicht darauf ankam, das Wünschenswerte zu machen, sondern das Lebensnotwendige, führte zu bemerkenswerten Konsequenzen. Karl Kraus, der 1932 zum Kernkomitee für den Amsterdamer Antikriegskongreß gehört hatte, rief ein Jahr später dazu auf, Deutschland einem Präventivkrieg zu unterwerfen. Die verzweifelte Hoffnung, daß es möglich sein müßte, bezog er aus dem Buch *Ende und Anfang* von Hermynia Zur Mühlen, aus dem er folgende Passage abdruckte:

> Die Geschichte mit Swiderski war ein Glanzpunkt in meinem Leben, der mir von den männlichen Mitgliedern der Familie viel Lob eingetragen hat. Swiderski, der neue Verwalter, war ein unausstehlicher brutaler Ostpreuße, der die Arbeiter prügelte und jedem erzählte, daß seine Schwester an einen Baron verheiratet sei. Zwischen uns herrschte eine erbitterte Feindschaft; ich hatte ihn den „Sigasax" getauft, und bald hieß er bei allen Arbeitern so. Eines Nachmittags, als ich allein zu Hause war, vernahm ich einen Schuß, und gleich darauf kam die Köchin gelaufen. „Um Gotteswillen, der Swiderski ist vollkommen betrunken; er steht in der Küche und schießt mit dem Browning"
>
> Krach, ein zweiter Schuß, und dann noch ein dritter.
>
> Die Köchin weinte: „Was sollen wir tun, gnädige Frau, um Gotteswillen, was sollen wir tun?"
>
> „Niemand darf in die Küche. Ich geh' zu ihm hinunter."
>
> „Nein, nein, er schießt die gnädige Frau tot."
>
> Ich war viel zu zornig auf den Sigasax, um Angst zu empfinden. Im Vorzimmer nahm ich eine Reitpeitsche – was eine Reitpeitsche gegen einen Revolver ausrichten sollte, bedachte ich nicht – und eilte in die Küche. Da stand der Sigasax in der Nähe der Tür, grinste blöd, hob den großen Browing und zielte auf mich.
>
> Jetzt dürfte ich gleich tot sein, dachte ich, dann aber durchzuckte blitzschnell ein rettender Gedanke mein Gehirn: der Kerl ist Preuße, hat gedient, das Militärische steckt ihm in den Knochen, er ist zu betrunken, um zu wissen, wer vor ihm steht. Ich brüllte den Verwalter so militärisch wie möglich an: „R e c h t s u m ! K e h r t ! M a r s c h !"
>
> Er war ein echter wilhelminischer Preuße, e i n R u c k g i n g d u r c h s e i n e n K ö r p e r , s t r a m m , als wäre ich ein Feldwebel, marschierte er an mir vorüber, durch die andere Küchentür ins Freie. Ich trieb ihn mit militärischen Kommandoworten über den Hof in sein Zimmer, wo ich ihn einschloß.[257]

Hier habe, merkt Karl Kraus dazu an, „das Wort gegen die Waffe gewirkt. Was im Einzelfall eine Frau vermocht hat – gelänge solches gegen das Gesamtwesen dem autoritären Entschluß europäischer Staatsmannschaft? Es gibt kein anderes Problem. Das ‚Wort' – vor welchem der pazifistische Gedanke zu resignieren hat – lautet: ‚Rechtsum! Kehrt! Marsch!'"[258]

Noch 1934 hatte Herbert Müller-Guttenbrunn gespottet: „Die ‚Fackel' ist nach 34 jährigem Bestehen mit einem lyrischen Seufzer verstummt".[259] Bald darauf verstummte er selber; schrieb aber weiter. Was entstand, unter anderm *Zarathustras Wiederkehr. Ein Buch für Alle von Einem*, gab, ohne ihn zu erwähnen, Karl Kraus im wesentlichen recht. Denn in diesem Werk wird nicht nur die nationalsozialistische „Propagandahölle mit Schlag- und Erschlagworten"[260] beschrieben, sondern in Gestalt eines Mannes in brauner Uniform auch Sigasax:

> „Wir haben bewiesen", schrie er, „daß..."
> „Ihr habt bewiesen", schrie ich zurück, „daß die Faust tatsächlich aufs Auge paßt. Das ist aber auch alles, was ihr bewiesen habt!"
> [...]
> Jetzt wollte er sich auf mich stürzen. Aber ein Vöglein raunte mir zu, wie ich ihn behandeln müsse.
> „Stillgestanden!" brüllte ich ihn an.
> Durch seinen dressierten Körper ging ein plötzliches Zucken. Die Stiefelabsätze suchten einander und die Hände tasteten nach der Hosennaht. Er stand.
> „Abteilung kehrt!" brüllte ich weiter.
> Er wandte sich mit einem Ruck der Türe zu.
> „Achtung! Marsch!"
> Er setzte sich mit hochgeworfenen Beinen zur Tür hinaus in Bewegung. [...][261]

Also spricht Zarathustra:

> O Deutschland, Deutschland! Vaterland! Mutterland! Geliebtes Land. Dümmstes aller Länder! Armes Land!
> Wohin bist du geraten!
> [...]
> Weit gebracht, Volk der Dichter und Denker auf dem Weg deiner Verwandlung zum Volk der Richter und Henker![262]

Das Kraus'sche Wort, das der Nörgler in den *Letzten Tagen der Menschheit* aufnimmt[263], lautet: „Die Deutschen – das Volk der Richter und Henker."[264]

Hier ist abzubrechen, obwohl bei weitem nicht alles gesagt wurde, und biographische Notiz zu nehmen:

Herbert Müller-Guttenbrunn, ältester Sohn Adam Müllers aus Guttenbrunn im Banat und seiner Frau Adele geb. Krusbersky. Geboren am 5. 6. 1887 in Wien. Besuch der Schulen ebenda und in Freistadt, Oberösterreich. Nach der Matura (1906) Jus-Studium in Wien. 1911

Promotion zum Doktor beider Rechte. Ab September dieses Jahres Einjährigfreiwilliger; anschließend Rechtspraktikant. Bei Kriegsausbruch eingezogen; diente zum Schluß als Artillerieoberleutnant. Nach Kriegsende Leben auf dem Lande – zunächst in Steiermark, ab Herbst 1929 in Klosterneuburg bei Wien.

Veröffentlichungen – Gedichte, Feuilletons, Erzählungen – ab 1906 in diversen Blättern, zum Teil unter dem Pseudonym Herbert Luckhaup. Eine Komödie, *Die Frauen von Utopia,* 1914. Hauptwerk die Zeitschrift *Das Nebelhorn,* 1927–1934; außer ihr *Panopticum der Maschinenzeit* (1933), *Mystik der Sprache* (1934), *Der Weg zur inneren Freiheit* (1936), *Mensch und Erde* (1937). Alles andere: Theaterstücke, Aphorismen, Filmpläne, autobiographische Arbeiten und das vierbändige, in den vierziger Jahren beendete Werk *Zarathustras Wiederkehr* unveröffentlicht.

1934 einige Monate politischer Häftling. Im ‚Dritten Reich' unbehelligt, aber ohne Aussicht, zu veröffentlichen. Wurde 1941 nicht in die Reichsschrifttumskammer aufgenommen, weil „Umfang und Bedeutung" des „schriftstellerischen Schaffens" für zu gering erachtet wurden.[265] Bald darauf abermals Soldat. 1943 ohne Angabe der Gründe aus der Wehrmacht entlassen. Von da an lebte Herbert Müller-Guttenbrunn bis zu seinem gewaltsamen Tod – er wurde erschossen – in Klosterneuburg, Leopoldsgraben 4. Am 10. April 1945 fanden russische Soldaten im Keller seines Hauses eine Waffe. Sie machten kurzen Prozeß; keinen.

Anmerkungen

Ich zitiere aus *Fackel* und *Nebelhorn* unter Angabe der (ersten) Heftnummer und der Seitenzahl in der Form F 890, 22 bzw. N 77, 13; im besondern Fall des unnumerierten *Nebelhorn*-Heftes von 1934 steht statt der Nummer die Jahreszahl. Bei den übrigen Literaturangaben wurden folgende Abkürzungen verwendet:

1. Herbert Müller-Guttenbrunn
P   *Panopticum der Maschinenzeit.* Klosterneuburg (1933)
MdS *Mystik der Sprache.* Klosterneuburg 1934
ZW 3 *Zarathustras Wiederkehr.* Teil 3; unveröffentlicht, (1934?)
TH   *Tagebuch eines politischen Häftlings 1934;* unveröffentlicht
MuE *Mensch und Erde. Der Weg zur äußeren Freiheit.* Wien 1937
2. Karl Kraus: *Werke,* hrsg. v. Heinrich Fischer
W 1   *Die Dritte Walpurgisnacht.* München 1952
W 2   *Die Sprache.* München 1954
W 3   *Beim Wort genommen.* München 1955
W 5   *Die letzten Tage der Menschheit.* München 1956
W 6   *Literatur und Lüge.* München 1956
W 7   *Worte in Versen.* München 1959
W 8   *Untergang der Welt durch schwarze Magie.* München 1960
W 10 *Mit vorzüglicher Hochachtung.* München 1962

W 12 *Die chinesische Mauer.* München, Wien 1964
W 13 *Weltgericht.* München, Wien 1965
W 14 *Dramen.* München, Wien 1967

[1] Nicht nur auf sie; auch nach 1945 gab es Zeitschriften, die Karl Kraus und seinem Werk verpflichtet waren. Die unbekanntesten heißen: *Der Alleingang.* Redaktion: Michael Guttenbrunner und Paul Schick. Wien, 1964 – 1966. – *Das Ziegeneuter.* Hrsg. v. Michael Guttenbrunner. Wien, 1966 – 1978. – *Noch Mehr.* Hrsg. v. Emmerich Benedek. Wien, 1963 – 1966. (Der wahre Herausgeber war Zsolt Patka.)
[2] Vgl. Alfred Pfabigan: *Der Schriftsteller B. Traven – ein Münchner Karl Kraus?* In: *Literatur und Kritik,* Heft 83, 1974, S. 161 – 170
[3] Vgl. Martina Bilke: *Zeitgenossen der ‚Fackel'.* Wien/München 1981, S. 109 ff.
[4] Karl K. Kende: *Die Wahrheit.* Wien 1919, S. 35 f.
[5] N 135, 251 ff.
[6] N 149, 66
[7] Ebd. 94   [8] S. (1)   [9] Ebd. 189   [10] S. 5   [11] S. 6   [12] S. (160)
[13] Angekündigt in N 1934, 152 f.
[14] S. 23   [15] N 24, 24   [16] S. 6
[17] N 98, Rückseite des Titelblatts
[18] N 46, Umschlag
[19] N 2, 22
[20] N 1, (1); Müller-Guttenbrunn hat die *Fackel* schon früh, als Mittelschüler kennengelernt. Vgl. seine unveröffentlichten Erinnerungen: *Aus der Hinterdreinsicht. Ein Rückblick auf mein Leben.* S. 51
[21] N 1, 3 f.   [22] F 1, 1 f.
[23] MdS, 6 f.; vgl. TH, 3
[24] N 1, 14 f.   [25] N 3, 23 f.   [26] Ebd. 21
[27] F 572, 67; vgl. MdS, 66
[28] F 759, 86 f. (= W 2, 228)
[29] N 12, 20 F.
[30] Ebd. 20; was hier gemeint ist, dürfte trotz verwirrender Satzverhältnisse wohl klar sein.
[31] N 16, 15   [32] Ebd. 21   [33] N 19, 22
[34] N 41, 17; s. a. N 46, 25 ff.
[35] N 41, 17
[36] Vgl. F 781, 84 ff. und F 800, 75 ff.
[37] F 743, 67 f.   [38] N 2, 8
[39] N 5, 1 ff.; vgl. N 7, 8 ff., zumal 10
[40] N 7, 7
[41] N 16, 2 ff.; N 17, 16 ff.; N 19, 5 ff.; N 22, 1 ff.; N 28, 1 f.; N 38, 1 ff.; N 65, 4 f.; N 68, 13 f.
[42] N 19, 19; vgl. N 28, 2
[43] N 22, 7 f.   [44] N 36, 7
[45] N 84, 21; die letzten Zeilen des *Schoberlieds,* auf die Müller-Guttenbrunn anspielt, lauten: „Daß ich aufs Amt nicht verzicht', / das gebietet die Pflicht. / Wohl wagt's mancher Wicht / und verkennt meine Pflicht. / Doch vors G'richt geh' ich nicht, / das ist nicht meine Pflicht." (W 14, 219)
[46] F 531   [47] F 544, 32
[48] F 857, 129 ff.
[49] F 864, 19   [50] Ebd. 20
[51] N 13, 1; vgl. etwa F 686, 33; gebildet hat das Wort Alfred von Berger (nach Rochefort), bekannt gemacht Karl Kraus.
[52] N 145, 30 bzw. W 3, 351 f.
[53] N 8, 24: „das wundervolle Wort stammt von Karl Kraus".
[54] N 106, 244; vgl. W 5, 388, 532 und F 454, 45 f.

55 N 1, 8; vgl. z. B. W 5, 253, 302 und W 7, 172
56 N 13, 2 bzw. W 5, 725
57 N 36, 24 bzw. W 5, 281
58 N 34, 18; vgl. W 5, 104
59 N 10, 24 bzw. W 5, 105
60 P, 30 bzw. W 13, 281
61 N 22, 11 bzw. etwa W 5, 432 f. , 506 – 508, 556, 723
62 N 3, 1
63 N 1934, 97; vgl. W 13, 350: „Patridiot".
64 Z. B. N 1, 15; N 22, 22; N 25, 10; N 35, 7; N 44, 5 und öfter. Zur Verwendung bei Kraus siehe etwa W 5, 566 ff. und W 13, 237 ff.
65 F 272, 5   66 N 62, 1
67 W 3, 158; vgl. F. 263, 12
68 N 143, 390   69 N 1, 18
70 N 2, 17; N 12, 27
71 N 11, 9
72 Vgl. etwa W 13, 37, 41 und W 5, 204, 767
73 N 22, 8
74 Ebd. 6
75 N 36, 16; vgl. W 5, 377 – 379
76 N 36, 13; vgl. W 5, 342 f.
77 Die Art, in der Müller-Guttenbrunn gegen den Anarchisten Pierre Ramus alias Rudolf Grossmann polemisiert, erinnert an Kraus' Fehde contra Kerr. Schon die Überschriften lauten ähnlich; im *Nebelhorn: Der schweigsame ‚Anarchist'. – Der Aufschrei des Pierre Zapfl. – Das letzte Röcheln Peter Zapfels.* (Vgl. N 22, 15 ff. ; N 24, 13 ff. ; N 26, 12 ff.) Und bei Kraus: *Der kleine Pan ist tot. – Der kleine Pan röchelt noch. – Der kleine Pan stinkt schon. – Der kleine Pan stinkt noch.* (W 6, 186 ff.) Beide zitieren ihren Gegner ausführlich, beide kommentieren seinen Entlastungsangriff durch die Bemerkung, es sei das Stärkste, was sie bisher gegen ihn unternommen haben. (Vgl. N 24, 20 bzw. W 6, 214) Gleichlautend heißt es bei beiden Autoren: „Je größer der Stiefel, desto größer der Absatz". (W 3, 155; in Müller-Guttenbrunns unveröffentlichter Komödie: *Wirbel vor Torschluß*, entstanden um 1938, S. 32). Und auch die gleichfalls unveröffentlichte Komödie: *Der Wunderdoktor* enthält einen, den Kraus'schen Aphorismus: „Ursprünglich für den Kaufmannsstand bestimmt, widmete er sich später tatsächlich der Literatur." (W 3, 87); in folgender Form: „Ursprünglich dem kaufmännischen Beruf bestimmt, dient sie [eine Glaskassa, die als Aquarium mißbraucht wird; E. F.] heute dem Wassersport –" (5. Bild, S. 3)
78 W 5, 673   79 W 5, 207   80 N 125, 77   81 MdS, 145
82 W 5, 208   83 F 474, 41 ff.   84 W 1, 123
85 N 2, 13; vgl. N 108, 285 f.
86 N 1934, 47   87 W 13, 11 f.
88 Vgl. W 5, 195 bzw. MuE, 32
89 W 5, 216
90 Etwa das *Lesestück* des Wiener Lehrers Weyrich; N 8, 22 f. bzw. F 418, 12 f.
91 Vgl. N 79, 17 bzw. F 445, 101
92 N 64, 2 bzw. F 501, 2
93 N 64, 29 f.; vollständig in F 462, 81–85
94 N 6, 11 ff. bzw. F 508, 66 f.
95 N 657, 11 f.   96 N 64, 32   97 F 657, 11
98 N 15, 2   99 N 15, 5
100 N 47, 6; vgl. *Aus der Hinterdreinsicht. Ein Rückblick auf mein Leben.* S. 114 f.
101 W 5, 700 f.
102 Bei geringfügigen Verschiedenheiten; Kraus nennt den Namen Josef Ferdinands statt Albrechts.

[103] Die Wiener Vorlesungen fanden am 29. 12. 1929, 8. 2. 1930, 11. 10. 1930, 21. 11. 1930 und 11. 4. 1931 statt; und zwar – ausgenommen die Vorlesung vom November 1930, die von der Jugendgruppe der Kriegsdienstgegner im Saal der Bezirksvertretung in Wien IX., Währingerstr. 43 veranstaltet wurde – allesamt im Saal des Kaufmännischen Vereines Wien 1, Johannesgasse 4.

[104] Zur Reaktion des ‚Österreichischen Offiziersverbandes Steiermark' auf Müller-Guttenbrunns „ausgesprochen" militär- und offiziersfeindliche Einstellung siehe N 84, 8

[105] Handschriftensammlung der Wiener Stadtbibliothek, Sign. 1. N. 138.087

[106] Ebd. [107] F 820, Umschlag [108] W 10, 11

[109] Vgl. N 79, 27 ff., wo Einleitung und Programm abgedruckt sind. Die Vorlesung wurde in N 75 und 76 jeweils auf dem Umschlag angekündigt. Der Ertrag fiel dem ‚Bund für radikalen Tierschutz' zu.

[110] F 404, 1 ff.; vgl. F 657, 1 f.

[111] N 79, 27 [112] F 691, 71 [113] F 917, 93 [114] F 845, 33

[115] F 691, 71 [116] F 890, 261, 313 [117] Ebd. 313 [118] W 3, 287 f.

[119] Vgl. W 3, 289 [120] W 8, 232

[121] Vgl. etwa Bruno Hannemann: *Johann Nestroy. Nihilistisches Welttheater und verflixter Kerl. Zum Ende der Wiener Komödie.* Bonn 1977

[122] N 28, 27 f. [123] F 781, 4 f. [124] W 5, 508 [125] N 1934, 43

[126] Ebd. 36, 97 [127] N 121, 25 [128] N 10, 3

[129] Geregelt durch „das alte, gute und jedem Esel verständliche Sprüchlein: Was Du nicht willst, daß man Dir tut, das füg' auch keinem andern zu'". Es genüge „vollständig zur Aufrechterhaltung des ethischen Betriebes auf Erden". (N 32, 9; vgl. N 53, 8 und N 56, 15: hier ist der Satz § 1 und „Kern des Strafgesetzes" einer utopischen Gemeinschaft.

[130] Zum Anarchismus von Müller-Guttenbrunn siehe vor allem N 10, 1 ff. ; ferner N 34, 5 ff. ; N 49, 10; N 83, 5; N 121, 24 ff.

[131] MdS, 8 [132] F 777, 16

[133] Vgl. W 8, 422 ff.

[134] Vgl. MdS, wo Shakespeares Wort als Motto vorangestellt ist.

[135] MuE, 101 [136] N 4, 12 [137] MuE, 24

[138] MuE, 101 [139] N 72, 12

[140] Vgl. N 23, 1 ff. ; N 78, 1 ff. ; MuE, zumal 78 ff.

[141] Vgl. N 111, 359 f. ; MuE, 26

[142] MuE, 30 ff.

[143] Vgl. N 131, 192, 195; ferner N 108, 278; N 133, 227 f. ; N 143, 380

[144] MdS, 157; das Wort bezieht sich auf den 80. Spruch des *Tao-te-king.* Vgl. ebd. 158 f. und öfter.

[145] W 12, 279 ff. [146] F 445, 102

[147] W 3, 372; vgl. W 5, 196

[148] W 5, 205 [149] W 5, 197 [150] W 3, 372

[151] F 890, 52 [152] MuE, 58 [153] N 139, 327

[154] N 2, 6; vgl. N 22, 24; N 129, 158; P, 81

[155] W 13, 333 f.

[156] *Der Mensch in der Revolte.* Hamburg 1958, S. 314

[157] F 852, 60 [158] F 890, 251 [159] F 852, 60

[160] N 108, 271 f. ; vgl. N 1934, 85 f.

[161] N 108, 277 [162] Ebd. 279

[163] Siehe N 118, 457 ff. ; N 125, 65 ff. ; N 143, 385 ff. und N 1934, 118 ff. Ein amerikanisches Pendant ist von Ambrose Bierce: *The Enlarged Devil's Dictionary.* Compiled and edited by Ernest J. Hopkins. New York 1967

[164] N 118, 460 und 472 [165] N 1934, 119

[166] MdS, 81; vgl. 24 [167] N 119, 510

[168] MdS, 13 [169] MdS, 16 [170] Ebd. 28 [171] Ebd. 42

[172] Ebd. 35; vgl. F. 890, 281
[173] W 3, 135   [174] MdS, 59   [175] W 3, 237   [176] W 3, 236
[177] N 119, 510   [178] Ebd.   [179] MdS, 59 f.   [180] F 890, 87
[181] W 8, 233   [182] F 351, 41 f.   [183] W 8, 230   [184] F 608, 45
[185] W 2, 353   [186] W 8, 233 [187] Vgl. W 7, 67   [188] N 119, 510
[189] Anklagebeantwortung Müller-Guttenbrunns zum Akt 6a Vr 4672/34-12 Hv 927/34, Blatt 2
[190] MdS, 115   [191] Ebd. 17   [192] N 40, 15   [193] N 2, 8 f.
[194] N 3, 3 f. ; vgl. N 84, 6
[195] N 41, 20   [196] N 34, 141   [197] N 9, 5   [198] N 8, 16
[199] MdS, 144   [200] N 108, 277   [201] N 118, 479   [202] N 79, 29
[203] N 108, 277   [204] N 79, 29   [205] F 339, 53   [206] W 2, 100
[207] W 3, 131 f.   [207a] N 1, 12 f.   [208] MdS, 114   [209] Ebd. 67
[210] Ebd. 47 ff.   [211] Ebd. 151 ff.   [212] Ebd. 153   [213] TH, 11
[214] W 3, 113   [215] W 3, 235, 326, 123
[215a] Auf die „Vaterschaft des Zweifels" und die „Mutterschaft der Sprache" weist Christian Johannes Wagenknecht hin: *Das Wortspiel bei Karl Kraus*. Göttingen 1965 (= Palaestra Bd. 242), S. 136
[216] N 1934, 34   [217] N 121, 22   [218] P, 73   [219] N 1934, 29   [220] P, 37
[221] P, 38; zum Beispiel die Abschaffung des Schächtens, der Tanzbären und der Vivisektion.
[222] Ebd.   [223] P, 170   [224] P, 80   [225] Ebd.   [226] P, 178
[227] P, 96   [228] Ebd.   [229] P, 23 f.   [230] P, 29   [231] P, 37
[232] P, 177   [233] MdS, 118   [234] N 1934, 88   [235] MdS, 109
[236] N 1934, 75   [237] P, 64   [238] P, 52   [239] N 1934, 90   [240] Ebd. 132
[241] ZW 3, 292   [242] N 1934, 34   [243] TH, 14   [244] F 890, 54
[245] Walter Benjamin: *Über Literatur*. Frankfurt a. M. 1969, S. 108
[246] F 890, 26   [247] F 404, 2   [248] Vgl. F 890, 96
[249] Ebd. 2   [250] W 7, 64   [251] W 1, 20   [252] F 890, 96
[253] Ebd.   [254] Ebd. 13   [255] F 554, 5
[256] W 1, 223; vgl. F 890, 24
[256a] W 1, 239   [257] F 890, 111   [258] Ebd. 112   [259] N 1934, 3
[260] TH, 3   [261] ZW 3, 266 f.   [262] Ebd. 268   [263] W 5, 200
[264] W 3, 159; vgl. W 7, 164
[265] Schreiben des Präsidenten der Reichsschrifttumskammer an Müller-Guttenbrunn vom 11. 2. 1941, Zeichen: II D 018004 Kl.

N a c h w o r t : Dr. Erhard Müller-Guttenbrunn, der mir einen umfangreichen Koffer aus dem Nachlaß seines Vaters zur Einsicht überlassen –; Michael Guttenbrunner, der mich auf das *Nebelhorn* nachdrücklich hingewiesen –; und Dr. Hans Eberhard Goldschmidt, der Arbeit und Satzbau kritisch gemustert hat, sage ich Dank.

ANHANG

Die Autoren

Klaus AMANN, geb. 1949 in Mittelberg/Kleinwalsertal. Studium der Germanistik und Anglistik in Wien (Dr. phil. 1976), seit 1976 Assistent am Institut für Germanistik der Universität Klagenfurt. – Publikationen: *Adalbert Stifters ‚Nachsommer'* (Wien 1978); *Literaturunterricht* (Klagenfurt 1980); *P. E. N. Politik, Emigration, Nationalsozialismus. Ein österreichischer Schriftstellerclub* (Wien 1984); Herausgeber von: *Karl Tschuppik: Von Franz Joseph zu Adolf Hitler. Polemiken, Essays, Feuilletons* (Wien 1982). Aufsätze zur österreichischen Literatur des 19. und 20. Jahrhunderts, zu literaturdidaktischen und literatursoziologischen Fragen.

Friedbert ASPETSBERGER, geb. 1939 in Rottenmann. Studium: Akademie der bildenden Künste (Diplom 1962) und Universität Wien (Dr. phil. 1963). Habilitation 1970, seit 1973 o. Prof. an der Universität Klagenfurt. – Publikationen: *Welteinheit und epische Gestaltung* (München 1971); *Apotheose der Innerlichkeit* (Klagenfurt 1975); *Literarisches Leben im Austrofaschismus* (Königstein/Ts. 1980); zahlreiche Aufsätze zu Autoren des 19. und 20. Jahrhunderts und zu literaturgeschichtlichen und literaturtheoretischen Fragen. Fleißiger (Mit-)Herausgeber.

Albert BERGER, geb. 1943 in Salzburg. Studium der Germanistik, Geschichte, Philosophie in Wien. Univ. Doz. am Institut für Germanistik an der Universität Wien 1976, seit 1979 o. Prof. für Neuere deutsche Literatur mit besonderer Berücksichtigung der Didaktik an der Universität Klagenfurt. – Publikationen: *Dunkelheit und Sprachkunst. Studien zur Leistung der Sprache in den Gedichten Georg Trakls* (Wien 1971; Diss. Wien 1968); *Ästhetik und Bildungsroman. Goethes ‚Wilhelm Meisters Lehrjahre'* (Wien 1977); Aufsätze zur deutschen und österreichischen Literatur (vorwiegend 20. Jahrhundert), zur Literaturtheorie und Literaturdidaktik.

Ernst FISCHER, geb. 1951 in Wien. Studium der Germanistik, Philosophie und Pädagogik an der Universität Wien (Dr. phil. 1978); seit 1979 Universitätsassistent am Institut für Deutsche Philologie der Universität München. – Publikationsschwerpunkt: Geschichte der deutschen und österreichischen Schriftstellerverbände im 20. Jahrhundert *(Der Schutzverband deutscher Schriftsteller 1909—1933.* Frankfurt/Main 1980).

Norbert FREI, geb. 1951 in Bludenz. Studium der Germanistik und Geschichte in Wien und Klagenfurt, seit 1975 Universitätsassistent am Institut für Germanistik der Universität Klagenfurt. – Forschungsschwerpunkte: Deutsche Literatur des 19. bzw. österreichische Literatur des 20. Jahrhunderts, z. B. *Theodor Fontane. Die Frau als Paradigma des Humanen.* (Königstein/Ts. 1980). Aufsätze zu Fontane und zur österreichischen Literatur nach 1945. Mitherausgeber von *Österreichische Literatur der Nachkriegszeit und der 50er Jahre* (Wien 1984).

Eckart FRÜH, geb. 1942 in Barnewitz, Havelland. Studium der Germanistik, Anglistik und Kunstgeschichte in Mainz und Münster, Berlin und Wien. Dr. phil.; Leiter des Tagblatt-Archivs in der Wiener Arbeiterkammer. – Zahlreiche Veröffentlichungen über diverse Themen aus Literatur- und Zeitgeschichte.

Murray G. HALL, geb. 1947 in Winnipeg, Manitoba, Kanada. Studium der Germanistik und Romanistik an der Queen's University in Kingston, Ontario (B. A. 1970; M. A. 1972), und an der Universität Wien (Dr. phil. 1975). Lektor am Institut für Germanistik der Universität Wien. Zahlreiche Beiträge über österreichische Schriftsteller des 20. Jahrhunderts (Schwerpunkt: Robert Musil) sowie über das österreichische Verlagswesen der Zwischenkriegszeit. – Publikationen (u. a.): *Der Fall Bettauer* (1978), Herausgabe der Werke Hugo Bettauers (1980), Mitherausgabe der Briefe Robert Musils (1981), Mitautor bei einem Werk über die humoristische Wochenschrift *‚Die Muskete'* (1983), *Österreichische Verlagsgeschichte 1918—1938* in drei Bänden (erscheint 1985).

Johann HOLZNER, geb. 1948 in Innsbruck. Studium: Germanistik und Geschichte (Dr. et Mag. phil.), Wiss. Rat am Institut für Germanistik der Universität Innsbruck. – Mitherausgeber der Germanistischen Reihe der Innsbrucker Beiträge zur Kulturwissenschaft; u. a. der Bände: *Studien zur Literatur des 19. und 20. Jahrhunderts in Österreich* (Innsbruck 1981) und *Ausbruch aus der Provinz. Adolf Pichler – Alois Brandl: Briefwechsel (1876—1900)* (Innsbruck 1983). Aufsätze in Zeitschriften und Sammelbänden zur Exilliteratur, Gegenwartsliteratur, Literatur in Tirol im 19. und 20. Jahrhundert und Literaturdidaktik (u. a. Döblin, Nabl, Vicki Baum, Fried, Huppert, Kramer, Franz Kranewitter).

Horst JARKA, geb. 1925 in Klosterneuburg. Studium der Germanistik und Anglistik an der Universität Wien und der University of Minnesota,

USA (Dr. phil Wien 1955). Seit 1962 Professor für deutsche Sprache und Literatur an der University of Montana, USA. – Aufsätze über Raimund, Ebner-Eschenbach, Storm, Horváth, Soyfer, österreichische Literatur und Literaturpolitik 1933–1938. Hrsg. u. Übersetzer: *The Legacy of Jura Soyfer 1912–1939. Poems, Prose and Plays of an Austrian Antifascist* (Montreal 1977). Hrsg.: *J. Soyfer: Das Gesamtwerk* (Wien 1980), und J. Soyfer: *Werkausgabe in 3 Bänden* (Wien 1984).

Sebastian MEISSL, geb. 1947 in Pfarrwerfen/Pongau. Studium der Germanistik und Geschichte an der Universität Salzburg, 1977–1979 Stipendiat des L.-Boltzmann-Instituts für die Geschichte der Gesellschaftswissenschaften in Österreich. Arbeit an einer Dissertation über Josef Nadler und allgemein zur Ideen- und Wissenschaftsgeschichte bis 1945.

Alfred PFOSER, geb. 1952 in Wels. Studium der Germanistik und Geschichte an der Universität Salzburg (Dr. et Mag. phil.), AHS-Lehrer, Mitarbeiter der ‚Dokumentationsstelle für neuere österreichische Literatur', visting professorship in St. Louis/USA; derzeit Lektoratsleiter der Wiener Städtischen Büchereien. – Publikationen zur österreichischen Kultur- und Literaturgeschichte, u. a.: *Literatur und Austromarxismus* (Wien 1980).

Gerhard RENNER, geb. 1952 in Würnsdorf/NÖ. Nach dem Abschluß der Pädagogischen Akademie Studium an der Universität Wien (Germanistik, Romanistik, Musikwissenschaft; Dr. phil. 1981). Mitarbeiter der ‚Dokumentationsstelle für neuere österreichische Literatur' in Wien. – Arbeiten über die österreichische Literatur des 19. und 20. Jahrhunderts.

Sigurd Paul SCHEICHL, geb. 1942 in Innsbruck, Studium der Germanistik und Anglistik in Innsbruck, Wien und den USA. 1967–1971 Lektor an der Universität Bordeaux, seit 1971 Assistent am Institut für Germanistik an der Universität Innsbruck. Habilitation 1984. – Veröffentlichungen: vor allem über Karl Kraus *(Kommentierte Auswahlbibliographie zu Karl Kraus.* München 1975. Mitherausgeber der *Kraus-Hefte).* Zahlreiche Aufsätze, vor allem zur österreichischen Literatur seit 1900.

Wendelin SCHMIDT-DENGLER, geb. 1942 in Zagreb. Studium der Klassischen Philologie und Germanistik in Wien, Assistent am Institut für Germanistik, Habilitation 1974; seit 1980 Professor für Deutsche Literaturgeschichte in Wien. – Veröffentlichungen: Zahlreiche Arbeiten zur Literatur der Goethezeit *(Genius. Zur Wirkungsgeschichte antiker*

Mythologeme in der Goethezeit, 1978) und zur österreichischen Literatur des 19. und 20. Jahrhunderts. Herausgeber des Nachlasses von Doderer, Mitherausgeber der Gesamtausgabe Herzmanovsky-Orlandos.

Johann STRUTZ, geb. 1949 in Ruden, Kärnten. Studium der Anglistik, Germanistik, Philosophie in Graz. Zuerst am Grazer Institut für Germanistik, seit 1984 Assistent am Institut für Allgemeine und Vergleichende Literaturwissenschaft der Universität Klagenfurt. – Arbeiten zur österreichischen Literatur (u. a. über C. Lavant; Kulturpolitik in der Steiermark in den 50er Jahren; T. Bernhards Autobiographien; Sozialer Roman im Vormärz) und aus dem Bereich der Allgemeinen und Vergleichenden Literaturwissenschaft (Intertextualität; Empirische Literaturwissenschaft; Intellektuellenbegriff bei Valéry, Musil, Brecht, Krleža; Dorfliteratur in Italien, Jugoslawien und Österreich nach 1945; Probleme der Bikulturalität bei F. Lipuš und F. Tomizza).

Karl WAGNER, geb. 1950 in Steyr. Studium der Germanistik und Anglistik in Wien (Mag. et Dr. phil.). Seit 1976 Universitätsassistent am Institut für Germanistik der Universität Wien. – Veröffentlichungen: *Herr und Knecht. Robert Walsers Roman ‚Der Gehülfe'* (Wien 1980); Aufsätze zur österreichischen Literatur des 19. und 20. Jahrhunderts sowie zur Schweizer Gegenwartsliteratur.

Ulrich WEINZIERL, geb. 1954 in Wien. Studium der Germanistik und Kunstgeschichte an der Universität Wien (Dr. phil. 1977). Wissenschaftlicher Mitarbeiter des ‚Dokumentationsarchivs des österreichischen Widerstandes', Wien, und Literaturkritiker. Seit Herbst 1984 österreichischer Kulturkorrespondent der ‚Frankfurter Allgemeinen Zeitung'. – Publikationen (u. a.): *Carl Seelig, Schriftsteller* (1982); Hrsg. zweier Polgar-Bände und Mitherausgeber der Polgar-Werkausgabe *Kleine Schriften* (1982 ff); Hrsg. der Anthologien *Versuchsstation des Weltuntergangs. Erzählte Geschichte Österreichs 1918–1938* (1983) und *Februar 1934. Schriftsteller erzählen* (1984).

Personenregister

Achberger, Friedrich 57, 306, 314, 318, 319
Ackermann, Werner 323
Adler, Alfred 43
Adler, Friedrich 50
Adler, Max 42, 43, 47−49, 57, 58
Aichinger, Gerhard 293, 294
Aisopos 267, 268
Albert, Karl Anton 230, 244
Albrecht, Erzherzog 332, 351
Alexander der Große 267
Alexis, Willibald 103
Alkaios 277
Allmer, Anton 330
Alscher, Otto 197
Altenberg, Peter 121
Alverdes, Paul 198
Amann, Klaus 76, 78, 127, 129, 161, 207, 208, 289
Améry, Jean (d. i. Hans Maier) 180, 202, 207
Andrian, Leopold von 80, 90, 93
Angelus Silesius 323
Anzengruber, Ludwig 91, 139
Aspetsberger, Friedbert 61, 76, 93, 129, 148, 163, 207−211, 223, 246, 283, 289
Außerhofer, Josef 204
Austerlitz, Friedrich 49, 58, 329
Austriacus (d. i. Ernst Krenek) 210
Axelrad, Richard 203

Bach, David Josef 50, 51, 58, 89, 199
Bach, Johann Sebastian 251
Badia, Gilbert 94
Bäumler, Alfred 129
Bakunin, Michail 323
Balàsz, Béla 51
Baltz-Balzberg, Regine 274
Balzac, Honoré de 250
Barta, Erwin 242
Barth, Helmut 246

Bartl, Fritz 21, 24, 26, 33
Bartsch, Kurt 127
Bartsch, Rudolf Hans 198, 250
Basil, Otto 193, 206, 290
Bator, Hans 204
Batthyány, Lori 258
Bauer, Otto 42, 44, 46, 49, 52, 58, 80, 87, 241, 246, 311, 316
Bauer, Roger 146
Bauer, Walter 22, 23, 55
Baum, Oskar 201
Baumgart, Freya 323
Baur, Uwe 275
Bayer, Friedrich 190
Becher, Johannes R. 240, 246
Beer, Otto Fritz 30
Beethoven, Ludwig van 51, 250, 251
Behm, Reinhard 125
Békessy, Emmerich (Imre) 183, 208, 328
Bell, Karl 242
Benda, Oskar 51, 145
Benedek, Emmerich 350
Benjamin, Walter 134, 144, 240, 246, 353
Berg, Jimmy 29, 39
Bergammer, Friedrich 203
Bergengruen, Werner 197
Berger, Alfred von 350
Berger, Hellmuth 192, 210
Bermann-Fischer, Gottfried 173, 174, 177
Bernfeld, Siegfried 43
Bernhard, Thomas 270
Bethmann Hollweg, Theobald 217
Beyer, Hans 126
Beyerchen, Alan D. 127
Bieber, Hugo 274
Biebl, Erwin 195
Bierce, Ambrose 352
Bilger, Ferdinand 117, 118, 127
Bilke, Martina 313, 318, 350

Billinger, Richard 18, 122, 198, 202, 204, 267, 293
Binding, Rudolf Georg 188, 198, 249, 251, 272
Bin Gorion, Micha Josef (d. i. Micha Josef Berdyczewski) 204
Bismarck, Otto Fürst von 247, 250, 316
Blaas, Erna 67, 77, 197, 204
Blei, Franz 198, 205, 291
Bloch, Ernst 86, 95
Blum, Robert 311
Blunck, Hans Friedrich 158, 159, 163, 188, 197, 198, 267, 284
Bohrer, Karl Heinz 242
Bormann, Martin 230
Born, Nicolas 317
Bornemann, Fritz 202
Borodajkewycz, Taras von 191, 210
Bourdet, Yvon 58
Bracher, Karl Dietrich 127
Branca, Gerhard Freiherr von 113, 126
Brand, Guido K. 272, 273
Brandstetter, Alois 273
Braumann, Franz 198, 204, 205
Braun, Felix 204
Braunthal, Julius 58, 199
Brecht, Bertolt 21, 27, 30, 34, 36, 54, 55, 179, 199, 266, 305, 317, 318
Brecka-Stiftegger, Hans 197
Brehm, Bruno 21, 70–74, 78, 122, 195, 198, 204, 205, 253, 267, 284
Brentano, Clemens 101
Broch, Hermann 20, 21, 179, 188, 190, 205, 208, 217, 242, 265, 283
Brod, Max 191
Broda, Engelbert 115, 126, 127
Bronnen, Arnolt 267, 268, 271, 276, 284
Bronnen, Barbara 271, 276
Bronner, Ferdinand 20, 276
Bruckner, Ferdinand 55, 89, 95
Brügel, Fritz (Pseud.: Wenzel Sladek) 21, 33–35, 40, 51, 52, 58, 148, 199, 200
Bründl, Wilhelm 38
Bruneder, Hans 203, 210
Brunner, Otto 245
Brunngraber, Rudolf 21, 45, 51, 148, 187, 204, 266, 275
Buber, Martin 204
Buddha 337
Büchner, Georg 37
Bühler, Karl 44

Bürckel, Josef 71
Bürgin, Hans 144
Burger, Heinz Otto 273
Burgert, Helmuth 210
Burkhardt, Ursula 125
Buschbeck, Erhard 210
Buskovits, Karl F. 38
Bußhoff, Heinrich 199
Buttinger, Joseph 36, 40, 41, 57
Buxbaum, Günter 18

Camus, Albert 37, 338
Canetti, Elias 20, 56, 88, 91, 148, 253, 260–266, 275
Canova, Antonio 270
Capek, (Polizeirat, Zensor) 29, 30
Carossa, Hans 188, 203
Carsten, Francis L. 127, 242, 245, 289
Castex, Elisabeth 275
Castle, Eduard 146, 202, 207
Cerquiglini, Bernhard 125
Chao Kung 337
Charoux, Siegfried 88
Chlumberg, Hans 199
Christus 250, 251
Claudius, Matthias 331
Colerus, Egmont 72, 74, 78, 203
Collatz, Herbert 162
Conrad, Joseph 198
Conrady, Karl Otto 125, 144, 145
Conze, Werner 245
Corino, Karl 95
Curtius, Ernst Robert 134, 145

Dallago, Carl 323, 328
Damolin, Rudolf 78
Danszky, Eduard Paul 152
Dante, Alighieri 250
Dehmel, Richard 250
Dettelbach, Hans von 223, 243
Deutsch, Otto Erich 88, 200
Diederichs, Eugen 294
Diem, Hermann 127
Dilthey, Wilhelm 122, 248, 272
Diwald, Hugo (d. i. Alfred Missong) 38
Doderer, Heimito von 198, 264, 268, 276, 291–302
Döblin, Alfred 55, 179, 186, 188, 191, 193, 198, 209, 240, 246
Dörrer, Anton 105
Dohrn, Klaus 201
Dollfuß, Engelbert 14, 29, 52, 74, 75, 81, 83, 116, 167, 187, 282, 286, 290, 293, 305, 309–316, 318, 347

Dollmayr, Viktor 100
Dos Passos, John 53—55
Dostojewski, Fjodor Michajlowitsch 293
Dvořak, Johann 38
Dwinger, Edwin Erich 188, 195

Eberle, Joseph 52, 199
Ebner, Ferdinand 196
Ebner-Eschenbach, Marie von 91
Ebneth, Rudolf 38, 201, 208
Edschmid, Kasimir 198
Egglmaier, Herbert H. 125
Ehrenburg, Ilja 54
Eibl, Hans 205
Eichendorff, Joseph von 271
Elias von Parma, Prinz 332, 333
Eliot, Thomas Stearns 205
Ellenberger, Hugo 203
Elste, Alfred 128
Engel-Janosi, Friedrich 276
Engels, Friedrich 48, 50
Enzinger, Moriz 100—108, 202, 207
Epler, Ernst (Pseud.: Fritz Fabian) 32, 40
Eppel, Peter 199, 211
Erasmus von Rotterdam 120
Ermatinger, Emil 145
Ermers, Max 187, 202
Ernst, Paul 188, 198
Ertl, Emil 198, 201, 205, 221, 232, 235
Eugen von Savoyen, Prinz 18, 254, 257, 258
Exenberger, Herbert 57, 58, 93, 94

Fabian, Fritz (d. i. Ernst Epler) 40
Fabri, Ernst 148
Faesi, Robert 200
Faulhaber, Michael von 311
Faulkner, William 200
Fechter, Paul 251, 272, 275
Federn, Karl 146
Felder, Franz Michael 103
Feldmann, Theo 20, 24
Fellinger, Hans 38
Fellner, Fritz 76, 77
Felmayer, Rudolf 24
Feuchtwanger, Lion 276
Fichte, Johann Gottlieb 91, 323
Ficker, Ludwig von 196
Fidelis, Otto Maria 199
Fiedler, Rudolf 206
Fingal, Stefan 84, 94

Finke, Edmund 192, 197, 198, 203, 205, 209, 210
Firnberg, Hertha 126
Fischer, Ernst 40, 51—56, 59, 90, 95, 161, 199, 268, 276
Fischer, Gero 128
Fischer, Gustav 231
Fischer, Heinrich 244, 289, 317, 318, 349
Fischer-Colbrie, Arthur 202
Flecker, Hans 195
Flitner, Andreas 127
Fontana, Oskar Maurus 149, 151, 154, 179, 198, 204, 205, 207
Fontane, Theodor 252, 291
Forcher, Anton 24
Franck, Hans 188, 197, 198, 204
Frank, Bruno 191
Frankl, Adolf 224
Franz von Assisi 250
Franz Joseph I. 64
Frei, Bruno 90
Frei, Norbert 57, 246
Freiberg, Siegfried 205
Frenssen, Gustav 235
Freud, Sigmund 44, 54, 59
Freumbichler, Johannes 198
Freund, Robert 173
Fried, Erich 90, 91, 95
Friediger, Karl B. 84, 94
Friedrich, Ernst 332
Frisch, Max 198, 269
Frisé, Adolf 23, 78, 93, 243, 275, 302
Früh, Eckart 200
Fuchs, Albert 89
Fülberth, Georg 58
Fussenegger, Gertrud 63, 77

Gabriel, Leo 19, 20
Gagern, Friedrich von 188
Gal, Hans 88
Galanda, Brigitte 57
Ganghofer, Ludwig 240
Ganglmair, Siegwald 94
Gastinger, L. Edwin 209
Gauß, Karl-Markus 59, 317
Gayda, Franz Alfons 243
Geist, Rudolf 206
Gentz, Günther 162
George, Stefan 130, 143, 203, 277, 282
Geramb, Viktor von 112, 113, 117, 119—123, 125—128, 201, 221, 228, 230, 231, 243, 244
Gide, André 55

Giebisch, Hans 197, 205
Ginzkey, Franz Karl 195, 197, 198, 201, 206, 225, 233, 235, 237, 245
Gladkow, Fedor 53, 54
Glaise-Horstenau, Edmund von 64, 77
Glaser, Ernst 43, 57, 58
Gleim, Johann W. L. 341
Goebbels, Joseph 72, 78, 168, 169
Göhl, Josef 182, 208
Göring, Hermann 257, 258
Gösser, Wilhelm 233, 234
Goethe, Johann Wolfgang von 51, 62, 91, 92, 101–104, 107, 108, 120, 122, 124, 138, 219, 234, 250, 256, 271, 323
Goldinger, Walter 162
Goldschmidt, Hans Eberhard 95, 353
Goltschnigg, Dietmar 128
Grabbe, Christian Dietrich 120, 128, 252
Graber, Georg 121, 128
Graedener, Hermann 70, 78, 201
Gregor, Joseph 205
Greinz, Hugo 152, 225
Greinz, Rudolf 201, 226, 244
Grengg, Marie 198, 201
Greß, Franz 125
Grillparzer, Franz 17, 56, 78, 101, 102, 104, 139, 141, 146, 250
Grimm, Gunter 242
Grimm, Hans 203, 235, 267
Grimm, Reinhold 273
Gris, Juan 299
Gröblacher, Johann 125
Grogger, Paula 189, 195, 201, 203, 205, 206, 232
Groh, Otto Emmerich 203
Groß, Gustav 221, 242
Gross, Ruth V. 206, 208
Großmann, Stefan 134, 144
Grünewald, Alfred 196, 251
Günther, Hans F. K. 135, 136, 145
Gütersloh, Albert Paris 198, 204, 292–295, 299–301
Gugerell, Franz 25
Guggenberger, Siegmund 197
Gulick, Charles A. 162
Gumbel, Hermann 145
Gumbrecht, Hans Ulrich 125
Gundolf, Friedrich 102, 130
Guttenbrunner, Michael 320, 347, 350, 353

Haas, Hannes 211
Haasbauer, Anton 201
Habsburg, Otto von 84
Haecker, Theodor 196
Hädelmayr, Roman 181, 203
Hänsel, Ludwig 205
Hainisch, Michael 220
Hall, Murray G. 162, 177, 195, 244
Hamerling, Robert 67
Hammerschlag, Peter 182
Hammerstein-Equord, Hans 169, 202, 204, 205
Hamsun, Knut 201, 298
Handel-Mazzetti, Enrica von 18, 104, 201
Handke, Peter 269, 270, 276
Hannemann, Bruno 352
Hansen, Niels 250–252, 273
Hardt, Ernst 178, 192
Haringer, Jakob 197, 198, 205
Hartl, Edwin 289
Hartleben, Conrad Adolf 244
Hartlieb, Wladimir von 159, 179, 189, 192, 203, 204, 207, 210
Haslinger, Adolf 276
Hasterlik, Gusti 292
Hauff, Jürgen 272
Hauptmann, Gerhart 53, 101, 203, 233
Hausegger, Friedrich von 244
Hausegger, Siegmund von 244
Hauser, Arnold 51
Haushofer, Karl 127
Hausmann, Manfred 197
Haybach, Rudolf 293, 299
Hebbel, Friedrich 101, 122, 252
Heer, Friedrich 84, 94
Hegel, Georg Wilhelm Friedrich 91, 251
Hegner, Jakob 173
Heidenbauer, Hans 33
Heidenstam, Verner von 203
Heine, Heinrich 34, 90, 252
Heinrich der Löwe 257
Heinrich von Melk 91
Heißenbüttel, Helmut 269
Heller, Erich 338
Henisch, Peter 270
Henrich, Dieter 242
Henß, Rudolf 125
Henz, Rudolf 149, 157, 163, 189, 196, 197, 202, 206
Herder, Johann Gottfried 104, 107, 122
Herz, Ida 46

Hess, Viktor 119
Hesse, Hermann 189, 198, 209
Hesson, Elizabeth C. 302
Hietsch, Otto 40
Hildebrand, Dietrich von 14, 19, 201
Hildebrand, Rudolf 110
Hildebrandt, Fred (d. i. Friedrich Hillegeist) 35
Hilferding, Rudolf 42, 43, 57, 311
Hillegeist, Friedrich (Pseud.: Fred Hildebrandt) 35
Hiller, Kurt 323, 328
Hillmann, Heinz 273
Hirsch, Rudolf 93
Hitler, Adolf 14, 17, 29, 72, 73, 77, 82, 86–88, 116, 119, 124, 153, 167, 168, 174, 175, 182, 193, 222, 231–234, 243, 254, 256, 258, 261, 284, 287, 304, 306, 311, 312, 343, 345, 347
Hochwälder, Fritz 180, 207
Höfer, Josef 318
Höflechner, Walter 125
Hölderlin, Friedrich 122, 251, 271, 280, 323, 331
Hofbauer, Josef 35, 40
Hofer, Andreas 90
Hoffmann, Norbert 185, 197
Hofmann, Anton Adalbert 195
Hofmannsthal, Hugo von 17, 77, 79, 86, 90, 93, 95, 134, 144, 146, 188, 192, 203, 263, 299
Hofmiller, Josef 203
Hohlbaum, Robert 69, 76, 77, 152, 180, 181, 189, 193, 195, 197, 200, 201, 203, 205, 209, 225, 232, 235, 244, 245, 253, 266
Holek, Heinrich 331
Holgersen, Alma 205
Holzer, Rudolf 245
Holzmeister, Clemens 15, 232
Homer 345
Hopkins, Ernest J. 352
Horaz 277
Horváth, Ödön von 190, 192
Hovorka, Nikolaus 199, 323
Huber, Wolfgang 57
Huch, Ricarda 204
Huguet, Louis 209
Humboldt, Wilhelm von 104, 107
Huna, Ludwig 201
Hussarek, Ritter von 217
Hutten, Ulrich von 120, 127, 271

Ibaschitz, Franz 22, 23
Ibsen, Henrik 101
Innerhofer, Franz 270
Innitzer, Theodor 23, 311
Iser, Wolfgang 242
Itzinger, Karl 195

Jagschitz, Gerhard 306, 318
Jahoda, Marie 89
Janda, Otto 244
Jandl, Ernst 270, 275
Jarka, Horst 39, 40, 207–211
Jaspers, Karl 299
Jauß, Hans Robert 215, 242
Jean Paul 271
Jedlicka, Ludwig 76
Jelusich, Mirko 76, 149, 152, 166, 185, 189, 200, 201, 203, 205, 209, 251, 253, 254, 256–258, 260, 261, 264–267, 271, 272, 274, 275
Jenaczek, Friedrich 287, 289, 312, 318
Jirgal, Ernst 205
Johannes 62
Johnston, William M. 58
Johst, Hanns 158, 163, 251
Jone, Hildegard 197
Joseph II. 18, 142, 257
Josef Ferdinand, Erzherzog 351
Joyce, James 205
Jülg, Bernhard 198
Junius Austriacus (d. i.: Ernst Krenek) 38, 210

Kadletz, Willi 245
Kadmon, Stella 29, 39
Kadrnoska, Franz 77, 105, 126, 144, 207, 245, 272
Kästner, Erich 54, 55, 191, 199, 280
Kafka, Franz 56, 205, 299
Kainz, Friedrich 20
Kaiser, Georg 207
Kanitz, Otto Felix 57
Kannonier, Reinhard 58
Kant, Immanuel 251, 323
Kantorowicz, Alfred 58, 94
Kappstein, Theodor 242
Karl der Große 85, 143
Kaufmann, Harald 129
Kaus, Gina 191
Kautsky, Karl 240, 241
Kayser, Dietrich 271
Kefer, Linus 196–198, 202, 203, 205
Keiter, Raimund 200
Keller, Fritz 36, 41

Keller, Gottfried 101, 122, 252
Keller, Paul Anton 126, 197, 198, 201, 233, 235, 245
Kende, Karl K. 320, 350
Kernbauer, Alois 125
Kernstock, Ottokar 117, 119, 127, 330
Kerr, Alfred 351
Kettenacker, Lothar 242
Khuenberg, Sophie von 245
Kienzle, Michael 272—274
Kierkegaard, Sören 336
Kießling, Wolfgang 95
Killy, Walther 125
Kindermann, Heinz 66, 67, 69, 77, 103, 236, 241, 245
Kisch, Egon Erwin 198
Klamper, Elisabeth M. 38, 39
Klarmann, Adolf D. 94
Klein, Alfred 58
Kleinberg, Alfred 51
Kleinmayr, Hugo 120, 122, 128
Kleist, Heinrich 101, 120, 251
Klemm, Walter 111, 119, 125, 126
Klemperer, Victor 115
Klingenstein, Grete 272, 274, 276
Klingner, Edwin 275
Kloepfer, Hans 122, 123, 194, 198, 202, 205, 221, 222, 230, 234, 243
Klopstock, Friedrich Gottlieb 143
Kluge, Friedrich 314, 343, 344
Kment, Adele 149
Koch, Franz 60, 76, 144, 272, 290
Koebner, Thomas 57, 318
Koenig, Otto 53, 58
Koepke, Wulf 93
Kohn, Caroline 304, 312, 317, 318
Kokoschka, Oskar 79, 81, 88, 92, 94
Kolb, Annette 198
Kolbenheyer, Erwin Guido 106, 120, 188, 193, 235, 267
Kollmann, Georg 34, 40
Kommerell, Max 273
Konfuzius (Kung Tse) 337—339
Konrad, Helmut 93
Koren, Hanns 119, 126, 127
Korff, Hermann August 146
Korger, Friedrich 202
Kortner, Fritz 92
Kostmann, Jenö 95
Kotlan-Werner, Henriette 58, 199
Kracauer, Siegfried 248, 252, 253, 263, 264, 272, 274, 275
Kraft, Werner 196
Krainhöfer, Franz Josef 24

Kralik, Richard von 52, 149, 249
Kramer, Theodor 51, 148, 181, 186, 189, 197, 200, 203—206, 209
Kranzmayer, Eberhard 121, 128
Kraus, Felix 64, 65, 77
Kraus, Karl 30, 33, 47, 54, 56, 79, 90, 91, 93, 121, 146, 181, 188, 193, 195, 196, 203, 208, 227, 244, 256, 273, 277, 279, 280, 289, 294, 303—321, 323—342, 344, 346—351
Kreisky, Bruno 32, 40
Kreissler, Felix 93, 94
Krenek, Ernst (Pseud.: Junius Austriacus) 14—18, 38, 184, 190, 200, 208
Kretzenbacher, Leopold 121
Kreuder, Ernst 197
Kreutz, Rudolf Jeremias 151
Kreuzer, Helmut 273
Krill, Hans Rudolf 163
Kropotkin, Peter 323
Krüger, Hans Jürgen 78
Kühn, Joachim 146
Kürbisch, Friedrich G. 57
Kürnberger, Ferdinand 323, 331
Kuh, Anton 239
Kulemann, Peter 58
Kunisch, Hermann 273
Kunschak, Leopold 92
Kutalek, Norbert 38
Kyser, Hans 249, 272, 273

Laakmann, Dagmar 207
Lämmert, Eberhard 125, 144
Lammers, Hans 78
Lamprecht, Karl 132, 144, 146
Landgrebe, Erich 197, 203
Landry, Harald 275
Langenbucher, Hellmuth 61, 65, 66, 76, 77
Langewiesche, Dieter 44, 57
Langhammer, Leopold 20
Lanner, Alois 105
Lanyi, Richard 323
Laotse 323, 337
Lasker-Schüler, Else 181
Lassalle, Ferdinand 49
Latzke, Rudolf 242
Laurin, Gertraut 228, 244
Lavery, Emmet 202
Lawrence, David Herbert 54
Lazarsfeld, Paul 43
Lazarus, Michael 244
Leb, Hans 205
Leber, Hermann R. 284, 285

Lechleitner, Franz   103
Léger, Fernand   299
Leibnitz, Gottfried Wilhelm   251
Leichter, Otto   40
Leifhelm, Hans   200, 202, 204
Leitgeb, Josef   205, 206
Leitner, Erich   122, 125, 126, 128
Lengauer, Hubert   76, 78, 246
Lenin, Wladimir Iljitsch   43
Lepsius, M. Rainer   146
Lernet-Holenia, Alexander   200
Leser, Norbert   126, 162, 317, 319
Lewis, Sinclair   55, 198, 205
Lichtenberg, Georg Christoph   323, 331
Liegler, Leopold   200, 202, 205
Lincoln, Abraham   250
Linden, Walther   130, 144
Lissauer, Ernst   204
List, Rudolf   149, 163, 196, 204, 205
Liszt, Franz   250
Lobisser, Suitbert   123, 129
Lochner, Louis P.   78
Löser, Franz   153, 154
Löwenstein-Wertheim-Freudenberg, Hubertus Prinz zu   83, 86, 94
Löwenthal, Leo   253, 262, 264, 272–275
Loewi, Otto   119
London, Jack   54
Loos, Adolf   304, 318
Lothar, Ernst   91, 95, 283, 290
Luckhaupt, Herbert (d. i.: Herbert Müller-Guttenbrunn)   349
Luckmann, Thomas   274, 276
Ludwig, Emil   250–252, 274
Ludwig-Braun, Juliane   207
Lützeler, Paul Michael   242
Lugmayer, Karl   20, 23, 38, 39, 184, 202, 204
Luitpold, Josef (d. i.: Josef Luitpold Stern)   199
Lukács, Georg   51, 102, 106, 298
Luschin-Ebengreuth, Arnold   117
Luser, Adolf   197
Luther, Martin   251, 271, 299
Lutz, Heinrich   76, 93, 272, 276
Lutzhöft, Hans-Jürgen   145
Lux, Josef August   149, 249, 250, 252, 258, 261, 272–275
Luža, Radomir   78

Mach, Ernst   43
Maderno, Alfred   245
Maeterlinck, Maurice   274

Magris, Claudio   57
Mahler-Werfel, Alma   85, 94
Mahrholz, Werner   144
Maier, Hans (Pseud.: Jean Améry)   202
Maimann, Helene   93, 95
Majakowskij, Wladimir   199
Mandelkow, Karl Robert   242
Mann, Golo   95
Mann, Heinrich   53, 201, 256, 260
Mann, Thomas   45, 46, 57, 79, 81, 94, 134, 144, 191, 192, 197, 198, 203, 209, 210, 235, 265, 282
Manthey, Jürgen   317
Mareiner, Hilde   95
Marek, Franz   37, 41
Marmorek, Schiller (Pseud.: Peter Roberts)   34, 40, 80, 82, 93, 94, 189, 199, 200, 209
Marx, Karl   43, 50
Matejka, Viktor   13, 19–24, 26–28, 33, 38, 39, 149, 199
Maurer-Zenck, Claudia   14, 38
Mauriac, Francois   206
Mauser, Wolfram   275
May, Karl   33
Mayer, Erich August   198, 201
Mayer, Ernst   180, 202
Mayer, Hanns (d. i. Hans Maier, Pseud.: Jean Améry)   202
Mayer, Maximilian   196, 221, 222, 234
Mayer, Theodor Heinrich   163, 195
Meckel, Christoph   270
Mecklenburg, Norbert   145
Mehring, Franz   49, 50, 58
Mehring, Walter   203, 207, 241, 246
Meinhart, Roderich (d. i. Roderich Müller-Guttenbrunn)   326
Meissl, Sebastian   58, 115, 126, 219
Mell, Max   111, 122–124, 129, 159, 163, 188, 193, 195, 198, 200, 203–205, 226, 228, 232, 237, 246, 259, 266, 267
Mendelssohn, Peter de   94, 203
Menges, Karl   315, 316, 319
Mercier, Desiré   311, 318
Meßner, Johannes   31, 178, 183, 205, 207
Metten, Alfred   162
Metzl, Lothar   30
Meyer, Conrad Ferdinand   101
Meyer, Richard A.   274
Michel, Robert   193, 198, 204
Michelangelo Buonarotti   250, 251, 280
Miegel, Agnes   188, 193

Miksch, Willy 21, 22, 24–26, 33, 39
Millenkovich-Morold, Max 60, 61, 76
Missong, Alfred (Pseud.: Hugo Diwald) 38
Mitterer, Erika 200, 204
Möbius, Hermine 224, 243
Möbius, Hugo 224, 243
Moeller van den Bruck, Arthur 142, 293
Mölzer, Andreas, 126, 127
Mörike, Eduard 271
Mohler, Armin 146
Mohr, Max 188, 209
Molo, Walter von 201
Mommsen, Wilhelm 250
Mose, Ingo 276
Mostar, Hermann (d. i. Gerhart Herrmann) 203
Mozart, Wolfgang Amadeus 123, 124
Mühlher, Robert 125
Mühsam, Erich 201
Müller, Jörg Jochen 125
Müller-Guttenbrunn, Adam 201, 348
Müller-Guttenbrunn, Adele 348
Müller-Guttenbrunn, Erhard 353
Müller-Guttenbrunn, Herbert 184, 199, 321–353
Müller-Guttenbrunn, Roderich (Pseud.: Roderich Meinhart) 227, 245, 326
Münchhausen, Börries von 188
Murad, Gaby 299
Musil, Robert 20, 33, 44, 45, 54–56, 74, 78, 79, 93, 148, 179, 188, 190, 191, 193, 200, 205–207, 210, 223, 226, 243, 244, 253, 255, 265, 266, 274, 275, 291, 302
Mussolini, Benito 75, 85, 197, 254, 256

Nabl, Franz 117, 122, 123, 127, 129, 188, 195, 198, 201, 230, 234, 244, 245
Naderer, Hans 202
Nadler, Josef 52, 65, 77, 78, 100–103, 130–146, 163, 193, 203–205, 207, 225, 226, 232, 244, 289
Nagl, Johann Willibald 146
Napoleon I. 250
Nathansky, Alfred 20
Natter, Bernhard 204, 211
Neck, Rudolf 76, 107
Necker, Moritz 243
Negt, Oskar 314
Nelson, Leonhard 323, 345
Nestroy, Johann 30, 101, 323, 340, 341

Neumann, Alfred 191
Neumann, Robert 88, 89, 171
Neurath, Otto 43, 48, 49, 51, 58
Niederle, Helmuth A. 58
Nietzsche, Friedrich 50, 247, 323
Nüchtern, Hans 149, 154, 169

Oberkofler, Gerhard 18, 105, 188, 189, 193
Oberkofler, Joseph Georg 66, 77, 204, 205
Ögg, Franz 210
Ortner, Hermann Heinz 159, 203
Ossietzky, Carl von 241, 246
Otto I., römisch-deutscher Kaiser 250

Pahlen, Kurt 21
Palm, Kurt 275
Pannenberg, Wolfhart 242
Panzer, Friedrich 111
Papen, Franz von 174, 175, 316
Papesch, Joseph 111, 112, 114, 115, 121, 125, 126, 128, 178, 181, 188, 189, 191, 194, 198, 207, 209, 210, 221–223, 231, 243
Patka, Zsolt 350
Paulin, Karl 196
Pawek, Johannes 178, 185
Pawek, Karl 204, 207
Pechacek, Josef 30
Pelinka, Anton 13, 39, 162
Perkonig, Josef Friedrich 18, 67, 69, 77, 122, 149, 158, 195, 197, 198, 204
Pernerstorfer, Engelbert 240, 246
Pernter, Hans 202
Peter Ferdinand, Erzherzog 332, 333
Petzold, Alfons 34
Pfabigan, Alfred 57, 58, 208, 309, 313, 317–319, 350
Pfäfflin, Friedrich 203
Pfoser, Alfred 39, 40, 57, 58, 163, 208, 239, 246
Pfrimer, Walter 116
Picasso, Pablo 299
Pichler, Adolf 99
Piehowicz, Karl 328
Pirandello, Luigi 198, 266
Pirchegger, Simon 128
Piscator, Erwin 45
Plattensteiner, Richard 221, 223, 224, 243, 245
Plessner, Helmuth 140, 146
Plutarch 323

Pock, Friedrich   220—223, 228, 229, 232, 235, 242—245
Polenz, Peter von   125
Polgar, Alfred   54, 82, 92, 94, 200, 201, 283
Polheim, Karl   100, 110, 112, 115, 118—124, 128, 129
Politzer, Heinz   200, 206
Pollatschek, Stefan   203
Ponten, Josef   188
Popp, Ernst   318
Popper, Karl   43
Pramberger, Romuald   229
Preradović, Paula von   189, 196, 204, 205
Probst, Jacob   105
Proust, Marcel   189
Prunč, Erich   128
Pschorn, Karl   201

Quack, Josef   317

Raabe, Wilhelm   252
Rabinbach, Anson G.   59
Raddatz, Fritz J.   58
Rahner, Karl   318
Raimund, Ferdinand   101, 141
Rainalter, Erwin H.   152, 196, 201, 203
Ramus, Pierre (d. i. Rudolf Grossmann)   351
Reger, Erik   54
Reich, Wilhelm   43, 200
Reichelt, Hans   119
Reik, Theodor   88, 95
Reininger, Anton   302
Reiss, Gunter   129
Rembrandt van Rijn   250, 251, 314
Rendl, Georg   204
Renker, Gustav   198, 201
Renner, Gerhard   162, 163, 177, 208, 211, 289
Renner, Karl   42, 48, 58, 92, 96
Rettinger, Leopold   318
Reuchlin, Johannes   120
Rheinhardt, Emil Alphons   87
Riehl, Wilhelm Heinrich   112, 113, 134
Riemerschmid, Paul   205
Rilke, Rainer Maria   122, 226, 277
Ritsert, Jürgen   208
Roberts, Peter (d. i. Schiller Marmorek)   34, 40, 80, 82, 93, 94, 199, 200, 209
Rochefort, Victor Henri   350
Rochowanski, Leopold Wolfgang   40

Roda Roda, Alexander (d. i. Sandor Friedrich Rosenfeld)   198
Röhm, Ernst   304
Römer, Heinrich   243
Röther, Klaus   109, 125, 126
Roger, Kurt   204, 210
Rommel, Otto   146
Rosé, Arnold   88
Rosegger, Anna   243, 244
Rosegger, Hans Ludwig   228, 240
Rosegger, Peter   101, 111, 124, 185, 215—222, 224—243, 246
Rosegger, Sepp   226, 229, 231, 243, 244
Rosenberg, Alfred   127, 136, 282
Rosenfeld, Hellmut   208
Rosenmayr, Leopold   272
Rosmanith, Alois   26
Roßbacher, Karlheinz   210, 245
Rossi, Heinz   107
Roth, Joseph   33, 82—85, 94, 186, 190, 197, 200, 208
Rothe, Josef   197
Rousseau, Jean-Jacques   323
Rovan, Joseph   94
Rubatscher, Maria Veronika   201, 204
Rucktäschel, Annamaria   272
Rudolf, Karl   23
Rumpler, Helmut   76, 93

Sacher, Friedrich   198, 200, 202
Sacher, Hermann   145
Sachs, Carola   201
Sachslehner, Johannes   254, 274—276
Sailer, Karl Hans   78
Salten, Felix   79
Sandhofer, Edith   107
Santifaller, Maria Ditha   193, 210
Sappho   277, 280
Sarnetzki, Detmar Heinrich   192, 210
Sassmann, Hanns   201
Sauer, August   106, 133, 137, 144, 146
Sauer, Wolfgang   127
Schäfer, Wilhelm   188, 198
Schaeffer, Albrecht   204
Schärf, Adolf   78
Schaffner, Jakob   188
Scharang, Michael   270, 316, 319
Scharnagl, Norbert   129
Schaukal, Richard   201
Schaumann, Ruth   204
Schausberger, Norbert   77
Scheibelreiter, Ernst   188, 197, 198, 202—204, 206, 232, 245

Scheichl, Sigurd Paul   195, 315, 318, 319
Scherer, Wilhelm   122, 130
Scheuer, Helmut   272–274, 276
Scheuermann, Erich   323
Schick, Paul   350
Schickele, René   198
Schiestl-Bentlage, Margarete   203
Schiller, Friedrich   47, 101, 104, 107, 120, 122, 131, 219, 248
Schilling-Schletter, Alexander   197
Schlamm, Willi (Pseud.: Wilhelm Stefan)   85, 94
Schlawe, Fritz   195, 207, 208
Schlier, Paula   196, 198
Schmid, Margarete   107
Schmidt, Adalbert   203
Schmidt, Erich   122
Schmidt, Guido   174, 175
Schmidt-Dengler, Wendelin   57, 77, 195, 247, 264, 272, 274–276, 302
Schmitz, Hans   196
Schmitz, Richard   23, 39
Schnack, Friedrich   188, 198
Schneider, Ferdinand Josef   100
Schnitzler, Arthur   121, 294
Schober, Johann   329
Schober, Wolfgang   246
Schoeller, Bernd   93
Schönbach, Anton Emanuel   118, 122
Schönberg, Arnold   50
Schönerer, Georg Ritter von   220
Schönherr, Karl   201, 203, 225
Schönwiese, Ernst   20, 39, 193, 204, 207, 211
Scholz, Kurt   318
Schopenhauer, Arthur   250
Schreber, Daniel Paul   260, 261, 266
Schreyvogl, Friedrich   18, 63, 72–74, 76–78, 157–160, 163, 198, 202, 226, 259, 274
Schrieber, Karl Friedrich   162
Schröder, Hans Joachim   302
Schrödinger, Erwin   119
Schubert, Franz   250
Schubert, Rainer   211
Schütz, Peter   38
Schullern, Heinrich von   181, 202, 208
Schulz, Gerhard   127
Schuschnigg, Kurt von   17, 19, 21, 22, 37, 60–62, 64–66, 71, 74–78, 81, 83, 85, 158, 174, 181, 184, 187, 205, 208, 283, 313
Schutting, Jutta   270

Schwaiger, Brigitte   270
Schwantje, Magnus   323
Schwarzschild, Leopold   246
Schweinberger, Ludwig   179, 200, 207
Schweizer, Gerhard   273
Schweppenhäuser, Helmut   246
Seelig, Carl   82, 94
Seeliger, Ewald Gerhard   323
Seemüller, Joseph   99
Seidler, Ehrentraut   107
Seidler, Herbert   100, 101, 105, 108
Seillière, Ernest   224, 243
Semetkowski, Walter   233
Semmig, Jeanne Berta   243
Seuffert, Bernhard   118, 122
Seydl, Willi   188
Seyss-Inquart, Arthur   64, 71, 82, 154
Shakespeare, William   352
Sinclair, Upton   54
Skalnik, Kurt   57
Skorpil, Robert   204
Sladek, Wenzel (d. i. Fritz Brügel)   21, 33–35, 199, 200
Sonnenschein, Hugo (Pseud.: Sonka)   35
Soyfer, Jura (Juri)   29–32, 39, 40, 45
Spann-Rheinsch, Erika   192, 210
Speer, Albert   261
Spengler, Oswald   203
Spiel, Hilde   198, 203
Spielhagen, Friedrich   225
Spielmann, Heinz   94
Springenschmid, Karl   122, 195, 197, 201, 205
Springer, Max   38
Spunda, Franz   159, 161, 203
Srbik, Heinrich Ritter von   64, 65, 77, 118, 205
Staackmann, Alfred   219, 224, 225, 227, 228, 243, 244
Staackmann, Ludwig   216
Stadler, Friedrich   57, 209, 211
Stadler, Karl R.   58
Stalin, Jossif W.   44
Staub, Herta   200
Staudinger, Anton   58, 61, 76, 78
Stebich, Max   160, 163, 197
Stefan, Wilhelm (d. i. Willi Schlamm)   94
Stehr, Hermann   188, 193
Steinacher, Hans   64, 77
Steinacker, Harold   101
Steiner, Herbert   144
Steiner, Leopold   225, 243

Steinhardt, Julius   257
Steinmetz, Selma   95
Stenbock-Fermor, Alexander   194
Stepan, Karl Maria   112
Stern, Josef Luitpold   51, 89, 95, 148, 199
Stiasny, Heinrich   321
Stiefel, Dieter   39, 107
Stieg, Gerald   196
Stifter, Adalbert   103, 105, 107
Stifter, Herbert   196
Stirner, Max   323
Stix, Ottokar (d.i. Heimito von Doderer)   292
Stocker, Leopold   233
Stöcklein, Paul   273
Stoessl, Otto   200, 204, 205
Stourzh, Gerald   272
Strobl, Karl Hans   76, 149, 171, 180, 189, 193, 197, 198, 201, 203, 209, 225, 253
Struck, Karin   270
Strutz, Herbert   195, 197, 201
Strutz, Johann   246
Stüber, Fritz   243
Stürgkh, Karl Graf   217
Stuhlpfarrer, Karl   243
Suchy, Viktor   76, 93, 146
Sutter, Berthold   125
Suttner, Berta von   234

Tagore, Rabindranath   219
Tal, Ernst Peter   168
Tandler, Julius   46
Taucher, Wilhelm   208
Tauschitz, Stefan   151, 152, 154
Tgahrt, Reinhard   207
Theweleit, Klaus   259, 274, 275
Thieß, Frank   188
Thurnher, Eugen   105, 106, 108
Tiedemann, Rolf   246
Tönnies, Ferdinand   146
Toller, Ernst   200
Tolstoi, Leo   323
Trakl, Georg   191, 196
Trenker, Luis   201, 204
Trentini, Albert von   205
Tretjakow, Sergej   51, 54
Triebl, Johannes   243
Troeltsch, Ernst   145, 146
Tschuang Tse   337
Tschuppik, Karl   75, 78
Tschurtschenthaler, Paul   206
Tsi Lu   339

Tucholsky, Kurt   34
Tumler, Franz   70, 77, 202

Überall, Ernst   179, 200
Überall, Gusti   200
Uhl, Robert   196, 209
Uiberreither, Sigfried   223
Unger, Rudolf   27, 130, 144
Urbanitzky, Grete von   198, 200
Urzidil, Johannes   205

Verdier, Jean   318
Vesper, Bernward   270
Vesper, Will   153, 267, 271
Viertel, Berthold   91, 92, 95
Vring, Georg von der   198
Vorwald-Westerhorst, Hans-Karl   203
Vulliod, Amédée   219, 224, 236, 242, 243

Wache, Karl   77, 201
Wackernell, Joseph Eduard   99, 100
Wagenknecht, Christian Johannes   353
Waggerl, Karl Heinrich   18, 122, 189, 197, 201, 202, 204, 206, 209, 226, 298
Wagner, Gerhart   192, 210
Wagner, Leopold   105
Wagner, Richard (Germanist)   20, 23
Wagner, Richard   120, 122, 143
Wahrhaft, Franz   200
Waldeck, Heinrich Suso   196, 202, 204, 205
Waldinger, Ernst   51, 187, 197, 200, 203–205, 209
Walter, Bruno   88
Walther von der Vogelweide   53, 250
Wandruszka, Adam   126
Wassermann, Jakob   191, 198, 250, 294
Wastian, Heinrich   233
Watzinger, Carl Hans   206
Watzlik, Hans   197, 245
Weber, Carl Maria von   250
Weber, Dietrich   302
Weber-Kellermann, Ingeborg   126
Webern, Anton von   50
Wedekind, Frank   103, 340
Wegner, Armin T.   197
Wegwitz, Paul   248, 255, 272, 274
Weigel, Hans   29, 30, 32, 39, 40, 95, 96
Weilen, Alexander von   146
Weimar, Klaus   100, 106
Weinert, Erich   34

Weinheber, Josef 103, 122, 159, 163, 185, 189, 197, 198, 200–206, 277–284, 286–290
Weinhold, Karl 110
Weininger, Otto 279, 289
Weinzierl, Erika 57, 115, 126, 127
Weinzierl, Ulrich 94, 105, 207, 210
Weiskirchner, Richard 332, 333
Weiss, Peter 270
Welzig, Werner 108
Wenter, Josef 18, 159, 188, 198, 205, 253, 266
Werder, Lutz von 57
Werder, Peter von 246
Werfel, Franz 85, 86, 94, 95, 180, 191, 198, 283
Werner, Alfred 209
West, Franz 32, 36, 40, 94, 95
Westheim, Paul 153
Westphal, Otto 250
Weyrer, Ursula 205, 207, 209
Weys, Rudolf 29, 30, 39
Wibmer-Pedit, Fanny 149, 205
Wiechert, Ernst 23, 195
Wiedemann, Conrad 273
Wieland, Christoph Martin 122
Wiener, Anton (d. i. Erwin Zucker-Schilling) 85
Wiener, Oswald 269
Wiese, Benno von 106, 125
Wildenbruch, Ernst von 256
Wildgans, Anton 17, 70, 78, 79, 188, 206, 225
Wilhelm II., Deutscher Kaiser 250, 256
Wilhelm, Richard 339
Williams, Cedric Ellis 57
Winckelmann, Johann Joachim 107
Winkler, Franz 233
Winkler, Josef 270
Winkler, Michael 93

Winter, Ernst Karl 14, 191
Winterl, Hans 24
Wirth, Josef C. 198
Wittner, Otto 51
Wohlfahrt, Johannes 323
Wolf, Friedrich 51, 199
Wolf, Wilhelm 154, 196, 202
Wolfenstein, Alfred 200
Wolfgruber, Gernot 270
Wolfram von Eschenbach 250
Woolf, Virginia 191, 198
Wopfner, Hermann 126
Wulf, Josef 163
Wurzbach, Constant von 246

Zangerle, Ignaz 196, 204, 205
Zarboch, Rudolf 162
Zechner, Leopold 96
Zeidler, Jakob 146
Zenker, Theodor 245
Zerges, Kristina 246
Zernatto, Guido 149, 163, 169, 170, 181, 189, 202–204, 206, 209, 226
Zerzer, Julius 193, 201, 202, 206, 310
Ziak, Karl 20
Zillich, Heinrich 195, 198, 204
Zilsel, Edgar 19, 38, 43, 51
Zimmermann, Hans Dieter 272
Zimmermann, Peter 273
Zingerle, Ignaz Vinzenz 99, 100
Zsolnay, Paul 172
Zucker-Schilling, Erwin (Pseud.: Anton Wiener) 85
Zuckmayer, Carl 198
Zur Mühlen, Hermynia 89, 95, 187, 191, 198, 203, 209, 347
Zweig, Arnold 194
Zweig, Stefan 33, 54, 180, 191, 200, 204, 210, 250, 251, 283
Zwierzina, Konrad 120